休闲体育文化多元解析与运动方法指导教程

主　编　张金超　杨　静　刘向阳

文化发展出版社
Cultural Development Press
·北京·

图书在版编目（CIP）数据

休闲体育文化多元解析与运动方法指导教程 / 张金超，杨静，刘向阳主编. — 北京：文化发展出版社，2020.12（2024.1重印）
ISBN 978-7-5142-3147-2

I. ①休... II. ①张... ②杨... ③刘... III. ①休闲体育—体育文化—高等学校—教材②休闲体育—体育运动—运动训练—高等学校—教材 IV. ①G811.4

中国版本图书馆CIP数据核字（2020）第225811号

休闲体育文化多元解析与运动方法指导教程

主　　编：张金超　杨　静　刘向阳

责任编辑：张　琪　责任校对：岳智勇　马　瑶
责任印制：邓辉明　封面设计：木　子
出版发行：文化发展出版社（北京市翠微路2号 邮编：100036）
网　　址：www.wenhuafazhan.com
经　　销：全国新华书店
印　　刷：三河市华东印刷有限公司

开　　本：787mm×1092mm　1/16
字　　数：666千字
印　　张：25.375
版　　次：2020年12月第1版
印　　次：2024年1月第2次印刷

定　　价：78.00元
I S B N：978-7-5142-3147-2

前 言

进入21世纪以后，人类社会跨入了所谓“休闲时代”，随着现代社会的不断进步，经济水平的不断提高，人们的生活水平有了进一步的提升，社会物质生产丰富，文化形态繁荣，人们的闲暇时间明显增多。在物质生活需求得到满足的同时，人们对精神文化层次的需求越来越强烈。因此，如何把握休闲时代，利用体育运动进行休闲，让体育伴随人们的一生，让体育带给人们幸福和快乐，让体育成为人们宣泄社会压力、寻求健康的路径，便成为了我们体育工作者亟待解决的问题。

休闲是当代社会必须正视的一个重要社会问题，并且形成了一种文化形态。休闲体育是人们在闲暇时间以增进身心健康、丰富和创造生活情趣、完善自我为目的身体锻炼活动。休闲体育是人们度过闲暇时光的一种健康、文明的娱乐活动，它对于引导人们建立健康的生活方式有着重要的作用。休闲体育的发展还有利于全民健身运动的深入开展，有利于社区体育的开发，有利于终身体育目标的实现，有利于社会主义和谐社会的建设。

为了使人们了解更多的休闲体育运动项目，掌握各种各样的休闲体育运动方法，本书即是顺应时代需求应运而生。全书对于休闲体育文化分理论以及实践两个大的板块展开叙述。在理论方面，本书介绍了休闲体育文化的概念、特征以及发展态势等，目的是能够帮助师生能够全面了解到休闲体育，以便为将来的实践打下坚实的理论基础；在实践方面，本书先是针对不同人群的休闲运动展开了叙述，然后又根据不同类别的休闲体育运动展开详细的叙述，目的就是为了能够帮助师生参与休闲运动提供适宜的方法指导。

本书在编写过程中力求做到以下几点：

1. 条理清晰。就全书来说，本教材做到从理论到实践，循序渐进地展开论述，很好地帮助各个高校教师在实际训练中得以顺利地展开，以及帮助学生科学合理地进行休闲体育运动，促进身心健康。从各个章节来说，本教材做到由浅入深、由表及里。

2. 科学性强。本教材以大量的科学事实和科研成果为依据，叙述语言力求严谨、科学，并尽量避免有争论的论题和空洞的说教，努力做到言之有理、论之有据。

3. 实用性强。本教材版式活泼、图文并茂、通俗易懂、便教易学，注意理论联系实际，力求贴近大学生的生活实际，努力使学生学以致用。

4. 内容新颖。本教材注意吸取了一些当下新理论以及知识，以期做到与时俱进。

由于编写人员的理论水平与教学经验有限，时间仓促，书中不妥之处在所难免，恳请专家同人批评指正，欢迎广大师生提出宝贵意见，以便修改完善。

编　者

2020 年 3 月

目　录

第一章　休闲体育文化的概述

第一节　休闲体育的基本概念解析

在21世纪的今天，休闲体育已经走进了人们的生活，成为人们闲暇时间的重要娱乐健身活动。现代休闲体育不仅继续保有体育运动的健身性、娱乐性和益智性，还包含了更多的时尚性色彩。这些都使得休闲体育运动成为老少皆宜的体育活动类型。本章重点对休闲体育的基本理论进行阐明，以期使人们更加了解休闲体育，并为进一步深入研究休闲体育打好基础。

一、休闲体育的内涵

1. 休闲与体育

休闲的时间主要是人们的业余时间，它可以是学生的学习之余，也可以是社会人的工作之余。在闲暇时间里，人们以各种“玩”的方式实现对身心的调节与放松，达到强身健体、体能恢复、身心愉悦等目的。休闲处于不断地发展和流变过程中，而且不同人群的休闲方式也各不相同。在不同的社会发展阶段，休闲的意义也有所不同。但总体而言，休闲注重的是心情的放松和愉悦，压力的释放与宣泄，个人情感的满足与慰藉。合理科学的休闲行为能够使人体实现体能、智力、情感等各方面的调节。作为一种重要的生活方式，休闲表现出独特的价值与作用，可以实现身心的全面发展，丰富人们的日常生活、提高人们的生活质量。

体育是人类在生产生活中形成的以身体各方面活动为主的一种特殊的文化，它同时也有很多方面的特点与功能，如健身、搏击、游戏、娱乐等，对人体具有积极的影响，对人们的休闲生活有着重要的意义。体育活动需要人们直接参与，通过各方面的体育锻炼活动使人体的各方面素质得到恢复与提高。

体育并非为了空闲时间的娱乐和愉快而存在，而是以人身体和健康的发展为最终的目的。在人们的日常生活中，随着闲暇时间的不断增多，体育作为一种休闲娱乐活动在长期的生活实践中逐渐被人们所接受。体育通过休闲和娱乐的方式逐渐推广，并发展成为如今的休闲体育运动。

现代体育活动项目已经很难将休闲体育和其他形式的体育活动区分开来，如网球、篮球、台球等运动，如果主动权是获得竞技成绩，则不能归为休闲体育运动之中；而如果只是为了放松自己、调节身心，则就应该属于休闲体育。这一点认识对于确定休闲体育的性质来说是非常关键的。另外，体育休闲还可以区分为身体力行的和非直接参与运动的。身体力行的休闲体育即人们直接参与到体育活动中，从中体会到运动带来的良好身心体验；非直接参与的主要为对体育赛事的观赏活动。由此可见，休闲体育运动涵盖的范围非常广泛，而对于研究来说，主要是针对身体力行的休闲体育运动。

需要注意的是，随着社会的不断发展，休闲体育也处于不断发展变化之中。如今，电子竞技体育与智力体育也处于蓬勃发展之中。2008 年，我国召开了首届世界智力体育运动会，来自世界各地共有 3000 多名运动员参与了这项比赛。2010 年以后，代表我国参加世界电子竞技大赛的运动员不断取得佳绩，其中较有代表性的如 2014 年第四届 DOTA2 国际邀请赛中国军团强势回归，正赛即包揽八强五个名额，决赛更是包揽冠亚军。NEWBEE 战队问鼎第四届 DOTA2 国际邀请赛冠军，中国军团再次站在世界的巅峰。这些都属于我国休闲体育领域中的重要发展成果。随着时代的不断进步，人们的休闲体育运动形式也会变得更加丰富多彩。

2. 现代休闲体育的主体性地位

休闲体育运动有很多的功能与作用，是人们日常生活中主体性的一种休闲方式。现代休闲体育运动备受关注，休闲体育也逐渐被纳入高校的教学体系，休闲体育的研究与相关人才的培养也在各国逐渐开展。近些年来，我国学者在休闲体育方面进行了多方面深入的研究。

社会生活的现代化给人们带来便利和机遇的同时，也给人们的日常生活带来了一定的挑战。生产的社会化、规模化与规范化在提升效率的同时，也使得人们的劳动方式单调化，劳动密度增大。在人们工作投入增加的同时，造成了人们生活内容的丧失。因此，现代人越来越重视休闲体育运动，并寄希望于这种休闲方式来缓解工作中产生的压力。

长期的工作让人们产生了压抑与厌倦的情绪，而在生活中又得不到相应的释放，就会逐渐导致人体心理机能的不平衡，最终产生了相应的心理疾病。且在单调刻板的工作状态中，也会使人体局部产生劳动疲劳，如果长时间得不到有效缓解，则可能导致人体相应部位的劳损。现代都市工作的上班族长时间地伏案写作或者在电脑前操作，导致身体运动能力不断下降，造成亚健康的身体状态。处于这种心理和生理状态的人们，无疑渴望着能从单调乏味的劳动中解放出来，希望自身的人生实现全面的复归。显然，这种解放和复归只有在他们能够自由支配的时间里，通过他们自己所选择的活动方式来实现。

休闲体育作为一种具有特别意义的休闲活动方式，通过特殊的渠道更能够让人们的身心获得更为全面的平衡。当人们离开工作任务繁重的车间或者办公室，在运动中进行发泄和放松，在自然中愉悦和畅快，不再承受工作所带来的压力时，这种放松身心的快感所带来的效果是非常理想的。

在日常生活中，除了需要缓解生活以及工作中的压力之外，人们从事休闲体育运动还有很多的动机与目的。经过研究归纳，我们将人们参加休闲体育的动机大致总结为以下几点：

（1）净化情感动机。人们在日常生活中经常会产生一些精神上的压力、心理上的不满或者情绪上的不愉快，通过采取休闲体育运动的方式能够有效缓解这些压力，同时对于负面情绪的宣泄以及心理上的平衡具有积极的作用，有助于使人的心境恢复平静。

（2）报偿动机。在学习、工作和生活中，并不是人们所有的欲求都能得到满足，这种欲求不满会造成人们心理产生一种不满足感、挫败感。这时，可以通过某种休闲体育活动体验成功感和满足感。处于青春期和叛逆期的学生群体在学习中遇到挫折和不顺时，非常容易产生这种动机。

（3）放松身体动机。即为了缓解身体的疲劳与肌肉的紧张，通过某种休闲体育活动来使肌肉松弛，以便身体获得积极的恢复。

（4）发散精力动机。即希望将自己工作、学习之后剩余的精力，通过某种活动方式继续发散出来。这种动机在精力旺盛、活泼好动的青少年人群中表现尤为明显。

（5）社交动机。通过参与某些休闲活动来实现与他人交往的目的，同时提高自身的素质，实现发展自己对社会适应能力的目的。

除了以上几种主要的、具有普遍性的行为动机之外，有的人参与某种休闲活动则可能纯粹是为了得到某种感官的刺激，还有的人则可能是为了逃避某些社会任务与责任。但就多数人来说，参加各种休闲活动的目的多与上述几种主要动机有关。需要注意的是，人们参与休闲体育活动的动机并不是单一的，有时可能会在多种动机的共同作用下做出选择。例如，很多参与休闲体育的人在放松身心的同时也在进行着一些社交活动。

根据生理学的相关研究，消除人体疲劳有两种方式，即积极恢复与消极恢复。积极恢复指的是借助相应的身体运动达到促进新陈代谢的过程，实现恢复的目的；消极恢复指的是自然的恢复方式，不通过运动等方式，而是通过静止休息的方式使人体实现自行恢复。研究表明，轻松适量的积极恢复方法可以起到更好的恢复效果。而且通过积极的身体恢复，人体激烈、紧张以及焦虑的情绪能够得到有效缓解甚至消除。这比单纯的身体自然恢复要更快，恢复状态也更加积极。

休闲体育运动的盛行是人们生活水平提高的一个重要标志。随着城市化水平的不断提高、休闲体育设施以及场馆的不断完善，休闲体育运动逐渐成为促进经济发展、提升城市形象以及加强精神文明建设的重要途径。现代休闲体育运动不仅能够使人们在城市紧张的节奏、狭小的生活空间中获取难得的愉快，同时还能够使人们更好地感受自然、体验自然、亲近自然。

城市化进程的加速和社会变革转型的当今社会，人与人之间的关系冷漠已经成为一个重要的社会问题。在进行休闲体育的过程中，有助于实现人与人之间情感的沟通与交流，使压力得到更好的释放。因此，休闲体育对于城市人群来说是一种生活需要。

现如今，“花钱买健康”的观念逐渐被更多大众所接受，并且人们开始更加愿意为此做出一定的合理消费，这一理念上的转变已经开始贴近欧美发达国家的大众健身意识，成果可喜。小康社会的休闲方式将逐渐以休闲体育为主流。居民消费结构的转换以及消费需求的扩张已成为中国经济高速增长的主要动力。同时，以休闲体育运动为主体的休闲活动也将为我国经济的持续发展做出不可忽视的贡献。

二、休闲体育的特征

1. 休闲体育的参与性

休闲体育运动的实践性很强，它需要人们的亲身参与，以此来获得某种感受，或者通过自身活动的结果来表达出自己的观点或者理念。没有自己亲身的参与，就不能够从中获得那种所期望的感受，也不能够实现自己的完整表达。有些人将观看体育比赛和体育表演也纳入休闲体育运动的范畴，并将休闲体育运动分为参与型与观赏型两种。

客观来讲，观看或者欣赏体育的方式应该属于文化性休闲的范畴，而不应该被纳入休闲体育的范畴，因为这种方式无论怎样去欣赏体育表演，都与杂技、大型综合性演出等没有多大的区别，虽然在这种现代文艺演出中经常会有演员与观众之间的互动，但我们却始终不能认定这是观众在演出。因此，休闲体育运动应该是活动者参与其中、亲身实践的过程。事实上，休闲体育运动所能够实现的各种功能与作用，都是在活动者参与过程中体现出来的。

体验是休闲体育运动参与性的一种重要体现。体验是人类进行感知的一个过程，在这个过程中，人们不断对感知进行处理，需要进行一定的情感投入。体验并不是简单的感觉，而是一种感觉的深化与发展，它需要对某种行为做出有意识的解释，它是一种与当时的时间与空间紧密联系的精神过程。休闲体育运动正是一种直接的身体体验活动，在人们进行身体体验的过程当中，会产生一定的情感、情绪以及心理体验。

2. 休闲体育的层次性

休闲体育运动的层次性包含了三方面的内容：一是活动人群的年龄层次；二是活动内容的难易层次；三是活动方式的经济消费水平层次。这几种层次的划分具有非常重要的社会意义，同时也表现出休闲体育研究的不同视角与内容。

一般而言，不同年龄阶段的人有着各种不同的需求与爱好，这种需求与爱好对于人们体育休闲方式的选择会有直接的影响。少年儿童一般会对一些新奇的个人活动，如滑板、轮滑、小轮自行车等感兴趣；青年群体会对具有一定挑战性和对抗性的活动更加感兴趣，如足球、篮球、网球等；中年人更加注重体育活动的品位和档次；老年人则喜欢交流互动性较强的活动。通常情况下，年龄因素是体育休闲活动进行分层的主要的甚至是决定性的因素。

内容的难度是完成活动所要求技术标准高低的问题，这是一些人选择体育休闲活动方式的一种依据。这种选择主要是由活动者对自己运动能力的评价所决定，运动能力比较强的个人，一般情况下会选择一些技术动作难度较高的运动项目；而个人运动能力自我评价较低者，更偏重于选择那些无须做多大努力就能够做到的活动项目。

活动方式的经济消费水平是一种具有显著社会性特征的分层，与个人的社会身份以及阶层的表征具有密切的联系。一些体育休闲活动方式明显属于高消费，这些活动的参与者必须拥有相当雄厚的财力，带有明显的炫耀性消费特征；而另一些体育休闲活动方式则可能对个人的经济情况有一定程度的要求，不仅可以显示出个人的身份地位，同时还能够表现出个人的运动能力；一些人更愿意选择那些不需要太大开销，就可以开心愉快活动的运动项目，他们也没有多余的金钱花费在休闲体育活动当中，所以他们也不在乎自己所玩的活动属于哪个层次。

有很多形式的消费，在开始时是奢侈，但是随着社会的不断发展，这些形式会逐渐大众化，而成为人们必要消费的一部分。休闲体育运动同样是这样一种演化的趋势，许多运动项目在开始时总是只有少数人才能够参与的活动。在这种情况下，这些项目或者活动完全成为个人身份的一种标志。至少在一定时期内，这样的项目或者活动一般是一定社会阶层所特属的，是具有炫耀性消费特征的休闲活动。例如，保龄球运动在传入中国之初几乎是白领阶层的运动，能不能玩得起首先取决于个人是否具有足够的经济实力。因此，在这段时期，保龄球运动成为一种能够区分社会阶层的活动。随着国内保龄球馆的增多，价格的大幅度下调使得这种活动逐渐走向大众化，其之前所具备的社会区分的作用也就在大众化的过程中逐渐消失，成为一种一般性的体育休闲活动。

3. 休闲体育的时尚性

在经济、文化高度发展的当今社会，参加休闲体育活动已经成为一种社会时尚。一方面，人们进行体育休闲活动能够表明自己与某个社会阶层的平等性等级，另一方面则以此表明自己与另外某个阶层之间所存在的差异。因此，时尚性是休闲体育运动的一种较为典型的特点。人们参与体育休闲运动时的动机、目的、心态、情感等一般情况下会处在舍勒贝格所表述的时尚双重性之中。例如，人们在进行体育活动时，总是要遵守这种活动的规则与方式，但在进行休闲体育运动时，人们却总是不情愿遵守这些活动规则以及相关规范，因为这些东西多少会造成一种文化性的压力，而休闲体育运动恰恰是试图摆脱各种外在压力的一种行为方式。

根据舍勒贝格的理论来分析，参与休闲体育运动的人们和休闲体育本身完全具有现代时尚的几个重要双重性特征。例如，休闲体育一方面并不在乎物质的和实际的东西，但同时又始终不能够脱离那些具体的东西；人们对于休闲体育的态度也包括了积极参与以及完全无所谓两种对立的情绪；人们总是试图逃避责任，却在休闲体育中必须承担相应的责任等。

时尚性是一种社会事物与社会发展的趋势以及社会需求协调统一的表现，人们对体育的需求由于社会物质文明的不断发展而逐渐强烈起来。一方面，作为新时代的青年人不只是时尚的代表，同时也是时代风气的传播者；另一方面，由于青年人充满了青春活力，也是“娱乐的先锋”。体育不仅是一种表现其青春活力的载体，同时还能够让他们产生愉悦的情感，形成一种良好的交流与互动，同时还可以宣泄情绪以及发散多余的精力。因此，在现代社会的不同时期，休闲体育一般都会成为青年人的一种时尚。

随着经济社会的不断发展，人们的思想意识也在不断进步，新的休闲体育运动不断被创造出来，并在全球化社会背景下迅速向全世界范围内传播，逐渐演变为一种全球性的休闲体育运动。在信息高速传播的今天，人们不断接受着新的思想与内容。因此，一种休闲体育运动形式很快会被另一种形式所替代，这种快节奏是社会发展的鲜明特点。

新形式休闲体育运动的产生与发展，总是先在少数人当中流行与传播。人们一方面通过参与休闲体育运动以表明自己的某种身份或地位，另一方面则以此表现自己与另外某阶层存在的差异。例如，高尔夫球运动在流行之初就被标榜为贵族富人的运动，因此有很多富人都“被热爱”上了这项休闲体育运动。

4. 休闲体育的流行性

流行性指的是某种社会事物具有非常广泛的影响，同时形成了一种时尚性的外在表现，而流行常常是时尚的结果。在现代社会中，由于人们的物质生活和精神生活得到了前所未有的升华，因此休闲活动已经成为人们生活活动中的有机组成部分，且在众多的休闲活动中，休闲体育运动又因为其自身的特点成为人们选择休闲方式的首选。然而，在现代社会条件下，各种新的体育休闲活动项目不断地被创造出来，由于传播媒体的作用，很多项目都会在较短的时间内向全世界范围内迅速传播，并逐渐成为国际性的体育活动项目，奥林匹克运动会项目设置的不断扩张就是体育运动流行性的典型表现，并表现出明显的流行性特点。

体育休闲运动的流行性主要是从其活动项目的迅速风行于世而后又逐渐消失中表现出来的。一种体育活动通常会在短时期内在一个地方迅速流行开来，成为人们在休闲时间里非常热衷的活动。当然，与其他具有流行性特征的事物一样，这种或者那种体育活动或许在风靡一时后，又很快地销声匿迹，继而又有另一种让人愉悦接受的新体育项目取而代之。

实际上，休闲体育运动所具有的这种流行性特点完全是由人的自由时间与人性特点所决定的。当人们拥有了大量的自由时间之后，如何支配和利用这些时间便成为人们面临的一个重要问题。体育运动不仅有利于身心健康，同时又有助于消遣时间，自然会成为人们休闲的首选。

然而，人们对休闲活动的选择同时也是相互影响的，体育项目的流行机制之一就是这种相互影响作用。人们求新求异的意识是他们不断地放弃旧的活动，追求新的活动的动因所在，这是一种体育项目能够迅速流行起来而后又逐渐消失的原因。当然，周而复始也是社会事物发展的一种具有规律性的特点。休闲体育运动也是如此，可能经过一段时期之后，一个曾经流行而后又消失的体育项目会再次流行开来，并被另外一代人广泛地接受，这便是一种客观的自然规律。

5. 休闲体育的时代性

休闲体育是在一定的历史阶段、一定的文化背景下产生并逐渐发展起来的。在不同的历史时期，其物质文明和精神文明也各有不同，因而所产生的休闲活动方式也各不相同，休闲体育活动也是应不同时代的要求和进步而演变和发展起来的。

不管是在什么时代，体育活动总是可以现身于社会当中，成为民众喜欢接受和参与的休闲活动方式。即使是在神权统治之下的中世纪（5～15 世纪）的欧洲，也很难抑制民众追求身体游戏的需要，少年儿童始终是游戏的先锋，他们将武士的打斗也变成自己进行身体娱乐的活动形式。当然，休闲体育运动毕竟是社会文明的一种表现，在很多情况下，它与社会科学技术的发展水平都有密切的关系。我们能够看到，如今所流行的体育休闲活动与 20 世纪初相比发生了很大的变化，如今的体育休闲活动常常是与科学技术以及材料革命相结合，而之前的活动更加倾向于进行身体的自然活动。

6. 休闲体育的自发性

自发性是自觉意识的一种体现，尤其是在社会高度发展的当今社会，休闲不再只是劳动之余的一种休息与放松。随着人们自由时间的逐渐增多，休闲已经成为每个人基本的生活权利，成为个人生活的有机组成部分。现代人具有充分的自由意识，人们对自由时间的支配权在休闲体育运动中充分体现出来。

第二节 休闲体育文化内涵分析

一、休闲体育文化的概念

休闲体育文化是人们在休闲体育运动实践中创造并享有的物质实体、价值观念、制度规范及其行为方式。休闲体育文化也正是由这些建构因素综合而成。从文化视角切入进行研究，能帮助人们深刻地认识与理解休闲体育文化的丰富内涵，对休闲体育文化体系进行科学的建构。发展到现在，休闲体育已成为人们一种重要的生活方式，人们在日常生活中经常参加各种各样的休闲体育活动，极大地丰富了自己的精神文化生活。

总之，休闲体育文化就是人们通过体育运动的方式，在休闲的实践过程中创造并共同享有的、关于这一社会现象的物质实体、价值观念、制度规范及其行为方式的总和。

二、休闲体育文化的特征

从字面来理解，休闲体育文化是由休闲文化与体育文化相结合而成的，属于一种新的体育文化形态。休闲体育文化除了具有体育文化的普遍特征外，还有自身的独特性。

1. 主动创造性

最初，体育具有较强的政治功利性特点，后来随着时代的不断发展，这种政治功利性也发生了一定的转变，体育的休闲娱乐性日益增强，这尤其表现在休闲体育中。休闲体育的这一转变也在一定程度上改变了人们对体育的态度，即人们不再被动接受体育，而是主动去创造，根据自己的喜好选择和创造各种体育休闲方式。因此，人们在参加休闲体育运动的过程中，不仅是自觉能动的，而且还富有一定的创造力，这也是休闲体育文化得以发展的重要原因之一。

可以说，创新是休闲体育活动最突出的特点之一。在现代社会背景下，追求生存早已不是人们创造和参加休闲体育活动的目的了，享受和发展才是重点。在当今休闲时代，人们都在思考如何去运动，如何在运动中获得快乐和享受。除此之外，人们在参与休闲体育活动的过程中，不再一味地去追求结果，而是享受运动的整个过程以及运动过程中所带来的身心愉悦。总之，主动创造性成为休闲体育文化的重要特性。

2. 潜在功利性

自古以来，体育与政治就有着密切的关系，这是因为体育文化具有重要的泛道德特性。体育与政治之间一直以来都是无法分割的，二者是一个共存体，因此体育就理所当然地表现出一定的功利性。作为体育文化的重要组成部分，休闲体育文化也表现出同样的特性。

在当今社会，大众体育的政治功能性非常突出，体育服务于社会生产和国防的作用被作为重点强调的内容，这主要是受国际和国内形势影响的结果，在很长的一段时间里，体育都成为政治服务的工具。

随着社会经济的不断发展，人们的物质生活水平也得到了逐步改善和提高，使得人们有了更高的追求。在新的时代背景下，人们更加渴望积极健康的生活方式，休闲体育就为人们这一生活方式的建立提供了可能。在这样的背景下，休闲体育的功能和特点也发生了相应的变化，体育的政治功能日渐弱化，休闲娱乐功能得到增强。但需要注意的是，尽管休闲体育的娱乐性得到了高度的重视，但是其本身仍然具有一定的政治性，这是不能抹杀的。总体而言，过去休闲体育的政治性是明显的，而现在则是潜在的。因此，可以说休闲体育文化具有一定的潜在功利性。

3. 规则游戏性

休闲体育是人们的一种生活方式，人们在参与各种各样的休闲体育活动过程中，并不十分重视运动项目本身的规则性，技术性也被淡化，注重的是运动项目本身的游戏性和活动性。人们参与休闲体育活动，不仅可以不用完全按照项目本身技术要求来做动作，而且还可以自由发挥和创造，在其中获得运动的愉悦是最为重要的。由此可见，休闲体育文化的个性化非常明显，但并不是说休闲体育就不被规则约束和限制，而是需要有一个统一的约定，有一个人们都共同接受的游戏规则，参与者在活动过程中，始终都要遵守这一游戏规则。

4. 两元统一性

休闲体育文化具有重要的两元统一性特点，这主要体现在活动主体身上，如物质与精神的统一、身体活动和心理活动的统一、体力和智力的统一等。从形式上来看，人们参与休闲体育活动，主要是身体的活动，如通过身体各部位的活动来完成各种动作，在动作速度、距离、方向等方面产生变化，消耗机体物质能量，促进血液流动等。但人们在活动身体的同时，心理和精神也在活动，主要表现在体验休闲运动的乐趣，体验活动的紧张感与成就感，在活动的过程中表现自我，实现自我价值等，在这一过程中，人们思想与精神的变化和活动是超越身体的，精神活动与身体活动的协调发展促使人“身心双修”，和谐发展。潜水、攀岩、冲浪、漂流等休闲体育项目对参与者的要求不仅体现在体力上，还体现在智力上，参与者要想完成各种高难动作，不仅需要发挥自己的能动性和创造性，还需要具备顽强勇敢的拼搏精神，在整个活动过程中，人的情感、意志等都会参与其中。而有些休闲活动却以思想活动为主，几乎不需要身体参与，如文学类活动、艺术类活动等。

总体而言，发展到现在，休闲体育已成为人们重要的生活方式之一，人们在参与各种类型休闲体育项目的过程中来满足自己的身心需求。在其中，人们深刻认识到了体育的附加功能，同时人们也对休闲体育文化有更加深入的了解。休闲体育文化中渗透着人文精神，是以“以人为本”为精神核心的体育文化形式。

三、休闲体育与休闲论

休闲已成为现代社会与人们生活息息相关的领域。作为休闲生活的重要内容，休闲体育活动是休闲活动的主要形式之一。由此可见，休闲体育与休闲有着非常紧密的联系，要想研究休闲体育的文化内涵就必须从休闲视角进行考虑。本节主要就休闲体育的休闲理论进行研究，内容包括休闲的不同层面研究、休闲的主要效益表现以及现代生活中的休闲体育。

（一）休闲的不同层面研究

休闲指的是在相对自由的条件与环境下，人们以一种随意状态和心境从事某种自己喜欢的活动。休闲是人类社会中一种古老而重要的活动形式，已经成为反映人们生活水平的重要指标，成为经济学、社会学、旅游学、应用学等众多学科共同关注的研究领域，有关专家从这些学科出发对休闲理论进行了深入的研究。

1. 经济学层面的研究

经济学家从经济学的角度对休闲进行了一系列的研究，根据这方面的研究成果，我们可以从以下几方面来理解休闲：

（1）休闲是人们在工作之余进行的活动，只要人们有工作，那么即使在家休息也可以称之为休闲。

（2）货币是现代商品社会中衡量价值的基本单位，人们在工作之外的，甚至在工作之中的休闲都会产生一个机会成本问题。

（3）许多人是在有一定工作收入的基础上进行休闲的，虽然失去了更多获得收入的机会，甚至还要向提供休闲活动的机构或者个体支付货币，但是他们却可以从这些休闲活动中得到精神上的满足，从而使他们以更加饱满的精神风貌投入到工作中，创造更多的财富。所以，休闲的价值是无法估量的。

根据以上理解，经济学家从经济学的角度对休闲重新进行了解释：休闲就是人们放弃了一定的时间和金钱而换取的休息、放松和精神消遣的行为，通过有形或者无形的价值消费来获取个人心理效用的最大化。

经济学家还对休闲的效用进行了研究。他们指出，休闲者如果重复进行某一种休闲活动，就会产生厌倦感，休闲的效用就会降低，但通过有效的休闲组合就可以产生“1＋1＞2”的效用，休闲效用与休闲时间的间隔、工作压力都是成正比的。

经济学家们还分别从收入、价格、时间和偏好等方面对休闲的条件进行了研究。对休闲者来说，如果没有收入，休闲就无从谈起，社会生产力的发展及社会财富的积累对休闲具有根本的影响。同时，休闲活动的价格也对休闲具有重要的影响。另外，只有在充足时间的保障下和强烈休闲欲望的支配下，人们才能真正地进行休闲。

2. 社会学层面的研究

19 世纪开始，许多社会学家开始从人性的角度对闲暇的形成机制进行研究，后来逐渐发展到对休闲活动的能力动机和激励寻求进行探究。但是，休闲的社会学研究大多是在生活时间结构研究的基础上对居民的休闲时间进行的相关研究，很少会涉及休闲这一日常活动，最终研究的落脚点往往在居民的生活方式和时间利用上，所以这些研究在居民的休闲活动方面缺乏全面而深入的认识。另外，在传统的研究中很少涉及空间问题，与区域规划及城市规划的联系并不密切。所以，在政府及城市规划如何引导居民利用与享受休闲时光时，这些研究难以提供政策性依据。

在社会学研究中，有的学者就闲暇对人性发展和自我实现的价值进行了专门的探讨，强调休闲可以使人们对自己重新进行定位；有的学者根据闲暇的功能提出了休养生息理论、平衡补偿理论、解放理论和划分理论等多元化的理论。但大多数学者是以社会生活时间结构变化引发休闲时间结构变化为核心而进行研究的。许多社会学家研究人们如何对 8h 工作时间之外的其他时间进行自由利用，他们不仅对不同阶层的休闲文化及休闲方式进行了研究，还对一些滥用自由时间的消极休闲方式给予了重视，希望这些研究能够为人们有效地、健康地利用休闲时间提供依据与指导。

3. 旅游学层面的研究

旅游学家从旅游的角度对休闲进行了研究，这些研究尤其是旅游地理学家的研究重点考察了居民休闲活动的空间因素。但是，对于大部分旅游地理学家来说，旅游空间就是一种流动的空间，所以和地理空间的分异规律相比，旅游空间结构模式中的“流”要素就显得更加重要了。旅游地理学家对休闲的研究更多的是关注中长期时间尺度、中远距离尺度上的居民外出休闲行为，以及社会经济因素对人们出行能力的影响。这些研究的主要内容包括旅游者的旅游决策行为、目的地选择、在空间中的流动规律等。在这些方面的研究中，研究人员对长距离和大尺度的旅游行为的关注远远超过对人们日常休闲活动的关注，对旅游“流”的关注也比对空间结构本身的关注要多。但是，休闲作为现代人们生活的重要组成部分，其重要性更多地体现在人们的日常休闲活动中。但是，以上这些研究严重忽视了人们的日常休闲活动，没有从生活方式的整体角度对旅游活动做出解释。因此，人们通过这些研究无法准确认识旅游者的行为机制。

4. 应用学层面的研究

现代社会，人们的工作节奏不断加快，生活压力也逐渐增大，精神上的疲倦远远大于体力上的劳累。所以，休闲活动已成为人们进行精神调节的有效方式。那么。如何有效地参与休闲就成为人们普遍关注的问题。休闲行为教育研究提出，要重视休闲教育，明确休闲的责任和义务，引导人们科学利用休闲时间。休闲产业发展研究提出，要加强对休闲、休闲产业等的研究，休闲产业的发展与相关休闲产品的开发要具有层次性，要兼顾不同个性人群的休闲需要。休闲文化保护研究提出，要勇敢面对民间及少数民族的休闲生活，保护好民间和少数民族的优秀传统休闲文化。

（二）休闲的主要效益表现

休闲的主要效益集中体现在教育效益、社会效益以及综合效益等几方面，具体见表1-1。

表1-1

休闲效益	主要表现
教育效益	促进学习进步
	促进心理健康
	发展个人的品质与人格
	提高创造力与自我表达能力
	增加自信心与成就感
	促进自我成长与自我界定
	发展人际交往能力
社会效益	摆脱世俗的烦扰
	防范反社会行为
	发展社区礼仪
	启迪人生观和世界观
	提高工作效率
	提升愉悦精神
综合效益	休闲时间的增多，休闲消费的增加促进了旅游、运动业等休闲实业的发展
	提高工作效率
	提高自我意识，促进全面发展
	培养积极进取的品质，降低犯罪率
	书法作画、棋艺、运动健身等休闲活动可以使人们得到工作之外的满足

（三）现代生活中的休闲体育

休闲是一个由多种因素组合而成的共同体，这个共同体中包含了一段闲暇、一种愉快心境和一种娱乐活动。休闲与体育活动之间有着非常密切的关系，休闲的存在与发展离不开体育活动这一休闲形式。可以说，凡是休闲活动中的身体运动，基本上都可以看作是休闲体育娱乐活动。所以，新时期人们的生活方式中逐渐融入休闲体育娱乐活动，是社会发展到一定时期的必然要求。

现代社会有一个极其普遍的现象，即人们有了越来越多的闲暇时间，这一现象的出现标志着社会文明的发展已经达到了一定的标准。全世界不同国家与民族的人对于休闲都有共同的需求，不同人对休闲的需求又有一定的差异。然而，并不是各种各样的需求都可以轻易实现，或者各种需求实现的程度并不都是统一的，这主要受时间与环境条件的影响。休闲体育娱乐活动融入人们的日常生活中已经成为世界大多数国家的潮流，发达国家在这一方面已经为发展中国家做出了良好的表率。早期，人们大部分都是在受教育阶段参与体育活动，其余时间很少参加。但是现在人们已经将休闲娱乐活动作为自己生活中不可缺少的一部分，作为自己娱乐健身、保持健康的一个重要途径，因此人们参与休闲活动的积极性也在不断提高。

休闲包含十分广泛的内容，而且具有深刻的意义，对个体与社会的发展都会产生极大的影响，这些都是休闲受社会强力因素影响的结果。现阶段，闲暇时间增加，社会以休闲为中心，在这样的环境下，社会与个体的休闲质量必然会受到很大程度的影响。丰富的休闲体育娱乐活动有利于人们对闲暇时间的高效利用，也有利于人们生活方式的不断改善。现代人很注重为自己的健康进行投资，而参与休闲体育活动就是众多投资手段之一，可见休闲体育活动的价值已经得到了人们的认可。

对休闲生活的良好适应有助于促进个体享受高质量的生活。高质量的生活通常被描述为有效的、有意义的、富有的、有趣的生存，这种生存基于人的享受感、满足感、履行感和自由感，休闲体育正是表达了这样一种价值观。也正是由于它的基于人们的身体、精神和社会的安康，以及基于最崇高和最久远的人类友谊、和平的价值观念，并不阻碍别人对幸福的追求，因而才得到了广泛认同。

我国人民的生活水平正在不断提高，待生活水平与生活质量提高到一定程度后，休闲体育将不再单纯的是学校的体育课，也不仅仅是简单的竞技性比赛，而是成为人们生活中举足轻重的休闲娱乐必需品，成为人们安居乐业的基本条件。

四、休闲体育与健康论

体育活动既是促进人们身心健康的主要方式，又是影响人体健康的重要因素。休闲体育在健康促进方面同样具有重要的功能。本节主要从健康的角度来对休闲体育文化内涵进行探讨，重点对休闲体育与健康的关系进行阐述。

（一）现代健康的新概念及内涵

1. 现代健康的新概念

现阶段，健康的概念已经不再只是传统意义上的身体没有疾病。现代健康的新概念，世界卫生组织将其界定为：健康并不是单指一个人身体没有疾病或虚弱现象，而是指在身体、心理、社会与自然和谐统一的完美状态。也就是说，一个人只有在身体、心理、社会适应三个方面都处于完美状态才能算是真正的健康。

2. 健康的内涵

从上述健康的新定义来看，现代健康的内涵更加广泛和多元，它同时包含生理、心理和社会适应性三方面。下面从这三个方面来阐述健康的内涵：

（1）身体健康

身体健康也称“生理健康”，具体指的是身体各个结构处于正常状态，各功能可以正常发挥作用，生活自理能力良好。

(2) 心理健康

心理健康具体指的是人们能够对自己进行正确的认识，将自己的心态及时调整好，以积极的心理状态面对外界变化，快速适应外界环境的变化。心理健康具有广义和狭义之分，狭义的心理健康指的心理未出现忧郁、烦躁、易怒等障碍及问题，广义的心理健康除了包括狭义心理健康的概念外，还包括拥有良好的心理调控能力和心理效能的发展能力等。

(3) 社会适应良好

从一定程度来说，社会适应能力也是判断健康的重要指标。一个人如果拥有良好的社会适应能力，就可以在与社会接触的过程中表现出良好的心理状态与积极的社会行为，能够正确、清晰地认识社会现状。社会适应力强的人同时具有远大的理想和抱负，这些理想与抱负是切合实际的，可能实现与完成的，而不是天方夜谭，他们的理想是基于现实又高于现实的。社会适应性良好的人可以坦然面对生活中的困难与挫折，能够通过积极思考与准确的行动来解决问题，迎接挑战，战胜挫折，实现自我价值。

综上，现代健康的内涵具有全面、广泛与多元的特点，涵盖生理、心理以及社会适应三个重要方面。这三个方面又是相互影响、相互促进的。一个人生理与心理的健康状况对其社会适应性具有决定性的影响。身体健康以心理健康为精神支柱，心理健康又以身体健康为物质基础。一个人如果在心理方面能够保持良好的情绪，就能使生理功能同样处于良好状态。反之，如果情绪状态较差，那么就会影响生理功能的正常发挥，从而导致疾病的产生。有些心理问题的出现也是由于身体状况不稳定而导致的，有生理缺陷、疾病的人通常会表现出一些不良的情绪，如焦虑、烦恼甚至抑郁等。人的身心的统一，身体健康与心理健康是互为影响、密切相关的，因此要注意身心的和谐与健康，从而促进社会适应能力的增强。

（二）休闲体育与健康

1. 现代休闲的健康需求

(1) 休闲时间需要体育运动

在社会生产力发展较为落后的时期，人们需要付出自己的体力劳动才能完成工作。从这一角度来看，以前人们的身体运动并不是在闲暇时间参与的活动。当前，社会生产力大幅提高，人们在不耗尽全部体力的情况下也可以完成工作，人们付出的脑力要远远多于体力。人们节省了大量的体力后，不易感到疲劳，而且生活的舒适度也随之提高了，但这也同时导致了一些病症的出现，如“文明病”等。科学适量地进行身体运动可以有效预防“文明病”的产生，能够全方位促进人们的身心健康。因此人们可以利用闲暇时间来参与体育活动，以免身体出现疾病。不同的运动方式会对健康产生不同的影响，适量的走、跑等运动方式都可以促进健康，但体育运动方式是丰富多样的，并不局限于走、跑等最为基础与简单的形式。在上班时间进行休闲运动必然不妥，所以，人们就会将休闲体育锻炼活动安排在闲暇时间里。利用闲暇时间锻炼身体现在已经成为了一种时尚。

(2) 现代休闲生活需要健康的休闲内容

随着后工业时代的到来，在影响人们健康的众多因素中，休闲的价值与功能日益凸显。利用休闲参与各种体育运动成为人们提高身体素质和健康水平的理想渠道。同时，人们利用闲暇时间参与体育运动，能够使大脑放松、心理轻松，这对于心理素质的提高也是十分有利的，身心健康发展对于工作效率与质量的提高具有重要的促进作用。人们在对休闲体育项目进行选择时，一定要考虑休闲的内容是否健康，因为休闲内容健康与否直接影响身心健康水平。以前，人们在休闲时间里主要通过听音乐、读书或者散步等方式来达到放松身心的目的。但是，随着现代经济的发展和时代的进步，电视、电脑等现代化设备进入每个家庭，人们在闲暇时间不愿出去活动，而是通过看电视或者上网来放松自己。殊不知，这看似放松身心的行为也会对人体造成危害。

社会发展水平如何，一定程度上能够通过人们休闲生活的内容形态表现出来。在现代社会生活中，人们休闲生活的内容形态丰富多样，阅读、文化活动、运动比赛、户外娱乐等都是人们在闲暇时间可采取的休闲方式。

物质需求是人们的基本需求，当这一需求得到满足之后，人们就会寻求更高层次的需求，即精神需求。现代社会的发展水平基本上已经使人们的物质需求得到了满足，因此人们便开始对精神需求产生了更多的渴望。人们要想提高自己的生活质量、改善生活方式、实现健康长寿，并在社会发展中贡献自己的力量，则必须促进自身素质得到全面提高与升华，必须对科学健康的休闲观念进行确立，进而通过参与健康的休闲体育运动来使自己的精神需求不断得到满足。

2. 休闲体育促进健康

休闲体育促进健康，不仅是促进个体的健康，也包括社会的健康。个体是组成社会群体的主要单位，所以，个体健康与社会健康之间的联系十分密切。换句话说，社会整体的健康如果离开了每一个个体的健康就不会实现。在社会健康中，个体健康是基础与前提。在健康的影响因素中，营养的作用很大。但人们往往因为过度补充营养或者补充营养不合理而造成营养过剩，从而危害健康，而且很少有人能够充分认识到营养过剩导致的危害。除了营养过剩之外，一些“富贵病”也开始随着人们物质生活水平的提高而逐渐出现，如“三高”（高血压、高血脂、高血糖）等，这严重危害了人类的健康。仅仅依靠医疗措施来治疗人们的富贵病与“文明病”是不够的，还需要通过休闲体育这一重要方式来对这些疾病进行有效的预防与治疗。

在防治“文明病”方面，与休闲体育相比，医疗手段就显得有些被动和消极，而且治病难的现象十分普遍，人们需要耗费大量的时间与金钱成本来用于疾病的治疗，而且治疗效果也未必能达到理想状态。社会需要健康，休闲体育可以使人们对健康的需要得到充分的满足，而社会的发展又要求休闲体育要以促进个体健康为目标，这样休闲体育的发展目标也越来越明确，即为了全人类的健康而发展。

五、休闲体育与教育论

休闲体育在教育方面有着非常广泛的影响，具有非常重要的教育功能和意义，对不同群体的休闲行为都有着非常积极的教育作用。本节就休闲体育的教育意义及其在不同群体中的应用进行探讨。

（一）休闲体育的教育意义综述

1. 培养科学的休闲体育方式

休闲体育教育的主要目的是使学生通过对休闲体育技能的学习，掌握一定的休闲技能，促进正确、有效的休闲体育方式的形成，提高学生参与休闲体育活动的兴趣与积极性，从而促进学生终身休闲体育观的建立。另外，在休闲体育教育的过程中，教师还要引导学生树立正确的休闲观，科学地选择合理的休闲行为。学生在对休闲体育项目进行选择时，要以自己的身体条件、兴趣、特长以及需求为依据，做出适合自己的选择。学生所选的休闲体育项目在一定程度上反映了其自身的个性与风格，因此选择时一定要慎重，尽可能地通过参与休闲体育运动，养成科学、文明、健康的生活方式。

2. 提高休闲素质

休闲素质是指通过休闲体育教育，使学生树立科学、合理、健康的休闲观，且学生通过自身的休闲体育实践而逐步养成的正确休闲态度、休闲价值观以及休闲行为习惯。通过休闲体育教育，教师要将丰富的休闲体育知识与科学的休闲体育技能有针对性地传授给学生，提高学生学习与参与休闲体育运动的兴趣，并对学生的休闲体育意识地进行科学培养，帮助学生确立正确的科学休闲体育价值观，养成良好的休闲体育态度与习惯，并引导学生选择有价值的休闲体育项目。在对学生进行引导的过程中，教师不要将自己的主观想法强加给学生，要尊重学生的自主性。

3. 合理安排休闲时间，促进社会和谐

休闲体育在和谐社会的构建及发展过程中具有一定的价值。和谐是人类追求的理想生活方式。在和谐的生活环境下，人类的生活将会发生一些良好的变化，如人类对物质的摄取不会像之前那样贪婪，而是会变得理智与通达；人与人之间的关系、人与自然之间的关系、人与社会之间的关系会变得越来越融洽与和谐；人们会拥有更加强烈的社会责任感，而且会将自己的追求通过创造性的生活方式表达出来，最终使社会实现整体的和谐等。

在休闲体育教育中，教师要有意识地对学生的休闲体育行为进行引导，使学生对自己的闲暇时间做出合理的安排，教导学生要将落后、愚昧、腐朽的休闲方式摒弃，要有坚决抵制精神污染的决心，从而促进学生健康生活习惯的养成与社会的和谐发展。

（二）休闲体育教育在不同群体中的作用

1. 休闲体育教育在青少年群体中的作用

为青少年提供一种科学、有效且有意义的体育锻炼方式是青少年休闲体育教育的根本目的。从小加强这一方面的教育对于学生终身体育意识的形成和终身体育锻炼习惯的养成是十分有利的。对青少年来说，接受休闲体育教育具有重要的意义。青少年在参与休闲体育活动的过程中，不仅能够对传统文化进行传承，而且可以促进自身再创造能力的提高。青少年休闲体育教育是一个十分有利的教育平台，利用这个平台，可以对未来的体育人才进行科学培养，进而促进青少年自我价值的实现。

休闲体育教育在青少年身心发展方面具有积极的作用，主要从以下几方面体现出来：

（1）休闲体育教育有助于使学生的学习紧张情绪得到缓解。

（2）休闲体育教育有利于使学生远离消极、颓废的生活。

（3）休闲体育教育有利于促进学生养成良好的体育锻炼习惯和形成科学健康的生活方式。

（4）休闲体育教育有助于增进学生心智和各种技能的提高。

（5）休闲体育教育能够促进学生身心的平衡发展。

不同性别的青少年在休闲体育活动中有不同的表现。一般情况下，男生参加体育运动的积极性与自觉性要比女生高，这一点在集体性的体育运动项目中表现得尤为明显。男生之所以会积极参与其中，主要是因为传统的男性价值观能够在这些体育项目中得到充分的体现，二者具有一致性。男生天生喜欢表现自我，喜欢竞争，而通过体育运动能够实现男生在这两方面的需求。对比而言，女生在参与休闲体育活动时就显得有些被动，体育可能会对女生的意识和心理体验产生不同程度的消极影响。所以，性别矛盾在休闲体育教育中体现得特别明显。

2. 休闲体育教育在中老年群体中的作用

随着社会物质生活水平的不断提高，人们的寿命也在不断延长。人们在经过多年的工作后，会面临退休的问题。退休之后的中老年拥有更多的闲暇时间，如何度过闲暇时间是每个中老年人和整个社会都要考虑的一个重要问题。

中老年人是社会的一个重要群体，拥有强烈的社会归属感，而且对社会价值的实现也有强烈的需求。中老年人对归属感与价值实现的需要，只有通过参加社会活动才能达到。因此对中老年人进行休闲体育教育十分必要。

对老年人进行休闲体育教育，主要是为了培养与提高他们对休闲体育行为合理选择的能力和对休闲体育价值准确判断的能力。休闲体育教育有着广泛的内容，中老年人接受休闲体育教育，能够提高智力，提高对美的鉴别与欣赏能力，树立正确的体育价值观，提高对事物进行判断的能力和对挫折加以克服的心理承受能力。此外，休闲体育教育也有利于促进中老年人社会交往能力的提高，从而有效消除他们的孤独感等。

因为现阶段我国休闲体育的发展还处于初级阶段，所以中老年人普遍接受休闲体育教育在短时期内不容易实现。因此要加大对休闲体育教育的宣传力度，通过利用大众媒体和成人教育等渠道来使中老年人意识到接受休闲体育教育的重要性，并能够积极主动地参与到休闲体育的学习中。

六、休闲体育与娱乐论

休闲是娱乐的基础，通过休闲能够产生一定的娱乐效应。休闲体育具有非常突出的娱乐价值和功能，这也是休闲体育得到不断发展和休闲体育文化日益繁荣的一个重要原因。本节主要就休闲体育与娱乐的关系以及强化休闲体育娱乐价值的对策进行分析与研究。

（一）休闲体育与娱乐的关系解析

1. 身体运动的娱乐原欲

在原始社会，人类在阳光下追逐，在风雨中打闹，并从中获取强烈的快感。这种本能的嬉戏不存在外在的功利目的，与运动系统和生命活动的内在功利目的相符，也就是说此类活动满足了人们本身的活动欲望，被称之为“娱乐原欲”。

人类基本的生理需求一旦得到满足后，其“娱乐原欲”就可能通过身体活动充分表现出来。他们或欣喜若狂，或手舞足蹈，这都是由人的身心需要而引发的活动，它对于维持生命所必需的活动过程并没有直接的帮助，也不追求直接的功利目的。另外，原始人类的身体练习并不直接服务于生存的需要，人们只是从这些活动中享受快乐和愉悦。

原始娱乐文化形态基本上属于自然娱乐形态，属于人类社会低级开发阶段的产物，同人类原始思维方式相适应。那时的娱乐文化还不具备成为独立文化形态的条件，仅仅是一种人类初期智能和体能开发的表现形态，而这些表现形态在那个时代都深深地渗入人类的一切活动之中，特别是经济、宗教、战争等活动中。以原始宗教为例，原始宗教是原始人类思维方式的自然化形式，是人类最早的、最主要的意识形态。其中，图腾和巫术是原始宗教最主要的内容。图腾是指和部落有神秘血缘关系的某种动植物的神圣标记。原始人类希望通过图腾祭祀的方式来求得安定。巫术则是人们为占据渔猎对象而通过神秘力量施行的魔法。图腾和巫术代表了原始意识中两种不同类型的意识。为了和神灵和睦相处，并使神灵保佑人类，原始人按照自身的性格特点和想象等设计出了多样化的仪式来取悦神灵，原始宗教的祭神仪式就是其中之一。

2. 娱乐是休闲体育的基础

人们只有在体育运动中体验到乐趣，才能更加积极地参与体育锻炼。因此，只有充分利用娱乐因素及与娱乐有关的各种要素，才能有效促进体育运动的发展。目前，发达国家的体育娱乐观念已深入人心，大多数成功的体育组织都将自己看作是娱乐的提供者。体育组织者将活动组织工作的重点放在丰富赛事内容与提高赛事吸引力上，而观众也将观看比赛视为一种休闲娱乐活动。与其他娱乐活动相比，体育娱乐具有自发性和结果不确定性的特点，这也为体育生产商提供了更大的机遇和挑战。例如，日本每年都会举行“全国体育娱乐节”活动，为获得“全国体育娱乐节”的举办权与参与权，各地区纷纷成立相关的体育娱乐团体，并举办地区级的体育娱乐节，这对大众休闲体育的发展具有积极的促进作用。

3. 休闲体育具有娱乐功能

休闲体育所具有的娱乐功能，具体表现在自娱与他娱两个方面。休闲体育的自娱性指的是人们通过参与休闲体育运动，能够在精神上获得满足，从而表现出一种娱乐的心态。他娱性指的是人们在观看休闲体育运动表演或比赛的过程中，情绪随着表演或比赛情况的变化而起伏不定，或高兴，或失落，或欢呼，或抱怨，这些情绪的变化都能够使其精神需求得到不同程度的满足。

不管自娱还是他娱，人们的心理与精神需求以及人们对休闲体育价值的认同是休闲体育娱乐功能充分发挥的重要基础与条件。休闲体育娱乐中既包括了人们对休闲体育外在形式美的享受，又包括了人们对休闲体育特性的崇尚与向往。人们对休闲体育的推崇在对抗性与竞技性项目中能够得到充分的体现。对抗项目表演或竞赛的参与者在激烈的对抗中，能够将自己的勇敢、威武、顽强、聪慧甚至暴力的特征充分展示给观赏者，从而唤起观赏者的本能意识，使其在思想上受到刺激、精神上得到满足。此外，在休闲体育的对抗性运动与竞技性运动项目中，人体的力量美、灵巧美、速度美和柔韧美也能够得到淋漓尽致的表现，从而使人在竞技对抗的环境中感受美，享受这种“美”带来的愉悦感，而观赏休闲体育的人也能够从中得到美的享受。

休闲体育运动因内容丰富、价值多元而广受人们的欢迎，休闲体育的受众没有年龄、性别及阶层之分，群众基础广泛，而且一些休闲体育项目在时间、地点及场地上没有太高的要求，从而体现出简便与经济的特点。因此，休闲体育逐渐发展成为人们健身与娱乐的重要手段。

（二）休闲体育娱乐价值的强化对策

休闲体育具有娱乐功能，人们参与休闲体育运动也具有一定的娱乐动机，即为了获取娱乐。

因此，只有强化休闲体育的娱乐功能，才能更好地激发人们的娱乐动机，也才能更进一步地吸引人民群众参与休闲体育，推动休闲体育的发展。下面重点对强化休闲体育娱乐价值的对策展开分析。

1. 合理规划和有效利用休闲体育的场地资源

人们参与休闲体育运动，最基础的物质保障就是场地资源。因此有关部门要对场地资源进行规划与开发，而且规划要合理，开发要尽最大限度，以此提高场地的利用价值。具体可以从以下几方面着手：

（1）通过多种方法与渠道对场地开发所需的资金进行筹集，对场地进行合理规划与布局。在城市中，可以多建广场，专门用于人们的健身活动，使大众的健身要求得到满足。

（2）尽量使城市中开放性的广场保持全开放的状态，以方便人们的休闲健身。

（3）城市中要多增加对外开放的公园。人们可以在公园中参与健身与娱乐活动，为了维护公园内的器械与设施，可以向使用者收取适当的费用。

（4）改革学校的操场，一方面，要加强对学校地理和环境优势的利用，加大场地开发及休闲体育运动器材完善的力度，提高其利用率，从而使学校的休闲体育教学需求得到满足；另一方面，可以在恰当的时间对外开放，以促进休闲体育宣传及教育力度的加强。

（5）休闲体育俱乐部虽然大多是以营利为目的，但是可以通过降低会费来吸引更多的会员。

（6）社区要加强休闲体育活动的开展，在社区的公共场所组织集体性的休闲体育活动。

2. 普及休闲体育娱乐教育

随着经济的不断发展，人们有了更多的闲暇时间，而且越来越关注如何利用闲暇时间参与休闲娱乐活动的问题。因此，在普及与推广休闲体育的过程中，休闲体育娱乐教育的开展就显得特别重要。需要强调的是，普及休闲体育运动娱乐教育的范围不应局限在学校，要在整个社会推广开来，让所有人了解如何通过休闲体育运动度过闲暇时间，享受娱乐。具体而言，休闲体育娱乐教育的普及可以从两个方面着手：一方面，在学校休闲体育教学中适当增加娱乐教育；另一方面，加强社会休闲体育娱乐教育服务网络的建立与完善。

3. 利用媒体广泛宣传与推广休闲体育的娱乐价值

21 世纪，信息科技高速发展。从很大程度上而言，信息对人们参与各种社会活动具有引导作用。人们对休闲体育活动的参与同样离不开信息的支持与引导作用。而媒体是传递信息的主要载体，因此休闲体育魅力的彰显与发扬就离不开媒体的宣传和推广。具体而言，媒体对休闲体育娱乐价值的宣传与推广主要从以下几方面进行：

（1）通过短片对休闲体育运动进行宣传

人们对外界信息的获取基本上是靠眼睛，因此通过短片的形式吸引人们观察图片、看视频就能够对休闲体育运动进行宣传。在策划休闲体育的宣传片时，要尽可能地将休闲体育内容的全面性、丰富性、娱乐性等特征充分展现出来，使人们更深入地了解休闲体育，从而有效地普及与推广传统休闲体育的娱乐价值。

（2）加强媒体对休闲体育赛事的宣传力度

休闲体育赛事的观赏价值是极强的，观赏赛事不但能够促进文化娱乐生活的丰富多彩，而且能够对爱国主义精神进行培养。在我国，休闲体育运动的群众基础十分广泛，通过举办休闲体育运动项目赛事能够引起人们的共鸣与认同，使之产生强烈的社会反响，这对促进休闲体育娱乐价值的宣传非常有效。

(3) 举办相关的电视娱乐节目

现阶段，电视这一媒体在社会上的影响力、竞争力很大，而且普及范围也很广泛，其已经成为人们获取信息的一个重要途径。所以，通过对休闲体育类电视娱乐节目的举办，能够吸引人们眼球，人们在观赏节目的过程中对休闲体育运动娱乐价值的了解不断全面和深入，从而使休闲体育在大众中的影响力不断扩大，使休闲体育成为人们日常生活中的一个重要部分。例如，央视五套播出篮球、网球、乒乓球等不同休闲体育运动项目的比赛，都突出了休闲体育运动的娱乐化及竞技化。人们通过观看这些精彩纷呈的节目，能够获取快乐，感受休闲体育各运动项目的魅力与娱乐功能，从而积极参与其中。

第三节　休闲体育文化价值解析

随着经济的发展与社会的进步，人们的物质生活得到不断满足的同时，对精神文化层次的需求越来越强烈。面对即将到来的休闲时代，在现代体育价值观的影响下，更多的人会选择通过休闲体育的方式来促进身心全面发展、感受生命意蕴和人生价值，从而实现精神自由。因此，休闲体育在一定程度上能够满足人们对精神文化的需求。

一、文化价值概述

人不仅是文化价值的需求者，而且是文化价值的承担者。同时，文化价值又是由人创造出来的。文化价值存在于能够满足人们对文化需要的有形与无形产品之中，任何文化一旦生成就必然会拥有某种价值。换言之，当作为人的主体发现了能够满足自己文化需要的客体时，这个客体就具有一种文化价值；而要实现这个价值，主体与客体之间必然会存在着某种联系。

人类所创造的一切具有文化价值的产品都是人类社会文明发展的产物，同时又满足人的文化需要。所以，文化价值处于一种动态发展之中，随时间和空间的变化而变化。这也决定了文化价值的差异性。具体而言，不同的时代产生出不同的文化价值，不同的地域滋生出不同的文化价值。比如，清代中国妇女以缠脚为美，这是一种家庭制度文化的体现，即“夫为妻纲”；但如果现在的女孩还缠脚，就会让人笑掉大牙。造成文化价值的差异性还与地域背景因素有关，也就是说，不同的民族和族群其文化价值显然是迥然不同的。文化价值由于时间和空间的因素具有其独特性和差异性。

按文化价值的存在形式可将其分为具有物质属性、精神属性以及制度属性的文化价值，三者既有区别又有联系。所谓物质属性的文化价值，是指那些能够满足人们的物质需要的文化价值，物质属性的文化价值主要体现在有形产品之中；而精神属性的文化价值是指能够满足人们精神需要的文化价值，精神属性的文化价值其主要形式有道德价值、审美价值等；制度属性的文化价值既是精神文化的产物又是物质文化的工具，构成了人类行为的习惯和规范。

文化价值在休闲体育活动中通过休闲体育主体的文化价值、休闲体育客体的文化价值和休闲体育中介体的文化价值表现出来。休闲体育活动主体的文化价值取向决定了休闲体育者的行为。休闲体育者的行为主要包括决策行为、消费行为、审美行为等。其休闲体育决策行为受自身文化修养和价值观的影响，具有较高文化修养的主体会选择文化体验较强的休闲体育活动，反之亦然。从这个意义上来说，休闲体育主体的文化价值直接影响其休闲行为。

二、休闲体育文化价值

休闲体育作为一种社会文化现象，之所以能日渐兴起、蓬勃发展，为现代人普遍需求和接受，并对今日社会生产生活产生重大影响，皆因其具有满足人和社会发展需要的实际效用。这种实际效用就是休闲体育的价值。从哲学的意义上来说，所谓价值就是指主体与客体需要之间的一种特定（肯定与否定）关系，是人们所利用的并表现了对人的需要的关系的物的属性。它不仅取决于客体本身的结构，还取决于主体的活动，与主体需要是密不可分的。休闲体育价值是指休闲体育对人和社会的客观效用。休闲体育作为客体是一种社会客体，与自然客体不同，总是与人的需要和利益直接相关的。

休闲体育价值不仅是休闲体育存在的社会前提，也是休闲体育文化的核心内容。认识休闲体育必须客观认识休闲体育价值及其作用方式，只有了解休闲体育价值才能有效地拓展人和社会对休闲体育需求，从而更好地满足人和社会对休闲体育分层次、多样化的需求，而且对丰富和发展休闲体育文化，促进休闲体育及其相关产业的健康发展，有积极的推动作用。

（一）休闲体育对人的全面发展价值

从人的全面发展的角度来看，休闲体育是对自身进行改造的最佳手段，具有独特的价值和作用。一方面，休闲体育实践是把人类自身作为明确的改造主体，具有主客体的同一性，另一方面，人们把身体运动作为对自身进行改造手段的同时，又追求身体运动本身对人的积极作用和美的价值，具有目的与手段的同一性。因此，它在促进人类自身的完善、和社会文明进步的过程中具有重要的价值。

1. 对身体和精神的补偿性

《国际休闲宪章》指出，所谓休闲就是人们在完成工作和其他任务之后，在自由支配的时间内所进行的活动，是以补偿性活动为基础的活动。在现有的社会经济发展阶段，人们在劳动时间内仍要消耗必要的体力和精力，对于具有自然属性和心理属性的人来说，劳动是一种负担、一种个人发展手段，具有相对不自由的必要性；而且，社会分工和劳动职业的机械性、终身性还具有使人的个性片面化的特点。休闲体育运动可以使人从机械、单调的工作环境中解脱出来，从而调节、摆脱、解除和补偿由于劳动和工作所造成的枯燥感和疲劳感，使人的个性发展得到解放。

另外，现代生产方式的升级，不需要人们支付更多的体力，使人的活动单调化，难以满足健康肌体的自然生理需求。人们无论在工作中，还是在生活中，体力支配已经降低到最低限度。营养的过剩和运动不足所引起的心血管疾病、肥胖症等“现代文明病”，正威胁着人类健康。可以说，人类的身体一旦离开了体育，将会失去生物适应的自然选择，必然堕落为“人工自然”的附庸。这种异化，不论对人的身体还是人的精神都会产生极大影响。人们选择体育作为休闲的内容，可以弥补或消除缺乏运动所带来的对身体和精神的负面影响。丰富的身体娱乐方式，给予人以健康的身体和快乐的精神享受，努力保持人类作为一个生物物种的生存活力。因此，休闲体育作为对人类保持自然生物性的补偿活动，具有鲜明的时代意义。

2. 活动的自主性和丰富性

个人在休闲体育活动中具有鲜明的主体性，进行休闲体育的时间、内容和形式都可根据自己的爱好、习惯、意愿、自身条件与体育生活价值标准，自主选择休闲运动项目，寻求并建立适合、适应自己需要的休闲体育生活模式。注重个性化特点，重在参与，不追求运动技术和形式，不追求运动成绩和水平，淡化功利性和竞技性，强化娱乐性和参与性，在与对手、自然、自我的挑战过程中寻找休闲的快乐体验。

休闲体育对人的发展的价值还在于它的丰富性。丰富多彩、形式各异的运动项目，以个体或群体的方式，通过与自然共处、与同类互动，达到寻求感官刺激、追求自然宁静、体现冒险精神、检验自身能力、获得成就感、与他人交流沟通等满足自身发展的目的。无论是观赏还是参与，休闲体育都会令人通过感性的实践形式，获得诸多的感受和体验。休闲体育不仅是单纯的体育娱乐活动，也是很好的寓教于乐的教育过程。在参与过程中，个体可以学习到运动技术、发展体能、培养人际交往能力、增强自信心、培养协作精神和竞争意识等，汲取相关学科知识，在表现自身的能力、施展个人才能的同时，也是一种促进个体身心充分自由地均衡发展和自我完善。

3. 对现代人的身心调适

工业社会追求快速与效率，常造成心理高度紧张和焦虑情绪的明显增加，人类的体力活动明显地减少。而且，个体在社会生活中会受到各种各样的束缚，这会在思想上形成潜在矛盾。因而，每个人的社会态度深处，均潜藏着自我防卫动机。如果这些因素被压抑或者受到约束和限制，就会导致心理创伤和心理疾病的产生。为了消除矛盾、保护自我，这势必会促使劳动者寻求各种机会和条件释放被压抑的精神冲动。对此，弗洛伊德的精神分析理论给予了最好的论证和说明。弗洛伊德指出，人的心理在被压抑的各种情感因素的影响下，必然以“快乐原则”为指导，通过各种社会能够接受的方式释放出来，寻求达到快乐表现的各种方式。

休闲体育具有鲜明的挑战性、刺激性、冒险性和攻击性特点，为人类的身躯提供了发泄出路。对于休闲体育，人们不仅可以亲身参与其活动，体验运动中力量、速度、惊险、刺激、成功、失败等带来的喜悦和快乐，还可以通过现场和媒体观赏其活动，感受它带来的激情和愉悦，体育运动是参与性和观赏性活动的统一。在奥运会、NBA 和足球甲 A 等体育比赛的看台上那些球迷和观众的疯狂表现，就足以证明这一点。球迷和观众们通过欢呼、呐喊甚至是身体的暴力冲突放松身体舒缓紧张情绪，减轻压力和负担，以谋求被压抑情感的排泄方式。

体育休闲是物质与精神统一、体力和智力的统一、身体活动和心理活动的统一。人们在从事体育活动时，形式上看是一种人的有机体物质运动形式，如完成的各种动作，呈现出的运动速度、距离、方向等，以及人体物质能量的消耗，血液的加速流动等。但伴随着人体运动时，更显得突出的是人的精神活动产生了变化，从快速、多变的动作过程、动作的效果、目标实现中，在成功与失败、竞争与合作、顺利与挫折中，体验体育运动内在的乐趣，体验参与感、自我效能感和满足感，人的精神思想产生超越，促使人的身心整合与调适，在塑造健美身体的过程中，健全人的心理，是健心和健身活动的统一，达到“身心双修”“身心和谐”。

4. 和谐人际关系，解脱社会困境

休闲体育不仅是娱乐、健康的载体，也是拓展交际、增进情感交流的润滑剂。休闲体育的魅力使人们消除隔离和孤独，相聚在运动场上，建立起平等、亲密、和谐的关系。也只有休闲体育运动才不分地位、肤色、贫富、职业、年龄的界限，平等而真诚地为一场比赛而忘我地呐喊、兴奋和激动。孤独、分散的现代人，只要相聚在运动场，他们就有可能成为朋友，彼此共享快乐。休闲体育还是人与人社会交往、感情交流的重要场合，它的魅力使人们消除隔离和孤独，建立起平等、亲密、和谐的关系，对人际关系的重建，对社会困境的解脱，有着积极的作用。休闲体育在某种意义上扩大了生活环境、生活内容，使人们不断地认识他人，并重新认识自己，适应变化着的新环境，增强对社会的适应能力。

参与到休闲体育活动中，人们可以得到归属于群体的崇高感、亲情之间的伦理感、服从于规则的道德感、相互关怀和沟通的信任感、对新鲜事物追求的求知感和美感，以及形成强烈竞争、协作意识的独立人格，这些都会对发展、健全和调节现代人的心理发挥重要作用。

（二）休闲体育的经济价值

休闲时间和工作时间一样，也是一种资源、一种财富，人在休闲中从事的体育活动，是人的创造性发展。体育活动的身心复原作用和个体发展作用对促进生产效益的提高是无形而又巨大的。休闲体育是以人为本，追求生活品位和质量的文化活动，是代表激情、力量、健康、愉悦、时尚的文化符号。休闲体育的这种品质和象征意义，在物质生活水平低下、商品短缺的时代，可以说几乎没有市场价值和经济学意义，但是在商品经济发达的经济时代，就成为一种极具开发价值的经济资源。

从经济学的角度分析，只有提高作为生产力最重要的因素——人的素质，才能从根本上促进生产效益。体育对国民经济的影响包括两个方面：直接经济影响和间接经济影响。直接经济影响可以通过统计生产的各种要素，包括“最初投入”的收入总额（工资、薪水、增补劳动收入、直接税收、非股份经营的纯收入）进行评估。间接经济影响主要通过体育产业与其他产业的交互作用得到体现，这种交互作用是由于中间投入需求产生的，表现为生产过程中从其他产业购买的物品和服务的价值。休闲体育消费，就是涵盖了人们闲暇时间内参与体育活动和观赏体育竞赛对体育服务产品、实物产品、精神产品的直接消费以及其他相关活动的间接消费的行为。相关资料显示，当前我国休闲体育消费主要集中在体育用品的消费、参与体育运动的消费、观赏体育的消费这几个方面，并且都呈逐年上升的态势。据国务院发展研究中心战略部课题组报告，2020 年我国 GDP 将比 2000 年翻了两番多。由于我国人口总量还会继续增长，到 2020 年前后人口总数将突破 15.18 亿，这就意味着消费的人群在逐年增长，而有支付休闲体育消费能力的增长必然带来社会经济新的增长。

体育作为休闲的重要组成部分，在人们的日常生活和社会经济发展中占有重要地位。休闲体育已经从一个单独的娱乐、竞技领域成长为一个庞大的新兴产业，成为经济发展新的增长点。作为第三产业中的新兴产业，休闲体育产业在国外已得到长足的发展，而在中国才刚刚起步。休闲产业的发展，一方面是经济发展的必然产物，另一方面，休闲产业的发展不仅可以带动整个第三产业的发展，优化第三产业的内部结构，而且可以通过很强的关联效应，带动第一、第二产业的发展，从而推动产业结构的升级和优化，带动传媒业、旅游业、娱乐业等相关产业，乃至带动一个国家国民经济的发展，最终推动国民经济持续、稳定增长，未来的休闲体育的发展将成为我国新的经济增长点已势不可当。可见休闲体育的发展具有不可替代的经济价值。

（三）休闲体育的社会价值

1. 促进社会的稳定和发展

在休闲生活方式上，人们历来对此存在着“积极”与“消极”两种态度。人们如果不用积极的健康的向上的内容填充闲暇时间，就有可能出现“闲而生危”情形。我国社会工作者曾经对青少年犯罪率剧增的现象进行研究，在对130名监狱在押青少年犯人调查结果显示，87%的犯罪活动都是在闲暇时间进行的，这说明在闲暇时间里犯罪与青少年在闲暇中无所事事、精神空虚有关。而文明、科学、健康的休闲体育生活方式追求的是一种健康、高级、崭新的现代生活目标，它是社会成员排遣精神压力、散发心中郁闷和发泄多余精力的一个安全释放口。

二战以后，英国许多政界人士发表报告，将人们孤独冷漠和大肆犯罪的不健康社会心理和缺少体育活动的机会联系在一起。著名议员克罗舍尔和阿尔伯马尔分别于1959年和1960年发表报告，指出青少年刚刚毕业就走上犯罪道路，与缺少体育休闲活动的机会密切相关。1960年，沃尔夫登体育委员会向英国国会提交的报告中指出，缺少体育设施与犯罪率升高有关联。在70年代中期，随着英国地方政府大量修建体育设施，努力满足失意群体的体育需求。1981年，英国体育理事会发动了“行为体育”运动，该运动通过向基层社区派遣体育指导员，以整合对社会怀有不满情绪的社会群体。20世纪80年代，法国政府将体育和其他形式的休闲活动作为对付严重社会问题的手段。近年来的相关事实证明，在男足世界杯、奥运会等影响较大的运动会召开期间，各国的刑事发案率明显降低，北京召开亚运会期间也印证了这一现象。美国洛杉矶曾是世界刑事发案率最高的城市之一，奥运会之后洛杉矶的刑事发案率成为世界特大城市刑事发案率最低的城市之一。这些都说明了休闲体育文化的示范和导向作用可以调节和引导人们的社会生活，对社会的稳定与发展起到巨大的作用。

世界卫生组织认为：一个热爱运动的社会其益处已超过健康本身。一个形成“积极生活”方式的社区可以降低医疗保健费用、提高劳动生产力、形成一个健康的自然、安定的社会环境、改善学校及工作单位的效率、使人们更加坚定地参加体育与休闲活动，在体育方面取得更大的成绩。

2. 丰富社会文化生活，整合社会情感

人类在创造物质文明的同时，也在不断地创造着精神文明。社会文化的发展，使得人们在享受物质文明的同时，也在享受着精神文化生活。体育是一种社会文化，休闲体育则更具有文化意味。休闲体育谋求的是生活的艺术化，并从中让人们真正体会到运动的乐趣、生活的美好，让人们全身心地投入热爱生活、享受生活的状态之中。有研究表明，经济越是发达，人们追求体育娱乐与休闲的需求也越强烈。休闲体育项目丰富，多种多样。依据参加者在活动中的状态，可以分为：（1）观赏性活动（间接参与），主要指观赏各种体育竞赛和休闲体育的表演。（2）相对安静状态的活动。主要指棋牌类、垂钓等体力支出较小的休闲活动。（3）运动性活动。主要指室内或户外各种身体运动项目。这些休闲体育形式不仅充实了人们的休闲生活，达到休闲娱乐健身的目的，而且丰富了社会文化生活。不仅如此，通过参与休闲体育，为社会群体和个体之间架起了平等的桥梁，可以增进人们之间的相互理解与认同。休闲体育强调内容的趣味性，最易博得群众喜爱，运动本身又是人类健康身体的自然需要，活动过程的非功利性特征使氛围轻松、愉快、友好，因此，休闲体育对社会情感的整合、大众的教育以及促进精神文明的建设具有重要作用。将体育作为休闲娱乐的手段，已经成为现代文明生活方式的一种时尚和标志，并在人类社会文化生活中发挥越来越大的作用。

（四）休闲体育的教育价值

休闲体育在今天之所以受到高度重视，除诸多社会原因外，还有体育自身发展的内在原因。希腊语“schole”是最早出现的休闲一词，意思是指休闲及教育活动，即与人的发展有关。

休闲体育既有始于古希腊时代的悠久的思想渊源，更来自今天人们对现实体育的反思，对现代教育功能的再认识。在传统观念中，公共教育一直是为人们“谋生”而不是“生活”服务，因此，当“谋生”不再成为主要问题时，许多人就不知道如何去安排“生活”。体育活动固然离不开为谋生谋职服务的功利性，但随着劳动时间的缩短和闲暇时间的增多，劳动本身创造性的增强，及整个社会知识的升值，体育活动应更多地向促进个性发展的目标努力，人们希望在不工作时身心仍健康充实，生活仍充满意义。单纯为谋生服务的教育模式不再适应当代社会的需要，因为，体育还要为人们的“乐生”提供服务。

人们在与体育、身体、活动经验的联系都是学习过程。从事一项休闲体育运动，不仅是学习技巧，也是规则、价值学习、如何行为以及如何生活的学习过程。休闲体育同样也是人的社会化的过程，尤其是青少年成长的关键环境。在西方发达国家早已把休闲作为必修课程在学校中设置，并且大都把休闲与体育融为一体进行教育。休闲体育的娱乐和趣味性对于终身体育教育的实施具有重要作用。终身体育的基本含义是：体育贯穿于人的一生；家庭社会、学校体育紧密联系并形成一体化；排除政治、经济、人种、工种及身体、年龄等条件的差别，人人都有参加体育的权利；尊重社会和参与者的个人需求，有计划、有步骤地统一管理体育。终身体育的目标则是：（1）为社会培养身心健全发展的人；（2）为迎接急剧而持续的社会变革，培养具有健全的体魄和高度适应能力的人；（3）改善生活质量，丰富文化生活，延年益寿。从终身体育内容上看，休闲体育与之有着相通的文化内涵，而且两者在目标上也并行不悖。休闲体育的娱乐和趣味性将有助于吸引人们自觉参与到终身体育习惯的培养中来。

因此，休闲体育教育应该在现代教育中占有重要地位，它不仅是社会发展的需要，也是个体发展的需要。首先，闲暇时间内的生活质量决定人的生命质量，是人健康发展中具有决定意义的因素，也是休闲体育教育的主要价值目标。其次，每个人应从小得到良好的休闲体育教育，获得在休闲中提高生命质量和身体全面发展的健身知识和手段。强调休闲体育教育（即培养个人的体育兴趣、丰富生活，以使人们在体育娱乐中调整身心、完善生活、规避不良嗜好等的教育）在当代和未来社会发展中所起的重要作用，对我国正在兴起的休闲体育经济和正在积极倡导的终身体育、素质教育具有深远的现实意义。

（五）休闲体育的人文价值

1. 人文和体育人文精神的本质

人文是以社会、文化伦理、文学、艺术等为特征的人类文明素养，人文精神则指以这些特征为重要内容的人类文明素养的计划和特质。在欧洲文艺复兴时期出现了人文主义的世俗文化思潮，它肯定和注重人与人性，要求在各个文化领域里把人与人性从宗教神学的禁锢中解放出来；肯定人的价值，强调人的高贵，反对中世纪教会的独裁方式和蒙昧主义；推崇人的经验和理性等。

几个世纪以来，人文的含义几经演变，体育人文精神也历经了三个阶段。一是古代体育人文精神，注重人的文化教养，主要表现在古代教育和军事教育之中；二是近代体育人文精神，在恢复体育和体育教育学科的过程中，开始走向以人的身心全面协调发展为核心的体育人文精神；三是19世纪后期以来，明确了以人为核心，把维护人的身心健康列为体育文化发展首要目的的体育人文精神。

社会文化构成了体育文化的人文基础，也为体育人文精神的形成和发展找到了依托。当今人文精神的文化主题为：人文精神是以人为文化发展核心、把人作为主体存在的一种文化思想的体现。它关注人性的自由和提升，关注人的生命意义和价值，为人类心灵归属寻觅精神家园。生命的健康是体育文化终极关怀的对象，从人的生命健康的角度，关心人身心发展和优化人的生活方式。体育文化的一般主题是以人为核心、弘扬人性和维护人的健康生存权。体育人文精神也由此获得了最基本的文化定位，即体育人文精神应该是以人为核心，维护人的健康权利，肯定人的健康在其生命过程中的意义和价值，从而追求一种生命过程的健康方式。由此可见，体育人文精神的特征表现为对人的生存健康关怀、优化人的生活方式和对人性的弘扬与追求。体育人文精神是体育文化的核心体现。

2. 体育人文精神面临的困境

随着经济形态的日益市场化以及人们的价值观念越来越与市场经济接轨，新的经济伦理直接动摇和震撼了体育精神、奥运精神存在的社会基础和原先的伦理基础，体育的人文精神被不同程度地扭曲和遮蔽，于是出现了主要源自于体育精神与体育经济和谐发展问题的现代体育生活中的人文危机。

在经济利益驱使下，竞技体育被过分追捧和异化，竞技比赛的目的变成了金钱刺激下纯粹的技术和体力的较量，体育承载了太多体育之外的东西。由体育人文危机所导致的一些社会问题和体育界的丑陋现象频频发生。比如体育比赛中的欺诈、舞弊行为，高水平赛事中服用兴奋剂现象等。当商业利益成为首要考虑因素时，体育利益就难免成为牺牲的对象。人们为了追求荣誉和荣誉背后的经济诱惑以及虚荣心的满足，在手段上肆无忌惮。运动员为获得高额奖金，不惜服用兴奋剂，置自己的身体健康和体育伦理于不顾。俱乐部可以利用金钱，使裁判放弃“公平、公正”的原则，吹起“黑哨”。在这种状况下，人们忽视了体育的人文精神和奥林匹克理想，体育运动被当作纯粹的追逐功利的手段，偏离了体育人文精神所弘扬的以人为核心、弘扬人性和维护人的健康生存权的文化主题。因此，还体育文化以本原、寻求体育人文精神的回归是现代人极度关注的问题。

3. 休闲体育与现代体育人文精神之契合

在我们对体育人文精神出现困境发出喟叹的同时，表现出更多的人性化、个性化和生活化特性的休闲体育逐渐兴起，并吸引了越来越多的人怀着愉快的心情投入休闲体育之中，体育人文精神的特征是对人的生存健康关怀、优化人的生活方式和对人性的弘扬与追求，那么从休闲体育的文化内涵中我们可以透视出休闲体育与体育人文精神之间的契合。

（1）休闲体育文化是对人的生存健康关怀

追求健康是现代人的首要目标，而健康的概念也不仅仅是没有疾病和拥有强健的身体。1984年联合国世界卫生组织（WHO）成立时在其宪章中就指出：“健康不仅仅是没有疾病，而且是身体上、心理上和社会上的完好状态或完全安宁。”休闲体育是体育运动和闲暇娱乐的结合，不仅具有强身健体的功能，还通过丰富多彩的身体运动娱乐方式，给人以精神上的快乐享受，达到人与人、人与自然、人与社会的健康和谐的相处。休闲体育正是从人的生命健康角度，关心人的身心和谐健康发展。

由于缺乏运动和营养过剩引起的心血管疾病、肥胖等“现代文明病”正威胁着人类的健康。因此，人们开始重视体育运动对增强体质、防病祛病、延年益寿、保持旺盛生命力的功能。开始充分利用闲暇时间参加各类体育活动，以弥补不良的生活方式对健康带来的负面影响。人们在参与休闲体育过程中形成了新的健康观念，人们不但认识到健康的身体需要通过体育锻炼来获得与保持，而且认识到健康的精神状态、健全的心智和良好的社会适应能力也可以在闲暇时间的体育娱乐活动过程中获得。因此，休闲体育与人的生命健康的联系正日趋紧密。

（2）休闲体育可以优化人们的生活方式

休闲体育不但保持了体育的基本含义，而且在更高层次的意义上是人们用以满足自己身体和精神的高品质生活需求的一种生活方式。所谓生活方式是人类文化成果在个体、社会群体、国家民族生活行为上的总积淀。简单地说就是人们生活的样式、生活的模式。健康的生活方式就是看它是否符合人的全面发展的需要。

休闲体育可以满足对美的需求，可以满足自我发展的需求。在现代人的心目中体育已不仅仅意味着传统的体育比赛以及跑步、打球、广播体操等具体的大众体育锻炼项目，体育也不再是纯粹的强身健体，而更多的是以体育活动为媒介，对高质量的生活方式的追求，是保持旺盛的生命活力的有效方式，是体现生命价值、获得愉快情感体验、享受生活快乐、追求身心健康的重要途径。休闲体育为人们在日益增多的余暇时间选择和安排休闲生活提供了丰富的内容和方式，缓解了由于残酷的社会竞争、战争的恐惧、单调紧张的机器大生产所带来的心理压力，改善了由工业生产方式、物欲膨胀等营造的低劣的社会文化环境，休闲体育文化在整合社会文化的过程中优化了社会文化环境和生活方式。休闲体育已经成为现代人的生活方式中不可或缺的内容。

（3）强调对人性的弘扬

西方学者认为，休闲是人的生命的一种状态，是“成为”人的过程，是寻找生命意义和人性回归的过程。休闲体育是人们在闲暇时间自主选择的，以满足自身发展需要和愉悦身心为主要目的、具有一定文化品位的体育活动，是在生理活动之上的体现人们追求健康、身心协调的体育实践活动。它追求的是运动本身带来的乐趣，参与到休闲体育中的人不再是体育竞技的手段和工具，人作为主体的地位不断地提升。休闲体育是以满足人性的需求和非功利性为出发点，维护人的健康生存权，关注的是人本身的价值和意义，是体现和实现人的全面性和丰富性的身体活动，是整合和提升人性的身体活动，是作为人的个体享用、享受、享尽生命权力和身体活动权力的过程。

休闲体育散发着浓郁的文化气息，可以满足人们对娱乐性、消遣性精神生活的需求，当代体育人文精神的最高原则是人道主义，就是扬弃宗教异化、伦理异化和对权力与金钱的崇拜，反对政治斗争中的革命原则高于人道原则，反对科学技术理性对人的个性的压抑和操纵，消灭一切非人道的现象，使人走向崇高和圣洁。项目极为丰富的休闲体育具有挑战性、刺激性、冒险性、新颖性、趣味性和艺术性等特性，人们在此过程中可以充分享受体育运动的乐趣、表现自身的能力、施展个人的才能，获得身心的满足和愉悦。这种身心的体验，不是那种实现特定的任务之后，人们体验完成使命的欣慰情感，而是自然的、自由的、非社会功利为目的轻松、舒畅的心情和乐趣。休闲体育文化把追求健康第一和人的全面发展放在首位，表现更多的是人性化、个性化和生活化的特性，越来越契合于现代人文精神，符合人类自身需要，回归人的本质，提升人的素质，把体育的功能发挥至极，也是体育必然走向休闲化的内在动因。参与到休闲体育之中，意味着人们对体育理念由崇高到返璞归真。体育的休闲化，使体育的文化内涵得到了充分的张扬，被遏制已久的体育人文精神也得到了相应回归。当代体育人文精神的人道主义原则与休闲体育以人为核心、弘扬人性和维护人的健康生存权的文化内涵是统一的，相互契合的。

（4）从体育走向休闲是体育人文精神的一种回归

传统的体育概念，似乎更强调体育的强身健体以及它的教育功能，《中国大百科全书·体育卷》对体育做了如下释义："它是有目的、有组织、有计划地促进身体全面发展，增强体质、传授锻炼身体的知识和技能，培养高尚的道德品质和坚强意志的一个教育过程。"

多年以来，体育的娱乐、消遣本质被深深地遮蔽。而体育无论是从发生还是从实践的角度来讲，都是一种娱乐、游戏行为。人们在此种行为中只承担虚拟的游戏责任，而不能承担现实责任，体育是在游戏中显示自己的本质，体育的这种非功利性正是它的无用之用，它追求的是体育运动本身所带来的乐趣，这种乐趣可以是一个人独享的，也可是某个体育群体所共享的。在此过程中，体育不再是现实生存的工具，而是生命权力、健康权力的归还，是探寻体育文化真谛的途径。体育的文化价值在休闲体育中得到突显，我们对体育的人文憧憬也通过休闲体育得以实现。因此，从体育走向休闲是体育人文精神的一种回归。

第四节　休闲体育文化的功能解析

休闲体育是一定社会发展阶段的产物，是一种特殊的社会文化现象。休闲体育的文化功能是指，休闲体育活动本身的技术规格、形式，以及休闲体育设备的品种、款式、装饰等诸方面所承载和传递的反映人们精神文化观念和心理等信息的属性。

一、推动文化观念的更新

社会经济的发展和人们生活水平的改善，不断地刺激体育产业的发展，诱导人们积极参与休闲体育消费，自觉提高生活质量，进而改变人们对休闲体育文化的认识，形成个性化的休闲体育生活方式。休闲体育又通过其文化价值功能——健身、娱乐、休闲、教育的功能，以及休闲体育设备本身的艺术价值功能，去吸引、诱导民众参加休闲体育活动。通过休闲体育文化价值功能的吸收和诱导，不仅可以使具有相同或相近休闲体育文化价值观的人们对某些具体的休闲体育项目产生认同并达成共识，形成共同的休闲体育消费倾向，改变人们对休闲体育文化认识不足或肤浅的意识。

二、丰富社会文化，促进社会文明

休闲体育是一种多元文化的集合，是一定时代、一定文化背景下的具体的实践活动，既反映该时代一定的民族文化价值观，也反映世界各族文化的交融，对推动世界文化交流起着积极的作用。不同背景的人们在休闲体育文化交往的进程中，既可进行多文化的对话，也可以不断地修正各自过时的文化，提高参与者的文化水平，客观地推动社会的文明发展进程。

休闲体育是一种实践活动，是参与者获得实践体验价值为目的休闲娱乐活动，人们可以在活动中尽情地发泄自己的感情，交流并表达自己的思想。休闲体育活动中人们多姿多彩的表现，就是不同思想文化的碰撞和展示，因此，在一定意义上讲，休闲体育活动的实践就是一个舞台，通过这个舞台可以反映参与者精神文化的修养内涵及其程度。同时，在共同的休闲体育活动中，参与者的思想文化修养可以相互影响、学习和借鉴，提高自身思想文化修养的水平，促进社会的文明进步。

三、促使人们科学化休闲意识的怦然觉醒

人们通过自身自觉、有意识的休闲活动来理解并诠释着休闲体育的文化意蕴，在这一过程中，不仅人体的肌肉得到放松与解脱，心情也得到了享受与愉悦，休闲体育文化的这种休闲价值、娱乐价值等极大唤醒了民众的休闲意识。毋庸置疑，休闲体育类型多元多样，众多的体育项目极大满足了社会各界人士对“休闲”的需求，而正是在这种休闲娱乐的状态中，人们逐渐从繁忙的工作压力中抽离出来，真正体会到作为一个社会个体的放松与愉悦。于是，在民众心中，一种科学化的休闲意识怦然觉醒。当休闲体育文化发展成为具有相当社会影响力的文化风尚，其便会在潜移默化中影响民众的思想观念与价值取向，使民众的体育思想观念更加趋于科学、趋于和谐、趋于健康。

四、帮助人类形成科学的休闲体育文化价值观

人类科学休闲价值观的形成需要有休闲体育文化价值的引导，而这必然离不开休闲体育的发展与休闲体育文化的传播。从表面上看，休闲体育文化仅仅是一种简单的社会文化形态，但从根本来说，它是以文化为特殊呈现形式的一种社会管理方式。也就是说，休闲体育文化以“文化渗透”的柔性方式对社会民众进行循序善诱的文化层面的引导，继而达到构建和谐、友爱、宽松、进步的社会环境的目的。诚然，在和谐社会构建的过程中，人们会逐步形成科学的休闲体育价值观，而在这种价值观的引领下，社会会更加和谐进步。再者，休闲体育文化本身具有较强的体育性与人文性，特别是其中的人文性更会引领着人们向科学、进步的价值观行进，这便是休闲体育文化的重要价值体现。

五、加速优良社会休闲体育文化的传承与发展

每一个事物都处于不断变化与发展的过程，体育文化也同样如此。但不可否认的是，体育文化的发展不是一蹴而就的，而是在经历一个很长时间兼容并包、提炼总结、充实提高等循序渐进过程之后实现的。在这一过程中，优秀的、向上的、积极的、有价值的文化被流传下来，而那些失去价值的便被淘汰。休闲体育文化是一种积极向上的健康文化形态，它是体育文化不断完善发展的必然产物，故其最重要的文化价值便是对优良休闲体育文化的传承与发展，这极大地推动了人类文明的发展与进步。

六、推动人类文明和谐、健康、可持续发展

休闲文明是人类文明的一种重要形式，休闲体育文化的另一个重要价值便是推动了休闲体育文明的和谐发展。诚然，休闲体育文化在发展过程中不仅满足了人们身体、心理发展，还满足了其文化发展、休闲娱乐以及人格塑造等多种社会文明发展需求，这一定程度上促进了人的和谐发展。人类在和谐、文明发展的过程中，对休闲文明的认识与践行休闲文明的水平均在不断提升。从该层面来说，休闲体育文化是推动休闲文明，实现人类文明和谐健康发展的动力与催化剂。再者，当人类受休闲体育文化影响颇深后，人们便能更加精准、灵活与科学地安排自己的闲暇时间，摒弃落后、不良的休闲娱乐习惯，长此以往，人类休闲文明程度必定能够获得进一步的提升。

第二章　不同类型休闲体育文化特征解析

第一节　休闲体育审美文化解析

人们对文化的需求促进了文化的多元化发展，对其形态和价值选择的标准越来越高。休闲体育文化作为文化构成的子系统之一，包含了特有的物质文化、行为文化、制度文化和精神文化等。随着休闲体育文化的不断丰富和发展，以及人们对休闲体育文化需求的日益增多，便自然而然地形成休闲体育文化主体对休闲体育文化客体的审美现象，伴随着这一现象的不断演变和发展，逐渐地形成了休闲体育审美文化。休闲体育审美文化的特质关系是由休闲体育审美文化主体和休闲体育审美文化客体所组成的，换言之，即是人在审美活动中人（休闲体育文化主体）与现实对象（休闲体育文化客体）之间形成的审美关系；并且，在这一审美关系中，休闲体育文化客体会对休闲体育文化主体产生直接和间接的作用。同时，因休闲体育文化主体的差异性，其对休闲体育的审美意向、审美态度和审美价值等也会存在一定的差异。

一、休闲体育审美文化的内涵及特征

中西方的休闲体育审美文化由于受到不同时期、相应时代的传统和现代文化的影响，审美的标准也存有一定的差异，其所富含的内涵也会有所不同。中国传统审美文化由于受到儒家、道家、佛家以及其他文化思想的影响而注重“中和美”“和谐美”“品德美”和“自然美”等。而西方审美观强调“力量美”“外形美”，充分肯定个人价值的实现，在休闲体育审美文化上追求对抗性与个体极限的挑战。然而，不管是在中国还是在西方国家，人们在参与、欣赏休闲体育活动的过程中，都会享受休闲体育带来的愉悦。

（一）中国休闲体育审美文化内涵

中西方休闲体育不仅审美意识不同，休闲体育审美文化思想也不相同。中国休闲体育审美文化内涵的源头可追溯到中国传统审美文化。

中国传统审美文化受儒家“中庸”之道的影响，审美文化表现出把握事物适当的度并保持其平衡，同时以道德规范融入对人与物的审美评价。也就是说，“中庸”的审美内涵即“中和”是一种高度和谐的审美境界。中国传统审美注重“中和”之美，在不偏不倚之中达到和谐之美，即审美主体的情感与理性和谐统一。

儒家的“天人合一”审美思想体现在“天”“地”之仁厚美与“人”之道德美的合一，本质上讲把人的道德美赋予大自然，因而人的情感表达也要符合自然、顺从天理。这样，审美主体与审美客体的“比德”关系便充分体现在人与大自然的和谐之中。

中国休闲体育审美文化还来自道家“自然无为，道法自然”的审美思想。老子提出世间万物的发展规律以“自然之道”为根本的无为状态。道终究还要以“自然”为法，这样，“人”与“天”才能达到“自然合一”的审美境界。老子的“致虚极，守静笃”的虚静论思想以及庄子的“心斋”“坐忘”的美学思想要求人们在审美时摆脱繁杂世俗生活的羁绊，使之处于虚静无为的自由精神境界，进而在自由思想的无为境界中超越自我。作为审美主体的人，一旦虚静无为，可为“圣人之心静平！天地之鉴也，万物之镜也。”(《庄子·天道》）在这种状态下，无心而为，无为而治，人格在高度的完善中获得无穷的力量。所以，庄子主张以“逍遥游”的审美体验方式漫游于山水之间，以达到“天人合一”的审美境界。他明确地提出：“天地与我并生，而万物与我为一。”(《庄子·齐物论》）道家的“天人合一”的审美境界并不强调“天”“地”之仁厚美与“人”之道德美的合一，而是强调人与大自然融为一体的和谐境界，是人对大自然的“天籁”之美的欣赏与陶醉。

中国休闲体育审美文化还受佛教思想的影响。中国佛教的禅宗分为南、北两个流派，北派倡导渐悟，南派以“顿悟”而大行其道。禅宗认为，通过对外界事物的冥想产生“渐惜”或“顿悟”就可进入禅意的意境。以达到自心（佛性）与宇宙之心，（佛）合二为一的“涅槃”境界，即“无碍”和“空”之宁静的和谐状态。佛教认为这是真正美的境界。禅宗这种“空”的理想境界对中国美学思想的发展产生了深远的影响，也形成了以空灵意境为美的禅宗美学思想准则。

中国古代倡导的和谐美侧重于伦理道德，讲究“天人合一”的和谐统一，追寻内在的意境美。中国休闲体育审美观注重“比德”，注重体育活动对品德的培养。儒家倡导的“仁、义、礼、智、信”使得传统休闲体育始终体现出“温、良、恭、谦、让”的良好体育道德美。在儒家严格的礼仪与等级制度下，礼让规矩的要求在传统休闲体育中体现较为明显。例如，西周时期的“射礼”，在“大射”“宾射”“燕射”“乡射”不同级别使用不同的烦琐礼仪：长幼之间和君臣之间在射箭比赛时，下级必须要有礼让，否则便是大逆不道。

在中国“和合”文化的渲染下，中国传统休闲体育强调和谐美与自然美，不过分追求竞争性，所以，中国传统休闲体育审美文化力求“内与外”以及“人与天”之间的和谐。以太极拳为例，它讲究“内三合”与“外三合”。太极拳运动“外三合”要求肩与胯合于一条直线上，左肩与左膝合，右肩与右胯合，合时形成一条正直线之美；肘与膝相合就是以腰为主宰，要求肘关节与膝关节要上下相呼相应，“手与足合”就是要由下而上之上下协调相随。太极拳运动注重“内三合”，所谓“心与意合”，即太极拳运动必须做到心静无为，心不受外界尘世的干扰而全心全意地习练，渐渐达到忘我之境界。“意与气合”即指呼吸之“气”与太极拳动作发力相合，动作传递必须上下相随并与呼吸自然地协调配合。“气与力合”就是太极拳的内劲必须与呼吸协调配合。

（二）休闲体育审美文化特征

休闲体育参与主体在直接或间接参与的体验过程中展现休闲体育审美文化特征，即休闲娱乐产生身心健康美、形式美与形体美、运动的刚柔美等。

1. 健康之美

休闲体育的参与者在从事休闲体育活动中获得身心愉悦，休闲体育给人们带来了生命的意义，也是休闲体育美的体现。健康美包含着人类对自己生命价值的肯定，是人类走向文明的重要标志，也是休闲体育的重要目的。健康美包括身体健康美、精神健康美。身体健康美是指参与休闲体育活动获得健康的体形与身体机能，精神健康美是指参与休闲体育活动获得开朗的心态、美好的情感、顽强的意志、爱心与合作等。

2. 刚柔之美

中国的审美有“男子阳刚之美，女子阴柔之美”一说。随着休闲体育运动的发展，休闲体育运动的审美就有了“阳刚、阴柔”的审美主张，特别是一些具有挑战人类极限和冒险的休闲体育运动项目充分体现了男子的阳刚之气，要求男子具有发达健壮的肌肉。与男子相比，女性的魅力则在阴柔之美，女性的阴柔之美表现在体育舞蹈、健美操等休闲体育运动中的优雅、协调和柔美。当今，有不少女性参与刺激、激烈的休闲体育运动，并在这些运动中表现出刚强与力量，但是，就审美文化而言，女性的美还是以阴柔之美为主旋律。所以，休闲体育运动中的阳刚、阴柔、协调的动作，体现出刚与柔、动与静的和谐之美。

3. 形式与内容美

休闲体育之美重在内容，休闲体育的娱乐健身内容吸引人们积极参与休闲体育活动，从而使人的身心得以全面发展。健身中心的健美操，大众广场的体育舞蹈等吸引了大量的人加入。休闲体育的内容还包括体育手段，通过休闲体育运动促进人的身心全面发展，增强体质与健康。休闲体育运动的休闲娱乐性丰富了休闲体育的内容，许多休闲体育项目如篮球、高尔夫球都是人们在游戏娱乐中形成、发展的，高空蹦极、户外拓展、定向越野等相继引入休闲体育领域，不断地丰富着休闲体育的内容，也显示出休闲体育的内容美。中国是一个多民族的国家，拥有丰富多彩的传统休闲体育活动项目，如侗族的抢花炮、鄂温克族的摔跤、蒙古族的射箭等，中国各民族的休闲体育活动极大地丰富了休闲体育的内容，充满了生活的气息，成为世界各国人民的共同财富。

休闲体育的形式多样化正是美的体现和美的创造，如利用森林和草原等自然资源创造的森林探险、野外求生、草原赛马、溜索、滑草、狩猎、放牧等休闲体育活动，这些休闲体育活动形式既有自然美又有形式美；又如，利用古人类活动遗址、古代伟大工程遗迹、古镇等人文资源设计的文化溯源驾车、攀爬长城等形式的休闲体育活动，这些休闲体育活动形式既有人文美，又有形式美。

4. 社会和谐美

参与休闲体育活动是不带任何功利目的性的，参与休闲体育的目的就是在满足参与者基本生理需求后的自我价值实现，最终获得精神享受，从而使休闲体育参与者达到身心和谐。参与休闲体育者身心和谐必然会引发个人行为的变化，通过休闲体育人文美与精神美产生的影响必然会驱动具有社会属性的参与者行为发生改变，表现出个人的行为美与心灵美，这样必然会带来人与自然以及人与人之间的和谐之美，因而社会就会变得和谐。

二、休闲体育审美文化主客体

休闲体育参与者作为休闲体育审美文化的主体，通过不同的渠道去认识休闲体育活动，在不同的阶段经历了不同的心理变化，并产生不同的休闲体育审美心理，同时形成不同的审美体验以及对应的审美质量。休闲体育审美文化的客体包括自然和人文等。

（一）休闲体育审美文化的主体

1. 审美心理

休闲体育活动的挑战性、创造性和审美性总会吸引大量的休闲体育参与者。人们可能因为积极的动机而参加休闲体育活动，也可能因为消极的动机而进行休闲体育活动。通常将审美、社交、竞技和求知等动机视为积极动机范畴，而避世、宣泄则被认为属于消极动机范畴。尽管人们带着千差万别的动机参与休闲体育活动，但在休闲体育的过程中经历的心理历程则如出一辙——初始期、沉迷期、矛盾期、转型期（挑战成功、挑战失败）四个阶段。

（1）初始期

初始期也可以称为认知期，是指休闲体育参与者刚刚接触或开始了解休闲体育活动的时期。在这个时期，休闲体育参与者从各种渠道开始接触休闲体育活动，休闲体育活动冲击着休闲体育参与者的感官，尤其是冲击听觉和视觉。因此，休闲体育参与者在感官上对休闲体育活动具有了一定的认识。处于初始阶段的休闲体育参与者对休闲体育活动的了解并不全面，在新鲜感和好奇心的驱使下，渴望更深入地了解休闲体育活动。休闲体育参与者在参与休闲体育活动的过程中随着对活动体验程度的加深，一种兴奋感油然而生。这时，休闲体育活动对休闲体育参与者的刺激从感觉上升到知觉，从生理的层面上升到心理的层面。

（2）沉迷期

休闲体育活动对休闲体育参与者的刺激由表及里，兴奋感的深浅程度决定了休闲体育参与者对休闲体育活动的迷恋程度，随着迷恋程度的加深，休闲体育参与者的心态会从尝试的心态变为“非玩不可”的状态，随后进入沉迷期。沉迷期也叫迷恋期，是指休闲体育活动对休闲体育参与者的刺激已上升到精神层面，从而成为休闲体育参与者日常生活不可缺少的一部分。这一时期，休闲体育活动已被提到日常生活的行程上，休闲体育与日常工作有了交叠的部分。休闲体育参与者忘我地从事休闲体育活动，深深陷入其中而无法自拔。甚至对周遭的事物呈漠不关心的态度，周遭的事物渐渐淡化，成为衬托休闲体育活动的背景。处在这个阶段的休闲体育参与者有时丧失了部分理性，甚至对自己的工作、学习和相关工作事宜不闻不问，因而可能导致耗费大量的余暇时间从事休闲体育活动。

（3）矛盾期

抑制休闲体育参与者精神上的享受的原因或是休闲体育活动本身具有的难度，挑战性过高，或是休闲体育参与者对休闲体育活动产生了逃避的情绪。或者说休闲体育参与者出现了审美疲劳。休闲体育参与者一旦对休闲体育活动产生一种厌倦且乏味的情绪，就会思考是否放弃参与该项休闲体育活动。

（4）转型期

转型期又称为抉择期，是指休闲体育参与者在经历矛盾期后，对是否继续进行休闲体育活动的一种抉择，这分两种情况。有的人对自己参与的休闲体育活动极其偏好，从而在余暇时间保持自己对休闲体育活动的兴趣。此时，随着休闲体育活动对感官刺激的变化，休闲体育参与者对休闲体育活动又产生浓厚的兴趣，回到初始期，形成一个循环的过程。若休闲体育参与者对休闲体育活动挑战失败，有的人则会放弃参与休闲体育活动。有的人则会继续练习，重新挑战。挑战的结果要么成功要么失败，失败则有可能放弃挑战自我。例如，滑雪运动，刚开始学难免会摔跤，以后能够在平地上平稳滑行，长时间如此，没有起伏、没有刺激。有的滑雪者就会对这项运动陷入厌倦的状态，可能会退出这项休闲体育活动。但是，若滑雪有刺激，如滑雪上、下陡坡，滑雪者在挑战成功的情况下继而会接受新的挑战；若缺乏新的挑战，滑雪者可能又会重新陷入厌倦的状态；在挑战失败的情况下，有的滑雪者可能会退出滑雪活动。

上述所讨论的对休闲体育运动的挑战的含义不单指生理和技艺上的挑战，同时也含有创造性思维的挑战。像围棋这样的“手谈运动”，其挑战性本身并不来自身体，而来自双方之间的思维博弈。围棋运动不仅是思维、心境的较量，还是一种修养的对话。

2. 审美体验与质量

人们用语言和行为来描述“体验”这个词语。新版《现代汉语词典》中对“体验”是这样阐释的：通过实践来认识周围的事物；亲身经历。体验是对对象的经历，是从事某种活动的亲身感受。

以现代心理学的视角来剖析体验，体验是指人们从亲身经历、实践，到体会，到理解，最后上升到认知的历程。因此，体验是一种个体“内部知觉”的活动。体验具有双重性，它既归属于行为的范畴，也属于心理活动的范畴。体验的过程是指经历从感觉到知觉的过程，也是经历注意、思维、情绪等产生和变化的过程。

从哲学的观点来看，“体验”一词来源于德语，这个词最早被黑格尔使用于书信中，后来在传记文学中可以看到它频频出现。直到 19 世纪 70 年代，有学者将体验与“经历”这个惯用词加以区分。如果说体验的概念是指生理感知到心理感知的过程的话，站在哲学的角度来看，哲学家认为事物之间是普遍联系的，体验也不例外。生命就是一场体验，而体验成为整个生命的一部分。自身的体验与自身的生命紧紧相连，推动人们生活的进行。

“体验”是指通过对外界事物或情境的感觉所激发起的自我的内心知觉、体味。体验是生活中通过实践、亲身经历来认识事物的一种方法和手段。也可以说。体验就是不折不扣的经历，是源自于主体对某种活动的亲身感受。而体验又不同于经验，体验建立在经验的基础之上，是被激活、被发展的经验。体验这种动态的审美过程往往伴随着忘我的境界，而经验相对于体验而言是静止的状态。

从休闲学的角度来看，休闲不是一个静态的过程，而是永不停息的动态体验。休闲体育体验的动态性意味着休闲体验是不能被预先计划的，而是一个人在动态过程中获得的情感体验。因此，休闲体育体验表现着休闲体育过程的价值，一切休闲体育活动只要离开情感体验，对主体来讲，这种休闲活动只是无聊时候打发时光的无所事事。在休闲体育世界里，情感体验和过程同样重要。一方面，休闲体育过程蕴含着许多让人难以言喻而又至关重要的意义，却不能通过行为、知识得以诠释；另一方面，唯有亲身经历、亲身体验休闲体育才能生成体验和丰富的情感。

从本质上看，可以将休闲体育看作是个人对某项活动过程的体验、感知，某种情感体验。从这种体验中可以提炼出某些休闲生活的要素。所谓休闲体育体验，就是指人们用一种个人化的体育方式（自由选择）来度过一段时间（闲暇），并从中体会整个过程（事件）中出现的一系列可记忆的事件。休闲体育体验的后果就是从休闲体育体验中获得某种身心反映。通常来说，不是所有的休闲体育活动都能给休闲体育参与者带来体验，一些层次较低，循规蹈矩的休闲体育活动则难以让休闲体育参与者获得情感的体验。这样，可以简单地定义休闲体育体验：休闲体育参与者以个性化的体育方式进行休闲体育活动，以获得难忘的、值得回忆的某种经历。

美国芝加哥大学的奇克森特米哈伊教授通过对众多的作家、艺术家、音乐家的研究发现，尽管这类人收入微薄，时常捉襟见肘，但他们总能将工作与自己的爱好联姻，把自己的爱好融于工作，从而获得快乐的体验。奇克森特米哈伊教授立足于社会学、心理学及人类学的视角，对休闲的创造性、产生休闲的动机和人性的发展进行了深入的研究。1975 年，他首次提出“畅爽”这个概念，对畅爽体验有如下描述。它是“一种感觉，当一个人的技能能够在一个有预定目标、有规则约束并且能够让行为者清楚地知道自己做得如何之好的行为系统中充分地应付随时到来的挑战时，就会产生这种感觉。这时，注意力高度集中，没有心思注意与此事无关的事，也不考虑别的问题。自我意识消失，甚至意识不到时间的存在。能让人获得这种体验的活动实在是让人陶醉，人们总想做这件事，不需要别的原因，也根本不考虑这件事会产生什么后果，即使有困难、有危险，人们也不在乎”。可见，奇克森特米哈伊提出的畅爽理论强调休闲主体自我价值的实现，畅爽是人们在参与休闲活动前或参与休闲活动中面临活动本身的挑战性和自身能力的约束下所具有的一种心理状态。当参与者心中的目标与休闲活动的难度保持一致时。参与者与目标之间的距离在自己可预见的范围，那么，“挑战”的意义在参与者心中悄然而生，使得参与者的个人意愿与行为跟环境立即形成共鸣，参与者的自我意识被环境紧紧攫住，同时，环境也逼迫着参与者回应，就像相互博弈的乒乓球高手，小小的乒乓球成为了双方之间意识流动的媒介。要达到畅爽的休闲体验状态，参与者不仅要具备一定的技巧，而且休闲活动要具有一定的难度，只有两者达到平衡，参与者才会有畅爽的体验。因此，畅爽理论也被称为最佳体验理论。另外，美国心理学家亚伯拉罕·马斯洛进一步深化了奇克森特米哈伊教授的研究成果，提出一种被称为“高峰体验”或“高峰表现”的心理体验，即人在实现自我价值和追求人格完善的过程中会体验到一种超越时间和空间并与外部世界融为一体的极度兴奋的心灵满足感。但是，这种使人忘我的情绪饱满、高涨的“高峰体验”总是让人难以言喻，只好将其比喻为“到自己心目中的天堂去旅行”。

畅爽理论突破了马斯洛的需要层次理论，可作为该理论的补充。马斯洛需要层次理论主张，无论在何种文化背景下，只有较低层次的需要满足的情况下，才会随之产生高一层次的需要，也就是说，人只有在摆脱贫寒困窘、居有定所的情况下，才会渐渐萌生对爱与被尊重的需要，从而升华为自我价值的实现。然而，也有低层次的需要并未被满足的前提下实现了畅爽感受的人群。

“畅爽”一词源自于英语词汇“Flow”，即我们所说的“爽”“快”等，同时，也有学者认为是心流、快感，神迷等，畅爽就是指人们在进行各种休闲活动或工作时产生的一种最佳体验，是人们在进行自我实现时感受到的一种极度兴奋的喜悦之情。比如，参与者全情投入休闲体育活动中去，将意识全都集中于休闲活动本身。从而过滤掉任何毫无关系的因素，努力去实现休闲活动中的目标，主导休闲体育活动的进行。如此一来，参与者会不断地参加这项休闲活动，反复体验“畅爽”的感受。

在休闲学中，畅爽是一个相当关键的概念。畅爽与陶醉类似，但二者又有所不同，陶醉强调客体对主体的影响，而畅爽则强调主体的自我实现。在休闲体育活动中，休闲体育参与者是否能从中感受到畅爽的感觉成为衡量参与休闲体育活动质量高低的重要标志。而畅爽的感觉究竟是如何形成的呢？从生理学来说，人体的大脑中存在一块被称为快感中心的区域。研究表明，当脑电流刺激这块区域时，大脑会产生一种导致神经兴奋的化学物质，而且这种化学物质的刺激性程度远远高于鸦片、海洛因和其他药品。就是这种生理麻醉剂的刺激改变了脑电流连通的回路，从而给人们带来兴奋或消极、快乐或痛苦的情绪。人们之所以能在休闲体育活动中解脱自我应归功于这种生理麻醉剂。

在弄明白形成畅爽的原因之后，研究者为了更明确地衡量参与休闲活动质量的高低，引入了畅爽模型。学术界在进行实证研究时，提出界定畅爽的维度各不相同，被广泛接受的是奇克森特米哈伊提出的挑战技能模型，奇克森特米哈伊教授对畅爽提出的相关模型也称为三段式模型。他认为，获得畅爽的感觉建立在休闲体育活动本身所具有的挑战性和休闲体育参与者自身的技能之上。应该说明的是，参与休闲体育活动，高挑战和低技能被界定为焦虑，而高技能和低挑战则被定为无聊，而畅爽被界定为游离于无聊与焦虑之间又令人着迷的情感状态。想要获得畅爽感，休闲体育参与者本身的技能必须与休闲体育活动的挑战性匹配。（见图 2-1）

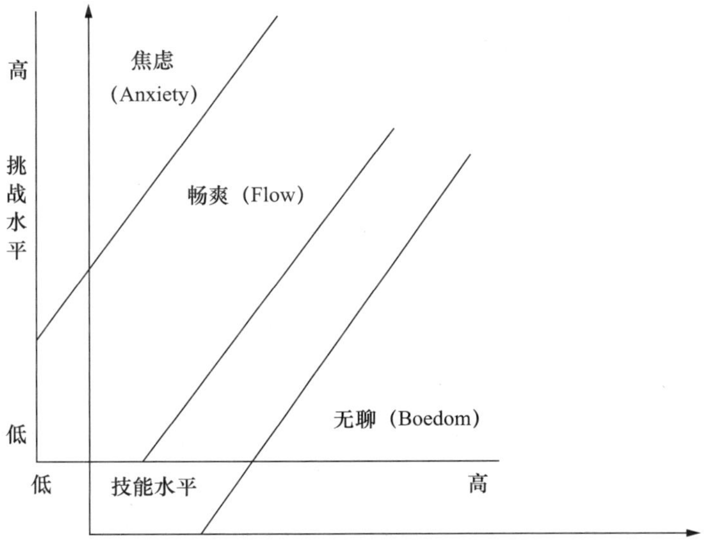

图 2-1　畅爽三段式模型

在图 2-1 中，在两条射线和横纵坐标轴组成的区域内为人们获得畅爽感的有效范围。在这个范围内休闲体育参与者的技能和休闲体育活动的挑战性相匹配，也就是说，休闲体育参与者可以征服活动本身的挑战性。但这个过程并不是人们想象中的那样轻而易举，需要休闲体育参与者克服一些困难才能完成。而其余的区域则分别表示焦虑和无聊。假使休闲体育参与者个人的技能水平未能与休闲体育活动的挑战性相匹配，此时个人的焦虑感则油然而生；假使休闲体育参与者个人技能的水平凌驾于休闲体育活动之上，尽管参与者不会产生焦虑的感觉，但他也无法获得畅爽的体验。当然，获得畅爽的体验不是一个静态的过程，而是循环往复螺旋上升的过程。以冲浪为例，对新手来说不具备在冲浪板上保持长时间平衡的技能，更不要说具有长时间在海浪中保持身体平衡、在追浪逐涛中所形成的浮漂停留能力。这种技能的缺乏导致休闲体育参与者的焦虑，从而产生学习、练习新技能的动机，以掌握新的技能。在不断地实践和挑战中，周而复始出现无聊的情绪，接着再挑战，在不断提升技能的基础上获得更丰富、更深层次的畅爽体验。总之，只有当该休闲体育活动的挑战性水平与个人技能水平相称时，参与者才能体验到畅爽的感觉。

三段式畅爽模型中假设获得畅爽体验的是那些风险中性的人，即既不保守行事，也不激进找刺激的人。因为，风险偏好的人更偏向于选择挑战性超越个人技能水平的任务或活动，而风险厌恶的人则更喜爱从事挑战性比个人技能水平更低的任务或活动。当然，三段式模型并不能完整地概括人们关于畅爽的体验，对活动低挑战性和低技巧性相互作用下的结果未能给出的说明，四段式模型可对此加以补充。(见图 2-2)

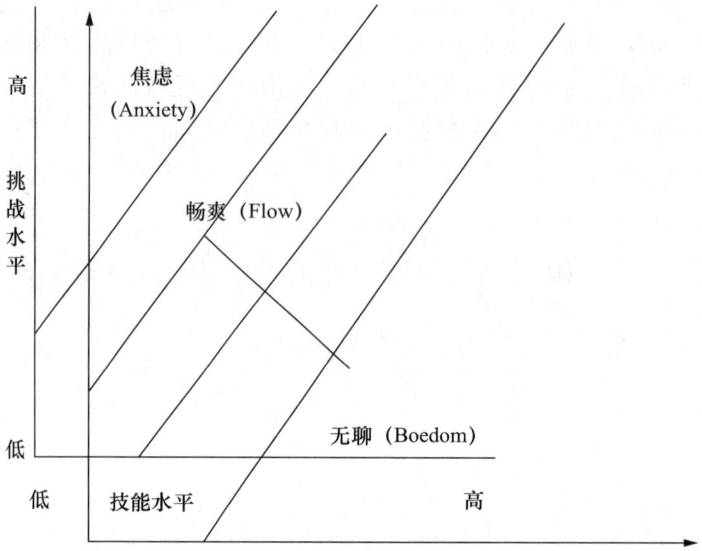

图 2-2　畅爽四段式模型

专家们通过对大量人群的研究，发现畅爽体验凝结了个人的努力、经历。在高难度挑战与卓越能力的相互配合的基础上，个人全心全意地投入才可能触发畅爽体验的萌生，创造异于平常的体验感受。因此，畅爽体验所对应的挑战水平和技能水平都较高。在这样的背景下提出了四段式模型，该模型将高挑战和高体验视为畅爽体验的基础。而低技能和低挑战所导致的结果是休闲体育参与者漠不关心、无动于衷或麻木不仁。因此，保持挑战的难度与个体自身技能水平的一致性是获得畅爽体验的根本保障。若挑战难度远远超出了个体的能力范围，个体就会产生焦虑感；而难度远远低于个人技能的范围，个体心生厌倦。

为了更细致地研究畅爽体验，在四段式模型的基础上，发展出九段式模型。在这个模型中，挑战水平和技能水平按照高、中、低的程度划分为三个层次，将这三个层次进行不同的组合得到了更加详细的体验感受。在高技能和高挑战性的共同作用下，休闲体育参与者才会有畅爽的体验；在挑战水平和技能水平适中的情况下，休闲体育参与者仅仅获得满意的感受；低技能和低水平的刺激下，休闲体育参与者产生的是麻木的感受。在挑战水平不变的情况下，随着挑战者技能水平的提高，依次会产生麻木、放松、无聊的情绪；在挑战者技能不变的情况下，挑战水平的逐步提高会引起休闲体育参与者产生麻木、担忧、焦虑的情绪。

将畅爽模型用以评价休闲体育质量的高低是该模型的重要价值。参与休闲体育的目的就是人们在闲暇时间通过参与有价值的体育活动，快乐地消磨时光以获得纯粹的快乐，参与休闲体育的目的就是使参与者的身心得到休息、恢复，在休闲体育活动中获取畅爽体验。休闲体育活动是否给休闲体育参与者带来纯粹的快乐成为衡量休闲体育活动质量的标准。若休闲体育活动能够给休闲体育参与者带来纯粹的快乐，那么这种休闲体育活动是高质量的活动，反之亦然。纯粹的快乐是指带着快乐的心态去参与休闲体育活动而获得的感受。充满乐趣的休闲体育活动让人感觉轻松，使人获得享受。参与者心甘情愿地付出才能从中感到愉快、满足。休闲体育活动能安适休闲体育参与者的身心，若因执着胜负而参与休闲体育活动，则休闲体育被套上了“枷锁”，也就不会给休闲体育参与者带来内心的愉悦。

畅爽模型的主观指标之所以能够作为衡量休闲体育活动质量的重要标准，是因为，畅爽模型的研究对象是参与休闲体育活动的个人。活动给人带来的感受不管是积极的还是消极的，在模型中能清晰反映出来。畅爽模型的主观指标也可以衡量日常生活中的一些现象。对于多数人来说，畅爽体验只是短暂的快乐感受，甚至有的人还不曾体会过。奇克森特米哈伊对美国普通工人的相关研究表明：高达15%的人从未体验过畅爽或类似的“酣畅淋漓”的情感体验，而87%的人极少有这种情感体验。正因如此，畅爽理论研究成果才会频频被用于休闲之中。

畅爽体验并不仅仅存在于休闲体育活动中，还存在于人的日常工作中。畅爽可以说是一种极端的情绪。因此它与无聊、懒惰、堕落以及自我残害等负面行为出现的概率一样稀少。奇克森特米哈伊认为，畅爽理所当然地成为矫正和治愈无聊、焦虑等负面体验的方法。因此，畅爽对创造性活动的促进作用不言而喻。在纳什的休闲层次理论中也提到，休闲活动所具有的创造性、活动性越高，则被赋予的值就越高。关键是参与这些活动的个人追求的并不是名利，而是追求在整个过程中所享受到的纯粹的快乐和兴趣的扩展。畅爽理论研究的样本采自于参与各式各样休闲活动的人，如作曲家、运动员、绘画家、作家、发明家、宗教人士等。

（二）休闲体育审美文化客体

1. 自然审美文化

休闲体育呈现的有自然之美与人文之美，自然美集中体现为一种形式美，就是一定自然物的美姿。如合乎比例、对称、秩序、均衡、节奏、和谐等杂多统一的形式法则，受到人们的欣赏的影响，形式美主要表现在三个方面，即形状、色彩、声音。在人与自然的关系中，人是自然界的生物，只不过是最高级的生物。人与自然的关系是和谐的，大自然的一草一木和人一样，具有一种内在的“神性”。人通过回归自然，与自然合一，就能够在精神上处于一种完美境界。

休闲体育活动的参与者通过自己形体的变化展示人体形象的自然美，休闲体育运动中展现出的强健的肌肉与优美的体态以及协调的动作轨迹会给人以美的感受，例如，体育舞蹈就体现出人体的形态美、动作的流畅美。体育舞蹈用人体形态、色彩、音乐等表达审美情感，表现技术能力的艺术创造，如女舞蹈选手的体态曲线美、拉丁舞动作中身体的垂直、伦巴舞中手臂与身体的延伸等无不融入了独特的线条艺术。休闲体育文化表现客观存在的美，休闲体育文化的自然美是体育文化形成过程中的一种表现，是借助于人的自然实体，融美的意识和美的动作、美的感觉于一体，具有自然美的属性。选择在公园、湿地等自然环境优美的地段进行自行车骑行，与大自然亲密接触，充分享受大自然馈赠的美，回归自然的状态。

2. 人文审美文化

深厚文化底蕴孕育出休闲体育的人文美，传统的休闲体育所蕴含的人文美就是休闲体育与文化的完美结合，其各种表现外部美的形式给人带来美的享受。

无论是西方的还是中国的休闲体育都散发出人文美的气息。当休闲体育人文之美与休闲体育参与者产生共鸣时，休闲体育人文之美与休闲体育参与者的心灵发生碰撞而闪烁着休闲体育人文美的火花。在休闲体育活动中，参与者的自我扩大成为全人类的自我，也唯此才能面对面地遇到把人类囊括在内的那些极其崇高的宇宙法则及其不可理解的力量，也唯此才能全身都灌注着对人文之美的享受，并体验到高度愉快。

休闲体育以满足人们的高层需求、无功利目的，关注人的生命价值，呵护人的健康，使人成为真正意义上的人，参与休闲体育的过程是作为人的个体享用、享受、享尽生命权利和身体活动权利的过程。从体育走向休闲是体育人文精神的一种回归。休闲体育文化把追求健康第一、人的全面发展放在首位，契合于现代人文精神，符合人类自身需要，回归人的本质，提升人的素质。把体育的功能发挥至极，也是体育必然走向休闲化的内在动因。

休闲体育的人文美体现了当代人迫切追求的文化情趣。很多时候，休闲体育自然地将体育和美育结合在一起。人的审美能力和审美需求，与身心的健康密不可分，一个身体健康的人，更利于培养审美能力。而对一个病患缠身的人，他首先必须满足基本的生存需要。因此，休闲体育是通往心灵之美的通道。

人们参与攀岩、户外旅行、郊游、高尔夫等休闲体育活动，一方面增加了人们对大自然的喜爱，有利于人与自然和谐相处；另一方面，在满足人们身心愉悦的同时促进了人与人之间的沟通、交流，使人与人之间的关系变得和谐。休闲体育的人文价值取向是以人为中心，因此，休闲体育是人的身心全面发展的体现，从体育走向休闲是人们通往身心健康之路，是力与心灵美的展现。

休闲体育的人文之美是休闲体育的灵魂所在。把虔诚的审美意识渗透到休闲体育之中，必然把世俗的体育活动提升到塑造灵魂的境界。人们可以通过参与休闲体育活动，或者欣赏休闲体育活动，丰富休闲体育人文之美的体验，促进主体对于休闲体育的美学追求。用献祭般的虔诚来对待休闲体育人文之美，进而提高自己的精神生活，实现主体在休闲体育实践中的审美满足。

第二节 休闲体育环境文化解析

人类的一切活动都与环境有关，休闲体育是人们在自由支配的时间里，通过体育运动方式，以直接或者间接的体验，满足身心需求的一种自觉自足的社会文化活动。它是体育的一种存在形式，是社会休闲活动的主要方式之一。休闲体育的产生与发展需要有良好的人文环境和自然环境，也就是说，环境因素制约着休闲体育的产生、发展，而休闲体育活动同样也反作用于环境。休闲体育作为人类的一种社会实践活动，是人们在生产、生活中产生的，其文化的根源不仅依赖于自然环境，也必须依赖社会环境。同时，休闲体育活动既能改造人类赖以生存的自然环境，又能改造社会环境。而营造和谐、永续的休闲体育环境氛围，对于休闲体育文化建设而言十分重要。

一、休闲体育环境文化概述

环境是人们从事生产、生活、宗教信仰活动等的客观基础。从休闲体育的角度来看，环境是人们参与的与大自然互相交融、互相作用、互相影响的体育文化活动的载体。这种在休闲时空里的体育文化活动与其他文化形式一样，在其产生、发展过程中始终会受到环境的制约、影响。

（一）休闲体育与环境文化

环境是指以人类生存和活动为中心的周围与其有密切关系的事物境况。它包括：未经变更的原本自然环境和人为变化与改造的社会环境两个主要方面。对人类环境我们习惯上分为自然环境和社会环境。

对于环境文化的解读，首先应该解释文化与环境文化的关系，这是一种“母子的关系”。所以，环境文化的概念阐释应建立在文化的基本概念和特征基础上。由于学者们观察问题的视角不同，对环境文化概念的解释也有所不同。周玉玲认为，“环境文化就是人类为促进人与自然和谐相处、协调发展的环境保护行为表象和生态文明建设状态”。而从人与自然的关系层面看，凡致力于人与自然的和谐相处，致力于天然环境的保护、人工环境的建造、生态文明的建设，致力于可持续发展的文化形态和社会意识形态就是环境文化。它是在特定时期和地域条件下的关于人与自然关系所形成的特定的行为模式，习俗、习惯、价值观念、语言符号等的复合体。环境文化是关于人与自然关系的文化，它的核心在于人对人与自然关系的认识、利用、改造的意义观、价值观及其所体现出的基本价值意识、信念和信仰。从物质与精神层面看，环境文化是指人类遵循人、自然、社会和谐发展这一客观规律而取得的物质与精神成果的总和。

环境文化是环境的物质属性与文化的精神属性的统一，其内核是自然生态观、生态价值观和环境道德观的统一。学者们对环境文化产生的大前提及自然属性和社会属性给予了肯定，认为环境文化是在特定环境中的物质和精神成果的总和。人们遵循人、自然、社会和谐发展的关系，从而认识、利用、改造自然与社会环境。

对体育环境的认识，其本质就是认识体育的环境问题，也就是认识对体育的发展产生影响的各种因素。体育又反作用于这些因素，体育与这些因素相互依存、相互影响。因此，体育环境中的主体应为体育，那么客体就是与体育相互依存、相互影响、围绕体育并且最终决定体育的组成和生存的各种因素，这些客体就是体育的环境。所以，体育环境可以定义为：围绕体育的空间可以直接或间接影响体育的各种物质与社会因素、自然因素及能量的总体。

基于许多学者在环境、环境文化、体育环境等概念上做出的研究，我们可以推导出休闲体育环境文化的概念。体育活动是一种形式，是借助于运动项目这个工具实现的。那么，工具如何使用、谁来使用、在什么地方用等，这些决定了体育活动的性质。休闲体育的特征是自主选择、自愿参与、形式不限、重在过程。休闲体育环境是体育环境的一部分，休闲体育环境与竞技体育环境主要区别就在于不强调强烈的竞技对抗性，不以争夺优异成绩为目的，不强调观众的呐喊，不需要严格的规范，也不需要对技术的优劣做评价，而且参与休闲体育活动的场地、人数、器械等都具有很大的随意性，不需要按竞技比赛的要求配置，注重的是在人们的闲暇时间去参与体育锻炼活动，积极主动地利用和创造适合体育活动的空间领域、运动方式，以到达放松身心的目的。

无论哪一种体育形态，实际上都可以看作是一种有规则的文化游戏。而这种有规则的文化游戏今天已经完全融入现代人的生活范围，成为人们社会生活方式的一个重要组成部分。休闲体育环境文化就是在特定的地域和时空上，关于人与休闲体育活动的物质、制度、精神文化的总和。不同地域、不同人文因素形成不同的休闲体育环境文化。

（二）休闲体育环境文化分类

要对休闲体育环境文化的分类，首先应了解体育环境，它是一个复杂的系统，体育环境中的各种因素相互依存、相互作用，共同影响着体育的产生与发展。对体育环境系统的分类，目前具有代表性的有以下两种：熊茂湘以优化体育环境系统因素为前提，提出了体育环境从五方面分类，分别按影响形式、涉及范围的大小、表现形式、存在状态和性质分类。影响形式分为内环境和外环境；涉及范围的大小分为宏观环境、中观环境、微观环境；表现形式分为群众体育环境、学校体育环境、竞技体育环境；存在状态分为体育自然环境与体育社会环境；性质分为软环境与硬环境。邢永根从内外环境对体育的影响出发，认为体育环境应包含三个层次，分别是组织环境、市场环境、国家总体环境。每一层次都包含了其环境的大体内容。

对于环境文化的分类，学者周玉玲认为，环境文化可划分为“环境认知文化”“环境规范文化”和“环境物态文化”。所谓“环境认知文化”，是指人们在认识和改造自然的过程中，对自然环境及人与自然关系“事实如何”的主观反映样态；所谓“环境规范文化”，是指人们在认识和改造自然过程中，对自然环境及人与自然关系“应该如何”的主观反映样态，它是环境文化发展的保障；“环境物态文化”，是指人们在认识和改造自然的过程中，所形成的文化以非人格化、器物的形式直观表现出来的样态，它是环境文化产生和发展的基础，主要蕴含在名胜古迹、自然风光、生活周边的生态环境之中。周晚田按照层面分析法，将环境文化分为物质文化、社会文化、习俗文化和精神文化四个方面。物质文化层面表征自然生态的特征，社会文化层面反映人与人以及人与自然的关系，习俗文化层面体现人在自然界中的生产、生活方式和风俗习惯，精神文化层面突出人们的环境意识，包括自然生态观、生态价值观和环境道德观。许信旺认为，环境文化可以分为三种不同的形态：环境物质文化、环境行为文化、环境精神文化。环境的物质文化是环境文化的物化，人们改造环境的创造物；环境行为文化则是人类社会中对环境质量有一定影响的生存行为，包括生产行为和生活行为；环境的精神文化则是指人们在认识和保护环境中创造的精神成果的总和，包括环境的意识、法规、观念及有关的文化艺术形式等。王秀娟从结构上说，环境文化包括表层环境物质文化、中层环境制度文化和深层环境精神文化三个部分。

从以上学者对体育环境和环境文化的描述中可以看到，由于侧重点不同，其分类也存在差异。由于本书是从文化的视角来看体育环境的，因而，基于文化与环境的结构以及体育活动所依赖的环境及其关系，体育环境应分为体育自然环境和体育社会环境。休闲是参与体育活动的时空状态，休闲体育环境文化就是在特定的体育自然环境和体育社会环境时空中，关于人类与休闲体育活动的物质、制度、精神文化的总和。因此，休闲体育环境文化应包括以地理或行政范围划界的地域休闲体育文化、以社会行为划分的民俗民间休闲体育文化、以文化区分为范围的民族休闲体育文化、以信仰人群为范围的宗教休闲体育文化、以居住地为范围的社区休闲体育文化、以公共空间为范围的广场休闲体育文化、以共同兴趣爱好取向构成的圈子休闲体育文化、以社会基本单元组成的家庭休闲体育文化。这其中包含文化构成的器物层面、制度规范、行为方式、价值观念。

二、文化视角下的休闲体育环境

（一）地域休闲体育文化

体育文化是社会文化体系中重要的组成部分，不同的体育文化的形成离不开其所处的地域环境。休闲体育地域文化中的“地域”，指的是休闲体育文化形成的地理背景，其依赖地理环境的程度甚至远大于其他文化形态，如游泳必须借助水环境，滑雪需借助雪山。因此，地域环境在很大程度上会影响某些体育活动的空间扩散，特别是作为一种文化加以推衍的时候。此外，不同地理环境中生活的个人在体质、体能、心理机能等方面也是不同的，某些地域的人们由于自身适应环境而进化的机能，其身体因素非常适合某些体育项目，便形成了该地域代表性的体育项目及体育文化，如蒙古人擅长摔跤、马术，黑种人擅长田径等。

1. 地域文化下的休闲体育特征

（1）具有人文性

人们研究一个地方的地域特色，首先看重的是人文性。可以这样说，只要人的意识所到之处，并与现实物质存在发生关联，就在某种程度上预示了某种或者多种可能的人文性。地域文化特色主要基于自然条件，才能理解人文要素的内涵。因此，要了解休闲体育的地域文化，需要把握其所处地域的人文因素。

（2）区域休闲体育的开展与环境密切相关

环境的独特性决定了休闲体育的独特性，并深刻影响着不同人群所从事的体育活动。如我国北方天气寒冷，人们的休闲体育方式便以滑雪、溜冰等为主，而南方温暖湿润，水资源丰富，人们喜欢的休闲体育活动便以划船、游泳等运动项目为主。

（3）不同的区域文化影响当地休闲体育项目的开展

休闲体育项目的开展以区域环境为载体，对环境有很大的依赖性。区域环境在某种程度上直接制约着一些体育运动项目的产生和布局，对某些特定项目甚至起决定性作用，如滑雪必须依赖雪山、冲浪必须依赖海洋等。

（4）休闲体育文化的产生必然与周围的其他因素发生关联

这不仅涉及它所在的地理位置，还涉及自然要素、人口、资源要素等，包括它的兴起和发展等历史要素。因此，要研究休闲体育的地域文化，需要用综合的眼光来看待分析。

（5）区域性是人们界定一个地方的主要依据

具体的地理事物、地理事件，都发生在具体的时空范围内，见证于具体的人群。因此，区域性就成为地域的标志性特点。

当然，地域还会有历史性、差异性等其他特征，认识这些特征，有助于人们更好地认识具体的地域空间，从而更好地从事休闲体育活动。

2. 地域条件对体育文化的影响

（1）地域条件对体育文化形成的影响

在古代中国，由于科技不发达，人们对自然的改造能力不足，因而人类相当信赖自然环境，所以受自然条件的制约也非常大。人们为了适应相应的地理环境，便会培养生产、生活技能，而这些技能便成为各个民族传统体育文化产生的基础，如南方的竞渡、北方的冰嬉、大漠的赛驼、山地的竞走、丛林的射弩等。由于地理环境的限制、交通的不发达，不同地区的人们很难相互交流，因此那时的各民族的体育文化都相对封闭、独立。其主要影响方式有两点：一是气候因素。在不同气候的影响下人们的生活方式和休闲体育运动方式截然不同，如在天气炎热且有江、河、湖、海的地方，人们往往选择的体育运动方式为游泳、冲浪、划船；而在气候严寒的地方，人们喜欢以滑雪、溜冰等为主的体育运动项目。二是地形因素。许多体育运动项目与当地的地形、地势特征密切相关，如山崖峭壁地区适合于攀岩、溜索、爬山等运动，平原和高原地区适合于赛跑、骑马、摔跤等运动，有辽阔海洋的地区适合开展游泳、冲浪等运动。因此，地形地势、山丘河流形成的地理环境的差异孕育出了不同的体育运动项目。

（2）地域环境对体育文化传承的影响

在人类社会初期，由于地域的限制，人们都生活在相对稳定的地理环境中，人们生来就接受着该地区文化的影响，从而使得文化被不断模仿、重复，人们自然而然地接受和传播着文化，在这个过程中，体育文化当然也在不断地发展和创造，它是民族发展的内在需求，也是民族文化得以发展延续的内在规律。

（3）地理环境对体育文化传播的影响

由于地域环境的不同，形成了各种不同的体育文化。时代的不断进步，促进了不同区域各方面的交流，人们对世界各种文化产生好奇心，从而想去了解、去探索。随着交通的日益发达，人们驾驭环境的能力越来越强，人们可以到世界各地或者在网络上了解与交流文化，有些文化与当地文化有所结合，还发生了体育中心的转移。最典型的便是乒乓球项目，源于欧洲的乒乓球项目传播到亚洲之后，适应亚洲的文化环境与人种的身体条件，现代乒乓球文化的中心早已落户于亚洲，形成了以中国为核心，辐射韩国，日本、新加坡的强大的亚洲乒乓球文化，并开始反哺欧洲。此外，通过科技的发展，某些运动也不再受自然环境的限制，如现代的人工室内冰场，可使人们不需要到寒冷地区便能进行溜冰运动。

（二）民俗休闲体育文化

民间习俗作为一种文化沉淀源远流长，它是整个族群在长期的发展过程中逐渐积淀而成的文化体系。民间民俗体育是民间的习俗活动之一，它的产生和发展与整个民族习俗和历史背景分不开，一直存在于人们的生产、生活中，对民众产生着重要的影响。

我国曾经提出“三民体育”，即民俗体育、民间体育、民族体育。在探讨“民间体育”与“民俗体育”时，其概念一直交叉使用，不分彼此。但有不少学者主张用民俗体育代替民间体育。邵荣、柯玲提道：“民间体育中大多为传统的；农村体育可能是民间体育的主体，但相对应的城市体育中相当比例的体育项目也是民间体育。民间体育的本质属性由特定的经济模式、民俗精神决定的，因而提出用民俗体育来称呼民间体育。”在中华民族世世代代的传承中，由于各民族、各地区的历史、风俗、习惯以及自然条件的不同，形成了具有不同色彩的民间体育形式，并由民众传承、创新、享用，是民众日常生活的风俗习惯（如节日、礼仪等）。这种集体性、模式化、传统性、生活化的体育活动，既是一种体育文化，也是一种生活文化，内容丰富、形式多样、地方特色浓厚，具有悠久的历史和浓郁的民族特色。本书观点与其一致，用民俗代替民间。

民俗的发生、发展、演变和存亡与人们的生产生活息息相关，人们的生活与文化的需要是民俗得以产生、发展的根源。马克思主义唯物辩证法告诉我们，世界上唯一不变的就是变，世界万事万物都不是永恒不变的，无时无刻不在发生运动变化，国内外学术界对"民"的认识同样如此。国外对"民"的认识由"古人""陋民"到"乡民"，再到社会群体的"民"。我国对"民"的认识在不同时期各有不同，由"下层百姓""国民"到"劳动人民"再到"人民大众"。随着时代的进步与发展，现如今国内外学术界普遍认为"民"这一概念是指"全民""一切民众"。钟敬文先生认为，"俗"具有集体性、继承性、类型性等特征，认为民俗是人类的伴生物，与人民的生产生活息息相关，它起源于人类社会群体生活的需要，是人民大众的集体行为，是人民生产生活不断创造、发展、传承下来的传统行为，是一个国家或民族中广大民众在特定的地域与时代中所形成、扩展和演变的生活文化。民俗是一种集体生活文化的体现，同时也为民众日常生活服务。

有学者通俗易懂地将民俗解释为民间流传的风尚习俗，是人民大众所喜闻乐见并愿意遵守与实践的习俗观念和活动。民俗具有规范人们的行为、语言和心理的作用。

民俗文化产生的主体离不开人类，客体离不开自然与人文环境。民俗文化是人类在自然与人文环境的沃土上生产生活、发展创造，历经历史的沉淀和传承产生的，并且深受人们认同的行为习惯和民风习俗的影响。然而，不同的自然环境、不同的地域环境，所形成的人文环境各异，各地区的民俗文化也就各有千秋。同时，民俗文化并不是一成不变的。自然、地域、人文环境等背景和载体的不同，所形成的民俗文化体系、类型也不相同。随着社会发展与时代进步，民俗文化在不断传承的同时也会出现具有时代性的创新。因此，民俗文化不仅具有历史性、继承性，还具有时代性，是历史性和时代性结合的产物。

体育是民俗文化的重要组成部分，是体育运动与民间风尚习俗的融合体。人类社会发展至今，以至于未来，体育都会以特殊的文化形态存在。有学者对大量民俗体育概念的界定做了分类和总结，发现国内外学者依据的角度不同，概念的界定也不同，有从文化形态的角度定义的，有从活动形式的角度出发的，有从概念的内涵和外延定义的，还有从概念属性和生活模式等角度界定的。不论从哪一视角出发，其概念中都体现了民俗体育的历史性、传承性等内涵，其产生的主体都离不开人民大众。民俗体育来源于人民的生产与生活，是体育文化和生活文化的完美结合，具有地域性和时间性。

研究民俗体育时，需紧紧抓住民俗体育是由民众在一定地域环境下，在生产与生活中创造、发展、传承、形成的民俗活动，是通过体育方式所表达的风俗文化，它的产生源于民众生活，也服务于人民生活。民俗体育的存在与依附是民众闲暇时的风俗习惯，是一种具有历史性、传承性、集体性、生活化的体育文化。民俗休闲体育是人们在紧张而繁忙的生产劳动之余，借助一些休闲娱乐方式，通过参与和观赏来达到休息、放松、调节精神、享受劳动成果、表达自己意愿的民俗体育活动。它以不同方式存在于民众的生产、生活当中，具有地方民俗文化的鲜明特征。民俗休闲体育文化是民俗文化的重要组成部分，是与民众生活习惯紧密联系的民间活动文化，也具有历史性、时代性、多样性和地域性。不同地区具有不同的体育民俗文化，同一民俗活动在不同地域其内涵各不相同。从文化视角进行分析，其物质、制度、精神文化共同构成民俗休闲体育的全部内涵。其中，物质文化是基础，精神文化是核心。物质文化直观而外显，包括自然环境、生活方式和生产方式等方面。然而，物质文化大潮背后涌动的制度文化和精神文化的“潜流”才是对物质文化影响最大的因素。制度文化处于物质文化与精神文化的中间地带，它既体现了物质文化基础，为精神文化提供思想资源，又受精神文化约束，较深层次上改变文化生态的状况。

俗话说：“百里不同风，千里不同俗。”居住于地球的人类有国界、民族之分，不同的国家、不同的民族居住、分布在不同的区域，使民俗体育在不同分布上各具特色，同一民俗体育活动在不同的地域各具地方特色。

中西方民俗休闲体育文化存在很大的区别。就中国来说，北方天高地阔、寒冷干燥，南方山水环绕、潮湿多雨，不同的自然环境、地理环境为人们生产生活提供了不同的资源条件，形成了民俗体育地域差异性的基本因素。人们因地制宜、就地取材，以满足生产、生活的需要，从而创造出了各具特色的民间体育游戏与民俗体育活动。如马文化在中国具有悠久的历史，马术兴于周代，盛行于唐代，马球是那个时代具有典型意义的一项休闲体育运动。而以“马背上的民族”著称的蒙古族，向来以“精骑善射”而闻名于世，蒙古人的生活离不开广阔的草原，马自然成为蒙古人不可或缺的交通工具。在一望无际的大草原上，人们常常骑马奔驰，互相竞技，从而产生了赛马这一独具草原气息的民俗体育项目。赛马、射箭、摔跤被蒙古人称为“男儿三艺”，是蒙古民间的特色体育项目。

在世界历史上，马在人类生活、生产中扮演着极为重要的角色。而在现代，马术运动则始于欧洲，人们利用马展开体育竞技、悠闲娱乐、健身等活动，创立了场地障碍马术、盛装舞步等马术奥运会比赛项目设立有盛装舞步、三日赛和障碍赛，风靡世界。依赖于江、河、湖、溪才能开展的赛龙舟，具有鲜明的地域文化特色。从其发源地来看，都拥有充足的水源，主要分布于长江、黄河流域。从龙舟制作来看，不同地区制作的龙头各不相同，有形似马的，有形似鸟的，更多的形似传说中的龙。这些形式各异的制作与不同地域的图腾信仰有关，从而出现了各式各样的龙船样式。与赛龙舟相似的赛艇运动起源于英国。17 世纪，泰晤士河的船工们经常举行划船比赛。1715 年，为庆祝国王加冕，英国首次举行赛艇比赛；1775 年，英国制定赛艇竞赛规则；同年成立了赛艇俱乐部，推动了现代赛艇运动的开展。

有学者认为，民俗的本质是集体中的人们不断在社会实践过程中进行心理活动形成的共同的行为和思维模式。所以，在民俗形成过程中，处于同一地域环境的人们其内在的思维、想象、信仰和外在的爱慕、虚荣、惊恐等心理活动起着至关重要的作用，影响着社会风气、地域文化、个体人格等。民俗体育文化从思想观念的角度来说，以信仰为核心，主要是崇拜和禁忌。在不同地域环境的社会生活中，群体形成的崇拜、信仰各有千秋，从而促使各具信仰特色的民俗体育的形成，通过口头、文字（语汇）、仪式、行为发展传承。不论是中国还是西方，不同的思想观念和行为方式来源于人们对物质生活和精神生活的追求。

我国很多民俗体育项目产生、发展、传承至今，与人们对美好生活的追求所形成的崇拜与信仰息息相关。如端午节龙舟赛，不乏人们对美好生活的追求和对图腾的崇拜信仰，后来更是对屈原这一英雄人物的感激、缅怀。维吾尔族闻名遐迩的典型民俗体育表演项目“达瓦孜”更是如此，它的背景就是纪念为民除害、解救乡亲的英雄。人们对这项民俗体育活动的热爱和重视，就是出于对民族英雄的感激、缅怀，对无私无畏勇于献身精神的崇尚。众所周知，中国武术博大精深，门派分立，各自信奉、崇拜不同的人物，有英雄、神佛或本门创业始祖等，以尊三国时期汉将关羽为多，因为他是忠厚仁义和武艺高强的化身。道教武术门派信奉老子，佛教武林信奉释迦牟尼，太极拳爱好者敬奉太极拳创始人陈王廷或张三丰，体现了信仰、崇拜等思想观念对民俗体育文化的影响和促进作用。

西方民俗体育同中国一样，在社会发展过程中，民俗体育文化受到生活物质资源和人们精神追求的影响，从而形成了各具地域特色的民俗体育文化，具有传承性、地域性、独特性等特征。如古希腊地处平原，多山、环海。起初，古希腊人靠采集、畜牧、狩猎、捕鱼而生，人们恐惧自然资源的减少，从而激发起对“山神”“猎神”“海神”的顶礼膜拜；航海中的惊涛骇浪、艰难险阻，使古希腊人产生了对“海神”的崇拜；畜牧，特别是游牧生产，虽然能发挥能动性，但又受资源贫乏的困扰，使古希腊人萌生了对“马神”“狼”“狮”等猛兽的崇拜。古希腊人打猎常遇猛兽，采集遇干旱、水灾、地震等自然灾害，航海遇暴雨风浪，使人恐惧不安，渴望平安与美好的生活，便产生了对天神、自然神的崇拜。翻开古希腊神话书籍不难看到，人们追求美好的生活，崇拜的“猎神”往往肌肉发达、打得准、投得远、跑得快、力气大、技能高，是人们心目中的英雄形象。所以，在祭祀神的大会上，除了举行虔诚的仪式，更不能缺少竞技赛会。这种对超凡力量的崇拜代代相传，逐渐形成了风俗习惯。由于气候与地理环境的影响，谷物收成不理想、产量低，不能满足基本生活的需求，古希腊人多种植葡萄和橄榄作为重要生活来源和出口贸易物资，于是产生了对植物的膜拜、信仰。古希腊的民俗和故事中说，宙斯的女儿雅典娜是种植橄榄和手工业的保护神。为了纪念雅典娜，橄榄枝便成了古奥运会上必不可少的纪念品，每个竞赛获胜者都要戴上用橄榄枝编织的花环，以示神赐的荣耀。

民俗是指劳动人民在生产、生活中创造的，为人们长久承袭的，足以约束人们行为和意识的习惯。民俗对人民大众的语言、行为具有约束和控制的作用，具有规范群体行为方式的功能。在社会生活中，人们的言谈举止、行为活动会受到约束，约束来自国家法律法规、不成文的社会道德，以及纪律规范，还有就是民俗。民俗与法律、纪律、道德被作为社会的四有规范，具有层次之分，依次是法律、纪律、道德、民俗。法律是社会、人类意识发展到一定时期才出现的，民俗可以说是伴随人类社会的出现而出现的社会规范。民俗以一种社会习惯的方式无声无息地限制、规范着人们的行为活动。在社会生活中，人们自觉自愿地遵守着这样的规范。这种约束一般是借助强大的社会舆论和人们的良心、负罪感、内疚感等一系列心理活动来达到的。各种习俗、惯例、禁忌、迷信等民俗事象都具有这种功能。许多体育民俗对其成员就有着这种极强的约束力和规范性。它们或以不成文的风尚习惯教诲群众，或以形诸条文的乡规民约昭示乡里。原始的体育民俗无程序、无规则，比赛简单。在一些表演项目中自觉自愿，在竞赛项目上有的根本无裁判，只是互相承认，输赢分明，人恪守不渝。因此，体育民俗具有遵守规范伦理的导向性。

我国素有“礼仪之邦”的美誉，我国少数民族在日常生活中保持、盛行着许多古朴、淳厚的优良礼节和习俗。这些礼俗大多通过长辈老人日常生活及生产过程，言传身教，潜移默化，以影响、启示后辈青年。民俗体育能够协调和改善民族内部的人际关系，还能沟通和建立与其他民族的关系。“那达慕”已有七百多年的传承历史，在蒙古族人民的心目中有崇高的地位，每当盛会之际，不仅蒙古族的乡里邻人，摩肩接踵，聚集一起，欢度盛会，甚至远至千里之外的其他民族的人们都怀着仰慕、敬重的心情兴高采烈地参加这种盛会。尽管彼此信仰不同、语言不同，习惯礼仪和举止不同，可各民族都互相尊敬，都希望通过民俗体育活动增进友谊。民俗体育活动能唤起各民族强烈的归属感，维系着各民族分而不散，合而弥坚。

（三）宗教休闲体育文化

文化是人类社会生活的必然产物，是人类在物质和精神领域中所有创造的总和。宗教，作为一种特殊的文化现象存在于人类的社会生活当中，它是人类精神生活、心理需求的一部分。体育，是一种独特的文化方式，是人类自我控制和调节机能的手段，是通过体育锻炼对人体机能进行改善的方式。早在人类的远古时代，人类的祖先在漫长的进化过程中，极端低下的生产力，劳作工具简陋，人类出于生存、繁衍、发展等目的学会了奔跑、跳跃、投掷、攀爬等动作。但那时，人类仅仅是能够生存，而面对生老病死、电闪雷鸣、山崩地裂、狂风暴雨等一系列自然现象感到迷惑、恐惧，进而有了渴望解脱的追求，相信现实世界之外存在着超自然的神秘力量或实体，使人对神秘产生敬畏及崇拜，这便是原始宗教产生的原因，也是体育形成的雏形。可见，体育与宗教是在同一时期形成的文化现象。

从世界历史来看，宗教文化与体育文化密不可分。从各民族的传统体育来看，宗教生活构成了各民族体育的传统内容。从数千年来人类的历史看，宗教生活曾是各民族社会生活的重要组成部分，对政治、经济、道德观念、各种节日和禁忌、婚丧嫁娶、风俗人情等有着强烈的影响，各民族的精神生活带有浓厚的宗教色彩。许多少数民族的传统体育项目，其实就是载歌载舞的宗教活动项目，生动、具体、形象地反映对社会生活和自然界的理解，表达其情感、愿望和意志，包含了相当丰富的宗教生活内容。美国宾夕法尼亚州立大学宗教学教授查尔斯·普莱比施曾经提出："原始体育活动实际上就是一种宗教活动"。在原始时期，体育活动可以给崇拜信奉者带来崇高无上的体验。当时的体育活动就是由巫师引导的一些祭祀活动，这种娱神又娱人的双重活动既达到了宗教活动的目的，又成为一种出自自愿的身体活动。

在漫长的中国封建社会时期，传统文化一直被儒学、道教和佛教所影响。儒学、道教和佛教是中国的三大传统宗教。道教，是中国土生土长的宗教，既产生于中华文化，又与中华文化一起发展；形成于汉末，发展于魏晋，至今已有两千多年的历史，在中国文化与体育文化的建设和发展中，道教所起到的作用毋庸置疑。道教秉承"天人合一"的宗教观念，自创教以来，无数道教徒怀着长生成仙的信仰和热忱，竭其毕生精力多方探索各种方法，积累并完善了大量与体育健身有关的实践方法，并创立了系统的体育健身理论，其中最具代表性的就是道教的气功与导引。道教气功门类甚多，既有守一、存思、行气、内丹等静功，又有导引、按摩等动功。其主张内外兼修，形神合一，多运用体育的手段来进行形体修炼，包括按摩、导引等内容。其中，导引就特别重视屈伸，强调利用四肢的屈伸来提高身体机能，使得身体运动与精神运动同时得到了提高。此外，少林武术名满天下，可以作为佛教体育的主要代表，又是中国武术的重要组成部分，自古以来，名声响彻海内外。体育在佛教中主要是禅坐和武术两种形式。禅坐是养生形式的一种，通过长期的禅坐以达到外静内动、调心养性的目的。内动指通过呼吸系统、神经系统对机体的调节，来促进机体的基础新陈代谢，从而实现调节机体机能，以此改变机体各功能器官的机能来促进人体的健康。这是体育养生保健、促进人体健康长寿的良好手段。佛教武术以内功拳法为根本，主在炼气、炼力、炼心，是强身健体之术，也是克敌制胜之本。

而在欧洲，从公元400年到公元1500年是中世纪时期，主导这一时期的主要文明力量是基督教。早期的基督教徒们相信工作有益于人类，而无所事事则是有害人类的生存和发展。因此，早期的基督教徒们把更多的精力集中于引导人们劳作，这种哲学与早期天主教哲学对体力劳动和脑力劳动的认识有所不同，天主教哲学家认为："只要有足够的财富，工作并非是必需的，牧师们的祈祷和沉思就是一种高尚的脑力或精神的指引，是人类活动的最高境界。"而健康的肉体及由此而生的肉欲是使灵魂升天的极大障碍，因而不遗余力地摧残自己的身体。体育与宗教制度产生矛盾，体育活动受到节制，当然，并不是所有的基督教哲学家都建议努力工作，许多文献记载都提及享受生活和庆祝丰收。西方宗教学家马丁·路德认为，人的身体是上帝给予的，应该保持身体的健康，这是上帝给予人们的天职，应该尽职，好好保持身体的健康，听从上帝的安排和召唤。西方宗教改革后，身体运动被从宗教神学中解放了出来，其价值才得到认可。星期天便是人们祈祷和娱乐的一天。而在圣诞节期间，竞技、魔术、杂技、旅游、吟诗成为人们生活中的一个重要组成部分，这一时期是以宗教庆祝为标志的欢乐时代。

保龄球最早开始于公元3至4世纪的德国，起初是德国教会里的一种宗教礼仪活动，天主教徒在教堂走廊里安放木柱，用石头滚地击之。他们认为击倒木柱可以为自己赎罪、消灾，击不中就应该更加虔诚地信仰"天主"。这种流行于13世纪的被称为"九柱球"的游戏，最初是用来检验教徒对宗教的信仰程度。后来，英国人开始在草坪上玩这种游戏。直到宗教革命之后，马丁路德统一了九瓶制，由此成为现代保龄球运动。

在基督教的影响下，民众体育活动一般是作为宗教庆典活动的助兴节目开展的。在农闲时期以及重要的宗教节日期间，以村社为中心的活动内容逐渐增多，多以原始足球、跳跃、舞蹈、射箭、摔跤、投石等活动形式。现代足球的原型在9世纪就已经在英国出现。11世纪，英国人战胜丹麦人以后，曾以踢敌人头颅为乐，这被认为是英国足球的起源。

在基督教推行的骑士制度下，击剑、骑马、游泳、打猎、下棋、吟诗、投枪一起被列为骑士的7种高尚运动。初期所有的战士都有可能成为骑士，但必须通过所有教育与考核，因此，少年准骑士们还需要利用大量的时间练习其他技能，如骑马冲刺、长距离跑、翻越高墙等，为以后战斗打下良好的基础。按封建法律制度，骑士身份是可以继承的，为了获得骑士称号，许多平民通过努力来改变命运；为了继承骑士身份，骑士的儿子尤其是长子一出生就具有了骑士候选人的资格，于是形成了骑士之子初生时的洗礼仪式。这种洗礼不仅是使婴儿成为一名基督徒，更重要的是"当他被从神圣的洗礼盘中抱起时，他不仅成了一名基督徒，而且在其内心深处已成为基督教骑士"。骑士制度则成为西方的伦理标准，深刻地影响了人们的观念和行为。在基督教的影响下，民众体育活动一般是作为宗教庆典活动的助兴节目开展的。其活动内容多以跳跃、舞蹈、射箭、摔跤、投石等，在冬季还会展开滑冰和冰上打斗等一些冰面体育活动。如，斯堪的纳维亚半岛的滑雪和荷兰的滑冰曾在欧洲民间广泛流行。

宗教和体育之间互相渗透，在宗教活动中有原始体育、民族传统体育以及宗教延伸的体育活动，还出现了具有一定普及性和广泛性的文体活动，特别是各种宗教节日，都伴随着一定的体育活动，充满了体育人文色彩。而在中世纪的体育活动中又保留了宗教的礼仪庆典，以及宗教的思想观念。可以说现代体育文化经历了从原始宗教到现代科学体育和艺术体育相结合的发展历史，是一种科学的体育文化。

（四）社区休闲体育文化

从20世纪70—80年代开始，全球正在进行着从社会回到社区的过程，社会社区化是全球性大趋势。我国自改革开放以来，随着计划经济向市场经济的转轨，改革用人制度，就业方式多样化，过去社会成员固定的组织管理制度被打破，人们逐渐从“单位人”转变成为“社会人”。与此同时，大批的流动人口和退休人员也相继涌入社区，促进了社会社区化的形成。社会社区化发展要求人们用社区原则或社区的精神建设社会，人们要做的第一件事是要满足人们的认同感和归属感，形成一种有利于价值观念整合的“心理社区”，而休闲体育正是社区人最能够接受的一个“共同符号”，这就为社区休闲体育发展提供了强有力的文化支持。1991年，国家体委在天津召开了全国部分城市社区体育工作研究会，当时的群体司司长邱玉才同志在讲话中对社区体育作了定义，统一了人们对社区体育的认识。自此，社区体育被人们接受，并在全国推广。

社区休闲体育是指社区的居民在社区内就近组织和参加，通过形式多样的活动项目，运用社区内的简易体育器材和设施，达成强身健体、社会交往、娱乐身心等目的。它以一种新的生活方式，不断影响着人们的生活，在广大城市中迅速发展，也是未来人们重要的现代生活方式之一。社区休闲体育的组织形式灵活，活动内容丰富，联系方法便捷，有较强的区域亲情性，受到广大休闲体育爱好者的热爱。当人们完成工作任务，退去“社会角色”，回到社区，能够利用参与休闲体育的方式得到放松，回归到最本质的生活。

社区文化是群众性文化，是社区群众在相互交往和相互作用的过程中形成的，是所有社区群众共同创造的。社区文化包含物质生活条件、精神风貌、生活规范和社区团体、组织这四项基本内容。我们站在休闲维度和体育维度上去认识文化，发现了一种交叉性文化，即休闲体育文化，休闲体育文化与社区文化相融合，就形成了社区休闲体育文化。社区休闲体育文化是社区文化的一部分，是用休闲体育的形式来展现社区文化。社区休闲体育体现了参与休闲体育活动的时间、空间和参与人员的整体性，强调了社区成员的主体性和能动性。参与者成为休闲体育活动的中心，由参与者决定自己的锻炼内容、锻炼时间、锻炼目的、锻炼地点和锻炼形式。社区休闲体育既具有社区文化的开放性、社会性等特征，又具有休闲体育的自愿性、娱乐性等特征。

社区休闲体育文化是一种特殊的体育文化，它对社区体育的和谐发展具有指导价值。我国社区休闲体育组织形式主要有两种，即社区体协和休闲体育活动站，其运行方式分行政主导型和居民自发型两种。我国社区体育研究始于20世纪90年代初期，主要分三大类：一是基础理论研究，主要包括社区体育概念、性质、功能、构成要素等方面；二是应用性研究，主要包括社区体育管理、社区体育组织、居民需求研究等；三是发展性研究，主要包括发展模式研究、社区体育政策研究、社区体育与社会发展关系研究等。社区体育建设是社区休闲体育文化发展的需要，同时，社区休闲体育建设对促进社区发展、交流邻里感情、改善人际关系、提高生活质量、丰富居民文化生活等都有重要意义。加强社区休闲体育文化建设对进一步丰富人们的业余文化生活、提高生活质量、增强国民体质和维护社会稳定，在全社会形成文明、健康、科学的生活方式，具有重要的现实意义和深远的历史意义。

社区休闲体育文化作为社区文化的亚文化，其实质是人的体育实践活动及其产品（物质及精神产品）在社区这个特定时空内的反映与体现。社区休闲体育文化包含了社区民众对休闲体育情感、休闲体育价值、休闲体育理想、休闲体育道德、休闲体育制度和休闲体育物质条件等的认知。按照层次的划分，社区休闲体育文化显然属于文化的微观层次，或者说是文化的一个操作层次。社区休闲体育文化物化层面的内容十分丰富，主要包括社区内的体育设施、人工环境、生产与生活用品中渗透出来的体育文化因素。目前，许多城市社区已经建设了休闲绿道、棋牌室、阅览室、篮球场、网球场，少数还建有游泳池等基础设施。在一些发达城市，有些社区针对不同的人群建设有不同的休闲体育设施，如针对儿童群体休闲的儿童乐园，针对老年人群体休闲的老年活动中心。另外，针对同一社区内不同的兴趣爱好者，社区建立各种协会，组建社区代表队，如足球队、篮球队、羽毛球队等，极大地丰富了人们的业余生活。为了推动社区体育的健康发展，在以体育法为准绳的基础上，正在逐渐完善相应的制度规范，各社区根据自己的具体情况，分别制订社区体育俱乐部管理制度、社区体育活动中心管理制度、社区体育健身器材管理办法等各种章程与制度，以确保社区休闲体育活动的顺利开展。这既是社会对每个公民参与体育的权利保障的规定，同时也是对休闲体育活动参与行为的约束准则。在方式上，受社区机构设置和人员配置的影响，参与休闲体育活动以自发性为主。在我国大部分城市中，社区居民对休闲的认识、态度受到自身性别、经济收入状况、身体状况、健康素养等因素的影响各个不同。社区或者小区设施条件较好、家庭经济条件较好的人群，一般选择在社区会所或社区体育俱乐部锻炼，这部分人以家庭和圈子内人员为主；而大部分经济条件一般的则选择公共场所、公共体育设施，往往以集体形式参与，参与的体育项目也以集体居多。

个人休闲方式的差异和休闲意识的淡薄，以及社区体育指导员的配备缺失等因素，是阻碍社区休闲体育文化发展的主要因素。社区休闲体育文化的价值主要在于形成一种休闲体育氛围，吸引居民积极参与体育健身活动，进而促进居民身心健康协调发展，增进社区人员的交往，提高生活质量，促进社会和谐，提高幸福感。

由于中西方在地理人文背景以及哲学思想观念上存在很大差异，中西方的社区休闲体育文化也存在很大差别。欧美的社区文化研究多采用大社区（城镇）概念，与我国基层社区的概念有较大差异，其基层社区的体育活动主要表现为俱乐部活动。因此，西方社区的管理模式与我国有较大差别。西方社会学理论和社区研究理论比较系统、成熟，对社区体育研究有较大的参考价值。尤其是我国正处在社会转型时期，西方发达国家以前在转型过程中所出现的问题，也必然会不同程度地出现在我国社会，故从实践角度看也有一定的借鉴价值。国外社区体育研究始于20世纪60～70年代，其背景是经济高速增长和社会深刻变革，社区作为社会控制的重要形式，受到社会高度重视，从而引发学术界广泛研究。社区体育研究是社区研究的一个分支，多为应用性研究。从欧、美、日近年来的研究情况看，运用社会行动学理论，社区体育参与、社区体育组织架构、社区体育模式、社区体育方法的研究较多。欧美等西方国家倡导社区服务，社区休闲体育主要以足球、网球、户外运动为主。进入20世纪以来，专业体育运动产生，伴随着足球、网球的职业化，西方国家的社区体育发展进入多元化时代，户外运动受到热捧，森林探索、户外徒步、自行车运动、帆船运动进入社区活动的视野。与西方体育相比，充分体现竞争性的体育项目和户外体育活动在中国城市社区体育中难觅踪影，以健身操（舞）和太极拳为核心体系的项目表征在我国社区体育中占主导地位。

第三节　休闲体育项目文化解析

休闲，是指人们在闲暇时间以某种活动为载体，自觉、主动地参与体育活动，达到心情舒畅、精神焕发、身体健康的一种行为方式和生命状态，包括文化的构建、欣赏等。体育运动作为一种有规则的文化游戏，已经成为人们闲暇时的一种生活方式。竞赛是体育运动的组织方法，竞技体育则是体育运动的升华，而休闲体育便是体育运动的生活化。

研究休闲体育文化，首先应该研究体育运动的产生与发展，即体育运动项目文化。体育并非现代文明的产物，在古代，体育的范畴广泛，往往与劳作、军事、民俗、教育、宗教、技艺等活动联系在一起，而许多项目的创造源泉来自闲时的心态与生活，以表达对生理和心理的需求。早在古希腊奴隶社会，体育运动就作为一种文化现象存在着。随着人类文明的进步，这些由求生本能演化而来的各种工具和运动技巧，便年复一年、代复一代地流传下来，最终演变成一种带有鲜明生命印记的文化形式——体育运动，同时成为军事训练的手段，成为社会教育中的一部分，也成为人们闲暇时选择的一种生活方式。文化是一种客观存在，以符号形式存在于现实世界，符号则是人类对客观存在所做的记号、标志，是人类对客观世界的反映。人类创造的文化，不论是物质文化还是精神文化，都对生命具有一定的意义。因此，格尔茨将文化定义为：“历史上留下来的存在于符号中的意义模式，是以符号形式表达的前后相袭的概念系统，借此人们交流、保存和发展对生命的知识和态度。”体育文化根植于体育运动项目中，不同运动项目的产生背景、发展过程、规律性质等方面各有差异，各自的文化内涵也不尽相同，但任何一个运动项目的产生与发展，就是文化的形成过程，也是一连串符号传播的过程，它是历史文化的积淀，承载着人类发展的符号记忆，是通过身体表达体育思维的文化形态和方式。美国文化人类学家克罗伯和科拉克洪认为：“文化存在于各种内隐的和外显的模式之中，借助符号的运用得以学习与传播。”休闲体育文化的外显性主要体现在器物的发明与运用、规则与制度的创立和完善、运动形式的产生与改进这些可视的方面。而休闲体育的内隐性则需要对各方面的传统体育文化本源做进一步的挖掘、拓展，以实现自身“文化属性”功能的充分体现。

体育运动项目文化作为一种符号，它的载体首先表现在各种具体的体育活动上。作为符号的载体，它们在特定的社会条件下，被赋予一定的意义并能够被社会大众所识别。体育的符号意义体现为它是竞争、健康、交往和休闲娱乐的符号。古往今来，体育一直就是一个具有丰富意义的载体，体育往往是与荣誉、尊严、成功、力量等联系在一起的。而体育运动项目文化就是通过器物层面、制度层面、精神层面和行为层面“四圈层”构成的，它的表层是器物和行为，是可以感知的文化载体；中层是规则与制度，是一种约定俗成，支配表层要素之间的组合与搭配；深层则是精神与心理。实质上，体育文化的空间结构是表层、中层和深层完整而不可分割的统一体。体育文化行为层面是精神层面以器物层面为基础、以制度层面为保障的实践体现。体育运动项目担负着体育文化符号传承的重要使命。了解体育项目文化，就是通过对体育文化的理解，尊重运动规则、运动礼仪、运动的传统习俗，同时也有欣赏运动的能力。这是在参与和体验中培育公民休闲体育意识与运动素养的重要途径。

一、太极拳运动（陈氏）

太极拳，是东方体育文化的一块瑰宝，是中华武苑中的一朵奇葩。太极拳主要分为陈氏、杨氏、吴氏、武氏、孙氏等。为适应各方面的需求，人们整理出简化太极拳、四十八式太极拳、八十八式太极拳，以及各类太极拳竞赛套路等。随着时间的推移，太极拳成为了集技击、强体、健身、益智和修性为一体的独特运动方式。作为一种体育文化，它是通过身体来表达中国传统思维的文化形态和方式，蕴藏着东方哲学韵味的深刻内涵，正在被越来越多的人所认识。陈氏太极拳是杨氏、吴氏、武氏、孙氏等太极拳的母体，因此，本节全以陈氏太极拳为例来介绍太极拳。

（一）创编与其发展

目前各方面的考证和文献记载不足以证明陈氏太极拳是由陈卜所创，但有足够多的资料证明陈氏自洪洞大槐树迁怀庆府时，家族里已经有人在习练拳术。随着太极拳的发展，相信陈卜是太极拳的始创人并不太多，认为太极拳是由陈氏第九代陈王廷所创更具有说服力。

陈王廷，天资聪慧，自幼勤奋好学，昼练武、夜习文，不但深得家传武功，出类拔萃，而且熟读诸子百家，学识渊博。他成人后文武兼备，尤其精于拳械，功夫深厚，有超人的轻功绝技，年轻时曾走镖山东一带，扫荡群匪，使匪寇闻名丧胆。因他生得面红庄重，蓄有美髯，骑红色战马，惯使春秋大刀，江湖上的武林同道便给他起了一个绰号“二关公”。但当时正是兵荒马乱之时，陈王廷生不逢时，一直到明末之时仅仅担任过武庠生职务，在后来才慢慢被提升为县乡兵守备。

陈王廷武艺精湛，箭术也是超群，在崇祯年间的一次应试武举中，他就以一马三箭、三马九箭的成绩赢得了在场所有人的喝彩。然而，当时却因为小人从中作梗，擂鼓报靶的鼓吏受人贿赂，使得陈王廷与冠军失之交臂。由于不满当时昏暗腐败的考评制度，陈王廷立刻怒发冲冠，驾着骏马挥舞大刀劈死了鼓吏，逃离了校场。当时，陈王廷所处的历史大环境政局动乱、民不聊生，人民纷纷揭竿起义。其中有一位起义之士名叫李际遇，他是陈王廷曾经结交的朋友。陈王廷在杀死鼓吏逃出校场后，为了逃避官府追杀，便想去起义地区投靠李际遇。在去见李际遇的路上，陈王廷意外地遇到了蒋发。此人乃李际遇的部将，他见到陈王廷后担心陈是朝廷派来的奸细，便在路上与陈王廷大打出手。大战几个回合之后，蒋发战败逃走，且健步如飞，陈王廷骑马追赶也没能追上。后来陈王廷暂住御砦期间，经常与蒋发切磋武艺，并因武结交成为知己好友。直至后来，蒋发因李际遇事败而遭朝廷追捕，陈王廷帮助他隐姓埋名，暂藏于陈家沟。为了掩人耳目，陈王廷在蒋发躲藏在陈家沟这段时间一直和他假装为主仆关系，私底下却是至亲挚友。在平时的相处中，陈王廷和蒋发两人在农忙时期耕地、收获，在闲暇之余互相切磋武艺，自得其乐。蒋发武艺超群，其腿力更是惊人，江湖外号“飞毛腿”。陈王廷开始着手于太极拳的编制和创立。蒋发在其编成之后首先拜入陈王廷门下跟随学习。由于蒋发拥有良好的武功功底，因此学习进步神速。学习一段时间后，蒋发提出想跟陈王廷讨教几招绝学，但是陈王廷都没有给出明确答复。有一天夜晚，蒋发和陈王廷两人正在揣摩太极拳的新拳路，蒋发趁陈不备从兵器架上挑出一口单刀，直接就向陈王廷砍去。当时，陈王廷并没有任何兵器在身边防身，但是还未等到单刀碰到他，陈王廷便迅速地从院子中间纵到墙根前。蒋发尾随而上，对着陈王廷又是一刀，陈王廷以迅雷不及掩耳之势向上一跃，伴随着“嗖”的一声，他的身子就牢牢地贴在了一丈多高的墙面上，并且像被磁铁紧紧吸住一样，一动也不动。蒋发看到这情况，不禁感叹道：“闯荡江湖近半生有余，对于‘贴墙挂画’这一神技只是听别人说过，自己却未曾信以为真，如今看到陈公的精湛技法，果然传言不假。”后来蒋发病逝于陈家沟，陈王廷为其操办后事，将他埋葬于陈家沟北地小五叉口杨海洼，并为他立下石碑。该石碑和原存于陈氏宗祠唯一的陈王廷生前画像在20世纪50年代被毁，现在关于两者相处经历只有陈子明所著的《陈氏世传太极拳术》一书中有相关说明。

明末抗倭名将戚继光于南方抗倭功成后，调防北国，于明穆宗隆庆二年（1568年）“总理蓟、昌、辽、保练兵事务，节制四镇，与总督同”（《成少保年谱》）。到1583年，即明神宗万历十一年，方才调至广东。明史谓：“继光宴然，继之者踵其成法，数十年得无事。”戚所以能如此，除他的爱国热忱和非凡的军事才能之外，他的部队训练有素是一个重要原因。平时，他出于防务需要，罗致武师较多。为了训练士兵、提高部队的作战能力，便综合民间16家拳法，如宋太祖三十六势、长拳、上步拳、猴拳、温家七十二行拳等，去粗取精，融会贯通，写成《拳经》一书：书中将32种姿势编成一套拳术，作为士兵强身健体、对敌作战的武艺。

陈王廷和戚继光不是一代人，但他对戚氏保国御侮、罗致百家之行为非常仰慕，特别是在整理民间武术上，尤受戚氏影响。陈王廷中年因社会动荡、异族入侵，报国不得其门，终年郁郁不得志，遂以《黄庭经》（即《太上黄庭内景经》和《太上黄庭外景经》）为伴，隐居乡间，倾心整理民间武术，广为搜集、校其同异、加以继承和创新，成为戚氏之后整理民间武术的杰出人物，这都为他后来编创太极拳打下基础。

陈王廷在创立陈氏太极时以祖籍山西洪洞旧传拳术作为基础，对各家武术进行博采众长，并结合《易经》阴阳之理以及中医学说《黄庭经》等优秀理论，吸收总结其中的精华，最终创造了长拳十三势、炮捶等拳套7路，以及推手、粘枪之法。这些武学技艺具有快慢相间，密切结合意、气、形等要素的特点，并且具有养生、健身相结合的功能，成为当今陈氏太极拳的雏形。陈王廷是陈氏太极拳的创始人，他创立的各种武技后来经过陈长兴的增益提升，更为完备。

陈长兴在深入研究祖传拳械的基础上，通过自己的努力和钻研，对《河图》《易经》《洛书》以及《太极图说》等书进行了深入研究，汲取各家理论之所长，对拳理、拳法进行归纳融合，最终创立了刚柔互济、注重缠丝劲的陈氏太极拳。这套太极拳包括太极拳长拳、太极拳五套、十三势，以及炮拳等拳术套路；除此之外，还包括各种长短器械，如二四枪、十三枪、八杆、四杆、镰、单刀、双刀、锏、剑、鞭等，其中最为独特的就是双人粘枪、双人推手以及梢杆对打等。民间古今有16家拳法等，陈王廷对这些拳艺进行取精去粗，吸取了其中的29势编入太极拳套路，经过统计发现，单是在“长拳”中就汇集了108种不同的姿势，可见陈王廷创立的太极拳吸收的拳种非常之多。陈王廷造拳结合了导引、吐纳等特点，保证了练拳者在练拳时能做到汗流而不气喘，并且具有强大的爆发力量。其拳法中缠绕运转的缠丝劲练法就是结合了经络学说，其中关于虚实、阴阳、柔刚的拳理也吸取了阴阳学说中的理论。双人推手和双人粘枪是陈王廷独创性的成就，其特点为柔中寓刚、粘连粘随、不丢不顶、无过不及，太极拳也因为这些独有的竞技方法而自成一派。它解决了练习者不用护具设备难以提高刺枪技术和徒手搏击技巧的问题，是我国武术史上具有跨时代意义的创造性成就。在整个陈式太极拳体系中，“阴阳”

与“虚实”两个要素的重要性尤为凸显。从拳法外形上来看，该拳在每式中均包含以下几对特点，如“慢与快”“圆与方”“开与合”“卷与放”“轻与沉”“柔与刚”“虚与实”等，并且包含多种对立统一的独特形式，如“里外”“上下”“进退”“大小”“左右”等。该拳法中统领全局的精华在于练意、练气，要求在演练该拳法时应当聚精会神，注重拳意的领会，而不是一味地使用拙力，应当注重拳法弹力的加强。具体可以通过放长身肢来实现弹力的加强，其他还应遵循的联系要点为快慢结合，又快又慢；顺逆缠丝，形如螺旋；虚实分明，中正立身；一气呵成，连续不断；刚柔并济，有刚有柔；腰脊带头，节节贯串等。陈氏太极拳除了对各种拳法（太极拳五路、炮拳一路、长拳）的研究外，还包括了太极十八般武器的练习，包括剑、枪、刀、钩、棍、杆、锏等，这些武艺无不独具风格，其中以双人粘枪和双人推手最具特色。陈王廷关于太极拳的理论研究现在可以从《拳势总歌》《拳经总歌》以及《遗词》等文献中见到。陈王廷著写的《拳经总歌》在开头部分就有这样的话：“纵放屈伸人莫知，诸靠缠绕我皆依”。这句话是对“推手”技法的一种概括性说明，也是对太极拳的特点与方法的简单表述。后来，陈王廷创立的太极拳一直在陈家沟陈氏家族世代传习。

陈王廷所创太极拳招式的名称，几百年来时有变化，但概括起来可以分为四种类型：其一是以禽兽扑戏、搏斗的姿态而命名，如白鹤亮翅、青龙出水、白蛇吐信、兽头势、野马分鬃、猿猴献果、雀地龙等；其二是在时代背景下，加上一些“神仙”“威武”的色彩而命名，如金刚捣碓、玉女穿梭等；第三类是在长期的教学过程中，因授受双方文化程度、方言方音、领会错觉等原因，似是而非的变名，如懒擦衣或懒扎衣与揽雀尾、白鹅亮翅与白鹤亮翅、六封四闭与如封似闭、掩手肱捶与搬拦捶等；第四类是招式名称大都以各式运行和定势的形状而命名。

太极拳是集技击与健身于一体的拳术，这是它与其他拳术的不同之处。在技击方面，据历代名手所言和太极拳理论研究，太极拳练到上乘功夫可以达到周身一家，以静制动、以逸待劳、以柔克刚，以不变应万变，亦可得机得势、舍己从人、随机应变、灵活运用、引进落空、借力打人。这也就是《推手歌》所说的：“棚捋挤按须认真，上下相随人难侵，任他巨力来打我，牵动四两拨千斤。”所谓“捶自心出，拳随意发”“心气一动，四肢皆动”“能去、能就、能刚、能柔、能进、能退，不动如山岳，难知如阴阳，无穷如大地，充实如太仓，浩渺如四海，眩耀如三光，察来势之机会，揣敌人之短长，静以待动，动以处静”，“刚柔相济，则粘、游、连、随、腾、闪、折、空、掤、捋、挤、按，无不得奠自然矣”（陈长兴《用武要言》）均是这个道理，可见其言非虚。

太极拳作为陈氏的家传武术，到公元18—19世纪进入第一次大普及、大发展时期，其里程碑式的人物当属陈长兴、陈有本及其徒陈青平。

陈长兴，字云亭，陈氏十四世孙，太极拳第六代传人。他自幼受业于其父秉旺，太极拳、械出神入化。成年后，陈长兴以保镖为业，在武术界享有盛名。他不但将陈王廷所创五路太极拳由博归约、精练归纳，创造性地形成完整套路，即现在的老架太极拳一、二路，并且据己所得发展了太极拳理论。其著作流传下来的主要有：《太极拳十大要论》《太极拳用武要言》《太极拳战斗篇》《陈长兴太极拳总歌》等。这些理论著作，极大地丰富了太极拳理论，将太极拳术提高到一个新的高度，对后人启发很大，是中华武术理论的宝贵财富。特别是他敢于打破陈氏门规局限，将陈氏太极拳传于河北永年县（旧称广平府）的杨福魁，从而派生出杨氏、孙氏两个太极拳流派，使太极拳走出陈家沟。

陈有本，字道生，陈氏十四世孙，太极拳第六代传人。陈有本自幼与兄有恒受业于其父，太极拳术炉火纯青。兄亡后，他闭门练拳。他不受前辈所传之限，多有创新，艺精入神、自成一脉。他在太极拳原有套路的基础上，变发劲为蓄而后发，形成了陈家沟太极拳小架套路，后人称为小架太极拳。这些成就使他成为太极拳发展史上继往开来的一代宗师。

陈清平，陈家沟陈氏十五世孙，太极拳第七代传人。他幼承陈有本习太极拳小架，多有心得体会，青年时代已成名手，深得太极拳一代宗师陈长兴、陈有本的嘉许。陈清平后移居赵堡，因学武人多，遂于镇中开武馆授徒。他结合自己的心得，在其师原来套路的基础上再行改进，形成与师所传不同的小架太极拳套路。后人为了区别，称师之小架为“略”，称其小架为“圈”。他所授弟子多有所成就。他们在陈氏小架太极拳的基础上，吸收其他武术精华，逐渐衔变出几种太极拳流派和不同套路流传于世。如由其弟子河北永年县武禹襄所创武式太极拳，赵堡人和兆元所创的和式太极拳（亦称赵堡太极拳），李景炎（李盾）所创的太极忽雷架等，在国内外均拥有广大爱好者。陈清平为太极拳的传播、发展做出了不可磨灭的贡献。

（二）陈氏太极拳文化传承

陈氏太极拳是在长期的武术技术的酝酿和中国传统文化的积淀中逐渐发展起来的。陈氏太极拳的出现，不是具体由哪一位聪明的武术家创造的，也不可能是在短时间内完成的，应该有其发展和不断完善的时间、过程。太极拳以其拳法的精妙、思想的深邃而闻名天下。自陈王廷创编开始，数代武术名家互相切磋、互相汲取，在陈氏太极拳的一代代拳师不断努力下最终成就现在陈氏太极拳。由于陈氏历代大师及传人的继承、发展和传播，陈氏太极拳到20世纪40年代，已形成了陈、杨、武、吴、孙等各个流派，但这些流派追根溯源，都来自温县陈家沟的陈氏太极拳。改革开放以来，陈氏太极拳抓住全球多元文化相互传播、共同发展的历史机遇，通过表演、竞赛等诸多重要途径，迅速地向全世界传播。在表演方面，作为一个新兴的武术文化产品，太极功夫舞台剧依靠世界上唯一的太极文化，把太极拳作为艺术载体，把武术与舞蹈相结合，在舞台上展示完美的故事情节。太极功夫舞台剧“武推文”经过近几年的快速传播发展，在国内外的传播风风火火，表演很轰动，常年经演不衰。比如《太极传奇》《太极图》《太极星云》《太极宗师》《太极张丰》《梦幻武当》等，均引起了社会的普遍关注，而《太极图》《太极传奇》《太极星云》也扩展到世界各地巡演，国外媒体争先报道，轰动了全世界。在竞赛方面，陈氏太极拳项目也是国际武术竞赛中的一个重要组成部分。

自改革开放以来，已成功举办了10届中国焦作国际太极拳交流大赛、7届世界太极拳健康大会、8届世界传统武术节（锦标赛），这些赛事是目前世界武术界规模最大、规格最高、影响最广的大型体育盛会，共吸引来自世界五大洲80多个国家和地区的运动员参加。

在休闲运动方面，以休闲娱乐为主的广场练习太极拳法，是人们认识太极拳的主要途径，就像广场舞一样火爆。太极拳通过这样一种方式在向人们展示自己，无论是在公园、广场还是在马路边，都能够看到习练太极拳的人群。不过这个里面有一个现象就是，习练太极拳的主要集中在中老年群体。对于中老年人来说，他们会觉得太极拳带给他们的不单单是健身治病、修身养性、陶冶情操，还能拉近人与人之间的距离，让他们在习练太极拳期间还能交到朋友，不至于太寂寞。总体来说，对于太极拳放松精神、健身的作用是大家认同的，所以，太极拳在休闲娱乐健身中应用较为广泛。

陈氏太极拳的创始人、时间、地点、存在价值、社会环境等都有其属于它本身的文化内涵，随着时间的推移，从家族的健身养生发展到全球化的运动项目，陈氏太极拳之所以能够不断演变、发展，是因为其根源于中国传统文化，更是因为老百姓对它的接受与喜爱，以及对太极拳文化的认同。2004 年，我国在韩国开设了世界上第一所孔子学院，如今，在韩国的又石大学孔子学院、大佛大学孔子学院、东西大学孔子学院等都开设了武术课程，其中又石大学和大佛大学孔子学院都开设了太极拳班。太极拳已经受到各个孔子学院的重视。而今在亚洲、欧洲、美洲、大洋洲各个孔子学院大多开设了太极拳课程，也配备了专业教师，太极拳借助孔子学院这个平台向世界展示其自身的魅力，得到了国际友人的喜爱。2008 年北京奥运会开幕式上的下篇第二部分《自然》展现的就是国粹太极拳，刚柔相济、天人合一的太极拳和气势磅礴、场面壮观的太极阵让世界各地人们认识到中国太极拳的奥妙和精髓，太极拳的表演者用无形胜有形的理念，向全世界展现了中国人的哲学观。在奥运会这一全世界最重大的体育赛事上，中国人向世界展现了太极拳运动，为太极拳在国际上赢得了掌声、赞许。

孔子学院是我国为了向世界推广汉语、增进世界各国对中国的了解而设立的官方机构。现今，孔子学院遍布世界各地，为太极拳的国际推广提供了有利的平台，是太极拳国际化传播过程中可以依托的重要途径。世界上有各种公益性的宣传活动，太极拳也借助了这些公益性活动向世界展示自己，通过自身的健身功能、娱乐功能让人们了解和接受太极拳。公益性的太极拳宣传活动具有积极的影响力，世界各地有很多太极拳协会组织公益性的太极拳宣传活动。这些组织成员免费教授国际友人学习太极拳，向他们讲解太极文化等。这些公益性的活动不但扩大了我国太极拳的影响力，也融洽了国与国之间的社会关系，同时还能获得经济效益。

休闲文化狭义上讲就是“玩的文化”，玩能愉悦人的身心。玩是人们生活中的一个重要的概念、一种重要行为。于光远说：“人之初，性本玩，活到老，玩到老。”玩是人生中不可或缺的部分，是与人类关系非常密切的文化现象，是人类实现自我价值的一种具体方式。玩的本质即是文化的性质，虽然它是人的本能和生理需求赋予的，但是玩的过程会对人的精神产生重要的影响，使人在情绪上感到快乐。玩是建立于闲暇时间基础之上的行为情趣，或是休息、娱乐，或是学习、交往等，它们有一个共同的特点，即获得一种愉悦的心理体验，产生一种美好感。太极拳不但要求练习者放松精神，更要求心处于一种静的无我的境界。太极拳练习旨在把人的心理、生理、人生哲学连在一起，把心理平衡、延年益寿、生活情趣融成一体，不但是身体练习，更是一种追求闲情逸致的生活态度。可以说太极拳就是一种“玩的文化”，是一种能给人幸福、愉悦感受的文化。

陈氏太极拳第八代传人陈鑫在《陈氏太极拳图说》中说道：“明洪武七年，始祖讳卜，耕读之余，而以阴阳开合运转周身者，教子孙以消化饮食之法。”这说得多么贴切，多么贴近生活！不难想象，陈氏太极拳的始祖陈卜当年过着一种休闲的田园生活，他练习太极拳的目的也就是为了在耕读之余寻找一点娱乐，为儿女教授一些饮食消化的方法，其实就是享受生活。太极拳历来重视心静气顺，精神贯注。太极拳讲究用意练拳、行拳练气、虚静其心、以心行气，既蕴含着生命本原论，又涉及道德精神论，将气与心结合，犹如道教内丹学所说，以人的思想、精神、心理状态为修炼的基础。太极拳要求是在绵恒不断的运动中求静，在静中追求忘我的精神境界。如当你置身于原野、绿地等空气清新的环境中，心无别念，对大自然怀着无比爱恋之时，以顺乎自然的心境，悠然地练一遍太极拳，你将会感到自己的动作是流畅、全身充满力量，你会感到一切都是那么美好，大自然仿佛已经和你融为一体。这时候的你就达到“玩”的境界，获得一种愉悦身心的感觉。

陈氏太极拳作为中华民族传统体育中最具代表性的项目，其理论基础就在于古老而深厚的中国哲学之中。“天人合一”这一中国哲学之灵魂不可避免地贯穿于太极拳的产生、发展全过程。然而，太极拳的天人合一观是一种悠闲的“境界”，注重人与自然、宇宙的交流，忘却自我。

休闲之事古已有之，在人类文明进步的几千年历史中，它具有重要的文化价值。不同时代的思想家们无不充满激情地赞美休闲。一般意义上的休闲是指两个方面：一是解除体力上的疲劳，恢复生理平衡；二是获得精神上的慰藉，成为心灵的驿站。它是完成社会必要劳动时间之后的活动，是人的生命的一种状态。马惠娣认为：“人类对休闲的认识有着悠久的历史，休闲是人的生命的一种状态，是一种‘成为人’的过程，是一个人完成个人与社会发展任务的主要存在空间；休闲不仅是寻找快乐，也是在寻找生命的意义。”休闲是人类对自身的人文关怀，是人类对真、善、美的追求。太极拳运行可以看作人的生命升华，这是对现存状态的超越，它从天、地、人“三才贯通”，以“参天地、赞化育、夺造化、通大道”的大系统提问题，由此实现生命、生活、生态三个层面的有机统一。在现代社会中，人们用太极拳表达生命的感受、反思生命的状态、优化生命的质量、挖掘生命的潜能、提高生命的价值；它那游戏式的创造方式，也是当代人类自由发展的一个方面和途径。作为中华民族文化瑰宝中的太极拳，其表层载体就是肢体动作及其组合，支配它的就是拳理、基于“太极图”的理论体系，规定着肢体动作、动作组合及运行线路的变化，并通过动作演练表达出天人合一、身心自然的文化内涵。

休闲文化标志着一个国家的经济发展水平，是社会文明进步的标志，不仅是人类物质文明与精神文明的结晶，还是人类的一种生活方式、生活态度。陈氏太极拳诞生于中国传统文化的沃土之中，与中华民族的休闲文化价值观有着千丝万缕的联系。太极拳产生的社会环境、文化根源都是人们的需求，追求的是一种生命状态的文化，它无论是过去、现在，还是未来都将表现人类的休闲文化。由此可见，陈氏太极拳的社会功能价值就是一种休闲文化。

二、击剑运动

击剑发展已有几千年的历史，从生产、生活工具到战争中的武器，以至于到体育运动项目，在漫长的岁月中有着自己发展的历程，也有着属于自己个性的文化内涵。击剑运动在欧洲被冠以“贵族”“绅士”运动，时至今日被列为十大流行休闲运动项目之一。击剑运动不是纯粹的竞技，也不是你死我活的搏杀，而是一种身体格斗的体验、一种身心合一的表现、一种气质精神的传染，它不因时代的变迁而磨灭剑客心中的侠骨柔情，它表现的是一种对生活的乐观与对理想的坚持。它的最大魅力就是智斗、控制与反控制，最高境界是能在不断地换位思考中博弈，其战术思维方式有利于情商的发展。这种思维方式可扩展到生活、工作的各个方面，使人善于多角度分析问题，有利于人本社会的形成。这项古典绅士运动也有另外一个称誉：格斗中的“古典芭蕾”。

（一）起源与发展

1. 传奇击剑

剑，同人类其他自古留传下来的工具、武器一样，是我们祖先在劳动中创造的。在人类的历史发展过程中，剑最初是获取食物的工具，我们的祖先曾手握着它刨开地皮寻找植物的根茎、宰杀猎得的野兽；当原始社会发展到各部落间进行血亲复仇战争的时候，便成了人类互相残杀的武器。随着私有制的产生、阶级的出现，剑逐渐走上军事舞台。剑是古代贵族和战士随身佩戴用以自卫防身的武器，号称古代短兵之首。剑身双刃，尖端为锋，既可横斩又可直刺，应用十分广泛。

2. 历史起源

谈起击剑运动发展史，必然要谈到剑的发展史。首先是有剑之后才出现击剑。剑的起源按有关资料记载，始于公元前 7000—公元前 5000 年，即新石器时代。在我国，剑创始自轩辕黄帝时代。据《黄帝本纪》云："帝采首山之铜铸剑，以天文古字铭之。"《管子・地数篇》载："昔葛天庐之山，发而出金，蚩尤受而制之，以为剑、铠、矛、戟。"以上两说，似黄帝与蚩尤均已制剑为兵。在上海博物馆保存的商代晚期（公元前 13—公元前 11 世纪）"人首纹"青铜剑，就说明我国不但有悠久制剑的历史，而且在 3000 多年以前制造剑的工艺水平就相当高了。其实，在有历史记载以前，剑作为武器就已经开始使用，到青铜器时代已经得到了普遍运用。在公元前 770—公元前 476 年春秋时期，吴国、越国铸造剑的技术进一步发展，使剑不仅成为武器，还成为精美的工艺品。后来唐、宋、元、明、清等朝代都有关于剑的记载，特别是宫廷里的剑非常丰富，浩如烟海。

而在世界其他国家，如古代的希腊、土耳其、罗马、波斯、埃及、印度、巴比伦等国家，从出土的剑来看，也都有很早的历史。并且历代古人，如波斯人、希腊人、罗马人、印度人等，他们都十分注重剑术的使用。

但关于击剑的最早记载还是要追溯到公元前 1190 年，在古埃及卢苏尔附近马迪纳特哈布寺庙的浮雕上，发现了拉梅斯三世时期的击剑比赛场面。浮雕上的击剑者以捆扎在左臂上一个狭窄盾牌作为防守，头上戴着面具和很大的护颈，连耳朵也塞了东西。浮雕上还能辨认出一些手持带羽毛作为指挥棒的裁判员官员和一群观众，可以看出观众中有些是叙利亚人、苏丹人和埃及人。这段描述出自英国大百科全书（1970 年版）对击剑起源的记载。如果承认这个浮雕是近代击剑的雏形的话，那么击剑的起源应该说是在古埃及和亚洲西部的两河流域。

据法国《大拉罗斯百科全书》称：在中国夏朝统治的 470 多年里，阶级斗争十分尖锐，奴隶暴动和逃亡时有发生。到公元前 20 世纪时，奴隶主为了镇压奴隶反抗和发动侵略战争，就选派一些用剑技艺比较好的能人——剑师，给贵族和奴隶主传授用剑技艺（据国际剑联资料认为，那时中国也有了论述武器的学者）。曹丕在《典论・自叙》中说："予又学击剑，阅师多矣，四方之法各异，唯京师为善。桓灵之间，有虎贲王越，善斯术，称于京师。河南史阿，言昔与越游具得其法，余从阿学之精熟。尝与平虏将军刘勋、奋威将军邓展等共饮。宿闻展善有手臂，晓五兵，又称其能空手入白刃。余与论剑良久，谓言将军法非也，余顾尝好之，又得善术。固求与余对。时酒酣耳热，方食芋蔗，便以为杖，下殿数交，三中其臂。左右大笑。展意不平，求更为之。余言吾法急属，难相中面，故齐臂耳。展言愿复一交。余知其欲突以取交中也，因伪深进，展果寻前，余却脚鄛，正截其颡。坐中惊视。余还坐，笑曰：'昔阳庆使淳于意去其故方，更授以秘术。今余亦愿邓将军捐弃故技，更受要道也。'一坐尽欢。"这段讲的是三国时魏文帝曹丕同邓展的一次剑术比赛。曹丕与平虏将军刘勋、奋威将军邓展等在一起宴饮，席间谈论起剑法来，曹丕认为邓展所谈技术已经落后了，邓展不以为然，要求与曹丕比试。这时大家正酒酣耳热，吃着甘蔗解渴，便以手中甘蔗为剑下殿较量。结果曹丕 3 次皆击中邓展手臂，引得席间大笑。邓展不服。曹丕说我出手迅速，只能击中手臂，不易击中面额，将军不服的话我们还可以再来一回。于是，两个人摆开架势再次较量。你来我往几个回合后，曹丕故意露出破绽，诱展深入，邓求胜心切，一个跨步直接朝着曹丕胸中刺来，曹丕利用其重心前移，退步一闪，躲过剑锋顺手一点，正击中邓展面……这段有声有色的记载，反映了当时剑术的高超和斗剑风的兴盛。

在希腊半岛，由于地理条件的因素，为了维持生存与城邦繁荣，造就了欧洲民族开阔的胸襟和敢于冒险和竞争的文化，击剑、摔跤等一些体育竞技活动开展广泛。在公元前 11 世纪，古希腊就出现了击剑课，并且当时的击剑课是由剑师在体育馆教授。决斗之风起源于欧洲，也称为"司法决斗"，有兄弟为争夺遗产决斗，有的为了荣誉而战，有的为了爱情而决斗。司法决斗的兴起诞生了一个新的职业："决斗士"。这帮亡命徒专门替别人参加决斗。到公元 1 世纪左右，罗马帝国角斗士格斗成风，因此有了专门培养击剑选手的学校和剑师。

古代击剑比赛一般是用没有枪尖的矛以及不开口的剑和盾牌进行的，以碰到身体和受一点轻伤为败，虽然受伤难免，但与古罗马角斗士以结束对方生命为胜有着较大的区别。

3. 击剑运动的发展

从公元 8 世纪起，独特的骑士阶层在欧洲开始形成。中世纪的西欧，宗教神学凌驾于一切科学之上，融入了基督教色彩的骑士则成为每个男人的向往。在这一时期，击剑在欧洲得到很大的普及和发展，从某种意义上讲，击剑是一种时髦、时尚的体现，也是表现一种身份与一个阶层的活动。那些身着铠甲、头戴钢盔、腰挎宝剑，在战场上驰骋纵横的骑士，通过战争表现他们的勇猛，通过和平时期的比武证明他们的技艺和勇气，通过对国王的忠诚和为爱情甘愿去冒险的壮举来为自己赢得声誉，这些人是中世纪西欧的时代英雄。骑士们言行得体、举止优雅，是正义和力量的化身、荣耀和浪漫的象征。击剑与骑马、游泳、打猎、下棋、吟诗、投枪一起被列为骑士的七种高尚运动，骑士制度则成为西方的伦理标准，深刻地影响了人们的观念和行为。为了提高骑士的技艺，培养他们勇猛顽强的精神，在法国普罗旺斯最先开始有骑士比武。11 世纪末，骑士比武从这里向欧洲其他国家传播，形成了一种十分独特的骑士比武文化。法国国王路易十四将巴黎 6 名资格最老的剑师封为世袭贵族。击剑的服装也被正式规定下来：贵妇们穿丝绸和缎子的马甲或坎肩一类的衣服，还要配讲究的发型；男子穿长筒丝袜、马裤和有浮花织锦的上衣。当时，社会闲适阶层、贵族以及骑士们以佩戴一把剑为时尚，人们甚至为剑命名，如查理大帝的剑名为"快乐剑"、罗兰的剑名为"都兰达尔"。骑士们平时凭剑起誓忠诚，死后在其坟墓上也刻着剑名。此时，击剑已经不是单纯的决斗与战争武器，而且逐步成为大众效仿的一种时尚，并且发展为大众接受的具有决斗、消遣、娱乐等性质的一项活动。

现代击剑器械的形成是由古代冷兵器演变而来的。而击剑比赛最早也是用于训练士兵或在家庭内部练习，以后逐步发展为家族间的竞赛以及决斗，最后发展成为一项体育竞赛与娱乐活动。在这个发展过程中，器械的改进、理念的创新、规则的制定、方式的改变起到了至关重要的作用。

（二）击剑运动文化传承

热兵器出现后，冷兵器开始不受重视，但欧洲各国的闲适阶层、骑士与民间的击剑手仍然会为个人格斗而训练。因此，击剑很自然地成为人们生活、工作、爱情等不顺心时的决斗武器。当时，欧洲还存在的决斗使得原有武器在消遣中没有了用场，于是决斗的爱好者改进武器，西班牙人多莱德改进制造了一种轻巧细长、高品质的剑，类似现代的三棱重剑，在习武厅里练习。重剑是不太尖利的决斗剑，交锋时没有部位限制和其他规定，在为决斗而训练时，为了提高技术和心理承受能力，习惯上是不穿保护服、不戴面罩的。以后，符合现代击剑规则的重剑比赛逐渐流行起来，习惯上以一剑决定胜负。目前，现代五项击剑比赛还沿袭了这一规则。

为了满足人们的决斗而又不致伤人，人们设计制造出一种轻巧、剑身呈四棱状的剑。这样，人们可以用这种练习剑在宫廷或习武厅内尽情演练，从而使技术精益求精，又不致出现伤害，这就是花剑的雏形。

在1875—1900年这一时期，著名的意大利击剑选手朱塞普·拉达叶利根据东方波斯人、阿拉伯人昔日骑兵所用的一种弯刀，演变设计出一种剑柄带有月牙护手盘的剑，普遍被人们采用，这就是现今的佩剑。至此，人们在从事现代击剑时便有了花剑、重剑、佩剑三种选择了。

为了研究和推动击剑技术的发展，中世纪欧洲各国成立了许多击剑能手的行会——击剑者协会（包括学校）。协会中成立最早、最有名望的是马克思布律和洛温欠格的斯特·马尔库斯协会，它的总会设在法兰克福，分会遍及各地。协会要求按照章程开展活动，规定会员参加训练的日子，按照规则规定进行比赛。这些协会为击剑运动的推广起到了积极作用。

随着击剑技术的日趋完善，西班牙教练完成了第一本击剑专著，意大利人则将击剑技术加以总结规范化。1536年马佐罗、1553年阿格里巴分别撰写了《击剑理论》，1606年吉冈蒂写出了《击剑论》，使意大利人在全欧洲击剑教学方面处于领先地位。因此，意大利剑师还被聘请到法国亨利三世和亨利四世（约1589年）的宫廷传授剑术。在他们的影响下，圣·迪迪埃和蒂波分别在1573年和1628年写出了法国最初的击剑专论。法国击剑大师让·路易和拉·布瓦西埃、拉·弗热尔、高维尔合编最早的“击剑规则”。在整个中世纪，主导骑士比武专门用语的语言始终是法语，这一法规沿用至今。

大约在1776年，法国骑士圣·乔治的剑师拉·布瓦西埃发明了金属网面罩，使击剑进一步走上了高雅的道路，它不但使击剑从粗野和残暴、流血与死亡的决斗中解放出来，而且为复杂精巧的击剑技术发展创造了有利条件。人们戴上面罩、手套，穿上击剑服，就可以安全地进行一连串的交锋。面罩的问世是现代击剑发展的一个重要里程碑。

19世纪初，在法国击剑权威拉夫热耳的倡议下，花、重、佩这三种不同式样剑的重量再加以减轻，同时对一些技术原理及战术意义进行深入研究，并且在一些欧洲国家开展一系列竞赛活动。击剑运动由此逐渐成为国际性的体育竞赛项目，并于1896年在第一届奥运会上被列为正式比赛项目，最早成为奥林匹克大家庭中的一员。

综上所述，中世纪击剑在欧洲得到了较为完善的发展，能够形成当今的规模，绝不能归结为某一个国家，而是多个国家和民族对击剑的发展起到的作用，是经历了多年的研究、演变、发展而来的，是人类共同积累的财富。作为文化符号的击剑，从武器与生活工具的剑逐步演化成现代体育运动，其过程反映了人类文化传承的点点滴滴，这与在剑和器械的改进、竞赛娱乐方式的变化和规则的制定、技术的发展和创新、教学方法的完善、击剑爱好者和协会的推广，特别是与击剑运动所承载的文化底蕴分不开的。

1. 骑士精神与绅士文化

骑士精神源于热爱荣誉和战争的古代日耳曼民族，经由基督教的规矩教化和典雅爱情与文字的熏陶，逐渐内化为英国民族精神的重要组成部分和显著特征。理想的骑士们的形象是："比武场和战场上敢于冒险、力挫群雄的勇士，爱情生活中温柔体贴、风流倜傥的情人，社交场合彬彬有礼、修养良好的绅士，宗教上虔敬谦卑、道德上自律的信仰实践者和护教者"。《中世纪骑士词典》中将骑士精神解释为：骑士精神是一名骑士的品质。他出身高贵、举止文雅；诚实、忠诚，对妇女有礼貌；纯洁、勇敢、无私，深怀着宗教感情；具有强烈的荣誉感，同情弱者、慷慨大方、舍己为人。早期骑士是受过正式军事训练的骑兵，用来守卫领主的封地或是国家的领土，后来就演变成一种荣誉的封号，用于表示一种社会阶层。骑士首先必须精通骑术、击剑等战斗技能，还要有良好的行为规范。骑士精神和道德是西方上层社会的贵族文化精神，它是以个人身份的优越感为基础的道德与人格精神，同时也积淀着西欧民族远古尚武精神的某些积极因素。骑士精神构成了西欧民族中所谓的"绅士精神"，并逐渐内化成为现代欧洲人对于个人身份和荣誉的注重，对于风度、礼节和外表举止的讲究；对于崇高精神理想和尊重妇女的浪漫气质的向往，以及恪守公开竞赛、公平竞争的精神品质。在西方的文化传统中，中世纪的骑士精神对现代欧洲的民族性格的塑造起着极其重要的作用。

骑士精神是欧洲文化的典型代表之一，它是一种信仰，男人精神层面的骑士精神是贯穿在欧洲社会发展的整个过程中，其核心内容是要体现出"崇高精神和结义关系"（伏尔泰）。它包括了彬彬有礼，尊敬他人，谦虚谨慎的待人之道；恪守为荣誉而战，甚至不惜牺牲一切的信条；具有大无畏的牺牲精神；英勇作战去获得最后胜利的使命感；同情弱者、除恶锄奸、伸张正义的行为准则；诚实无欺的高尚品质；遵循公正无私、严守法律、按章办事、行为规范的基本守则。而重视名誉、对国家忠诚和坚韧不拔的性格则是他们的美德。因此，骑士是正义、勇敢等的代名词，人们心目中的骑士是伟大而又不平凡的。人们赋予了骑士完美高大的形象：重视荣誉，慷慨好义，加上对女子殷勤效劳，这便是骑士精神的主要表现。

"绅士"源于17世纪中叶的西欧，这是由充满侠气与英雄气概的"骑士"发展而来，后在英国盛行并发展到极致。绅士风度即是英国民族文化的外化，又是英国社会各阶层在看齐上流社会的过程中，以贵族精神为基础，掺杂了各阶层某些价值观念融和而成的一种全新的社会文化。英国的绅士文化建立在价值多样性的基础上，贵族精神是绅士文化传统的来源之一。在后冷兵器时代，这种由骑士精神转变而来的绅士风度，成为一种富有浪漫色彩的侠义精神。绅士文化是一种气质、风度，倡导传统文化与自我存在的价值观，追求品位与人性化的生活方式。礼貌、尊重、尊严、礼仪和骑士精神是绅士风度的五大要素，即骑士般的勇气、服务公众的道德意识和建立于坚定沉着基础上的沉默性格，以及即使处于极端困难的境地也永远不变的谦恭礼貌。在某种意义上，绅士成了男人素质的象征，它相对合理地规范了西方男性，成为现代文明生活中男人的基本人格准则，引导西方社会人们走向理性与文明，也走向开明与强悍，并推广、蔓延到了全世界。假如，没有骑士精神与绅士风度的支撑，这个历史任务是无法完成的。骑士文化是西方文明的重要内容。

2. 骑士精神与绅士文化对现代击剑运动的影响

在中世纪的西欧，融入了基督教色彩的“骑士”精神成了每个男人的向往，骑士是那个时代的英雄。从历史发展来看，击剑与骑士文化、绅士文化不可分离。首先，击剑是被列为骑士必备的七种高尚运动之一，而击剑礼仪与骑士礼仪、绅士礼仪有着很深的渊源，可以说是一脉相承。骑士礼节、骑士的各种仪式是骑士制度规范化的一部分，也是骑士制度生活化的一部分。由于允许平民加入骑士，或者因为骑士的荣誉使更多穷人愿意通过这个渠道获得身份。但不管是贵族家庭的子弟或者一介平民，要想成为骑士都必须接受专门的骑士训练与教育，以规范行为和思想。因此，作为剑手，在骑士制度下养成特殊习惯，不仅代代传承，同时也深刻地影响了人们的观念和行为。随着社会的发展进步，昔日的决斗击剑成为欧洲人的主要休闲方式，受到民众的普遍喜爱，而作为内化了的骑士精神与绅士文化则深深地融入击剑运动，影响人们的行为。

国际击剑联合会前主席罗内·罗奇曾说过：“我们的传统再教育方面，教会每一位击剑手做到具有骑士般的精神和面对成功或逆境时自我控制的能力。”法国击剑大师路易·罗登这样评价剑手：“一名剑手在行为上，应该有自信，有优雅的举止和高层次的礼仪。在技术上，应具有精确的位置感和距离感，进攻能够完全舒展，防守做到无懈可击，全部动作的过程应该是富有韵律感的一这就是击剑的精髓。”大家还记得，在 1978 年 3 月第二十九届世界青年击剑锦标赛上，中国选手栾菊杰站在马德里体育宫，面对各国击剑强手时，她怯懦了吗？她没有。当她对阵苏联的扎加列娃，她胆怯了吗？没有。当她不幸被对手的断剑刺伤持剑手臂，伤口内侧被刺开了花，粉红的肌肉向上翻卷……她后退了吗？她没有！她为了祖国的荣誉，只是在心里一遍遍重复着几句话：“千万不能叫人知道我受伤了，拼了！”当最终栾菊杰荣获第二十九届世界青年击剑锦标赛亚军，让鲜红的五星红旗在马德里体育宫大厅里冉冉升起时，她已充分诠释了击剑运动勇敢的真正含义。

绅士般的礼貌应是构成击剑气质的主体，现代的绅士们在文明的熏陶下更加珍视生命，然而不畏强敌、勇于斗争的精神始终指引着他们把击剑作为当时“骑士七术”之一，不再以生命作为赌注，但是在零伤害的搏击中，勇敢、进取、大度、诚信等精神仍可以得到展现和歌颂，这就是这项运动的魅力所在，也是骑士精神与骑士文化对现代击剑运动的影响。

第三章　休闲体育文化的发展态势与展望

第一节　我国休闲体育发展现状

一、休闲体育文化的现状

（一）休闲体育文化受到广泛关注和重视

在全民健身的背景下，人们的休闲体育观念得到了较大的转变，花钱买健康的思想得到了弘扬，人们逐渐接受和适应了休闲体育的各种收费，认同休闲体育的市场化和产业化发展是其重要的一部分。

（二）休闲体育基础设施不断得到改善

随着大众健身需求的日益高涨，人们参加休闲体育活动需要有良好的基础设施和设备条件做保障。因此近年来我国政府相关部门开始大力投资兴建体育场馆、休闲设备，极大地改善了人们参与休闲体育活动的条件。这对于我国休闲体育活动的开展是非常有利的。

（三）各种类型的休闲体育运动项目不断涌现

发展至今天，休闲体育运动项目越来越多，其中传统武术、气功、游泳、跑步等项目受到的限制较小，人们不需要太大的经济投入就能参与其中，而一些新兴的休闲体育项目则需要一定的花费，如攀岩、滑翔、空中滑板、滑冰等极限运动。目前，极限运动受到大量年轻人的欢迎，到处都可以见到参与轮滑、滑板的人们，各种俱乐部屡见不鲜。这充分说明了休闲体育良好的发展势头。

（四）参与休闲体育运动的人口逐渐增多

人们参加休闲体育都是平等的，不同年龄、不同性别、不同社会阶层的人都可以参与其中，从中获得一定的身心需求。正是由于休闲体育运动的这一特点，才使参与休闲体育的人口越来越多。目前，随着体育运动的不断发展及时代的不断进步，各种类型的休闲体育项目不断涌现出来，为热爱健身的人们提供了诸多选择。感受现代休闲体育设备带来的运动乐趣和精神享受。近年来，参与休闲体育活动的人员在休闲体育运动项目的选择上呈现出明显的差异，老年人一般选择散步、门球、太极拳等有氧活动项目；无固定收入的农民阶层人员大多选择下棋、跑步等不花钱的项目；蓝领阶层人员大都选择花钱少、耗时少、简单易行的运动项目；白领高薪阶层人员倾向于选择高尔夫球、保龄球、赛马等高消费项目。但是不论社会各个阶层人员的选择如何，参与休闲体育运动健身的人员越来越多是一个不争的事实。

（五）居民的休闲体育总体消费水平较低，而休闲体育市场定位过高

我国现阶段仅仅是从温饱型向小康型过渡，这必然影响居民的体育消费水平。从国民生产总值来看，中等收入的国家国民生产总值年人均2040美元，而我国2000年小康标准约1090美元，这个原因是影响我国休闲体育消费支出的最基本因素。目前，很多投资者都热衷于开发高投入、高消费、高利润的高档休闲体育产品和服务，普遍收费较高，而普通居民尚未达到这个消费水平，因此广大群众的娱乐、健身的需求远远得不到满足。尤其是休闲体育高档化使竞争日趋激烈，各种不正当的竞争手段应运而生。既导致了高档休闲体育产品和服务供过于求，资源闲置，也导致投向大众休闲体育的资金不足，从而导致了大众休闲体育供给不足的局面。除此之外，很多休闲体育经营者并没有意识到在消费领域里，基于恩格尔系数的不同，存在不同的消费阶层，而由此产生的阶层消费趋势在我国休闲体育市场领域里已呈现明显的趋势。

（六）体育场地和资金投入存在不足

各级政府部门实行竞技体育“超前发展”的战略忽视了对休闲体育的发展和投入。现有的休闲体育场所还很少，在体育资金的投入和运动场馆器械的建设方面，距离广大群众休闲锻炼实际需求以及与发达国家标准相比还存在差距。我国人均体育场地面积为0.6m^2，而发达国家人均体育场地面积已超过2m^2，美国人均占有体育场地面积约为14m^2。而且，体育场地的项目结构不够合理：篮球、排球、门球等三种场地占全部场地的87%，其他体育项目场地则严重缺乏；迎合高消费者体育需求、占地面积较大的高尔夫球场和保龄球场增长速度迅猛，而适应广大群众需求的体育场地则严重缺乏；我国有2/3的小学没有正规的体育场地；我国对户外运动场地开发也不够。总体而言，我国群众体育的经费主要依靠中央政府的财政拨款，居民的体育消费投入较少，同时社会尤其是企业很少对群众体育提供赞助。显然我国群众体育经费来源的渠道十分单一，而群众体育在总体上仍然缺乏自我造血和自我发展能力，还没有适应市场经济的客观要求。

（七）居民休闲体育消费意识不足

我国城市居民对休闲体育虽有了初步的了解，但消费信心不足。由于经济结构调整和大量农村剩余劳力向非农业生产的转移，使失业人口大量增加，城乡居民收入的稳定性减弱，加之目前我国的社会医疗、养老、失业等保障制度还不够完善，居民对休闲消费的信心不足，态度比较谨慎。同时，社会对休闲观念的宣传力度不够，休闲消费激励机制没有形成，国民的休闲、休闲体育教育基本是空白，因而，休闲体育的消费意识不足，缺乏科学、合理的引导。

（八）产业经营缺乏合理的管理体系和运作机制

过度的商业化运作和追求利润，导致休闲体育市场的盲目投入和资源浪费，休闲体育产品有待于深入开发，休闲体育服务机构的社会化、组织化程度不深。当前，规范和合理发展休闲体育产业，推动中国休闲体育的社会化、组织化，是新世纪我国体育管理体制改革所面临的最

艰巨的任务和挑战之一。

二、对策

（一）积极开展休闲体育的教育和学术研究

要充分认识休闲体育教育的社会和个体的价值和意义，尽快将休闲体育教育列入国家和学校教育规划和议程，做到有组织、有计划、有目标地培养青少年的休闲态度、行为习惯和价值观，是推进素质教育、落实全民健身计划、促进人的全面发展的必然要求。同时通过休闲体育教育，积极培养符合时代发展的休闲体育的专家和休闲经营人才，建立休闲体育的咨询机构，培养大量的休闲体育指导人员，保证休闲体育的科学性。

（二）建立和逐步完善休闲体育的消费和服务体系

有关部门应制定相应的休闲体育市场管理法规及行业指导价格，规范休闲体育市场经营行为，制定合理消费价格。休闲体育经营者必须树立“市场营销”“市场导向”的观念，从市场现实和潜在的需求出发，加强对休闲体育市场的调查、研究和预测，重视经营体育外围产业，积极开发和经营一些以服务为主的体育外围产业。如观赏体育、体育知识技能培训以及集休闲、健身、娱乐、商务等于一身的各种俱乐部，以满足大众休闲体育需要。

（三）转变休闲体育产业经营机制

引导、强化休闲体育市场意识，开发休闲体育市场，必须使大部分体育场馆由事业型向经营型转变，由计划机制向市场机制转变。对一些已具备条件的应逐步实行企业化经营或转变为自主经营。借鉴西方国家先进经验，构建适应我国国情的、提供休闲体育产品和服务的组织、管理体系和运作机制。通过促进观念更新、制度创新、企业组织创新、产业布局创新和行业管理创新促进休闲体育产业在中国的发展。

（四）增强居民的消费意识，积极培育消费主体

学校开设休闲课程，培养学生终身休闲的意识和习惯。社会要加强对休闲、休闲体育观念的宣传力度。通过宣传，引导、强化广大群众的休闲体育消费意识，提高参与休闲体育的积极性。正确引导人们的休闲体育消费，并且建设足够的休闲体育设施，提供丰富多彩的不同层次的休闲体育服务，要根据居民不同的年龄、职业、收入和兴趣爱好，开发多类型、多层次的休闲体育消费品市场，以适应消费者需求，引导消费，激发消费者购买体育服务的欲望。

（五）休闲体育产业发展要重视休闲体育消费的大众化、普及化

休闲体育市场与人们的体育需要有着紧密的关系，休闲体育市场的建立可以刺激人们对体育的需要，人们对体育的需要更能促进休闲体育市场的形成和发展。休闲体育的主要标志应该是大众的、普及的，未来的消费主流必然是大众型的，这与传统文化的积累有着密不可分的联系。因此，在经营休闲体育项目的选择上，要重视大众的消费需求和认同在经营上的重要性，

在经营理念上要以人为本，从大众的消费需求和消费条件出发，结合实际情况和消费文化，才能更好地发展我国的休闲体育产业。

（六）充分利用我国丰富的户外运动资源，积极开发户外休闲体育项目

休闲体育的体验质量在很大程度上取决于环境条件。因此，休闲体育的服务机构要把对环境的保护和改善作为首要任务。我国蕴藏着丰富的户外运动资源，利用这些资源可以大力开展陆域、水域、空域等多种休闲体育项目，但同时还要倡导“生态休闲”的理念，进行休闲体育活动时尽量避免对自然环境的破坏，以促进社会与人类的可持续发展。

第二节　休闲体育文化的溯源及发展历程

休闲文化是伴随着人们的休闲生活方式而出现的。不同时期、不同社会背景以及不同体制之下，古今中外各民族国家、社会的生产方式和生产工具各不相同，因此，所付出的生产力和所花费的劳动时间各异，致使人们相应的休闲时间和休闲方式不一样。随着生活环境、生活方式以生产工具或方式的改变，人们闲暇时间的不断增多、休闲意识不断加强，休闲已逐渐融入人们的日常生活。

一、休闲体育文化的溯源

（一）远古社会时期的休闲

社会生产方式与生产工具的发展水平直接影响着人类社会文明的进程。远古时期，在极为简陋的原始生产方式下，先民们经历了旧石器与新石器阶段。这一时期，由于生产力极其低下，人们还难以清楚地意识到休闲与劳动的区别，更谈不上去划分这种区别。换言之，当时的休闲方式与生产劳动密不可分。先民们通过狩猎动物、采集野果、挖掘植物茎块等获取生活资料，通过自己的肢体来传情达意，开始孕育具有原始娱乐性的生产舞蹈。生产舞蹈借助肢体语言来表现人们的生活及思想感情，原始的生产舞蹈在内容和形式上多半直接或间接地与劳动相关。比如，舞蹈可以表现狩猎生活，也可以模拟生产劳动的动作或祈祝劳动丰收等。据《尚书》的记载，中国古人有“击石拊石，百兽率舞”“鸟兽跄跄”“凤凰来仪”等，相当准确地勾画出原始舞蹈的形态。人们有轻有重地敲打比较薄的石头，合着这种尚未进化成乐器的磬的敲打声，跳起模拟各种鸟兽的舞蹈。这种人人都能参加的自娱性歌舞活动，给人们带来了欢愉，也是原始人劳动与生活的反映。

当然，这一时期由于人们对自然现象认识的局限性，对雷雨闪电、洪水猛兽、天地日月的变化以及生与死等很难做出科学的解释，于是，他们认为自然界有超越人类的神秘力量的存在，也就表现出对大自然的敬畏、崇拜，原始宗教和巫术祭祀活动由此而产生。在原始祭祀活动中，人们借助身体动作与神灵沟通，以巫舞的形式来表达自己的情感，在这种载歌载舞的祭祀过程中，既娱神，也自娱。载歌载舞的方式，其原始的动机是在宣泄人们的感情，也是一种身心的放松方式。

体育活动的出现同样是随着人类社会经济生活的发展而逐渐出现的。有些体育形式最初是一种基本的生产活动方式，但最终演化成为一种带有娱乐、游戏乃至竞技性的休闲形式。为了抵御和擒获猛兽，人们必须借助于工具，还要具有投掷的力量；为了捞取水中的鱼虾，人们必须学会游泳；为了采摘高树上的果实，人们必须掌握攀登的技巧。由此可见，最初的体育和劳动技术是相一致的，很难划清两者之间的界限。只是随着社会的不断发展，劳动方式逐步改变，人们才将劳动技术和身体锻炼区分开来。还有一部分具有娱乐性的体育活动，则是人类在生产力水平有了提高、生活资料逐步丰富，进而基本生活得到满足之后，为寻求纯休闲的娱乐活动而被创造出来的。据文献记载，远在中国古代的尧时代，人们就创造了一种击壤娱乐游戏。其实，击壤的产生与狩猎有关，击壤也可作为人们用木棒打野兽的练习活动。《艺经》中说："壤以木为之，前广后锐，长尺四，阔三寸，其形如履。将戏，先侧一壤于地，遥于三四十步以手中壤敲之，中者为上。"可以说，体育游戏是原始人类精神娱乐生活中不可缺少的一部分。

可见，远古社会时期已存在休闲行为，只是当时劳动和休闲之间并没有绝对的界限，工作与休闲娱乐活动融为一体。由于巨大的生存压力，休闲活动仅限于艰苦劳动之后的休息，参与的时间和精力有限，并且，这些活动的参与者并未把它们当作休闲或闲暇活动，所以，也就不会形成休闲的意识、态度。

（二）古代社会时期的休闲

原始社会晚期，由于金属工具在农业生产中得到广泛应用，其结果必然促使生产方式发生改变，从而促进劳动生产率的提高，于是出现了商品交换，进而导致第三次社会大分工出现，即商人阶层出现。由于生产方式的变革，在公元5000年前的古埃及出现了休闲阶层，这时的古埃及人已经有意识地将体育运动和游戏作为教育的组成部分，其休闲教育主要有摔跤、体操、举重和球类等内容；古埃及人还较为喜爱音乐、戏剧和舞蹈等休闲娱乐活动。

古希腊时期，因为奴隶从事大量的生产劳动，加之商业的兴起，出现了拥有物质基础与闲暇时间的特权阶层和自由公民。这些特权阶层和自由公民们认为休闲是自由的基础，而工作只是实现休闲目的的主要手段而已。他们在休闲活动的体验中获得愉悦，因而古希腊特权阶层和自由公民们十分推崇以休闲活动来度过闲暇时间，这样也就推动了古希腊休闲活动的发展。特权阶层和自由公民们主要从事的休闲活动有思考哲学、嬉戏游戏、欣赏音乐、参与宗教仪式和古代奥林匹克运动会等。这一时期，古希腊休闲活动十分盛行，再加之人们崇尚民主与人本主义思想，体育场、露天大剧场等公共休闲空间向自由公民开放，开展形式多样的休闲活动。古希腊人们的休闲生活在丹纳的《艺术哲学》中被描绘为："晚上，在田园中散步，听着蝉鸣，坐在月下吹笛；或者上山去喝泉水，随身带一块小面包、一条鱼、一瓶酒，一边喝一边唱；家中有喜事的日子，门上挂起一个树叶编成的环，头上戴着花冠；遇到公众的节日，拿着藤萝和树叶编成的棍子整天跳舞，跟驯服的山羊玩耍。这就是希腊人的乐趣。"

随着古罗马帝国疆域的扩张以及帝国的强大，加之奴隶制度使城市阶层细化，出现了有闲阶层，即自由民、商人和富有的上流社会阶层。古罗马人主张消费性休闲，这样，古罗马出现了大量公共休闲设施供大众消费；另外，古罗马还盛行畸形、残暴和奢靡的休闲活动。

中世纪时期，天主教和封建制度对休闲的发展影响较大。这时期休闲的发展受到天主教的制约，也就是说，天主教会控制了普通大众的休闲活动。特别是圣·奥古斯汀和圣·本尼迪克特提倡劳动神圣至上的宗教思想，休闲活动也就被列为世俗生活。当时，教会禁止普通百姓的大部分休闲活动，城市大众休闲活动仅仅局限于宗教节日和仪式；而农民阶层则在民间开展体育活动、投掷、斗鸡等形式的休闲活动来打发农闲时间；领主和骑士阶层以“七技”来作为休闲方式。在中世纪晚期，随着教会限制令的松动，普通大众的休闲娱乐与宗教逐渐结合起来，宗教和世俗内容渐渐融合。

经过文艺复兴、宗教改革后，人们从宗教的桎梏中解脱出来，人性的本真得以复苏，从而为近代工业革命构筑了思想基础。人们对休闲进行了新认识。16 世纪初期，法国教育家拉伯雷强调体育锻炼和游戏对学生身心的重要影响，形式多样的游戏成了年轻人、贵族教育的一部分。

文艺复兴时期，由于生产力的解放，人们在商业贸易以及金融业积累了大量财富，形成了新的中产阶级，他们有足够的经济实力和充裕的闲暇时间参与休闲活动，从而形成欧洲上流社会的休闲享受之风尚。

（三）近代社会时期的休闲

近代工业革命改变了西方国家的生产方式，即机器大工业生产取代了传统农业生产，一方面提高了生产效率；另一方面，城市规模也逐渐扩大，在城市中造就了两个新兴的阶层——产业劳动阶层和拥有财富的有闲阶层。

由于资本家贪得无厌、残酷地掠夺剩余价值，必然要求大幅度提高劳动生产率，势必使工人们要像机器样高强度和标准化工作，最终导致工人们身心扭曲、疲惫。工业化带给工人身心压抑，而资本家希望能尽快恢复工人的劳动力，所以休闲就成为近代工业革命时期工人释放压力的最好选择。机器化大生产带来生产效率提高的同时，也缩短了劳动者的必要劳动时间，工人们对闲暇权利的要求越来越强烈，从每周工作 6 天、每天工作 12h，逐步减少到每周工作 5 天、每天工作 7～8h，使人有了充裕的休闲时间。

近代社会经历了工业文明洗礼，社会的生产方式产生巨大变化，这个变化带来了人们生活方式的改变。作为社会个体来说，人们既有一定的休闲时间，也具有一定的经济消费能力，所以，休闲成为社会的需求、个体的身心需要，休闲发展为人们生活的组成部分。近代工业社会的商业化发展也带来了社会的消费选择，休闲产业在工业革命后得到巨大发展；人们通过多种形式的休闲消费来获得身心的愉悦。工业革命后，休闲产业形成了市场经济链，休闲出现商业化发展。

工业革命后，休闲的价值功能得以重新定位，休闲作为能够自由选择以实现自我价值的方式，改变了认为休闲是世俗生活的观点，休闲给人们带来身心愉悦的价值观取代了统治休闲认知领域长达数百年的观点——工作、劳动至上。

因此，休闲是指人类社会生活的氛围更放松的相关时间和空间，人们在这种时空中能够悠闲自得、身心放松。

二、中国休闲体育文化历程

休闲体育文化历程是休闲体育观念、休闲体育思想以及休闲体育相关内涵形成并不断演变的过程，同时也是休闲体育在人类社会发展中不断实践的过程。其主要以人类生命活动的基本价值为导向，随着人类生存和发展历程的变化发展而不断地变化发展。并根据人们的生活方式的变化以及生活水平的提高，不断地演变后逐渐融入人们的日常生活，成为人们日常生活中不可或缺的一部分。

每个时期由于时代背景的不同，其相应的休闲方式也就不同。并且，随着时代的发展，人们生活方式和生产方式的改变，休闲体育方式也随之发生变化发展。同时，不同的区域、不同的民族存在相应的差异，所以他们之间的休闲方式也不一样，中西方即是如此。

（一）先秦两汉时期的休闲体育

远古时期，中国休闲体育处于萌芽状态，当时的休闲体育与社会生产方式联系紧密而不可分。夏、商、周、春秋出现了具有空余时间又掌控社会经济命脉的奴隶主阶层，其不再为生存而日夜操劳，并能够在空闲之余寻求休闲娱乐。特别是春秋战国时期，铁器在农业生产中被广泛应用，促进了生产力的发展，使得战国时期的手工业、商业发展很快，新兴城市出现，人口增加，中国社会形态由奴隶制向封建制过渡，政治、经济、军事、文化等方面都出现了深刻的变革，形成了百家争鸣的繁荣气象。虽然当时中国并没有“休闲体育”的概念，但是却出现了以放松、娱乐为目的一些休闲活动，也有丰富多彩的“养生”“修养”的休闲保健活动。

先秦到汉代是中国古代体育活动逐步形成和定型的重要时期。根据各种体育活动的主要功用和开展的场所，可以把这些体育活动大体分为四类：养生保健方法、军事性的技能和体能练习方法、娱乐性体育活动和宫廷体育活动。这四类体育活动中，除了“军事性技能和体能练习方法”外，其余三类主要以休闲、娱乐、保健、养生等为目的，其属于休闲体育的范畴。先秦两汉时期流行的主要休闲体育活动如下：

1. 五禽戏

养生是人类自古以来在与自然界的斗争中，对于人体本身和人的生、老、病、死的原因逐渐积累的认识，到了春秋战国时期则有了较大的发展。从春秋战国时期到两汉，中国的医学和哲学相结合引入了阴阳五行等哲学概念，形成了独特的中医理论，《黄帝内经》就是其中重要的医学著作之一。而导引行气术就是在这样的中医理论指导下发展起来的，并且出现了两大养生派别，其一是以动为主的养生思想，出现主张以肢体活动为主体，配合呼吸运动和自我按摩的导引术；其二是以静为主，出现主要通过控制意念和呼吸运动养生治病的行气术，也就是人们所说的“静气功”。当时人们养生的方法主要有“顺生”“节欲”“去害”“运动”等，养生的方式多主张“静”以养心，“动”以养形，动静相宜。“流水不腐，户枢不蝼，动也。”《庄子·刻意》里说：“吹呴呼吸，吐故纳新。”经常呼吸新鲜空气，把病气和对自己身体不利的因素排出来。

先秦到汉代也是中国古代休闲养生体育活动逐步形成和定型的重要时期。古人从“气”的认识出发，结合动作形成导引术。华佗是汉末的一位医学家，非常重视运动对于健康的重要性。华佗受熊经、鸟伸、凫浴、虫跃、鸱视、虎顾等锻炼动作的启发，结合自己的实践，模仿猛虎猛扑呼啸、小鹿愉快飞奔、猿猴左右跳跃、黑熊慢步行走以及鸟儿展翅飞翔等动作，创造了五禽戏。通过五禽戏的一系列动作，能清利头目，增强心肺功能，强壮腰肾，滑利关节，增强身体的平衡性。《三国志·华佗传》中关于五禽戏是这样记载的：“人体欲得劳动，但不当使极尔。动摇则谷气得消，血脉流通，病不得生，譬犹户枢不朽是也。是以古之仙者为导引之事，熊颈鸱顾，引挽腰体，动诸关节，以求难老。”这段话的意思是：人要运动，但不能过度，运动能促进人血液循环和呼吸系统的循环。华佗的养生思想丰富和发展了导引养生的方法。

五禽戏是中国古代导引行气术发展过程中的一件大事。所谓“导引”，即“导气令和，引体令柔”，也就是说，通过一定呼吸方式的行气以及配合肢体的动作，使身体的各个部分达到和谐、柔软，也就是今天人们所说的气功。

2. 蹴鞠

据传，早在黄帝时代就有了蹴鞠这种球类运动。《辞海》载，蹴鞠最早称为“蹋鞠”。有确切史料记载的蹴鞠运动产生于战国时期，《战国策》及《史记》中均有史料记载，蹴鞠在战国时期在民间已经相当普及了。《战国策·齐策》记叙当时齐国首都临淄的繁荣景象时说，“临淄甚富而实，其民无不吹竽鼓瑟，弹琴击筑，斗鸡走犬，六博蹋鞠者。”可见，当时临淄的居民生活富裕欢乐，经常斗鸡、走狗、蹴鞠。

两汉时期，蹴鞠运动发展较快，从百姓到帝王都喜爱蹴鞠运动。西汉文学家桓宽在《盐铁论·国疾》中提道：“里有俗，党有场，康庄驰逐，穷巷蹋鞠。”“康庄驰逐，穷巷蹋鞠”指的就是一般平民百姓的蹴鞠活动。当时还出现了一些权贵专门收养蹴鞠高手，以供表演娱乐。而汉高祖刘邦就是蹴鞠爱好者，曾在宫中修建蹴鞠场。在汉时期，上至达官显贵，下至平民百姓都把蹴鞠当作一项不可或缺的休闲娱乐运动项目。

两汉三国时期，蹴鞠分表演性蹴鞠与竞赛性蹴鞠两种形式，而表演性蹴鞠的娱乐功能更加明显。

3. 射箭与投壶

远古时期，射箭的起源、发展与生存有密切关系；西周时期出现了射礼活动，射礼不仅要求掌握射箭技能，还强调了礼仪和道德观念的培养。

投壶起源于射礼，由于射礼的烦琐和对场地的要求，在诸侯相会或贵宾宴饮中便以投壶代替射箭。《礼记·投壶》记载：“投壶，射礼之细也，燕而射，乐宾也。庭除之间，或不能弧矢之张也，故易之以投壶。”这一记载表明，投壶由射礼演变而来。

最早的投壶方法是以短矢向宴会用的盛酒壶中投去，后来逐渐发展成一种游戏，并有特制的矢和壶具。先秦时期已有投壶活动，战国时期的投壶是贵族、士大夫们宴饮时的助兴项目，对礼节尤其讲究。主、客需按尊卑长幼的顺序围壶而坐，依次将棘矢投向壶中，投中为胜，负者罚酒，同时有“司射”在一旁监督。为了防止所投的矢跃出壶外，壶内装有小豆子。

到了两汉时期，人们更加注重投壶的游戏性，而不再拘束于古礼，出现了一种新的玩法称作“骁”。这种玩法用竹箭代替了原先的棘矢，壶内不再装小豆，投进壶中的竹箭反弹回来，投壶者接住箭再投入壶中，如此反复，乐趣无穷。

4. 杂技百戏

杂技百戏来源于先秦时期的角力，其发展融合了流散于民间的杂技、舞蹈和游戏，通过特定的表演形式展现出来。演出的节目形式多样、内容丰富，规模大小不一，深受百姓喜爱。杂技中的寻幢、冲狭、燕濯、履索、叠案、弄丸、飞剑、马术、斗兽等，都与体育活动有一定关系。汉代百戏节目与体育经常交叉结合、混杂，以不断地创造出新节目，如倒立与叠案、戏车、走索、都卢寻撞等。戏车与都卢寻撞的结合，击壶与舞剑、跳丸的结合等，无不显示出新的创意，使汉代的杂技节目更加丰富多彩，引人入胜。

角抵是汉代杂技表演艺术中的重要项目，在当时非常流行，可分为人与兽斗、兽与兽斗、人与人相搏三种形式。公元前 108 年，汉武帝刘彻为了向外国使臣夸耀而举行了大型的角抵表演，长安附近“三百里内皆来观”。东汉以后角抵与杂技合称百戏。

（二）魏晋南北朝时期的休闲体育

魏晋南北朝，经历了从汉末到隋初的社会秩序大解体，是中国朝代更替最为频繁的一个时期。在动荡不安的社会环境下，长期以来的战乱纷争使人们生活在水深火热之中，朝不保夕，各个阶层普遍产生了“忧生之嗟”的念头，既然死亡和灾难如此频繁，无法预期明天的生活，不如活在当下，及时行乐。士人们在老庄“无为”思想影响之下兴起玄学隐逸之风。士人们归隐之后由于摆脱了朝堂的束缚，得以寄情山水、饮酒品茗、吟诗作赋而放松身心。这些饱学才高之士的种种休闲行为促使了魏晋南北朝时期中国传统休闲体育的发展，这些传统的休闲体育活动不只局限在贵族和士大夫阶层，普通市民、乡村百姓也都积极参与，即休闲活动的参与者由贵族上层下移到了平民阶层，使得这一时期的休闲体育活动得以普及，休闲体育方式呈现多样化，休闲体育内容丰富多彩。魏晋南北朝时期主要盛行的休闲体育活动除前面所述的一些项目以外，围棋在这一时期得到较大发展。据晋代张华《博物志》记载：“尧造围棋，以教丹朱。”说明尧、舜发明了围棋。围棋在春秋战国时期就流传开来。《左传·襄公二十五年》记载，魏国的大夫太叔文子曾经用“举棋不定”这个术语来比喻政治上的优柔寡断。《论语·阳货》记载，孔子对弟子说：“饱食终日，无所用心，难矣哉！不有博弈者乎？为之，犹贤乎已。”这说明围棋在当时已经流行。秦汉时期，由于受到焚书坑儒的影响，围棋发展一度处于停滞状态。魏晋时期，中国的围棋迎来了历史上第一个大发展时期。魏晋和南北朝围棋的兴盛，与当时社会推尚“玄学”之风有关，围棋不仅在文人士人中流行，还引起了帝王们对围棋的兴趣爱好，这样对社会各阶层产生了重要的影响，从而对围棋的兴盛起到了推动作用。

考古发现，东汉时期就有了围棋盘，其形态呈方形上面有 17 道，下面有 4 个足。北周之《棋经》记载：“三百六十一道，仿周天之度数”，表明晋代时已经出现了与现在围棋一致的 19 道的棋盘了。当时，围棋盘由 17 线变革为 19 线，这是围棋形式完善的标志；同时，还出现了一系列围棋棋谱。

南朝时期的梁武帝为推进围棋的发展而设立了“棋品制”。这种“棋品制”就是把棋士围棋水平的高低设定为“九品”，授予棋艺相当的棋士为品格，围棋有了标志水平的等级制。在魏晋南北朝时期，围棋“九品”制的推广促进了围棋的兴盛与发展。这一时期，围棋已经成为人们生活中非常重要的一种休闲方式。

围棋“九品”制后传到日本，形成现在围棋的“九段”制，现在日本的段位制就是从中国的“九品”制演变而来。

（三）唐宋时期的休闲体育

唐朝是中国封建社会发展的高峰时期，国泰民安，商业繁荣，交通发达。经济繁荣也带来休闲体育、民俗体育的空前兴盛。同时，隋唐武举与文举制度的推行扭转了西晋以来统治阶层奢侈糜烂之风，使得统治阶层参与休闲体育活动成为可能。在民间社会，由于商业与农业的发达，社会各阶层拥有了更多的自由时间、更强的经济能力，这样民间休闲体育活动的开展力度得以提升，从而推动了民间各种体育休闲活动的发展。唐朝社会各阶层对休闲体育活动的参与热情度高，休闲体育项目的数量和参与阶层的范围都是其他朝代难以超越的。

宋朝农业生产迅猛发展，粮食产量大幅度提高。在此背景下，手工业和商业得到快速发展，也就促进了城市规模的扩大，伴随而来的是城市人口的增加。这样，在宋代出现了许多繁华的大都市，城市相应出现了各种休闲体育活动、体育组织和体育表演，这些体育组织和体育表演的出现促进了休闲体育项目的创新和形式的多样性。这些形式多样的休闲体育活动极大地丰富了宋代百姓的休闲娱乐生活。唐宋时期盛行的休闲体育活动如下：

1. 蹴鞠

蹴鞠在唐朝娱乐功能更为突出，其材质有了进一步变化改进，发明了充气的球。唐代人徐坚在《初学记》中记载："蹴鞠之球，古用毛纠结为之。今用皮，以胞为裹，嘘气，闭而蹴之。"唐朝对蹴鞠的改进就是把原来的实心球改成了空心球，坚韧且有弹性，踢法更加多样化，也更具娱乐性和竞技性。唐代蹴鞠改汉代的"鞠室"为"球门"，开展这项运动的主要目的是为朝廷群臣集体宴乐助兴和外交礼仪表演。可见，唐代蹴鞠运动具有较强的休闲娱乐功能。

此时期，蹴鞠运动的场地有了球门，球门竖在场地中间，在竹竿上扎上网以后留一个球门洞，这种形式的场地设计避免了双方队员身体直接对抗，在此种形式下踢球更注重技巧与娱乐性。比赛输赢的裁定以双方队员在规定的时间踢进球门洞里的多少决定胜负，进球多者为胜方。唐代女子也参与蹴鞠活动，女子蹴鞠以运动量较小的"白打"为主要方式。这种蹴鞠方式只需小块场地，踢时不受场地限制，表演者在音乐的伴奏下踢出不同的花样。

到了宋代，鞠的制造工艺较唐代又有提高，据《蹴鞠谱》记载，出现了 41 种鞠。在汴京城，已经有了相当多的"蹴球茶坊"和"角球店"。宋代的皇帝和官员普遍喜爱蹴鞠，宋代礼仪中规定，朝廷举行大的喜庆宴会时都要有蹴鞠表演，宫廷中还专门建有蹴鞠队。除了宫廷蹴鞠外，民间蹴鞠也进一步普及。北宋时，开封的百戏活动中就有表演蹴鞠的艺人；南宋时期，民间还出现了"齐云社"或"圆社"等民间蹴鞠组织，齐云社社团经常组织蹴鞠表演。

2. 马球

唐代的"击鞠"，又称"击球""打球"，即"马球"，它发源于波斯，是马术与球术相结合的一项运动，较之蹴鞠更加惊险激烈，极受欢迎。马球运动在唐代发展成为第一球类运动，唐代历任皇帝和贵族阶层与马球都结下了不解之缘，历代皇帝大多喜好马球运动。比如，唐高宗李治酷爱观赏马球表演，经常将吐蕃马球队请入皇宫之中，欣赏精彩而又激烈的马球娱乐表演；唐中宗李显也不例外，曾亲自到梨园亭马球场观看汉藏马球队之间的激烈比赛。唐敬宗酷爱打马球，不但自己喜欢打马球，还要求禁军将士、三宫内人都要陪同参加。唐宝历二年（公元 826 年）六月，唐敬宗在宫中曾举行过一次体育盛会，设立了马球、摔跤、搏击、散打、杂戏等多种项目，参加者积极踊跃，人数众多。唐僖宗李儇对自己的马球技艺颇为自鸣得意。据《资治通鉴》中记载，其曾自诩"朕若应击球进士举，须为状元"。唐玄宗继位之后，仍然喜欢打马球，并且认为马球是"用兵之技""义不可舍"，极力在军中提倡开展此项体育运动。唐代马球运动不仅盛行于宫廷、军营，在社会上也十分流行。

到了宋代，刚开始军中规定定期举行马球运动，皇室权贵们的参加使得礼仪变得烦琐复杂，竞争性大不如前。随着这项运动在普通市民中推广开来，逐渐开始普及，最终进入普通民众的业余生活中。

3. 相扑

唐宋时期，摔跤运动被称为“相扑”，此运动在秦汉时期叫“角抵”。相扑运动具有较强的娱乐性而为唐代许多君王所喜爱。“相扑”运动在唐代作为一项休闲活动不仅盛行于宫廷、富室及文官武将中，而且在民间也十分流行，民众喜欢观看相扑比赛。在宫中，角抵经常作为散乐百戏的压轴戏，如唐玄宗曾于元和十三年（公元818年）二月乙亥，御麟德殿，大宴群臣及公主、郡主等，观击鞠、角抵之戏，大和乐。北宋民间，有一种以相扑表演为主的组织叫“相扑社”。在宋代都市中，出现了“瓦舍”和“勾栏”之类的娱乐表演场所，大型的瓦舍可容数千人，“瓦市相扑者，乃路岐人聚集一等伴侣，以图手之资。先以女飐数对打套子，令人观睹，然后以膂力者争交。”可见，当时瓦舍是一个综合性的休闲体育娱乐场所，是市民休闲娱乐生活的中心。宋代宫廷相扑表演更为规范，吴自如的《梦粱录》载，宋代宫廷御用之相扑手，乃御前卫队左右军士，名为“内等子”。宫廷相扑队分为上、中、下三等，这些队员平时除了作为宫廷护卫外，还要在各种专门场所表演。

4. 踏青及其他休闲体育活动

在中国，踏青习俗由来已久，早在先秦时期就已形成。在中国历史上，唐宋时期踏青活动最为盛行。唐代踏青一般从农历正月十五至清明节历时两月之久，从帝王至普通男女百姓都热衷于踏青活动。据《旧唐书》记载，唐代宗于农历二月初二前往郊外踏青：“大历二年二月壬午，幸昆明池踏青。”一元复始，万象更新，这时到野外郊游踏青是极富情趣和养生意义的雅事。唐朝诗人杜甫在《绝句》中说：“江边踏青罢，回首见旌旗。”诗人白居易在《春游》中说：“逢春不游乐，但恐是痴人。”可见，唐时踏青出现万人空巷之景况。由于中国传统上受儒家等级礼教思想的影响，中国女性出行都备受限制，女性平时都居深闺大院难以外出。唐代春天踏青之时就是中国女性们外出户外活动的最好时机，据史料《开元天宝遗事》记载：“长安仕女，游春野步，遇名花则设席藉草，以红裙递相插挂，以为宴幄。”到了宋代，踏青已经全面融入清明节日习俗中，当时清明节展墓敬思已经逐渐演化为赏景休闲娱乐的节日了。唐代称春季郊游为“踏履”，宋代人多称“踏青”，并设有“踏青节”。在宋代，郊游也曾出现过一波小高潮，但出游的节日选择在悄然改变，春天人们更喜欢选择清明节外出。踏青出游已大大超过了清明节本来的意义，千骑万众，轻车飞盖，汇成一条滚滚的洪流，流向亭榭池塘，流向花木盛开的郊外。张择端的传世名画《清明上河图》所描绘的主要内容之一，便是北宋都城汴京人在清明节这一天郊游踏青的情景。到南宋时，清明节踏青已成为时人风俗。周密《武林旧事》中称，南宋人“寒食祭先扫松，清明踏青郊行”。

另外，拔河在唐代也颇受欢迎，在每年农历正月十五都要举行大规模的拔河比赛。拔河流行于宫廷和民间，早期的拔河是用篾缆，唐代则用大麻绳，长四五十丈，麻绳“两头分系小索数百条，挂于胸前，分两朋，两向齐挽”。比赛时，双方都击鼓指挥。隆隆鼓声，使拔河赛场充满战斗气氛。

唐代寒食节，荡秋千是一项受人喜爱的活动。据《开元天宝遗事》记载：“天宝宫中，至寒食节，竞竖秋千，令宫嫔辈戏笑以为宴乐。帝呼为半仙之戏，都中士民因而呼之。”荡秋千是中国古代妇女能够参与的极少休闲户外体育运动，这项运动多由妇女儿童参加。在北宋时，无论在皇宫还是在民间都有荡秋千这一游戏，都城开封街市店铺还专门出售一种儿童秋千。这种儿童秋千有两种，一种是由父母举在手上；一种是立木架于地，并用彩画涂饰，秋千架十分精巧。

（四）明清时期的休闲体育

明、清是中国历史上最后的两个封建朝代，也是封建经济高度发展，封建强权统治由兴旺走向衰落的时期。明初所采取的一系列有利于发展农业、手工业和商业的措施，促进了城镇的繁荣。清代初期，封建经济又有恢复和发展。从明初到清中叶，个人支配的时间增多，为达到放松和娱乐目的，户外活动开始勃发。休闲体育活动如摔跤、冰嬉等较活跃，有的还在发展。清代中期之后，随着封建政治、经济的衰败，传统休闲体育活动也逐渐没落。

1. 摔跤

明朝时期，摔跤在南方称为相扑，深受市民喜爱。这时期，相扑主要在南方流行，一般在农业节气进行表演。明人张岱在《陶庵梦忆》中记载，扬州清明节时，杂戏纷呈，其中有“浪子相扑”。摔跤在北方称为摔角，摔角场内铺有数寸厚的河沙，选手露胸束腰，相拽勾拌，劲提于足。

清代，满族习俗尚骑射，善溜冰，喜摔跤，汉人传统的相扑运动与满人的摔跤结合后，摔跤在清代十分盛行。京城内外摔跤成风，摔跤场比比皆是。清廷内部还设有善扑营，从八旗中挑选勇猛的跤手入营，演练摔跤、射箭等技术。清代摔跤分为官跤和私跤，官跤有三种形式：一是军中摔跤，军中摔跤既是一种娱乐方式，又是一种军事训练的手段；二是举行满族与蒙古族摔跤比赛，蒙古王公贝勒朝见清帝时，常举行满、蒙摔跤力士的竞技，并有赏赐；三是宫廷内举行的摔跤比赛，宫中设有“善扑营”，人员是从“八旗精练”勇士中选出，其任务为“凡大燕享皆呈其伎”。民间的摔跤活动属于私跤。私跤分为以健身娱乐和借以谋生者两类，后者除两人对抗形式外，还有一种“跤人子”，即一人负两偶人作互抱之势，模拟两人摔跤的表演，即宋代之“乔相扑”一类。这个项目至今仍出现于杂技表演中。

2. 冰嬉

冰嬉原为北方各地传统的冬季民俗活动。最初，滑冰为交通工具，后逐渐演变为娱乐和锻炼的方式。据刘若愚《明宫史》记载，德阳门外的河流“冬至冰冻，可拉拖床，以木作平板，上加交床或藁荐，一人在前引绳，可拉二三人，行冰上如飞”。又据《燕京岁时记》记载：“闻明时积水潭尝有好事者联十余床”，作冰上娱乐活动。由此可见，明代的冰嬉尤其以冰床活动较为盛行。拉冰床是冰上游戏活动，明代冰床就以一木板制作而成，清代冰床则以木板下钉上钢条，使其滑行更为快速。人们坐在冰床上，既可以感受快速滑行的乐趣，也可以进行冰上比赛。

满族聚居关外时，已有冰嬉习惯，军人尤其擅长溜冰运动。据史料记载，天命年间（公元1616～1626年），清太祖努尔哈赤的将官费古烈，“所部兵皆着乌喇滑子，善冰行……日夜行七百里”。清人入关以后，把冰嬉定为“国俗”。据记载，每年冬月在太液池（今北海）都要表演冰嬉，习劳行赏，以阅武事而修国俗。

清代民间的冰嬉活动亦颇为普遍，滑擦比赛即滑速竞赛是民间一项主要休闲活动，“冰上滑擦者，所着之履，皆有铁齿。流行冰上，如星驰电掣，争先夺标取胜，名曰溜冰”。

清代已有冰上蹴鞠比赛。“每队数十人，各有统领，分伍而立，以皮作球，掷于空中，俟其将堕，群起而争之，以得者为胜；或此队之人将得，则彼队之人蹴之令远，喧笑驰逐，以便捷勇敢为能”。

冰上活动还有高台滑冰，滑行者从高三四丈的“冰山”上下滑，名为“打滑挞”，“冬月打滑挞，先汲水浇地使冰，遂成冰山，高三四丈，莹滑无比。乃使勇健兵士，着带毛猪皮履，其滑更甚，自其巅挺立而下，以到地不仆者为胜”。

另有一种“冰上杂戏”，即将杂戏移在冰上进行，如舞狮、龙灯、彩船、飞叉、弹弓等，表演者均着冰鞋，滑行中做各种杂戏表演，颇受群众欢迎。

第三节　休闲体育文化的未来展望

一、我国休闲体育的发展新趋势

休闲体育经过几十年的发展，已经成为一门专业的学科，在欧美等发达国家得到了长足的发展，并在现代社会生活中发挥着非常重要的作用。在我国，人们也开始逐步了解和认同休闲体育，我国学者对于休闲体育的研究也将会逐渐系统、细致、实用，并对我国全民健身运动的发展起到推动作用。综合国外休闲体育的发展规律，休闲体育在我国的发展主要表现为以下几种趋势。

（一）休闲体育与全面健身相结合

我国颁布的《全民健身计划纲要》至今已有25年的历史了，在政府的推动下，我国的全民健身运动取得了较大的发展。随着人们生活水平的提高和余暇时间的增多，休闲体育将为全民健身运动的开展提供更大的发展空间，其主要表现在以下几个方面：

1. 组织形式的多样化

对于全民健身运动的发展我国政府一直都保持着十分重视的态度，在政策制定、宏观管理和组织大规模群众性体育活动等方面都做了大量且卓有成效的工作。通过对社会文明的发展进程的分析，得出群众性体育的组织形式应该是多元化的。根据休闲体育的特点和内涵，其组织形式更体现为自发性特征，如1996年，体育人口中以社区活动方式为主的有组织的活动形式排在第1位，而到2000年，以朋友同事组织为主的自发性活动形式排在第1位，社区活动形式仅排在第5位。因此，随着我国全民健身运动的不断推进和休闲体育服务的不断完善，人们受到时间、地点、场所、组织形式的限制将越来越小，更多的是自愿参与、自由选择休闲方式，其中以家庭、朋友同事和体育俱乐部为主体的休闲体育活动将不断增多，逐步成为群众性体育活动的主体。

2. 活动内容的丰富多彩

在2000年，散步、跑步、羽毛球和篮球、足球排在我国体育人口选择体育活动项目的前几位，其中所涉及的运动项目达到20余项。这意味着休闲体育的发展极大地增加了全民健身活动内容的选择空间，从参与体育活动到观看高水平比赛，从原来单一的跑步形式逐步扩展到球类游戏、爬山、游泳、保龄球、健身操、极限运动等多种形式。

3. 参与人数的不断增多

休闲体育的特征之一是通过体育活动达到健身、娱乐的目的，它强调的是全体大众无论其参与目的各异、年龄不同、能力高低，都能通过休闲体育的参与而获益。这样的宗旨要求高质量的服务与管理，同时也可吸引更多的人群从事休闲体育活动。

（二）由身体锻炼模式转变为休闲体育模式

起初促进身体健康是人们参加体育锻炼的主要目的，主要是围绕达到身体健康或某种特殊疾病的康复来参加体育锻炼，并选择运动项目和制订健身方案，它主要的侧重点是提高身体健康的身体锻炼模式。从某种意义上讲，为增进健康而进行的体育锻炼带有一定的强迫性，有时甚至为了过分强调身体健康而将体育锻炼视为一种任务或负担。

随着我国民众对休闲体育的含义了解得更加全面，休闲体育将成为人们健康生活方式的主要内容。在休闲体育中，着重强调了人们的一种自由体验，它是一种心理上的愉悦和满足，不带任何的强迫与负担。人们进行体育活动的目的不只是强身健体，同时还要通过个体自由的选择而得到心理的愉悦，精神的放松。这将在很大程度上改变人们进行体育活动的观念。最近的一项调查表明，我国参加体育锻炼人群已由原来单纯以健身为动机，发展到了以强身健体、修炼精神情绪的双重动机，这也从侧面反映出了我国群众体育活动已开始向休闲体育模式转化。同时，休闲体育研究表明，人们参与休闲体育活动的目的存在一定的差异，有的是因为休闲体育可以提供一个很好的社会交往平台，提升自己的交际能力，开阔视野；有的是因为休闲体育可以释放压力、变换生活节奏；而有的则是因为休闲体育本身就是一个目标，实现以后自我的满足等。管理良好的休闲体育系统将满足人们不同的需求，这也将成为我国今后群众体育活动的发展趋势。

（三）休闲体育研究更加深入，领域不断拓宽

在人们的健康生活方式中，休闲体育已成为一个不可或缺的部分，人们可以通过参与体育或观看体育赛事来充分体验体育所带来的益处。对于休闲和休闲体育的研究，欧美等发达国家积累了较丰富的理论与实践经验。近年来，国外休闲研究书籍也逐渐被介绍到国内，并有许多学者开始了这方面的研究。休闲体育也不再是一个陌生的词汇，人们开始接受休闲体育所带来的不同生活体验，它也成为使全体大众都受益的体育活动。休闲体育作为专门研究领域的价值和必要性将逐渐被人们所认识。群众体育、社会体育、大众体育等字眼将会被休闲体育所代替。休闲体育的研究内容将更加广泛、深入、系统、细致、实用，它不仅研究体育活动的参与者，同时还要研究体育比赛的观看者。并且在很多方面都开始了更加专业化的研究，例如，休闲体育的概念、休闲体育的政策、休闲体育的服务、场（馆）设施及其维护、休闲体育人才的培养及管理、休闲体育市场的开发、休闲体育项目的设计与评价、休闲体育与环境和经济的关系等。随着休闲体育研究的不断深入，休闲体育对于社会和个人发展的价值也会逐步被大众所认识。人们将从更高的层面上来认识休闲体育，将它看成是人们生活质量的体现以及社会进步的体现。这对于提高国人的健康意识、休闲意识，改变我国的经济繁荣与人们健康退化相矛盾的局面，起着重要作用。

（四）北京奥运会促进了我国休闲体育的快速发展

2008 年的北京奥运会，使我国体育热潮达到了顶峰，也为我国的全民体育发展提供了一个良好的平台。这一重要体育赛事大大提高了人们的体育参与意识和对体育运动的热情。世界财

富论坛首次将体育列为圆桌会议内容，许多大型国际赛事和学术会议在北京举行，众多知名学者来华进行学术交流，带来了国外最新的体育研究成果等，足以说明人们对于体育的重视。休闲体育作为西方国家重要的体育健身理念必然会对我国的全民健身活动产生积极的影响。我国结合自身发展的特点，努力汲取国外已经运行成功的休闲体育的经验，在休闲体育的管理模式、服务系统、项目规划、组织形式上的研究得到了前所未有的发展，使我国休闲体育在理论研究层面和实际工作领域都与国际接轨，使我国的休闲体育发展速度进一步加快。

（五）电视、网络推动了休闲体育的发展

在我国体育事业发展的过程中，人们对电视、网络等大众媒介的促进作用越来越重视，这也必然会对我国休闲体育的发展产生重要的推动作用，主要表现在以下几个方面：

1. 大众媒介在对各种赛事、体育明星进行报道时，会吸引更多的人关注体育活动，拉近了体育与观众之间的距离，使亿万电视观众欣赏到高水平的体育比赛，也将竞技体育中的比赛项目逐步推广为个人的休闲体育活动内容，促使更多的人参与到休闲体育中来。

2. 人们逐渐开始接受休闲体育这种健康的休闲方式，因此，在大众媒介中，对于休闲体育的报道和宣传的比重也越来越大，也为休闲体育的推动和普及做出了非常重要的贡献。韩国学者曾对韩国十大网站进行调查，结果显示，韩国大众对休闲体育高度关注，以运动和休闲为搜索主题的上网人数排在音乐、科技、教育、经济之前，位于前5位。我国新近研究结果也表明，电视等大众媒体已成为影响参加体育活动人数的最重要因素之一。

3. 随着信息网络产业的高速发展，人们之前所面临的“信息失衡”现象得到了最大限度的弥补。也正是由于网络的飞速发展（网络所具有的最重要的特征：各种信息极为丰富且交易成本极低），使经营休闲体育的企业拥有一个很好的机遇和挑战。网络对经营观赏性和参与性体育项目的企业提供了前所未有的机遇，使人们更容易、更廉价地获得所需的娱乐对象和信息，使企业在经营规模规划和宣传媒介的选择上有了更大空间，但同时，也给经营休闲体育的企业带来了一定的困难。如何在各种休闲信息日益丰富的情况下争夺潜在的消费者，即如何才能有效地占据消费者的“注意力中心”，使休闲体育得到大众更多的关注，已成为其从业者所要解决的一个重大问题。但是，中国当前现状却表明，休闲体育实体并没有广泛和充分地利用网络技术来发展自己，这固然和物质条件有关，但主要还是与此类从业者对网络的认识有关，他们并没有对网络作为信息的媒介所具有的强大的传播信息的功能有足够的认识，而这种功能恰恰又能让现实的消费者和潜在的消费者参与或注意休闲体育。如国内的足球甲级职业联赛中的俱乐部把网络作为宣传工具的几乎没有或涉猎很少，而在国外的俱乐部，如西班牙的皇家马德里、意大利的国际米兰、英国的曼联等经营体，都会在自己的网站上对该俱乐部所提供的商品——足球比赛以及和足球相关的人和物进行充分的宣传，从而达到让现实消费者或潜在消费者关注、了解该商品，进而使消费者定向消费或产生消费冲动的目的。

（六）休闲体育带动相关产业的快速发展

众所周知，休闲体育已成为现代健康生活方式的重要组成部分，整个体育消费的数量也将会促使参与休闲体育人数出现递增的现象。休闲体育的发展，对体育场馆、体育设施、体育服装、体育书籍、体育报刊等相关产业的发展起到了至关重要的作用。

在我国，休闲体育产业与休闲体育都还处于一个发展的阶段，但已显示出了非常良好的发展态势。在2005年举行的第16届体育用品博览会上，参展企业中与休闲体育有关的运动服装、健身器材等占50%以上，其中，有18%的企业与休闲体育产业有关。随着休闲体育在我国的不断发展，参与休闲体育活动人数的不断增多，使得休闲体育产品的需求量将会进一步增加，由此必然会带来相关体育产业的快速发展。今后如何处理好满足人们对休闲体育产品的多样化需求与保证休闲体育产品质量的关系是促进休闲体育产业快速、可持续发展的关键问题。同时，随着我国休闲体育的发展，对休闲体育专业人才的需求必然增加，因此，休闲体育专业人才的就业市场将具有较大的发展潜力。

（七）休闲体育适应了社会流动发展的需求

社会流动通常是指社会成员在社会关系空间中地位的移动，它具有广义与狭义两方面的含义。广义的社会流动是个人社会地位的变动或个人社会角色的转换；狭义的社会流动则多是指人职业地位的改变。随着劳动制度、人事制度与户籍制度的改革，社会流动的渠道增多，流量加大，流速加快，并从总体上呈现以下两个方面的流动特征：一是对于所有制结构的多元件和产业结构的调整，使社会成员出现大规模、整体性的流动，其中最为明显的就是农业劳动力向工业劳动力的大规模转移，还包括了城市劳动力逐渐流向更高、更新技术产业制造和加工企业及相关管理服务等职业；二是农村人口的城市化流动，农业生产劳动力的大量过剩和我国经济的持续快速发展的客观需要，使农村人口的城市化流动成为当前我国社会流动的主要特征之一和发展趋势。这些流动现象对经济社会发展的活力与动力有着很好的促进作用。随着我国经济与社会改革的不断深化，社会的进一步流动将是经济与社会发展的必然要求，也是今后一个时期我国经济和社会健康协调发展的客观需要。因此，休闲体育的发展也应与这一社会发展需要相适应，在适应社会流动需求的前提下，为社会的进一步流动创造更好的环境条件。

首先，在休闲体育发展中，我们应对社会流动中的最大流动群体——农民工群体的体育需求给予充分的关注。由于社会改革的滞后和人们观念等方面的原因，使得城市农民工群体受到一些不公平的待遇，各方面的合法权益很难得到保障。因此，在休闲体育的发展中，我们必须考虑到这一群体的体育休闲需求和特点，努力为他们提供与其休闲需求相适应的体育活动内容和服务，为他们积极参与体育休闲活动创造有利条件。

其次，由于经济体制的改革，尤其是现在所有制形式的多元化发展，使得更多的原国有企事业单位工人阶层向能够带来更大经济回报的合资、独资及私营企业流动，也导致了原有职工对体育运行模式的不适应。因此，考虑到社会流动的实际状况，应努力将休闲体育与新形势下的职工体育融合，建立更为灵活多样的以休闲娱乐健身为特征的职工体育俱乐部，使职工积极地融入社区休闲体育活动中，实现休闲体育与社会流动的现实需求更大程度上的融合。

（八）休闲体育逐步与社会主义新农村的建设相结合

我国农业经济的高速发展，不仅为我国社会主义新农村的建设奠定了坚实的物质基础。同时，随着农业机械化程度的提高，农民的季节性闲暇时间也不断增加，为休闲体育创造了发展的空间。但是在农村，由于科学的健康观念较为淡薄，人们对积极健康的休闲方式并不看重，反而使赌博、迷信等一些不科学的活动方式得到了蔓延，这也与我国新时期社会主义新农村建设的文化内涵相距甚远。因此，努力在农村推广休闲体育独特的健身价值和科学积极的生活方式，是新农村建设中所必须要重点注意的。中共中央国务院提出的《关于推进社会主义新农村建设的若干意见》明确提出了努力推动和实施农民体育健身工程。因此，在全面建设社会主义新农村时，实施农民体育健身工程已成为一个重要的议题，而开展广泛、深入的体育休闲活动则是这一理念的贯彻和体现。休闲体育活动以其科学健康的各种形式如体育健身、竞赛表演等为媒介和载体，将有效地提高农村的民族凝聚力和新农村建设的向心力，对形成社会主义新农村建设中崇尚科学文明的农村新风尚和全面团结奋斗的共同思想基础无疑有着很大的推动作用。因此，在社会主义新农村建设中，注重与休闲体育发展的融合应成为我国农村体育发展的趋势。

1. 在社会主义新农村的建设中，提高农民收入水平和生活水平只是一方面，另一方面还要积极努力地帮助农民形成积极的生活态度和健康的生活方式，这就使得休闲体育健身成为必不可少的内容。在农村休闲体育发展中，应贴近农村、贴近农民、贴近生活，通过经常化、生活化的符合农民实际需求的休闲体育，来吸引广大农民参与到体育健身、增强体质、抵御疾病中来，锻炼出健康的体魄和良好的精神面貌，全身心地投入社会主义新农村的建设中去。

2. 在新农村的精神文明建设中，休闲体育发挥着重要的作用。新农村除了有经济新发展的含义外，还具有提升农村的文明程度和农民的文明素养，弘扬社会主义精神文明的道德观、价值观的含义。为此，应以丰富多彩的体育文化活动，繁荣社会主义文化，大力弘扬社会主义荣辱观、道德观，通过健康、积极的体育休闲活动营造扶持健康文化、抵制腐朽落后文化，以形成新农村建设进程中的共同努力目标和价值认同。

3. 在农村休闲体育发展中要充分发挥民族传统体育的价值。中国传统民间体育的主导价值取向就是休闲娱乐性。在古代，民间体育的休闲娱乐性最主要有两个方面的体现：一是游戏竞技性，二是它与民俗体育娱乐活动的有机结合。在新的历史条件下，面对农民日益增长的休闲娱乐的心理需求，应认真反思我国传统的民间体育文化并予以发扬光大，服务于人民群众，形成多元一体的具有民族性和中国特色的民族休闲文化。

4. 农村休闲体育的民族节令等特色要着重注意。在我国的农村地区节日的庆祝活动是传统闲暇内在、核心的根源和重要的表现形式之一，它给人们提供了一个良好的集中消遣娱乐的机会和空间。自古以来，我国民间体育活动就与各种民俗节日娱乐活动有机地融合在一起，如元宵节观灯、踏歌、舞龙舞狮，端午节竞渡，重阳节登高，蒙古那达慕大会，侗族花炮节的抢花炮，傣族泼水节的龙船比赛，黎族三月三的跳竹竿、荡秋千等不一而足，异彩纷呈。只要我们对农村民族节令中开展的丰富多彩的体育活动进行充分认识和利用，就可以将农村休闲体育与风俗传统有机地结合，并且在现代社会发展的背景下，这也对我国民族传统体育文化的传承有着重要而又积极的意义。

（九）休闲体育开始与构建和谐社会阶层结构相结合

在我国当前社会发展中，社会阶层的分化是一个客观的现状，是经济和社会发展的必然结果。改革开放和社会主义市场经济体制的确立，使我国社会阶层结构发生了改变，工人、农民、知识分子构成了两个阶级一个阶层的社会结构，分化为国家与社会管理、专业技术人员、产业工人和农业劳动者等十大社会阶层。而随着各个阶层之间的贫富差距不断扩大，从国际通行的衡量社会阶层贫富差距的基尼系数来看，中国 2003 年的基尼系数达到了 0.5，已经超过了 0.4

的国际公认警戒线，社会阶层间的贫富差距问题已非常严重。社会资源也出现了向社会上层积聚的趋势，由此造成了社会阶层之间的冲突与矛盾不断增多。如何应对社会阶层贫富差距过大，努力实现社会公平公正是我国今后一个时期社会发展的一个重点，也是我国休闲体育发展所不能回避的问题。而面对阶层分化，当前的休闲体育发展也必然会受到其所带来的负面影响，例如，在消费主义的渗透下，富有阶层往往倾向于能体现身份地位的高档化体育消费，表达自己与社会中下阶层的区别，休闲体育也因此被塑造成了由消费来加以组织的享受形式，使人们产生了休闲体育必须依赖消费才能存在的商品经济附庸，而使休闲体育陷入一个发展的误区。因此，应对我国社会阶层分化的现状进行深刻分析，并采取积极有效的发展措施，使休闲体育在适应我因国情和现实的状态下发展，通过选择休闲体育正确的发展途径，确定好以服务对象的全民性、分享发展成果的广泛性的基本取向，为实现更加广泛意义上的社会公平公正做出贡献。

1. 在休闲体育中应倡导以一种运动爱好者与参与者的平等社会角色参与到运动之中，遵守共同的运动规则。通过这种社会角色的转换，可以有效地消解社会等级层面上的差异和歧视，体现休闲体育的公平与公正。这也充分促进了个人和社会的进步与和谐，尤其是在我国建设全面和谐社会的背景下，休闲体育更具有迫切性和重要意义。

2. 在休闲体育发展中，应对社会弱势群体的休闲体育需求特点进行特别的关注，例如，老年人群体、残疾人群体、下岗职工群体等。在休闲体育的设施布局、体育服务与健身指导等方面要对这些群体的生理、心理特点，挖掘和丰富中老年休闲体育运动项目等进行充分的考虑，使休闲体育成为体现社会公平、实现和谐发展的途径和载体。

3. 在休闲体育的规划发展中，要对社会各个阶层的体育休闲需求特点进行充分的重视，努力创造休闲体育条件，对休闲体育商品的开发和体育休闲服务应针对不同社会阶层的共同休闲需求进行多元化发展。同时在休闲体育发展中还要避免少数社会阶层的贵族化发展。

4. 在休闲体育发展中，政府应充分发挥主导的职责，突出休闲体育的公益事业主体特征，对公共休闲体育场所加大投入，完善相关政策法规，使其更具有针对性和可操作性，使学校机关等公共休闲体育设施资源与各个社会阶层共享。积极发挥税收等经济杠杆作用，促使经营性休闲体育场所向特定社会阶层优惠或免费开放，从而为社会小同阶层积极参与体育休闲创造条件。

（十）休闲体育与学校体育的结合

据 2006 年 9 月 18 日公布的由国家体育总局、教育部等 10 个部委联合进行的第二次全国国民体质监测公报显示，我国的中小学学生体质状况出现明显下滑，其中耐力、肺活量、弹跳力、柔韧性及心理抗挫等指标相比以前都出现下滑，近视率居高不下，超重肥胖学生比率不断升高，学生的体质状况令人十分担忧。从表面上看，青少年体质健康只是在身体方面出现问题，其实这也从侧面反映出了中小学生在健身休闲方面还存在许多问题。一方面是深化素质教育减轻了中小学生的课业负担，也使得学生在学校学习以外的时间不断增加，但本意是为了学生的健康成长而减负出的时间，却并没有达到实际的效果，学生逐渐增多的闲暇时间要么被无休止的课外辅导学习、名目繁多的技艺培训所占据，要么浪费在电视、网络上等，这些都对学生的身心健康成长产生了不利的影响。学生闲暇时间的增加与学生科学健康休闲能力低下之间存在着十分突出的矛盾。学生家长也对节假日学生的教育问题十分关心和担忧。学生健康积极休闲能力、健康成长的个人需求与社会需求相脱节，这一颇具共性的教育和社会问题开始受到社会的广泛关注，而休闲体育在解决这一深化素质教育中出现的发展性问题有着独特的教育和社会价值，休闲体育在促进学生体质健康、身心和谐发展方面也应发挥其应有的价值功能。休闲体育除了具有很强的娱乐性外，它还是一种自我学习、自我完善的教育过程，包括学习运动技术、发展体能、培养人际交往的能力，增强自信心、培养协作精神和竞争意识等。休闲体育不仅可以很好地拓展学生的生活环境和生活内容，还具有较好的德育功能，以其实践性、直观性和丰富多样的形式成为新时期加强青少年思想道德建设的良好形式和宣传社会主义荣辱观的良好载体。休闲体育可以帮助学生更多地进行户外活动，接近大自然，活动身体，舒展筋骨，可以很容易地营造出轻松、亲切、宜人的交际环境，促进学生之间的交往，使他们在活动中相互鼓励、平等交流，有助于建设良好的人际关系，提高社会适应能力。在今后的学校体育发展中，增强学生的体育休闲能力应该成为“以学生发展为本”“健康第一”等新教育理念的拓展和具体应用路径，从而对学生的全面协调发展和健康成长进行有效的促进。

1. 在学校的体育教学过程中，应将培养学生的体育活动兴趣放在较为重要的位置，为学生的体育休闲提供动力基础。从体育活动目标形式等各个方面与学生的身心特点、兴趣爱好结合起来，使学校体育教学成为激发和引导学生体育兴趣的途径，学校体育也成为促进休闲体育发展的基础。

2. 体育教材化的改造要从培养学生体育休闲能力出发，对一些属于休闲体育范畴的运动项目，进行合理的改造、加工、提炼和升华，使更多具有实用性和生活化特征的体育活动项目内容进入学校体育，实现休闲体育与现代体育课程内容的整合。很多休闲体育项目原来只是用于休闲和娱乐，现在已经出现在很多学校的体育课堂上，成为体育课程的正式内容，如围棋、中国象棋、国际象棋等。休闲体育和体育课程内容的相互整合，充分表现出了现代社会发展和体育教育的新理念，这是对人个性的尊重和发展，满足个人兴趣和爱好的需要。从休闲体育未来的发展趋势看，休闲体育将有更多的内容充实到学校体育中，与休闲体育的结合将成为学校体育的发展趋势之一。

3. 建设更多的青少年休闲体育场所，在社会发展规划中，也应将未成年人校外活动场所建设纳入其常规考虑之中。同时，挖掘社会公共教育机构场所的校外教育潜能，探索社会主义市场经济环境下的公共教育场所的管理模式，积极发挥其社会公益价值，如各级业余体育运动学校、各种业余体育俱乐部、少年宫、青少年校外教育基地等，通过这些场所来提高对学生体育休闲服务的教育功能。

二、休闲体育文化的未来

（一）闲暇休闲与社会生产

有学者对闲暇休闲活动的发展历程进行深入的探究之后，根据社会生产力的发展变化对闲暇休闲活动的发展变化产生的作用和影响的事实，把产业基础的改变作为闲暇休闲活动变化的依据而划分出三个发展阶段：第一次产业发展时期，闲暇休闲活动产生前时代，劳动与闲暇一体；第二次产业发展时期，闲暇休闲活动诞生的时代，劳动与休闲与闲暇对立；第三次产业发展时期，闲暇休闲活动的繁荣时代，劳动与闲暇并存。

无论这三个阶段的划分是否恰当，至少借此可以确认一个基本的客观事实，那就是：随着社会生产方式的改变和生产技术的革命而导致的社会生产力的发展将会使其他的社会活动发生根本性的变化。那么，在今天社会生产力发展基础上，“未来”的休闲体育会发生什么样的变化呢？显然，要想对休闲体育的未来做出可能性的判断，就必须对未来的社会生产力发展做出适当的预测和构想。

“我们正感觉到经济领域地震的第一次颤动。我们应该做好一切准备。”“飓风席卷大地，大地本身并没有发生变化。现在的情况并不像飓风，而是像地震的开始。作为我们经济基础的地下结构，现在正摇晃、裂开。我们在努力防止大规模的崩溃，但我们涉及的只是表面现象，没有把注意力集中在它的深层结构上面，而真正的重大变革正是发生在这个深层结构中。”美国著名的未来学家阿尔温·托夫勒如是说。经济结构正在发生的重大变革是什么呢？它将给我们这个社会带来什么样的变化呢？这些问题直接影响着我们对未来休闲体育的变化的预测和估计。

今天，一些大规模的制造工业，如汽车、钢铁、橡胶、纺织等传统工业经济的支柱，正面临着倒闭的危机。于是，一些人把这些现象视为世界性经济“衰退”或“萧条”的表现。阿尔温·托夫勒则认为这不是那种传统意义上的经济“衰退”或“萧条”，这是经济基础的深层结构正在发生令人目眩的再造和重建。因为，在传统工业面临危机的同时，我们却看到了诸如电子工业、计算机、信息工业、遗传工程、太空探索、环境再循环、某些劳务业及替代性能源工业等新兴产业正在全世界范围内蓬勃兴起并不断地发展壮大。阿尔温·托夫勒把这种变革称为“第三次浪潮”。在“第三次浪潮”的作用下，社会的各个方面将面临深刻而重大的变革。“大规模生产大规模供销不再是先进的方式，而是落后的方式。整个经济正在非大规模化。这是一个深刻的变化，历史的变化。”（《前景和前提》，阿尔温·托夫勒）经济领域里的变化及其生产方式的变革，使未来的工作方式也将发生很大的变化。

阿尔温·托夫勒认为：第三次浪潮是新科技浪潮，现在正在我们的身边发生。它不仅仅改变了生产方式，同时，在社会、组织、文化和环境方面都有了完全不同的内涵，因而也就必然地改变了我们今天的生活方式。每一次新的浪潮荡涤的结果，都是以一种新的文化、新的文明和新的生活方式逐步地、彻底地替代了旧的文化、文明和生活方式。考察每一次革命的成果，就会发现人们在一步步地远离蛮力和蛮力技术，新的生产技术不是人的体力的扩展，而是人类智力的延伸。高度智能化、自动化的生产方式将改变人们的工作方式和状态，把人类的身心从工作中解放出来，使人们有了参与休闲娱乐的可能性；同时，人们不仅充分地满足了自己衣食住行所需要的物质资料，还为自己创造了无数新型的娱乐器具，以充分满足消遣娱乐的需要，亦即为休闲活动创造了良好的物质可能性。

实际上，“第三次浪潮”将冲垮的是大规模生产的“蛮力技术”，代之以新的技术。新的技术与旧的技术的最大差别就在于前者是人类智力的延伸，后者只是人类体力的扩展。正如人类的智力发展速度远远超过人类体力的进化程度一样，新的技术所生产的产品变化速度也将比之快出了若干倍，这一点，我们可以从电器产品的改型换代、创新速度上管窥一斑了。与此同时，人们的生产节奏也会发生加速度变化，一方面是由于在新技术的作用下，生产过程的速度加快，另一方面则是由于人类的求异需要的发展，必须不断地改变产品以满足其需求。

（二）体育发展的休闲娱乐化趋势

休闲活动发展的必要条件是拥有一段相应的空闲时间，然而，在生产节奏加快的同时，我们又发现人们的余暇时间在不断地增多，单自21世纪以来，美国整个社会可以计算的工作时间骤然减少了几乎1/3。我国近年来周工作时间从48h也迅速地变成了40h。中国人民大学教授王琪延带领的生活时间分配课题组透露，中国城市居民的平均日工作时间为5h1min，个人生活必须时间为10h42min，家务劳动时间为2h21min，闲暇时间为6h6min，分别为每天全部时间的21％、44％、10％和25％。从终身时间分配来看，正规学习时间约为全部生命时间的7％，工作时间仅仅占10％，闲暇时间约占33％。

国家越富有，人民的休息时间就越多。休闲是一个国家生产力水平高低的标志，是衡量社会文明的标尺，是人类物质文明与精神文明的结晶，是一种崭新的生活方式和生命状态，是与每个人的生活质量息息相关的领域。

闲暇时间的增多给人们带来更多的从事闲暇活动的机会，因此未来的生活将给人们带来这样一个问题：如何打发这越来越多的空闲时间？从日本总理府1997年汇总的《有关体力和体育的舆论调查报告》可以看出，1997年日本从事各种体育运动的20岁以上的人员数量占70％，但是连续一周一天以上从事体育运动的人员数量只占国民总数的35％。而且在这些人当中，有很多人从事的是简单的体育运动，如竞走、体操、保龄球及简单球类运动和垂钓等。

调查报告显示，尽管人们从事体育运动的理由也是多种多样的，但大多数人从事体育活动是为了“找寻快乐和解闷”，也有人是为了“增强健康和提高身体素质”“同朋友和伙伴交流”“自己本身运动不够”以及“增加同家里人接触”等。可以看出，在高度现代化的社会里，寻求愉快感觉，消磨打发余暇时间是人们参加体育活动的主要目的。

罗歇·苏根据法国人休闲发展的基本趋势认为：到2000年，几乎全体法国人都具有一种城市生活方式。他预测说：别墅会增加，短期旅游形式会大幅度上升；户外娱乐要求不断地增长；自然环境中娱乐区域的使用大大提高；户外的体育娱乐活动将有所变化，徒步远足或其他形式的出游比今天有更大的飞跃；大多数体育联合会中，有参赛资格的新成员的会聚，证明体育将在稳定的基础上进一步发展。罗歇·苏认为：社会、公关、协会娱乐可能发展较快，特别是在体育和户外活动方面。但这些娱乐受到以家庭和个人为主的娱乐的竞争，因为在一般情况下，休闲实践的个体化会战胜集体或小组的实践。

（三）休闲体育将成为亚文化

阿尔温·托夫勒认为：未来的生产将是非大规模的生产。这是因为社会不再需要统一模式的产品，需要的是带有专门化、个性化特点的产品，即社会在各个方面将向多样化的方向发展。因此，即使在打发余暇时间的方式上，也会出现多样的潮流，从而形成独特的亚文化圈。日趋增值的各种消遣方式、业余爱好、游戏活动和体育休闲方式将把人们划入不同的亚文化圈内。而且，对某些人来讲，一种业余活动可以作为他们整个生活方式的基础。

如同其他领域一样，随着体育项目的多样化发展，也必将围绕着各种项目产生种类繁多的体育亚文化圈。美国社会学家雷米·纳多对热衷于冲浪运动的人群进行研究之后发现：“冲浪运动已经发展成一种象征主义，它赋予冲浪运动某种秘密帮派或宗教团体的特征。”阿尔温·托夫勒写道："冲浪爱好者为了骄傲地证明他们参加了冲浪运动，还把膝上、脚上的伤疤或肿块向别人展示。晒得黝黑是必须做到的，他们的头发也梳理得别具一格。"其实，以某个体育项目为中心而产生的这种亚文化群体，差不多也以体育项目的增长速度同时增长。早已存在的"摩托帮"和近些年出现的"滑板族"在本质上并没有多大的差别，他们就像其他的亚文化群体一样，讲着圈内的语言，穿着圈内的服装，其打扮让圈内人一眼就能认出；同时，他们也不屑与圈外人交流圈内的事，因为他们认为彼此间无法理解和沟通。

围绕着体育项目产生的亚文化群体还有"球迷"。真正的"球迷"会形成典型的亚文化现象。球迷们追寻自己喜爱的球队和球星，像候鸟一样跟着球队迁徙；他们身着与球队相似的服装，佩带有球队标志的饰品；他们与球队的胜败同喜共悲，他们把自己的闲暇时间和金钱统统地花在这种嗜好上，对他们来讲，这种业余活动已经成为整个生活方式的基础。

亚文化现象是一种助长素，它促进了体育项目的发展。在闲暇时间日趋增加、社会时间重新调整的当今时代，体育的亚文化趋向有助于人们欣然度过余暇时光。但同时也应该看到，某种具有反社会性质的余暇亚文化群体也可能在发展过程中产生。

大量的余暇时间和众多的娱乐方式将创造出为数颇多的"娱乐专家"，他们把自己的精力和金钱都投入了他们所迷醉的体育休闲娱乐之中。这种现象在现代工业发达、经济实力强大的国家中，如美国、日本等，已经有所表现。那些冲浪爱好者、高空特技跳伞者、滑翔爱好者、潜水爱好者、摩托车爱好者等正以惊人的速度在增长。这些人并不在意周围其他人如何评价和看待他们，但却十分注重自己那个小亚文化圈内的评价和看法，也十分注重自己的内在感受。他们在文化圈里扮演着一个特殊的角色，并且十分期望自己所扮演的角色能够引起圈内其他人的重视。这些人有他们自己的小天地，各自代表了一种以体育休闲娱乐项目为基础的，围绕着某一技术设备开展活动的亚文化。据此，可以预料，由于新技术可能创造出新的体育项目，因而还会在不久的将来涌现出各式各样新的体育项目以及各式各样新的体育休闲娱乐迷。

可以设想，在第三次浪潮的冲击下，社会时间和精力将进行大规模的重新部署，人们将向一个惊人的娱乐专业化时代迈进，而这种专业化在很大程度上是以高度发达的技术为基础的。

总之，在未来的社会中，人们将更加积极主动地走向大自然，走向各种娱乐场所。而休闲体育活动则不仅解除了人们脑力上的疲乏，也补偿了人们体力活动上的不足。因此，在未来的社会里，休闲体育将更受人们的喜爱而成为人们生活方式的一个十分重要的组成部分。

第四节　休闲体育文化价值的实现途径

随着人们生活水平的提高和改善，人们对身体健康提出了更高的要求，开始逐渐意识到体育锻炼的重要性。但是受到现实条件和时间因素的影响与限制，让人们无法拥有充足完整的时间进行系统专业的体育训练。所以，休闲体育形式就应运而生，作为一种形式更加多变、开展方式更加灵活，同时能够满足人们对健身和体育运动需求的新型体育形式，慢慢形成了其独特的文化氛围和文化内容，在人们生活中有着重要的价值和意义。

一、休闲体育的文化价值体现

休闲体育文化是体育文化中一个新的成员，但同时也是重要的组成部分，具有更多的时代性和创新性，能够更好地营造当代体育运动的良好氛围，其文化价值体现在人们生活和生产中的方方面面。

（一）降低体育锻炼的门槛，放宽标准，实现全民健身的策略和号召

休闲体育，顾名思义，就是以一种更加轻松和闲适的状态开展体育活动，在传统专业程度比较高的体育项目中，融入更多普适性的方式和内容，从而让体育运动成为一种休闲方式，在这个过程中人们逐渐改变对体育运动的看法，开始逐渐提升自我的体育意识和体育认知，培养自觉锻炼的习惯。当代社会发展速度较快，快节奏的生活已经不允许人们抽出额外完整的时间进行身体素质上的锻炼，并且多数人都是没有经过专业训练的普通群众，对一些难度系数较高、过于注重技巧的体育项目，人们在开展的过程中容易产生挫败感，从而降低兴趣。因而，休闲体育文化的形成，能够有效降低体育锻炼的门槛，让更多人参与其中，推动全民健身战略的实现。

（二）减轻当代学生对体育课程的负担感，利于提高身体素质

体育课程作为学校教有中重要的一环，对学生身体机能的恢复与提升有着重要的意义。但是由于学生的身体素质、心理素质，以及体育思维都不成熟，加上学校开展体育课程的方式过于专业和单调，反而让学生对体育课程产生了厌烦情绪，体育课程也成了学生的一项负担。休闲体育的提出与开展，有效地弱化了体育项目中对体育锻炼成绩和结果的重视程度，将关注点转移到体育锻炼过程带来的身体上的放松和心理上的愉悦，通过在学校体育课程中渗透和应用休闲体育文化，能够帮助学生摆脱学习中的一些负担，使其更加积极地参与体育活动，不断提高自身身体素质。

（三）推动社会良好休闲体育风气和正确体育价值观念的形成与建立

当经济发展现状已经能够满足和实现大多数人对温饱等基本物质追求之后，人们就开始进一步追求精神上的充实和身体上的康健。对社会来说，社会发展的最终目的就是建立一个和谐、积极、文明、富强的社会局面，不断充实社会文化的内涵，使更多人感受到正确的价值引领和文化氛围的建造。休闲体育文化的形成，弥补了过去体育文化在普通人们中传播有限、传承无人的缺失，让更多的人愿意了解体育、开展体育活动，带动社会形成良好的休闲体育风气，并且建立正确和积极的体育价值观念，使体育强国不再是一句口号，而是成为人人坚持的信念。

（四）利于人类体育精神与体育文化的传承和延续，推动可持续发展

体育事业的起步和发展经历了上千年的历程，古时体育最开始的起源是人们日常生活和生产中一些具有竞争性和观赏性的工作或劳作，经过简单地组织和安排就可以活动与锻炼。到后来随着人们审美价值的提高，体育项目越来越多，也越来越具有娱乐性和审美性、趣味性，形成了一套独特的文化体系。但是随着社会节奏的加快，人们对体育运动和体育文化的忽视也越来越多，体育文化的传承和发扬面临着严峻的局面。休闲体育文化的营造和推广，能让更多人了解到体育的魅力不仅仅局限在赛场，不仅仅是激烈的争夺和拼搏，从而愿意参与到其中，为体育事业的可持续发展贡献力量。

（五）丰富人类体育文化宝库的内容满足更多人在精神世界的追求

人类体育文化在经过漫长的发展和演变之后，不断地被充实和丰富，其内涵和意义也在不断地得到证明与应用。体育精神的主要思想就是拼搏向上、坚韧不拔，这样的精神内涵能够帮助人们在生活中增强对抗困难的心理素质和应变能力。但是随着人们对事物的见解越来越深刻和全面，对传统的体育价值和体育文化观念也慢慢产生了不认同，传统体育文化已经无法满足人们对精神世界的更高追求。这时，休闲体育文化的提出与传播就及时地打破了这种尴尬局面，为体育传统文化带来了新鲜的血液，通过对体育新的解读和新的实践来丰富体育精神，让体育文化更有时代性。

二、实现休闲体育文化价值的手段和策略

（一）政府政策引导机制

1. 政府应根据当前休闲体育发展的现状合理规划和布局包括场地、器材在内的休闲体育硬件设施，为人们参加休闲体育活动提供良好的物质基础保障。

2. 政府应针对不同地区休闲体育发展的情况，对其进行必要的宏观调控，提升本地区休闲体育的价值。

3. 政府应引导大众传媒加大对休闲体育文化的宣传与推广，从而营造良好的大众休闲体育健身环境和氛围。

4. 政府应加大学校体育教育指导和投入，确保学生的休闲体育教育权利。

（二）社会公共服务体系

随着现代社会的不断发展，人们的余暇时间不断增多，这为人们参加休闲体育活动提供了充足的时间保证，对于休闲体育的发展具有重要的意义和作用。现阶段，要想进一步促进我国休闲体育文化的发展，就必须逐步完善我国的社会公共服务体系，在建设社会公共服务体系的过程中要注意以下几个要点：

1. 加大政府对我国体育基础设施建设的投入力度，为国民休闲体育参与提供良好的物质条件。

2. 政府要采取必要的手段和措施加强休闲体育文化的宣传力度，提高人们参与休闲体育活动的意识，实现休闲体育文化价值。

3. 加强社会体育指导员的培养，以为人们参加各种各样的休闲体育活动提供必要的理论和实践指导。

4. 加强休闲体育产业制度建设，促进休闲体育产业的科学化发展。

（三）个人文化传承意识

近年来，我国与国外之间的交流日益频繁，极大地开阔了国人的眼界，在这样的形势和背景下，休闲体育在我国也得到了广泛的传播与发展，休闲体育的内容也不断完善和丰富。我国

早期的体育文化中，就蕴含着深厚的休闲体育文化内涵，其中包括大量的休闲体育项目，如导引术、八段锦、太极拳等，这些项目对促进人们的身心健康发展具有重要的推动作用。

发展到现阶段，我们要继续挖掘休闲体育文化的多样价值，加强休闲体育文化的宣传和教育，使我国广大人民群众热爱上传统休闲体育文化，这样能更好地促进我国传统休闲体育文化的传承，同时这也是促进我国休闲体育文化价值实现的最根本途径。

第四章　休闲体育文化课程体系搭建解析

休闲体育是“休闲化”的身体运动方式，不同的人对此会有不同的理解，建立什么样的课程予以实施也会因情境不同会产生不同的模式。本文着眼于教育学语境中的学科建构理念，采用了被称为“主导的课程范式”中的“泰勒原理”所阐述的课程理念。众所周知，“泰勒原理”的基本内容可以概括为四个问题：学校试图达到什么样的教育目标？提供什么样的教育经验最有可能达到这些目标？怎样有效地组织这些经验？如何确定这些目标正在得以实现？虽然20世纪各种课程理论流派纷繁复杂，但都离不开对这四个问题的回答。由此，本文从休闲视角建构的体育课程就试图从“泰勒原理”提供的关于建构课程所必需的课程目标、课程内容、课程实施和课程评价四个方面的基本理念展开。

第一节　休闲体育课程的内涵

一、休闲体育课程概念的理解

课程是一个发展性的概念，它是为实现学校教育目的而规定的教学科目及其目的、内容、范围、分量和进程的总和，它包括了为学生自由、全面发展而营造的教学环境的全部内容。体育课程作为课程的下位概念，出现了诸如“体育课程是指为实现学校的教育目标，配合德智体美全面发展，并以发展学生体能，增进学生身心健康为主的特殊课程”（周登嵩），“体育课程是在学校指导下，为了使学生能在身体、运动认知、运动技能、情感和社会方面和谐发展的有计划、有组织的活动”（毛振明）等“学科”或“活动”的课程定义。那么，休闲体育作为新兴体育项目或新型体育观念的概括，如何界定休闲体育课程的内涵是本章首先要解决的问题。

本章认为，休闲体育是为适应社会发展需要、满足学生休闲需求、让学生充分吸收体育运动营养、助长其生活能力，张扬其生命能力并创造其美妙生活而建立的一门应用学科。它是一场使人通过休闲来改善和提高自己生活质量的全面运动，一个使人明确自己休闲价值取向和休闲目的的过程，一种贯穿于从进入幼儿园以前到退休以后的终身体育，一种与人们的休闲需求、休闲价值趋向和休闲能力有关的活动，一种通过扩大人们的选择范围来使他们获得高质量休闲体验的活动。

沿着“泰勒原理”的基本内涵，我们可以这样诠释休闲体育学的基本内容：学生通过休闲体育课程应该达到什么样的目标？学习什么样的休闲体育知识最有可能达到这些目标？怎样有效地组织和实施这些知识内容？如何确定休闲体育课程达到这些目标的程度？由此，本章把休闲体育课程理解为，为实现休闲教育目标，通过教育者有计划、有组织的指导，对受教育者实施休闲体育教育。这一理解体现了三种课程思想：一是课程的价值指向，是为了实现休闲体育的教育目标；二是课程实施途径，是在教育者（教师）的指导下，有计划、有组织地进行；三是课程的实施内容，是对教育者传授休闲体育知识、技能和理念的全部教育内容。

二、休闲体育课程的学科性质

第一，休闲体育课程是一个综合性的、跨学科的研究领域，并不是现有的某一学科的更新，而是一个全新的、跨学科的交叉学科。它涉及休闲学领域的休闲教育学、休闲经济学、休闲社会学、休闲文化学、休闲心理学、休闲伦理学、休闲人类学、休闲美学、休闲管理学、休闲哲学、休闲技术学、休闲产品学、东西方休闲史等学科；又涉及体育学领域的体育社会学、体育哲学、体育经济学、体育管理学、体育行为学、体育心理学、体育美学、体育人类学、体育产业学、体育文化学、体育技术学等学科。当然，休闲体育学并不是由这些学科、学问、技术的知识和方法简单拼凑堆积而成的，而是在新的学术框架中将各种知识与方法有机结合起来，形成了自己独有的特征与范式。

第二，休闲体育课程的建构必然体现理论与实践、现实与理想的高度统一，休闲体育课程必然是一门将身体活动与心理体验相结合的学科，是适应现代人的生存需要，尤其是精神需要而产生的。它在一定程度上有助于弥补现实社会政治、经济生活对人的精神发展所造成的损伤，以利于人的全面、健康发展。因此，休闲体育课程以现实社会中人们的休闲体育现象、休闲体育问题为研究对象，以实现“休闲”在社会良性运行中的最大价值为目标。它不是纯理论学科，而是一门实用性很强的学科，它以学生的休闲体育实践确定发展方向，以发现和解决学生在社会生活中的休闲体育问题为宗旨，为学生的休闲体育实践服务。所以，休闲体育课程既是理论与实践的高度统一，也是一门关于如何利用“闲暇”充分体现休闲体育价值、追寻休闲体育理想的应用学科。

第三，休闲体育课程既研究人们的休闲体育实践与问题，又研究人们的休闲体育价值与行动；它既是描述性的，也是规范性的。因此，休闲体育课程既追求对现实社会中人们休闲体育问题与实事的说明、解释，也重视休闲体育的价值取向和价值评价，还重视休闲体育行为最大程度和最大价值的研究。这些特征，决定了休闲体育课程不仅具有体育领域的众多理论、知识和技术为人类所共有、所认同，而且还具有极强的民族性和地域性。中国人与西方人的休闲体育固然有相近之处，但毕竟由于历史和文化背景的差异，由此而产生的休闲体育课程也必然各具特色；东部与西部、南方与北方，由于民族生活习惯的差异性，由此产生的休闲体育课程内容也必然各不相同。

三、休闲体育学的价值追求

（一）课程共有

所谓“课程共有”，其实是休闲体育学价值内涵的共有，即各种不同主体的课程都应反映休闲的内涵。不只是休闲体育课、体育课，还应该体现在其他课程的内容体系之中，因为各种课程是一种“朋友关系”，目的都是为了促进学生全面健康发展，培养学生良好的休闲意识和休闲能力，因而休闲内涵应在全部体育课程目标中体现出来。

（二）非功利性

所谓“非功利性”，是指课程目标不带有功利性的价值取向。在既往的课程目标设计中，我们往往掺杂了诸如“军体”“体质”“健康”等具有功利形态的目标指向，因而学生的体育活动或体育课都背负了某种目的成分在里面。而休闲体育课程所要倡导的是一种自由、放松、愉悦的心理体验，因此除去了某些功利性目的（当然不是没有具体的课程目标），这是学生自由全面发展的前提。

（三）自由选择

所谓“自由选择”，就是休闲体育课程不仅反映了社会发展的要求，而且更要适应学生的身心发展需要。由于学校最根本的任务是培养人自由全面健康的发展，因而，休闲体育课程的实施过程绝不是学生单纯、被动地接受知识与训练的过程，而是他们积极自主、自由地参与体育活动的过程。

（四）全民教育

全民教育观念是在 1990 年联合国教科文组织“全民教育计划”的影响下产生的一种新的教育理念。其核心内容是：“基础教育必须以满足全民的基本学习需求为手段。根本宗旨为，提高大众的生存质量，促进任何社会的可持续发展”，与前文强调的“休闲是与每个人息息相关的领域”“每个人的生命历程都彰显着休闲的价值意蕴”等观点相一致。因此，休闲教育应该成为全民教育的内容，使每个人掌握和理解休闲。

第二节 休闲体育课程的建设基础

一、休闲体育课程的理论基础

（一）社会学视角

社会是一个协调发展的复杂系统。协调，既是人类社会生活中的普遍现象，也是自然界一切物质的运动形态。“在政治生活中，协调是一种导向力；在经济生活中，协调是一种生产力；在文化生活中，协调是一种黏合力；在管理实践中，协调是一种组织力；在哲学思维中，协调是对立统一的缓冲器和转化器。”因此，社会的发展必须与人的发展相协调，社会的现代化也必须与人的现代化相和谐。

在体育领域讲协调发展，就是使体育运动与社会环境之间的物质、能量、信息交换中的平衡达到最佳状态。休闲体育与社会发展之间的和谐关系正说明了这一点。随着休闲时代的来临，充分挖掘休闲体育对社会的作用与影响是建立休闲体育课程社会学基础的基本路径。

1. 休闲体育促进了人类社会的和谐发展

现代社会提倡“和谐”，但还是会有一些不和谐的现象。比如，体力劳动减少与脑力劳动增加导致人类身体机能下降，就会使人体的生理和心理处于不和谐状态；精细的专业分工和生产的智能化导致人体处于一种机械的工作状态，就会使人类的物质与精神处于不和谐状态；日益增长的精神压力导致神经细胞长时间处于紧张状态，就会造成机体内环境与外环境的不和谐状态；普遍的竞争和工作压力导致人际关系的僵化，就会使个人与社会处于不和谐状态，这些不和谐现象也许是“社会发展了，人类的幸福感减弱了”的重要原因。

讲和谐，就意味着凡事要讲协调，追求和美、和睦、均衡和匀称。从休闲体育在社会发展过程中所表现出来的和谐意义来说，就在于它是一种人类新的生活方式。在这种生活方式中，人与人的关系、人与自然的关系、人与社会的关系变得融洽、和谐；人对物的摄取变得理智、通达；人的社会责任感变得更加强烈，并通过创造性的生活方式表达自己的追求和理想，最终达到整个社会系统的和谐状态。

2. 休闲体育产业促进了第三产业发展

据国外经验，发展休闲产业对国民经济具有重要的意义。经济发展到一定阶段以后，社会生活的重心自然要转移到服务、知识、信息等第三产业领域。因此，人们在享受休闲体育服务的同时，也要充分挖掘休闲体育的经济价值。

发展休闲体育产业可以增加有效供给的范围，促进消费，启动消费市场，从而促进经济的增长。从需求角度分析，拉动经济增长的因素有几大块：消费、投资和净出口。其中，消费是拉动经济增长的主导因素。要使经济持续稳步地增长，必须使消费需求保持增长。我国是发展中国家，以内需为主要发展，而启动“休闲”这个大市场对扩大内需、刺激消费有着非常重要的意义。

“假日经济”的繁荣、休闲娱乐业的发展，推动了休闲体育器材、场地等体育产业的稳步发展，休闲消费已经成为新的经济增长点。

3. 休闲体育缓解了老龄化社会的压力

人口老龄化已经成国际社会共同关注的话题。由于出生率的下降和人口平均寿命的普遍延长，社会中老年人的比例越来越高。从 20 世纪初开始，我国已经从一个“年轻型社会”经过短暂的“中间型社会”，彻底进入了“老年型社会”。

如此庞大的老龄人口，不能不说是一种沉重的社会问题。况且，老年人的健康状况每况愈下，体弱多病，对医药治疗等方面有着更高的要求同时，加之人口出生率的不断下降，家庭及家庭成员的不断减少，这会使以前由子女照顾老人的责任，在很大程度上转移给社会。要解决这一社会问题，加强身体锻炼，增强国民体质，无疑是一项积极有效的措施。它将有助于减少老龄人口疾病的发生，降低医药治疗方面的负担，从而有助于减轻社会福利乃至整个社会的压力。许多发达国家，如美国、日本和新加坡，把加强休闲体育健身作为缓解人口老龄化社会的重大举措而且已经验证了它的可行性。

4. 休闲体育促进了社会的精神文明建设

物质文明的不断发展，使人类过着惬意的休闲生活，同时休闲也会推动社会的不断进步。但并非休闲生活都会对社会起积极的影响，有时也起到消极的作用。因此，了解社会上不健康的休闲生活，引导人们休闲朝着有利社会进步的方向发展，将会推动社会的精神文明建设。从目前我国实际情况来看，在休闲生活和休闲消费领域存在着以下不健康现象：

（1）轻文化消费，重物质消费的现象。这种情况主要表现在物质消费互相攀比，穿要穿名牌，吃要吃高档，一掷千金。但在文化消费上，则小气得多。例如，舍得买1000多块钱的“耐克”鞋，不舍得花一块钱买份体育报。

(2) 俗文化消费多于雅文化消费。有人一讲到休闲就想到吃喝玩乐。忙于“请吃”和“吃请”，忙于“歌舞录像”，忙于“烧香拜佛”，忙于“占上、算命”，很多类似于这些“灰色休闲”，缺乏高雅的文化含量。与之形成鲜明对比的是，高雅文化被束之高阁，艺术名著无人问津。这种现象难免造成“营养不良”，殃及社会的精神文明建设。

所以，人们对如何休闲缺乏理性的认识。如果把以上物质消费花费在体育场上、健身馆里，有多少人会不必进入医院；如果把以上所提到的时间用在健身和读书看报上，又有多少人不必进入监狱呢？休闲是为了更好地工作，努力工作又是为了获得更多的休闲，健康向上的休闲将会促进人格的不断完善，也只有人格的不断完善，社会才能更快、更健康地发展。因此，休闲体育对于充实国民文化生活、提高文化水准、改善生活品位、提高和升华生活质量等具有重要作用。休闲体育为人们的休闲生活提供丰富的消遣、娱乐和“开心”的产品、设施和服务，对许多不利的社会情绪具有治疗和化解作用，从而在促进社会稳定、维持社会秩序中发挥着“安全阀”的作用。

（二）心理学视角

赫尔巴特是最早以心理学为课程提供理论基础的人。他把发展人的“多方面兴趣”看作一种基本的教育任务，保证实现他的教育总目的——培养“善良的人”，即忠诚于普鲁士君主制度的人。他认为，课程应当培养人六种兴趣——经验的兴趣（了解事物“是什么”的兴趣）、思辨的兴趣（进一步思考事物“为什么”的兴趣）、审美的兴趣（对各种事物，自然界、艺术品和“善行”的体验和美的评价的兴趣）、同情的兴趣（在与他人交往中产生兴趣）、社会的兴趣（在交往中建立广泛联系的兴趣）、宗教的兴趣（认识人与神的关系的兴趣），并相应地设置相关课程。

“显然，赫尔巴特把当时的普鲁士统治者培养人的要求，归之为心理、兴趣的要求，并对兴趣作这样任意的分类，掩盖了他主张的教育课程计划的阶级实质，也是缺乏科学依据的。不过，他提出了较广泛的学科，并试图借助心理的积极性（兴趣）来使学生更好地获得知识，锻炼思维能力，培养各种品质，为设计课程以有效地实现教育目的，提供了心理学的依据，是具有积极意义的。”因此，本章希冀从休闲体育意识形成和发展、幸福指数、心理体验三个方面入手，阐述休闲体育课程的心理学基础。

1. 休闲体育：渐进无意识

(1) 休闲体育意识的形成和发展

早在远古时代，人类出于生存本能，在与自然界做斗争的过程中，进行了各种身体活动。虽然当时人们没有现在的体育概念，但也意识到这种身体活动确实能够增强体质，促进身体健康。战争对体质的要求使这种身体活动演化为专门对身体的练习，从而演化为现在所说的军事体育。同时，人们对延年益寿的追求也使身体锻炼从劳动中分离出来，形成了一些锻炼身体的方式，即所谓的传统体育。从这里可以看出，古人的体育意识仅仅局限于增强体质和生理健康方面。从休闲角度来看，生活必须时间和工作时间占据了人们生活的主要部分，剩余的时间才可能用于休闲，因而那时人类的休闲活动还不是有意义或有意识的行为方式，只是在人们的生存和生活方面发挥着辅助性作用。而且，那个时代的休闲活动还只是特权阶级的“专利”，是统治阶级的“专属品”。对当时的统治阶级和劳动阶级来说，与其说是有意识的休闲，倒不如说休闲和劳动自然而然地成为两个阶级的天然分工：前者饱食终日、无所用心，后者饥寒交迫、终日劳作，所以根本不存在休闲意识问题。

从某种意义上说，从原始社会到现代社会，人们的休闲体育意识经历了从无到有、从本能冲动到自觉行动、从被动意识到主动行为的过程。进入文明社会，人类对体育的认识经历了两个阶段。在农业社会，人们的生产活动还局限于人的体力劳作，很少有意识地对身体实施教育，结果使人忽视了体育对人的智力和身心发展所起的作用。进入工业社会，一部分劳动者从农业生产中分离出来从事工业生产，肢体简单重复的机械劳动使人们失去了自由运动（农业劳动）的同时，也使人们失去了个性与思想，即产生了人的“异化”。因此，工业社会必然以人的身心和智力畸形发展为代价。在此背景下，人们重新审视体育的功能，意识到体育对人身心、智力发展的巨大作用。尽管此时人们的体育观念突破了单纯生物观，扩展到身体、心理和社会“三维”健康观，但在工业社会初期，资本家对剩余价值的无限追求以及经济、政治的限制，导致工人们没有时间从事体育活动，所以尽管这时的市民和劳动者都认识到了休闲的必要性，休闲时间也能从劳动和生活必须时间中独立出来，但休闲还只能是生活和劳动的媒介。

现代社会是一个大众社会，这个社会中的每一个人，不论是都市市民还是乡间农民，都必须为工作而疲于奔命，同时还要承受各种各样的外部压力和孤独感的折磨。因此与工作相比，现代人更重视休闲，为了寻找工作和生活必须时间之外的轻松愉悦，也愿意为此付出代价，这时滋生休闲体育意识与行为的肥沃土壤开始形成。

（2）休闲体育意识的回归

休闲体育过程是人们通过对体育的感知、实践，并赋予休闲娱乐的内涵，由感知认识逐步上升的理性认识，最终形成个人休闲体育意识的过程。社会的发展、时代的进步，使人们对体育的认识不会停留在某一固定点上，人们的体育意识会随着时代的发展而不断变化。但是，无论哪个时代，时空都是生活的存在形式。工作时间、休闲时间是共同存在的，无论过去现在还是将来，这些时间因素都受每天24h的约束，两者的分配和维持与时代和环境相协调。

由于社会与制度两方面的缺陷，大机器生产缔造了各种偏离正常心理标准的人，人们并不能在闲暇生活中充分体验到快乐。例如，闲暇时间初见延长的美国，出现了孤独、无聊、自杀和犯罪等不良社会现象；在视工作为“天职”的日本，闲暇则使染上“工作癖”、“工作狂”的人有一种失落感、愧疚感，进而导致心理失衡。所有这些现象都表明，现代化的过程给人们带来越来越多的心理创伤与病态。这种社会生活格局，必须通过放松和娱乐的方式来缓解、宣泄和转移。其中，最有效的途径还是休闲运动，特别是具有积极性作用的休闲体育活动。这是因为，休闲体育可以使劳动者释放工作压力，让青少年找到童年乐趣，让青年人寻找人生的价值、生活的甜蜜，让中年人品味到事业的成功、家庭的欢乐，让老年人找回童真，慰藉失落的心灵，可以使人们卸去社会角色的面具，返璞归真，回归人性的本原。

从意识的视角来看，休闲体育的产生来自于人的需求本能，经过人们对自身、对体育活动以及对自身与体育活动关系的认识不断提高，人们的体育意识形态经历了从被动意识到主动意识的跃变。当人的体育意识上升到休闲意识形态领域的时，就形成了休闲体育观，因而人类体育意识的发展层次决定了休闲体育观的形成规律。相比较古代人们休闲体育意识的模糊和感性而言，现今人们的休闲体育意识是明确和理性的。对于前者，人们的体育观处在手段论与目的论的晦涩交融状态，即处在手段论与目的论分叉前的混沌状态；而冠以“知识经济、信息化”的现代社会，人们的体育意识由被动向主动倾斜，手段论体育观正潜移默化地向目的论体育观转变，人们对体育的认识正朝着自身和谐统一的休闲方向发展。

2. 休闲体育的内心体验过程

（1）体验内涵

“体验”是我们非常熟悉的一个词，每个人都可以用不同的方式和语言来描述它。它是人们的经历，是人们从事某项活动的亲身感受。从心理学角度来看，体验是指人们亲身的经历、实践、体会、理解、认识、感受等。因此，心理学意义上的体验是建立在个体“内部知觉”基础上的一种特殊活动，它通过“确定意识”与“存在意义”之间的相互关系与相互影响，来实现“人的理性”的不断增强，“它既属于行为范畴，也属于心理活动范畴”。体验的过程既是感觉、知觉的过程，也是注意、思维、情绪以及行为产生和变化的过程。

如果把“体验”纳入休闲体育学的语境中考量，它指的就是休闲体验，可以叫作情感体验。须具备以下基本要素：一是过程性体验，这要花费个人的一段时间，尤其是休闲时间，体验是一种过程性休闲；二是自由感，体验是以个性化的方式进行的，因此感知体育活动中的“自由自在”是一种基本要求；三是内在结果，即获得身心反映（积极的或是消极的，愉悦的或是沮丧的）。

休闲体育的体验是在个人休闲过程中产生的，因此，必须关注休闲体育活动中的情感价值。休闲体育不是一个静止的内容体系，而是一个动态的过程体验。作为过程，就意味着它不是事先预设好的一套要实施的且一成不变的计划，而是一个人获得情感体验的历程。体验是休闲体育过程的重要价值，一切停留在情感体验之外的休闲体育活动对主体来说只是被动的、无效的休闲。休闲体育将情感体验（过程本身）放置于重要的位置：“一方面是因为休闲体育过程蕴藏着许多至关重要却又无法通过行动、知识理解的韵味；另一方面是因为唯有过程性休闲才是生成体验和丰富情感的重要源泉。”

休闲体育作为一种过程体验，表明在休闲之外没有特定的客观性目标，过程之外没有必须实现的目的，目标只存在于过程中，这些目标是过程进行的方式与标志（它是为休闲而存在的）。在休闲体育进程中，休闲目标本身吸引着人们积极参与和身心投入，体育运动本身意味着休闲情境的变化，意味着人们体验与休闲之间的交互作用。相对于目标而言，休闲体育的活动过程更为重要，也可以说活动本身更为重要。

（2）过程体验的生活领悟

生活的境遇及主体心境是不能先验地给予的，它不能像认识和思考客体那样去认识或凝练。对生活过程和现实生活瞬间的境遇应该由自己的特殊范畴和方式去领会或省悟，而不是去认识、分析或思考，这一特殊的方式和范畴就是体验。这里的体验不是哲学认识上那种感性经验的认识，不是镜子式的反映，而是内在心灵的领悟。

体验作为人的心智能力，恰与感性的认识与理性的思维相并立，因为体验本质上是主体考量一个被表达出来意境的领悟过程。在这一过程中，表达出来的是现象，领悟出来的则是生活的意蕴。主体总是有意无意地通过身体活动来表达精神状态，主体不仅仅要认知周围世界，还要以感情去省悟它，特别是在运动中表达出来的价值和意义。因此，休闲体育的过程体验是主体精神的意会过程，是人生命世界中心智活动必不可少的组成部分。我们正是通过体验的方式（当然还有认识和思考）去把握生活世界的构成、意义、价值，从而建立起人的整体世界观、人生观和休闲观。

在人的生活中有需要运用认识和思考的时候，不能忽视体验的重要作用。认识与思考是人们在生活过程中经常运用的两种方式，但随着现代科技的高速发展，整个文明人类及整个现代社会中的人们越来越迫切地追逐着外在的物质财富，休闲体验过程，即对生命过程、生活境遇和主体瞬息心境的体验却常常被人们疏远了。人们在追求物质生活极大丰富的过程中，已经变得麻木了，体验问题也就显得突出和急迫起来。

作为个体的人，总是通过自身劳作（体力和心智的劳作）与这个世界进行物质和精神交换而赖以生存。人们通过劳作把自己外化在人类自己的产品中，这不仅意味着人类的劳作作为对象，成为外部的存在，而且还意味着人类的劳作作为一种异己的东西不依赖于人类而在人类之外存在着，并成为与他相对立的独立力量。因此，人们常常感觉到，对这个世界付出了那么多的心血，却常常无以回报。然而，人是类的存在物，他总是意识到自己是类的存在物，也正是由于他是类的存在物，他才是有意识的存在物，因而他从对象中体验个体和类的生活与历史。正是如此，他的活动才有可能是自觉、自由的活动，而自由自觉的活动恰恰就是人的类的根本特性。所以，全部问题就在于如何使这个异己的、客观化的世界成为属于人的世界，成为人的主体性展现的世界，成为人的自由发展的世界，这都需要人去体验和感悟。

二、休闲体育课程的现实基础

考察现代休闲兴起的社会背景，需要从时空视角全面理解。从时间纬度上看，科学技术的发展和生产力水平的提高将人类从繁忙的体力劳动中解放出来，使人们拥有了更多的闲暇时间，有了参与休闲活动的可能。从空间纬度上看，人们生活范围的缩小，精神压力的增大，身体机能的退化，使人类有了自身发展的需求和愿望，有了参与休闲活动的内在动力。从更广泛的社会背景来看，经济收入的增长、法律政策的完善等外部条件的丰实，也为人们参与休闲活动提供了各种保障。

（一）闲暇时间增多为人们休闲提供了可能条件

成思危认为，大约10000年前，当人类进入农耕时代，只有10%的时间用于休闲；当工匠和手工业者出现时，则剩下了17%的时间用于休闲；到了蒸汽机时代，由于生产力水平的提高，人类将休闲时间的比例增加到23%；到了20世纪90年代，电子化的动力机器提高了每一项工作的速度，使得人们能将生活中的41%的时间用于追求娱乐休闲。据此推断，随着信息化和知识经济时代的到来，人类在21世纪的社会生产力水平将会不断提高，因而人类将拥有比以往任何时候都多的闲暇时间，这为人们参与各种休闲活动提供了必不可少的时间平台。

从我们国家的现实情况来看，2008年1月1日开始实施的《全国年节及纪念日放假办法》，使我国普通公民放假的法定节日从之前的10天增加到11天，加上1995年5月开始实行的5天工作制即“双休日”，累计公民法定休假日已经达到115天，这意味着普通居民每天将有三分之一的时间在闲暇中度过。如果“带薪休假”制度能够进一步得到贯彻落实，那么，我国公民的休假天数将增加10～20天，累计公民法定休假日将超过125天，这将为人们旅游、健身、娱乐、体育运动等休闲活动提供时间上的保障。

另据王雅林等人对上海、哈尔滨、天津等三城市居民的时间分配的调查发现——居民的休闲时间已经超过了工作时间（2003年）。“平均每天的休闲时间比工作时间多75.56min，成年人口（18～65岁）平均每周的休闲时间比工作时间多9个小时。”也就是说，在我国一些发达城市，普通居民的闲暇时间已经达到了一些发达国家的发展水平，使人们充分享受惬意的休闲生活变成了现实可能。同时，我们也应认识到，这种时间是宝贵的社会财富；是生产力发展的结果，是劳动创造的结晶；是满足人们日常生活需要，提高人们生活质量不可缺少的条件之一；是激发人们去创造新的社会财富的有效途径。

（二）经济收入增加为人们休闲提供了物质基础

“仓廪实而知礼节，衣食足而知荣辱。”因此，仅有大量的闲暇时间还不足以使人类的休闲活动成为一种现实，还需要在物质生活方面有所改善。因为经济基础决定上层建筑，只有当人们的基本物质生活条件得到满足后，他们才有能力、有心思去享受崇高的精神生活，因而休闲必定是经济发展的产物。

按照国际经济标准，当人均收入到500～800美元时，休闲消费便进入急剧扩张期。据此标准，按照我国2007年经济统计年鉴的统计数据来看，我们国家大部分城市和部分地区的农村就已经达到或超过了这一标准（见表4-1，表4-2），所以我国居民的休闲消费也开始呈现出扩张的趋势。同时，城镇居民的收入增长快于物价上涨，实际收入水平不断提高，生活结余逐年增多，即人们手里越来越有钱，为人们参与休闲活动在物质消费上提供了保证。

表4-1 2007年我国前十名城市居民平均年收入

城市	东莞	深圳	温州	上海	广州	宁波	台州	北京	绍兴	杭州
收入/元	27025	24870	24002	23623	22469	22307	22245	21989	21717	21689

资料来源：根据2007年国家经济统计年鉴整理而成。

表4-2 2007年我国部分地区农村居民平均年收入

地区	北京	河北	山西	辽宁	内蒙古	上海	江苏	江西	山东	广东
收入/元	10418.9	4784.9	3274.7	6913.9	5079.9	11888.3	7203.7	3861.2	5997.5	6193.3

资料来源：根据2007年国家经济统计年鉴整理而成。

另一个反映人们生活水准的指标就是恩格尔系数。“1978年，中国城市恩格尔系数是57.5%，农村恩格尔系数是67.7%；截止到2002年，城市恩格尔系数已经下降到37.9%，农村恩格尔系数已经下降到47.7%。”虽说比起发达国家的25%～30%还有很多差距，但大量研究表明，当恩格尔系数达到50%以下时，娱乐性消费将呈现出稳定的持续性增长。根据马斯洛的需求层次理论，当人的低层次需求满足后，必然会产生高层次的需求，也就是说，当人类解决了吃、住、穿等基本问题后，便有了向高层次精神消费发展的需求。因此，我们可以预见，随着社会财富的不断增加，以及老百姓可支配收入的不断增长，人们的物质生活水平将会得到保障，休闲消费水平也会不断提高。当人类基本生活需求得到满足后，就会考虑自身发展问题，休闲活动作为人们闲暇时间里满足生活需要的生活方式，自然就会进入人们的日常生活之中。

（三）自身需求增长为人们休闲提供了内在动力

现今社会，人们经常陷入生活的矛盾之中，人的日益社会化伴随着人的生活无聊化，人渴望友谊与情爱却伴随着不断的恶性竞争和孤独。这些矛盾使传统的家庭与社会纽带被切断，一种怪异的生活方式在延长的闲暇中产生。个人生活的孤独感，隔离了个人与现实世界的联系，使人处于一种失范的状态，社会上便可能产生赌博、吸毒等危害社会的不良现象，使现代人陷入尴尬的境地。怎样才能摆脱困境？仅靠一种方式或途径显然不行，但积极的休闲活动是多种途径的一个有效方面，因为休闲活动作为一种以满足和适应小康社会人们自身发展需求的新型活动方式，可以向人们提供社会规范教育的场所，提供践行社会规范的模拟机会。同时在人的社会化过程当中，休闲活动能培养现代人健康的竞争意识，拓展视野，强健体魄，丰富情感生活。

席勒说："只有当人充分是人的时候，他才游戏；只有当人游戏的时候，他才完全是人。"在高度集中的计划经济时代，人被视为"政治机器和经济组织的齿轮和工具"，因而休闲很难真正融入人们的日常生活，但随着中国社会的转型，人类开始了世俗化的变迁——人们期望过一种真实、属于自己的生活。在这一变迁过程中，大众对现实生活本身的幸福欲求，以及休闲活动的多元化、消遣化、娱乐化倾向逐步凸显。这时，人类的生活观念就发生了悄然变化——从对自然界的改造逐渐转向对人类自身的改变，对生活的要求逐渐转变为对自我实现的需求。因此，现代人为满足生活需求，提高生活品位，协调生活节奏，丰富精神生活，也会积极参与到各种休闲活动中去。这种积极的休闲方式对于全面提高现代人的生活质量提供了内在动力。

（四）科学技术进步为人们休闲提供了发展源泉

休闲的现代形式是科学技术发展的产物，这来源于科学技术催生的巨大社会生产力为人们获得更多的休闲时间提供了物质生活保障。科学技术带来的现代科学管理手段，为工时制度变革奠定了技术基础。建立在科学技术基础上的现代生活设施，为人类休闲生活在一定范围内超越大自然的周期和节律提供了可靠的技术手段。科学技术的发展也推动了人类自身对休闲活动的需求，这来源于科学技术的发展使劳动者体力劳动减少，脑力劳动增多，人们的身体机能下降，甚至退化；科学技术的发展加剧了人们之间的竞争，使人们承受着前所未有的精神压力。

在这样的社会背景下，人们在享受科学技术发展带来诸多利益的同时，也需要在休闲时间里寻找能增强身体机能、缓解精神和生活压力的方法，各种休闲活动自然就成为人们热衷追逐的主要方式。休闲作为一种社会文化现象，其价值、功能和作用正在被越来越多的人所认识，以愉悦、休憩、放松为主要目标，带有积极、自由的生活态度的休闲活动，已经进入了人们的日常生活，它作为"人类着力建造的美丽精神家园"，是一种文明、健康、科学的生活方式。它不仅可以促进人类的身体健康、满足个体需求、端正人生态度和陶冶道德情操，还可以充实人的文化生活，提高人的文化水准，改善人的生活习惯，帮助人们树立正确的生活价值观、生命观和休闲观。

（五）法律政策完善为人们休闲提供了权利保障

休闲是每个人的权利。早在 1948 年联合国大会通过的《世界人权宣言》第 24 条就规定："人人有享有休息和闲暇的权利，包括工作时间有合理限制和定期给薪休假的权利。"我国宪法也明文规定："中华人民共和国劳动者有休息的权利"，"国家发展劳动者休息和休养的设施，规定职工的工作时间和休假制度"。由此看来，休闲不仅是现代的一种社会制度，也是神圣不可侵犯的人的权利的一部分。

青少年和儿童作为社会的公民，同样享有休闲的权利。1959 年 11 月 20 日，联合国大会通过了《儿童权利宣言》，其中第七条规定："儿童应有游戏和娱乐的充分机会，应使游戏和娱乐达到与教育相同的目的；社会和公众事务当局应尽力设法使儿童得享此种权利。"同年，在巴基斯坦首都卡拉奇举行的亚洲地区义务教育会议上，曾经制定义务教育的四项目标，其中第三项就是："应给予儿童充分的机会，使其从事玩乐休闲，并视此为教育的目标。"由此看来，休闲不仅是青少年和儿童的权利，而且学会休闲也将成为现代教育的一个重要目标。

近年来，我国制定的相关体育政策正朝着这一方向发展和变革。

2002 年，我国依据联合国统计总署编制的《全部经济活动的国际标准产业分类》对《国民经济行业分类》进行了修订，体育被列为"文化、体育和娱乐业"，正式归为休闲娱乐业的组成部分。

2003 年成立了由中共中央宣传部牵头，国家统计局、文化部、国家广电总局、新闻出版总署、国家文物局、国家发改委、财政部、国家税务总局、国家工商总局等单位参加的"文化产业统计研究课题组"，在各部门的通力合作下，完成了《文化及相关产业分类》的文本，"虽然为了不削弱体育作为整体分类的文化特征而暂不将其全部纳入文化产业，但部分体育休闲健身娱乐活动纳入了文化产业"。

2009 年 10 月 1 日颁布实施的《全民健身条例》也明确指出，"公民有依法参加全民健身活动的权利"，并要求"县级以上地方人民政府应当将全民健身事业纳入本级国民经济和社会发展规划"，第一次明确了地方各级人民政府为保障公民参加全民健身活动权利的权限。

以上对法律政策的分析说明，顺应休闲时代潮流，休闲作为人类的一项基本权利已经引起各级主管部门的重视，各种休闲方针政策的颁布实施，能够保障人们的正常休闲权利，这为人们参与休闲活动提供了政策上的支持。

第三节　休闲体育课程的搭建内容及趋势

一、休闲体育课程的内容设置

"课程内容是指各门学科特定的事实、观点、原理和问题，以及处理它们的方式。"体育课程内容是课程内容的一个有机组成部分，毛振明认为："体育教学内容是那些以体育教育目的，以身体练习、运动技能学习和教学比赛等为形式，经过组织加工后的，可以在教学环境下进行的内容总称。"因此，课程目标一旦有了明确的表述，就在一定程度上为课程内容的选择和组织提供了一个基本方向。

（一）理论课内容

休闲体育的理论课程与学校体育的学科课程并不矛盾，不是在原有基础上再增加一些所谓的休闲体育学科，加重学生负担，而是在原有基础上阐述休闲的价值意蕴，否则，就会失去休闲体育的真实意义。作为一种休闲教育的学科课程，充分发挥休闲体育的价值与功用，其目的是教给学生有关休闲体育知识、正确对待闲暇时间的态度和科学利用闲暇的生活价值观。当然，这些学科课程是否能发挥休闲体育的功能、实现休闲体育的目标，关键要看学校课程设置的指导思想和教育者的教学思想。具体内容如下：

1. 休闲内涵的理解与休闲思想的传承

休闲是人类从文化环境和物质环境的外在压力中解脱出来的一种相对自由的生活，是个体以自己喜爱的、本能地感到有价值而从事的行为活动，是人类追求自由、放松、和谐精神生活的有效尝试，是人类探寻健康、科学、文明生活方式的积极思考。因此，这方面的内容涉及休闲的词源学考察、古今中外休闲思想的解读、现代休闲的价值意蕴、休闲的特性与功用、休闲与闲暇旅游、体育玩等相近概念的关系理解等。

2. 休闲教育的价值与实施途径

休闲教育的宗旨是使学生学会休闲、科学休闲，进而全面提升主体的休闲素质。因此，休闲教育本质上就是生命教育，因为生命要活出自身的圆满，活得丰富、充实而有意义，除了具有良好的物质生活环境外，还需要教育培养积极的精神生活环境。通过教育，培养人完满的人格、健康的体魄，形成科学的休闲观和正确的人生观，真正成为生活的主人，让人们独立于自然及他人的束缚之外，以优雅的姿态、自由自在地生活。因此，这部分内容涉及生命教育的解读、生命历程的休闲教育、休闲与工作（学习）的关系、休闲教育对于提升主体素质的价值等。

3. 休闲体育知识、技能、技巧的传授

体育运动作为人类重要休闲活动方式，所承载的健康价值及其在关照、提高、监控人生命质量方面的特殊护佑功能，已经得到人们的发掘与认同，它既可以缓解脑力上的疲劳，获得生理上的平衡，又可以赢得精神上的自由，营造心灵上的快慰。因此，休闲体育提供的是一条回归之路，即回到人类健康、平衡的天性上来，回到一种和谐、自由的精神状态上来。这部分内容涉及休闲体育的理论知识、休闲体育的技术与技巧、休闲体育的本质意蕴等。

4. 休闲体育社会背景的分析

休闲是与社会发展紧密相关的领域，因此休闲体育课程也必须对社会大环境进行全方位的考察，包括经济发展状况、文化发展水平、闲暇时间分配、恩格尔系数、教育政策法规等。这部分内容涉及体育社会学、体育经济学、体育文化学、体育哲学、体育心理学、体育美学等。

5. 休闲体育课程学科基础的研究

休闲体育课程是一个综合性、交叉性很强的学科，因此充分挖掘本课程的学科基础是丰富和发展本学科的必由之路。这部分内容涉及生理学基础、教育学基础、心理学基础、哲学基础、社会学基础等。

由此，休闲体育理论课程内容由休闲、休闲教育以及休闲体育等学科的基本知识、技能和技巧等内容构成，同时也要充分挖掘休闲体育的社会环境、学科基础等方面的内容。通过理论课的学习帮助学生正确理解休闲，并能树立科学的健身观念和休闲观念，进而形成终身体育的意识，把体育运动融为生活的一部分。

（二）技术课内容

1. 身体活动技术课程

如果说休闲体育的理论课程主要是帮助学生掌握有关休闲体育知识，形成正确休闲体育态度和休闲体育观念的话，那么，身体活动课程则是在体育运动中，通过对学生进行休闲体育能力的培养和休闲体育技能的掌握，获得一定的休闲活动技术，并使学生通过参与身体活动，去亲身体验休闲体育所带来的乐趣和感受生活的美好，从而提高身体和心理素质。

早在 20 世纪 30 年代，我国就有学者注意到体育活动对学生休闲能力的教育价值，认为："休闲是人类活动中的部分，善用休闲已成为教育的主要目的之一。能达到这种目的方法，虽有多种，但课外活动必为其中重要的一种。"任何一项体育运动都是被人们所喜闻乐见的休闲活动方式之一，亲身参与到体育活动中能给人们带来幸福的愉悦感和健康的快乐感。学校开设体育活动课的目的，就是要发展每一个学生的身体素质和运动能力，使学生掌握一定的运动技能，并能在体育活动中提高学生的力量、速度、柔韧、平衡、灵敏与爆发力等运动素质；培养学生良好的运动态度、对体育运动的兴趣以及终身体育运动的习惯；并通过快乐的身体运动培养学生的个性，保持个性心理和情感的健康。哲学家洛克的"健康的精神寓于健康的身体"这句话也昭示着人们，参加各种体育活动对建立乐观向上、豁达开朗的生活态度和生活热情，具有重要的意义。

因此，身体活动课程内容既包括新兴的体育项目，如轮滑、攀岩、自行车、飞碟、蹦极等，也包括传统的体育项目，如武术、气功、抖空竹、跳绳、踢毽等，当然也包括一些所谓的现代竞技体育项目，如各种球类运动、田径、游泳、滑冰等。只要能充分体验到体育活动的乐趣，展现休闲价值，成为一种经常而乐在其中的运动项目都可以成为休闲体育活动的课程内容。

2. 体育活动艺术课程

体育是一门艺术活动成分很高的课程，它包括音乐、舞蹈、健美、欣赏等十分广泛的内容，更不用说"艺术体操"带给人们直接的"力与美"的艺术享受。毫不客气地说，体育运动所展现的艺术魅力是任何其他学科所不能比拟的。学校开设"体育艺术与欣赏""形体""艺术体操""健美操"等课程的目的，绝不仅仅是把少数有艺术天分的学生培养成艺术家，而是鼓励每一个学生都能投入其中，并享受其中。其活动价值也不仅仅是对学生体育艺术的培养，更重要的使命是使学生的情感得到陶冶、习惯得到养成、感知能力得到提升。

因此，让学生在体育活动中并通过具体的身体活动，学会各种各样丰富的、感性的东西，去体验生活、享受生活、热爱生活、创造生活，去体验和发现生活中美好的事物，这些都是休闲体育课程的教育目的。生活中并不缺乏美好的事物，而是缺乏发现的能力，缺乏欣赏的能力。因此，休闲体育课程的目的之一，就是培养学生欣赏美、领悟美并把美吸收到自己个性中来的能力，最终将学生的精神境界提升到教育的最高境界——美的境界。这部分内容主要有音乐欣赏、体育舞蹈、美术欣赏、观赏比赛能力等。

（三）隐蔽课内容

隐蔽课程是广义学校课程的重要组成部分，与正式课程相比较而言，它具有潜在性和非预期性的特点（它在具体的课程规划中没有反映出来，不在正式的教学中进行），对学生知识、情感、信念、意志行为和价值观等方面起着潜移默化的作用，以促进教育目标的实现。可见，隐蔽课程是学校范围内除正规课程之外，按教育目标设计校园文化要素的统称。但是，体育隐蔽课程作为学校体育课程的一个组成部分存在于学校教育系统之中，并与正式体育课程相呼应，潜移默化地对学生实施全面的体育教育。

从休闲体育隐蔽课程的内容组成来看，首先，学校体育物质文化是一个重要组成部分，它是学校体育赖以存在的物质基础，主要由学校内部的各种体育物质、物理因素构成，如学校体育场地、器材、设施、地理位置、时间空间。其次，学校精神文化也是一个重要组成部分，它主要由一些看不见、摸不着的无形因素构成（当然不排除一些实体性的精神文化），它对师生的心理活动和行为，乃至整个学校体育目标的实现都有着不可忽视的、巨大的潜在影响。具体来说，隐蔽课程主要包括以下几个方面的内容：

第一，通过实体性和非实体性的学校体育文化、学校体育精神，传授学生有关休闲体育的思想、价值观念，激发学生的体育学习动机，提高学生的学习积极性。

第二，多渠道地给学生传授休闲知识、技能，全面提高学生身体素质和健康水平，弥补正式课程的不足与缺陷。

第三，培养学生形成良好的休闲体育锻炼习惯、行为习惯，建立健康的生活方式，为学生形成终身体育锻炼行为奠定基础。

第四，培养学生良好的心理素质和意志品质，特别是培养学生的性格、气质、动机、爱好、情趣、情绪和非智力因素，促进学生健全人格的健康发展，为社会培养全面发展的、身心健康的人才。

第五，培养学生正确对待输赢的态度，克制观赏比赛的消极情绪，学会观赏比赛的技巧，并能通过游戏性的休闲运动，改善社会交往的能力。

总之，休闲体育课程是由正式课程和非正式课程、显性课程和隐性课程两大部分组成。这两类课程虽是两种不同性质的课程，但在教育过程中，只有相互补充、相互渗透、相互补益，才能真正达到和实现休闲体育的教育目标。

二、休闲体育课程的发展趋势

珍惜生命、尊重生命、提升生命质量的教育思想已经成为近年来人们普遍关注的重要领域。2007 年在武汉举行的首届大学生生命教育高峰论坛上，有些专家提出了有关生命教育的论题，他们认为，当代大学生心理潜在问题突出，由此产生的轻视生命现象严重，为加强对大学生的心理干预，生命教育应该被独立纳入高校教学体系中。但长期以来，人们普遍将心理健康教育等同于生命教育，没有真正意识到生命教育对人生存意义的影响，显示了教育理想对于生命意义与生命真谛价值判断的淡漠，显示了教育体系中生命教育与生存教育的薄弱。从休闲视角解读生命教育则显示出休闲对人类生命（活）质量的维护作用，人类对生活意义与价值的崇高追求。它对张扬学生的生命个性、焕发生命朝气具有重要的补偿功用，对学生树立正确的人生观、价值观和休闲观具有重要的指导意义。

（一）休闲教育中的生命诠释

生命是人类学永恒的主题之一，休闲教育的本质是使人“成为人”，实现人自由全面的发展。因此，生命的休闲状态不在于外在的形式多寡，而在于内在境界的高低，这种生命境界的本源状态，正是通过休闲教育来实现。

1. 生命概念解读

“生命”并不是一个新概念，但在不同的语境和研究视野中会有不同的理解。从文学的角度理解，生命就是性命、活命，“性”这个字告诉我们，有性命的人心是活的，能表现出人类特有的本性——创造性思维、自由想象、文字表达等。从生物学的角度认识生命，必须具备心脏跳动、能呼吸、脑波仍然正常活动等条件。法律意义上的生命是指法律主体始于出生、终于死亡的整个过程。从宗教信仰的角度上讲，基督教中的“血”代表生命，因此一个有生命的人，血必须在那个人身体内流动，不能是静止的。佛家则认为生命是永不休止的，讲求“生命轮回”，死亡只是一个生命的结束和另一个生命的开始。

长期占主导地位的儒家思想占据着中国传统“生命”文化的重要地位。维护群体利益、关注社会稳定的价值取向渗透在儒家思想中，体现在人与人关系的处理上，表现在对伦理道德的极端重视上。在家中，人需要“孝”；在国中，人需要“忠”；在制度中，人需要“礼”；在生活中，人时刻需要“克己复礼”，以达到“仁”的境界。用孔子的话说就是“不知命，无以为君子也；不知礼，无以立也；不知言，无以知人也”。这样，君子、生活、天命就统一在一起了。

从个人的角度看，则是要修身养性，承接天命，这一思路从孟子的“养吾浩然之气”的自信中展现出来。在自我修养中，儒家非常关注“礼”的价值，关注个体在君国、种族、家庭中对生活规则的遵循、对制度的遵守。在这一思想框架中，中国的“家国同构性”使得儒家思想上至国家、下至小家，都有着普遍的适应性。一个同心圆般的社会结构，通过儒家思想紧密联系在一起。在这种思想背景下，儒家的教育价值取向就指向维护群体的共存、维护社会的稳定、维护制度的权威、维护君主与家长的合理化上。

正是在这样基本价值取向的基础上，儒家教育就成为如何造就“贤人”的问题，如何修身的问题，如何成为君子的问题，如何达到仁的问题。这就使儒家的天人观、人性观结合在一起。而在更为根本的生命价值观层面，教育秉持的价值取向还只是停留在维护群体生命的存在上，无论是这种群体生命的存在层次、存在方式，还是实现途径，都与社会复杂度不相契合。

在现今的社会背景中，我们再来谈论生命问题，不仅在宇宙论层面上，而是从人的生命存在出发，将人的生活历程与生活世界的演化结合在一起。人是在日常生活中体现自身的生命特性、体现“天道”，而不是为了获得天道。人生命方式的动静差异、主动与被动之分、理性与非理性的存在，人的学习创造性、人的自组织本性，不需要再用“天命”“礼”“制度”去“塑造”，而是在互动中共同演化。

2. 教育视域中的生命特质

在生命逐渐从只是纯生物的含义演变为具有本体色彩的哲学术语后，生命的本质和意义就凸现出来生命的绵延（冲动）。从教育的视角来看，生命具有整体性、独特性和超然性。

其一，生命的整体性。

生命的整体性是指人的生命是多层次、多方面的整合体。任何一种活动，人都是以一个完整的生命体参与其中，而不只是局部、孤立、某一方面的参与。因此，从学生的教育过程来看，学习是学生的主要任务，但并不是学生的唯一任务，它只是学生全部精神生活的一部分。苏霍姆林斯基曾经告诉我们，如果把学习当成学生的唯一活动领域，那在实践中是极其有害的。从这个角度来看，教学过程应该是学生整个内心世界全面参与的过程。如果不从人的整体性去理解和对待学生，而只是限于单纯传授知识和训练技能，不考虑学生整体发展和主体行为的需要和可能，那么，教育将类似于工厂里从流水线上生产产品一样，难以取得预期的效果。生命的这一“整体性”特征，要求教育还给学生完整的生活世界，丰富学生的精神生活，给予学生全面展现个性特质的时间和空间。

其二，生命的独特性。

生命是独一无二的、无可取代的，这就是生命的独特性。在这个世界上，每个人都是独一无二的个体，因此都有他存在的价值与意义，都有权利也有义务去发展、探索属于自己的个性，使自己接近真实的自我。传统教育追求完全趋同、整齐划一的“标准”模式，就像工厂里生产机器部件一样培养统一规格、统一模式的学生，无视学生生命的独特性，显然就不具可行性。其实，由于先天的、环境的、人为的种种原因，每个学生的智力、专长不可能处于同一水平上，因而要求每一个人都站在同一起跑线上，用同样的速度，沿着统一的途径达到相同的目的，是十分不现实，也是不可能的。尊重生命的独特性，激励学生努力去张扬个性，才是教育的首要任务。生命的独特性不断提示着我们，应该把差异看成是学生个性形成和完善的内在资源，教育能使各种类型的学生都得到尽可能大的发展，而不是平均发展。这也正符合孔老夫子“有教无类”的教育旨趣。

人生命的独特性还表现在人生命的有限性上，因为人的生命历程没有一个预知的期限，人的生命永远处于不断地生成和完善之中，永远朝着未来的无限可能性发展。因此，人的一生可能向善，也可能趋恶；可能进取，也可能颓废，“只有在濒死的时刻他才能通观他的生命整体，并从这个整体出发确定各个生命部分的意义”。但是，良好的教育能催人向善、积极进取，不良的教育则会使人趋恶、颓废。由此看来，教育的方式、方法、态度总是和学生的生活和命运联系在一起，教育过程的一次失误可能改变学生一生的命运。由此，教育者必须怀着对生命的敬畏之心，努力达成使学生向善和进取的可能性；教育者要珍惜受教育者的每一天、每一个细节，甚至于跟受教育者的每一次接触和对话。

其三，生命的超越性。

生命的超越性反映了生命与生俱来的能量与活力，它是人类创造和进化的基础。齐美尔曾指出：“生命过程是不断超越、不断发展自身的过程，它不仅创造更多的生命来时时更新自己，而且从自身创造出非生命的东西，这些东西又具有它们自身的规律和意义，如教育、文化、艺术和科学。”如果说人的生命的有限性，是人无法选择、无法回避的话，那么，生命的无限可能性和超越性则表现了生命的价值与意义，这就是生命存在的独特方式。所以，教育不能无视生命发展的可能性与超越性，而应促进生命意义的逐渐显现，应看到每一个人（生命）的不平凡之处。我们要引导学生理解：只要能活出生命的全部、生命的圆满，就可以活得平凡而伟大。我们还要让学生相信：生命的每一个环节，都有它的意义和价值，无论身处顺境或是逆境、兴奋或是消沉、群居或是独处，我们都应该生活得朴实且精彩，在平凡中缔造出丰富、充实而有意义的生命历程。

3. 个体生命中的休闲方式

（1）生命历程中的休闲

在人整个生命历程中，休闲活动占据着重要地位。无论是生命早期的儿童和青少年、中年期的成年人，还是老年期的老年人，在他们的日常生活中，休闲活动无不彰显其中。

第一，幼年时期的休闲。

幼年期是新生儿为了发展身体适应能力而不断学习的社会化时期。他们具有感觉功能和顺应能力，因而他们的行为活动主要通过条件反射而进行。但人从出生的时候就会表现出不同的气质，同时，遗传因素、生理成熟过程影响着经验性的知觉能力和运动能力等生理变化，尤其是认知的发展水平对于智力、适应能力等社会化发展起到很重要的作用。因此，在这一时期孩子的学习过程主要是用触摸的方式与周围环境沟通，是一个感觉探索的过程。

“玩耍”是这一时期孩子们生活的全部内容。玩耍伴随着他们成长和认识自己、认识社会，并且不断适应和提高自己的认知水平。他们对未来充满了梦想，是塑造人的重要时期。皮阿杰特认为：“玩耍与学习、模仿等行为是类似的，其主要存在于童年期。”他认为，在人的这一成长过程中，感觉运动期（0～2 岁）是功能性玩耍阶段，这种玩耍是童年玩耍的原始阶段；操作期（2～7 岁）是功能性玩耍变为象征性玩耍的阶段；具体创作期（7～12 岁）和形式创作期（11～15 岁）是有一定规则的玩耍阶段。

玩耍和学习成为这一时期孩子们提高适应能力和开发创造积极性的过程，在这一过程中孩子们养成了适应新组织和环境的能力，在反复的调整中维持平衡。因而，休闲活动占据了这一时期孩子们几乎全部的生命时间。

第二，儿童时期的休闲。

“玩耍”也是这一时期孩子们休闲生活的主要内容。但幼年期孩子的休闲活动只停留在神经系统感觉能力的发展阶段，而儿童期的孩子的主要任务是发展身体、象征性玩耍和具有社会性形态的有规则的玩耍。

孩子们从家庭走进学校，开始了专门化的教育。通过与同学之间的玩耍、学习、交流，认识社会的规律性、合作性、组织性，并且通过玩耍和运动培养，不断增强体能和智力水平。儿童初期是今后的玩耍、情绪以及认知发展过程的最基础阶段，会成为人一生中美好的回忆和重要的生活经历。

对儿童期的孩子来说，家庭是使他们认识到自己作为家庭成员的位置和作用的重要场所，让他们感受到家庭的保护和安全，给予他们重视人性、情绪自律性、道德性、规则性、责任性的氛围。学校是他们认识到自己作为社会成员的位置和作用的重要场所，学校把精神的、肉体的、社会的、人性的教育融合到娱乐教育的过程和娱乐训练的课程中，以期达到培养孩子在集体生活中遵守纪律的教育目的，使他真正成为社会的一分子。因此，儿童时期的休闲活动科学与否，直接关系到他们将来休闲生活的合理性。

第三，青少年时期的休闲。

青少年时期属于性特征发育的开始阶段。随着认知的发展和道德修养的提高，“自我”概念逐渐形成。青少年感到好奇的东西很多，对理想和感情比较敏感，容易形成自我中心型人格，并把现实看作矛盾的混合体，因而这一时期也是一个不稳定的阶段。如果经常摆脱不了“我是谁”的疑问，彷徨在自我封锁之中，那么，很容易引起思维混乱，乃至情绪低落、绝望、空虚等不良心理现象的出现。在正常情况下，这种彷徨是暂时的，在与父母、朋友或老师的相处中逐渐稳定和理性化。

青少年时期的很多休闲活动受到家庭的影响。例如，家长的生活习惯、家庭生活方式、闲暇娱乐内容等都会对孩子产生很深的影响。在这一时期，孩子的休闲活动比较注重生活的“小圈子”和他们的活动内容，而父母则更关心孩子社会化的进程，恰恰与孩子的成长需要背道而驰。

目前，由于受我国人才选拔制度（主要是高考）的影响，人们普遍关注的是学生们的升学成绩，往往忽视了对学生闲暇时间利用的教育，导致他们形成了比较严重的畸形“竞争意识”——考出高分。这种“为了不失败在起跑线上”的恶性竞争，使得学生把大部分的业余时间用在了学习上，用在了完成课外作业上，很少有时间做一些自己想做的事情；同时这种自始至终的学习压力又使学生常常处于一种极度的精神紧张状态之中。因此，为还孩子们一个属于他的生活空间，应该让他们实现真正的“劳逸结合”，缓解他们的压力和压抑，让他们在“玩耍”中实现积极的生活态度，形成健康的心理成长机制。同时，在休闲活动中让他们感受到积极的胜利和社会的承认，以便大胆地去迎接另一种希望、理想和挑战，不断实现自己的愿望，使他们对未来产生美好的向往。

第四，成年时期的休闲。

人进入成年期以后会有各种变化。例如，持续扩张的认知能力开始减退，性格特点和社会性趋于平稳，对不断变化的生活环境逐渐适应。具体地说，成年期前半段的变化是有关结婚、生育、就业等个人生活的变化；后半段的变化是有关子女成长和结婚、退休、身体和认知能力的减退等。成年初期的人们开始参与社会活动，担当社会责任，适应充满竞争的社会环境，同时也增加了许多权利与义务。

与学校里青年人的休闲活动相比较，成年初期的人们比任何一个年龄阶段的其他人更加自立、更加能动、更喜欢集体性的休闲活动。他们追求积极的休闲活动，追求成年人的娱乐，懂得愉快度过闲暇时间的方法和方式，常会利用必要的物质支出开展有益的社会化休闲活动，如朋友之间的聚会、同事之间的社交活动等。这一时期的人们一般都有职业、子女和家庭，有稳定的收入，有自己的闲暇时间，并能够认识到休闲对人生幸福的重要作用。特别能够认识到家庭的休闲活动对于促进孩子成长、家庭和睦、增进感情所具有的作用。重要的是，这一时期的人们一般都有希望从单调的日常生活和无聊的生活环境中解脱出来的冲动和愿望，喜欢举家旅游、趣味活动、轻松的身体锻炼等休闲活动。当然，他们也会认为通过这样的休闲活动能够缓解生活中的压力、烦恼、痛苦，对于建立一个健康的、稳定的家庭生活是必需的。

第五，老年时期的休闲。

人到了60岁以后就进入了老年期。老年人从强制性的和义务性的工作中解脱出来，几乎所有的时间都属于闲暇时间，他们出现了对环境的不适应、综合控制能力逐渐减退、老化等症状。同时，随着视力、感官能力的衰退以及语言、听力、记忆力等生理功能的衰退，老年人逐渐失去了积极参与社会活动和工作的兴趣。如果这种身体的、生理的现象能通过适当的休闲活动、愉快的生活环境、轻松的生活方式得到改善，那么在某些程度上能防止或延缓老化，在精神和心理上产生积极态度。因此，安排好老年期的休闲活动对于提升他们的生命质量、安度晚年都具有十分重要的作用。

“古稀”之年的老年人已经逐渐失去了生活的某种冲动，进入了一个“随遇而安”的境界。保证生活的一贯行为、身体健康和心情舒畅是决定老年人休闲质量和数量的重要因素。根据每个人精神状态的不同，生活的方式也存在着各种差异。对健康的老年人来说，退休是享受更多自由时间和各种休闲活动的新机会。当然，对身体不很健康的老年人来说，消磨无所事事的时间对于他们来说并不是很轻松且容易的事情。因为他们需要与病魔做斗争，与生活的无助相抗衡。这一时期的老年人主要有读书看报、散步聊天、下棋打牌、听广播、收藏等简单易行的休闲活动。

（2）生命周期中的休闲

休闲是与每个人生命质量息息相关的领域，因而休闲对提升个体生命自由的精神实质和提高生活质量的价值指向将会在人们的日常生活之中受到重视，人们的生命观与休闲观将会发生根本性的变化。

没有什么是离开了个体生命的抽象休闲，休闲都是具体生命的休闲，是活生生的生命活动本身，因而休闲都与个体的生命过程或个体的生命周期联系在一起的。正如中国人的养生活动一样，生命中的休闲既是一种行为过程，也是生命本身的自我调节和自我成长的行为方式。

人的生命周期是指一个个体生命从出生、发育、成长到老年，再到死亡的整个生命过程。从休闲视角来看，人的生命周期大致分为生命健康期（35 岁以前）、生命危险期（36～45 岁）、生命高危期（46～55 岁）、生命安全过渡期（56～65 岁）和生命相对安全期（65 岁以后）。

在人的生命健康期，组织器官从发育到完善，身体各方面的功能总是趋向于积极上升的发展趋势。这一阶段是人的生命最活跃的时期，因此应注意培养各种感兴趣的休闲技能。这一时期若能培养较多有益健康的兴趣和爱好，将会对人的一生有积极的影响。观察表明，在儿童及青少年时期，如果培养了较多的休闲技能和较好的休闲方式，那么在成年及老年时期就会持续过一种健康的休闲生活，这无疑对生命健康是有益的。

在人的生命危险期，人的生理功能从巅峰开始下降，部分器官开始衰退。这一时期的人既要在事业上拼搏忙碌，又要为照顾家庭、儿女及老人，付出很大的身心精力和体力，因此很容易积劳成疾。所以，这一时期要特别注意保健养生，为今后的幸福生活打好基础。休闲活动要围绕放松心情、缓解压力、强身健体来进行。

在生命高危期，来自于工作和家庭的负担还在继续，身心状况更加不如青壮年时期，因而生命容易长期处于“亚健康”状态。尤其是 50 岁过后，更年期来临，这时事业往往又处于高潮期，在身心已不堪重负、工作等压力又有增无减的情况下，生命的承受力极易崩溃，各种疾病在此时期也容易爆发。英年早逝的悲剧大都发生在这个年龄阶段。这一时期人们尤其要善待生命，要将保健养生放在首位。当然，这一点又是极不容易做到的，因为一般人总想趁退休前多做些事情，这就更增加了身体的负担，使生命的危机加深、加重。因此，正确的态度是量力而行、适可而止、淡泊名利、休闲养生，使生命能顺利进入安全过渡期。

当人的生命进入安全过渡期时，由于开始卸下生命之旅的各种负担，因而人生显得悠然自得。这时要注意适时调节生命活动的生活节奏，有意识地将生命由工作型转变为休闲型；要保持甚至要增加社交活动，消除寂寞、孤独感，将休闲、养生、安度晚年放在首要位置上。

科学的身体保养和健康的休闲活动是人的整个生命过程中都应该坚守的事情。要想有好的效果，必须持之以恒。然而，真正能从休闲和养生中收到效果的人却为数不多。正如孙思邈在《千金要方》中所说："养生有五难，名利不去为一难，喜怒不除为二难，声色不去为三难，滋味不绝为四难，神虑精散为五难。五者必存，虽心希难老，口诵直言，咀嚼英华，呼吸太阳，不能不回其操，不失其年也。"孙思邈所引述的这"五难"，其实不只限于"养生"，也可用于生命中的休闲，现代人生命中的"休闲"很可能也面临着这"五难"。在社会交往活动频繁、日常生活追逐名利的社会背景下，要想做到宠辱皆忘是不容易的，遇到"温柔之盛于体，声音之盛于耳，颜色之盛于目，馨香之盛于鼻"而能心若止水、坐怀不乱、超然出世则更难。

现代人如何对待生命的养护和生命的休闲，确非易事。但是，我们不能有了困难就却步不前。毕竟人要发展，社会要进步，绝不能"因噎废食"，只要保持一个平常心、淡泊明志，就会宁静致远，就会生活得有滋有味。科学、健康的休闲活动必将成为现今社会忙碌人群的生活之道和生命之旅。

4. 休闲视野中的生命状态

理解休闲中的生命品质，需要不仅要把休闲看成是生命中的休闲，还要把生命看成是休闲中的生命。按照约翰·凯利说法："休闲应该被理解为一种'成为人'的过程，是一个完成个人和社会发展任务的主要存在空间，是人的一生中一个持久的重要的发展舞台。"现今社会中的休闲地位和休闲功能得到了提高和加强，不仅表现在人们休闲权利的政策保障上，还表现在提供必要公共休闲设施和产品的服务上。这就为丰富和提高休闲的内涵选取了广阔的社会空间，从而促进了休闲从单纯性消费向自我完善和自我成熟的方向发展。

（1）休闲中的生命是一种放松状态

"放松"的休闲是一种精神满足状态，是指通过消费时间来追求感兴趣的活动状态，因而闲适、放松的成分通常被认为是休闲的核心所在。人在做放松活动或者感觉放松的时候，经常是身体疲惫感到十分明显的时候。但纯粹为了恢复体力的休息活动不属于休闲意义上的放松。因为放松这一状态主要指的是精神状态的调节，而不是身体放松，不能把休闲等同于单纯工作后的休息。例如，同样是一场篮球比赛，如果把它当作工作，那就必须付出极大的体力、精力，因而是一种非常辛苦的事情；如果把它作为一项休闲活动，那就不要关心胜负输赢，不在乎技术水平的高低，只享受这场活动出汗后心情的愉悦以及每次精彩传球配合后快乐的感受。因此，纯粹的放松是指行为的目的，即放松本身，这体现出休闲中生命的本然状态。

休闲的轻松、消遣特性还需要休闲者必须愿意付出热情，并感到愉快和轻松。如果在休闲活动中为了名利而焦躁不安、竭力竞争，那么，休闲将比工作还要辛苦，不会产生发自内心的轻松与安宁。人在追求和实现自己感兴趣的活动时会感到满足和快乐，因为在休闲活动中，人能够感受到生命（生活）的价值和意义，体验到生命内容的丰富和精神上的满足。因此，休闲应当体现个体生命的内在动力和自我完善的特征，不应该带有社会的和竞技的强制性。

如果想从休闲活动中获得轻松和快乐的心理体验，还需要人们对某一类活动保持相对持久的兴趣。因为充足的兴趣才能使人的生命从负有社会责任的压力下解放出来，满足人对生命内在价值的追求和情感的需要。正如杰弗瑞·戈比给休闲下的定义那样："休闲是从文化环境和物质环境的外在压力下解脱出来的一种相对自由的生活。"因此，休闲是一种放松的生命状态，体现的是自我展示、自我创造、人性发展、自由选择的生命价值；休闲是一种放松的生活方式，体现的是一种闲适、自在、放松、协调自我的生命境界。

（2）休闲中的生命是一种自由状态

休闲的一个基本生命特征是自由，即休闲活动不具有约束力和强迫性。个体休闲的自由主要体现在两方面：一是休闲时间的自由与休闲活动的自由，这意味着自己具有自主性，能够依据自己的意愿选择和支配；二是休闲体验中的自由感，它是休闲体验中最容易识别的因素之一。休闲的自由，本质是一种个体生命价值的解放，人在休闲时间里不仅可以从各种社会压力下解脱出来，展示生命的本源自我，而且能够发挥自由的精神来感知世界、成就自我。

提倡个人自由，是为了人们能摆脱平庸的生活，因为在休闲自由选择的外表下仍然掩盖着各种力量对休闲生命的影响和控制。但是，休闲的自由又不是毫无制约的开放，事实上，“休闲的自由是一种成为状态的自由”。也就是说，休闲的自由是相对的，人们可以根据自己的好恶、兴趣和个体倾向来自由选择休闲方式。但是，个体生命的休闲领域常常受到来自社会各种力量的限制。因此，休闲既不是游离于世界之外的自由，也不是非社会性的自由状态，生命永远超越不了自己的文化修养和社会限制条件，即使是最自由的休闲活动或是最开放的休闲环境。但是，至少存在着相对的自由，正如亚里士多德所说的：“在任何情况下，人们都可以找到有价值的东西，即使身处逆境，也能感受到来自自由和逍遥的心灵体验。”因此，休闲与实现生命自我价值和精神追求的永恒性相关，与休闲的自由特性相关。

（3）休闲中的生命是一种快乐状态

快乐情感是人的一种本能需要，是人生存目的之一。休闲就是一种愉悦身心的活动，休闲的这种愉悦感和快乐的心理体验是休闲本身的目的性，它不再以其他的功利性目的作为其“合理性”的根据。

有的学者根据愉悦感产生过程中物质基础及大脑皮层所引起作用部位的不同，把人们可以获得的快感分为三种：一是由于心跳的速度、呼吸的频率和胃肠蠕动的变化而引起感官的愉悦，如享受美食、体育运动中的愉悦、少男少女的交往等都能够给人的生命带来生理上的快感；二是来自情感皮层的愉悦，它需要人感官和智力因素共同的作用，如绘画、摄影等活动，这需要人们运用创造性的思维，感官享受往往附着在智力因素上；三是来自智力皮层的愉悦，它单纯基于行为而绝不涉及感官刺激和活动，这只有少数的社会精英才能充分享受到，如文学家、哲学家、数学家、语言学家、教育家等，因为他们有自己独特的价值取向。

这种关于愉悦感的分析和研究应该是有意义的。然而，人类休闲中的生命体验，即愉悦和快乐的体验，大多数是停留在第一种和第二种上的，而且往往以第一种为主，因为人是文化的人、社会的人、理性的人，人们不可能在任何环境里随意愉悦。也就是说，人们在休闲活动中体验到的快乐感是直接的，不带有任何其他附加成分。就现实的情况而言，任何一种休闲的愉悦感都不可能是单一因素的结果，如人在享受美食、体育运动、旅游或单纯性游艺活动中的快乐感受，除了生理因素的介入，还有认知的、审美的和意志的因素。因此，人类的快乐和愉悦，绝不仅仅是感官和情感的东西，在人的感性中早已积淀了理性。但休闲者随着投入程度的逐步加深，就会体会到从“消遣”——“放松”——“畅爽”逐步增加的快乐体验。

（4）休闲中的生命是一种“成为状态”

人类的休闲活动，体现了人的自由本性，因此也就揭示了人生存的真正意义和价值。休闲作为一种人生命的自由状态，具有开放性和创造性，引领人的生命不断超越，走向自我实现和自我完善。正因如此，休闲就不仅是生命的一种存在形式，而且也是一种“成为过程”和“成为状态”。对于个体生命来说，之所以需要休闲，并不是为了满足某种外在的目的需要，而是为了满足一种精神层面的感觉享受，否则，那就不是休闲了。休闲不需要结果和产品。如果说它有什么结果和产品的话，那就是人生命的自我实现。在这里，休闲的问题不再是“人是什么”，而是“如何成为人”，它显现出来的恰恰是人的本质。人的行为不是给定的，而是一个成为过程。所以，在此意义上，可以说休闲创造了人的本性，是人之为人的内核。正是在休闲活动中，人的创造性和自我实现行动才最让人感到快乐，才是充足的自由状态，也才是最放松的状态。因此，休闲中的生命才是最完全意义上的生命，正如席勒所说：“当人是完全意义上的人时，他肯定在玩；人也只有在玩的时候才是完整的人。”

5. 休闲教育中的生命呵护

（1）休闲与生命教育

作为一个具有生命体的人，应该是指在物质结构上和精神能力上介于动物和神灵之间的生物。他具有自身的特性，也就是具有慈悲之心，可以凭意志力克服粗暴的兽性；同时，他具有思想，能够学习，并积累和传递知识；他也能制作并使用工具，创造性地利用各种物质产品和精神产品，以改善生活环境。人之所以为人，乃在于他可以经由自身的努力，充实知识、陶冶情操、改善环境、全面发展，这便是“人”的角色。也因此，凡能帮助人去发挥这种人类本质中具有正面建设能力的训练，并借此提升人的素质，使他变成有文化修养的文明人的教育便是“生命教育”。

事实上，生命教育是舶来品，最早源于20世纪初在西方兴起的死亡学和之后发展起来的死亡教育、生死教育。1968年美国学者华莱士首次提出的生命教育思想，多与此有关。他关注的是反吸毒，以及预防艾滋病、自杀、暴力等问题。但近些年来，国内一些学者对此问题的探讨，逐渐脱离这一主题，而在另一些意义上使用生命教育的内涵。

有研究者将“生命”定位为“教育的基础”或“教育的原点”，认为生命教育就是依据生命的特征，遵循生命发展的原则，以学生自身潜在的生命基质为基础，通过选择优良的教育方式，唤醒生命意识，启迪精神世界，开发生命潜质，提升生命质量；关注生命的整体发展，使学生成为充满生命活力、具有健全人格和鲜明个性、掌握创造智慧的人。另有研究者认为，生命教育就是尊重生命主体，为其创设生动活泼、充实丰富的环境和条件，以促进生命主体全面、和谐、主动、健康发展的教育。在教育过程中，休闲关注人际交往中精神能量的转换；在保障机制上，休闲注重生命主体自主能动的投入与合作。

以上这些理解，是立足于生命对教育的一种重新解释，实际上界定的是教育内涵。就像叶澜教授所说：“教育是直面人的生命、通过人的生命和为了人的生命的实践活动，是最体现人文关怀的事业。”相对于以往社会本位视野中教育对个体生命的漠视，这种教育更关注生命，对此有学者就把它称为“生命教育”。这一方面不符合生命教育的原初内涵；另一方面生命教育也无特定内涵和特定意义，它指的就是所有的教育。因此，应该称之为“生命化教育”或是“生命视野中的生命教育”。因为，生命教育的内涵主要是教育人们认识生命、保护生命、珍爱生命、欣赏生命、探索生命的意义，实现生命价值的活动。或者说在个体从出生到死亡的整个过程中，通过有目的、有计划、有组织地进行生命意识熏陶、生存能力和生命价值升华，最终使其生命价值充分展现的活动过程，其核心是珍惜生命、注重生命质量、凸现生命价值。

不同国家或地区在不同的社会背景下，就会有不同价值取向的生命教育，但它们都具有相同的教育目标——引导青少年正确认识生命现象和生命意义，培养青少年形成科学的生命观，为青少年树立正确的世界观、人生观和价值观奠定基础。所以，生命教育是伦理教育、社会教育、心理教育的综合体，涉及生命与健康、生命与安全、生命与成长、生命与价值、生命与关怀等教育主题。

因此，生命要活出自身的圆满，活得丰富、充实而有意义，除了需要有良好的物质生活环境外，还需要有充实的精神生活环境。就休闲的本意而言，人们要形成正确的休闲观和营造良好的休闲环境，关键在于主体自我素质的提高；而主体自我素质的提高，关键就在于教育。通过教育，培养学生自我完整的人格和追求，学会如何支配自己的休闲时间，如何创造更美好的生活空间，真正成为生活的主人。因此，陶行知先生说："要有空玩玩，才算有点做人的味道，创造力才可以尽量发挥出来。"实际上，这里的"玩玩"就是"休闲"。只有这样，才会更加体现"人之所以为人"的意蕴；也只有通过教育来全面提高主体的自我素质，才能真正推动休闲教育的健康发展、提高休闲教育的质量，从而促进个体的全面发展。

教育所面对的是活生生的人，人的全面发展需要教育的呵护和完善，需要在教育者引导下思考生命的真谛、生活的意义，开发自身的创造力。学生获得生命意义和价值的过程，同时也是教育者获得生命意义和价值的过程。师生生命获得和谐共振，体现了教育对人生命力的影响。因此，教育应帮助学生认识自己的生命与尊重他人的生命，进而珍惜人类生命所共存的环境；教育应引导受教育者主动去思索生命的意义，找出自己的存在价值，进一步将自己所学回馈社会，造福更多的生命；教育还应提升学生与他人和谐相处的生命力，了解与他人共同体的关系，进而提升对生命的尊重与关怀。

（2）工作与休闲教育

人的一生历程，总要面对忙和闲、张和弛的关系，面对压力和解脱、压抑和放松、苦悲和愉悦，总在"忙和闲"中度过。从这层意义上说，人生活的目的既不全是劳作，也不全是休闲。一定是忙中有闲，闲中有忙，否则，光忙不闲，忙的意义何在？光闲不忙，又何能安闲？又何能心安？

老子曾经告诫我们："多闻数穷，不若守中。"意思是说，人的心灵要保持清静，而不要旁骛太多，没了章法和智慧。因为，人一忙就乱，头脑就不容易清醒；人一忙也容易烦躁，心情就不能平和；人一忙就容易肤浅，不能坐下来研究问题，不能静下心来细心思考；人一忙就会只顾眼前，不能高瞻远瞩；人一忙起来就会把重要的事情忘掉，容易"抓了芝麻漏了西瓜"。这种事情在现实生活中比比皆是。因此，当我们整日操劳，忙忙碌碌的时候，是不是应该思考一下忙究竟是为了什么呢？

在现今社会，人们追逐着"成功"的事业，却不舍得"闲下来"打理一下自己的生活。"时间就是金钱"的"工作风格一直以来激励着人们奋发图强"，为的就是物质生活极大丰富的可能，最后只能把人搞得精疲力竭。更何况，效率不一定适应任何事情，真正的创造恰恰与匆忙、浮躁、快速等无缘。事实上，刻意安排忙碌中的短暂停顿，也许会达到事半功倍的效果。也只有这时才能欣赏一下身边的美景，思考一下人生的意义，梳理一下混乱的思绪。

"请人吃饭，不如请人流汗"的事实告诉我们，"推杯换盏""伏案疾书"都不能替代运动场上的自由驰骋，那种自由感、愉悦感、轻松感正是生活的真谛所在。

人应做到不因闲而闷得发慌，不因忙而烦躁不安；不因赋闲而精神不振，不因忙碌而焦头烂额；在忙中感觉工作的价值，在闲时感觉生活的意义。况且，利用闲暇时间的轻松、安宁、从容的心情，既可得到忙碌后的修正，又能做一些忙时不能或不容易做的事情。因此，把“业精于勤”改为“业精于闲”或许更能体现休闲在生活中的价值。毕竟就个人发展来说，各种休闲活动对于个人知识的增长、素质的提高都起着积极的推动作用。

休闲观的出现，恰恰是劳动价值论的一个补充，劳动创造了人，推动了社会的进步。但劳动的目的是什么，是为了恰当地消费和感受；人们不会为了劳动而劳动，没有休闲和享受，就像机器一样不停地运转是不可能的。因此，劳动作为一个开放过程必须接受休闲，而且休闲的价值也并非可有可无，它与通常的劳作刚好是事物的两个方面。按照马克思的说法，没有真正休闲的劳动就是异化的劳动，就此而言，休闲是异化劳动的扬弃，是人肯定人自身、张扬自我的过程，休闲的出现意味着人的自我掌握进入了一个新境界。

科学休闲观的出现，标志着人类的生命质量、生存质量有了一个新的提升，标志着人类开始有了高质量的生活需求。毕竟，生活对人自身才是真实的，使人成为人，也使人充分认识到“怎样活才有个人样”。所以，休闲不但使生命有了丰富的内涵，而且使劳动有了价值与意义。特别是随着社会财富的不断增长，休闲由少数人的专利变成了大多数人的权利时，人们就会进入“普遍有闲的社会”，由此完成生命存在形式的结构转变，使之更有诗意和审美色彩，这也是人类不断追寻的理想。今天，当这种追求和理想有可能实现或部分实现时，我们应该有勇气和胆识面对它、欢迎它，而不能“叶公好龙”地拒绝它。

休闲为我们看待事物提供了新的眼光和思路。假如我们把休闲当作合理的、生命存在的一部分，那么，从休闲角度看问题就不仅可以打开思路，而且会纠正以往认识的很多偏失。与劳动价值论不同，休闲价值论恰恰肯定了生命当下的意义，是对生命意蕴的维护和阐释。可以说，如果劳动是人与自然的第一次组合，那么休闲就是人与自然的第二次组合，而且可能恰恰是这次组合真正实现了人的可持续发展。由此可见，休闲的状态和层次是与人类的文明程度成正比的。其中，知识经济的兴起所带动的产业结构、就业结构、消费结构、财富结构的变化，特别是交往结构和生存理念的变化，是休闲热的一支强心剂，它表明我们已经进入一个新的时代。

（二）生命教育中的休闲方略

时下的教育实践往往过分注重短期效果而忽视长期影响，注重职业培养而忽视休闲教育，造成了学生在专业领域知识丰富，闲暇生活知识匮乏的尴尬境况。这使得学生的健康成长受到影响，导致培养学生全面素质发展的教育目标不能实现。因此，在现行教育培养体系中，应把休闲教育纳入正规学校课程之中。通过开展休闲教育，让学生学会休闲并能科学休闲，进而全面提高主体的休闲素质。

1. 学会休闲

（1）健康的休闲方式

第一，合理的休闲生活。

爱玩是人的天性，不仅儿童、青少年，就是人进入成年期、老年期也都喜欢玩。我们经常发现一个牙牙学语的孩子抱着也许连他自己都不可能知道是什么的玩具玩上很长一段时间；进入幼儿园或是小学的孩子们通过观看、收藏，进而表演一些卡通人物而获得身心的极大满足；

进入成年期的每个成人同样也都有自己一套玩的方式。可以说，各种玩耍活动已经自觉不自觉地在人们的日常生活中占据了一定位置。如果要玩得更有意义、更有价值就需要具备玩的素质、玩的技巧、玩的知识等基本条件，这就需要教育的培养。更何况，“玩”只是休闲活动的一种外在表现形式，不是休闲活动的全部内容。

研究发现，人在各年龄阶段的休闲方式不尽相同。儿童时期的玩耍和游戏等休闲活动多出于爱玩的天性，因而称之为“无条件休闲”。人到了成年，具备了做事的理智，常常通过不同的休闲方式来调节工作中、生活中的压力，或者与朋友们一起休闲达到沟通的社交目的，或为保持身体健康而进行一些有益的休闲活动，因而成年人的休闲活动主要以“补偿性休闲”“关系性休闲”和“角色限定性休闲”为主。当人进入老年期后，无条件休闲再次成为休闲活动的主导。

虽然人生早期的无条件休闲能力能给人生后期其他类型的休闲能力奠定一个较好的基础，但不同类型的休闲体验之间不会自动切换。也就是说，如果一个人从一种休闲活动转换到另一种休闲活动中时，他需要重新进行角色定位，必须通过教育加以引导才能实现新的突破。青少年时期是人格形成和生活适应的关键阶段，他们的是非辨别能力和自控能力还很薄弱，容易受外部环境的影响，特别需要教育正确引导，以建立合理的休闲活动方式。青少年往往认为休闲就是吃喝玩乐，只要有自由时间和金钱，就能实现休闲活动的快乐感受。事实上，青少年渴望休闲活动，但并非每个人都能合理地实现真正的休闲。例如，许多青少年沉溺在虚幻的世界里，过着自己不满足、家长不放心、社会不理解的沉沦生活，根本不会体验到休闲活动的真正乐趣。这就需要教育的正确引导，以帮助他们树立正确的休闲观念，开展合理的休闲生活。

不论哪一年龄阶段，休闲活动已经成为人类生活的重要组成部分，绝不是生活的残余，而是决定人生是否幸福的核心因素。不良的休闲嗜好不仅会影响身体健康，甚至可能损害身体发展和成长的潜力。为避免这种消极的后果，人们应当为休闲活动做各种准备，就像人们需要为工作做准备一样。在工作中，具有某项技术的人要比没有这项技术的人更有完成这项工作的能力；同样，在休闲活动中，具有某些休闲技巧的人比没有休闲技巧的人更能体会到休闲生活的乐趣，并获得一种幸福感。

第二，正确的休闲选择。

“即使在娱乐，也包含学习”，这是日本著名管理学家土光敏夫的一句名言。这是从最普遍意义上对娱乐认识价值的一种表述。意思是说，人们在以放松身心、消除脑力与体力劳动疲劳为目的休闲娱乐活动中，也能开发人的智能。当人类迈入21世纪伊始，全球化、信息化的“魅影”已经进入了每个人的生活世界，不但休闲娱乐是学习，而且学习也将会成为一种休闲和娱乐。这不仅是因为在知识获得崇高价值的条件下，人们通过终身学习可以体会到增长新知识的乐趣，品味创造性人生的满足，而且现代信息技术中层出不穷的奇妙变幻本身就能给人们带来极大的乐趣。但前提是对这些变化有没有准备；有没有适应这种生活的知识、技巧、能力；能否正确选择有益身心发展的休闲活动；当面对太多诱惑、太多选择时，是否有坚强的心理承受能力。这时，休闲教育的功能就会凸显。

因此，休闲教育应立足于这样一种信念：“使人们能够做出正确选择。”学生掌握知识的整个目的就是使他们在人生道路上做出各种各样的不同选择。因此，休闲教育就是“提升个人生活质量的整体行动，促进个人和提升休闲的价值、态度和目的过程”。其目的主要在于加强人们对休闲价值进行正确判断，系统地培养休闲情趣，使每个社会成员的智力、美的欣赏能力、心理承受能力、社会交往能力、生活调节能力等得到培养和加强。教育人们通过创造性的休闲方式来表达自己的人生追求和生活理念，鼓励人们把自我发展和承担社会责任联系在一起，加速社会文明发展的进程。

人生阅历和日常行为规范在某种程度上影响着智力发展水平。如果有机会选择，我们会选择正确的休闲方式，以便对我们的智力发展产生积极作用或影响。因为休闲活动对我们在智力方面的要求以及我们在休闲活动中的种种体验，会潜移默化地影响着我们的头脑——提高或是降低我们的智力水平。我们的肉体和精神并不是分离的，而是统一整体的不同部分，尽管我们的基因构成可能设定了我们的能力范围，但是，我们所逼近这一极限的程度则部分地取决于我们怎样行动。如果在休闲过程中我们所处环境比较理想的话，那么我们就有可能更充分地发挥我们的智力潜能。工作和学习当然是智力发展的重要方式，而休闲同样也是塑造人类智力发展不可缺少的途径，前提是必须做出正确的休闲选择。

第三，高雅的生活品位。

对处于九年义务教育阶段的孩子来说，学校是一个法律规定他们必须去的地方，他们在那里“学习文化知识”，以便将来顺利考上大学，为能谋到一份满意的职业打下基础，这种功利化倾向一直是近年来家长、学校的目标追求。但从国际教育的情况来看，教育目的正随着社会发展发生了些许变化——休闲教育重新被一些国家设定为教育手段，并付诸实施。如在美国，各学校纷纷开辟场地，增加教员，开始为学生组织课外活动。这样一来，学生们可以选修表演、文学创作、音乐欣赏，或者在身体教育课程中学习一种体育活动等。

因此，如果我们想健康、有益地休闲，就应当首先接受教育。为使学生过上一种健康、有品位的休闲生活，就应该以休闲活动的参与为基础，建立一套休闲教育概念。这种教育观念能使人们不从狭隘的、填鸭式的、以证书为目的角度理解教育，而从最本质的、最贴切的意义上理解教育——教育是一种思考和学习的过程。其最终目的是帮助人们树立正确的人生观。如果不能学会以一种整体的、脱离低级趣味的、文明的、有创造性的方式来享受休闲，那么，我们根本不是在真正地生活。当然，每个人都会有不同的休闲价值观，教育只是提供了如何科学休闲的可能性，因而休闲教育不能要求人们有统一休闲方式。

当然，休闲教育是一个缓慢的、循序渐进的过程，需要传授一定的技巧并要练习这些技巧。从这个意义上说，休闲并不是对艰辛学习的一种逃脱，而是教育过程中富有活力的一个组成部分。布莱特对休闲教育的可能性表示乐观，他认为：“学校必须放弃传统的隔离政策，把休闲教育从课外活动的孤岛上带回到正规课程的大陆上来。”“未来，不仅属于受过教育的人，更属于学过才怎样聪明利用休闲的人。”可以看出，休闲有助于实现了解世界、保持身心健康、欣赏并表现美的教育的目的。

因此，把教育作为一种休闲的存在或将教育与休闲结合起来，是人类自古以来的思想和社会实践的融合，目的就是让人们过上一种高雅、素质高、有品位的生活。

（2）规范的课堂教学

如果休闲教育是学校的职责，那么有哪些事情是学校应当做而现在还没有做的呢？过去，人们将带有娱乐性质的课程和活动引进学校，因为那时人们相信，健康的娱乐活动有助于培养学生优良的道德品质，通过对学生的娱乐活动施加影响，可以更轻松地对他们的行为举止加以管理和引导。今天，休闲已经以一种自然而然的形态进入了人们的生活，休闲对人类健康生活所表现出来的价值已经得到了人们的认可，那么，在休闲时代背景下，学校是否应该制定一些行之有效的教育政策，提出整体发展的教育目标，设置范围广泛的教学内容，为学生学会休闲奠定一定的基础呢？

第一，整体的教育目标。

通常在学校期间，学生勇于担当初学者，开始爱好各种体育活动、游戏。通过启蒙教学和课堂学习，学生熟悉了各种游戏、身体活动的技巧和方法，了解了自然的许多奥妙，并从中得到快乐。但成年后，休闲时间有一部分被职业压力和家庭生活所吞噬，人们尽管有很多机会去开始一项新的休闲运动，但却不想尝试，自愿继承少年时代学到的一些休闲爱好，这些休闲爱好甚至触及几代人。所以，加强早期休闲教育对人们终生的健康休闲选择具有重要意义。同时，工业化后的教育体系已经背离了崇高的教育目标，学校的职能降低为主要传授人类积累的知识和技能，忽视了学生能力的培养；注重学生的智力发展，却忽视了学生情感、审美、志趣、身体等全方位的发展。教育仅仅意味着毕业文凭，因而教育的实质性被忽视了。现代教育在“强调适应经济社会现实不要的过程中，逐渐淡化了长远的责任意识，忽视了对健康的休闲观念和休闲行为的培养”。因而人们掌握了一定的工作能力，却在休闲时间里茫然失措，用一些无聊的甚至有害的休闲活动打发时光。

因此，当步入休闲时代的时候，为了学生的自由全面发展，应当相应地对教育政策进行适时调整，设定整体发展目标。学校的教育工作不只是培养学生生存的能力，还要提高学生生活的能力，帮助学生去发现生活中真正能够展现自我价值的事情，并逐步形成个性化的生活品位和做事风格。教育的基本目标是全面开发学生的感官、情感、智力、心理和精神等各方面的综合素质，因而游戏、娱乐等自发性活动应该进入学生的教育课堂，使学生在学校里充满朝气，再现“早晨七八点钟太阳”的风采。从这一方面上说，休闲教育将会丰富教育学的内容，并针对传统教育中的一些缺陷提出新的研究课题。通过休闲教育，让学生找回曾经的感恩、敬畏、尊敬、互爱、理解、热爱、自由、自在、快乐。

第二，普适的教育内容。

学校，特别是大学，在很大程度上已经成为单纯的职业培训中心，几乎所有的系科都在宣扬本学科的好处，所设置的课程内容都试图想让学生成为本学科的专家，从而忽视了让学生从多种途径理解人生的意义。

如果我们承认这种说法正确的话，就不必奇怪很多大学生进入社会就“茫然不知所措”“被社会疏远了”的境遇；也不必奇怪他们躲进虚拟的网络世界里逃避着现实世界的真实生活；不必奇怪他们的很多休闲活动看上去既怪异又无聊了。因此，学校教育不仅要为学生开设必需的专业课程，还要开设让学生懂得生活、会欣赏、科学善度闲暇的休闲课程。休闲教育要求学生不仅掌握所谓的以工作为中心的“模仿性”的使用领域，也应该掌握健康身体、自由生活、艺术欣赏等方面的知识与技能。

因此，教育必须超越专业性的使用领域。这并不意味着要反对职业培训，也不意味着与未来的工作作对，而是希望教育目标要把培养“全人”理念贯穿始终。当然，专业化和职业化的工作是必要的和必需的，因为它是一个人在这个世界发挥作用、体现价值的正常方式，也是人类社会不断进步、发展的动力源泉。但问题是，这个由工作定义的世界是否已经得到最充分、最完整的体现，除职业教育之外的其他领域的教育是否也应该引起我们足够的关注。

每个人对于自己的人生、社会环境都有自己的一个看法，并会相应地表现出一些行为方式。作为一个受过良好系统教育的人，必须对整个生活世界有一个整体的把握，具有一种可以理解整个世界的观念。这种观念使他们可以回答一个重要的生活问题：在没有任何压力的时候，有哪些值得我去做的事情？由此，建立普适性的教育内容是全面实行休闲教育的一个重要方面，是培养合格公民的必然选择。

2. 科学休闲

按照目前“8h 工作，8h 吃饭睡觉，8h 可自由支配”的工时制度，我们会有三分之一的时间在闲暇中度过。但闲暇时间的多少并不是检验人们的生存状况、生活质量、精神状态等指标好与坏的标准。因为处于同样闲暇时间里参与相同休闲项目的人，会有不同的感受，也会有不同的结果，更何况不同的人参与不同的休闲活动内容呢。下面从“积极与消极”“健康与不良”的休闲活动举例论证这一观点。

（1）积极与消极

每个人都会因为这样或那样的原因，无法以自己喜欢的方式享受休闲。有时候是因为自己缺乏技巧或是技能，有时候是因为没有合适的伙伴，但更多的时候是因为自己放弃了自己的选择，而甘于沉溺于一些较低级的休闲活动。因此，“积极或消极”的休闲活动自然成为人们参与休闲活动的两种态度。

第一，旅游——积极的休闲方式。

随着带薪休假制度的逐步完善、个人可支配收入的持续增加、自由时间的不断增多、城市化程度的不断提高、移动性的逐渐增强、受教育水平的不断提高以及信息的全球化，旅游已经成为人们善度闲暇的一种重要休闲方式。

本质上看，旅游“是一种以获得心理愉悦和强身健体为目的的审美过程和康复娱乐过程，也是一种教育过程，是人类社会发展到一定阶段人的主要活动之一”。旅游专家麦金托什和古尔德纳说：“当我们想到旅游时，我们就会想到那些专门到一个地方欣赏风景、探亲访友、度假和寻找快乐的人们。他们可能会利用这段时间从事体育运动、日光浴、聊天、唱歌、骑马、游览、读书或仅仅是欣赏风景。”因此，旅游总是涉及一个比居住、工作地方更新奇的目的地。或是景观的不同，或是异样的风情，种种的独特和未知是吸引人们前往旅游地体验新奇生活的巨大引力。

近年来出现的文化旅游、娱乐旅游、体育旅游、探险旅游更是为时下人们的休闲生活增添了不少异样的生活方式。从某种意义上说，所有的旅游者都在追寻新奇，只是程度不同而已。具有冒险精神的人，喜欢个人独自探险，追求新奇的事物。这些人为数不多，都是自助旅游，很少利用旅游地的服务设施；追求中等程度新奇的旅游者，愿意去名声初起的地方，像“驴友”“背包一族”，多是两三个人结伴而行，有一定的探险乐趣，但并不远离旅游景点。绝大多数旅游者追求的是最低程度的新奇——常常跟随旅行社代办的旅游团到已经很有名的地方去。

不管怎样，旅游过程总是一个探寻新奇和探寻未知的过程，代表着对质朴、对真实的追求，代表着对大自然、文物古迹、传统文化的向往，既满足了对未知的好奇心，又丰富了自己的阅历；既品尝到了各地的美味佳肴，又开阔了自己的视野。有机会经常出去旅游的人越来越多地用文化相对主义的视角看待这个世界，而不再想当然地认为自己习惯的所有事情都是最好的。因而，旅游是一种对生存意义的追求，即努力了解整个世界，这对于我们形成对世界的真实看法变得非常重要。

除了寻求新奇、快乐和增加知识外，逃离世俗的环境、对自我的探索和考验、放松、回归自然、加强亲情关系、社交、文化活动、调节情绪和增进健康等也是旅游强有力的因素。相应地，旅游活动的休闲内容呈现多样化的趋势，如观赏自然风景和名胜古迹、登山、游泳、购物、品尝当地风味小吃等。

同时，旅游还有一个精神性特征。正如冯乃康所说："旅游的基本出发点、整个过程和最终效应都是以获取精神享受为指向，旅游是一种综合性的审美实践活动。"这种精神状态是在现代公民中间发展起来的，他把现代生活置于自己过去的对立面，也把自己置于未来生活发展的对立面，建立了一套与他的前辈和自己完全不同的追求和意识形态。在众多休闲选择中，旅游特别适合于把身体与整个世界联系在一起，从这个世界的原始形态来说，旅游也可以看作是"回归自然"的一项尝试，对未来美好生活的一种努力。

第二，看电视——消极的休闲方式。

当代文化正发生着一次革命性的变化，即以时间的建构转向以空间的建构，以语言为中心转向以视觉为中心。电视作为当今世界最具大众性的文化传播方式，已经渗透到社会生活的各个领域，它不仅成为一种最受宠信的娱乐形式，而且成为人们最主要的信息来源。尤其作为一种社会文化力量，它正在有形或无形、有意或无意地改变着社会，影响着作为社会主体的人。它如同一只"上帝之手"，使数以亿计的大众痴迷于电视机前，给人类的生活带来了难以估量的影响，使得所有的电视观众面对它都不能不发生思想观念、精神心理、行为方式上的变化。但是对于正在成长的青少年这一电视接受群体来说，在享受电视文化滋养的同时，其负面、消极的影响也越来越明显地表现出来，使青少年的价值观、人生观、知识结构、行为方式、审美情趣都发生着积极或消极的变化。

从休闲学的角度来看，电视使很多人丧失了很多其他的休闲机会，因为现代社会中人的闲暇时间在很大程度上都是围在电视机旁度过的。无论是发达国家还是发展中国家，看电视已经占据了人们休闲时间的大部分时间。

据学者王雅琳等人对上海、天津、哈尔滨城市居民时间分配的考察："城市居民平均每天的休闲时间总计为336.99min，占一天时间的23.39％，在休闲时间里参与休闲活动排前三位的分别是：看电视，117.0min，占休闲时间的33.15％；读报刊书籍，35.37min，占休闲时间的10.50％；无事休息（闲呆、闭目养神），24.95min，占休闲时间的7.40％。同时，休息日要高于工作日，分别为130.31min和117.70min。"从统计数据的结果可以看出，看电视的时间已经远远超过了其他休闲活动的时间，占一天休闲时间的1/3还多。

大量看电视，即使所看节目内容无害，也会对孩子的智力发展造成影响。并且在不知不觉中，电视就把与学校教育所推崇的理念相悖的东西传给孩子。同时，电视节目的"可预见性"，也使孩子们丧失了好奇心和求知欲，丧失了对未知事物的探索精神，从而导致他们不再努力去认识自己还没有见过或还不了解的事物。这种"可预见性"正是读书的致命敌人——它将导致书籍与读者分离，使人们总是必须先看电视然后再去读书。电视将使孩子习惯于只是被动地接受讲话、文章和图像，而其中所包含的内容有很大一部分孩子早就知道了，电视使孩子不相信应该锻炼自己可能包含着一点点困难和失败的理解力。这样，电视正在一步步使人们失去胆量、勇敢精神和接触其他方面知识的欲望。如果长期看电视，人的理解力就会降至"零水平"，这绝不是危言耸听。

2007年11月18日，经过十几小时的激烈竞标，中央电视台2008年黄金资源广告招标会在京圆满结束，招标总额80.2861亿元，比上年增长12.3299亿元，增幅18%左右。这充分说明，现代电视文化由于与商业利润越来越唇齿相依，不可避免地用“取悦大众口吻”的方式来换取大众的青睐。电视节目哗众取宠、收视率至上的观念往往导致一种“伪真实性”，从而误导人们对现实世界的认识和判断。

另外，电视文化在追求高收视率的驱使下，追求通俗性和表面性，极少有促进人们印象思维的节目。近年来国内电视台竞相开办各种娱乐节目，轻松浅薄甚至庸俗的节目充斥着电视屏幕，人们在看电视的时候不需要对其中的内容进行思考，不需要对各种信息做出反应，甚至不需要自己的注意力，只是心不在焉地看下去就可以了。人们若长时间地在电视机前消极被动地接受信息，有可能使头脑本身也变得消极起来，不喜欢思考也不善于对各种信息做出积极反应。美国《图片报》曾忧心忡忡地描述下一代的面貌：“眼睛像茶碟，脑子像麻雀，一大批头脑萎缩的孩子一言不发地坐在电视机前，一天天变得迟钝下去。”这种描述虽然过于悲观，但也为人们无节制地消费电视敲响了警钟。

（2）健康与不良

不同的休闲方式，对人产生的效果不同。判断休闲方式是否合理，有两个基本标准：一是看它是否有利于社会物质文明和精神文明的健康发展；二是看它是否有利于个人的全面健康成长。从道德水准的角度可以排列一个休闲参与等级，选择等级较高的休闲行业。这是因为积极的休闲活动能改变人的精神面貌，不良的休闲活动可能导致人精神的颓废。

第一，体育运动——健康的休闲方式。

“健康”是现代文明社会的一项重要指标，也是现今社会评价生活质量的一项重要指标，健康观念随着人类社会的发展不断延伸和丰富。

在古代社会，人类健康面临的主要危险是饥饿的困扰、猛兽的侵袭与自然灾害的侵蚀。人们无法对疾病和自然灾害的发生进行科学的认识，只能采取祈祷的方式向神灵祈求维持生存，并没有明确的健康意识。进入现代社会，人类基本的生活条件得到改善，人们的健康观念也趋向于成熟，充分认识到健康不仅仅是没有疾病和衰落的状态，健康乃是一种在身体上、精神上和社会上的完好状态。

20世纪90年代，世界卫生组织将健康定义为：“一个只有在身体健康、心理健康、社会适应性良好和道德四个方面都健全，才算是完全健康的人。”现代身心健康模式把精神健康社会性也放在了人的健康指标中来。新的健康概念更加宽泛，不仅是指生理问题，而且也涉及情绪、精神、思想和社会健康各因素间的平衡。

现代社会快节奏的生活模式致使人类逐渐由运动状态的体力劳动向安静伏案状态的脑力劳动方向转化，出现了以脑力劳动者为典型的“肌肉饥饿”“运动不足”等现实状况，大大改变了人类正常的生物适应能力，从而产生了以心血管、脑血管疾病为主的“文明病”。同时，匆忙感、紧张感、焦虑感导致心理压力增加，“亚健康”状态也已经成为当今社会困扰人们生活的重要问题。

健康新概念和健康现状使体育保健的含义发生了巨大变化，人们开始把医药模式的依赖逐渐转向对休闲的利用上。休闲的自由心境和快乐体验，决定了它与健康有着密切联系。彼得·德拉克明确表示："休闲、保健或教育手段代表的是一种新的社会时尚，即物质享受只是一种手段，而不是追求身心健康的目的，事业也只是一种生活工具，而不是一种生活方式。"

在诸多的休闲方式中，体育运动日益成为减轻压力、保养和增进健康的主要途径。休闲体育不仅使身体处于积极的运动状态，而且能够创造并让人乐于接受"有意义"的心理挑战，并从中学到应对这些挑战的技巧，从而获得一种乐观向上的精神状态，从容面对一切刺激与压力。团体运动还能培养人的协作意识，人们之间互相交流和帮助，建立和传递友谊，进而产生社会归属感，对人类日常社会中的身心健康至关重要。出于对健康愿望的持续增长，人们对体育运动的观念也在不断发生变化，从过去侧重于"取得胜利""创造新纪录"的纯体育行为逐渐变为侧重于健康、快乐的体育健康观念。

因此，休闲体育源于人们对健康生活的自觉需要，而不仅仅是一种"赶时髦"。越来越多的人走进健身房、田径场、球类馆、走进大自然就是最好的例证。与此相适应，更多的体育运动新兴项目配合新的健身器材或新的道具不断产生，如攀岩、自行车运动、健身、健美操、定向越野、潜水、漂流、极限运动等，可以说层出不穷。它们旨在提高人们的力量、速度、柔韧、灵巧、耐久力等基本身体素质，提高形态、机能等生理素质基础上的意志、品质、调节能力等心理素质，提高人文方面的理性心态、协作精神、竞争勇气、创新意识等社会适应方面的基本素养。与散步、钓鱼、滑雪、登山、游泳、跑步等传统健身运动相比，它们似乎更具健身的乐趣，更强调人体健身运动的科学性。其实，即使是传统的运动项目，也可能被赋予新的形式。舒缓或刺激的背景音乐、先进的设备器材、专业的健身指导、合理的锻炼程序、集体的互动形式，这一切使运动健身具有了强大的吸引力，最直接、持续地激发生活的动力，创造生活的乐趣。

事实上，体育运动一直在拓宽自己的内容和组织方式，人们在休闲时间里积极参与各种体育活动就是最好的例证。它使人们在生命各阶段里将思想、身体和精神凝结到一起，并使其成为日常生活和休闲追求的一个内在组成部分，有利于增强个人对自身价值的感受，有利于加强人们的生命精力与活力，并能在最大限度上促进人类发挥生理情绪和社会潜力。因而，它增强了我们体悟人生意义的意识，激发了我们控制自身健康的信心。

第二，网瘾——不良的休闲方式。

现代信息技术正以其他技术从未有过的速度向前发展，并以其他任何一种技术从未有过的深度和广度渗入人类生活的方方面面。其中，个人电脑与国际互联网的成功链接，实现了声音、图像和文字空间传播技术对人类的影响最为突出。人们只要轻轻点击鼠标，就可以在网络中参与各种休闲娱乐活动。因其方便快捷、信息量大、价格实惠等因素，个人电脑使休闲逐渐走向直观、自主和个性的娱乐化道路。

但是，因它而产生的"网瘾"状况却成了今天很多家长、老师最头疼的事情。如果用"百度"搜索引擎搜索"网瘾"二字，就会有一个惊人的结果：在短短的 0.01s 的时间里，有关文章就有 2 520 000 篇，内容涉及有关网瘾的各种报道。造成这种现象的原因很多，但这与网上各种游戏、黄赌的快速发展有着直接关系。网络上众多的休闲方式中，网络游戏因为与青少年相联系而受到整个社会的格外关注。

网络游戏，是借助于网络平台独立操作或与其他团体共同操作的娱乐活动。它把人们个体生活的虚拟演变成对社会的虚拟。在网络游戏中，人们不再是简单"执行游戏程序"，而是在

“创造游戏生活”。玩家可以扮演深入虎穴的孤胆英雄，运用各种武器装备及本身的智能战术完成各种搜索、援助以及破坏任务；也可以成为指挥千军万马的将军，与敌方进行一连串刺激、惊险的攻防战斗。在足球游戏中，玩家除了扮演现实世界的球星，也可以编辑创造出一个属于自己的球员，并对其射门、速度、技术等进行自由的培养。网络游戏通过趣味性、情节性、唯美性的精彩设计增加玩家的乐趣，也让玩家通过累积经验提升能力、获得特殊机能给他带来自豪感和成就感。正因为如此，玩家开始“上瘾”，开始“欲罢不能”，最后“身不由己”地被网络游戏俘虏。“网瘾”是一种被迫从事的模式化习惯行为，是对自我本原状态的一种放弃，使人的正常生活处于暂停时期。

对于成长中的青少年来说，游戏不是“无意义”的胡闹，而是有目标和“有所企图的”——在自由探索中不断展现自己、发展自己、完善自己。但如果青少年长期沉溺于电脑游戏，不仅会损害青少年的身体健康，而且也会导致他们心理状态的失常，如颓废、消沉、注意力不集中、情绪不稳定、分不清现实世界和虚拟世界等，严重的还会发生暴力行为，从而引发一系列社会问题。游戏本身是心灵的放飞与自由，是创造自我的快乐，问题的关键在于给它一个怎样的空间和方向？

因此，我们提倡健康的游戏或积极的休闲活动。健康的游戏意味着自己能够在探索、自立和兴趣中学习、发展和创造，从而有能力对环境施加某些“影响”。“网瘾”则无法提供这种挑战，它是一种间接感受的休闲行为，只能让人被动地接受娱乐，而不能够激发人的自控能力，不能让人的责任心得到锻炼，也不能使人变得独立。长期的网瘾会使人走向恐惧和自我毁灭。

选择怎样的健康休闲方式，如何避免上瘾，就是休闲教育的任务。不能“捡到篮子里都是菜”，既要使休闲生活多样化，也要注意休闲生活的质量化。菜篮里应基本上是“绿色食品”“健康食品”。首先，培养学生正确的休闲观。告诉学生休闲对于人来讲，究竟意味着什么，休闲的本质是什么，学生才能有意识地珍惜人的这一生命状态，才能对个人的休闲行为做出正确的选择和价值判断。其次，休闲行为能力的培养，如活动技巧、休闲知识、文化素质、艺术修养、自身效力、社交能力等。自我效力低的人，休闲利用似乎也很难控制，因此他的休闲行为比较被动，常依赖于间接接受的参与经历。休闲教育就是要引导人们在闲暇时间参与某种“行动”，而不是单纯地接受某种行为，通过全身心积极参与，培养人的生活情趣，从而有效地提高人的生活质量。

3. 提升主体休闲素质

在教育潮流多样化与多元化的今天，主体性教育思潮是最具代表性、最受人关注，也是最具有发展前途的。这一教育思潮所强调的尊重学生的主体性、学生的差异性、学生的丰富性、学生的独特性、学生的学习权等育人思想正引起人们对传统教育模式的反思。休闲教育作为素质教育的重要内容，在弘扬人的主体性、唤起人的主体意识、发挥人的主体能力等方面具有重要的价值。它是教育理论与教学实践中培养具有主体精神和主体意识的创新型人才的一个重要领域。

（1）主体性及其基本特征

其一，主体性内涵阐述。

在没有意识到自己和他物的区别以及自己生命活动时，是不能成为主体的，只有当人在社会历史实践的基础上产生对象意识和自我意识时，才会出现主体和客体。主体是指“有意识地从事实践活动和认识活动以满足其需要的现实的社会的人”，客体“是与主体相对应的一个范畴，是主体在从事实践活动和认识活动时所指向的一切对象物”。

现实世界是人化的世界，人始终处于活动主体的地位。主体依赖客体，主体反映的内容来源于客体。作为主体的人，要活动，必须有相应的客体。主体和客体是人类一切活动的基本要素，它们之间无休止的对立和统一贯穿于人类认识和改造世界的始终。

从认识论的观点出发，主体性显然是指作为主体人的本质特性，也就是人之所以为人的属性，是主体在认识客体的过程中所表现的能动性、自主性、创造性等本质特性，它随着主体年龄和对客体反映能力的增加而增长。

人的主体性是人最本质的特征，这就把人与自然物体和动物区别开来，使人能够认识并控制一定的自然规律然后做出决断，认识到自己是主人而非奴隶。一般地，主体性越突出，越能清楚知道自己在做什么，为什么做，该怎样做。如果主体性不强，人则往往是被动、机械地适应环境。现代社会需要的就是这种主体性鲜明，具有自主精神和创新精神的人。正因如此，教育承担着培养学生主体性的必然使命。

其二，教育过程中的主客体及其关系。

主体性教育是指“教育者根据社会发展的需要和教育现代化的要求，通过启发、引导受教育者内在的教育要求，创设和谐、宽松、民主的教育环境，有目的、有计划地组织和规范各种教育活动，从而把他们培养成为能够自主地、能动地、创造性地进行认识和实践活动的社会主体”。只有承认主体的个体形式，才能坚持主体的现实性和具体性，坚持实事求是地评价主体在休闲活动中的作用。

教育是人类对自身机体改善和情感丰富的过程，实质上是学生、教师与教育资源能动有机地统一的过程。因此，教育的主体是人，教育的客体也是人。教育的发展离不开对主体生命现象及其规律的不断探索，教师和学生都是教育活动的承担者和教育行为的发起者，都是教育过程的主体。教育资源在活动中是师生教育行为共同的作用对象，是教育活动过程的客体，三者构成了教育过程整体意义上的主客体关系。

从师生在教育过程中不同的能动作用方面看，师生同时具有主客体的属性。从教的方面看，学生和教育资源尽管与教育目的关系属于不同的性质，但都是教师必须研究、认识和加工的对象，即客体；从学的方面看，尽管教师与教育内容对学生具有不同的意义，但无论是教师的要求和行为，还是教育内容，都是学生需要认识、把握和内化的对象，即客体。也就是说，师生关系是“主—主”交往关系，而且随着师生的“主—主”交往关系的深入与发展，师生的主体作用将会发生周期性的变化。即教师的主导作用将随着学生主体作用的增强而逐渐减弱，直至学生不需要教。

休闲活动中的人也具有主体与客体的两重性。休闲者自身的人体是自然物，是自然主体；活动场地、器材等对休闲者而言，属于人化的自然物，是自然客体。休闲者在运动过程中的感觉、情绪、意识、心理活动等现象属于主体精神客体，都与他的表现方式和运动实践密切相关。当休闲者通过实践认识活动，实现了预期的目标，显示自己主体性力量时，就会产生一种精神上的情感体验。比如，登山运动员，经过与人的极限挑战，征服了高山，到达峰顶的那种满足感，就说明主、客体关系是协调一致的。反之，当主体在主、客体关系中遇到挫折和麻烦时，就会产生一种痛苦的情感体验，说明了主、客体关系的不协调和不一致。

人体的质量是人这个有机体在遗传变异和后天获得性的基础上表现出来的人体形态结构，是生理机能和心理素质的综合。因此，主、客体之间的关系不是静止不变的，它们始终处于运动状态，这源于人类实践运动的不可遏止性。同时，它们之间的实践、认识、价值、审美关系相互制约、相互交织在一起，共同推动着人类社会的进步和人类自身的发展。

其三，教育主体性的反思。

教育的主客体关系问题一直是教育主体性问题研讨的主要论题，近年来已经形成了“师生主体论”“教师主体论”“学生主体论”“主导主体论”“互动主体论”等一些主要观点。这些观点及其研究方法的共同点是“试图在各自对教育、对主客体关系范畴的理解基础上寻找教育主客体关系中的某个格式，给教育构成的诸要素贴上诸如主体、客体的标签，以此作为主体性教育‘形式审查’的主要理论依据”。这种源于阶级划分年代的定性思维，固然使教师和学生在不同理论观点的洗礼中能够经受住不同位置角色的考验，在激发教育主体性的讨论和推动教育实践中能够发挥重要作用。然而，它与传统的“教师中心说”“儿童中心说”相比，并无更新的理论价值，也缺乏方法论上的创新。

在探讨主体性教育理论的过程中，普遍关注的是如何充分发挥学生的自主性、能动性和创造性，如何培养学生自主、合作和探究的精神。主体性教育在理论上过于强调教育的本位价值，而实践上却是用“学生是主体”的理论指导“视学生为客体”的实践，用富于“工具理性”式精神的教育教学活动把学生塑造成符合一定社会技术标准要求的个体，理论与实践之间发生了矛盾和不适应，因而导致了种种教育困境的出现。

叶澜教授认为：“在教育活动内部，存在着教与学两种活动。在教的活动中，教育者是活动的承担者，受教育者是他认识、塑造的对象，是客体，也是他开展活动必不可少的条件。相反，在学的活动中，受教育者是学的主体，教育者却成了学习所必须的条件和客体之一。”王策三先生则认为：“学生作为主体，如果没有客体，不作用于客体，就不会发生认识，就无从发展。”

我们在解答这一辩证关系时似乎对其地位非常明确，但在主体性教育实践中却显得重视不够。现代教学模式以“工具理性”为导向，在工具理性的支配下，个体的情感被制度化的体制所排斥，个体的自我意识得不到发展。教学轻视人的精神存在和人文素养对学生独特个性的重要性，因而教育教学活动成为纯粹的技术训练。这种富于“工具理性”式教学模式以及标准化的教学手段将知识划分为不同学科，使各学科之间划清界限，这样只能实现其培养工具人的目的，并把学习者塑造成符合一定社会规范但缺乏主体性的个体。犹如把学习者放进机械生产的流水线加工制作那样，学习者成为一件件标准化的“教育产品”。另外，在传统的教育观中，人们往往注重学习内在精神、思想和气质的培养，但这一观点正遭受迅猛发展的科技时代的激烈挑战——教育的关注点从人性的挖掘转变成为实用技术的培养，极具功利性的技术培养成了教育教学活动的主要内容，并导致个体内在的非工具性精神活动因为不能带来实际利益而渐被泯灭。

因此，培养人的主体性是休闲教育的本质要求，也是教育主体性的重要内容。教育主体形式应该是丰富多彩的，既要有实体化的教材和课程，更要有广大教师和学生等多角色主体，但不能过分强调某一类主体的主体性，因为不能把主体仅仅理解为一般所说的主动性和积极性，不能将此看作是一种无节制的自我张扬。

（2）休闲教育可以提升主体素质

第一，休闲是实现主体的自我价值和心灵永恒性统一的纽带。

休闲在人的一生中是一个持久而重要的组成部分，是完成个人与社会和谐发展的重要思考空间，即一种社会系统所必需创造性和批判性的思考空间。休闲作为一种现实存在，首先是通过人自身的外在形式表现出来的，并由特定历史时期的人们对其所面临的生活历程和所抱有的生活理想而确立起来的文化样式、生活样式以及价值取向所决定。它的价值不在于提供物质财富或实用工具与技术，而是为人类构建一个形而上的世界，守护一个精神家园，使人类的心灵有所寄托、有所皈依。它以特有的价值追求赋予人自身行为的真实意义，形成真正的人格力量，使主体自我价值和人生永恒追求达到统一。

在具体的现实社会生活中，它极力促进人的劳动价值观念的转变，使人们的劳动由谋生的手段转变为自在的、自由的、自觉的生活活动。因为人要想能自由发展自己的个性，就必须首先自由地选择自己的职业。无论干什么职业，或是从事什么工作，对于他们来说都不再是一种负担，而成为人的第一需要和自觉、自愿的行动，是人们“自由个性”发展的重要内容。在此基础上，休闲促进了主体自我创造性思维的发展，从而排除了异化劳动对主体在形式上的限制和压抑，“作为我们这个社会最重要的价值观，引发效率提高的技术进步已使得人类的生活节奏加速。效率——用较少的时间，花费较少的资源和人力，做更多的事情或生产更多的财富，是一个开放的概念”。

在经济社会中，随着网络化和信息化的发展，必将打破传统的生活方式和生产方式，人们的劳动将会脱离沉重与艰辛的外衣，劳动的人将不再被限定在旧式分工位置上，而是充分发挥个体主观能动性的创造主体，活跃在各自的生产领域中。因此，人们的观念将不再把劳动的需要仅仅当作外在生存的必须，而是作为自身的内在驱动欲望能够积极实现的生活内容。当然，这并不是说，劳动就像娱乐和消遣一样，不再有任何困难和障碍，而是说，克服困难和障碍的过程对主体本身而言已经成为一种乐趣。其实质体现了主体在劳动中的自由。所以，休闲为个体全面发展奠定了基础，是实现主体自我价值和“心灵的永恒性”统一的纽带。

第二，休闲教育是主体素质提高和个性全面发展的前提和基础。

社会发展给劳动者提供了可自由支配的时间。人们有了充裕的休闲时间，等于享有了充分发挥自己一切爱好、兴趣、才能和力量的广阔空间，也就是有了自由驰骋的天地。在这个自由的天地里，人们就有了更多的时间在身体健康、艺术创造、科学研究等方面获得发展，从而使人向着实现自我理想和全面发展的多维方向延伸。

人的全面发展意味着生存条件和发展条件从一种受局限的范围得到解脱，由于社会生产力发展所带来的物质文化作为人的生存和发展前提，因此它的发展本身就是人全面发展的一种解放。如果社会生产力得不到发展，人们的物质文化生活条件不能得到保障时，就根本谈不上人的解放和全面发展。所以马克思说：“当人们还不能使自己的吃喝住穿在质与量方面得到充分供应的时候，人们就根本不能获得解放。”只有当生产力很发达，人类才能从社会必要劳动时间中游离出相当数量的剩余时间，构成社会的自由时间。一方面，生产力的高度发展，导致工作时间缩短，自由时间的增多；另一方面，劳动本身性质的变化，为个人的全面发展提供了一个广阔的空间。劳动本身的性质又发生变化，同时又为个人的全面发展提供了更为宽泛的环境。

第三，休闲教育为主体休闲素质提高提供保障。

在休闲时间不断增多的条件下，应该充分开发以休闲形态为主题的社会资源。从世界观的高度、生活的内容、生活的结构以及思想观念等方面提高休闲时间的文明利用程度，以便与主体素质的提高紧密结合起来，重构一种不同于以往的新的休闲观念，使主体能够通过休闲活动在文化素养、个性、情操和思想品德等方面进一步发展自己，进而提高主体的素质，以适应未来社会的发展要求。

休闲是主体生命活动的重要组成部分，人们总是将休闲理解为劳动的对立面，认为劳动是艰辛的，只有在休闲中才能得到快乐和享受。但事实上，在未来社会，休闲与劳动的界限逐渐模糊甚至重叠。“休闲的增值不再是对工作或劳动的否定，休闲是相对于工作而存在的，没有工作就无所谓休闲。”一个人的工作质量越高、工作效率越高，他的休闲才会越充实、越有价值。一个不工作、不劳动的人就根本谈不上什么是休闲。人们只有在工作或劳动过程中，因富有高级创造性的需求得到满足，才使人的生活（命）过程变得富有意义和使人满足，并能在劳动中获得物质享受和精神享受，劳动也因此有了新的意义和乐趣。鉴于这些影响因素，就需要加强休闲教育，帮助人们树立正确的休闲观念。选择健康的休闲方式，既要破除“休闲本位”的思想，也要破除“劳动本位”的习惯，既使主体自身在休闲中得到愉悦和乐趣，又要树立一种正确的休闲观念，把工作、劳动和休闲三者统一起来，追求真正的幸福。

（3）休闲教育价值的展现

人是自然属性、社会属性和精神属性的统一体。在社会关系中，从事感性活动的现实个人是完整的个体。作为一种自然的、肉体的、感性的、对象性的存在物，人有维持生命和生理的自然需要；作为社会存在物，人具有群体性、交往性、合作性和归属性的社会需要；作为意识形态的存在物，人具有自我意识、思考、理性、情感、意志等精神需要。在休闲活动过程中，人的三种属性相互联系、相互作用，形成人性的系统结构，完整地表征了作为整体存在的个人。

第一，休闲对劳动价值的提升与转化具有积极意义。

休闲作为个人充分发展的一种方式，对于劳动的价值就体现于休闲活动通过人的作用可以转化为更有效的劳动，以促进社会的发展。

首先，从劳动与休闲的关系来说，表面上看，劳动与休闲是相互对立的，但实际上，随着社会的发展，休闲与劳动的界限变得模糊，二者是一种相互补充的关系，没有工作也就没有所谓休闲。一个人的工作越充实越有效，他的休闲生活才越充实越有效，一个不工作的人也就无所谓休闲。所以，二者之间不是一种对立关系，可以相互转化，休闲使异化中的劳动者回归本我。这样，劳动者的劳动就是一种自发的需求，而不是被迫的了；异化的消除使劳动更加有效，也更加体现劳动对“人”的目的性。

其次，从休闲对人的作用来说，休闲活动使劳动变得更有效。从本质上讲，休闲活动是一种消费活动，但这种消费活动能生产出劳动者的能力素质。休闲活动有两层意思：一是从物质层面上，它可以改善人的身体素质，恢复在劳动中损失的体力与精力；二是从精神层面上讲，休闲可以提升人的精神文化水平和智力素质。所以，休闲对于人的价值就表现在它可以全面提高劳动者的素质。这不仅仅包括身体素质和文化素质，还包括劳动者的道德素质。随着劳动者素质的全面提高，其劳动的素质必然提高，表现在劳动过程中，就是劳动技能的提高和敬业水平的提高，这一切必然使人的劳动更加有效。

然后，休闲行为本身就是一种间接的社会劳动。休闲这一大众化的精神享受，通过现实的休闲消费，不仅直接拉动休闲产业的发展，而且通过吸收剩余劳动力，减少社会负担，实现其增加社会稳定性与秩序化的发展的积极价值。

第二，休闲对价值观的发展具有规定性的引导作用。

人的价值理念是基于特定的和现实的生产与交往方式。作为意识形态组成部分的价值理念，一旦形成，就必然成为外在于人的存在的客观力量，影响甚至决定人的生产与交往活动。因此，就存在方式与意义来说，人总是一定价值理念的展现，而休闲所固有的价值意蕴，则具体表现为对人的作用与地位的系统、全面的充分肯定。

在人类自身的历史发展中，已经形成了相对固定并为大多数人认同的价值理念，即"强调人在社会发展中的主体地位和目的地位，强调人的自然属性与社会属性相统一的价值选择。强调尊重人的社会价值和个性价值，尊重人的独立人格、需求、能力差异、人的平等、创造个性和权利，尊重人性发展的要求"。这一价值导向"要求我们必须坚持运用历史尺度和以人为本的尺度来关注人的生活世界，要求我们形成对人的生存和发展给予终极关怀的思维方式"。深入研究表明，现代休闲理念所倡导的人的生活方式恰好符合这里所说的价值观。

现代休闲理念要求人们抛弃人对人的依赖和人对物的依赖的价值判断。人对人的依赖和人对物的依赖，意味着人对于外在于自己的、他物的绝对中心与统治地位的认可，意味着人对狭隘的"人情关系"和权利意志的依赖。这样，人其实是丧失了自己的独立人格，成为依附性的存在，成为物的奴隶，成为只为物而存在的人，"见物不见人"。因而人对人或人对物的绝对依赖关系，必然导致人的异化和人的颓废。现代休闲理念则要求在分析、思考和解决问题时，必须将人的意识、人的观念和人的维度作为判断一切事物价值的最终根据。这既是社会发展的客观要求，也是实现人的全面发展的内在要求，也是最终实现人全面、健康发展所必需的价值取向。

第四节 休闲体育课程的实施与评价

一、休闲体育课程的实施过程

"课程实施是指把课程计划付诸实践的过程，它是达到预期的课程目标的基本途径。"课程设计后，若没有经过实施的行动，就无法落实和实现课程理想，更无法达到课程预期的课程目标。因此，课程如果要对学生产生影响，必须通过课程实施付诸教学行动。当然，休闲体育课程的实施绝不是新课程方案的照搬，因为课程实施是一个动态变化的过程，在课程实施过程中涉及实施者的休闲课程理念和个性化的工作，以及对课程方案进行进一步的调整、修改和补充，因而课程实施者也是课程的研究者。与其他人文社会学科或自然科学学科相比，休闲体育学还处在"初级发展阶段"，还未形成自己系统的科学"范式"，因此，休闲体育课程的实施是一个循序渐进的过程，不能一蹴而就，需要长期地探索和研究。

（一）学科知识的传授

1. 理论知识的学习

作为学校教育活动的重要一环，体育也是培养人的活动。人是教育实践的主体，人的主体意识和价值观念在教育活动中起着重要作用，同时，教育现象是一种复杂的人文社会现象，其中既包含着客观事实，也包含着价值和意义，它具有历史性和社会性，它的每一部分都脱离不了人类的文化、价值、社会关系和意识形态。因此，在休闲体育活动中必须进行价值判断，并最终实现既定教育价值，赋予人的培养以一定的价值意义。价值判断是个体生命的一种重要表现形式，生命的意蕴在包含价值判断的教育研究中得以实现。长期以来，在应试教育的模式下，我们国家的很多学校在“高考指挥棒”的牵引下，体育课“名存实亡”的现象屡见不鲜，在学校、家长、教师那里“取得高分”始终作为衡量学生“优秀”的唯一标准，使得学生的休闲生活无从谈起。体育课被那些所谓的“正规”学科课程所吞噬，体育课本身也被烙上了“小三门”的深刻印记，这不能不说是教育上的“短视”现象。

目前，教育改革和课程设置围绕着“什么样的生活最有价值”而展开，在这样的课程观的指导下，不仅要求提高休闲学科在课程体系中的分量，而且要求学校面向学生的生活世界解释休闲体育学科的精神实质和人性内容，以此来培养学生健全的人格。

当然，提高休闲学科在课程体系中的比重以及增加其在教学中的课时，并不意味着必然能达到休闲体育教育的目标，因为这与体育课程设置的目的和教育者教育思想的转变密切相关。并且，休闲体育课程不仅涉及满足学生身体活动的健身需求，而且也要涉及学生全面发展的心理生活和社会生活领域，提高有教养的个体明智地运用各种不同均等的休闲时间的能力。因此，即使是一门非常专业的体育技术课程，只要教育者具有休闲教育意识，也能产生休闲体育课程所达到的效果。

由此看来，在普通学校中开设休闲体育课的目的并不是为了使学生在未来的社会生活中以其为职业，也不是为了将来能成为“世界冠军”（这种思想同样具有功利主义和实用主义课程观的色彩），而是让所有学生知道，休闲体育活动是有趣的、丰富内涵的生活常识，有利于丰富和美化自己的休闲生活，提高休闲生活质量，有利于个人的人格塑造。因此，休闲体育活动人人都可以参加，而不仅仅是少数具有高超技艺的人的“专利品”。应该把休闲体育课作为一门体育专业必修课和正规的理论课对学生实施全面休闲教育，以利于他们形成健康、科学、文明休闲观。具体做法是，把它作为学校体育教育体系中的一门正规课程，按照每周 4 学时，每学期 72 学时的计划进行。

2. 技术课的实施

理论必须用于实践才是检验休闲体育课程价值的唯一途径。因此，在传授休闲体育知识的同时，也要开展休闲体育相应的技术课。按休闲体育技术课程的功能划分，可以把技术课程内容分为九类：竞技类、运动类、探险类、保健类、游乐类、欣赏类、常识类、益智类和休闲类（见表4-3）。但必须指明的是，休闲是一种身心愉悦的精神状态，提倡的是一种放松、自由的生命状态，因而每一项体育活动都可以体验到休闲精神状态，关键在于参与者的心态以及目的，不在于活动项目的多寡或新旧。

表 4-3　休闲体育技术课程的教学内容

竞技	运动	探险	保健	游乐	欣赏	常识	益智	休闲
篮球 足球 网球 台球 壁球 ……	自行车 健美操 滑冰 滑雪 轮滑 ……	攀岩 攀壁 攀崖 蹦极 探险 ……	体育卫生 创伤防治 体育康复 ……	碰碰车 过山车 海盗船 漂流船 飞碟 ……	体育比赛的 观赏技术 ……	气候常识休 闲体育装备 ……	象棋 围棋 桥牌 五子棋 ……	垂钓 放风筝 舞蹈 飞镖 毽球 ……

3. 隐蔽课的实施

休闲体育课程倡导的是一种课程理念，一种生活化的休闲生活，因而它折射的是一种美好的心理体验以及科学的生活方式。隐蔽课程对学生的影响是潜移默化的、间接的，因此有其独特的发生机制，在课程实施过程中，隐蔽课程必须受到应有的重视。研究认为，体育课程是通过暗示、感染、模仿、从众等方式来影响学生的。

（1）暗示

暗示是在无对抗条件下，人们对接收到的某种信息迅速、无批判地接受，并依此做出行为反映的过程。休闲体育隐蔽课程正是借助于各种情景、气氛、师生的言行举止对学生产生暗示作用。心理学研究表明，人都是具有可暗示性的。罗扎诺夫则认为它是："人类个体之中一种普遍的品质，由于它，才使人和环境间的无意识关系发生作用。"

（2）感染

感染是人的一种同化反映形式，它表现为个体对他人和特定情景自觉地产生共鸣或类似的心理状态。休闲体育的隐蔽课程对学生的影响，往往要借助于感染的方式进行。例如，处在一所自然环境和人文环境都比较好的学校里，学生自然会对各种体育活动产生浓厚的兴趣，产生一种愉悦、快乐，甚至兴奋的情感。社会心理学的研究也表明，任何人处于弥漫着某种情绪的情景中，都会受到情景气氛的感染，自己的心理活动不知不觉地发生变化，与他人的情感或心理气氛相一致。

（3）模仿

模仿是有意或无意地对某种刺激做出类似反应的行为方式。学校的一切现象都可能成为学生观察仿效的对象，可以通过学生的模仿产生教育作用，学校中体育教师的行为、品质、同伴之间的体育交往所表现出来的一切都为学生的模仿提供了信息，学生通过观察这些信息，形成了所观察到行为的动作及其结果的观念，并运用这些观念作为已经编码的信息指导将来的行为。人们很多的休闲体验行为都是通过有意或无意的模仿而学习到的。

（4）从众

从众是个体在群体压力下，放弃自己的意见，转变原有的态度，采取与大多数人一致的行为。主要表现为对群体的心理和行为的顺从。社会心理学家认为："从众行为是在群体一致性的压力下，个体寻求的一种试图解除自身与群体之间冲突，增强安全感的重要手段。"因此，休闲体育隐蔽课程能否有效发挥其固有价值和作用，取决于能否科学地实施。所以应根据休闲体育隐蔽课程的特点，对其进行合理的组织和调控，取得预期效果，实现休闲体育课程的教育目标。

（二）体育教师的角色定位

为适应休闲时代来临的社会新形势，体育教师的角色和作用必须重新定位。体育教师不仅要成为休闲体育知识的占有者和传递者，而且要成为学生健康发展的指导者和促进者，要从被动的“教书匠”转变为拥有先进的休闲体育教育思想和观念，懂得休闲体育课程设计、教学设计、课程管理，并具有创新能力的教育实践的积极探索者。

1. 休闲体育课程的策划和设计者

体育教师首先是一个和专家、学生乃至家长共同构建新课程的设计者，不再是消极地扮演教学标准和教材执行者的角色，也不再是一个只懂得教人如何运动的教练员，而是一个具备现代休闲体育观念和教育素养，知道如何进行休闲体育课程建设以及如何运用休闲体育教学方法，促进学生全面发展的教育专业人才，是一个为适应社会发展需求、培养具有健康体魄、渊博知识的“人类灵魂工程师”。

2. 休闲体育教学设计和任务的执行者

休闲体育教学以促进学生的健康发展为目标，因此，体育教师要通过自己的工作帮助每一个学生形成自己的休闲健康观念，形成良好的健身习惯，达到终身休闲体育的目的。学生求新、求异、求变的心态，使一些如轮滑、登山、越野等探险刺激类运动项目，郊游、体育舞蹈等交往类运动项目，跆拳道、武术等搏击类体育项目，在校园内外产生广泛的群体影响力。所以体育教师更应审时度势，丰富自己的休闲体育知识和技能，为休闲体育教学奠定良好的基础。

3. 休闲体育知识和技能的传播者

体育教师虽然是知识的拥有者，但他更应该是知识的传播者。体育教师在知识和学生之间架起一座桥梁，将人们所需要的休闲体育知识经过自己的加工传递给他们。就体育教师而言，不但要在课堂传授给学生锻炼身体的基本技术、技能、方式方法，而且还应该让学生理解离开课堂后有利于健康的科学锻炼身体的方式和方法、对待休闲体育的正确态度，从而使他们走向社会后能合理地安排闲暇生活，自主地进行科学身体锻炼，并养成经常锻炼身体的习惯，最终达到终身体育休闲的教育目的。

4. 学生健康成长的引导者

学生是发展中的人，求学阶段是一个人的生理心理发展和形成的关键时期，是一个人从不成熟到成熟、从未定型到定型的成长发育阶段，也是一个人生长发育特别旺盛的时期，休闲彰显着学生的生命历程。因此，这就要求体育教师在这一过程要正确引导学生通过不同形式的休闲学习，掌握各种休闲体育知识，培养各种休闲体育能力和技巧，并逐步认识自我，完善自我，实现生命本体意义上的主动发展。

5. 全民健身的服务者

体育教师是社会群体的一部分，因此，服务于社会，为社会做贡献是教师的职责。面对休闲时代的来临，人们更注重自己的休闲生活质量，退休在家的老龄人，特别想通过休闲娱乐、身体锻炼来消磨时光，这正是体育教师大显身手的时候。教师应顺应这种社会需求，确定自己的角色方向，加强对休闲运动知识的学习和研究，为人们的身体锻炼与健身提供理论指导，将自己的理论知识与人们的实际需求相结合，达到观念与行动上的结合，实现自己的社会价值。

6. 休闲教育理论和教育方法技术的研究者

社会环境的外在压力与体育教师内部的动力相结合，就决定了体育教师进行相关学科拓展的必然性。现在的体育教师在精通本专业知识的基础上，必须博学相关学科，改变已有的知识结构和传统的思维方式，增强学科的相容性以及综合实践能力，以适应休闲体育教学的需要，体育教师要学会并能适时、适度、适量地使用各种教学媒体、现代教育技术。体育教师必须加强对科学技术发展的敏感性和适应性，熟悉和掌握多媒体等先进仪器设备，这是体育教师提高教学质量必不可少的能力。最后，体育教师要不断提高休闲体育科学研究的能力，为休闲体育的健康发展增砖加瓦、献计献策。

二、休闲体育课程的评价内容

“评价可以简单地定义为决定某一事物的价值。”课程评价是指评价课程价值的过程，它具有诊断、反馈、证明、激励、质量监控、管理、导向、甄别选拔等功能，它是课程标准的基本构成之一。课程评价，就意味着要涉及课程优劣的判断，即价值判断。在过去的体育课程评价中，我们往往只注重量化评价，而忽视质性评价。也就是“只注重学生体能和运动技能，忽视学生其他方面的发展；坚持用统一的标准来评价所有学生，忽视了学生的个体差异”。正因如此，休闲体育的实践更注重“以人为本”的评价取向，评价模式更注重“多元化”的评价内涵，评价内容更注重“多层次”评价要求。

（一）以人为本的评价取向

课程评价的价值取向是指一种课程评价所体现的特定的价值观，它是对课程评价本质的集中概括。“以人为本”是休闲体育课程基本评价取向，它实质上是尊重每一个个体的主体性，从根本上突破了评价领域中长期以来所寻求的“客观性”“科学性”的迷雾，使评价的理念发生质的变化。

“以人为本”的休闲体育思想必须体现在课程评价的各个方面。其目的就是最大限度上实现人的全面发展，以人的全面发展为中心实施体育教学和体育课程的评价工作。休闲体育课程评价的出发点应是在尊重学生个体差异的基础上，客观真实地反映学生的体育素质，不仅要促进体质好的学生的发展，而且还要帮助“后进者”纠正和改正学习中的缺点和过失，进而激励学生积极主动地发展自己的体育素质，才能在较大程度上取得休闲体育教学的良好效果，实现休闲体育课程评价的意义。

“以人为本”的休闲体育教学指导思想还应体现在评价活动的实施过程中。因为整个评价活动的开展是在评价目标的指导下进行的，在实践过程中体现“以人为本”的指导思想非常重要，不仅能够为评价实施的参与者提供良好的精神支持和人文关怀，使评价活动的激励性得以实现，而且当评价实施过程中出现人为阻碍时，也能保持评价的科学性和公正性。

（二）多元化的评价模式

关于评价模式，查有梁教授认为：“模式是一种重要的科学操作与科学思维方法。”从教育评价角度来讲，模式通常分为两类：“一是作为范本使用的指令性模式。它包括一系列规则、规定、禁令以及说明什么是好的、恰当的评价和怎样进行评价等指导性文件；二是为了提供经验理论而设计的说明性模式。这是一些概括性论述，是对评价活动的描述、预测和解释。”按照此类分析，休闲体育课程的评价模式就应该是说明性的，而不是指令性的。因此，本文认为，建立“多元化”的评价模式是休闲体育课程的必然选择。

1. 评价主体多元化

第一，学生作为评价对象。

以往的体育课程评价强调测验学生的运动能力和身体素质，在一定程度上对学生产生了一定的积极作用，但是有时也会产生一些消极影响。因为学生的运动能力水平受遗传因素的影响很大，有的人不用努力就可以达到考核标准，有的人不管怎样努力也不能达到考核标准。《基础教育课程标准改革纲要（试行）》明确指出：“评价不仅要关心学生的学业成绩，而且要发现和发展学生各方面的潜能，了解学生发展中的需要，帮助学生认知自我、建立自信。”因此，休闲体育课程的评价标准不再把量化指标作为评价学生学习成绩的唯一标准，而应把学生的学习态度、体育意识、体育习惯、认知、交往与合作精神、道德、心理等都作为被考察的对象。

第二，体育教师作为评价对象。

体育教师作为评价对象是基于教师不仅是课程的执行者，也是决策者这一理论而提出的。体育教师作为休闲体育课程实施的执行者，不再是以前的那种“照本宣科”，而是时刻带着“这门课应该怎样加以改进”的思想去执行课程的实施。因此，从课程的改进这一目的出发，体育教师应该是课程评价的对象之一。对体育教师的评价主要包括对休闲体育教学内容的领会和掌握程度，对休闲体育理论、教学方法的掌握及运用程度，从事休闲体育教学必需的基本技能，激发和保持学生运动兴趣、促进学生养成锻炼身体的良好习惯等方面。

第三，家长作为评价对象。

休闲体育课程学习评价还应充分发挥家长的作用，由家长定期对学生的休闲体育知识与技能的实践情况、课外的体育锻炼习惯等方面进行评价。体育教师还要不定期地与家长联系，以便及时了解学生课外体育锻炼的情况。这样不仅有利于培养学生的体育锻炼习惯，而且可以把休闲体育教学过程延伸和发展，从而使家长、学生和教师更加关注学生的休闲体育活动，使休闲体育课程的学习真正发挥其不可估量的价值。

第四，课程目标作为评价对象。

传统的评价理论就是评价学生的行为是否与预先制定的课程目标相一致，因此，课程目标是不能被评价的。但是，休闲体育课程是一个过程，如果用一个静止不变的目标来控制一个不断发展变化的过程，其后果是可想而知的。因此，随着社会经济、文化和教育思想的变化，体育课程目标也在不断发生变化，尤其是随着休闲时代的来临，体育课程需要随时对课程目标进行评价，并加以改进，以利于体育课程的完善和发展，全面提高休闲体育教学质量。

2. 评价内容多元化

在休闲体育教学中要尝试建立态度、情感、能力、成绩等目标并重的多元化评价体系，不仅要重视学生显性的体育能力，如掌握动作情况、成绩标准等，更应重视对学生隐性的体育态度、体育习惯、情感意志以及交往和合作能力，把评价的焦点从考察学生成绩扩大到学生参与状态、交往状态和情感状态等方面来。

第一，体能的评定。

依据我国学校体育所贯彻的“健康第一”的指导思想，发展学生体能是休闲体育课程的学习内容，也是评价学生学习成绩的评定内容。但是对学生体能成绩评定要以学生的年龄特点，参照《中国学生体质健康测试标准》，并结合学生的个体差异进行成绩评定。当然更要强调评定内容要以健康有关的体能进行评定，如心肺功能、柔韧性、肌肉力量、肌肉耐力等。

第二，知识与技能的评定。

主要包括对休闲体育知识的认识和把握，休闲体育对个人、社会的价值和意义，掌握符合一定课程目标要求的休闲体育技能以及运用于实践的情况。

第三，学习态度的评定。

从终身体育的角度来看，休闲体育课程的重要目标就是要树立学生对体育的正确认识，使学生形成积极、健康的休闲态度。对学习态度的评价主要从是否自觉参与休闲体育活动，能否理解休闲体育的意义与价值等方面来衡量。

第四，情感和意识的评定。

在情感方面主要对学生能否战胜自我、挑战自我、充满自信心等方面进行评定。在意识方面主要对学生能否具有合作精神、尊重他人、正确对待输赢等方面进行评定。

3. 评价方法多元化

第一，定量评价与定性评价相结合。

定量评价是一种以量化为基础的评价方法，对于考察学生运动成绩、体能、体质等方面具有重要的科学性。定性评价是力图通过自然的调查，全面充分地揭示和描述学生的各种特点，以彰显其意义，促进学生的全面发展的评价方法。如果在休闲体育课程评价中“唯量化”，那么那些无法或暂时无法被量化的内容就被排除在评价的范围之外了，这当然会影响评价结果的科学性和可靠性。因此，在休闲体育课程评价中应按定性评价与定量评价相结合的方式进行。

第二，终结性评价与过程性评价相结合。

传统的体育学习评价只重视终结性评价，而忽视过程性评价；只重视学生学会了什么，而不管学生是怎样学的，以至于学生只重视结果，而忽视过程。过程性评价由于重视发挥评价的反馈功能，通过采用各种评价方法和工具经常对学生学习进行评估，并将结果及时反馈给学生，因而能够实现对教学和学习的有效控制。只有将终结性评价与过程性评价相结合，才能真正准确而公正地评价一个学生的体育学习情况。

第三，自评与他评相结合。

传统的课程评价只注重他评，常忽视自评。评价是老师的“专利”，学生常处于被动甚至忽略的地位，教师作为主导者，需要了解学生的身体素质基础、运动能力状况，根据学生的学习、锻炼表现，进行多种针对性的评价活动，从而充分调动学生的积极性，尽快实现课程目标。但仅用这种评价方法，如果处理不当，教师和学生处于对立的境地，就会严重阻碍课程目标的顺利实现。因此，自评与他评的结合就显得尤为重要，特别是在学生评价和教师评价当中，利用自评能充分调动学生和教师的积极性，使评价成为双向甚至多向的活动，并通过学生的“自评、互评”实现教学发展，开拓师生彼此的潜力，以促进教与学的发展。

根据上述分析，本文设计了一份“学生休闲体育学习成绩评定表”。（表 4-4）

表 4-4　学生休闲体育学习成绩评定表

学习态度				练习质量和进步幅度				协作精神				意志品质、自控能力、创新品质				出勤情况				个人综合评价			
小组互评																							
教师评价							学生互评						学生自我评定						总评				

（三）多层次的评价过程

评价一门新课程，必须紧紧围绕该课程的目标进行。休闲体育课程是以休闲知识的传授、休闲技能的培养、愉悦的“心理体验”为主要目标，因此它与传统的体育课程有着明显不同，即打破了传统的以传授体育技能为主的价值取向，代以休闲体育知识、技能与健身知识和方法的紧密结合，把学习体育知识、技能、锻炼和心理活动作为体育生活的一部分，把有利于身心健康发展的内在需求纳入课程评价体系。

1. 行为目标

运动知识目标主要是使学生掌握科学锻炼身体的基本原理和方法，用科学的理论知识指导实践。其中有掌握休闲知识、运动强度的把握、运动效果的自我评价三个方面。运动技能目标是指学生通过休闲体育的学习，掌握自己喜爱的体育运动项目和锻炼方法，并在此基础上形成一定的专长，为今后终身体育锻炼打好基础。另外，学习和掌握休闲体育突发事件中的自我保护和保护他人的技巧。

2. 健康目标

健康目标由身体素质目标、形态技能目标、健身知识目标构成。身体素质目标要求发展与增进学生健康关系密切的身体素质，主要包括力量、弹跳力、暴发力、柔韧性、协调性等；形态技能目标要求学生身体的各个部分匀称、协调；健身知识目标要求学生掌握健身的原理与方法以及与健身有关的保健、养护和卫生知识。三者共同为达到身体健康的目标服务。

3. 心理目标

休闲体育与其他体育运动项目一样，最为显著的特点是通过身体练习的方式完成和实现课程的目的和任务。因此，休闲体育课的首要任务是培养学生对本课程的正确认识，培养学生参与体育活动的积极性，使他们能自主经常参与体育活动，并能鼓励和带动周围的人一起锻炼，养成经常锻炼的习惯。体育活动对人的心理影响十分明显，强调素质教育、发扬个性、重视心理健康是休闲体育课程与其他体育课程的重要区别。在体育学习中，学生的心理感受主要体现在愉悦的心情、对体育运动的期盼，以及情绪的调控和自信心的树立。通过休闲体育教育活动，培养学生的合作意识、团队精神、交往能力。

根据以上分析，可以勾勒出休闲体育课程评价体系的基本内容框架（图 4-1）。

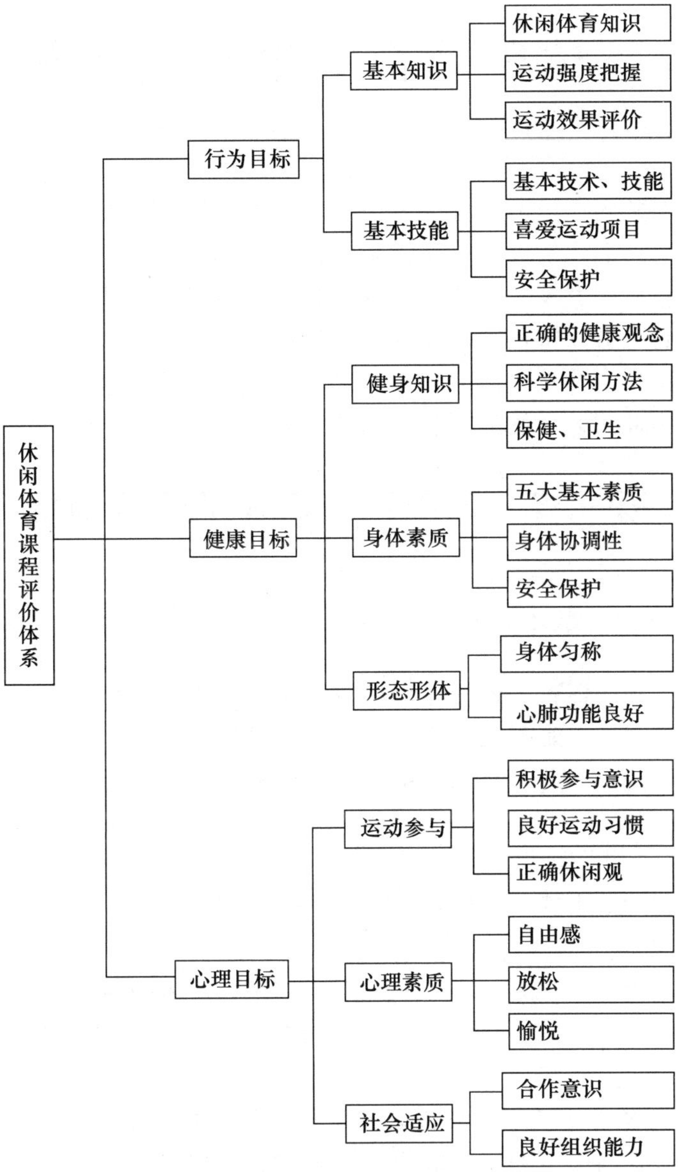

图 4-1　休闲体育课程的评价内容

第五章　休闲体育文化产业化发展解析

休闲体育文化有着较为广泛的多样化发展，除了在学校中的发展，其产业化发展也非常重要，已经成为当前体育产业化发展的一个重要方面。休闲体育的产业化发展，能够在一定程度上促进休闲体育文化本身的发展，因此可以说，对休闲体育文化的产业化发展进行解析是非常重要且必要的。本章首先对休闲体育产业的基本特征进行阐述，接着对休闲体育产业的发展现状和存在的问题进行剖析，并且以此为依据，提出了针对性的对策，最后对休闲体育产业的经营与管理进行研究，由此能够对休闲体育文化的产业化发展有一个全面且深入的了解和认识。

第一节　休闲体育产业的理论研究

一、休闲体育产业的基本特征

经过不断的发展，休闲体育已成为人们生活中重要的组成部分，由此逐渐形成了一个比较完善的休闲体育文化产业，这是现代体育与现代经济共同发展的结果。一般来说，现代休闲体育文化产业的基本特征主要有三个方面，即休闲需求特征、消费者特征以及产品经济特征。

（一）休闲需求的特征

休闲体育产业的休闲需求特征，具体来说，主要包括以下几个方面：

1. 休闲需求的时间性

休闲时间，会在很大程度上影响到人们的休闲需求，而休闲需求具有较强的周期性特点。在我国，人们的休闲需求主要集中体现在节假日期间，在这一期间形成消费高峰，所谓的“假日经济”现象就开始出现。实际上“假日经济”是我国休闲经济的特殊表现形式。一方面，政府为了扩大内需，刺激经济增长，通过宏观调控的方式影响社会成员时间的分配；另一方面，国家上调了职工工资，提高居民的购买能力，同时随着消费观念和消费方式的变化，休闲经济成为一个消费趋势。由于我国带薪假期有限，消费者对休闲时间缺乏自主选择能力，人们的休闲活动主要集中于假日，假日消费是日常消费在时间上的转移。最后，由于长期以来对休闲的不重视，使得休闲供给相对单一，需求也缺乏一定的多样性，旅游活动几乎成了假日经济的全部主题，就成为其重要的体现形式。

2. 休闲需求的时尚性

从某种意义上来说，时尚也是现代社会中呈现出的一种经济现象，主要体现在消费者收入水平的提高和生产工艺技术的进步。除此之外，时尚也是一种心理现象，反映了消费者渴望变化、求美求新、自我表现等精神上的需求。休闲需求指向人的非生存性资料，同时受各种社会文化思潮的影响，追逐时尚成为休闲需求的一个特征。

3. 休闲需求的个性化

休闲需求的个性化特征往往可以从两个方面得到体现：

一方面，由于休闲消费是人们满足其自我发展和个性显示等非生存性需求的各种活动的总和，受主体自身因素影响大，在休闲消费中不论是消费项目还是消费时间，均呈现较强的个体性和异质性特征。

另一方面，作为休闲组织，其产品、服务、品牌必须要有个性，满足休闲需求心理才会赢得主动。

4. 休闲需求的层次性

对于每个人的休闲需要，在各自不同的经济条件下形成不同层次的休闲需求；另外，由于消费者文化素质、兴趣爱好的不同，在同种经济条件下，也会造成休闲需求具有明显的层次性，休闲体育需求通常可以分为两个层次，一个是现实需求，一个是潜在需求，其中，潜在需求转化为现实需求需要一定经济条件的支持。

从结构方面来看，休闲体育需求主要由五个方面构成，即活动需求、环境需求、体验需求、收获需求和满意需求，满意是终极目标。

（二）消费者的特征

关于消费者的特征，可以从年龄、性别、健康情况、职业、文化程度等方面体现出来，具体如下。

1. 年龄方面

一般来说，进行休闲体育消费的人，不同年龄阶段表现出的消费特征也会有所不同，具体体现在以下两个方面。

（1）不同年龄对休闲产品的消费重点不一样

青年人乐于寻求刺激，冒险精神较强，喜欢一些激烈的、强度大的娱乐活动；中老年人则更偏爱运动量较小的活动。

（2）同一消费者在不同年龄阶段的休闲消费特征也会有所差别

美国经济学家 F. 莫迪格利安尼的主要观点为，一个消费者一生中不同的年龄阶段呈现不同的消费特征，人的一生分为三个阶段：少年、壮年、老年。壮年阶段消费后结余的收入，一方面用于偿还少年阶段的债务，另一方面储蓄起来，用于养老，这一学说被称为生命周期假定。根据这一学说，壮年时期由于收入大于消费，即有满足休闲体育需求的经济基础，是休闲体育产业重点关注的群体。

2. 性别方面

休闲消费的情况也在一定程度上受到性别的影响，这可以从以下两个方面得到体现。

一方面，男女休闲体育消费的重点不一样。由于男性的体力要强于女性，因此男性消费者更倾向于刺激性强的消费项目。

另一方面，因社会角色不同带来的职业、收入差异。目前，男性的地位、职业、收入等平均水平相比于女性要更胜一筹，这使得男性在休闲体育领域的消费都大于女性。

3. 健康状况方面

休闲消费对于疲劳的消除和体力的恢复是有所助益的，但是，几乎任何一项休闲消费都需要消耗一定的体力和精力。身体强壮的人，可以选择自己喜欢的任何休闲体育项目；年老体弱的人，则只能根据身体的许可选择娱乐项目，以延缓衰老、防病治病。

4. 职业方面

一个人的职业，往往会决定其社会地位。同时，职业也会对一个人的收入、工作量的大小、生活特点及闲暇时间产生决定性的影响。一般来说，工作量大的人，喜欢经常进行一些轻松的娱乐项目；脑力劳动者比体力劳动者有更多的娱乐兴趣。

5. 文化程度方面

休闲体育是一种文化活动，休闲消费本身是一种文化消费。所以，人的文化素养对休闲体育消费有很大的影响。文化水平高、素养好的人，对休闲体育的功能、意义有正确的认识和理解，会有更高的参与休闲体育活动的兴趣。而文化水平低的人，对其积极意义缺乏全面、正确的理解和认识，需要加以引导。

（三）产品经济的特征

休闲体育产业在产品经济方面也具有较为显著的特征，具体来说，主要表现在以下几个方面：

1. 生产与消费的不可分性

产品的生产与消费在时间和空间上不可分离，这就是所谓生产与消费的不可分性。休闲体育产品是难以储存的，只能边生产、边消费。如球类运动、健身锻炼等产品的消费，脱离了与生产环节在时间、空间上的同一性，其价值便难以真正充分地实现。

2. 休闲体育产品生产要素的供给弹性的特殊性

休闲体育产品生产要素的供给弹性是指其价格变动对供给量变动的影响程度。具体来说，这一特征主要表现在以下几个方面：

（1）娱乐场馆场所的供给弹性系数小于1

这里的娱乐场馆场所主要包括运动馆、健身房等，因为从生产技术和管理的角度讲这类要素的生产周期长，技术含量高，其价格发生变化后，调整生产、增加供给的难度大，因此其供给弹性小于1，这意味着其供给变动的幅度比价格变动幅度小。故应注意统筹规划，对场馆场所进行合理布局，避免日后的闲置和浪费。

（2）一般运动器材的供给弹性系数大于1

这里的一般运动器材主要包括球类运动服饰、健身器材等生产周期短、技术含量相对较低而价格又不是很高的休闲体育产品。从生产的技术和管理的角度讲，当这些要素的价格变化后，调整生产的难度较小，其产量可以以高于价格变化的速度变动，因此，一般运动器材的供给弹性系数是大于1的。

（3）劳动力的供给弹性系数小于1

这里所说的劳动力是指休闲体育产品的生产者，如球类运动、健美运动中的教练等。他们掌握特殊的知识，有专门的技能，专有劳动力的价格上涨后，其供给量不可能随之马上作调整。如已故的健美教练马华，目前，很难有人能与之媲美，因此，这些人的供给弹性几乎为零，无论价格怎样上升，供给量却不能相应地增加。基于此特征，休闲体育相关企业应加强人才的培养，重视人才，特别是有特殊贡献的高层次人才。

3. 休闲体育产品生产要素有着较大的替代弹性

休闲体育产品的一种生产要素的价格变化后，它与另一种生产要素相互替代的变动率，就是所谓的休闲体育产品生产要素的替代弹性。对于大部分休闲体育产品的生产要素来说，其所具有的替代弹性是比较大的，当一种生产要素的价格变化后，可完全由另一种要素替代。例如，如果健身器材健身房租用费用等价格过高，人们可能会使用一般的运动器材，或进行徒手运动，如跑步、散步、练气功、打太极拳等，这一特征充分表明，健身器材健身房等生产要素的提供者，在制定产品的价格策略时，不能将这些要素的价格定得过高，否则会产生“为渊驱鱼”的后果，迫使消费者使用价格较低的替代品。

4. 休闲体育产品具有最终产品的性质

休闲体育产品包含了劳务形态的产品，其价值很大一部分由活劳动的消耗构成，投入品如运动器械等在该行业中所占的比重较小，因此，它具有中间投入率小的特点，另外，休闲体育产品被其他产业作为投入品（原料）的比例小，人们购买休闲体育产品，一般是出于满足最终消费的需要，因此，休闲体育产品具有最终产品的性质。

第二节　休闲体育产业的发展现状与对策

一、休闲体育产业的发展现状

经过几十年的不断发展，我国休闲体育产业已经取得了很大的成果，具体表现在扩大了市场规模，初步形成了休闲体育市场体系，体育健身服务向多元化与经营连锁化的趋势发展，体育经济法制建设不断加强，市场管理走向规范化，体育人口数量有所增加，休闲体育产业对国民经济的增长有着重大的意义。

（一）体育健身休闲产业的市场规模得到进一步的扩充

现阶段，我国有20 000多家经营性体育产业机构，这些机构将2000多亿元投入体育产业的发展中，每年这些机构总共有高达600多亿元的营业额。“花钱买健康”的观念已经深入人心，人们将其看作是一种时尚。目前，我国有3亿多人会经常参加一些不同类型的体育健身休闲活动，所有居民平均每人参加3.45项体育活动。据调查显示，到健身俱乐部消费健身的人，有90%以上一次消费的金额在50～100元，北上广等发达城市的居民将家庭收入的10%用于体育健身消费。这些数据表明，我国休闲体育产业的市场规模正在不断扩大，今后，也会进一步扩充。

（二）体育健身休闲市场体系已经初步形成

在判断一个国家体育产业发展程度时，需要参照这个国家是否有健全的体育市场体系这一重要指标。现代体育市场体系是多元化的市场体系，它主要包括两个市场，即体育用品市场和体育服务市场。具体结构包括一系列的相关市场，如体育用品市场、休闲健身市场、体育中介市场以及竞赛表演市场等。20世纪80年代初，我国休闲体育市场开始萌芽，经过三十多年的发展，特别是经过近十几年来的快速发展，一个新兴的市场格局开始初步形成，这个格局具有非常显著的特点，具体来说，主要表现在以下几个方面：

第一，各休闲体育机构是平等竞争的关系。

第二，多种所有制并存。

第三，有来自不同行业的投资主体。

第四，健身运动营养补品市场与体育健身休闲用品市场（以体育健身市场为主体和核心）等共同发展。

第五，休闲体育市场提供低、中、高三个不同档次的体育服务产品。

可以说，在具备上述特征后的休闲体育市场格局为休闲体育产业的进一步发展奠定了良好的基础条件。

（三）体育健身服务的发展趋势具有显著的多元化特征

不同类型的休闲体育健身中心或健身俱乐部将丰富多样的体育健身服务项目和内容提供给消费者，如有氧健身操、器械健身操、体育舞蹈、形体训练、有氧搏击操、保健按摩、羽毛球、台球、保龄球、瑜伽、网球、武术以及游泳等，这些健身机构不仅对齐全的健身项目进行了多样化的设置，而且将多元化的服务提供给消费者。例如，休闲体育健身中心能够将运动服务、健美服务、健身服务、美容塑身服务以及康复服务等同时提供给消费者，此外，还有一些其他的服务项目，如咖啡屋、茶馆、舞厅、书刊室以及桑拿浴等。这样，不同阶层的人在娱乐休闲、健身健美以及交友等方面的需求都能够得到满足。

（四）对体育经济法制建设引起足够的重视

市场经济是法制经济。休闲体育产业的可持续发展以及体育市场的有序规范运行，与经济法制的建设，以及对市场秩序的规范都有着不可分割的联系。自20世纪90年代以来我国体育产业就得到了快速的发展，而且相关部门也在不断加强体育经济法制的建设，国家体育法规和地方体育法规相继出台，其中，《公共体育文化设施条例）（全民健身条例《体育法》等是较为普遍的体育法规。另外，国家也在不断完善休闲体育从业人员的资质认证制度以及体育市场的准入制度，这将进一步规范与加强体育市场的管理，包括休闲健身产业在内的体育产业的发展将会得到有力的法律保障。

（五）连锁化经营模式有着较快的发展速度

连锁经营模式最早是在1999年被马华引进我国的，其当时引进的是健身俱乐部，后来，一些发达国家的著名体育健身企业进军我国市场，为了扩大市场份额，这些企业采取了连锁经营的经营管理方式，自此，连锁经营的方式被大量的健身企业开始运用，以此来对规模的不断扩大起到积极的促进作用。国外著名体育健身企业在我国市场立足后，对市场规模的扩大起到积极的促进作用，采取连锁经营的方式谋求发展，很快就在我国市场产生了很大的影响力，促进了体育市场集中度的不断提高。国外体育企业能够快速在我国占领市场，主要原因在于其资金实力雄厚、知名度高、品牌形象好。

（六）面临的市场竞争越来越激烈，经营风险也比较大

我国加入世界贸易组织之后，国外很多知名度较高的体育健身企业进入我国，由此也产生了相应的一些影响，这些影响有积极影响和消极影响之分。

其中，所带来的积极影响主要是指知名企业进军我国市场将先进的健身理念和经营管理经验带入我国，对我国体育健身企业的发展具有积极的作用。所带来的消极影响则主要是指知名企业进军我国使我国体育健身市场的竞争日益激烈，而且各企业之间在服务和产品上没有很明显的差异，所以对顾客的吸引力也是较为均等了，企业为了吸引消费者，果断采取价格手段，造成我国体育健身市场秩序的混乱，不公平的竞争也会随之出现，增加了企业经营的风险。

二、休闲体育产业发展中存在的问题

近些年来，我国许多家庭和个人用于休闲体育活动的消费大幅度提高。尤其是我国成功举办奥运会以来，休闲体育产业发展迅速，基本上形成了以体育健身娱乐业、体育竞赛表演业、体育用品业、体育彩票业为支柱的产业格局。但与发达国家休闲体育产业发展规模相比，我国休闲体育产业发展规模较小、发展水平较低，同时休闲体育产业发展中存在着一系列问题有待解决，具体可以归纳到以下几个方面：

（一）行政管理部门没有正确认识休闲体育的产业化发展

受计划经济体制影响，中国的体育事业长期被视为公益事业，带有浓厚的政府行为色彩，现行的体育运行机制主要还是围绕竞技体育来设置机构、配置资源，对人民群众日益增长的休闲体育消费需求关注不够，造成体育事业与体育产业的割裂，在一定程度上阻碍了中国休闲体育产业市场的培育与发展。具体表现为：经营理念落后，管理不规范，行业管理标准不健全，发展方案理想主义色彩浓、可操作性差，具体到实施过程经常出现不一致情况，这些都对我国休闲体育产业的健康发展产生了较大的阻碍作用。

（二）中国城乡居民休闲体育消费需求明显不足

人们的生活水平和生活方式直接影响休闲体育产业的发展。城乡居民具有休闲体育消费愿望和具有实际休闲体育消费能力的消费群体的大小决定一国休闲体育市场发展水平。应当说中国城乡居民休闲体育消费需求已经具有了一定的经济基础。然而目前支撑中国休闲体育市场发展的城乡居民的休闲体育消费需求水平仍在低位“摆动”，城乡居民的休闲体育消费需求明显不足，休闲体育市场发展的动力不够、活力不强。这似乎与其他国家在这一时期，休闲体育市场发展的情况大不一样。但是当前中国城乡居民的消费热点，主要集中在住房和汽车等商品上；有近50%的农村居民，基本上不进行休闲体育消费，而城镇居民休闲体育消费人口总数又无明显增长；中国富人阶层占有大部分的国民存款；人们对中国医疗、教育、住房保障体系不完善的担忧以及人们对未来收入预期的不确定；中国的城镇化水平还比较低，与发达国家城镇化率相比，还有比较大的距离，这就对中国休闲体育消费经济的发展产生了较大的制约作用。

中国城市和农村居民休闲体育消费需求存在着较大的不足，与以上因素的关系是非常密切的，这也是当前中国休闲体育市场发展过程中存在的最大问题。因此，这就要求必须从激发、调动和创造中国城市和农村居民有效的休闲体育消费需求入手来对中国的休闲体育市场加以培养。

（三）产业结构的合理性较为欠缺

具体来说，休闲体育产业结构的不合理性，主要体现在核心产业滞后、中介产业缺位。纵观全国，博彩业、竞赛表演业发展相对较快，而健身娱乐业、休闲服务业、旅游业、传媒业等核心产业发展缓慢。同时，中介产业市场还存在缺位问题，如休闲体育劳务市场和休闲体育技术市场，目前市场上虽也有提供相应的休闲体育劳务和技术服务的部门，但真正意义上的休闲体育劳务市场和休闲体育技术市场并未形成。

（四）休闲体育场地设施无法使居民休闲体育消费的需求得到较好满足

当前，人们休闲体育消费所依托的场地设施主要包括休闲体育设施和公共体育基础设施，而中国这两种设施的建设还比较落后。比如，偏远地区的健身道路情况差，休闲体育场所难觅停车位等，这些都对中国休闲体育消费者休闲体育的满意度和休闲体育消费需求产生了或大或小的影响。休闲体育场地设施也存在着较为显著的空间分布和结构不合理问题，休闲体育场地设施大多集中于城市中心地带，而城郊及农村少有分布。与此同时，城市中的休闲体育设施供给比较单一，现有的休闲体育俱乐部、休闲体育健身中心以及居民区公共体育场所等建设总体落后，不能够及时满足中国城乡居民因收入增长、视野开阔而引起的休闲体育消费需求结构向高层次演进的需求。与发达国家相比，中国的休闲体育场馆设施无论在数量还是质量上都有较大差距。这也是导致新型城镇化进程中供开展休闲体育服务经营的场所不够的一个重要原因。事实上，目前新型城镇化进程中休闲体育场地设施的缺乏和广大人民群众日益多元化的休闲体育健身需求之间的矛盾是群众体育发展的主要矛盾。

总的来说，在新型城镇化建设进程中，当前中国休闲体育场地设施紧缺的现状仍然会对中国城乡居民休闲体育消费的需求产生较大的制约作用，这一问题急需解决。

（五）产业发展所需要的强有力协同推动机制较为缺乏

休闲体育产业是一个相互配套的系统工程，涉及教育、医疗、交通、商业、旅游、文化、安全等众多相关产业和部门。只有各部门的协调配合，才能实现休闲体育产业的快速健康有序发展。近两年我国“假日经济”的火爆消费现象暴露出社会各行业系统发展不协调的问题：休闲体育消费时出现的交通拥挤、餐饮脏乱、住宿不配套、服务质量差等问题一直没有得到很好的解决。

（六）中国还没有形成休闲体育产业的资本市场

在产业发展的过程中，资本是其重要因素之一。由于近年来休闲体育产业成本的不断增加，现有的资金完全无法支持休闲体育产业发展。加之在中国众多休闲体育产业中，中小型企业占多数，它们难以找到相对有实力的大企业作担保人。于是，形成一个巨大的休闲体育产业融资需求市场。然而，在中国的金融体系中，资本市场的发育还不充分，休闲体育产业资本市场成熟度还远远不够，营利模式并未廓清。商业银行“嫌贫爱富”现象突出，不能为众多的中国休闲体育产业企业提供一个多层次、全方位的融资渠道，所以绝大多数的中国休闲体育产业企业无法在社会上筹集足够的资金。

（七）产业发展专业性人才非常缺乏

我国体育事业发展过程中，体育竞技人才的培养往往被作为重点，而对体育产业经营人才的培养则往往被忽视。目前，市场上已出现了一些培养休闲体育方面人才的教育培训机构，国内的一些高校也相继开设了休闲体育相关专业。这虽然在一定程度上缓解了休闲体育经营管理人才缺口，但无论从其人才培养数量上还是质量上都难以满足目前休闲体育产业需要。经营人才的匮乏已经成为我国休闲体育产业发展的一种重要制约。

目前，我国大部分休闲体育产业从业人员都缺乏系统科学的专业培训，人才的稀缺将直接影响休闲体育产业市场竞争力。另外，由于缺乏相关专业知识，一些休闲体育经营者管理者也往往困于现状，难以对现有的休闲体育服务及经营提出改革创新，休闲体育产业经营方式陈旧，经营内容单一，行销观念落后，创新意识薄弱。这严重制约了我国休闲体育产业的发展。

（八）中国休闲体育产业发展存在着显著的不平衡

中国的基本国情对休闲体育产业的发展规模产生重要的决定性影响，经济发展的区域不平衡制约了休闲体育产业发展的速度，中国城乡居民消费结构中服务性消费、文化消费、享受型消费比例偏低，从总体上限制了休闲体育产业的市场规模。当前，中国休闲体育产业发展不平衡主要表现为：区域上的不平衡、布局上的不平衡、项目开发上的不平衡。

三、休闲体育产业发展的对策研究

目前，我国的休闲体育产业仍然处于初级发展阶段，在发展的过程中存在着各种各样的问题，休闲体育产业还有许多亟待提高的地方。针对我国休闲体育产业的现状和存在的问题，提出了一些相应的发展对策，具体如下：

（一）体育行政管理部门要及时转变观念，并对其职能进行调整

随着市场经济体制改革的不断深化和发展，体育行政管理部门应转变完全依靠政府办体育的观念，调整政府在休闲体育产业发展中的职能定位，明确政府在休闲体育产业发展中的主导作用，即引导、统筹规划、扶持和规范。具体来说，应该从以下几个方面着手：

首先，国家和地方各体育行政管理部门通过制定和执行相应的管理制度、法规，管理和监督休闲体育市场，规范休闲体育市场的经营行为，逐步建立和完善休闲体育的消费和服务体系。另外，政府还应在休闲体育产业资本支持体系的创新、融资渠道拓展和税收减免等方面提供一定的保护和扶持政策，对休闲体育产业结构良性发展起到积极的引导作用。

其次，扶持和引导非营利性体育社会组织和商业性休闲体育组织的发展，促成各种组织之间以及组织与政府之间的合作。

再次，具有公共产品性质的基础休闲体育设施，商业组织不愿提供，则应由政府免费或以成本价提供，来满足国民的休闲权益和需求。不过，政府在直接提供休闲体育服务时，为保证服务质量与管理效率，应在政府行政主管机构外专门设立一些机构来管理有关设施与项目。

最后，将休闲体育产业发展战略规划制定出来，同时，还要将发展休闲体育产业纳入国家和地方经济发展的总体布局，明确休闲体育产业发展的目标和重点，采取“梯度”发展战略，对休闲体育产业健康发展起到积极的促进作用。

（二）对体育休闲消费进行合理引导，使中间层次消费群体育所扩大

随着我国城乡居民收入的不断增长和生活水平的提高，人们在文化娱乐、体育休闲等方面的消费支出不断增加，但因为人们消费观念和有效的购买能力不足，真正进入休闲体育市场的人并不多。体育休闲消费是一种人们通过购买劳务产品来满足“获取健康”“愉悦身心”等精神需要的文化消费，消费水平的提高有赖于收入水平的提高，而消费结构的选择还依赖于人们的消费观念，消费结构和休闲消费观念对体育休闲业的扩大同样有重要的影响。当前有效购买力不足已成为实现体育休闲消费和体育休闲业快速发展的潜在壁垒，我国体育休闲消费的“疲软”和休闲体育产业的发展缓慢则与整个消费者的人群结构不尽合理存有很大关系。因此，提升人们的有效消费能力或购买力，体育休闲消费的持续增加和休闲体育产业的扩大也才能最终实现。

（三）优化产业结构，对产业间联动发展起到促进作用

一方面，我国休闲体育产业的发展要以核心产业尤其是健身娱乐业和竞赛表演业为主导，通过重点培育扩大和提升健身休闲服务业、竞赛表演业等核心产业发展，将休闲体育产业结构的调整与优化充分带动起来，同时把发展休闲体育与发展区域经济结合起来，通过依托、挖掘、整合、联动相关产业，实现休闲体育产业与交通业、商贸业、房地产业等相关产业的有机融合，从纵向和横向培育休闲体育产业链，优化产业结构，实现休闲体育产业的整体推进，协同发展，提高产业区域竞争力。

另一方面，要大力扶植休闲体育中介及相关市场。随着我国休闲体育产业化格局的提升。体育运营商对中介经纪服务的需求也会明显提高，相关的市场需求将随之活跃。

（四）休闲体育场馆设施开发建设力度要进一步加强

休闲体育设施与公共体育基础设施是开展休闲体育活动、提供休闲体育服务的一个基础性条件。政府在加大开发建设力度的同时，应放宽限制，鼓励民间投资，通过整合民间资本和政府资本，充分发挥资本最大效益。在休闲体育场馆设施和休闲体育项目的开发上，应根据时代的变化和消费者的需求重点着力体现多元化休闲体育消费，多层次休闲体育消费和多地域休闲体育消费的特征。要根据不同群体的消费者推出适当的休闲体育产品，就当前而言，特别要注意开发适合低收入者的休闲体育产品，以此来提升中国居民的整体休闲体育消费质量。

具体来说，要想进一步加强休闲体育场馆设施的开发建设力度，需要从以下几个方面着手：

首先，要将有关休闲体育场馆设施的专门政策或规划制定出来，对中国休闲体育场馆建设数量、标准以及位置进行规划，并且纳入新型城镇化、新农村发展建设的一部分，以达到合理使用的目的。在新型城镇化建设的进程中，要加强乡间、原野、小城镇休闲体育场所的规划开

发建设，为城乡居民提供更多的户外运动场所。

其次，在建设城市社区、农村新社区、乡镇的健身活动室或活动站等方面要有所加强。尤其应加大对县域农村体育健身工程的投入比重，解决公共配套服务设施缺位严重的问题。这是在新型城镇化进程中必须预先作好安排的。总之，新型城镇化进程中中国农村休闲体育基础设施建设的推进，将极大地促进中国农村休闲体育产业的快速发展。

最后，对学校体育场馆设施向社会开放的推动力度也要进一步加大。充分利用学校的体育场馆设施以满足广大城乡居民的休闲体育健身需求，提高学校体育场馆设施的利用率。在学校体育场馆设施向社会开放中，必须以县域地方政府为主导，如果地方政府部门管理缺位，那么开放工作将会停滞不前，必须让学校体育场馆设施向社会开放进入新常态。

（五）休闲体育产业的管理体制要有所转变

增强体育娱乐功能是实现休闲体育业快速发展的根本动力，体育与娱乐的结合成为全球体育发展和人类休闲生活的最大特点。体育要回归生活，回归大众，势必要与娱乐结合。

受特定的历史背景和政治条件影响，加之生产力水平较低，为了确保在有限的可调动的资源下发展体育事业，我国采取了“集中资源，重点发展竞技体育”的管理体制。这种管理体制对我国的体育事业，尤其是对竞技体育的发展起到了重要作用，使我国在国际体育比赛中取得了令世人瞩目的成绩。但也使体育的价值功能过于强调国家意志和政治功能，公共体育基础设施建设明显滞后。体育事业作为一项社会公益事业，过分强调政治、教育功能必然会限制休闲、娱乐、经济等功能的发挥和拓展，转变现有管理体制，不断增强体育休闲娱乐化的运作模式，是实现我国休闲体育产业突破性发展的关键。

（六）通过休闲体育产业适度优先与协调发展战略的采用

未来中国城乡居民收入水平将持续上升，消费结构也将不断升级转化，中国休闲体育产业将迎来大发展。因此，各级政府要抓住时机，在制定产业发展战略时应采取休闲体育产业适度优先发展战略，推动中国休闲体育产业的快速发展。此外，中国人口众多，各地区之间、城乡之间、城区之间的不同消费群体的收入水平和消费结构均呈现出巨大的差异性，导致目前中国休闲体育产业发展的不平衡。然而，面对经济新常态，新型城镇化建设进程中的我国休闲体育产业发展必将从各自为战到协调发展。在国家“一号两箭”的战略布局下，我国将逐步实现“区城一体化”。具体是：“一号”覆盖东部沿线的东北、京津冀以及海上丝绸之路；“两箭”贯穿东西部的长江经济带与陆上丝绸之路。强调“全国一盘棋”，区域协调发展将为中国休闲体育产业注入强大的动力，应该说，“一号两箭”的一体化创新发展战略格局，将是中国休闲体育产业区域协调发展的重要引擎和新动力。

总之，“一带一路”“京津冀协同发展”和“长江经济带”是区域发展从非均衡转向均衡协调的三大新战略，也是区域创新发展的指导思想，必将为中国休闲体育产业的发展注入强大的驱动力，一定会对中国休闲体育产业的快速发展起到巨大的推动作用。

（七）加强休闲体育产业经营管理人才的培养

就休闲体育产业而言，其缺少的人才主要有三大类，即负责休闲体育产业、休闲市场规划、监管职能的行政管理人才，高素质的休闲体育经济人，休闲体育营销人才和休闲体育研发人才。要从根本上解决我国休闲体育产业人才匮乏的问题，可以从以下几个方面入手：

第一，应在目前的体育院校和综合性大学的经济院系开设与体育产业相关的课程和专业，设立高层次的体育经济学位点。

第二，建立体育产业的新学科和科研机构，加强对体育经济理论的研究，及时指导体育产业活动的实践。

第三，鼓励休闲体育经营单位的有关人员进行岗位培训、在职进修，培养符合我国体育产业发展需要的主要从事休闲体育产业人才。通过专业培养、岗位培训、在职进修、招聘引进等多渠道来培养和造就休闲体育产业经营管理的专业人才，为休闲体育产业的进一步发展奠定坚实的人才基础。

（八）通过宏观政策的制定来促进中国休闲体育产业的发展

发展提供驱动力。多年来，决策者更多地使用粗放投入刺激，弥合产出缺口，未来十年，面对经济的进一步下行的压力，中国休闲体育产业在政策上，必须通过深化改革消化前期政策。发掘经济的持续性增长潜力。从体制层面创新，打破未来十年产业增长的供给侧瓶颈，创造新供给，着力推进供给侧结构性改革和提高供给体系效率，从宏观政策上厘清市场、政府、社会的职能和定位来对冲潜在增速的下行压力。在市场作用方面，应从基础性向决定性转变，着力培养公平开放的创新市场，充分发挥市场的决定性作用是创新驱动休闲体育产业发展的根本。国务院颁布的《关于加快发展体育产业促进体育消费的若干意见》也进一步强调要“发挥市场的决定性作用”，这种政策的创新对破除体育产业发展上升的阻力、确立市场的主体地位、进一步挖掘市场的内在潜力、释放市场的核心活力、提升市场资源配置的自动化能力、推动体育产业做大做强带来了新的机遇。

第三节　休闲体育产业的经营与管理

一、休闲体育产业的经营与营销

（一）休闲体育产业的经营模式

休闲体育逐渐成为现代社会主体性的休闲方式，随着人们的休闲意识特别是休闲体育意识的增强，未来休闲体育运动人口将不断增加，并且将会以“乘积”的方式不断提高。基于“提高人类健康水平，是直接关系未来人类自身生存发展质量”的认识高度，休闲体育产业的经营采用的经营模式主要有以下几种。

1. 国家休闲体育发展事业型经营

国家休闲体育发展事业型经营实际上是一种和健康体育经营融为一体，将休闲体育纳入人类文化范畴的经营模式。它的所有投入和支出全部由国家负担。它追求的最高目标不含有任何的经济目的，提高人们的日常生活质量是其主要目的所在，如公园、市民广场和居民区花园等，为人们提供一个优美的休闲体育活动环境。

2. 社会休闲体育福利事业型经营

社会休闲体育福利事业型经营是一种以社会资助、社会集资为主要经济来源的休闲体育经营模式。其也将提高人们的日常生活质量作为最终的追求目标，同时，还将人们应该自己参与创造的经营观念，即“社会（企业）大赞助、国家小投入、人人出钱为人人”的经营模式提了出来，提倡经营管理者（指导员、管理员等）的无私奉献精神。

3. 事业型休闲体育的产业化经营

事业型休闲体育的产业化经营是我国处于社会经济发展特殊时期提出的一种新休闲体育经营模式。提高人们的日常生活质量也是其所追求的最高目标。其前期投入仍然由国家或社会承担，但后期维持正常运转的经费则必须通过经营来获得。日本的社区经济学家最近提出了“无私奉献不是无偿奉献”的新观点，为“事业”经营的有偿化奠定了理论基础。

4. 政府主导的休闲体育产业经营

政府主导的休闲体育产业经营是我国在大力发展社区工作时期提出的观点。它追求的最高目标仍然没有改变。这种经营模式对政府在全部过程中的主导作用非常重视。一般，前期投入主要由政府负责，后期经营主要由政府负责，过程管理主要由政府负责。需要注意的是，它突出强调的是“主要”而不是“全部”，这实际是利用行政手段进行调控或者干预的一种经营模式。这种经营模式或多或少带有强制性和行政管理的功能色彩。

5. 商业化的休闲体育产业经营

商业化的休闲体育产业经营是在市场经济条件形成的休闲体育经营模式。它的投入全部由经营者承担，追求的最高目标是企业获取经济利益。虽然从理论上分析，它同样也在提高人们的生活质量中发挥着积极的作用。但是，这种生活质量的提高是以物质交换形式进行的，一旦离开了物质基础，那么生活质量的提高也就被脱离了，因而带有浓厚的商业色彩和“铜臭”味道。尽管如此，仍然必须承认商业化的休闲体育产业经营，将人们对什么是高质量休闲体育生活的理解，提高到了一个新的高度。

（二）休闲体育产业市场营销的特点

休闲体育产业市场营销可以采用的方式是多种多样的，但是从企业市场营销的总体要求上讲，休闲体育企业营销战略具有较为显著的特点，具体来说，主要表现在以下几个方面：

1. 全局性特点

不管是什么样的企业市场营销战略，都是要将该企业发展需要和利益体现出来的。例如，怎样预测今后一段时期内休闲体育市场需求发展的变化趋势，并做出相应的对策，发展出一种新的项目和活动内容，推出某些新的服务，这关系到休闲体育行业的发展，这种市场营销的战略决策具有全局性的特点。当然，全局又是由它的一切局部有机地构成的，因此照顾各个局部之间的关系也是战略决策的一项重要任务。

2. 长期性特点

企业的战略着眼于未来，要指导和影响之后相当长的一个时期。对于所有的休闲体育企业来说，尽管当前的经济利益非常重要，但是，不能只顾眼前的利益，更要重视长远的利益。当然，未来又是以当前为出发点的，任何未来的发展都要以当前为依据和前提。因此，立足当前，放眼未来，协调当前与未来发展的关系，是市场营销决策的关键所在。

3. 系统性特点

企业各个方面的问题是一个彼此紧密配合的有机联系的整体，这就是所谓的系统性。一般来说，系统有层次之分，又有主次和大小之分。对于各种不同层次以及各部门系统的战略，它只能是整体系统战略的一个局部，局部就要服务于全局。休闲体育企业应该将整个企业的战略作为一个整体系统工程来统筹制定，争取整体发展效益的最大化。

4. 灵活性特点

休闲体育企业的营销受到外部环境和内部环境的综合影响。当外部环境产生变化时（如市场需求、政治或经济形势变化、政策与法令变更等），应该不失时机地进行相应的战略调整。企业的内部条件变化也会对市场营销产生影响，战略决策应该适应内外环境变化，对变化做出灵敏而又具创造性的反应。企业战略是以现在为基础而对将来做出的决策，是积极地和有准备地迎接未来挑战的决策。

5. 风险性特点

不管是什么样的营销决策，都不可能是在信息绝对充分的条件下做出的，都是对未来所作的预计性决策，因此，这就赋予了其显著的风险性特点。环境的多变性、复杂性以及企业自身条件的不断变化，使得任何战略决策都具有不确定性和瞬时性的特点。某个机会的价值大小常常取决于企业当时的地位、实力以及素质条件，很多机会常常是瞬时即逝的。机会和风险常常是可以互相转化的，只有及时抓住机遇，抢得先机，才能得到应有的回报。

（三）休闲体育产业的营销策略

休闲体育产业所采用的营销策略，就是所谓的4P策略，具体来说，主要包括产品策略（Product）、价格策略（Price）、分销策略（Place）以及促销策略（Promotion）。市场营销策略以消费者的需求为出发点，依据市场调研获得消费需求量以及购买力信息，企业利用产品营销策略使产品供给消费群体。

1. 产品策略

休闲体育产品设计集休闲健身娱乐和体验参与性于一体，设计的休闲体育产品要与市场需求相符。休闲体育产品设计还要对产品的整体性，即核心产品、形式产品以及附加产品的设计进行充分的考量。这里所说的核心产品，实际上就是指消费者购买该种产品时所追求的基本效用和利益，是消费者真正想要的东西，在产品的整体概念中是最基本、最主要的部分。休闲体育核心产品的载体和具体表现形式就是向消费者提供的实体产品，如全球知名高尔夫球具品牌Callaway（卡拉威），它以向高尔夫爱好者提供各种高品质用品和服务而闻名。当人们一提到卡拉威这个品牌的时候，就会联想到高尔夫运动带给人们的高品质、优雅、畅快的运动体验，从而给消费者一种核心利益的满足感。附加产品指的是顾客购买有形产品时获得的全部附加服务与利益，包括提供信贷、分期付款方式、包装、送货、安装、售后服务等。

休闲体育产品要立足市场就必须将自己的品牌形象树立起来。对于体育品牌而言，企业产品知名度的提升要依靠培育品牌竞争力，打造休闲体育品牌首先就要使产品具有良好的品质和独特性。只有如此，产品才能占领目标消费市场，获得消费者的良好口碑。

企业根据市场状况、自身资源条件以及竞争态势对产品组合的宽度、广度、深度与关联度进行不同的组合，就是所谓的产品组合策略。其所包括的内容主要有产品项目的增加、调整或剔除，产品线的增加、延伸和淘汰，以及产品线之间关联度的加强和简化等几个方面。休闲体育企业提供的产品与服务就是综合产品组合。休闲体育企业产品的宽度、广度、深度和关联度的有效组合既产生良好的经济效益，同时也能满足不同休闲体育消费者的需求。例如，健身俱乐部的健身课程与不同的服务项目、不同的服务人员以及不同的服务时间的组合可以形成不同的产品：不同种类会员卡的设计，如年卡、半年卡、情侣卡、老年卡等，运用不同的项目组合、时间段及价位来区隔不同的产品。面对顾客有更多个性化、多元化的需求时，应该着重研究目标顾客的特点，提供相应的产品，这是服务营销的首要任务。

产品的市场寿命即产品从进入市场开始直到最终退出市场为止所经历的市场生命循环过程。一般来说，产品要经过研发、试销后才能投入市场，一般分为四个时期，即导入期、成长期、成熟期与衰退期。

2. 价格策略

休闲体育企业的产品和服务最终会以价格的形式销售出去，而这个价格是买卖双方都愿意接受的价格。价格策略不仅会对市场的供给和需求产生重要的决定性影响，同时，还会对企业的利润多少以及竞争力的大小产生一定的影响。因此，价格策略在营销组合策略中具有非常重要的作用。价格受到产品成本、市场需求、竞争状况、消费者心理、政策法规等多方面因素的影响，正确认识这些影响价格的因素有助于休闲体育企业对自身产品做出合理的定价。

一般来说，可以将定价方法分为三种类型，即成本导向定价法、竞争导向定价法以及需求导向定价法。其中，成本导向定价法就是在产品的成本上附加一定的利润得到的价格，主要包括利润导向定价和政府控制定价。竞争导向定价法是以市场上主要对手的同类产品的价格为依据的一种定价方法，包括随行就市和竞争性定价两种。需求导向定价法就是以不同时间、地点、产品以及消费需求强度的差别为定价的依据，针对每种差异决定在基础价格上是加价还是减价。

市场定价有着多种多样的策略，从不同的视角出发，可以将定价策略进行不同的归类和划分，其中，较为常见的有高价位定价、折扣定价、差别定价、心理定价。不同的定价策略的特点和适合的范围也是有所差别的，比如，高价位定价适合于知名度较高的企业，当消费者把高质量与高价格联系在一起时适宜使用该策略；差别定价就是根据顾客需求的不同而制定不同的价格，这些差异包含了地区差异、产品和服务品种差异、顾客支付能力差异、运输差异等；折扣定价就是企业通过折扣来促进消费和生产，降低库存、加快资金周转，减少坏账损失，促进产品推广心理定价指企业能把握消费者心理需求特征，制定出适合顾客心理的价格，从而激发消费者购买欲望，引发顾客购买行为。其中的折扣定价就是通过低价招徕首次消费的顾客感受此类产品，借此激发消费者的后续消费。

3. 分销策略

休闲体育企业生产出来的产品一般不直接销售给消费者，而是需要透过一定的销售渠道才能到达消费者的手里，休闲体育产品的销售群体主要包括制造商、经销商、批发商，零售商以及体育市场的推广机构与消费者。这一通道可以是直接的，也可以是间接的，可长可短，具体要根据企业的自身情况和具体商品等多种因素而定。

以休闲体育产品的需要为主要依据，可以将销售渠道分为两种类型。一种是直接渠道，具体来说，就是指休闲体育产品生产者直接把产品出售给最终消费者的分销渠道。直接渠道减少了中间环节，节约了流通费用，而且产销直接见面，生产者能够及时了解消费者的市场需求变化，有利于企业及时调整产品结构，做出相应的决策。直接渠道的具体销售形式有接受用户订货、设店销售、上门推销、电子手段销售等。另一种是间接渠道，具体来说，主要是指休闲体育产品生产者通过流通领域的中间环节把产品销售给消费者的渠道。间接渠道是社会分工的结果，通过专业化分工使得商品的销售工作简单化，中间商的介入分担了生产者的经营风险。借助于中间环节，可增加商品销售的覆盖面，有利于扩大商品市场占有率。但中间环节太多，会增加商品的经营成本。

休闲体育企业对采用怎样的销售渠道起到重要的决定性影响，同时，其还需要对渠道的成员进行协调和控制，要采用适当的办法激励中间商并处理好与他们的关系，并对渠道成员的工作业绩进行评估，最后对渠道成员进行适当调整。休闲体育企业在确定了中间商后，为了达到既定的营销目标、提高中间商的积极性，加强中间商与自己的合作，就要采取各种不同的措施对中间商予以激励，使得企业和中间商之间形成一种良性互动关系，建立荣辱与共的长期合作关系，使整体利益最大化。休闲体育企业激励中间商的方法很多，如为中间商提供较为成熟的商业模式，提高分销利润，给予促销支持，定期提供免费商业培训与提供融资和信息支持，等等。

休闲体育生产商通过系统化、科学化的手段和措施对渠道成员的履约情况、经营水平等要进行客观考核和评价，这对于鼓励勇于开拓进取的中间商、警示业绩落后的中间商都是有所帮助的。一般来说，评估的内容主要包括渠道成员的管理水平及信用度、销售额和销售增长率、库存水平、对顾客的服务质量、促销活动等方面。通过综合评估分析，休闲体育生产商要根据市场反馈信息分析经营中的问题，及时采取相应改进措施，调整分销渠道的数量和种类，使企业和销售渠道保持足够的市场竞争力。

4. 促销策略

休闲体育企业要做的不仅仅是开发和生产市场需要的产品，制定有吸引力的价格，通过适当的销售渠道使得目标顾客获得产品，还要与中间商、消费者之间保持良好的接触。为了达到这一目标，就要求企业选择适当的促销手段与方式，如广告、推销与公共关系等。促销的作用是生产厂家把产品信息通过各种渠道推广出去，使目标顾客了解产品，激发其购买欲，最终实现销售产品的目的。

休闲体育企业要以自身情况为主要依据选择不同的促销组合，从而使促销达到最佳效果。通常，可以将促销组合策略分为两种类型。一种是推式策略，主要是侧重运用人员推销和营业推广的方式，把产品的生产企业推向中间商，再由中间商推向市场。此方式的促销信息和产品流向是同方向的，适合于目标市场比较集中、流通环节较少、流通渠道较短的产品。另一种是拉式策略，主要靠广告和招商等方式，休闲体育企业不直接向中间商做广告和推广，而是直接面向市场做广告，以此刺激顾客的购买欲，引导和促使顾客消费，购买此类产品的顾客增多后，就会使中间商主动去联系生产企业订货。拉式策略适合于目标市场需求量大且相对分散、流通环节较多、流通渠道较长的产品。

不管休闲体育企业选择哪种策略，企业营销策路都应该与企业产品自身特点相符，顺应消费者需求和兴趣，同时适应行业的特性。只有这样，才能取得事半功倍的效果。休闲体育消费者对不同类型的产品具有不同的购买动机并由此导致不同的购买行为，因此企业要针对不同类型产品使用相应的促销方式。

二、休闲体育产业的管理

（一）休闲体育产业的管理原则

休闲体育企业提供的产品与服务多种多样，规模不一，经营模式差异化，组织结构也不尽相同。但是，休闲体育企业最终要靠提供各种产品和服务以获得利润，而所获利润的多寡与其悉心的管理是密不可分的。

具体来说，休闲体育企业的管理应该遵循的原则主要有以下几个方面：

1. 建立现代化企业管理制度原则

以市场经济为先导，以公司法人为主体，所有权和经营权分离，以有限责任制度为核心，企业实行政企分开的原则，以科学化管理为手段的企业制度，就是所谓的现代企业的管理制度。市场经济使得买卖双方能在自愿有偿的前提下交易，最终实现共赢。企业要盈利和生存必须按照市场规律办事，盈利是企业的天职，企业要以利润为导向同时兼顾一定的社会责任，一切从市场的角度出发，一切为了市场的需要，市场经济能最优化配置各种资源，使得人尽其才物尽其用。公司所有权和经营权分离能明确管理者的责任，使财产所有者的权利得到应有的保障，使职业管理者能在制度框架内，在承担相应责任的前提下独立支配公司各种资源为企业获得效益。休闲体育企业应当在经营原则上做到政企分开，企业要从公司盈利的角度去考虑公司架构和日常的运营管理，最大限度减少行政成本，使得整个经营的效率提高；科学化管理是现代企业制度中重要的方法和手段，企业要本着实事求是的态度，应用当今社会科学和自然科学方面的先进理念和技术对企业进行管理，从而让整个经营处于一种可控的状态。

2. 将一般管理与区别管理有机结合起来的原则

休闲体育企业的发展模式与形式是多种多样的，这就要求企业在具体管理上不仅要遵循一般管理的共性规律，同时还要以休闲体育企业的实际为出发点，将相应的管理制度建立起来。因此，休闲体育企业的组织结构都要本着天时、地利、人和等因素考虑，从而使其与市场需求相适应。

休闲体育产品以及休闲体育企业的管理方法往往都是从国外引进来的。要达到管理效果最优化，就要求休闲体育企业在管理中处理好引进与消化吸收之间的关系，处理好地域之间的差异关系，如果原封不动地照搬企业的管理方法，只会造成管理效果南辕北辙。例如，发端于欧美的户外休闲徒步运动在国外相当普及，国外每年都有成群结队的远足爱好者到户外从事这项休闲体育运动，参与者大都具备远足登山知识和专业登山装备，再加之专业化户外登山公司的有效的组织管理、策划、顾问服务，使得这项运动在国外的规范程度和安全性较高。而近几年国内出现了许多户外拓展公司，由于户外拓展公司缺乏系统有效的管理，导致远足爱好者出现不少失踪、坠崖遇山洪等各种意外事故，造成了参与人员的受伤甚至是死亡，同时也给园区管理、消防营救等部门造成了不必要的负担。当然，这其中有远足爱好者自身的问题，但一些户外运动公司不够规范、经验不足、管理不到位是造成事故的主要原因，要想使此类事故的发生得到有效避免，需要采取相应的一些有效措施，具体有以下几个方面：

第一，远足爱好者要以专业户外公司为依托进行户外运动。

第二，户外拓展公司要强调户外运动组织管理的专业性和规范性，除了要具备专业人员和知识技能，还要定期对参与此类活动的会员进行体能和技能培训。

第三，户外拓展公司要熟悉当地的地形地貌。气候环境，并根据实际情况规划行进路线，制定意外处置应急预案与遇突发情况的撤离路线，并做好与当地相关营救部门的沟通联系，经过这些前期有效的管理措施使突发事故的危险程度降到最低。

一般管理原则从宏观上对开展此类活动的企业来讲都是实用的，但是休闲体育企业所处的市场运行环境、企业自身状况等方面都存在差异，其具体的管理方法和手段则要根据具体情况而有针对性和目的性地确定下来。

3. 以人为本与重视人才培养的管理原则

以人为本，实际上就是把人放在第一位，发展要依靠人，发展的最终目的也是为了人，以人为本是休闲体育企业发展的核心动力与内在要求。休闲体育企业提供的产品和服务最终要提供给特定的人群消费，这就要求企业从产品设计、开发、生产及服务过程乃至最后的销售和售后服务各个环节必须本着以人为本、人性化的基本原则，这样才能真正把顾客放在第一位，一切为了顾客。反过来，顾客才会再次眷顾你，企业才能占有市场份额，赢得商机。

以人为本还在企业的终极目标和社会责任上有所体现。究其原因，主要是由于只有提供最好产品和服务的企业才可能被消费者认同，才能在激烈的市场竞争中存活下来。发展良好的企业才会增加就业岗位，最终给整个社会带来更多的税收利益。企业的利润最终会变成投资和消费回流到市场中，企业所创造的财富最终会使整个社会和国家变得富裕，从而实现履行企业社会责任的终极目标。

休闲体育企业提供的产品、服务的质量水平的高低体现的是其内在制度和外在竞争力，归根结底是企业员工的价值作用的发挥。一个企业的优劣取决于企业员工素质的高低，从根本上来说，企业之间的竞争，实际上就是人才的竞争，因而企业加强对员工的培训是非常必要且重要的。

4. 计划管理与市场导向相结合的管理原则

不管什么样的企业，都有自己的发展目标，而目标的实现需要制订切实可行的计划。计划本身具有量化属性，要么是生产多少产品，要么是完成多少销售额、利润或是占有多少市场份额。计划还需具有时间属性，也就是需制订长期、中期、短期计划。没有时间限制的计划不能称之为计划，只能纸上谈兵而已。有了计划，企业就可以依照计划方案有条不紊加以实施。计划应该贯穿企业整个的生产流程以及销售过程。

休闲体育企业能随着市场的快速变化而灵活调整计划，这也是其能在市场环境中得以生存的重要原因所在。在实际的管理中，休闲体育企业要正确处理好计划和市场调节的关系。企业不能完全僵化地按计划办事，否则就会使企业陷入教条主义和僵化之中。休闲体育企业应随市场变化对其计划应进行局部微调，在某些极端和突发情况下还要进行全局性的调整，也就是经济学中所讲的随机行走。

（二）休闲体育产业的管理方法

休闲体育企业管理方法是企业管理原则的实际运用，休闲体育企业在企业管理中不仅要正确运用管理方法，而且企业还要针对具体实际选择合理有效的管理方法。休闲体育企业在管理时，往往会用到相应的管理方法，最为主要的有以下几个方面：

1. 目标管理的方法

企业以预先设定的目标进行企业管理的方法，就是所谓的休闲体育企业目标管理。通常情况下，可以将企业目标按照时间标准划分为不同的类型，即当前目标、短期目标、中期目标和长期目标。休闲体育企业首先要科学正确地树立适合自己企业的目标，所谓设定企业科学合理的目标就是指其制定的目标要与企业的长远利益和企业的经营理念一致，设置发展指标应当合理可行。目标设定过高，可能难以实现；目标设定过低，又会造成员工过于懒散。高层管理者制定了总目标之后，各级管理者设定各部门相应的具体分目标。休闲体育企业各部门员工要根据部门分目标来制定部门管理办法，其目的就是要求各部门员工分工完成分目标，各部门对企业分目标的完成为实现企业总目标提供了基本保障。也就是说各部门在完成具体的目标后，企业总目标才有可能完成。各部门分目标的完成情况又是各级部门管理者考核、评估员工工作成绩的主要依据，管理者根据考核结果来奖惩其员工。如果各部门没有分目标来指导员工的工作，那必然导致部门之间和各工序之间发生矛盾。目标管理通过自上而下制定的目标，在休闲体育企业内部建立起完整的目标体系，把企业各部门紧密地联系起来。每个员工的工作直接或间接地同休闲体育企业总目标联系起来，从而使每个员工明确自己的工作目标，也知晓自己的工作重要性。如此一来，就能够将员工力量更好地凝聚起来，从而使企业的生产以及员工的工作效率得到有效的提升。

最后，还需要强调的是，休闲体育企业通过部门将目标任务落实到每一位员工，使企业员工能有效地按目标完成企业的工作任务，由此可以看出目标管理法是一种优越的管理方法。

2. 标准化管理的方法

休闲体育企业标准化管理就是在企业高级管理层领导下，以国家行业标准化规定和企业的总体经营发展目标为依据，企业对各部门和环节实施标准化管理。通过标准化管理能不断规范企业行为，从而达到产品质量以及生产程序标准化，使企业实现自己的经营目标。休闲体育企业标准化管理体系主要由三大标准体系构成，即技术标准、管理标准、工作标准。

（1）技术标准

技术标准就是休闲体育企业技术标准化的管理，休闲体育企业的产品有一定的技术含量，需要统一明确的技术标准体系，从而准确把握各技术标准的具体要求，通过技术标准化有效地实现宏观管理目标。

（2）管理标准

管理标准是对休闲体育企业标准化管理的具体落实。企业在做了实地调查研究的基础上，制定出适合本企业的管理标准。休闲体育企业所制定的管理标准要贯彻落实到企业各部门和各环节，同时企业要以管理标准为依据对员工进行考评。

（3）工作标准

工作标准是对休闲体育企业标准化对各部门或各工作环节的工作量，工作规范、工作周期以及考评所做的要求规定。休闲体育企业只有实施工作管理标准化才能进一步使员工明确工作标准内容，才能以工作标准的实施情况对员工进行严格考核。因此，休闲体育企业只有通过管理标准化才能实现工作程序和工作量的统一与简化。

休闲体育企业实施标准化管理才能获得最佳的目标效果。休闲体育企业组织建立和完善自身的综合标准体系显得特别重要，是企业管理的一项基础性工作。

3. 系统管理的方法

随着休闲体育企业规模的不断扩大，企业的组织结构也逐渐庞大，怎样解决复杂而庞大企业的效率问题，有效的管理方法就是系统管理方法。所谓系统管理方法就是把整个企业各部门和工作环节作为一个整体系统，把各事物只当作是整个系统的一个局部环节的管理方法。具体来讲，就是休闲体育企业管理者要从系统的角度出发来管理各种事务，也就是在整体与部分、整体与外部环境、部分与部分之间的相互作用与制约的关系中寻找规律，并以规律为依据发现最佳处理问题的方法。系统管理方法是一种满足整体、统筹全局、把整体与部分辩证地统一起来的科学管理方法。

休闲体育企业要以自己的需要为主要依据将系统的优化目标管理确定下来，另外，企业可以通过运用信息处理技术和系统管理方法把整个系统分成若干不同的层次结构，使部分的功能和目标服从整个系统总体的目标，从而让企业的管理实现整体最优目标。

（三）休闲体育产业管理的实施

积极的休闲往往需要具备两个方面的条件：一个是有充足的休息时间，一个是合理科学地安排休息时间。因为只有足够的休息时间加上合理科学地安排休息时间，才能对人们形成参加多层次、多形式体育休闲娱乐的习惯起到积极的促进作用，“带薪休假制”“轮流休假制”“自主休假制”“淡季休假制”等都是在人口密集、休闲旅游资源有限、交通不发达条件下尽可能保证人们参加休闲运动的选择。鉴于此，就要求政府应该加大研究和宣传的力度，切实做好这方面的研究与实践工作。

休闲体育娱乐经营管理者对产业及经济环境的了解对于具体工作的实施和运作是较为有利的，但是其受到很多方面因素的影响。具体来说，主要有以下几个因素：

1. 技术的发展变化

技术的发展变化对于体育休闲娱乐产业的冲击很大，互联网和数字电视改变着人们的工作以及娱乐方式。

2. 国家部门管理的变化

通过对体育休闲娱乐的立法，使人们对体育休闲娱乐有了更好的认识，同时体育休闲娱乐的产品也影响着社会其他部门，如学校增加了体育休闲娱乐课程，体育休闲娱乐在社区中更好地传播，而且学校也开始对外开放运动设施，产生收入。

3. 体育休闲娱乐领域的私人参与

私人公司提供各种形式的体育休闲娱乐的产品和服务。以全民财富的社会概念为主要依据，适当划分达到的社会目的和建立评价体育的方法，建立用于编纂和展示体育统计的一般分类标准以和国际接轨。

第四节　不同类型休闲体育文化产业的发展解析

随着人们物质生活水平和保健意识的提高。体育越来越多地进入平常百姓的休闲生活。北京奥运会的成功举办，让体育文化在国内进行了一次广泛而深刻的传播，它带来的持续效应为休闲体育产业在国内的进一步发展创造了良好的契机。休闲体育产业作为我国的新兴朝阳产业，对于带动我国国民经济的发展具有不可估量的作用。休闲体育产业作为经济产出的显著变量和文化要素，已经成为现代生产力的重要组成部分。休闲体育产业质量的好坏不仅是衡量一个国家生产力水平的高低，也是衡量社会文明和人类健康发展的重要标志。我国不同类型休闲体育文化产业的发展现状有所不同，本章主要分析研究了体育健身休闲产业、体育赛事产业和体育旅游产业的发展情况，从整体上把握我国休闲体育产业的发展情况。

一、体育健身休闲产业的发展

国民体质健康下降将危及社会健康可持续发展和中国梦的实现。全民健身则对全体人民增强体魄健康生活起到基础和保障作用。素质教育缺失，将阻碍国家创新战略进程和大众创业、万众创新目标的实现。体育应作为全面推进素质教育的重要突破口和切入点。休闲时代的来临契合我国进入全面建成小康社会的决胜阶段的客观需求，创新驱动成为这一时期经济发展动力。每一次体育健身休闲的体验就意味着生命的一次尝试、探索和学习。上述特征使得全民健身上升为国家战略，参与体育健身休闲活动将成为更多人的选择，从而促进体育健身休闲产业蓬勃发展，同时专业体育院校在服务体育健身休闲产业发展中也将获得新的空间与机遇。

（一）体育健身休闲产业概述

1. 体育健身休闲产业的概念

研究体育健身休闲产业的概念，可以更好地把握体育健身休闲产业的本质，研究体育健身休闲产业的发展情况。很多学者对体育健身休闲产业的概念有不同的理解和认识，有人认为体育休闲健身产业是指以非实物形式向社会提供健身娱乐服务的单位和个人的结合，包括健身娱乐服务、健身技能培训、辅导和咨询、体质测试和健康评估、体育康复等。它既是体育产业重要组成部分，也是体育本质功能的体现。有人认为体育健身业是指为消费者提供健身、健美、康复所需要的场地、器材、技术服务的行业。包括营利性体育健身业和公益性体育健身业。营利性体育健身业是以体育健身为经营范围，以追求利润最大化为目的企业集合，主要包括各种体育健身俱乐部。公益性体育健身业是指以满足人们最基本的体育健身需求和追求社会公平为目的体育健身事业的集合，主要包括政府和非营利组织提供的全民健身工程、体育健身指导站等。还有人认为体育健身产业是指能够进入市场实行商业化经营的体育健身活动范畴。包括健身休闲娱乐、健身知识辅导、体育康复训练以及体育健身所需要的场馆、教室和其他可进行市场化和商业化运作的部分。

上述几种观点，由于研究的角度不同，强调的重点不同，因而表述也不同。有的着重强调了体育健身休闲活动的物质技术条件和劳务服务，有的着重强调了体育健身休闲产业的组成内容，而有的则着重强调了体育健身休闲产业和体育产业一样，既包括提供体育服务产品的部门，也包括提供物质技术条件的部门。这些观点，作为对体育健身休闲产业基本概念的探讨，无论是否能够全面、准确地反映体育健身休闲产业的内涵和特征，其积极意义都是值得肯定的。

2. 体育健身休闲产业的特点

体育健身休闲产业作为体育产业的主体产业，除了具有体育产业的一般特点外，还具有自身的特点。

（1）关联产业较多

体育健身休闲市场的消费者，不仅需要体育健身服务，还需要使体育健身休闲得以顺利进行的相关条件和服务。因此，体育健身休闲产业还与体育用品业、体育制造业、运动营养品业、交通运输业、餐饮服务业、体育建筑业、影视图书业等紧密关联，需要这些产业提供运动服装、健身器材、体育建筑、餐饮服务、运动营养补品等产品。这些产业都属于体育健身休闲产业的关联产业。

（2）劳动密集型产业

劳动密集型产业是与资本密集型、知识密集型相对而言的。劳动密集型产业是指在生产过程中对劳动力的需求依赖程度较大，或者是资本构成水平较低、在其生产的产品中活劳动尤其是体力劳动所占比例较大的产业。体育健身休闲产业属于资本有机构成水平较低，在生产过程中对劳动力的需求依赖程度较大的产业，因而体育健身休闲产业比其他类型产业提供的岗位更多，就业容量更大。

（3）发展潜力大

体育健身休闲产业发展潜力巨大，属于朝阳产业。随着社会生产力的不断提高和物质财富的进一步丰富，社会文明程度的提高以及休闲时代的到来，人们将更加注重生活品质的提高，对自身身体素质与健康养生将更加关注，绝大多数的人将会选择体育健身作为最佳的休闲消遣方式。到那个时候，体育将成为一种生活方式，成为多数人“衣、食、住、行”之外的第五大生活必需品。在公共体育产品的种类和数量供应有限的情况下，体育健身休闲产业必将伴随着社会经济的发展和人们健身需求的不断增长而获得持久的发展，形成作为未来人们生活必需品的产业形态。

（二）体育健身休闲产业的发展现况

1. 国外体育健身休闲产业的发展现况

体育健身休闲行业作为产业发展，取决于两个基本前提，一是国家经济发展水平，居民可支配收入能够满足体育健身休闲消费的需要；二是国家社会发展水平，人们有足够的余暇时间进行体育健身休闲消费。西方发达国家之所以能够率先发展体育健身休闲产业，是因为经济社会发展水平满足了上述两个基本条件。一方面，人们有足够的余暇时间和支付能力进行体育健身休闲消费；另一方面，西方国家的社会竞争更加激烈，人们的工作压力更大，更需要通过体育健身休闲活动来放松身心，释放压力，强身健体。尽管政府为社会大众提供了一定数量的公共体育设施和体育服务，但这些体育设施和服务并不能满足不同收入水平和不同健身人群的需求。人们不仅需要通过体育活动来锻炼身体，增强体质，还需要在体育健身的同时休闲娱乐，需要体育健身技能的指导、运动营养知识的培训，需要更加周到舒适的服务和享受。有需求就会有市场，在这种情况下，体育健身休闲市场便应运而生。西方发达国家体育健身休闲产业的发展，大体经历了贵族化、大众化、多元化等几个阶段。

从世界范围看，体育产业已经形成巨大的产业规模。数据显示，全球体育产业年产值达8000亿美元，世界主要发达国家例如美国在2002年的时候，体育产业总产值就达到2130亿美元，超过房地产业和国防开支，占GDP的2%；日本2005年体育健身休闲产业的总产值是

36.15 亿美元，占 GDP 的 1.1%，在日本 10 大产业中排行第 6 位；澳大利亚是 7.79 亿美元，占 GDP 的 2%；英国体育产业年产值超过 70 亿英镑，政府每年从体育休闲产业中得到的税收是 24 亿英镑左右，相当于政府体育开支的 5 倍。又如意大利，在 2001 年时其体育产业年产值就达到 182 亿美元，跻身意大利国民经济 10 大部门的行列；瑞士不是体育强国，但其体育产业却非常发达，产值占本国 GDP 的 3.34%，是该国第 13 位支柱产业。目前，发达国家的体育产业总值一般占到本国 GDP 的 1%～3%，其中 60%来自体育健身休闲产业。其健身休闲产业主要有以下几个特征。

（1）集团化经营

发挥规模经济优势，实行集团化、连锁化经营，是近年来发达国家体育健身休闲产业发展的一个明显趋势。以美国为例，20 世纪中期，美国在体育健身领域最大的 5 家连锁经营公司如美国俱乐部系统公司、高德体育公司、比利健康和网球公司等就已经拥有下属俱乐部 1989 家。目前像 24h 健身俱乐部——倍力公司、金吉姆等都是美国最大的体育健身连锁公司，仅倍力就有 3 000 多家连锁店。这些集团化的大公司占据了美国体育健身娱乐市场的绝大部分市场份额。

（2）内容丰富的服务产品

丰富经营内容、推出多元化服务产品，是发达国家体育健身休闲产业发展的又一趋势。在体育健身休闲产业发展的初期，绝大多数的俱乐部都只有单一的运动或健身项目。这种经营模式既不能满足不同消费层次的消费者的需求，当然也不能吸引更多的顾客光顾，尤其是不能抵御可能的经营风险。20 世纪 90 年代初，大多数俱乐部开始将经营内容向多元化转变。根据不同消费者的需求，推出高中低档不同产品或者套餐化的服务，同时提供体质测试与健康评估或者运动处方诊断之类的服务。消费者在同一个店里，既可健身也可美容，或者享受其他服务。

（3）个性的健身需求

根据消费者的身体状况和健身需求，设计个性化的健身方案，包括根据消费者的具体情况安排形式多样的健身锻炼方式：配备私人教练，在健身的时候给予客人适当的指导和关心，以求得更好的健身效果；配备私人营养师，在客人健身的同时指导客人如何安排食谱、控制饮食等；实施心肺功能监控，使消费者感到健身锻炼是在科学指导下进行的，既享受科学的健身过程，又增加消费者的忠诚度：为消费者建立健康档案，并让客人参与健康档案的管理，实行一对一的咨询、指导等。健身服务个性化也是发达国家体育健身产业发展的一个趋势。

（4）健身设备电子化

体育健身设备器材与电脑科技和数字化结合，顾客选定的健身课程、运动量的控制、心肺功能的实时监测甚至锻炼的即时效果等，都通过电脑控制并在锻炼过程中随时向消费者显示，使健身更科技化和合理化，使消费者能够了解自己每次锻炼的情况掌握身体指标的变化，做到心中有数，主动参与并且可以和指导人员互动，而不是被动地锻炼和接受指导。科技化的设备加上个性化的服务，使得很多消费者更愿意到这样的俱乐部健身锻炼和休闲。健身设备数字化也开始成为一种发展趋势。

2. 国内体育健身休闲产业的发展现况

健身休闲业是体育服务产业的重要组成部分，是以体育运动为载体、以参与体验为主要形式、以促进身心健康为目的，向大众提供相关产品和服务的一系列经济活动，涵盖健身服务、设施建设、器材装备制造等业态，是大众体育社会化、商品化、市场化的主要表现形式。2014

年国务院印发的《关于加快发展体育产业促进体育消费的若干意见》(国发〔2014〕46号)指出"要进一步优化体育服务业,着力提升体育服务业比重"。作为体育服务业的主要支柱,加快发展健身休闲产业,对于落实全民健身战略、扩大体育产业规模、带动体育消费升级,具有积极促进作用。

(1)初步形成健身休闲产业消费体系

健身休闲活动已经成为现代人强身健体、加强健康管理的重要方式。根据国家统计局2014年对20～69岁人群的调研,开展健身运动的人群占比达到51%,比2013年提高了1.5个百分点;2009—2014年间经常参加体育锻炼的人数不断增加,2014年达到3.83亿人,如此规模庞大的健身人群必将为健身休闲产业带来巨大需求。从供给来看,当前我国拥有健身俱乐部约4 500家,吸纳会员总数超过600万人,并形成了威尔士、青鸟、美格菲、中体倍力等知名专业健身俱乐部品牌。此外,健身休闲产业的快速发展也带动了体育用品、体育器材以及体育基础设施建设等下游产业的迅速增长,这说明以健身休闲产业为核心的消费体系已初步形成。

(2)健身休闲产业消费规模和水平不断提高

我国人均收入水平的快速提升使体育消费方式从实物型向参与型转变,健身休闲产业的消费规模和水平也在不断提高。"十一五"期间健身休闲产业增加值年均增长率高达24.55%,远高于体育及相关产业增加值,在体育及相关产业、第三产业以及GDP中的占比处于上升态势。根据中国社科院财经战略研究院课题组估算,2010年我国城乡居民全年休闲体育消费总额约为2 543亿元,2011年为2 874亿元,增速达到11.68%。相关数据显示,我国城乡居民每人平均参加体育活动3.45项,到健身场馆一次消费在50～100元之间的占到90%,上海、北京、广州等一线城市居民人均体育健身消费已经超过家庭支出的10%。

(3)健身休闲服务多元化趋势日益显现

在健身休闲产业发展早期,各类体育健身中心(俱乐部)成为此类消费的主要场所,能够为消费者提供包括跑步、游泳、乒乓球、羽毛球,保龄球,体育舞蹈、器械健身在内的多种传统健身休闲活动。然而,随着健身消费群体和消费能力的变化,追求小众化、个性化、时尚化的户外健身休闲活动已经成为产业发展的主流。山地运动、水上运动、冰雪运动,汽摩运动、航空运动,以及包括极限、电竞、击剑、马术等在内的时尚运动都受到年轻消费群体的青睐和追捧,一些新兴的健身休闲赛事更是异常火爆,成为健身爱好者的"刚需",甚至招致"黄牛党"叫卖参赛资格。受此影响,与时尚健身消费相关的体育创意、体育旅游、在线健身休闲平台等也处于蓬勃发展态势。

(4)连锁经营模式的引入

从1999年马华首先引进连锁经营模式,到国外知名体育健身企业进军中国市场后纷纷以连锁经营方式扩大市场份额,目前我国体育健身企业基本都采用连锁经营的方式扩大规模。尤其是一些国外知名体育健身企业,它们以良好的品牌形象、雄厚的资金实力、先进的健身理念和经营管理水平,快速扩大规模,发展连锁经营,占领国内市场,促使市场集中度不断提高。例如,中体倍力在国内9个省市建立了18个连锁机构,美国健力豪健身俱乐部在国内也开设了17家连锁经营店。

（5）加强法制建设

市场经济是法制经济，加强法制建设，规范市场秩序，是保证体育市场有序运行、体育产业持续发展的必由之路。20世纪90年代以来，随着体育产业的快速发展，体育经济法制建设得到了明显加强，国家和地方相继出台了多项体育法规如《体育法》《全民健身条例》等，体育市场的管理得到进一步加强和规范，有力地保障和促进了体育产业包括健身休闲产业的发展。

（6）健身市场竞争激烈

我国加入WTO之后，国外很多知名体育健身企业如英国菲力斯公司、美国倍力等纷纷进入中国。国外知名体育健身企业进军中国市场，一方面带来了先进的健身理念和管理经验，为本土企业起到了很好的引领和示范作用；另一方面也加剧了国内体育健身市场的竞争程度，加之企业间服务产品差异度不高，为争夺顾客，价格竞争便成为主要手段，导致市场秩序混乱，竞争无序，企业经营风险加大。2006年、2007年健身行业的价格大战，曾经辉煌一时的“金吉姆”“美格菲”等几家著名体育健身企业的轰然倒台，便足以说明国内体育健身市场竞争激烈之程度。

（三）我国体育健身休闲产业存在的问题和对策

1. 体育健身休闲产业存在的问题

（1）健身休闲产业总体规模小

虽然我国健身休闲产业已经初具规模，且呈现逐年快速增长的趋势，但产业规模与参与人数都与发达国家存在较大差距。根据中国产业信息网的统计数据，2010年我国健身休闲产业增加值仅为113.05亿元，在体育服务业中占比为26.15%，在体育及相关产业中占比为5.09%，在第三产业增加值中占比仅为0.07%。相比之下，美国体育健身服务业（包括体育设施建设和参加各类俱乐部的活动、体育旅游活动等）的产值占到体育产业市场份额的32%。此外，从参与人数上，以美国为首的北美市场共有健身俱乐部约3.6万家，会员数量达到5600万，二者的绝对数量是我国的8倍以上。

（2）健身休闲产业供需缺口大

当前我国健身休闲产业呈现出有效供给不足的状态，主要体现在两个方面：一是健身休闲基础设施建设滞后，难以满足群众的活动需求。以足球场地为例，第六次全国体育场地普查结果显示，截至2013年底，全国平均每13万人拥有1块足球场地，这一比例仅相当于法国的1/50、德国的1/90。此外，这些场地中属于事业单位所有的占66.3%，属于企业所有的占16.65%，真正面向公众开放的正式足球场地十分匮乏。二是健身休闲产品单一，难以满足群众多层次、多元化的需求。当前我国健身休闲产业多集中在传统的乒羽等领域，对新兴的如冰雪、户外、汽摩、极限等运动开发不足、形式落后，无法满足消费者的不同偏好。此外，大多数健身休闲俱乐部都只经营单一的运动或健身项目，既无法满足不同消费层次的消费者需求，也难以抵御经营风险。

（3）健身休闲产业结构发展失衡

当前我国健身休闲产业发展存在着发展不平衡问题，主要表现在三个方面：一是区域发展不平衡。受制于经济发展水平，各地区体育健身休闲产业的发展规模和层次差距较大，特别是中西部地区的健身休闲产业发展非常缓慢，有效供给能力也十分有限。二是城乡发展不平衡。体育健身设施和服务经营单位大多集中在大中城市，广大农村缺乏体育健身休闲场所及设施。三是项目开发不平衡。健身俱乐部提供较多的是有氧健身操、体育舞蹈、乒乓球、羽毛球、网球、台球、瑜伽等服务，项目同质化现象较为严重，产品差异度不高，缺乏经营特色。

（4）居民健身意识薄弱，体育健身消费能力不强

我国居民普遍健身意识比较薄弱且休闲观念落后。经常参加体育锻炼的人主要是老年人，而中青年人所占比例最低。另外，居民收入水平总体上仍然较低，农村人口比例较大，影响了体育健身消费。据有关资料显示：我国城乡居民除日常生活消费之外，子女教育仍然是家庭最主要的支出，占15.9%，而体育消费仅占4%。

（5）体育产业统计体系不健全

体育产业统计是明确体育产业在国民经济发展中地位的重要工具，也是揭示体育产业与其他产业关联度的依据。而我国目前尚未出台国家的体育产业统计标准，有些省（市、区）虽然组织进行了本地区的体育产业调查，但由于没有统一的标准，因此统计结果的可比性较差，无法反映体育产业运行的真实情况，因而也就无法真实地反映体育产业在国民经济中的地位和贡献，也就影响了政府对体育产业的支持力度。

（6）市场法规不健全，管理有待进一步加强

尽管国务院已经出台了一些体育产业发展和管理方面的条例，但针对体育健身休闲市场的法制建设还比较滞后，已有的法规制度也缺乏可操作性，政府对体育健身休闲产业的管理体制还没有完全理顺，多头管理、政令不一的现象时有发生。体育健身产业的行业管理目前也比较薄弱，市场壁垒较低，准入制度不严，经营管理水平不高，服务质量无法监控和检查，消费者和经营者经常发生纠纷且得不到有效干预和解决。

2. 体育健身休闲产业存在问题的对策

（1）国家提供政策支持

针对体育产业发展面临的投资活力不足、融资渠道不畅等问题，国家应该在以下方面给予优惠和支持：一是鼓励民营企业和境外资本投资体育健身休闲产业；二是从产业政策上重点培养和扶持一些大中型体育健身龙头企业，给予税收、信贷、融资、用地等方面的政策优惠，加强与金融机构合作，试点发行“全民健身休闲卡”，实施特惠商户折扣。支持各地创新健身休闲消费引导机制、鼓励有条件的地区面向特定人群或在特定时间发放健身消费券；三是鼓励体育健身企业通过发行企业债券、股票，或资产重组、股权置换等方式筹措发展资金，为企业开辟新的资金渠道，健全政府购买公共体育服务的体制机制，运用彩票公益金对健身休闲项目予以必要支持，在体育场馆建设上也可以适当减免房产税和城镇土地使用税；四是通过财政补助的方式设立体育产业研究的专项基金，支持体育健身产业的发展研究；五是支持体育健身企业在各地开设分支机构，推进体育健身服务企业的集团化、连锁化和经营多元化；六是提供土地优惠，在地方各级土地利用规划中合理安排与健身休闲项目有关的新增建设用地指标，鼓励以长期租赁、先租后让、租让结合方式供应健身休闲项目建设用地。

（2）注重管理人才的培养

发达国家都很重视体育健身休闲管理人才的培养，比如英国有115家大学开设了与体育

健身休闲有关的专业，包括体育休闲管理、体育健身医疗、体育休闲法律等。而在我国，仅有几家体育学院开设有体育休闲和体育管理的专业，所培养的学生根本不能满足体育健身休闲产业发展的需要。目前体育健身企业的经营管理人员，大多是半路出家，没有接受过正规的专业训练。经营管理人才缺乏已经成为影响我国体育健身产业发展的一个重要因素，因此，应该充分发挥体育院校和综合大学体育院系的优势，加强体育健身休闲产业经营管理人才的培养。

（3）优化产业结构

优化体育产业结构，实现产业结构的合理化和高度化。结构合理化是指体育产业内部需要符合产业发展规律和保持内在运作机制，保证各部门的协调发展；结构高度化是指体育产业在不断进行技术创新的基础上，发挥主导产业作用，带动产业质量提升，实现产业由低级向高级的演进。从第一次全国体育及相关产业专项调查数据看，我国体育产业结构很不合理，体育产业增加值主要是体育用品制造业创造的，占到70.98%，体育组织管理活动、体育健身休闲活动分别仅占7.06%和4.65%，其他部门所占比例更少。这种情况说明我国体育产业结构很不合理，作为体育产业内部的主导产业的体育健身休闲产业和体育竞赛表演产业没有起到主导产业的作用。另外，我国体育产业的科技含量不高、创新能力不强，影响产业质量的提升。面对这些情况，必须进行结构调整。

优化体育产业结构需要注意：一是必须借助市场机制，二是加大国家政策支持和引导，三是减少政府行政干预。通过结构调整，建立完全市场化的体育产业结构，促进体育产业的快速发展。四是要因地制宜，合理布局，充分利用冰雪、森林、湖泊、江河、湿地、山地、草原、戈壁、沙漠、滨海等独特的自然资源和传统体育人文资源。目前，我国中西部地区健身休闲产业发展缓慢与东部地区差距较大，通过合理布局，打造各具特色的健身休闲集聚区和产业带，有利于形成东、中、西部良性互动发展新格局。五是要改善健身休闲产业结构，通过打造一批优秀健身休闲俱乐部、发展一批体育旅游示范基地、培育一批以健身休闲为特色的服务贸易示范区，提升健身休闲产业在体育服务业中的比重。

（4）构建体育产业统计体系

科学的体育产业统计体系和准确的体育产业统计数据，是反映体育产业在国民经济中的地位，争取政府的政策支持各类资本投资体育产业决策，国家宏观调控体育产业发展等的重要依据。有关政府职能部门应该把体育产业统计体系的研究作为重大课题，组织有关专家深入研究，尽快建立有中国特色的、符合体育产业发展规律的、科学可行的体育产业统计体系，这也是将体育产业从国民经济新的增长点培育成为支柱产业的重要基础性工作。

（5）加强体育法制建设

政府应适应市场经济法治化的要求，认真研究现有体育产业的法规、制度，逐步调整并完善体育市场的法律法规体系，建立体育健身休闲产业的市场准入、经营许可、年审评估和服务质量认证等一系列制度；开展体育行业特有职业技能鉴定工作，实行体育服务人员持证上岗制度；理顺管理关系，加强市场监管，规范企业的市场行为，推动体育健身休闲产业沿着法制化轨道健康发展。

（6）制定体育健身休闲产业的整体规划

各级政府应根据本地区经济发展水平和体育健身市场的实际需求，确定体育健身休闲产业发展重点，制定体育健身休闲产业发展规划。要把体育健身休闲产业的用地等列入城乡发展的整体规划，与居民小区建设结合起来，使本地区的体育健身休闲产业与社会经济同步发展，准确把握体育健身休闲产业的发展动态、变化趋势和未来走向。提高对体育健身休闲产业宏观调控的科学性。

体育产业具有多面性、混合性，包容性等特点，随着体育产业与相关产业的日益融合，健身休闲产业的内涵和外延也在不断丰富拓展。一方面要促进健身休闲业与旅游、医疗、文化、教育、健康、农业、林业、交通运输等传统产业的互动融合；另一方面要利用现代信息技术，推动“互联网＋健身体闲”，鼓励开发以移动互联网、大数据、云计算技术为支撑的健身休闲服务，推动在线健身休闲平台企业发展，形成健身休闲产业新生态圈。此外，还应支持企业利用互联网技术对接健身休闲个性化需求，根据不同人群需求研发多样化、适应性强的健身休闲器材装备。

（7）扩大消费需求

当前我国人均收入水平以及闲暇时间都在不断增加，为健身休闲产业的发展壮大奠定了基础。在此基础上，应进一步加大对科学健身知识的宣传和普及，鼓励制作和播出国内健身休闲类节目，扩大健身休闲理念在群众中的影响力，进一步丰富节假日体育赛事供给。推动业余体育赛事的举办，充分发挥体育明星和运动达人示范作用，激发大众健身休闲的消费需求。当前我国健身休闲产业呈现明显的供给不足现象，要发展多元化的健身休闲项目，推动极限、电竞、击剑、马术、汽摩、航空运动等个性化运动项目的发展；加强健身休闲设施建设，增加健身休闲设施用地和配套设施配建比例，形成城市 15min 健身圈，并推动有条件的学校和事业单位的体育场馆设施在节假日向社会开放；加强特色休闲健身设施建设，充分挖掘水、陆、空资源，打造步道系统、自行车路网、山地户外营地、航空飞行营地等特色健身休闲设施。

二、体育赛事产业的发展

体育赛事是随着社会生产力的发展而形成并发展起来的。在漫长的发展过程中，由于受社会政治、经济发展的影响，体育赛事的内容、形式、功能以及赛事运作方式等方面都在不断地发生变化。从形式上看，体育赛事最早起源于祭祀活动。1984 年洛杉矶奥运会，尤伯罗斯成功将商业行为引入奥运会，体育赛事的内涵和形式发生了重大改变。此后，各种形式的体育赛事在世界范围内蓬勃发展，并随着电视转播、信息技术和网络技术的飞速发展而不断创新，对全球经济、社会、文化领域的发展产生了积极影响。作为体育产业中的核心产业，体育赛事产业在体育产业中占有的比重并不大。随着赛事举办的日益多样化，赛事需要的人力、物力和财力也在逐渐增多，完善的法律法规政策可以促使体育赛事产业规范化发展。

（一）体育赛事产业概述

1. 体育赛事产业的概念

（1）体育赛事的属性

虽然体育赛事与特殊事件有着密切关系和许多共同的属性，但体育赛事有自身特点和要求。

体育赛事的核心是体育竞技活动，从竞技活动的发端及其历史演进来看，竞技活动是简单的由基本的运动员个体或运动队在裁判员参与下，完成唯目的性的竞技较量。随着近代西方竞技活动的兴起和现代奥林匹克运动会等现代竞技活动的发展，以及社会、经济、政治、文化、科技等的发展，体育竞技活动受到非常之多和非常之大的影响，体育竞技活动过程变得复杂起来。体育运动竞赛活动的内涵和外延发生了大的变化。受到经济的影响和商业利益的驱动，市场营销在体育竞技活动中的地位与价值越发突出。在奥运会等大型体育赛事中，所涉及的事物范围尤其多而广。

在对体育赛事进行定义时，在同时考虑体育赛事与事件，特别是特殊事件的关系时，必须考虑体育赛事目标和目的多样化的特点。体育赛事是特殊事件的子集，体育赛事与特殊事件存在密切关系并有许多共同之处，除了具有特殊事件的基本特点外，还具有潜在的市场前景，共同的组织文化背景引导和联结参与者与观众，另外，规则、习俗和传统影响着活动本身，存在着计划、组织、训练和降低风险等实施行为，并都提供服务产品，要求有不同水平的管理者和不同参与者，如运作管理者、门票销售管理者、市场营销者、人事管理者、协调管理者、工程师、办公人员、媒体与公关协调员、供应商和零售商等进行团队工作。归纳起来，体育赛事有七种基本属性。

①以运动竞赛为核心要素，提供竞赛产品和相关服务。

②受竞赛规则、传统习俗和多种因素的影响。

③不同的参与者有着目的和目标的多样性。

④能够对外界环境产生冲击影响。

⑤具有一次性的项目管理特征。

⑥具有共同的组织文化背景。

⑦具有潜在的市场运作前景。

（2）体育赛事的定义

在对体育赛事的定义的理解上，国内外各专家学者观点不一，但是都能诠释其内在的属性。在国外，学者们将体育赛事归属于特殊事件，目的是达到某些特定的效果或目标，或者是通过纪念一些特定的事件而精心设计并组织实施的表演或庆祝活动。在我国，有学者认为体育赛事是采用多种形式开展，借助运动本身经济效益或健身娱乐效果，并达到观赏价值的体育活动。有学者认为体育赛事是以较为完善的规则、竞赛方法及与竞赛章程有关的法律依据为依托的一种特殊过程，是目的性强且竞争性鲜明的实践活动。有学者也对体育赛事进行定义，认为体育赛事是“一种具有项目管理性的特殊事件，其规模和形式受竞赛规则、传统习俗和多种因素的制约，具有组织文化背景和市场潜力，提供竞赛产品和相关服务，迎合不同参与体分享经历的需求，达到多种目的与目标，对社会和文化、自然和环境、政治和经济、旅游等多个领域产生冲击影响，能够产生显著的社会效益、经济效益和综合效益。”

结合以上专家学者的观点，体育赛事可定义为受竞赛规则、外界环境、传统习俗等方面的制约，为人类提供竞赛产品和赛事服务，达到社会效益、经济效益和两者兼容效益效果并且满足人类需求的特殊活动。

（3）体育赛事产业的定义

体育赛事产业是体育产业的一个分支，而体育产业有广义和狭义之分，本文主要采用狭义含义：是指体育服务业或者是体育事业中在市场中能够盈利的部分。体育赛事产业亦称为体育竞赛产业、竞赛表演业、运动竞赛业，体育赛事产业定义也有狭义和广义之分，狭义的体育赛事产业主要针对某次具体的体育赛事进行投入产出分析。而广义的体育赛事产业涉及面较广、企业种类较多但又相互关联，针对体育赛事产业关联各个层面，在整个体育赛事产业链上进行全面系统的投入产出分析。从产业关联标准来看，由于体育赛事产业在体育产业中占据核心的地位，其不仅仅为体育产业的中介产业和外围产业提供了广阔的市场，还促进了其他行业产业的快速发展，比如保险业、旅游业等。体育赛事产业就是为体育赛事提供服务的企业经济活动的集合。

2. 体育赛事产业的特点

（1）联动性

根据体育赛事联动性的特征，分析体育赛事产业特征，发现赛事产业同样具有联动性的特征。赛事产业发展过程中除了自身产业得以发展，同时促进体育相关产业的发展，如博彩业、体育旅游业等以及其他行业的产业，如广告业、酒店餐饮业、交通业等。赛事的主要收入涉及面较广，基本涵盖了人们对体育赛事关注度的各个部分，另外赛事产业不仅仅产生经济效益，还会产生社会效益和综合效益。这些均体现了赛事产业的联动性。

（2）聚合性

体育赛事能够吸引观众、企业或商家、运动员等各方人员的关注，而在赛事开展期间，会出现人力、物力及财力在特定的时间段内向赛事举办地聚集的现象。

①人力聚集方面，观众的聚集既增加了比赛地区的知名度，又为赛事产业的推广提供了可能；运动员及赛事相关人员的聚集促进了运动员之间的交流，对运动员水平的提升有一定的促进作用。

②物力聚集方面，体育赛事的举办需要的相关体育器材从各个地方向赛事举办地汇集，能够加大人们对体育器材的认知程度，从而有效地刺激人们对体育器材的消费。

③财力聚集方面，赛事的开展使赛事的收入渠道更加广泛，赛事产业在短期内得到较高的收益。赛事一旦成熟，会促进体育赛事产业形成产业集群，形成较为系统的产业链。赛事产业的聚合性有两面性。一面是体育赛事的举办需要各种各样的必备条件，前期的场地设施、比赛宣传等都需要大量的资金投入，为体育赛事的开展提供强有力的物质基础。另外，企业或者商家通过对赛事的赞助提升自身的品牌效应，转播权出售、赛事标志的有形化产品为体育赛事产业带来了较大的商业价值。赛事举办对城市的影响力促进了对外来资金的引入，为体育赛事产业创造了经济收益，同时促进了其他产业的发展。另一面是赛事举办过程中各商家或企业的侵权严重影响赛事的开展，并极有可能降低人们对赛事的认可度，从而对体育赛事产业造成一定的负面影响。对于大型的，具有持久影响力的体育赛事，易出现大批人群涌入赛事举办地的现象，造成赛事举办地负荷较重，进而可能带来较大的生态环境问题。另外，赛事举办场地的重复使用率不高，维修保养费用较大，场馆闲置问题较为严重。因此，在体育赛事前期投入、后期赛事场地使用方面要慎重考虑，争取二者能够达到均衡。

（3）政府主导

我国体育赛事产业主要是由政府主导、市场运作来完成的，与其他产业有着很大的不同，政府在体育赛事产业中的主导地位不容忽视。就目前而言，一旦政府部门不再对体育赛事产业进行主导，体育赛事产业只由市场运作不能很好地促进体育赛事产业的发展。我国体育赛事产业发展时间较短，政府在逐渐进行权力下放，会使得市场主体的权力逐渐加大，政府部门的权力逐渐削弱，进而会长久维持在相对平衡的阶段。随着体育赛事产业发展的逐渐成熟，政府职能逐渐削弱，最终达到市场独立运作、政府适当监督的局面。

3. 体育赛事产业的分类

体育赛事的人力、财力、物力投入程度和赛事运作管理复杂程度反映了体育赛事的规模，竞赛表演水平反映体育赛事对参与者的直接吸引力和对其他外界因素的冲击影响，规模和水平往往是相关和不可分离的，规模和水平结合在一起构成了不同的体育赛事，为此，我们选择体育赛事的规模和水平作为赛事分类标准。体育赛事规模、水平反映了体育赛事操作要求和对外影响的程度，体育赛事类别反映了体育赛事性质和赛事自身的特殊部分，任何一个体育赛事都存在规模、水平和类别的区分，三者相互联系，有机结合就构成了具体赛事的全貌。

（1）根据赛事规模、大小与类别分类

体育赛事分类依据不同的标准有不同分类。体育赛事分类主要有两种方式，一种是把赛事规模、大小与类别等作为前提条件，赛事可分为超大型赛事、大型赛事和一般赛事三部分。超大型赛事是指对举办地的经济、政治、经济、文化等产生很大影响并在全球有很大影响力的体育赛事，比如奥运会、世界杯足球赛、亚运会、全运会等。大型赛事规模、水平比超大型体育赛事都小，对举办地产生较大影响的体育赛事，如职业联赛、世界单项锦标赛等。一般赛事规模较小、水平较低，比如邀请赛、热身赛等，由于其潜在的市场吸引力和公众兴趣点，这种赛事受到许多政府和体育组织的追捧，以期得到较大的市场效益（表 5-1）。

表 5-1 根据赛事规模、大小与类别对体育赛事分类

分类	例子	规模与水平
超大型赛事	全运动会、洲际运动会、奥运会、世界杯足球赛	规模最大、影响最大、水平最高
大型赛事	职业联赛、世界单项锦标赛、城市运动会	规模比较大、重视程度高、水平比较高
一般赛事	邀请赛、热身赛、商业性比赛	规模比较小、水平不高

（2）依据周期与主体交替主导原则

依据周期与主体两者交替主导的原则，将体育赛事分为五部分：周期性综合赛事、周期性单项赛事、联赛、临时性赛事以及主体参与型赛事。周期性综合赛事指具有固定的周期性以及项目的多样性的赛事，主要赛事有奥运会、亚运会、全运会、大运会等；周期性单项赛事指具有固定的周期性以及项目的单一性的赛事，较之周期性综合赛事侧重于单一项目的发展，如世界杯足球赛、四大网球公开赛等；联赛常采用主客场制，赛事持续时间相对较长，项目单一，有较为固定的比赛模式，如 NBA、五大足球联赛等；临时性赛事特点是赛事的临时性，规模、时间、地点、内容的随机性，另外赛事时效性强市场化明显、组织策划方式多样，常见于商业赛事；主体参与型赛事则强调赛事参与人员皆为主体，该赛事侧重于主体的参与性，内容丰富形式多样、群众性强，比如体育节、登山节、环城自行车赛等（见表 5-2）。

表 5-2　依据周期与主体交替原则对体育赛事分类

分类	例子
周期性综合赛事	奥运会、亚运会、全运会、大运会
周期性单项赛事	世界杯足球赛、四大网球公开赛等
联赛	NBA、五大足球联赛
临时性赛事	商业赛事
主体参与型赛事	体育节、登山节、环城自行车赛

体育赛事产业分为两大类。一种是根据体育赛事的比赛规模、水平及类别对体育赛事产业进行划分，主要分为职业体育赛事产业、体育商业赛事产业、大型综合赛事产业、群众性赛事产业四部分。其中职业体育赛事产业主要涉及各大体育赛事联盟举办的单项赛事，赛事具有较强的固定性，该产业是运动员通过技能展示获取物质回报，同时企业通过投资获取商业回报；体育商业赛事产业多以各种形式上的邀请赛为依托，企业通过赞助、转播冠名等方式获得商业价值，赛事以企业获取利益的时间为依据，并且赛程不固定；大型综合赛事产业涉及的赛事是以国家、国际体育组织以非营利目的举办的综合性体育赛事，如奥运会、亚运会、世界杯等，该产业受政府扶持力度较大，虽然不以营利为目的，但也会为赛事组织者带来一定的经济效益和商业价值；群众性赛事产业主要是通过群众自发组织体育赛事来获得经济价值的产业，通过群众体育赛事刺激体育相关产业发展，如登山节活动、"迪卡侬"杯马拉松接力赛等。

另一种是根据体育赛事周期与主导原则，并结合部分体育赛事审批制度取消的规定将体育赛事产业划分为公益性以及商业性两种体育赛事产业。其中周期性综合性，单项赛事和主体参与型赛事属于公益性体育赛事产业，主要是由政府或体育社团组织的赛事活动以达到增强国民体质、提高我国竞技体育水平，并提高我国体育赛事产业整体水平的目的。联赛和临时性体育赛事产业构成了商业性体育赛事产业，这些赛事都是以商家、企业或者体育赛事联盟为主体且以营利为目的开展的体育赛事。

（二）体育赛事产业的发展现况

1. 国外体育赛事产业的发展现况

美国是世界上体育赛事产业最发达的国家，尤其是职业体育，最著名的是美国四大职业体育联赛。当然，美国还有很多其他职业体育赛事，这些赛事都拥有大量的现场观众和电视观众。另外，美国体育赛事的运动是与娱乐、商业、传媒融为一体。将体育与娱乐传媒紧密地联系在一起，通过发达的电视传媒充分展示体育的魅力，与之相对应的是各类提供体育赛事相关服务的专业化公司相继涌现。其中最负盛名的当属 IEG 和 IMG 这两家公司。IEG 成立于 20 世纪 80 年代，始终致力于将赞助建立成为除广告促销和公关活动之外的第四条营销渠道。经过二十多年的研究，IEG 创造了一套赞助价值评估的方法，它创立的关于对无法测量的媒体价值的分析方法已经成为当前估算赞助价值所采用的主要方法。IMG 又称国际管理集团，是全世界最大、业务范围最广、一心一意为体育和娱乐事业工作的营销和管理公司。IMG 的优势业务主要集中在体育赛事运作及经营、运动员培训、体育电视节目和纪录片制作及销售、中介代理及品牌营销、赞助、咨询及分销、品牌授权等方面，以及与世界领先的市场营销和媒体网络进行合作等。

澳大利亚体育赛事产业的发展也很迅速。自澳大利亚成功举办2000年奥运会之后，体育赛事就成为澳大利亚经济发展的重要助推器，出现了墨尔本、悉尼等世界著名的体育赛事城市。体育赛事已经成为澳大利亚诸多城市发展战略的重要组成部分，各州政府管辖的活动事件运作公司纷纷成立，如西澳大利亚州的事件公司、维多利亚州的墨尔本大事件公司、新南威尔士州的特殊事件有限公司等。这些政府控股的公司持续对各种体育赛事的引进和营运操作直接负责，这对澳大利亚体育赛事产业的发展起到了极大的推动作用。澳大利亚曾举办过很多大型体育赛事，尤其是国际性赛事，比如2000年奥林匹克运动会、英联邦运动会、世界一级方程式赛车大赛澳大利亚站等。悉尼奥运会上，澳大利亚人以其良好的赛事运行组织和市场销售成绩，获得了世界的称赞，给全世界观众留下了深刻印象。除了举办大量的国际性赛事外，澳大利亚国内还有很多颇具当地特色的体育赛事，比如赛马比赛。这也是澳大利亚第三大特色运动，拥有140多年历史。不仅如此，澳大利亚还将众多的体育赛事同促进旅游紧密结合，每年，澳大利亚网球公开赛会吸引来自世界各地的网球好手，为期两周的赛事中，超过55万观众前来观看，使其成为澳大利亚观众最多的年度体育活动。

英国的体育赛事产业在世界上一直久负盛名，很多世界顶级赛事都与英国有着渊源。目前，英国除了著名的足球职业联赛外，温布尔顿网球公开赛、伦敦马拉松赛、F1英国大奖赛以及高尔夫球英国公开赛等都是世界著名的体育赛事。体育赛事的举办还带动了相关产业的发展，随着赛车运动的中心转移到了英国，在以牛津郡为中心的地带渐渐形成赛车产业集群，也被称为“赛车业的硅谷”，这里聚集着成百上千的与赛车有关的公司和组织，现在俨然已经成为赛车产业的“杰出技术中心”。这里代表了赛车制造业技术的最高水平，全世界大约四分之三的单座赛车是在这里设计和装配的，其中绝大部分最具有竞争力的一级方程式赛车和印地赛车联盟的赛车都是在这里设计和制造的。此外，为了促进英国体育赛事产业的发展，英国政府还制订了一份《世界级体育赛事计划》，这份计划是想通过利用发行彩票获得的公益金对符合该计划要求的体育赛事进行资助，从而达到英国体育赛事产业可持续发展的目标。

加拿大对体育赛事产业也十分重视，除了每年举办橄榄球职业联赛、冰球职业联赛以及加拿大站F1汽车大奖赛等常规赛事外，还积极申办各类国际体育赛事。由于认识到举办体育赛事不仅能够促进本国体育事业发展，而且体育赛事产业还可以带来巨大的经济和社会效益，因此，加拿大政府有关部门制订了一份名为“国际体育赛事申办战略”的计划，对加拿大赛事产业进行专门规划，支持地方政府和各类体育组织的申办工作。在这一战略计划的实施下，加拿大已经成功举办了美国运通杯高尔夫球锦标赛、菲斯曼杯滑雪世界杯赛、第6届世界游泳锦标赛等数十项国际体育赛事。

2. 国内体育赛事产业的发展现况

作为近年来中国体育产业发展的热点，众多企业纷纷布局体育赛事，《中国体育赛事价值报告（2017）》对2017年上半年布局体育赛事业务的巨头公司、上市公司、新三板公司以及创业公司进行系统分析：共有31家巨头及上市公司、26家新三板公司布局体育赛事业务，2年内，94个布局体育赛事的创业公司项目获得融资。

从赛事数量上看，31家上市公司布局超过44项体育赛事IP，其中2家公司布局国际性职业赛事，17家公司布局国内赛事，12家公司布局海外赛事、3家公司创办自主赛事IP；布局项目类型及数量分布上，共有20项足球赛事IP、8项篮球赛事IP、5项路跑赛事IP；搏击赛事IP、冰雪赛事IP、自行车赛事IP各2项；羽毛球、高尔夫、铁三、飞镖、网球赛事IP各1项；布局项目投资金额上，共有14家公司公开投资数据，投资时间大多集中在2016年，14家公司体育赛事投资规模约为81.67亿元。

26家新三板公司布局体育赛事相关业务。布局项目上，26家布局体育赛事的新三板公司在赛事项目上主要有电竞、路跑、足球、篮球、排球、网球、自行车、乒乓球、羽毛球、武术搏击、汽车赛、击剑等；布局项目营收上，26家公司2017年半年度总计收入达22.3亿元。其中，电子竞技类赛事项目盈利能力可观；布局项目盈利能力上，2017年半年度26家新三板公司中仅有9家实现盈利，通过布局项目来看，培训类、武术搏击类、电子竞技类项目盈利状况较好。

2015年9月到2017年9月，布局体育赛事的创业公司共有94起赛事项目获得融资。融资数量上，仅2017年上半年共有32起赛事创业公司获得融资；获得融资金额上，32起获得融资项目中，18起公布具体融资金额的公司总金额近10亿元。

（二）我国体育赛事产业的发展趋势及影响

1. 体育赛事产业的发展趋势

虽然目前我国体育赛事产业还未达到成熟期阶段，但是这也是未来体育赛事产业发展的趋势。在今后的体育赛事产业发展中应该注重提高赛事水平和赛事产业产品普及程度。只有赛事水平达到一定的先进水平，赛事产业产品性能、工艺和样式等得到市场认可，才能增加社会对体育赛事及其产品的需求量，刺激消费，进而促使体育赛事产业尽快进入成熟期。我国体育赛事产业的发展趋势呈现五个特点。

第一，未来的体育赛事的发展将以成立专业的运营团队，进行更充分的市场化运营的模式为主，政府扮演的角色更多的是支持者，赛事价值将得到进一步提升。体育赛事市场化程度会越来越高，资本将更多地进入，其价值越发凸显。

第二，体育赛事IP将越来越多，其商业价值、品牌价值、社会价值越发凸显，尤其是职业赛事IP产品质量将不断提升，其价值提升会更加快速。

第三，体育赛事版权将被提升，更多企业将有赞助赛事意愿，越来越多的人将会付费观看比赛。

第四，不同级别类型的赛事，价值分野将会更加明显。群众性体育赛事将呈现爆发式增长，随着各梯级比赛逐步完善，未来群众性赛事的价值会得到彰显。

第五，中国将有望成为世界体育的中心，未来中国企业也将会赢得更多的全球赛事话语权。

2. 体育赛事产业对国民经济的影响

（1）刺激经济增长

体育赛事产业对人们有着较为深远的影响，并未因为体育赛事产业起步较晚而有所变化。然而，作为体育产业中的核心产业，肩负着提高我国国民经济水平，提升人们生活质量的重任，如今在体育产业中体育用品业占据了较高的比重，体育赛事产业总产值却只占有很小的比例，这不足以彰显其重要地位。体育赛事产业的发展将会让体育产业产值得到很大的提高，同时使其当之无愧地成为体育产业中的核心内容之一。

（2）促进企业投资

体育赛事产业发展较为迅速，在这时期，各企业会针对自身的条件有选择地对各项体育赛事进行投资，以期达到自身预期的目标。企业对体育赛事的投资主要分为直接投资和间接投资。其中，直接投资是指企业将资金不经处理，直接投入体育赛事产业，并且达到直接获得利润的效果。像这种直接投资体育赛事的企业在社会上少之又少，这种方式在体育赛事产业中的应用也比较隐晦，容易出现资金使用明细不清，目前也只是中国体育产业股份有限公司采用直接投资的方式进行体育赛事产业投资。

（3）培养专业人才

作为第三产业体育产业中的核心产业，近年来随着体育赛事产业的迅速发展，需要的人才也越来越多，这为广大社会人士提供了较多的就业机会。由于体育赛事产业有国家的资金投入和较强的扶持力度，体育赛事产业的发展会越来越好，届时各类体育经纪公司，协会、俱乐部等需要的人员也会越来越多，为了跟上体育赛事产业发展的步伐，不仅仅需要体育专业人才，其他相关学科人才需求量同样增加，为更多的人提供了就业机会。

三、体育旅游产业的发展

体育旅游是社会休闲活动的组成部分，是为了满足参与者各种体育需求，借助旅游方式而形成的一种活动。由于体育旅游兼具体育和旅游的共同特点，能很好地满足人们摆脱压力、释放身心的需要，因而备受现代人青睐。随着人们生活水平的提高，与体育相结合的旅游方式成了现代旅游发展的新趋势，成为体育和旅游爱好者们梦寐以求的乐事，由此而产生的体育旅游业也逐渐成为体育产业和旅游业的新宠。

（一）体育旅游产业概述

1. 体育旅游产业的概念

国外对于体育旅游的研究起步较早，并取得了相对丰富的成果。其中，国外很多学者对于体育旅游概念的界定是通过对其类别的判定研究进行的。他们普遍认同“具备参与体育活动的动机”和“一定时间内、跨越一定空间”是体育旅游的界定基础。但在细节方面，学界依旧没有统一观点。一部分学者认为旅游活动中的体育活动一定要具备自己的特定规则，并且是以身体对抗和游戏为本质的竞赛才是体育旅游；另一部分学者认为旅行中的活动只要与体育相关即可称之为体育旅游。有的学者认为只有出于非商业因素参加或参与体育活动的旅游才是体育旅游，其他学者对旅游者参与动机是否出于商业因素则不予以区分。还有一部分学者认为在旅游过程中“无意”参与了体育活动的旅行不属于体育旅游，其他学者观点反之。可见，关于“是否只要旅游活动与体育相关即为体育旅游”和“出于商业因素参与体育活动的旅行是否属于体育旅游”“是否参与体育活动是首要动机时才可称之为体育旅游”，国外学者仍存在争论。

纵观我国学者关于体育旅游的概念界定可得出，一些学者认为体育旅游是隶属于旅游业的、具有体育特征的特定旅游活动类别，个别学者认为它是一种社会性活动，其余学者大多从复合型产业的角度来界定体育旅游，认为体育旅游学是体育学与旅游学相互渗透而产生的具有交叉性的科学。同时，国内研究者在界定体育旅游时的共同点是，都着重强调旅游者具有参与体育活动的动机并实际参与其中。

体育旅游在广义上来讲，是旅游者在旅游过程中进行各种娱乐锻炼、体育竞赛、体育康复，体育文体交流活动以及和旅游地、体育旅游企业、社会之间所有关系的总和。就狭义而言，体育旅游是通过借助各种体育活动产品来适应并满足消费者的体育需求，通过充分发挥体育旅游产品的各种功能来使消费者得到身心的和谐与健康，进而实现促进社会物质文明和精神文明建设与发展的一种丰富社会文化生活的活动。

2. 体育旅游产业的特点

体育旅游作为一种特殊的旅游方式，是将体育活动与人文景观或自然景观结合而成的，具有多种特征，既能够使消费者愉悦身心，又能够促进消费者增强体质，缓解疲劳。体育旅游有别于常规意义上的旅游，游客在心理和行动上往往都具有主动性、参与性和多样性需求特点，体育旅游能够为其提供个性化服务，并满足其个性消费需求。

（1）专业要求高

体育旅游一般需要较强的体育专业知识或专业技能。从需求方而言，如为观赏体育比赛而进行的体育旅游，旅游者起码应了解该项目的比赛规则、项目特点、参赛双方的技术风格、各自的实力等相关知识。如果是从事挑战极限的体育旅游，诸如蹦极、攀登、漂流、滑翔、滑雪等，除了需要掌握专门的知识外，还需要掌握专业的技术、技巧，甚至有些项目必须在专业教练或向导的指引下完成；从供给方面言，从事体育经营的企业从设施装备到教练指导，都有极强的专业性，如登山俱乐部，需要有相应的基地、特制的服装，工具及医疗救护队等；赛马俱乐部则需要马场、跑道、养马师等，体育旅游设施是否具备，旅游资源是否可进入，是开发体育旅游的关键因素。

（2）安全系数低

体育旅游种类繁多，不同种类的体育旅游安全系数是不同的。一般而言，健身类体育旅游安全系数较高，观赏型体育旅游次之，挑战极限类最低。以登山为例，截至 1985 年底，在中国发生山难死亡的比例是 1.9%。国外的统计划分得比较详细，如日本的一家单位统计的材料反映，日本人从 1952 年到 1958 年在喜马拉雅山攀登 6000m 以上登山探险遇难的比例是 2.8%。安全系数低的主要原因是体育旅游的可控性差。可控性差主要包括两个方面的原因，一是自然条件的可控性差。体育旅游包含着向大自然的挑战，大自然的变化有时可称之为瞬息万变。比如征服雪山，再有经验的队员也抵挡不住突然的雪崩。二是人为因素可控性差。体育旅游特别是赛事旅游，人多混杂，再加上赛事竞争的激烈。人们往往难以控制自己的情绪，容易造成事故的发生。

（3）时效性强

体育旅游大多具有很强的时效性，错过最佳时期，市场随之消失。比如赛事旅游，人们从事旅游主要目的是观赏比赛，进行的消费活动都发生在赛事期间，因此进行市场开发，必须抓住时间，积极做好赛前的宣传、促销等准备活动。北京市旅游局专门组织“亚运会组委会服务部”推出了诸如“亚运、旅游、友谊、和平”百万人签字活动、北京第 3 届国际风筝节、北京购物节等 10 项大型旅游活动，极大地丰富了体育旅游市场，刺激了人们的购买欲望，带动了北京市整个旅游业的发展。不仅赛事旅游要把握时机，其他体育旅游为安全性考虑也应把握好时机，如登山活动，应该选择春秋两季比较好，其他季节危险性大。

（4）高消费

体育旅游专业性强，属于高消费，主要表现在三个方面。第一，专用工具、设备成本费用高，如从事登山、滑翔、山地自行车、轮滑等旅游都需要有专门的装备，有些装备是高科技的产物，需要进口，成本费用高，一般而言，设备越先进，安全系数越高。第二，门票费用高。无论是赛事旅游、惊险刺激的娱乐旅游还是从容洒脱的高尔夫运动健身游，都需要一笔不小的开支用于购买门票。第三，专向服务费高，在从事体育旅游之前，往往需要专门的训练，需要私人教练指导，在体育旅游之中，有时还需要雇用有经验的向导、医生或顾问，这些都需要开支。没有充足的经费做保障，不能轻易地进行探险类的体育旅游。

（5）社会影响大

体育旅游是向自然的挑战，向人自身的挑战，从广义而言都是向极限的挑战。无论是单个人的旅游还是团体的旅游，都以独特的魅力吸引着新闻媒体。不管挑战的结果是成功还是失败，一经新闻媒体报道或炒作随即成为世人关注的焦点。特别是奥运赛事旅游，在很短的时间内，世界各地的运动员、教练员、政府官员、新闻记者、球迷等几十万甚至上百万人从四面八方涌入一个城市，从交通到通信，从观光到购物，从有形资产聚集到无形资产升值，对赛事举办城市将产生全方位的影响。

3. 体育旅游产业的分类

（1）按资源分类

根据体育旅游特性，将体育旅游的产品划分为大众和极限体育旅游资源两大类，大众体育旅游资源主要开展健身、休闲、娱乐等活动，极限体育旅游资源开展探险、溯源、寻秘、寻踪等较高运动难度和强度的活动。此外，可以按功能分为娱乐性资源、观光性资源、探险性资源；按动机分为休闲型资源、观赏型资源、民俗型资源；按承载力分为脆弱性资源、耐受性资源、再生性资源、不可再生性资源；按成因分为自然资源、人工资源、人文资源；按地况分为海滨资源、沙漠资源、热带森林资源；按目的分为参与型资源、观赏型资源等，由此形成不同种类的体育旅游产品。根据体育旅游活动性质划分的体育旅游资源产品类型包括陆地体育旅游资源、水上体育旅游资源和空中体育旅游资源（表 5-3）。

表 5-3 根据体育旅游活动性质划分的体育旅游资源产品类型

大类	资源类型	开展体育旅游活动的场所
陆地体育旅游资源	野营、篷车旅行、野餐体育旅游资源	城镇、郊区、山丘、草原、森林、沙漠等
	骑游体育旅游资源	城镇、郊区、山丘、草原、森林、沙漠等 以自行车、马、骆驼等为工具
	驾车体育旅游资源	城镇、郊区、山丘、草原、森林、沙漠等 以汽车、摩托车等为工具
	体育观光旋游资源	观摩奥运会，足球世界杯等
	徒步远足旅行体育放游资源	山地、平原、草原、森林、城镇等
	狩猎体育旅游资源	国家规定的狩猎场
	攀岩、悬崖下降体育旅游资源	各类坡度的山体等
	沙滩足球、排球、步行体育旅游资源	沿海岸线沙滩，沙漠等
	滑雪滑沙、滑冰、滑草体育旅游资源	
	登山体育旅游资源	不同高度与坡度的山体
	野外定向体育旅游资源	山地、平原，沙漠，草原、森林、城镇等
	民族传统体育旅游资源	各地少数民族聚居地

续表

大类	资源类型	开展体育旅游活动的场所
水上体育旅游资源	河道、湖泊体育旅游资源 近海体育旅游资源 现代冰用体育旅游资源	船、皮艇、舟、筏、游、钓等 船、皮躯、舟、筏、游、钓，潜水、摩托艇，滑水、冲浪、舢板帆船等 登山、滑雪、滑冰、攀冰等
空中体育旅游资源	滑翔、热气球、航模、跳伞牵引滑翔伞等体育旅游资源	

（2）按形态分类

①参观型

参观型体育旅游是指旅游者在远离其常住地，主要通过视听感官对体育活动、体育建筑场馆、体育艺术景点、对各具特色体育文化进行欣赏和体验的过程，旨在从中获得愉悦的感受。参观型体育旅游不同于一般的观光旅游，有其自身的特点。参观的目的是获得与体育有关的审美体验，旅游者体验和感受体育美的一种方式，借助这种方式，旅游者要获得的利益不是世俗的愉悦体验，而是追逐体育审美情趣。

②比赛型

比赛型体育旅游是指以参与某种体育比赛为主要目的的旅游活动。运动员、教练员、体育迷（观众）、媒体人员以及与竞赛密切相关的人员，为了参加、观看或采访报道某种体育竞赛，从各地到比赛地逗留一段时间的旅游活动，均属于该类型体育旅游。比赛型体育旅游的特点是选手、教练、裁判、观众、记者、组织者以及从外地来的工作人员等，除了参加与比赛相关的活动外，还要在该地游玩、观光；竞赛型体育旅游者到访地点明确，时间集中；重大比赛的体育旅游者中“体育迷”所占人数比例最大；旅游者在赛事举办地停留的时间长短与比赛进程相联系；旅游者对体育或某一项目有强烈的兴趣和爱好，并具备相应的体育项目知识。

③娱乐型

娱乐型体育旅游是指旅游者在特定的假期中，为达到消除疲劳、调整身心、排解压力、娱乐消遣等目的，参与具有体育意义的旅游活动。娱乐型体育旅游一般是与旅游目的地特色体育项目或民族传统体育活动结合在一起的。娱乐型体育旅游最大的特点是，旅游者是在某个假期或节假日期间参与的体育旅游活动。娱乐型体育旅游的目的地也较为明确，但不同于竞赛型体育旅游的是，竞赛的时间一般不长且固定，而度假的时间却可长可短。此外，娱乐型体育旅游者参加的项目大多是娱乐型或民族传统型的体育活动，即竞技性不强但参与度很高。

④休闲型

休闲型体育旅游是以娱乐休闲、体育健身、运动疗养为主要目的的旅游。旅游者通过旅游活动进行各种健身娱乐休闲活动，达到身体放松、消除疲劳、心情舒畅的目的。休闲型体育旅游最大的特点就是娱乐休闲中的健身目的，其活动一般都具有明确的健身目的。但这种健身又不同于传统意义上的健身，它更倾向于休闲娱乐，突出健身理念。

⑤拓展型

拓展型体育旅游是结合精心设计的拓展训练的内容和某些相应的活动形式，组织旅游者在崇山峻岭、瀚海大川等自然环境和人工环境中磨炼意志、陶冶情操、完善人格、熔炼团队，满足旅游者寻求刺激、猎奇、挑战极限意愿的旅游形式。拓展型体育旅游活动一般在水上（包括人工和自然水域）、野外山区陆地和人工设计的专用场地上进行。由于拓展型体育旅游是非常新颖的旅游形式，尤其是随着拓展训练受到现代人的推崇和青睐，很快就在很多国家发展起来，目前在全世界不少国家和地区已经建立了拓展训练学校。

⑥极限型

极限型体育旅游是人类向自身生理和心理极限的一种挑战，人们参与此项活动不仅是为了征服自然屏障，同时也是为了战胜和超越自我。极限型体育旅游项目的难度极大，也具有一定的风险。追求刺激，挑战极限，是极限型体育旅游的最大特点。面对危险绝不能冒险蛮干，如攀登 8000m 以上高峰和穿越大面积荒漠等，一般未经专业训练和不具备专门知识的人不宜从事，故被称为少数人的运动。但由于这类活动已得到越来越多人的关注，并且部分项目现已被简化并给予相应的安全保障，如人造攀岩墙和经过清理的漂流河道等，使越来越多的人参与其中。

（二）体育旅游产业的发展现况

1. 国外体育旅游产业的发展现况

体育旅游在国外被划分为参与型体育旅游和观赏型体育旅游。目前，欧美等旅游发达国家，参与型体育旅游已成为一种时尚，此外，由于欧美国家在举办国际重大比赛上优势明显，又有比较完善的国内联赛的市场开发体系，因此，观赏型体育旅游市场的开发也具有明显的优势。体育旅游在欧美发达国家发展了较长时间，目前已经较为成熟。总体上看，西方经济发达国家体育旅游有以下特征：发展进入成熟阶段，体育旅游市场已形成规模；体育旅游经营部门已形成，经营渠道多元化；注重资源的持续利用，带来可观的效益。

澳大利亚体育旅游发展强调合作与交流、重视科学研究和教育培训，人们深信旅游经济的发展潜力，认为体育既是一个重要的旅游促进因素，又是一个特殊的旅游市场。无论是在商业活动中，还是在政府的方针政策上，已经将体育和旅游紧紧地联系在一起。法国的体育旅游资源丰富，大型赛事活动年年举办，极大地推动了法国体育旅游的发展。法国的体育旅游发展之所以如此迅速且居领先地位，主要是得益于法国政府对可持续发展的重视，法国体育教育的普及，以及本国体育明星的推广和本国社会对体育的需求。瑞士的体育旅游也遥遥领先，瑞士是欧洲乃至世界的冰雪运动胜地。登山和滑雪是瑞士旅游业中最先开展的项目，随着现代化发展，瑞士加强了对体育旅游基础设施的建设，如高山铁路、公路、高山缆车道等，旅游设施的日臻完善，加速了登山、滑雪等旅游业的飞速发展，并逐渐成为瑞士旅游业发展的重要支柱产业。

2. 国内体育旅游产业的发展现况

第一，我国拥有丰富的体育旅游资源和特色体育旅游项目。我国具有悠久的发展历史，且国土辽阔，拥有多种地质地貌，既有天然滑雪场和登山攀岩的东北部山川，又有适于潜水、游泳等体育旅游项目的青岛、三亚等海滨城市。此外，各少数民族的地域特点和文化魅力也为体育旅游奠定了物质基础，如荆州的端午龙舟节和新疆、内蒙古的那达幕大会在世界范围内十分有名，这些各具特色的体育旅游资源是我国发展体育旅游的基础所在。

第二，我国具有发展体育旅游的经济优势。自改革开放以来，我国社会经济迅速发展，人均收入逐年高攀，且随着物质与精神生活水平的不断提高，人们越来越崇尚健康的生活方式，各种健身休闲产品十分抢手，近年来尤其推崇体育休闲旅游。我国人口众多，国内体育旅游客源十分丰富，且我国具有独特民族魅力的少数民族，对国际游客有着巨大的吸引力，这使得我国体育旅游拥有很大的国际客源市场。

（三）提高我国体育旅游产业经济效益的意义和对策

1. 提高我国体育旅游产业经济效益的意义

体育旅游经济效益的提升对我国具有一定的社会效益。为消费者在体育旅游过程中所提供的集健身、娱乐、休闲和交际于一体的服务，不仅能使其身心得到放松与发展，对我国社会物质文明和精神文明建设还具有重要的促进作用。由此可见，体育旅游经济效益的提高能推动我国整个社会效益的发展。另外，重视并加强对体育旅游的经济效益，能推动体育旅游产品的创新速度，为体育产业发展创造更大的价值，进而为体育旅游的生存与发展创造有利的环境和条件。

2. 提高我国体育旅游产业经济效益的对策

（1）开发特色旅游资源

可通过对区域旅游资源进行合理的开发与利用来提升其经济效益。我国土地辽阔、地大物博，涵盖了多种地质地貌，以及河流湖泊、名山大川、海滨胜地等丰富的特色体育旅游资源。体育与旅游融合而成的体育旅游是一定社会文化的产物，是依赖于一定社会文化背景而产生的。事实上，有不少旅游者就是为了增长自然、历史、地理、文学、艺术、科技、体育等方面的知识而外出旅游的。由于体育运动中蕴含着丰富的科学文化知识，需要一定的技能，从而才使人们萌发了到体育旅游地了解、学习的动机。从资源开发角度看，体育是人们健身、消遣、娱乐的需要，许多体育项目经旅游业开发后能产生经济和社会效益，具备构成旅游资源的一切属性。旅游资源的最大特点就是能激发旅游者的旅游动机，而作为人类文明活动的一个重要组成部分，体育活动所形成的独具特色、精彩纷呈的人文资源丰富了人类的文化宝库。同时，体育活动又以健身性娱乐性、参与性新颖性和刺激性等特征，满足了大众健身、娱乐、休闲和冒险等多样化消费需求，对旅游者有极大的吸引力，能激发旅游者外出旅游消费的兴趣。

（2）提升体育旅游的内容和形式

可充分利用经济市场创新手段来发展并提升体育旅游的内容和形式。在科学的经济市场需求基础上，有针对性地进行旅游产品开发，结合消费者的不同层次和需求来创新旅游产品，是有效提升其经济效益的重要手段之一。不同的体育旅游模式能够吸引更多的旅游者，因此，创新开发模式并进行体育旅游产品设计，通过举办拓展体育训练等满足不同层次体育需求者。以地域性旅游资源为基础，加大力度开发体育旅游产品，实施旅游性体育，例如漂流、登山、徒步等。另外，还可以针对体育资源开发旅游产品，通过体育赛事等带动旅游经济的发展，我国2008年北京奥运会就是一个成功的以体育竞赛带动旅游经济发展的案例。此外，还可以采取专项性体育旅游资源开发模式和组合式体育旅游资源开发模式等，只有不断地创新，才能使我国的体育旅游经济长期快速发展，进而在体育产业中占据稳定地位。

（3）加强体育旅游经济的规划

我国政府部门应重视并加强体育旅游经济的规划。我国体育旅游经济发展与国外发达国家相比起步较晚，因此可结合国外相关的成功经验，来对我国体育旅游经济发展进行调整。澳大利亚、美国等国家的政府部门十分注重体育旅游的规划与宏观调控，因此我国也应借鉴，加强政府的宏观调控主导能力，并通过金融政策和财政政策等手段积极吸纳社会资金，促使我国体育旅游经济发展所需要的各种投资和融资机制的形成。另外，还应重视引进公私合作形式的体育旅游项目，推动我国体育旅游经济的快速稳定发展。

（4）加快体育旅游基础设施建设

重视体育旅游基础设施的建设，并加大推广力度。体育旅游基础设施建设是体育旅游经济发展的物质基础，同时也是提高游客满意度的重要保障。因此，应加快基础设施的建设速度，尤其是建设现代化的体育训练基地、体育馆等，对体育设施规模进行拓展，以增强承办国际性体育赛事的竞争力，进而带动我国体育旅游经济的发展。对体育旅游服务配套设施进行不断健全与完善，如良好的交通设施、优质的住宿设施、餐饮设施以及各种观赏性和参与性体育旅游场地等，均是保证我国旅游经济不断提高的有效因素。随着信息技术和网络技术的不断普及，其在各行各业已得到了不同程度的运用。我国应通过借助网络平台、媒体平台来大力推广体育旅游经济，让大家认识并了解体育旅游的特点，进而积极参与进来。另外，通过网络还可以与国际体育旅行社建立良好的沟通，建立相关的旅游线路并提升我国体育旅游的国际知名度，吸引国际投资者和消费者。

（5）重视专业人才的培养和输入

重视体育旅游经济管理专业人才的培养和输入。体育旅游经济专业管理人才是保障我国体育旅游经济实现可持续发展的核心所在，是体育产业的重要因素。就我国当前体育旅游经济发展现状而言，已十分缺乏兼有体育知识和经营管理知识的复合型人才，因此可通过多种形式鼓励现有人才进行专业提升，并与高等院校建立人才聘用合同，提高体育旅游中各层次人员的综合水平。

第六章　休闲体育文化公共服务供给路径解析

第一节　我国休闲体育公共服务供给困境

一、休闲体育发展现状

休闲体育的发展离不开体育这个大环境。学校体育是休闲体育和竞技体育的基础，具有启蒙性质。休闲体育是学校体育的延续，而竞技体育则是学校体育与休闲体育的深入发展。学校体育作为休闲体育的启蒙，对锻炼身体的知识、方法、体育运动技能的掌握，培养体育兴趣爱好，养成终身体育锻炼的习惯起着非常重要的作用。而竞技体育具有超越性、挑战性、公正性、锦标性等特征，它是运动游戏的升华，而奥林匹克运动会则是运动游戏的最高表现形式，是社会历史的产物。竞技体育能够超越语言和其他社会因素的障碍，依靠大众的传播媒介，直接为人们所接受，从而引导公民参与休闲体育。在有效规则的限制下，竞技体育可以展现公平，是一种特殊的艺术创造，在竞赛中能给人们一种既激烈、精彩，又和谐、优美的感觉，从而满足社会生活的观赏需要，激励人们的自我奋斗精神，促进社会民众的体育参与。休闲体育则是人们在自由的时间里，自觉自愿参与的体育活动，它不仅是学校体育课外活动的补充和延伸，更是竞技体育发展的基础，使参与者在自己感兴趣的体育活动中玩出健康、玩出文化，同时在运动中玩出水平、玩出成绩，也使竞技体育成为有本之源；并通过创新玩的产品、创造玩的财富，推动休闲体育产业的发展。

（一）群众体育及全民健身运动的发展

所谓群众体育，就是指公民在余暇时间中参与的以身体运动为主要手段，以提高健康水平、进行娱乐消遣为主要目的体育活动。而全民健身是国家倡导全国人民参与的，旨在全面提高国民体质和健康水平的体育锻炼活动。该概念与休闲体育具有一定的同质性，这里不再赘述。自1995年颁布实施群众体育与发展规划以来，我国群众体育得到了飞跃的发展，从以前重点发展精英体育逐步开始注重大众体育的发展。由于全民健身计划的颁布实施（表 6-1），我国群众体育资金供给逐渐增多，体育设施的建设得到不断发展，全民健身网络体系日益完善，全民健身群众队伍不断壮大，与此同时，公民的体育意识也在增强。

表 6-1　1995 年以来颁布实施的群众体育发展规划

序号	规划名称	颁布单位	规划期
1	全民健身计划纲要	国务院	1995—2010
2	全民健身“一二一工程”	国家体委	1995—1996

续表

序号	规划名称	颁布单位	规划期
3	全民健身计划第1期工程第2阶段工作方案	国家体委	1997—1998
4	全面健身计划第1期工程第3阶段工作方案	国家体育总局	1999—2000
5	《全民健身计划纲要》第2期工程规划	国家体育总局	2001—2010
6	《全民健身计划纲要》第2期工程第1阶段实施计划	国家体育总局	2001—2005
7	《全民健身计划纲要》第2期工程第2阶段实施计划	国家体育总局	2006—2010
8	《全民健身计划（2011—2015年）》	国务院	2011—2015
9	《全民健身计划（2016—2020年）》	国务院	2016—2020

1. 公民体育意识明显加强

随着科技进步和经济的迅速发展，一方面，人们的物质生活水平大幅提高，余暇时间增多；另一方面，膳食结构的改变，各种体力劳动时间的缩短以及竞争压力的加大，也带来了现代文明病，威胁着人们的身体健康。这一切为休闲体育的蓬勃开展提供了社会基础。目前，体育健身活动已经成为越来越多社区居民日常生活的重要内容，尤其以社区为重点的城市体育活动发展非常迅猛，居民经常参加各种晨练、晚练和其他体育场所的锻炼活动，如形式多样的社区运动会、家庭趣味运动会等。在国家有关部委联合开展的“科教、文化、法律、卫生四进社区”的活动中，体育进社区成为最受欢迎的活动之一。目前，我国经常参加体育锻炼人数比例达37.2%，女性参与体育的数量与年龄增长成正比，参与活动的人数是总体的27.15%，其中每周1～2次/30分，中等强度的参与者为7.10%；每周3次/30分的参与者为10.07%，其他的参与情况为9.98%。

近几年来，我国在国家层面以及各地区都举办了各种形式的民族体育运动会，促使少数民族传统体育得到了非常大的发展。尤其是现在每四年举办一届的全国民族运动会，规模一届比一届盛大，项目一届比一届丰富精彩。

在农村，以乡镇为重点的农村群众体育活动开展有了长足进步，这也是我国社会主义新农村建设的重要内容，坚持把生产劳动与体育文化活动相结合，充分利用时节变化和节庆，在农闲时间和我国农村传统的节日中，开展农民群众喜闻乐见的、以民族和民间传统体育为主要内容的体育活动。自2004年开始，“体育三下乡”的活动在全国广泛开展，其主要围绕场地设施建设、健身指导和健身知识的普及，丰富了农民的业余文化生活，并有效地推动了农村体育的发展。

而各单位、各行业、各地区在开展体育活动方面，积极与各单项体协和体育局紧密合作，特别是围绕“全民健身与奥运同行”主题，提出了许多有创意的思路，举办了众多丰富多彩的活动，在群众中反响强烈。特别是奥运会前两年，国家体育总局陆续推出了150项具有特色的群众体育活动，这些活动贯穿于全年，体现了我国体育的人文特色。

此外，国家体育总局为了推动群众体育活动，还设立了非奥运项目的全国体育大会，并成功举办了四届，组织、举办了具有我国特色的全国农民运动会、全国特奥会、全国大（中）学生运动会、全国少数民族运动会、全国残疾人运动会等项目，而这些项目在设置和竞赛组织方式上也更加突出群众性、参与性、健身性，其规模不断扩大，在推动全民健身活动中发挥了积极作用，也增强了公民参与体育的意识。

2. 公共体育设施建设效果显著

在我国《全民健身计划纲要》颁布后，各级部门立即动员起来，根据群众的切实需求，有计划、有组织、有系统地在全国进行全民健身工程建设，建设内容主要包括“全民健身路径工程”“全民健身活动中心”“全民健身户外基地”，以及“雪炭工程”（重点用以解决体育公共设施严重短缺的工程建设）等。从1997年至2007年的10年间，国家体育总局一共资助了1.3万个全民健身工程项目的建设，资助金额达到1.9亿元，而各个省市投入的总额达到了107亿元。工程建设项目的建成为城乡人民提供了运动健身场所，得到社会的好评、肯定。同时，农村体育健身工程、区域全民健身工程也快速发展，这不仅改变了农村地区、欠发达地区的体育健身设施缺乏的状况，也促进了群众休闲体育活动的开展。

3. 全民健身组织网络逐步完善

国家社会体育指导中心成立于1994年8月8日，这是属于国家体委的直属事业单位，负责体育舞蹈、门球、龙舟、风筝、毽子、轮滑等运动项目的办事机构。截至2013年底，我国24个省、市、区建立了省级社会体育指导中心。与此同时，45.7%的地市州、28.6%的县级社会体育指导中心也相继成立。到目前为止，我国国家级运动项目协会总共有77个，中央行业体协共有24个，省地县行业体协达到4000多个，基层体协达到6.8万个。

中国农民体育协会于1986年9月成立，截至2006年，全国31个省、区、市都成立了农民体协，全国80%左右的市、70%左右的县市、60%左右的乡都成立了农民体协，基本实现了全国、省、市、县四级成立农民体育组织的格局。从2006年起，体育总局会同国家发改委、财政部实施“农民体育健身工程”。截至2010年底，全国共投入资金118多亿元，其中中央投入12亿元，地方投入60多亿元，社会投入45亿元，共建成23万多个“农民体育健身工程”，使全国1/3的行政村拥有了基本公共体育场地设施，体育场地面积共增加2亿多平方米；2011年新建4550个“农民体育健身工程”、399个“乡镇体育健身工程”；到2013年，总局又投入本级体育彩票公益金约13.3亿元，建设农民体育健身工程近5万个、“雪炭工程”190个，采购符合新国标健身路径器材1192套。农村地区农民健身场地落后现状得到了积极改善。

中国老年人体育协会成立于1983年，现在，除港澳台地区、西藏自治区正在筹建老年人体协外，30个省、自治区、直辖市和大连、青岛、宁波、厦门、深圳5个计划单列市、新疆生产建设兵团以及铁路、林业、电子、石油等行业都建立了老年人体育协会。据2007年底的不完全统计，全国的地（市）、县（区）已普遍建立了老年人体育协会，近70%的城市社区、半数农村乡镇也有了老年人体育协会组织。而经常参加体育锻炼的老年人达5000万人，占老年人总数的40%。国家对老年人体育工作和老年人身心健康高度重视，已举办了两届全国老年人体育健身大会，国务院把这项老年人的运动会列入《中国老龄事业发展十二五规划》。

中国残疾人体育协会于1983年成立（现更名为中国残疾人奥林匹克运动委员会），在此之后，又建立了中国弱智人体育协会与中国聋人体育协会。二十多年来，在中央和地方政府的关怀下，在社会各界的支持下，经过残疾人志愿者、残疾人以及体育工作者的共同努力与积极参与，我国残疾人体育事业取得了历史性的进展。现已举办了8届全国残疾人运动会，取得了显著的效果。到目前为止，全国各省、自治区、直辖市等各级行政区域都成立了残疾人体育协会，参加全国性残疾人运动会的残疾人运动员已超过了几十万人次。与此同时，在社区、福利事业单位、特教学校等地方也广泛开展了形式多种多样的残疾人体育活动，目前参与体育锻炼的残疾人约占残疾人总人数的21.9%。从以上数据可以看出，中国残疾人的群众体育运动非常活跃。

基层的体育组织是我国组织群众体育活动开展的基层单位，截至2010年，全国各地建立的体育指导站、体育健身活动站（点）有25万多个。这些基层的体育组织为我国群众体育活动的组织和开展发挥了很大作用，形式多样的群众体育活动在很大程度上丰富了人们的体育生活。

4. 参与体育锻炼队伍日益壮大

公民经常参与体育活动的基本人数，可以反映一个国家的文明程度。我国现已初步形成了以国家体育事业单位和工作人员为核心，以体育科技和体育技术人员为支撑，以社区和乡镇体育社会团体为骨干，以健身场所和社会体育指导员为基础的格局。截至2004年底，全国共有各级体育行政部门的群众体育干部5461人，与2000年相比增加了39.6%；占地方各级体育行政部门职工总数的24.2%，同2000年相比，增加了2.5%；全国各省、市、县事业单位中从事群众体育工作的人员共有1.4万人，与2000年相比，增加了37.9%；各省、市、县各级体育总会、各类人群体协与各类项目体协常设机构专兼职工作人员共有9.4万人，乡镇街道专兼职体育工作人员达到44万人。

中国社会体育指导员制度启动晚，但社会指导员却一直以各种形式活跃在群众体育工作中。中国体育总局原局长刘鹏在“2014年国家体育总局系统全民健身工作会”的讲话指出，目前全国注册培训的公益性社会体育指导员已达143万人，职业社会体育指导员7万多人。

我国体育教育人才队伍发展迅速。根据2005年全国体育人才资源的调查统计，当时全国有各类体育教师30余万人；而到2011年，全国各级各类体育教师已增加到41万人。

5. 监测科研网络逐渐加强，指导群众体育政策力度进一步加大

在国民体质监测的工作上，我国坚持国民体质监测与测定制度，目前已形成比较完备的全国国民体质监测站（点）科研网络，各地各类体育科学健身设备也在逐渐完善中，这些为了解、掌握群众的体质情况，科学地指导群众锻炼发挥了积极作用。国民体质监测的工作，为政府的公共服务供给决策提供了科学的基础依据。

近年来，国家及地方体育部门已经出台了一系列关于群众体育的法规政策，全国绝大多数省、市已经制定和颁布了全民健身条例，全国性的《全民健身条例》于2009年10月1日由国务院第77次常务会议通过后已经实施。

在各级政府的高度重视和努力工作下，我国近年来群众体育工作取得了可喜成绩，但是仍然存在诸多的矛盾和问题需要解决，例如，广大群众对体育健身的需求快速增长与我国长期以来体育资源短缺的矛盾相对比较突出；东、西部地区的经济发展差异加大，导致群众体育发展投入不平衡；不同群体、不同行业之间群众体育的发展不平衡；各级各类体育组织、体育社团的作用尚未充分发挥；科学健身、文明锻炼的意识与方法还有待提高，等等。

当前，我国将继续把提高公民体育锻炼意识、满足不断增长的休闲体育需求，以及增强健康水平和素养等作为政府体育工作的根本出发点，并借助北京奥运会的后期效应，以科学发展观为指导，推动群众体育持续发展，强化政府休闲体育公共服务基本职能，积极引导社会各界人士积极支持、参与群众体育事业，发挥群众体育在构建社会主义和谐社会的作用。

6. 竞技体育成绩斐然，引领和示范作用显著

在我国，20 世纪 50 年代为了维护和提升国家形象，提出“普及与提高相结合”，意在通过“普及促进提高，提高推动普及”来处理好竞技体育与休闲体育的关系。竞技体育是休闲体育发展的自然结果，扎根于普及的休闲体育，是休闲体育的延伸，它们互为因果。因此，对于社会和老百姓来说，竞技体育一是具有娱乐作用，通过观看体育比赛得到力与美的享受；二是具有强大的引领和示范价值，金牌是体育的广告牌，能带动更多的人参与到体育锻炼中，促进国民体质增强。所以，竞技体育的发展对休闲体育的发展起到了积极推动作用。

我国参与现代奥林匹克运动开始于 1932 年，在至今的半个多世纪里，竞技体育取得非常大的进步。1984 年，在苏联与东欧等国缺席的情况下，我国在洛杉矶奥运会上取得了 15 枚金牌。1992 年和 1996 年的奥运会，我国分别取得 16 枚金牌，居第四位。到了 21 世纪，我国的竞技体育取得了非常好的成绩，分别在悉尼、雅典、北京连续 3 届取得的金牌总数进入前三位。2008 年的北京奥运会，我国获得 51 枚金牌，居榜首。这是我国竞技体育的重大历史性突破，打破了北美、欧洲国家的金牌垄断，具有划时代的历史意义，世界竞技体育的格局发生了变化，为比赛增加了更多的悬念，对推动亚非拉等地区的竞技综合发展做出了很好的榜样。近年来，我国竞技体育综合实力加强，十一五期间，运动员在世界大赛中的夺冠数为 634 个，创造与超越世界纪录 88 次；在 2008 年的北京奥运会上，我国取得了金牌总数居世界第一的成绩。在两届冬奥运和亚运会，以及第一届亚冬会上也获得了很大的进步，奖牌覆盖的运动项目得到了提升，在冬奥运上打破了金牌数为零的局面。我国竞技体育的总体实力在逐步加强，同世界竞技体育强国的差距也在不断减小。

随着体育改革的深入，我国赛事管理体制在完善，后备人才基地建设方面逐步推进，体育职业化也取得较大的进步，对丰富人们的体育文化生活起到非常重要的作用。

7. 学校体育在改革中发展

学校体育具有启蒙教育作用，在学校教育为主的环境中，体育以体育课为主要形式进行体育教学，以学生体育锻炼为主要内容进行课外体育活动，以各类比赛为目的组织运动代表队进行训练与体育比赛，进行各种有组织的早操与课间操以及科学的作息和保健活动。促进学生身心的健康发展，增强学生适应自然环境的能力，培养学生终身锻炼的习惯、理念。

近年来，学校体育进行了改革，无论是局部还是整体体育事业都取得较大进步。主要表现在如下方面：

（1）学校体育管理不断加强

我国学校体育管理主要包括宏观和微观管理两个方面。学校体育在学校内部与外部两个体系的管理下不断规范发展。我国在学校体育中实施宏观管理的组织机构系统，主要是通过教育部和国家体育总局两大系统进行管理。国家体育总局通过群众体育司、学校体育工作处协同组织与指导我国学校体育的开展。教育部则通过学校体育卫生和技术教育司实施全国学校体育的管理。除了以上两个部门，我国的学校体育系统还受到其他部委主管本行业系统教育工作的部门和有关社会团体（如共青团、妇联、学联、工会等）和社会体育组织（如地方体协、单位体协）的指导协助。我国高等学校体育的微观管理主要强调学校内部的管理。其中，校长和副校长对本校体育起着领导的作用，主要是决策、指挥、布置和检查等。学校的体育部、教导处等作为学校体育管理的具体职能部门，对上接受校长的领导，对下组织体育教研部等有关单位全面负责学校体育工作的管理，教研部负责学校各项体育工作的指导与组织。体育教研室是学校体育的具体组织和执行者。高等院校在管理上已经逐步完善、规范化。

（2）主流体育教育思想逐步形成，体育课时增加，加强体育教育功能，强调快乐体育

学校体育的指导思想达成共识自20世纪90年代后，我国学校体育教学指导思想呈现主动体育、快乐体育、成功体育、技能教育、体质教育、挫折体育、终身体育等多元并存的百家争鸣的局面。进入21世纪，素质教育和终身教育的思想成为体育教育领域中的主流思想，终身体育和素质教育理念深得人心，学校体育的指导思想基本上确立为“终身体育”与“健康第一”，激发学生的运动兴趣，培养学生的终身体育意识；以学生体育素质的发展为中心，重视学生的主体地位；关注个体差异与不同需求，确保每个学生受益的基本理念，把教学效果的阶段效益与长远收益相结合。从竞技运动项目学习到体育文化观教育，体育课程目标统领的教学在我国大、中、小学校的不同年级中，其内容、手段、方法都有所区别，体育教材内容生活化，竞技体育项目教材适当娱乐化。通过引进新兴体育项目、将我国传统体育项目融入教学等措施，正在构建新的体育文化观。

（3）逐步完善针对在职体育教师的培训，师资队伍素质稳步提升

国家教育部、财政部组织了西部中小学体育教师培训和部分省市的紧缺薄弱学科骨干等专题体育教师培训。国培计划（2013年）——紧缺薄弱学科骨干教师培训，主要培训体育骨干教师和教研员，国培计划（2013年）——中西部项目农村中小学教师置换脱产研修项目中小学体育班、浙江省2008年开展的“领雁工程”体育教师培训，2013年四川省民族地区中小学体育骨干教师培训班，等等。上述各类培训针对性强、实用性高，深受各地的欢迎，特别是对西部地区的体育教师来说更是如此，这些培训在转变教师的教育观念、扩大知识视野、提高教学能力与训练能力、拓展知识与技能、交流课程改革经验等方面，都收到了非常明显的效果。学校科研队伍对区域性学校体育现状与发展的研究不断增加，十分关注西部地区学校体育、农村学校体育的发展。

（4）学校体育设施对外开放率提高

我国学校的体育场馆设施较为完备，充分利用学校的体育设施资源可以更好地完成全民健身计划目标。1995年，国家体委下发了《关于公共体育场馆向群众开放的通知》，鼓励、倡导有条件的学校向社会开放体育场地，用以满足广大人民群众日益增长的体育锻炼与健身的需要。国家体育总局和教育部于2006年8月联合在全国开展学校体育场馆向社会开放的试点工作，北京市东城区和海淀区、天津市河西区和红桥区、湖北省武汉市、上海市区和杨浦区等12个市、区成为首批试点区，国家体育总局与教育部同这些试点单位签订了试点周期为两年的协议书。这个举措推动了学校体育设施资源和社区的共享。2008年4月，上海市共有1090所中小学体育场地向社区居民开放，占全上海市中小学体育场地总数的70%以上，实现了街道、乡镇全覆盖。首批全国试点区——杨浦区101所中小学校向社会开放，占该区小学总数的95%以上。随着中小学体育场馆对外开放的步子加快，与此同时，高校体育场馆也逐步对社区开放，如北京、上海、武汉、广州、长春、天津等多个城市的高校体育场馆已部分或全部向公众开放。

（5）学校体育的保障机制不断完善

中华人民共和国成立后不久，政务院于1951年发布了《关于改善各级学校学生健康状况的决定》，指出学校体育和卫生工作的重要意义，并提出了改善学校学生健康的具体要求。该决定

颁布后的第二年，中华人民共和国教育部设立了体育处，用以管理学校体育，并颁布了学校体育的各种规定。1956 年开始使用统一的体育教学大纲和教材。中华人民共和国体育运动委员会和各省、自治区、直辖市体育运动委员会，也设有管理学校体育的机构，并在学校推行《劳动与卫国体育制度》(1964 年改为《青少年体育锻炼标准》，1975 年改为《国家体育锻炼标准》)。教育部于 1975 年设立了体育司，有些省、自治区、直辖市教育厅、局设立了体育卫生处，便于加强学校体育的管理；同年，采用新的体育教学大纲和教材。国家教育部和体委在 1979 年联合颁布了《中小学体育工作暂行规定》《高等学校体育工作暂行规定》（试行草案）和《全国学生体育运动竞赛制度》，用以进一步改善学校体育教学。

国家颁布的体育管理的法规、规章等一些规范性法律文件，有利于保障体育教育工作的顺利进行。中华人民共和国教育部在各级学校教育计划中规定，从小学一年级到大学二年级，每周体育课两课时，并应根据全国统一的体育教学大纲与考核项目及其标准进行教学和考试。根据国家教育部和体委颁布的《中小学体育工作暂行规定》与《高等学校体育工作暂行规定》，学生每天都要做早操和课间操，每周参加 2 至 3 次课外体育活动，每天平均应有 1h 的体育锻炼（其中包括体育课)。学校积极推行《国家体育锻炼标准》，并根据本校的传统，组织运动队与校队的训练，开展各种运动竞赛：在节、假日应组织学生参加旅行、游泳、爬山或其他校外体育活动。学校体育工作由校长或副校长领导。中小学设立体育教研组，高等学校设立体育教研室与体育委员会，具体负责体育工作。各项体育工作应订有计划并列入学校的工作计划。各级学校都配备有专职或兼职体育教师，规定体育经费、不断改善体育场地和设备。体育和卫生是增进学生身心健康的两个方面，学校体育必须同学校卫生保健相结合。

（二）新兴休闲体育项目及体育产业的发展

随着全球经济一体化的发展，以及我国经济的增长和体育事业的不断发展，各种新兴体育项目在我国发展迅速。为了满足人们个性化的需求，私人提供的选择型体育产品不断丰富，休闲体育运动活动已得到很大发展，许多休闲体育项目集中在较发达城市，以俱乐部等形式存在，参加者多属中产阶级。俱乐部的经营方式直接影响其自身的盈利、发展。

1. 中国体育及相关产业发展初具规模

体育的发展离不开产业的支撑。统计数据显示，中国体育及相关产业 2008 年的从业人员约为 317.09 万人，当年的增加值为 1554.97 亿元，占 GDP 的 0.52%。单就从业人员相比，同“电力、燃气及水的生产和供应业”相当，但高于“租赁和商务服务业”的从业人员数；就增加值来说，其经济总量是“家具制造业”的 2 倍，占了“医药制造业”增加值的一半以上。因此，不难看出中国体育产业已初步具备“新的经济增长点”的雏形，特别是在吸纳就业人员的积极作用上是不可低估的。体育产业的发展也为群众体育开展的多元化提供了方便。与此同时，国务院办公厅［2010］22 号文件《关于加快发展体育产业的指导意见》和 2014 年国务院正式印发的《关于加快发展体育产业促进体育消费的若干意见》，明确提出将全民健身上升为国家战略，把全民健身作为体育产业发展和扩大消费的基础，作为新的经济增长点。中央的一系列决策和部署为群众体育、体育产业的发展指明了方向。

2. 新兴休闲体育项目为体育产业注入活力

个性化是休闲体育的主要特征，休闲体育活动方式的创新是娱乐的动力之一，而这些新项目又为公民休闲提供了新的体验，为体育产业注入新的活力。我国的商业健身俱乐部主要针对城市中乐于健身性消费的人群，这当中以中青年为主，本着健身、塑身、娱乐的目标有目的地招募各团体的会员，如瑜伽俱乐部、健身俱乐部、跆拳道馆等，也有业余和职业的篮球俱乐部、足球俱乐部，以及各种赛车、登山等极限运动俱乐部，等等。学者李小芬认为，我国商业健身俱乐部的发展分为三个阶段：力量型健身，有氧健身和时尚健身。进入21世纪后，随着经济的发展和人们需求的增加，健身性消费已经成为都市人的一种时尚，我国的商业俱乐部也蓬勃发展起来，俱乐部数量和经营的项目越来越多。通过国内外私人提供的休闲体育发展状况的比较可以看出，欧美的商业健身俱乐部发展较为成熟，也有着较为成熟的理论基础，而我国休闲体育起步较晚，发展也较为缓慢，这与经济的发展有密切关系。目前，我国商业俱乐部的发展主要是以股份制经济为主。以北京为例，股份制经济占到整个北京商业俱乐部所有制形式的42.2%，而私营的则几乎占到1/3，起着不可低估的促进作用。根据众多学者的研究发现，我国商业俱乐部的发展仍存在较多的问题，主要表现在以下几个方面：商业俱乐部的发展仍然落后于经济的发展；中小型商业俱乐部管理较为混乱，管理制度存在缺陷；对于都市居民来说，商业俱乐部的概念还未深入人心，大多数健身俱乐部仍以减肥塑身为主，主要吸引的是都市中收入较高的女白领；整个行业处于一种无序状态，缺乏统一的行业规则，如有些高档的俱乐部有较高的入会费，而一些低档俱乐部为了吸引更多会员则取消了入会费等；俱乐部名目繁多，没有形成规范统一的市场，难以获取顾客信任，从而影响会员的招募。

3. 青年人成为追逐休闲体育时尚的主力

于光远先生曾经说过一句很精彩的话："人之初性本玩，玩是孩子的天性。"朱厚泽先生则提出："在玩物中壮志，在休闲中创新。"青年人朝气蓬勃，好活动、善思考、喜时尚，每每出现新生事物，青年人接受特别快，休闲体育运动项目也不例外，他们是时尚的主力。校外体育活动的主要对象是青少年学生。为提高青少年的身体素质，促进其身心健康，校外体育活动的方式和内容也更加丰富多彩。在贯彻中共中央、国务院《关于加强青少年体育增强青少年体质的意见》的过程中，体育部门与教育部门密切配合，以《国家体育锻炼标准》达标、《学生体质健康标准》测试等活动为契机，积极引导学生参加校外体育活动，积极开展"青少年学生阳光体育运动"等体育竞赛活动，对促进青少年学生身体、心理健康起到了非常积极的作用。同时，休闲体育新兴项目也极大地吸引着年轻学生们的参与，如跑酷、滑板、小轮车、定向越野、HASH（全称为 Hash House Harriers，又称 HHH 或 H3）等非常受学生们的喜爱。他们在追逐休闲体育时尚项目的同时，也在"玩"的方面发挥无穷想象力，创新出更多新潮的玩法。

二、休闲体育发展中存在的问题

我国竞技体育取得了重大成就，参与体育活动的队伍得以不断发展壮大，但仅就开展休闲体育活动来看，还是存在很多的问题，特别是在我国发展体育的举国体制下，为国家争夺荣誉而大量投资，体育人才培养体系结构不合理，休闲体育受到的重视程度并不是很高，至今还在缓慢发展。而今，以奥运奖牌和大型赛事简单愉悦公众的时代已经过去，以服务体系建设和亲民活动直接服务公众的时代已经来到。目前，休闲体育发展存在的主要问题是：休闲体育公共服务供给不足，休闲体育的投入总额与财政的增长不同步，投入的结构不合理，体育产业的增长与经济收入的增长不协调，城乡体育的发展差距大，全民素质的变化跟不上经济的发展，以及消费方式相对单一。

（一）休闲体育公共服务需求与供给不协调

目前，我国休闲体育公共服务供求关系失衡，一方面，过去国家体制造成发展结构不平衡、供给主体单一、资源配置不合理等问题；另一方面则是经济发展后，人民的生活改善，公民体育意识增强，需求快速增加。纵观我国体育公共服务供给发展史，大致可以分为 3 个阶段：以政府投入为基础的一元供给阶段；以社会化改革、市场化改革为基础的多元供给阶段；以科学发展观为基础的复合供给阶段。每一个阶段都对我国休闲体育公共服务的发展起到了重要的推动作用，为我国休闲体育公共服务的有效供给提供了帮助。

在中华人民共和国成立初期，我国社会与经济发展水平比较落后、人们体质较差，由于国家发展的迫切需要，体育成了一种用以赶超西方资本主义国家发展水平的内在竞争模式，确立了符合国情的举国体制。在这种体制下，推行了一系列有效政策，中国的体育尤其是竞技体育突飞猛进，取得了举世瞩目的成绩。与此同时，1952 年，毛泽东提出“发展体育运动，增强人民体质”，明确指出了体育事业的群众发展方向，并强调加大国家投入与政治促进作用，以快速达到体育场地设施建设、体育锻炼达标人数等方面的标准。在这种以计划经济体制为主的背景下，中国体育形成了由大体委统一管理的大一统模式。国家体育总局直属单位行政、事业、社团、企业四位一体，权力高度集中，所有的体育行为大都是政府行为或政府行为的延伸，行政命令成为体育管理的最重要手段。政府通过计划手段配置体育资源，以行政手段管理体育，因此，政府既是管体育的主体，也是办体育的主体。在“体育强国”的奋斗口号下，国家的权力几乎全部偏移至竞技体育。大一统的体育模式符合当时国情的需要，使得国家体育运动的综合实力和国际影响力显著提升。曾几何时，在世界大赛上摘金夺银被提升到振奋民族士气的高度，变成了一种使命。特殊历史条件下，我们不能否认它曾经有过的功绩和持续至今的辉煌，它能迅速找到体育事业的突破点，利用国家的力量快速发展体育事业也是基本合理的。但中国体育事业的发展仍存在许多不利于体育强国建设的“短板”，越来越多的金牌并不能掩盖成绩背后的问题，由于体制问题造成了我国体育发展结构的不平衡，体育出现了畸形的发展状况，并难以适应社会、经济发展的需要，也不能适应公民对于休闲体育日益增长的需求。究其实，体育，不是体制内的体育，也不是体育总局的体育，而是全社会、全体公民的体育，毕竟中国从体育大国向体育强国的跨越并未完成。中国体育的这种政府单一供给方式主要是通过政治手段实施的，在具体的供给过程中，出现了过分强调休闲体育公共服务的发展与政治的关系；实际供给中忽视人的需求，追求规模与轰动效应；休闲体育公共服务发展与社会、经济发展脱节；休闲体育公共服务发展效率低下等问题。

随着我国经济体制改革力度的不断深入，政府公共服务职能的日益凸显，我国休闲体育公共产品的供给模式也在经历巨大的变革过程，主要表现为休闲体育公共服务供给的社会化、市场化、二元化、地方化等特征。总体来说，经过国家政府及社会各界的努力，我国在休闲体育公共产品供给方面取得了良好成效。从 2000 年开始，城镇居民和农村居民家庭恩格尔系数已全部低于 50%（分别为 39.4%和 49.1%），且呈现逐渐下降趋势，说明全国居民的娱乐消费性需求开始呈现稳定持续增长；同时，这也意味着时代的进步促进了人类社会、经济、文化的快速发展，以及人们物质生活和精神生活的极大提高。根据第六次全国体育场地普查数据显示，截至2013年底，我国体育场地已初步覆盖广大城乡，总量超过169.46万个。

2012年发布的《关于印发〈“十二五”公共体育设施建设规划〉的通知》，也进一步规划了到2015年我国公共体育设施建设的目标、任务与资金保障。体育运动作为一剂调节人们身体健康与精神健康的可口良药，日益受到公众的关注，公众参与休闲体育运动的意识不断增强。经过二三十年的发展，休闲体育公共服务的供给质量和效率明显提高，在很大程度上缓解了人们日益增长的多元休闲体育需求与落后的休闲体育公共服务供给之间的矛盾。但由于行政体制改革的滞后性，我国休闲体育公共服务社会化改革、市场化改革还存在诸多问题。由于过于重视经济的发展，以及公共服务供给责任的地方化，导致我国休闲体育公共服务投入严重不足，大大降低了休闲体育公共服务本应该具有的普惠性；农民等弱势群体的休闲体育公共服务利益没有受到足够的重视，并致使城乡、区域、阶层之间的休闲体育公共服务供给与需求的非均衡化；个别地区体育利益冲突加剧，直接影响了我国体育事业的整体发展。特别是从高水平竞技体育的实际状况来看，政府在管理体制、训练体制和竞赛体制中仍然处于主导的强势地位。经过几十年的建设和发展，高度集中的国家竞技体育的管理体制已形成较为完备的国家体育行政管理体系，实施以政府为主导、以行政手段管理体育事务、以计划手段配置体育资源，形成包括以体育行政部门为中心的管理体制、专业运动队为中心的训练体制、全运会为中心的竞赛体制的“三位一体”的管理体制和运行机制。然而，我国政府在竞技体育领域的强势地位与大政府形象从未改变，政府在公民休闲体育管理中的弱势状态与小政府形象也从未真正扭转，体育事业在国家和民族的神圣光环美化下，“一金遮百丑”的金牌意识深入人心。因此，竞技指标主导了各级政府部门的政绩，各级政府和体育行政部门把为数不多的人力、物力和财力都集中在发展竞技体育，并在政策上向竞技体育倾斜，因此公民的休闲体育自然处于弱势地位。在“双轨制”政策性条件下，竞技体育是主导、休闲体育是附属。所以，我国长期以来竞技体育资金的投入远远高于休闲体育资金的投入，休闲体育组织、场地、器材等公共产品的供给情况不容乐观。

政府组织与体育社团是两种角色的组织，各自有不同的定位、不同的职责、不同的作用。体育社团是社会社团的重要类别，也是体育活动的重要组织形式之一，是政府宏观调控与市场相结合中不可缺少的环节，具有政府行政管理不可替代的作用。体育社团与政府部门同构是中国体育的一大特点，在现行的“双轨制”管理条件下，大多数公益性体育社团的“官办性”与社团自身的社会性特征掺杂在一起，构成了中国体育社团十分复杂的“中介”性质，政社不分使体育社团行政化倾向严重、自主性差，不能真正发挥其应有的作用。因此，我国自上而下的休闲体育公共服务供给体制已经无法适应当代体育的发展要求。正如国家体育总局在体育“十二五”规划中提到的：“广大人民群众日益增长的体育需求和社会体育资源相对不足之间的矛盾，仍然是我国体育事业发展中的主要矛盾。特别是在群众体育领域，政府提供的公共体育服务不足，体育场地设施建设、组织体系建立、科学健身指导等诸多方面与广大人民群众的需求存在较大差距，已经成为我国在建设体育强国过程中的基础性薄弱环节。”

（二）体育投入总额及结构与财政支出的增长不协调

中国的体育收入的来源主要是两部分，一部分是国家财政投入，另一部分是彩票公益金的收入。国家财政每年给国家体育总局、中国奥委会拨款，总计达到8亿元人民币。这些拨款主要支付中国奥委会系统工作人员的工资、办公费、设备采购和维护费用，以及体育科研、体育外事、竞技体育、群众体育等的开支。中国奥委会每年还有10亿～13亿元的彩票公益金的收入，这中间的60%主要用于全民健身，包括用于全民健身路径工程、全民健身中心建设、农民体育健身工程等。但是综合来说，中央财政中用于体育事业的部分还是相对太少，更别说投入群众体育设施的建设方面。充足的经费是休闲体育蓬勃开展的重要保障，很多欧洲国家都在力求拓宽大众体育资金的来源、渠道，在积极争取政府拨款的同时，也将彩票公益金、企业赞助等作为体育的重要收入来源。在英国，中央政府重视大众体育的发展，近两年每年5000多万英镑的体育拨款中，有3000多万英镑分配给英格兰体育理事会，主要用于大众体育。另外，英国还通过发行体育彩票的方式为大众体育筹集资金。除财政拨款外，《英格兰体育理事会青少年和社区战略（2012—2017年）》中的10亿英镑运作资金有相当一部分来自彩票公益金。根据德国经济技术部的调研结果，德国大众体育2010年得到的企业资助（约20.5亿欧元）明显高于竞技体育（约11.0亿欧元），大众体育的受助者数量（约9000家，其中大部分为俱乐部）也多于竞技体育。澳大利亚2014—2015年大众体育经费的分配情况，由其体育部长杜敦（Peter Dutton）宣布：从2014年7月份开始的新财年里，联邦政府将为体育事业拨款1.2亿澳元，其中有近2000万澳元提供给全国体育组织用于发展大众体育，帮助各个体育项目协会开展各式大众体育，以提升全澳的体育参与率。杜敦表示："继澳联邦政府在2014—2015年预算中拨出1亿多澳元用于开展学校体育计划后，此次再拨出近2000万澳元给各体育组织开展大众体育活动。"

我国《体育法》第41条规定，县级以上各级人民政府，应当将体育事业经费、体育基本建设资金列入本级财政预算和基本建设投资计划，并随着国民经济的发展逐步增加对体育事业的投入。根据统计资料表明，2011年1—12月累计，全国财政收入103740亿元，比2010全年增加20639亿元，增长24.8%；2011年1—12月累计，全国财政支出108930亿元，比2010年增加19056亿元，增长21.2%，其中，2011年文化体育与传媒支出1890亿元，与上年比，增加348亿元，增长22.5%。2011年人均文化体育与传媒的支出为140元。到2012年，全国财政收入实现117210亿元，同比增长12.8%，增幅同比回落12.2个百分点；全国财政支出125712亿元，增长15.1%，增幅同比回落6.5个百分点，完成预算的110.3%。其中，文化体育与传媒支出2251亿元，增长18.9%。虽然文化体育支出与2011年相比增加的速度比较快，但是在总的财政支出比重上看还是比较少的，这离实现我国全民健身的发展目标还有差距。

近年来，我国国民经济飞速发展，而政府在体育财政方面的投入还是相对较少，与GDP的增长相比，其所占GDP和财政支出的比重仍处于相对较低的水平，以至于人均体育财政投入也比较低。而且，在我国的各级政府统计年鉴中，并没有政府对公共体育的财政投入的相关统计数据。在国家公共财政支出方面，从2005—2011年，全国用于教育、就业、医疗卫生、社会保障、住房和文化（包括体育）等基本公共服务的公共财政支出虽然已经从9948.3亿元增加到40330.99亿元，年均增幅26.3%，比同期全国公共财政支出的增速高了4.8个百分点；但是与多年来我国公共体育设施落后、公共体育服务缺失所带来的差距相比，还需国家与地方财政进一步完善基本公共服务财政投入稳定增长机制，加强基本公共服务保障。

2011—2015年《全民健身计划》提到的目标任务是，到2015年形成覆盖城乡比较健全的全民健身公共服务体系。我国的体育经费虽然呈现逐年递增的趋势，从2008年的205.29亿元增加到2010年的254.17亿元，但大多数体育经费用于行政开支、运动项目队伍管理、各种体育竞赛、日常体育训练支出和体育场馆维护，上述几项占经费支出的64%，而用于休闲体育的财政拨款较少。以2010年为例，体育经费财政支出共达254.17亿元，用于群众体育的财政支出是21.31亿元，群众体育的财政支出仅占所有体育经费支出的8.38%，占全国公共财政支出89874.2亿元的0.02%。2013年，从中央财政投入（体育总局本级）的情况看，体育总局用于全民健身的费用是20亿元，比上一年的16.21亿元增长23.38%，其中财政拨款0.32亿元，与前年持平；彩票公益金19.68亿元，比前年15.89亿元增长23.85%。从地方财政投入（地方体育部门）的情况看，2013年全国地方用于全民健身的费用为170.21亿元，比上一年90.1亿元增长88.91%，其中财政拨款105.72亿元，比前年增长192.04%；彩票公益金64.49亿元，比前年增长19.65%。从资金保障看，2012年仍有部分县市未将全民健身纳入财政资金预算，有5个省份、207个地市县彩票公益金安排全民健身经费未达到不低于公益金总额的60%的规定比例，有21个地市县未安排彩票公益金用于全民健身。公共财政预算用于全民健身事业占公共财政预算的比例相对比较低，而且存在着各地投入比例差距较大的现象。按照支出内容分析，无论是中央还是地方财政投入，用于场地建设的比例都是比较大的，达到70%或者更多，特别是公共财政预算安排用于群众组织建设、开展群众体育活动和全民健身科研与宣传的经费相对较少。我国对体育的总体投入比重很低，体育产业内部结构还不平衡，群众体育的财政投入经费占总经费的比例较低。英格兰体育理事会的《2013—2017全民健身计划》拟对大众体育拨款4.93亿英镑，分配给46个运动项目协会。

（三）全民健身、体育产业与经济发展、体育消费不协调

1. 全民健身热持续增长与休闲体育消费不协调

全民健身活动是构建和谐社会的需要和广大人民群众的迫切需求，是提高全民素质和促进“三个文明”建设的重要形式。体育人口是衡量一个国家、地区体育发展水平的基本尺度。在欧美等发达国家，居民参加体育锻炼的人数比例总体较高，体育已融入很多欧洲人的生活。从1995年国务院颁布《全民健身计划纲要》以来，全民健身作为一项全民性社会事业，越来越关系到全体公民的切身利益。在我国科技高速发展、经济持续增长的同时，人们的闲暇时间越来越多，而与此同时，人们对自身生命质量和生活幸福指数也随之提出更高的要求。随着国家和地方政府多项体育惠民工程的实施，以及多种形式的全民健身活动的推广，近年来，参与休闲体育活动的人群逐年增多，群众锻炼意识不断增强。根据国家体育局2013年对20～69岁人群体育健身活动和体质状况抽测工作调查结果数据显示，在2013年里，全国10个省市的49.2%的城乡居民参加过体育健身活动。在这当中，有59.8%的城镇居民和35.6%的乡村居民分别参加过体育健身活动；而男性与女性的比例分别为50.2%和49.8%。其经常参加体育健身的人数比例达到32.7%。调查结果与以往相比提高4.5个百分点，群众参加体育健身的人数明显增加，经常参加体育健身的人数呈增长趋势，群众体育健身活动的参与度提高。以四川省为例，根据四川省主要地市（州）晨、晚练的基本情况统计，全省健身站（点）2009年的每天相对稳定活动人数为1 072 603人，2010年发展为1 245 325人，到2012年则上升到1 363 535人，增长趋势明显。2001年至2012年，我国城乡居民家庭人均收入同样持续上涨、恩格尔系数逐步下降（表6-2），这为大众参与休闲体育活动创造了物质条件，但人们在体育消费项目和消费金额上还存在不协调。

表 6-2 2012 年城乡居民家庭人均收入及恩格尔系数

年份	城镇居民家庭人均可支配收入		农村居民家庭人均纯收入		城镇居民家庭	农村居民家庭
	绝对数/元	指数（1978=100）	绝对数/元	指数（1978=100）	恩格尔系数/%	恩格尔系数/%
1978	34304	100.0	133.6	100.0	57.5	67.7
2001	6859.6	416.3	2366.4	503.7	38.2	47.4
2002	7702.8	472.1	2475.6	527.9	37.7	46.2
2003	8472.2	514.6	2622.2	550.6	37.1	45.6
2004	9421.6	554.2	2936.4	588.0	37.7	47.2
2005	10493.0	607.4	3254.9	624.5	36.7	45.5
2006	11759.5	670.7	3587.0	670.7	35.8	43.0
2007	13785.8	752.5	4140.4	734.4	36.3	43.1
2008	15780.8	815.7	4760.6	793.2	37.9	43.7
2009	17174.7	895.4	5153.2	860.6	36.5	41.0
2010	19109.4	965.2	5919.0	954.4	35.7	41.1
2011	21809.8	1046.3	6977.3	1063.2	36.3	40.0
2012	24564.7	1146.7	7916.6	1176.9	36.2	39.3

资料来源：中国统计年鉴（2013）

体育总局在 2013 年的这次抽测调查结果数据还表明，城乡居民在参加体育健身时，把公共体育场所作为自己的首选场所，这当中包含附近单位或小区的体育场所以及公共体育场馆；同时，也表现出城乡居民在选择其他健身场所时不同的特点。乡村居民选择在场院与路边进行健身的分别是 22.5%和 20.6%，但在自家庭院的健身低于以往的调查，他们更多的是到公共体育场所；城镇居民则分布较广，其中城市广场占 10%、住宅小区占 9.2%、街道路边为 10.9%、开放公园为 16%，城镇居民在公园锻炼的人数比例明显高于以往的调查结果。这说明锻炼者还是倾向于免费开放场地。而欧洲国家经过数十年的发展，在体育场地设施方面已开始逐步从量的提升转向质的升级，进入了既重规划建设又重维护利用的阶段。保证居民就近健身、提高已有设施的使用率，以及建设无障碍体育设施，成为当前多个欧洲国家体育场地设施规划和管理的着力点。

国家体育总局的另一调查报告显示，在参加体育锻炼的人群中，至少 1 次/月到收费体育场所去锻炼的人只有 16.3%，而参加锻炼选择收费在 11～30 元/次的体育场所的人数比例最高。

根据《2014 年全民健身活动状况调查公报》的数据显示，在 20 岁及以上人群中，有 39.9%的人有过体育消费，全年人均消费 926 元。全年消费总额在 499 元以下的人数百分比为 47.6%，在 500～999 元的为 24.4%，在 1000～1499 元的为 11.2%，在 1500～1999 元的为 4.6%，在 3000 元以上的为 6.5%。从年龄来看，20～29 岁年龄组的人消费水平最高，人均消费为 1162 元。随年龄增大消费水平下降，70 岁及以上年龄组，人均消费仅为 422 元。

在体育消费人群中，购买运动服装的人数百分比最高，为 93.9%，其他依次为购买体育器材、订阅体育书刊、支付锻炼的场租和聘请教练以及观看体育比赛费用等（图 6-1）。

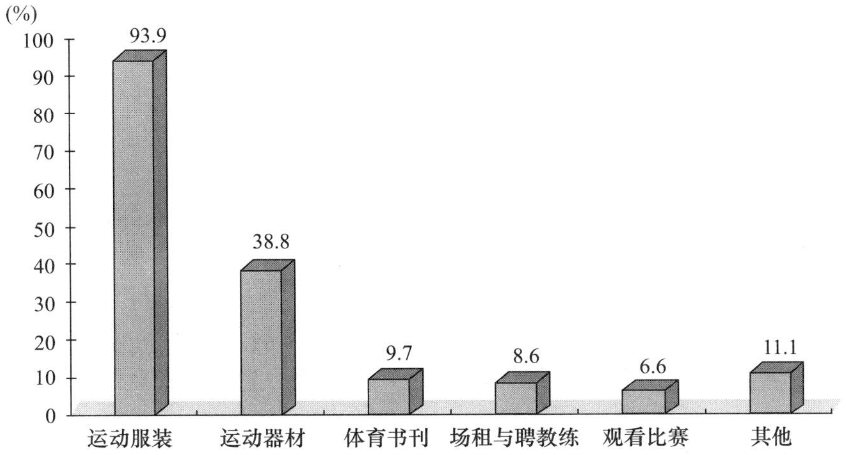

图 6-1 20 岁及以上人群不同体育消费项目的人数百分比

从人均消费金额来看，“场租和聘请教练”的消费额度最高，人均 876 元，其他依次是购买运动服装鞋帽 623 元，购买体育器材 496 元，观看体育比赛 366 元，其他体育相关消费 334 元以及订阅体育报刊和购买体育图书 142 元等（图 6-2）。

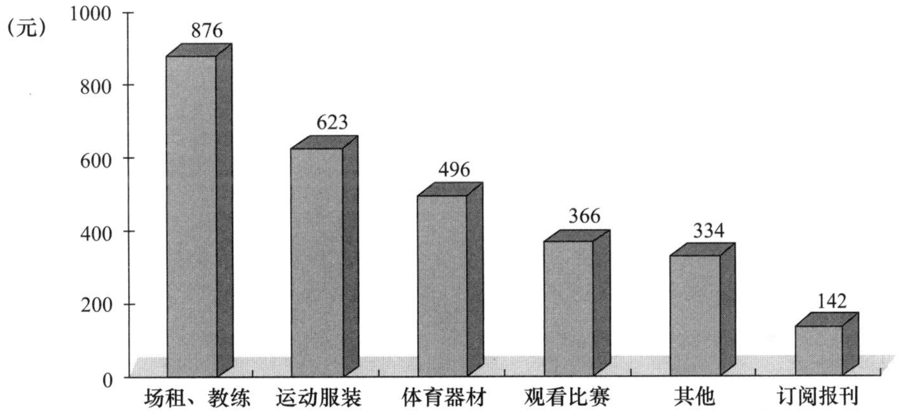

图 6-2 20 岁以上人群不同体育消费项目的人均消费金额

2. 中国体育及相关产业对国民经济贡献偏小

2007 年和 2008 年《中国统计年鉴》公布的数据表明，2006 年、2007 年中国国内的生产总值分别是 216314.4 亿元和 249529.9 亿元，城镇从业人员分别是 28310 万人和 29350 万人，第三产业全部从业人员达到 24917 万人，创造增加值 100053.5 亿元。按此计算，2006 年全国体育及相关产业所创造的增加值占 GDP 的 0.46%，从业人员占城镇从业人员的 0.91%；2007 年全国体育及相关产业所创造的增加值占 GDP 的 0.49%，从业人员占城镇从业人员的 0.97%。此外，体育服务业创造的增加值，占到我国第三产业增加值的 0.32%，从业人员占我国第三产业从业人员的 0.27%。近几年来，体育产业增加值增长水平较快。全国体育及相关产业所创造的增加值已由 2006 年的 983 亿元增加到 2010 年的 2220 亿元，增长 126%；占 GDP 总量的比重由 2006 年的 0.46%增加到 2010 年的 0.55%，增长 19.6%。数据显示，2007—2010 年，体育用品制造企业数量呈上升趋势，并于2010年达到最大值，高达1328家。从2011年开始，中国体育用品制造企业数量开始下降，截至2012年上半年，企业数目为883家，仅为2010年最大值的66.49%。2007—2011年，从利润总额的绝对值来看，中国体育用品制造业的利润总额是递增的；但是从增长率来看，2010年达到最大值，为56.92%，但2011年的增长率开始降低，为27.24%，降幅高达29.68%。到2012年，全国体育及相关产业从业人员375.62万人，实现增加值3135.95亿元，占当年GDP的0.60%，比2011年增长14.44%。

我国体育用品业在这几年明显遭到了国际同行的激烈竞争，也受到了国内宏观调控政策的影响。截至2010年年底，在中国体育产业中，体育用品业的份额超过80%，年销售额占到GDP的0.52%，与发达国家相比还存在一定差距。2006—2011年，在中国体育用品行业中，运动服、运动鞋、运动器材及相关体育产品的制造和销售增加值逐年增加，年均复合增长率为17.63%，至2011年达到1760亿元。从行业的绝对值来看，中国体育用品业的规模较大，但整个行业大而不强，产业价值链上的各个生产环节附加值较低，赢利空间主要在劳动力成本和地面营销渠道的价格空间。

研究表明，目前，全球体育产业产值已超过4000亿美元，西方国家的体育产业产值一般占本国GDP的1%～3%，最高的为瑞士，占337%。1999年美国的体育产业就占该国当年GDP的24%。到2011年，美国体育产业的收入近23万亿元，而我国仅有1600亿元。欧盟于2007年发布的《体育白皮书》中揭示，2005年欧盟27个成员国创造的体育增加值达到4000多亿欧元，体育产业总产值占欧盟当年国民经济GDP的3.7%，体育产业的从业人数为1500万，占欧盟当年总就业人数的比例为5.4%。欧委会47个成员国2010年的体育产业总产值占国民经济GDP的2%。而在英国，体育产业在2000年同样占到该国GDP的1.8%，加拿大为1.2%，日本在2006年占GDP的2%。因此，我国的体育及相关产业在同发达国家相比，差距还是较为明显的；同时，体育产业对国民经济的贡献还是偏小，说明当前我国的体育及相关产业发展尚处于起步、幼稚阶段，从发展的角度来看，提升空间很大。这将会对中国的第三产业发展起积极推动作用。

3. 体育服务业发展还处于初期阶段

从发达国家的体育产业发展情况分析，体育产业的发达程度越高，体育服务业在体育产业中所占的比重就越大，体育服务业超过了体育用品业。英格兰在2010年体育产生的总增加值为203亿英镑，体育提供了超过44万个全职就业岗位，占英格兰地区总就业岗位的23%. 其中参与体育和体育消费提供的就业岗位分别占65%和35%。中国体育服务业和体育用品业的增加值与之相比，差距还是较大的，体育服务业在体育及相关产业中所占比重偏低，说明中国体育及相关产业的内部结构还不平衡，特别是体育服务业的发展还处于初期阶段。这与目前中国是一个产品业的制造大国，以及人们的消费观念、消费能力不无关系。

（四）休闲体育在城市发展与农村发展不协调

由于受制于过去体制的影响，休闲体育在城市的发展与在农村的发展差异依然存在。国家体育局2013年对20～69岁人群体育健身活动和体质状况抽测工作调查结果的数据显示，10省市城乡居民在体育健身的意识、参与度、方法和健身场所等方面依然存在差距。但与以往的同类调查结果相比，城乡的差异明显缩小，城乡居民体育健身行为的趋同性明显。

1. 城乡体育场地设施尚存在差距

城乡公共体育资源的配置不均衡在近10年有了明显的改善，差距逐步缩小。“第五次全国体育场地普查”的结果统计显示，我国城乡体育场地差别较大，乡（镇）村拥有的体育场地只占了全国体育场地总数8.18%。经过近年来我国实施的“农民体育健身工程”“乡镇体育健身工程”“雪炭工程”等专项工程，成效显著，根据2014年12月“第六次全国体育场地普查”的最新统计数据，分布在城镇的体育场地为96.27万个，占58.61%；场地面积为13137亿平方米，占68.61%。分布在乡村的体育场地为67.97万个，占41.39%；场地面积为6.12亿平方米，占31.39%。我国体育场地域乡分布日趋均衡，有效缓解了场地差距。

但是，我国农村体育设施陈旧的问题仍然存在，有些设施有很大的安全隐患，而且非常多的设施经常被占用、遭到各种形式的损坏。由于我国农村体育场地与基础设施主要集中在中、小学校，设施单一、公共用地短缺，加上当前我国农村学校大量的撤并，使体育场地流失严重。21世纪教育研究院院长杨东平于2012年发布的《农村教育布局调整十年评价报告》称，从2000年到2010年，在我国农村，平均每一天就要消失63所小学、30个教学点、3所初中，几乎每过1h就要消失4所农村学校。该报告还显示，从2000年到2010年这10年间，农村小学减少22.94万所，减少了521%；教学点减少11.1万个，减少了6成；农村初中减少1.06万所，减幅超过1/4。撤并学校使得原本依附于学校存在的农村体育场地和为数不多的器材设施遭到严重损坏、流失，总体数量呈现锐减状态，而真正被村民利用的体育锻炼设施就更少了。并且，我国农村体育场地设施供给与农民需求表达机制不对等，在农村体育场地设施供给过程中，忽视了农民的需求，所进行的是自上而下的外部决策，这也是导致当前农村体育场地设施供求关系失衡的重要原因。

2. 政府对城乡体育重视程度存在显著差距

随着社会的进步，城市社区群众体育得到突飞猛进的发展，并且在政策、资金、场地、组织和建设等各方面都得到一定程度的重视和保障，政府与社会组织体系逐步健全。而农村群众体育发展的条件却相对薄弱，如人员分散、居住地不集中、体力劳动多于脑力劳动等。据访谈调查表明，在农村体育工作中，由于体育机构的改革，体育部门与其他机构进行了合并和重组，导致体育机构力量削弱，特别是基层没有足够的经费和人员具体抓体育工作，加之各县行政村的分布面太广，农村青壮年的90%都外出打工，剩下的是一老一小（空巢老人和留守儿童），他们整天忙于农活和家务，看管孙儿孙女，基本没有时间参与社会活动，也给乡村体育工作带来实际困难，出现城镇与乡村对休闲体育重视度明显不同的情况。

3. 城乡体育人力与财力资源分配不均匀

在中华人民共和国成立之初，政府以牺牲农民利益、农业和农村发展为代价，通过人为地压低农产品价格、为城市居民提供各种补贴等方式来快速推进工业化、城市化的偏向政策，导致城市繁荣与农村贫困并存的二元社会结构出现。而农村公共产品的供给则通过制度外财政为主的公共筹资制度和自上而下的制度外公共产品供给决策机制来实现，导致农村公共产品供给的严重不足。群众体育发展的最直接表现是城市比农村获得更多、更好的体育资源，这就加快了城乡体育分野。在2000年，农村人口占全国总人口的63.78%，但政府用于农村的财政支出只占了当年财政支出的7.75%，全国98%的城市在街道办事处都设有专职或兼职的机构或人员；全国90%的社会体育指导员都集中在城市，占了全国一半以上人口的农村却只有10%的社会体育指导员。与此相反的是，农村体育却没有受到政府的足够关注。西北5个省的农村体育调查显示表明，46.3%的政府部门没有体育工作计划。由于城乡体育人力与财力的资源分配不均匀，使休闲体育在城乡的开展不均衡，中国农业人口参加体育活动的比例明显低于城镇人口。根据2013年调查的结果显示，在过去的一年里，有49.2%的人参加过体育健身活动，其中，城镇居民为59.8%，乡村居民为40.2%。同时，我国休闲体育公共服务还存在着很大的地区失衡问题。农村体育发展水平与县、镇、乡、村的行政区划层次正相关，越到基层，体育资源越少、体育发展水平越低。由于农村经济发展滞后，农民消费水平不高，因此投资的回报率低，市场及个人筹资的利益驱动性也不足。

（五）生活方式的改变与经济发展的需求不协调

我国经济的高速发展带来了物质财富的积累，带来了物质产品的丰富，人们的勤奋劳动带来了我国居民家庭收入的增长和家庭财产的增加。但是，全民对于物质财富追求的同时，也带来了相关的问题，如重财富轻健康、重智力轻体力、重治病轻健身、重产值轻环境等方面的问题。

1. 重物质财富追求，而轻身体健康维护

在市场经济环境下，市场竞争越来越激烈，人们的生活节奏也变得越来越快，个人所面对的社会竞争压力不断地加大。为了不在竞争中被淘汰，人们不得不迎合社会的时代特点，从事一些高压力、高强度的工作，如房地产的销售、保险公司的业务岗位等，用来获得高的工资或业绩提成。但在从事这些工作的时候，必须与客户打交道，涉及应酬的问题，经常性地喝酒、熬夜，甚至在饮食方面变得非常无规律，使得这些人群在心理上易产生紧张、恐惧、忧虑等情绪。而有些人性格属于外向型，有抗压能力，在这些职位上尽管辛苦，还能比较自如。但是对于那些抗压能力比较弱的人，由于生活的压力，为了追求更多的财富积累，去从事不适合自己的性格的岗位，容易造成很多心理和生理上的疾病。

古希腊哲学家赫拉克利特曾说："如果无健康，智慧就不能实现，文化就无以实施，力量就不能战斗，财富就变成废物，知识就无法利用。"健康素养是指个人获取和理解健康信息，并运用这些信息维护和促进自身健康的能力。2009年，卫生部举行"首次中国居民健康素养调查"发布会，公布的调查数据为：我国居民具备健康素养的总体水平为6.48%。按照这个总体水平估计，在人群中，每100个人中不到7个人具备健康素养。该调查发现，城市居民的健康素养水平为9.94%，农村居民的健康素养水平为3.43%，城市居民的健康素养水平明显高于农村居民。在地域分布上，东、中、西部地区在健康素养水平上存在明显的差异，分别是7.03%、7.67%和5.23%。2012年，我国城市居民健康素养水平提高到11.79%，男性健康素养水平为8.52%，女性为9.09%，城市居民健康素养比2008年（9.94%）提高了1.85个百分点，提高幅度为18.61%；农村居民健康素养水平为7.13%，比2008年（3.43%）提高了3.70个百分点，提高幅度为107.87%。东、中、西部地区居民健康素养水平分别为10.31%、8.59%和6.86%，与2008年相比，分别提高了3.28、0.92和1.63个百分点；东部地区居民健康素养水平提高幅度最大。但这些数据充分反映出现阶段我国居民整体健康素养水平还很低。

在2011年9月发布的《2010年国民体质监测公报》检测结果显示，成年人呈现出未老先衰，成年人超重与肥胖率持续增长；反映身体机能水平的成年人肺活量、台阶指数比2005年有较大提高，但同2000年基本持平，成年人身体机能水平有所回升；反映力量耐力的俯卧撑和一分钟仰卧起坐等指标的平均数，自从2000年以来都呈现持续增长趋势。2010年，成年人身体素质中的握力、背力、坐位体前屈等指标平均数略比2005年的低，更低于2000年，出现了持续下降的趋势；纵跳、闭眼单脚站立、选择反映时等指标平均数则比2005年低，又比2000年高；老年人超重与肥胖率略有增长，力量素质等指标有所降低，其中男性的降低幅度处于0.6%～6.2%之间、女性的降低幅度处于1.3%～6.9%之间，中老年人的力量素质的下降趋势并没有得到遏制。

《2014年国民体质监测公报》的数据显示，与2010年的第三次国民体质监测结果相比，中国国民体质总体水平有所上升，国民体质总体合格率为89.6%，提高了0.7个百分点，而反映全人口体质各指标总体变化程度的“国民体质综合指数”100.54，也增长了0.15。各个人群体质总体水平有所增长，身体形态水平增长，超重肥胖率增幅略有降低，身体机能和身体素质水平略有增长，但是反映最大力量的握力数据继续下降。

从以上的监测结果可以很明显地看出来，我国居民的身体素质仍然有待提高，特别是成年人身体机能下降与老年人的肥胖问题亟待解决。

2. 重智力型消遣，而轻运动性休闲

在发达国家，健身是一种品质，代表一种蓬勃向上的文化。一个国家有没有朝气，可以通过它有多少人健身这一指标去了解、衡量。随着科学技术的发展，人们的休闲方式已呈现多样化，特别是智力型和消遣型休闲增多，这是由于人们生活水平的迅速提升、机器设备电气化和自动化程度的提高、现代化交通工具的普及，以及信息技术的发展，人们从事各种体力劳动的机会和时间大大减少。电脑的普及、手机的使用，使得人们工作的地点也随之发生改变，人们长时间伏案工作，上下班甚至平时的生活中都是以车代步，于是运动量大大减少，造成“肌肉饥饿”，影响了人体的健康，这已经成为一种普遍的社会问题。根据CNNIC（中国互联网络信息中心）发布的第35次《中国互联网络发展状况统计报告》，截至2014年12月，中国网民规模达6.49亿，其中，手机网民规模为5.57亿，互联网普及率达到47.9%。中国网民的人均每周上网时长达26.1h。互联网越来越成为人们日常工作、生活、学习中必不可少的组成部分，人们对网络的依赖程度越来越高。这其中的主要原因为：一方面，手机的便捷性使用户可以在“碎片化”时间随时随地上网，增加了手机的使用频率；另一方面，手机应用软件的丰富性，覆盖了生活、娱乐的各个方面，便于手机网民的工作和生活，增加了手机的使用度。另外，在交通方面，中华人民共和国2014年《国民经济和社会发展统计公报》指出，年末全国民用汽车保有量达到13741万辆（包括三轮汽车和低速货车1058万辆），比上年末增长13.7%，其中私人汽车保有量为10892万辆，增长17.0%；民用轿车保有量为7126万辆，增长19.0%，其中私人轿车6410万辆，增长20.8%，再加上第三产业的发展，人们的生活更加便捷，可以通过第三方进行一些体力活，如搬家具、清洁卫生等，都有相关的家具公司或保洁公司进行上门服务。这些无疑使得人们的体力活动变得少之又少，人们得心血管病、肥胖症等的可能性大幅度增加。第三次国民体质检测结果显示，从2000年以来，成年人超重与肥胖率持续增长，2010年成年人的身体肥胖率达到9.9%，相比2005年增长了1.9%。

3. 重治病而轻健身

尽管人们的生活变得更加丰富、精彩，闲暇的时间也多起来了，但国民的体育基本知识启蒙不足，中国老百姓的养生意识很强，也很普及，但是对于健身的意识观念仍然比较淡漠，许多人是在疾病发生以后才寻求医生的帮助，而不重视预防疾病，在这之前加强锻炼。根据调查，2007 年全国有 3.4 亿的城乡居民参加过体育锻炼。其中，男性是 1.94 亿，女性是 1.46 亿。城镇居民中有 2.18 亿的人参加过体育锻炼，乡村居民为 1.22 亿。但“经常参加体育锻炼”的人数比例（包含在校学生）仅为 28.2%。其中，城镇居民有 13.1%达到“经常参加体育锻炼”的标准，乡村居民为 4.1%，城乡差异较大。在参加体育锻炼的人群中，不同锻炼频度的人群分布是：“每月不足 1 次”为 13.9%，“每月至少一次，但每周不足 1 次”为 18.7%，“每周 1～2 次”为 27.6%，“每周 3～4 次”为 16.0%，“每周 5 次及以上”为 23.8%。到 2014 年底，我国经常参加体育锻炼的人数约为 3.6 亿，按当年 1361 亿人口计算，仅占总人口的 26.4%。而据日本总理府调查，1994 年日本公民的体育参与率为 67%；1994 年美国危害行为调查资料表明，1992 年美国公民的体育参与率为 71.3%；1995 年，加拿大体育活动调查显示，公民的体育参与率为 90%；1995 年，新西兰公民的体育参与率为 94%；1994 年，英国健康与生活方式调查表明，1993 年英国国民的体育参与率为 83%。根据英国体育理事会发布的调查结果显示，拥有 6060 万人的英国，2012 年共有 1550 万英国人每周至少进行 1 次体育锻炼，而每周至少进行 3 次体育锻炼的英国人数量达 740 万人。同时期的芬兰，每周参加两次以上体育活动的人口占总人口的 62%，其中青少年体育活动参与率高达 92%，法国居民 2010 年参与的体育活动种类多达 280 种，15～75 岁居民的体育参与率从 2000 年的 83%上升到了 2010 年的 88%。澳大利亚统计局完成的运动休闲参与调查（Participation in Sport and Physical Recreation Survey）收集了 2011 年 7 月至 2012 年 6 月期间 15 岁以上群体参与体育休闲活动的情况数据，在参与过体育活动的 1170 万人中，52%的人参与次数超过 105 次（相当于每周平均参与 2 次），其中包括某项运动训练和练习的次数，参与次数超过 105 次的女性比例（55%）比男性（45%）高。根据 2014 年 3 月的资料，欧盟委员会于 2013 年 11 月 23 日—12 月 2 日对欧盟 28 个成员国近 28000 名 15 岁及 15 岁以上居民进行了运动健身的抽样调查，结果显示，约 41%的被访者表示每周至少体育锻炼 1 次（不包括从一地到另一地的骑车或步行、跳舞、园艺等其他体力活动）。总体而言，北欧人更喜欢运动，70%的瑞典人、68%的丹麦人和 66%的芬兰人每周至少体育锻炼 1 次，其中 15%的瑞典人、14%的丹麦人和 13%的芬兰人每周体育锻炼 5 次甚至更多。排在奥运奖牌榜前列的英国、德国和法国，其民众体育锻炼的参与率也较高，每周体育锻炼 1 次及以上者分别占 46%、48%和 43%，超过欧盟 41%的平均值。一项根据 OMMS2009（中国医药市场与媒体研究）新生代市场监测机构数据显示（图 6-3），我国几乎不锻炼的人占了 42.8%。以上这些数据反映出我国民众经常参加体育锻炼的比例偏小，而且城乡差异大。权威医学杂志《柳叶刀》2012 年公布的研究报告称：全球大部分人都缺乏体育锻炼，从而导致每年约 530 万人死亡。引起慢性疾病的一个非常重要的因素就是缺乏运动，而这是保健的常识。同时，大量的实验也表明，非药物的运动疗法，不仅没有副作用，而且经济实用。适量的体育运动有利于各个年龄段成员的身体健康，还可以减少慢性疾病的发生。

4. 重产值而轻环境

有些地区为了发展经济的需要，以牺牲环境为代价获取经济产值的提高，引进高污染的制造企业，如高污染的皮革制造业、金属冶炼业等，导致这些地区环境的质量下降，影响整个大环境。在一些企业当中，工作环境恶劣，只增加工作的酬劳，不去改善工作环境。这种以牺牲健康为代价换来财富增加将会导致一部分人的身体素质明显下降。

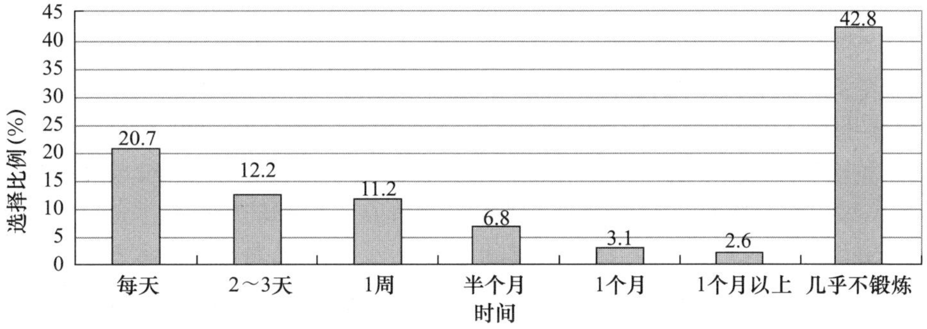

图 6-3　我国居民参与身体锻炼情况

数据来源：OMMS2009（中国医药市场与媒体研究）新生代市场监测机构于 2009 年 5 月执行，10 城市，1638 样本。

（六）多元化的生活追求与消费方式相对单一、不协调

随着经济的发展、人民收入的提高、物质产品的极大丰富，我国居民的生活条件有了极大改善，居民消费无论是规模和结构都有了很大提升。然而，也伴随着产生了一些问题，如各种“富贵病”大有蔓延趋势、城乡消费差距拉大、生活方式有待提升、身体素质有待改善、消费观念有待转变等。

1. 人均消费与人均服务增长不成比例

我国 GDP 不断增加，人均消费水平不断提高，但是人均消费与人均服务的增加不成比例。居民消费一般可以划分为基本性消费（也叫生存性消费）、享受性消费，以及发展性消费。所谓基本性消费，是指满足人类生存需要的基本必需品消费。居民生活水平处于贫困与温饱阶段时，一般以基本性消费为主，恩格尔系数（指食品支出金额占生活支出金额的比例）在 50%～60%；居民生活水平进入小康阶段后，随着生产力的不断发展，各种享受性、发展性商品与服务逐渐增多，实现了消费升级，恩格尔系数下降到 40%～50%：居民生活水平进入富裕阶段后，以享受性、发展性消费为主，恩格尔系数进一步下降到 30%～40%。2013 年，我国城镇居民家庭恩格尔系数为 35.0%，农村居民家庭恩格尔系数为 37.7%。从数据上看，我国的总体水平已经达到小康阶段，但由于受城乡差别、地区差别、行业差别、群体差别等因素的影响，其消费也存在很大的差异。

1990 年以来，我国城乡居民教育文化娱乐服务消费支出的比重呈先升后降再趋稳的趋势，由 1990 年的城镇 8.78%与乡村 5.37%上升到 2003 年的城镇 14.35%与乡村 12.13%，再下降至 2008 年的城镇 12.08%与乡村 8.59%；到 2012 年，城镇平均消费 2033.50 元，占支出比重的 12.20%，乡村平均消费在 445.49 元，并在近几年趋于稳定。这种现象是因为 2003 年以前，我国城乡居民教育文化娱乐服务支出比重的快速增长，主要受两个方面的影响，一是受教育体制改革的影响，居民在教育方面的支出增加：二是对文化素质的重视提高、对生活质量改善的要求提高。城镇居民教育文化娱乐消费支出比重和上升速度明显地高于农村居民，

且它们之间的差距在不断扩大。在满足教育投入的基础上，城镇居民已经开始追求文化品位的提高，对改善文化生活质量有着强烈的愿望，更重视业余生活的多样化。这也反映出在城镇地区与此相配套的软硬件基础设施较为完备，而农村地区则相对匮乏，相比之下，农村居民的日常文化生活相对单调。同时，城市休闲体育的消费水平还不高，而农村由于资源匮乏则更显落后。

2. 城乡消费差距比较大

从人均收入上看，城乡差距比较大，因此，城乡居民的消费能力也不大一样。农村的消费主要表现在日常生活上，注重基本生存需求的消费；而城镇居民则以享受型和发展型消费为主，农村居民的消费结构明显落后于城镇居民。收入水平的提高是消费水平提高的物质基础。根据统计，到 2012 年，中国城镇居民人均可支配收入达到 24565 元，比上年名义增长 12.6%；扣除价格因素实际增长 9.6%，增速比上年增加 1.2 个百分点。农村居民人均纯收入达到 7917 元，比上年名义增长 13.5%；扣除价格因素实际增长 10.7%，比上年回落 0.7 个百分点。现阶段，我国的国民经济分配格局还不合理，社会贫富差距大，居民的收入偏低，造成老百姓的消费能力有限，因此影响了居民消费的增长。目前，我国形成了高收入群体消费意愿不足、而低收入群体支付能力不够两种现象并存的局面。根据新生代市场监测机构中国新富市场与媒体研究，2010—2012 年的调查显示，我国中产阶层各项休闲活动花费普遍上升。其中，旅行和文艺活动上的花费增幅最大，相比 2010 年而言，中产阶层 2012 年人均旅行和文艺活动的支出增长 30%，其次是运动健身增长 22.5%，但年均消费还是较低（图 6-4）。根据一般规律，人们的消费行为取决于其净收入情况，消费随收入的高低变化而变化，但也会出现收入增长而消费增量小于收入增长，在高收入群体中这种情况非常明显。我国休闲体育消费在城镇与乡村之间存在着很大的差距。

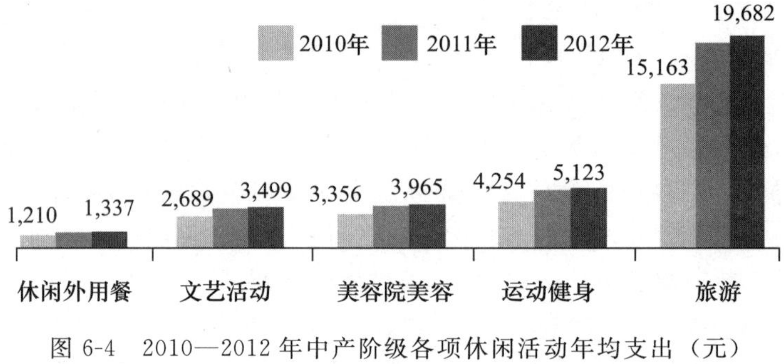

图 6-4　2010—2012 年中产阶级各项休闲活动年均支出（元）

数据来源：新生代市场监测机构中国断富市场与媒体研究，即 H3，2010—2012 年。研究对象：W11—4，样本量＝9243。

注：运动健身包括健身房健身运动和购买运动产品支出，文艺活动包括现场观看文艺活动、购买磁带、CD、DVD 等电子出版物及购买书籍的支出。

3. 生活方式有待改变

同传统的生活方式比较而言，现代生活方式具有时代的特性，体现出高效率、快节奏的特点，这与市场化、城市化紧密相连。无疑，这样的快节奏与高效率的生活方式给人们的健康带来了不同程度的挑战，消极影响人们的身心健康。人们把由于不良生活方式导致的慢性非传染疾病，如冠心病、高血压、肥胖、糖尿病、恶性肿瘤等，以及白领阶层普遍患有的肩周炎、痔疮、颈椎病等称为生活方式病。生活方式病产生于现代生活的各个方面：开车上下班，电视机前打发余暇时间，在餐桌上推杯换盏，娱乐场所娱乐无度，电脑前长时间工作、玩电脑游戏，长期加班劳累等（图 6-5）。当前，生活方式致病在慢性病中的比例达到 37.3%。因此，研究不良生活方式的特点、改变不良生活方式，显得尤为重要。而休闲体育的发展对于提高人们的生活质量、矫正人们的不良生活方式有着重要的作用。休闲观念在美国民众中占据了重要地位，他们的休闲活动主要分为 3 大类：一是身体锻炼，二是户外活动，三是旅行、旅游。以休闲和娱乐为主要特征的美国大众体育运动既为人们提供娱乐，也是人们的休闲方式。除了较好地体现了体育运动的本质功能外，大众体育还在很大程度上拓宽了美国的消费市场，甚至促进了政治家的政治活动。

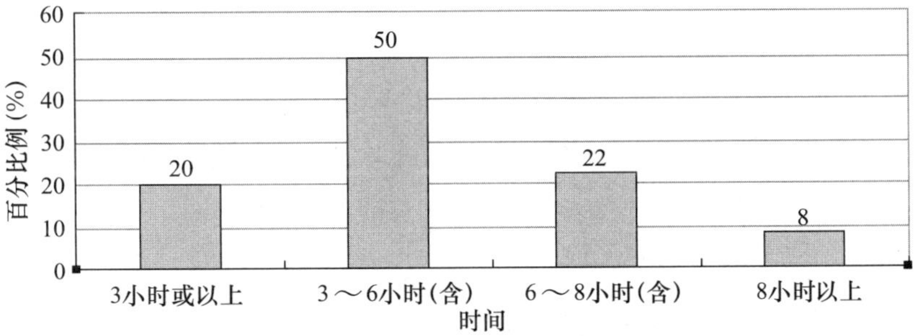

图 6-5　我国居民每天久坐情况调查

数据来源：OMMS2009（中国医药市场与媒体研究）新生代市场监测机构于 2009 年 5 月执行，10 城市，1638 样本。

4. 消费观念仍需转变

我国过去长期处于经济短缺的状态，改革开放 30 多年，我国经济发展取得巨大成就，人们生活步入小康。受到东方文化、消费传统的影响，许多人的消费观念还比较落后，现金交易、明天的钱今天不能花，重所有权、轻使用权，追求高储蓄率。店铺消费等消费观念一直在影响着我国人民的消费。在科技发达的网络信息时代，人们的消费观正在改变，店铺消费与网上消费并存，不再追求高储备率，正在改变重治病轻防病的健康消费观，大众体育锻炼热潮兴起，重健康、防生病。从休闲体育活动的参与来讲，要逐步完成从体验式消费到经常性消费的转变。这无疑可以拉动我国休闲体育消费内需的增长，促进体育产业的发展。观赏性体育赛事能够培育体育情感，一是娱乐大众，大众通过观看体育比赛得到力与美的享受，感受体育所散发出的休闲美、娱乐美、健身美、刺激美等美感；二是有强大的引领作用、极强的号召力，带动更多的人参与到体育锻炼中来，推动全民健身活动，促进国民体质增强；三是体育赛事有着强烈的民族凝聚力，能够展示国家、民族的形象；四是可以促进体育产业的发展。目前，大众观看体育活动的场所，主要还是通过电视观看，现场观看率低（图 6-6），休闲体育消费观念跟不上产业发展的速度。

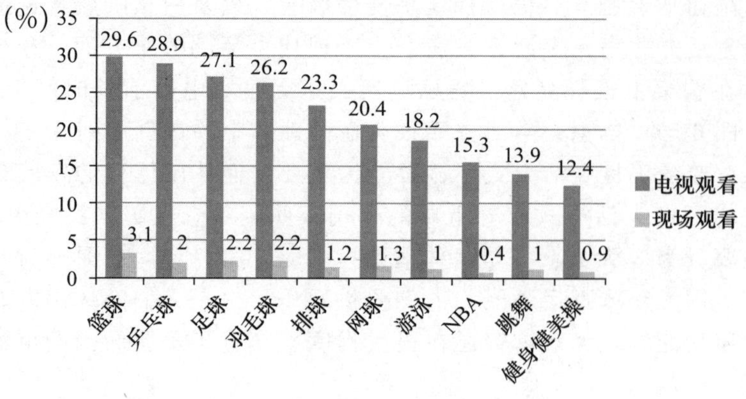

图 6-6　各类体育活动观看的场所

资料来源：新生代市场监测机构中国市场与媒体研究 CMMS 2012AU（2011 年 7 月至 2012 年 6 月）。15～64 岁，89200 样本定量调研，覆盖一、二、三线城市及农村。62 城市。

有三种专门人才是国家应该重点培养的：第一种是休闲体育研究性与休闲体育营销型专门人才，第二种是充当休闲体育生产者与消费者牵线人的优秀经纪人，第三种是专门从事休闲体育市场运营、规划和行政管理的高级 CEO。

（七）休闲体育参与意愿与运动技能普及水平不协调

米哈里·奇克森特米哈伊在《畅：最佳体验的心理学》（1990 年）中提出：当人处于在“畅”的状态，即具有适当的挑战性而能让一个人深深沉浸其中，以至于忘记了时间的流逝、意识不到自己存在的体验，人就是最快乐的。这时，人与其从事的活动完全融为一体。他认为，要获得“畅”的感觉，必须在面临的挑战和行为者的技能之间找到一种平衡，挑战应该是“适当的”，活动的难度应当与一个人所掌握的技能相适应，太难的活动让人感到焦虑和紧张，而太容易的活动则又会让人感到厌倦。在这两种情况下，“畅”的感觉都不会出现。休闲体育活动是现代人生活的必需，其具有从小开始，贯穿终身；户外为主，室内为辅；身动为主，神动为辅；团队为主，个人为辅；参与为主，收获为辅；欢乐为主，成长为辅；社会为主，经济为辅的特点。因此，参与休闲体育需要掌握最基本的技能，才能在活动中体会到“畅”的快乐。中国传统文化对休闲的理解、看法含有贬义，这主要源于中华民族历来勤劳努力，反对好逸恶劳、游手好闲、好吃懒做，认为积极的休闲为懒惰、是不追求上进的表现。过去，人们的生活艰难，在求温饱的时期谈不上休闲。

学校是主要的教育机构，对休闲教育有责任，但过去学校中的师生无法享受休闲，校园里没有开设休闲教育的课程，导致中国的教育与儿童的成长双向异化。每一个中国人从小就未能得到正当的休闲教育，不懂休闲为何物，甚至视休闲为洪水猛兽；而家长又在不断喝止孩子的嬉戏、休闲，成为无视休闲的劣质教育的帮凶。学校的教育中，体育的地位低下，休闲体育教育的缺失，即休闲体育教育观念的缺失、休闲体育教育内容的缺失、休闲体育教育场地器材的缺失、体育教师休闲技能的缺失、受教育者休闲体育活动的缺失，造成人们对体育的功能认识的缺失，对体育锻炼技能的欠缺，以及对终身锻炼意识的淡薄。

“会能度”是指运动技能会与不会之间的区分度，代表运动技能的掌握程度。本课题采用5级量度问卷表，用主观自我感觉和评价方法（在自己参与的体育人群圈内），对掌握不同体育项目运动技能度进行调研，调研结果的统计分析，见图6-7。被调查者普遍运动技能不高，这也是影响参与休闲体育活动的阻力之一。

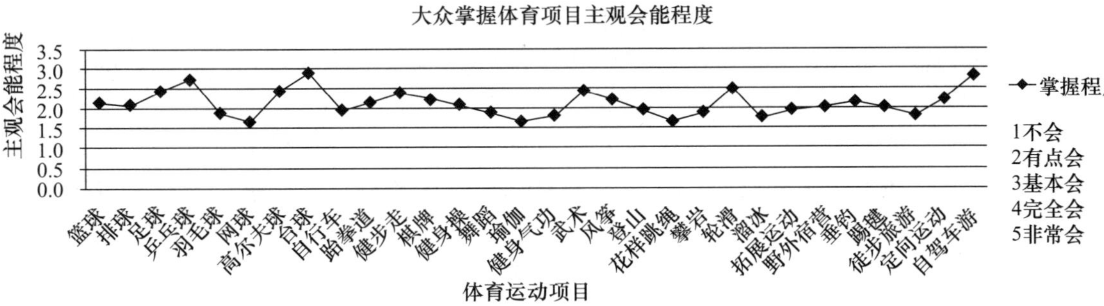

图 6-7 大众掌握体育项目主观会能度情况

数据来源：本课题大众参与休闲体育主观会能度调查，2013 年覆盖全国 21 个省市调研。607 样本量。

近年来，随着我国社会、经济的发展，国家休假政策的调整，以及正步入小康社会，我们已经从短缺式经济转向过剩式经济，对待休闲的态度已经有所转变，对待健康的重视程度加大，愿意参与休闲体育活动的人越来越多，人们追求多样化、个性化的生活观念增强，使得休闲体育成为人们提高生活质量的重要内容。这也反映了社会的根本性进步，体现了社会总体发展水平的提高。现代中国休闲体育受西方发达国家休闲体育的影响很大，西方休闲体育的最新潮流影响着国人对于休闲体育项目的偏好。然而，我国公民的休闲理念以及对休闲运动技能的掌握还在转换之中，这个转换的过程直接决定着休闲体育文化能否在我国本土化。中国的休闲体育至今仍未能像西方国家的休闲体育那样蓬勃发展，原因就在于许多公民只关注西方休闲体育的时尚，却没有领会其内涵。人们参与意愿增强，但因休闲体育运动技能掌握的缺失，以及认识上的差异难以付诸行动。

第二节 我国休闲体育服务供给体系的构建思路

政府体育行政部门作为公共体育机构，基本职能就是“组织和执行公共物品的供给”，即为社会成员提供共同需要的休闲体育公共物品和服务。因此，政府在体制改革中，首先应理顺政府体育事业的职能与职责，进一步落实各级政府有关部门的责权利，建立更加顺畅和高效的部门合作机制。在市场经济条件下，政府在市场自律和社会“准公共物品”的提供方面存在“失灵”的问题，故政府应明确发展体育事业的基本职能，调整体育发展战略思路，明确发展路径，重塑政府与其他社会体育组织的关系，建立“小政府，大社会”的组织结构，确立在政府主导下，体育非政府组织和体育企业为主体的角色定位：通过建立和完善政府引导机制，正确处理政府与社团、企业的相互关系，从而发挥体育社团和体育市场的横向联合作用，提高体育社团和市场自我服务的效率，完善休闲体育公共服务供给。因此，休闲体育公共服务供给体系的构建，就是在明确政府体育事业的职能下，根据公共产品理论对休闲体育公共服务供给进一步划分，进而依据不同类型休闲体育实施不同的供给。

一、休闲体育公共服务路径框架设计

本课题根据公共品的分类把休闲体育分为三类：以全民健身运动为标志的纯公共产品（包含其他概念上的群众体育、大众健身、社会体育、全民健身运动等）；以个性化和极限运动为主的，满足个性选择需求的休闲体育私人产品；介于纯公共与休闲体育私人产品中间的就是休闲体育准公共品。根据公共服务供给的相关理论，结合休闲体育要素与特征，休闲体育公共服务的路径由供给产品、供给机制、供给内容等构成。而其中休闲体育的供给机制，对应休闲体育的供给主体及目标、供给方式和组织形式等。再根据区域的划分，把休闲体育分成城市和乡村两种。以下围绕休闲体育纯公共品、休闲体育准公共品、休闲体育私人品三种类型的休闲体育产品，分别针对当前出现的问题与障碍进行供给的路径设计，其中包括供给的主体目标，供给的方式与组织形式。由于我国二元结构经济体造成城市与农村的非均衡性发展，加之城乡居民生活习惯、居住环境、休闲方式、体育意识、传统文化等不同，休闲体育需求城乡差别较大。因此，在本课题中，依据城市与乡村的不同的体育类型，包括休闲体育纯公共品、休闲体育准公共品、休闲体育私人品三种供给分别进行设计，以利于采用非均衡手段区别对待，即针对失衡现状有目的、有计划地合理分配资源。不同性质的公共服务，主要内容均包括场地设施、体育指导员、体育产品、体育信息、体育组织等方面。

休闲体育按照公共产品的性质可以划分为休闲体育纯公共产品、休闲体育准公共产品、休闲体育私人产品三种类型。其中以健身路径、河边、公园、广场、社区、小区、乡镇、村落等为主要场地的休闲体育活动，以及国家倡导的全民健身运动为主要目的活动，均可作为休闲体育纯公共产品，这类产品具有普惠性。而以时尚的、个性化项目、极限运动、商业俱乐部为标志的休闲体育活动一般为个人交费参与，以自我实现为目标、满足个性化的需求，这类体育活动有的参与费用很高，付费方式适用于具有俱乐部产品性质的休闲体育公共服务，即具有消费的排他性特征。这一类属于选择性的休闲体育私人产品。国家出部分资金，个人需要交部分资金就可以享受某些体育活动，如在高校对外开放的场馆进行羽毛球、乒乓球等的休闲体育活动其属于休闲体育准公共产品，这类活动主要以休闲和健身为目的，这类产品同时具有选择性和普惠性。

在休闲体育公共服务的供给机制中，需要明确不同的主体与目标、不同主体的供给优劣势、不同的体育供给方式与组织形式，才能针对不同类型的公共产品进行最有效的提供，以最少的成本提供最大的效用。由于我国目前城市的休闲体育与乡村的休闲体育的供给情况不一样，农村的休闲体育建设无论是全民健身运动还是休闲体育私人服务，或者是休闲体育准公共服务都不够完备，同城市相比有比较大的差距。所以，我们在设计的过程中，把两者区分进行将有利于真正解决、实现休闲体育的全民健身目标，使休闲体育公共服务供给由基本型逐步向选择型发展；休闲体育公共服务供给由政府这唯一主体供给，逐步转化为政府部门、非营利部门、市场商业组织多主体并存供给。休闲体育公共服务供给由政府供给垄断单一模式向政府和市场共同主导的多主体供给模式的转变，逐步引入市场化、社会化机制，能最大限度地满足人民群众日益增长的多元化体育需要，最终实现全民健身的宗旨。

二、休闲体育公共服务供给机制

人们对休闲体育活动的需求日益增加，决定了休闲体育公共服务的供给不能由财力有限的政府单一供给，急需建立一套合适的休闲体育公共服务供给机制。因此，本书首先如上所述将休闲体育服务按照公共性质进行了划分，提出这种分类的意义在于，它打破了笼统地提供休闲体育公共服务的传统观念，将不同属性的休闲体育公共服务进一步细分，针对不同休闲体育公共服务的不同属性提出不同供给模式，有助于有针对性地解决该特征属性下休闲体育公共服务的供给问题。

在一般公共服务的供给机制研究中，研究者们从公共服务的供给主体、根据公共产品的分类进行供给主体的区分、资金筹措和供给方式三个方面梳理公共服务的供给机制。在对休闲体育公共服务进行划分的前提下，将休闲体育公共服务的供给机制也划分为三大板块的内容，包括供给主体及目标、供给方式以及供给组织形式。休闲体育公共服务的供给主体可分为政府、市场和非营利性组织。在休闲体育公共服务的提供上，政府作为主体之一所采取的手段和方法，一般是运用其公共权力，投入财政资金、公布政府信息、授权特许经营等为休闲体育提供基本的运作条件；私人投资的商业性机构生产、销售休闲体育产品，为多元化的休闲体育需求提供相关的服务，从而实现市场供给；非营利性组织在休闲体育公共服务的供给上，通过多元化的筹资机制与独特的组织运作方法，为社会提供低消费、以健身休闲为目的服务。不同分类的休闲体育公共服务有着不同的供给主体，也有着不同的追求目标。供给机制中供给主体的多元化决定着供给方式的多元化。根据众多学者的研究，目前被广泛运用并且发展成熟的供给方式有国有企业供给、财政补贴、政府购买、合同承包、特许经营、志愿服务、自我服务、票券制和自由市场。而供给组织形式指的是为休闲体育公共服务对象直接提供服务的组织，休闲体育供给组织有不同的组织形式，针对不同的组织形式有不同的供给主体和供给方式。一般来讲休闲体育的组织形式可分为三大类，第一类是以政府下属体育部门或者专设提供休闲体育公共服务的组织，即政府供给性组织；第二类是以单位、社区和体育社团为主的组织，即社会供给性组织；第三类是以商业性体育俱乐部为主的组织，亦称商业性供给组织。政府供给性组织为公众直接提供公共休闲体育场地设施等具体产品，如广场、公园、全民健身绿道等，负责合理配置体育资源和促进体育组织合作，制订活动计划，组织和引导社区休闲体育等。在休闲体育活动的具体组织与指导等事务性工作中，政府起疏通、引导和联络的作用。社会供给性组织目前在我国主要是企事业单位或社区休闲体育团体，负责社会性休闲体育活动的具体组织与指导等事务性工作；商业性供给组织则主要根据公众个性化的休闲体育消费需求，提供满足需求的服务。

综上所述，结合路径框架设计，本研究提出的休闲体育公共服务的供给机制如图 6-8 所示。

长期以来，我国城乡经济发展不均衡，城乡二元结构一直存在。因此，除了为不同类别的休闲体育公共服务设置不同的供给机制外，还要从城市、乡村两个发展差距过大的经济领域分别看待休闲体育的公共服务供给问题。农村的经济发展远远落后于城市，相对应的，休闲体育的建设与发展也远不如城市，并且有比较大的差距。所以，在休闲体育的公共服务供给上，要按城乡进行区域划分，分别探讨各自的供给问题，以便提供差异化服务。

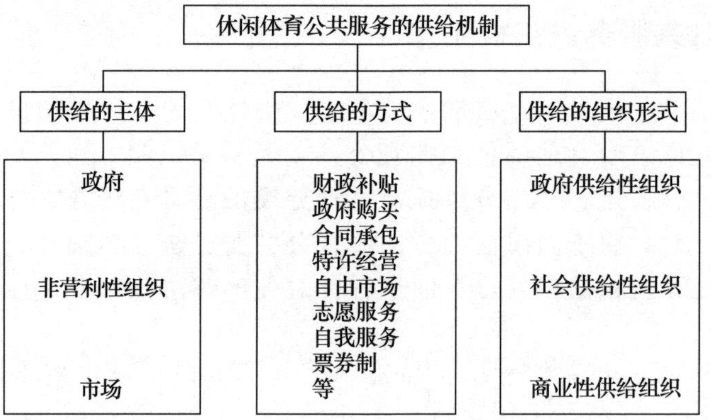

图 6-8　休闲体育公共服务的供给机制

三、休闲体育公共服务内容

休闲体育的供给内容包括许多方面，概括起来为五个方面的内容，即休闲体育场地设施、休闲体育指导员、休闲体育产品、休闲体育信息和休闲体育组织。休闲体育场地主要包括场馆、设施等的投资建设、维护以及管理；休闲体育指导员指的是专业人员的配备与指导。休闲体育产品的提供，不仅包括体育商品如球类、服装、器械、体育赛事与观赛等有形产品，还包括员工服务、场馆环境等无形产品；休闲体育信息主要包括体育信息获取的数量、渠道、内容；而休闲体育的组织则指的是不同的休闲体育活动组织形式，包括个人行为，与家庭、朋友或者同事共同参与的具有随意性非正式性的组织，社区或企事业单位的休闲体育组织、休闲体育社团等社会性组织，商业俱乐部等商业性组织（图 6-9）。而场地设施是核心、基本的内容，其他几个部分的供给围绕场地设施的供给而延伸出来。休闲体育产品作为一个宽泛的概念，包括体育器材、体育服饰、体育赛事等，而对体育场地设施的建设来说，必须配备相应的指导员对休闲体育活动进行指导，规范休闲体育活动，进行科学锻炼，以便于更好地实现全民健身的目标。体育的组织作为休闲体育运行的保障，贯穿休闲体育活动的整个过程，而休闲体育信息的服务更是没有时间、空间、范围的限定。因此，根据这 5 个方面的关系，可以明确休闲体育公共服务的内容相互之间的关系，具体如图 6-10 所示。

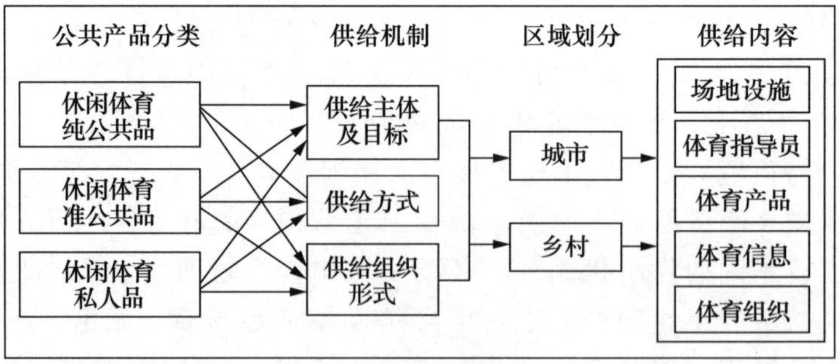

图 6-9　休闲体育公共服务体系路径框架

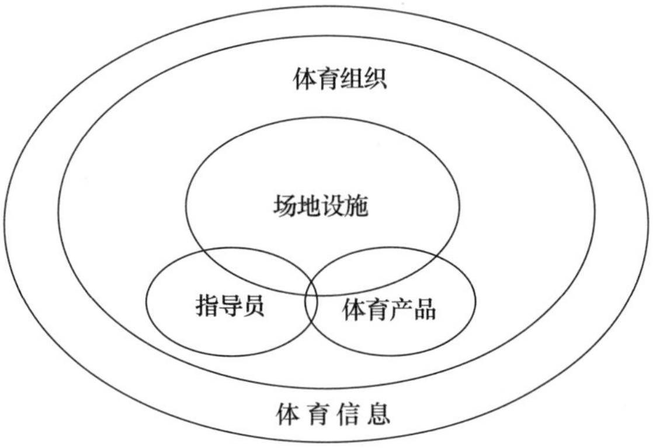

图 6-10　休闲体育公共服务内容相互之间的关系

第三节　我国休闲体育公共服务供给体系的创新路径

政府为公民提供休闲体育公共服务首先需要创新的是观念、理念。公民参与休闲体育不仅是健身、增强体质健康的问题，要从健身变成健康，并且满足实现自我价值的精神需求。“过去我们提供的体育公共服务是碎片化的，主要体现为建百姓身边的场地、抓百姓身边的组织、搞百姓身边的活动，而现在则要把主要精力放在提供基本公共服务上，除了过去的三个方面外，将来还有政策保障、法律法规、信息服务、科学健身指导等。”

一、构建以“绩效体育”为导向的休闲体育供给评价体系

绩效评估是对广义的政府组织、非营利组织（第三部门）以及公共企业（第四部门）等特定的社会组织在积极履行公共责任的过程中，在讲求内部管理与外部效应、数量与质量、经济因素与伦理政治因素、刚性规范与柔性机制相统一的基础上，获得的公共产出进行的评审界定。构建休闲体育公共服务的供给体系分为三个子系统，即纯公共休闲体育的休闲体育公共服务供给、准公共休闲体育的休闲体育公共服务供给和私人在休闲体育供给中提供的休闲体育公共服务。在每个子系统中，结合不同休闲体育的供给主体及目标、供给方式以及供给组织形式，以城市和乡村为地域划分，考虑休闲体育公共服务供给在不同休闲体育分类中的具体供给内容。作为公共服务供给体系的一个重要方面，对休闲体育公共服务供给体系的服务质量进行监督和管理是必然的，也就是说，需要构建以绩效评估为导向的休闲体育公共服务供给体系。这样，休闲体育公共服务的供给才是有依据的，否则，整个休闲体育公共服务供给体系的运作就会陷入混乱。因此，要构建科学的休闲体育公共服务供给绩效评价体系，更好地实现对休闲体育公共服务供给的管理。以下分别对休闲体育公共服务供给的三个子系统的绩效评价进行论述，以期构建休闲体育公共服务供给的绩效评价体系。

（一）休闲体育纯公共服务供给绩效评价

休闲体育纯公共服务的供给主要体现在场馆设施的建设上，从策划、投入到配置完成，休

闲体育纯公共服务的供给是一个动态的过程。因此，休闲体育公共服务供给的绩效评价也是一个动态的评价类型。从时间上来讲，休闲体育纯公共服务供给绩效评价分为事前评价、事中评价以及事后评价。事前评价是对休闲体育纯公共服务供给资源配置规划或者方案的评价，是对休闲体育纯公共服务资源配置的预评估，从而对休闲体育纯公共服务资源的配置方案形成取舍；事中评价是对实施过程的评价，评价休闲体育纯公共服务资源是否按照计划配置，以及配置状况如何、存在什么问题等，这是考核休闲体育纯公共服务供给绩效的主要类型；事后评价是指休闲体育纯公共服务资源配置后的一种评价类型。目前，我国对休闲体育纯公共服务供给绩效的评价主要属于事后评价，还缺少对事前和事中的评价。而事中评价对于考核我国具有动态性的休闲体育公共服务供给绩效是最重要的。因此，在休闲体育纯公共服务供给的绩效评价的内容上，要融合事前、事中和事后三个阶段的绩效评价，完善休闲体育纯公共服务的供给评价。并且，在评价的主体上，除了一贯地以政府为考察主体外，休闲体育纯公共服务供给的绩效评价还需要社会公众和第三方评价机构的介入，以确保其公益性。

（二）休闲体育准公共服务供给绩效评价

休闲体育准公共服务供给的核心是对现有公共场馆设施的运营和管理。在绩效评价的内容上，主要考察的应该是公共场馆设施的运营情况及维修、添置设备等管理情况。目前，我国休闲体育准公共服务的供给基本上还是以政府为主体，其绩效评价的主体还是以政府为主，考察的主体比较单一，对社会公众和第三方评价机构的评价重视不够。在这种情况下，休闲体育准公共服务供给绩效评价缺乏社会大众的参与、监督和批评，内外之间呈现单向性。相对于内部评价主体，外部评价主体会更多地对组织管理的效率和公平进行评价，有利于确保休闲体育准公共服务供给以公众的利益为出发点。随着休闲体育的发展，第三方评价机构的发展也随之壮大，成为评价休闲体育准公共服务供给绩效的重要主体之一。其中，非营利组织是它的典型模式。非营利组织致力于解决现实问题，推进特定领域的理论研究，以学术机构和具有特殊使命的组织为代表。评估主体多元化是保证公共服务绩效评估有效性的一个基本原则。休闲体育准公共服务的供给状况如何，最有评判权的就是公民，公民应该作为休闲体育准公共服务供给绩效评价的主体。

（三）休闲体育公共服务私人供给绩效评价

休闲体育公共服务的私人供给是一种新的社会体制，兼具政府和市场的功能，它以市场的手段提供公共物品和准公共物品，却旨在追求公共利益最大化，而不是以营利为运作宗旨。一直以来，休闲体育公共服务的私人供给不被相关政府部门和组织所重视，其绩效评价也一直局限于非公共服务的营利部分的评价。建立休闲体育公共服务私人供给绩效评价是有实际意义的，它能够促进私人对休闲体育公共服务方面的重视、加大私人对休闲体育在公共服务方面的投入力度，使得私人在提供休闲体育中追求利益化的同时，兼有一定程度上的社会效益。休闲体育公共服务私人供给的绩效评价的主体涉及政府、公众、第三方机构评估和自我评估等。多主体的综合评价，才能全面、客观地对休闲体育公共服务私人供给的绩效做出科学、合理的评价。

休闲体育绩效评估的核心是休闲体育绩效指标体系，绩效评估的水平、质量如何，很大程度上取决于绩效指标体系是否合理、科学。因此，建立一套科学完善的指标体系是至关重要的。

在指标体系的建立上，一定要遵循一致性原则、客观性原则、整体性原则和可测性原则。根据本课题的研究，休闲体育公共服务供给绩效评价在从纯公共休闲体育、准公共休闲体育和私人休闲体育供给3个子系统入手的基础上，应分别以城市和乡村为着眼点，评价休闲体育公共服务供给的场地设施、体育指导员、体育产品、体育信息和体育组织，以此来考察休闲体育公共服务的供给绩效。

建立以绩效评价为导向的休闲体育公共服务供给体系能更好地考核和评价政府在配置过程中的成绩与不足，激励与提升相关政府部门管理人员的积极性，帮助政府管理部门及时发现和解决休闲体育公共服务资源配置中的问题，还能进一步增进政府对休闲体育公共服务供给水平和成效的了解，实现政府的有效监督和管理，对保证群众真正获得需要的休闲体育服务具有重要的理论和实践意义。以绩效评价为导向，构建休闲体育公共服务的供给体系，是提高体育部门的服务职能、促进休闲体育体制改革、构建和谐社会、形成服务型政府的重要举措。

二、塑造以文化为中心的“人本体育”休闲价值观

《全民健身条例》背景下，休闲体育公共服务的性质是以公民为本，即满足老百姓的休闲体育需求。休闲体育是一种特殊的社会文化现象，即人们在闲暇时间内，以参与体育活动为手段，以获取思想和情感体验为目的，而进行体育文化创造、体育文化欣赏、体育文化建构的生命状态和行为方式。它并不是一种完全独立的文化体系，而是建立在社会文化和体育文化维度基础上的一种特殊的文化形态，具有交叉和复合的特征。

市场经济条件下，休闲体育文化作为具有特殊使用价值的文化商品逐渐为世人所关注，而当前中国社会发展不平衡的局面迫切需要树立新的价值观念来引导。众所周知，社会发展的最终目标是人的发展，而人的发展必定是体力与智力的结合，二者缺一不可。体育作为强身健体的重要手段，对于人的全面发展起着不容忽视的作用。只有将体育事业作为提高公民素质、促进经济发展、建设和谐社会的大事，同时纳入国民经济和社会发展规划，才能真正将人置于体育事业发展的核心，培育以人为本的新时代体育价值观。至此，从人的视角去重新审视现代体育，进一步认识和把握现代休闲体育所蕴藏的文化价值和内涵，也为多角度、多方位去挖掘和诠释现代休闲体育提供了方法、途径。社会转型中的确产生了大量的空闲时间和物质财富，但更为重要的是文化的嬗变。物质基础只能说明人们可能去运动，文化基础之上的观念则决定了人们一定要运动和怎样去运动（活动的形式）。社会的物质生活基础并不是休闲体育的充分必要条件，还必需有深层的文化学背景引发人们的观念转变，只有观念的彻底转变，才能变被动为主动，变“要我运动”为“我要运动”。因此，在我国社会发展的现阶段开展休闲体育，就更要了解其产生的文化背景，有针对性地调整对策。

培育休闲体育文化主要从四个方面来着手：价值与观念、制度规范、教育和物质产品。

（一）培育和凝练公民普遍认同的休闲体育价值与观念

价值是文化组成的要素，文化是人类活动的成果。价值观念就是关于价值的一定信念、倾向、主张和态度的某种选择，起着行为取向、评价标准、评价原则和评价尺度的作用。体育这一独特的文化形态，不仅是我国精神文明建设的重要平台，更能为全社会创造一种积极向上的

精神，营造一种良好的社会风气和团结友好的氛围。就像社会中业已形成的“运动员精神”“公平竞争精神”“奥运精神”等都是为大众所普遍接受的，体现了社会希望达到的理想行为准则。

“以人为本”是构建社会主义和谐社会的根本价值原则，其本质就是人的全面发展。党的十八届三中全会明确提出要坚持以人为本，尊重人民的主体地位，发挥群众的首创精神，紧紧依靠人民推动改革，促进人的全面发展。从体育的角度出发，以人为本，就是要求在体育活动中必须以人为立足点，根据广大人民群众的需要发展群众体育，满足人们日益增长的体育需求，促进广大人民群众的全面发展。

人本体育强调的是体育权利的均等化，即体育资源分配权利、体育参与机会权利、体育效益享有权利的均等化。体育资源包含体育物质资源、制度资源和文化资源，每个共同体的构成主体都应该平等分配或享有上述共同体的体育资源。体育资源分配的均等化并不是绝对的，必须考虑不同共同体构成主体的实际情况，也就是说，在实质均等的基础上，必须考虑形式的差异。体育参与机会均等化包括参与时间、参与空间、参与标准等的均等化。人本体育强调体育效益享有的均等化，每个共同体主体都具有享受自身体育运动效益的公平权利。人本体育将体育的社会本质定位于个体与共同体的关系之中，避免了自然主义体育观与非自然主义体育观非此即彼的二元论弊端。人本体育是创新性的体育价值观。人本体育将体育的价值与功能统一起来，将体育的价值定位于人的生成化，将体育的功能定位于共同体的有机化，生成化是有机化的前提，有机化是生成化的后果。人本体育是具体性的体育实践观，将一切体育认识问题回归于生活世界，用生成化范畴解决一切实践争论，真正突出共同体条件下的人的主体地位，在日常生活层面和谐构建多元体育类型；人本体育是全新的体育形态，是实现人的全面发展与共同体发展有机统一的崭新的体育形式。

从人本体育这个层面上来说，休闲体育的文化内涵可以转化为当代人的价值观念、经营理念、思维方式和生存智慧，可以影响社会风气，对于社会秩序的建立和维护发挥着文化整合的功能。也就是说，培育休闲体育的文化价值观念，一方面受参与者所处的社会环境的影响，另一方面受当代社会主流文化的制约。

中国的体育事业由于长期受计划经济体制的影响，带有浓厚的政治色彩，即使是处在改革开放的今天，对群众性的休闲体育关注度也远远不及竞技体育。也就是说，社会并没有给休闲体育的发展和文化培育创造一个良好的环境，使以时间存在的社会资源得不到很好的开发与利用。因此，政府部门应加大休闲体育的宣传力度，不仅要利用电视、报纸、杂志等传统媒体，同时要利用微博、微电影宣传片等新媒体扩大休闲体育的影响力，提高全民参加休闲体育的意识，营造良好的休闲体育文化发展氛围，使休闲体育方式更加大众化、普遍化、科学化；不仅让人们参与到休闲体育活动过程中来，并且能在这个过程中受到教益、受到熏陶，从而使精神得到调节和放松，并领悟到休闲体育所承载和传递的精神文化理念。

经济、政治和文化的全球化发展，促进了中西文化之间的交流碰撞和融合。现代竞技体育在这种趋势下逐渐成为体育文化发展的主流趋势，使人们潜移默化地受到西方的意识形态、价值观念等文化因素的影响，进而对我国休闲体育文化的发展提出了挑战。这也说明，在休闲体育文化的塑造和培育方面，我们既要吸取西方体育文化的精华，同时更要探索对中华民族传统体育文化的传承，将历史文化长河中筛选出来的为公民所普遍认同的体育文化予以发扬，进而凝练成具有中国特色的体育价值观。

（二）建立和完善与休闲体育相关的制度规范

制度能够促使一种文化的形成，脱离了制度的维护，已经形成的文化也会逐渐消失。根据调查和研究，关于休闲体育文化的传承和保护，法律法规并没有形成一套完整的体系。国内外大多数专家也都是在非物质文化遗产的视野下研究阐述民族传统体育文化，在休闲体育文化相关制度规范上并没有详尽的说明。鉴于我国休闲体育法律制度建设的现状，本研究认为，政府作为法律制度制定的主体应尽快出台全国休闲体育文化保护条例，为我国休闲体育文化的保护提供法律保障。不同地区的休闲体育文化保护工作要因地制宜，结合自身传统体育项目资源制定不同的政策和措施，具体表现在以下两个方面：

首先，要建立一套完善的组织管理机构体系。从国家体育总局到省、市、县等各个行政级别，要专门设立负责管理休闲体育的部门，再由这些部门指导组建休闲体育俱乐部、群众性的体育协会、休闲体育指导委员会等，从而形成一个完整的休闲体育社会运行网络。并且，通过组建一支具有一定组织能力、精通体育业务的社会体育指导队伍，可有效地组织、指导群众进行科学健身活动；通过建立"国家体育志愿者服务奖"，激励更多的公民参与到公益性社会体育指导队伍中来。

其次，要构建规范的休闲体育产品和服务的市场运行机制。中国自加入 WTO 后，全球前 500 强跨国公司中，有 400 家在华投资，全球体育用品企业产值前 10 名全部进入我国的体育市场，占据了高档体育用品市场的极大份额，致使我国的休闲体育产业面对巨大生存竞争压力。在这种大环境下，我们不能只着眼于现有的公共体育设施的商业化运作，而应加强休闲体育用品的研制与开发，生产出符合不同人群需要的新型休闲体育用品，以满足不同个体公民发展的需求。此外，要发挥社会体育组织的作用，鼓励民间资本进入休闲体育领域，以此构建多元化的休闲体育市场。要借鉴西方国家的先进经验，构建符合中国国情的休闲体育产品和服务的市场运作机制。

（三）探索和建构休闲体育教育体系

人的一生发展离不开教育，在古希腊哲学家亚里士多德、柏拉图、苏格拉底等人的眼里，休闲教育是个人受教育的一种基本形式，是在教师的引导下，让学生作为人将其潜能充分发挥出来，从而获得真正自由和全面的发展。1970 年，世界休闲组织的前身——国际娱乐协会通过了著名的《休闲宪章》，其中明文规定：政府应当确保提供获得必要的休闲技术和知识的途径，使人们得以优化自己的休闲经验。美国学者查理斯·K 布莱特比尔在《休闲教育的当代价值》中认为，休闲教育是让人们正式或非正式地学习利用自由支配时间，以获得自我满足，并将个人才能发挥到极致，从而使自由支配时间有助于提升人整体的生活质量，休闲教育从价值观、兴趣、欣赏力和技能开始，目的是培养人的博大人格。如果我们具备休闲能力，休闲活动将能帮助我们寻找人生的目的和意义。换言之，教育的过程基本上是现代休闲学中说的让人能"成为人"的过程。从近代体育的发展历程来看，不论东西方国家，都有一个从学校到社会的发展过程。学者孙海植的研究发现，20 世纪 60 年代，西方发达国家已经将休闲课程纳入教育体系之中，主要有两种形式：一种是将休闲课程单独列为一门课程，一种是将休闲课程纳入体育教育课程里。部分体育专门学校也开始将休闲课程列为正规的课程。在社会主义国家，一般将休闲课程纳入体育教育课程之中，并以此作为增强国民素质的一部分加以教导。由此可见，不同国家在实施休闲体育教育的形式上虽然有所不同，但将休闲课程与体育教育课程结合已是普遍存在的。然而，经过这么多年的发展，我国休闲体育教育的研究还停留在概念阶段，并没有提出休闲体育教育的明确目标，也没有建立与休闲体育教育相对应的教学组织方法，在实施过程中休闲体育运动项目与竞技体育运动项目之间的关系仍旧模糊不清，如何将休闲体育发展成一门完整、成熟的课程迫在眉睫。

首先，要在各级学校开设休闲体育课程，加快学科的探索和建设，形成比较完整的休闲体育概念及理论体系。比如，将休闲体育教育建设纳入学校体育工作之中，并且占有关键地位；开发利用学校体育资源，在体育社团和学生体育部门加强关于建设休闲体育文化的指导意见，将高校体育教育中休闲体育与传统体育相融合，全面贯彻体育精神以及体育文化。如在美国，开设休闲专业的大学就有400余所，体育往往和健康、休闲研究、运动研究等相关联。在日本，许多大学设有闲暇运动、企业健康、运动与健康、社会体育和室外休闲等研究方向。在英国，有很多大学开设了休闲娱乐专业，与娱乐相关的课程就有8门之多，涉及面几乎覆盖整个娱乐业。这一课程设置，使培养出来的学生其出路不局限于学校，而是扩展到整个社会，整个市场。法国萨瓦大学是一所设置在阿尔卑斯山脚下的综合大学，该学校利用地理优势，设置有休闲运动与旅游专业本科到博士研究生学历课程。不管是美国、日本、英国还是法国，国外大部分学校都设有与休闲体育相关的课程和研究方向，给休闲体育的发展提供了有利的教育场所，而且这种教育不限于高等学校，几乎遍及整个教育系统。国外休闲体育和娱乐专业的办学历史与经验，为我们提供了很好的借鉴，但要创办具有中国特色的休闲体育专业，还将面临巨大挑战。

休闲体育要发展，专门人才培养是关键。休闲体育专业于2006年获批设置，2007年作为目录外专业、2012年作为特设专业写入了《普通高等学校本科专业目录》，成为体育的7个本体专业之一。尽管休闲体育专业成长史并不长，但截至目前，已有72所高等院校设置了该专业，如广州体育学院、华南师范大学、首都体育学院、成都体育学院、武汉体育学院等大学先后设立了休闲体育专业，广东海洋大学设立了滨海体育休闲管理专业等，形成众多综合性院校创办之势，而且来势凶猛、势不可当。众多院校通过相关教育理论与实践的探索，引导学生在休闲体育运动中形成良好的体育习惯，营造美好的体育风尚，培养高雅的体育情趣，并以此为辐射源，构建和创新休闲体育文化圈，促进休闲体育文化在校园里的传播和传承。

休闲体育专业的课程建设上，应以社会需求为导向，注意新项目的开发，不断创新，不断满足人们认识和体验的需要。休闲体育教育应当培养从事休闲运动组织、休闲体育资源管理、休闲体育产业开发经营、休闲体育项目创意设计和策划、休闲体育活动指导等方面的复合型应用人才。同时，休闲体育教育应注重培养人的休闲体育行为价值判断的能力、选择和评估休闲体育活动的能力、决定个体目标和行为标准的能力、合理运用闲暇时间的能力。休闲体育的项目发展无穷尽，可以是很简单的甚至是算不上什么体育项目的活动，有些也可以是物质上和技术上要求非常高的活动，就像跑步可以当成休闲体育活动，打高尔夫球也可以算是休闲体育活动；在休闲体育项目上的开支也是没有尽头的，只要在物质条件允许的范围内，人们参与活动关键是要满足身体锻炼和娱乐精神的需要。新的项目的开发就可以使人们的休闲体育意识越来越充实。

建立终身体育教育体系。学校教育只能解决受教育者当前面对的体育问题，我们则强调受教育者不仅在学校时能接受体育教育，以促进身体健康、增强体质，更应该培养受教育者体育学习和锻炼的意识、习惯和技能，在离开学校后仍然能坚持体育锻炼，并终身受益。在思想层面，体育教育必须着重培育受教育者的体育文化修养和体育锻炼的能力，将终身教育的思想贯穿于整个学校教育之中，在实践中更新学校体育的观念，促进学生的身心全面发展。在实施层面，体育教育必须摈弃重技术轻观念的指导思想和呆板的教育模式。也就是说，不能仅仅将规范化的体育动作作为体育学习的全部内容，而更应该致力于挖掘学生自主创新精神和主观能动性。这不仅是发展学校终身教育的要求，更是发展人本体育的要求。我国休闲体育教育的必要性主要是针对人自身的需求和社会需求两个方面的因素。人的发展离不开休闲体育教育，社会的和谐进步也离不开休闲体育教育。

完善人才培养应该是多渠道、多手段的，除加强学校休闲体育教育体系外，还应该加强校企合作，借助于社会力量和企业资本，开展各类培训，培养复合型体育专业人才，投入休闲体育服务中。

加大体育科普投入和科普教育。教育不仅仅传授一般的生产技能，而且也通过一般的认知过程，让学生确立正确世界观、价值观、方法论。全民族的思想道德素质、科学文化素质和健康素质明显提高，是全面建成小康社会的奋斗目标之一。如何利用自己的自由时间不仅取决于公民对利用休闲时间的准备做得如何，也取决于他们的态度、价值观、知识、兴趣和能力。我国许多人缺乏对休闲价值的理解，缺乏充分利用休闲时间的能力、技巧，缺乏对体育科学的基本认知。我国第八次中国公民科学素养调查结果表明，2010 年具备基本科学素养的公民比例仅达到了 3.27%，相当于日本（1991 年为 3%）、加拿大（1989 年为 4%）和欧盟（1992 年为 5%）等主要发达国家和地区在 20 世纪 80 年代末的水平。但并不能简单地作数字对比，应该更关注调查数据背后透露的信息。我国过去在体育科普经费的投入上支持力度十分有限，长期以来，受竞技体育为国争光和激励民族士气功能的宣传影响，使得公民对体育的概念与内涵认识模糊不清，将体育和竞技运动相互混淆；同时，还存在一种观点，即体力劳动等同于体育锻炼，公民普遍只知道体育运动就是锻炼身体、可以延年益寿，不知道它还具有提高国民素质、培养团体精神、传播体育文化、满足社会成员精神需求等作用。体育锻炼必须遵循科学的锻炼方法，防止体育认知出现偏差。

我们要改变过去简单地把科学知识理解成与社会活动无关的客观而公正的绝对真理的认识，在继续做好向公民传授体育科普知识的同时，要推动体育领域的专家与公众之间的双向互动，强化体育领域专家从事体育科学普及的社会责任；要利用各种媒体、各种组织，采用各种形式宣传体育锻炼，倡导科学锻炼。目前，我们正在全面建成小康社会，因此，大多数人的物质生活比较充裕，更向往丰富多彩的精神文化生活，对科学文化也已经不再满足于掌握一般的科技知识，逐步开始关注科技发展对经济和社会的影响，关注科技的社会责任问题，关注科学中的人文精神，关注科技带给人民大众的身心健康、生活质量，关注体育锻炼中的科学性。

（四）传承和创新休闲体育产品

休闲体育具有一定的文化底蕴。美国人爱打橄榄球，韩国人喜欢跆拳道，而中国人则酷爱练太极拳。从这一点来讲，休闲体育带有浓厚的民族特色与地域特色。我国幅员辽阔、山高水长，56 个民族都有自己的文化特点，民族聚集区具有不同的地域特点。不同地域的生产、生活方式对传统体育的传承性产生了不可忽略的影响，并且形成了独具民族特色的体育文化。

近年来，体育学术界已经认同体育与区域的经济、政治、历史和文化等有着密切的关系，体育并不是游离于区域文化之外的实践活动。各地域传统体育文化是我国休闲体育文化实现自我创新的主要源泉。例如，内蒙古草原体育文化、沿海滨海体育文化等，这些不同地域的体育体现了该地域人民生活的精神风貌和文化特征，是地域文化在体育文化层面上的反映。与此同时，这些体育文化进入现代城市文化中，民族文化特色与现代体育特征正在慢慢融合成一种新的文化。因此，发展既有民族特色，又适合现代体育发展的休闲体育已成为趋势。日本在积极借鉴国外先进经验的同时，十分注重保持和发扬本民族的传统体育文化，众多民族体育项目，如空手道、弓道、柔道、剑道、相扑等，不仅完整地留存至今，惠泽日本国民，而且已走出国门，显露出一定的国际影响力。一段时间，我们曾痴迷于武术的体育化改造，梦想着能够削足适履进入奥运会。这实际上是对武术的极大破坏，使武术退化为一种特殊体操，这完全是自泯特色，自掘坟墓。如此下去，传统武术很快会彻底消失的，这才是令人痛心疾首的文化灾难。

政府在深入了解地理区域特色和民族独特文化的基础上，根据城市发展的需求，建设符合本地区民族民俗和地理特征的休闲体育固定设施、运动场所。在这个过程中，除国家和地方政府不断增加体育建设投资以外，还要鼓励社会力量投资。同时，在法律上要保障体育用地，对挪用、侵占体育用地者要严肃处理。应将休闲体育场地，体育馆纳入各地方政府工作的总体规划，并在社区、乡镇、住宅地附近修建足够的健身场所，为居民创造一个良好的锻炼环境。要根据不同人群的偏好开发不同的休闲体育产品，如适合青壮年健身塑形的休闲体育产品、适合中老年强身健体的休闲体育产品等。而这些体育产品，包括体育设施、体育器材、体育服装用品，既要有民族文化特色，又要适应休闲体育运动的要求，才能满足大众不同的需求。

要运用市场机制开发休闲体育市场，对提供休闲体育产品和服务实行优惠政策，鼓励社会资本进入休闲体育领域进行体育产品开发，提供休闲体育服务，从而为广大公民提供更为丰富的休闲体育产品和服务。改革开放是发展中国特色社会主义的强大动力，随着经济全球化的推行，国际产业分工与合作正在深化，出现一些值得关注的经济新动向。我国开放性经济体制建设不平衡、不协调，不适应发展，应进行改革。休闲体育产业作为市场产业的一部分，应着眼长远，按照市场规律发展，应放宽外商投资市场准入、创新利用外资管理体制、改革对外投资管理体制、扩大内陆地区开放、加快沿边开放步伐，实现经济与社会管理的重大创新。

随着大批面向市场、依法运行的商（协）会涌现出来，政府和企业之间的联系将会更加紧密、畅通，政府宏观管理和市场配置资源的效率都将大幅度提高。市场经济是人类社会迄今为止最具有效率和活力的经济运行机制和资源配置手段，它具有任何其他机制和手段不可替代的功能优势。在现代市场经济条件下，市场是配置各类经济技术资源的决定性环节，这将为休闲体育的发展提供动力。

三、建立以“法制体育”为核心的休闲体育立法和政策体系

休闲体育作为重要的教育和娱乐工具，是社会生活的重要组成部分。休闲体育能促进社会、

经济的发展。除此之外，休闲体育还可以成为推动社会变革的催化剂，增强社会凝聚力，缩小文化代沟，化解冲突，构建健康的生活方式。随着我国经济持续稳定的发展，休闲体育产业的发展将会获得更大的动力和资金的支持。居民闲暇时间的增多，对休闲、娱乐、健康等方面的关注日益增加，休闲体育将会获得更大的发展空间。休闲体育因自身所具有的特殊性，将成为我国居民休闲生活中的重要内容。体育发展离不开有序进行的环境，社会的不断进步，使体育权利已成为现代社会中广大公民的一项重要社会文化权利，体育法律法规是保障居民获得体育健身权利的制度性保障，也是居民维护自身利益的武器，为体育事业发展创造良好的社会环境，它对于进一步健康地开展休闲体育运动具有不可替代的作用。体育法制的完善，更有利于增强公民体育法制意识，更有利于规范体育参与者的行为，更有利于制裁体育违法者，更有利于建立解决体育纠纷的机制。因此，必须通过体育立法确认公民的体育权利，并严格依法保护公民体育权利的实现；同时，体育法制又是保证国家对体育宏观调控，正确行使行政权力的基本手段。政府体育公共服务体系法律法规的缺失，与法治国家“有法可依、有法必依”的法治理念相矛盾，也与推进体育事业“依法治体”的要求相背离。

2010 年以前制定、仍然有效的体育法律法规文件有：体育法律 1 部，即《中华人民共和国体育法》；行政法规和规范性文件有 16 件，如《全民健身条例》《学校体育工作条例》等；部门规章和规范性文件有 130 件，其中综合类 15 件、群众体育 31 件、竞技体育 21 件。在这些法律法规、法律文件里，虽然没有单独直接提出休闲体育，但其中的群众体育就属休闲体育的范畴。

根据我国有关休闲体育立法的现状，同时结合我国休闲体育的发展实际，关于休闲体育今后的发展应注意以下几个方面的问题：

（一）转变政府立法思维，完善休闲体育配套法规

1995 年，中国颁布了第一部体育法《中华人民共和国体育法》，作为中华人民共和国成立以来第一部体育基本法，它为我国体育事业的改革与发展提供了法律的规范和保障，至今，它仍然在我国体育立法中发挥着根基的作用。郭春玲等学者在对我国体育立法历史的梳理中发现，我国体育立法的各个阶段中，竞技体育都是政府立法的重点，大众体育立法属于从属地位。因此，从立法的角度而言，可以从以下三个方面进行调整。

1. 调整和细化体育基本法

《中华人民共和国体育法》作为我国体育的“基本法”，是我国体育立法的导向和基础，但随着我国体育事业的不断发展，“基本法”已经不能满足体育市场变化的要求，总的来看，我国的基本法主要存在以下几个问题：体育法学研究薄弱，研究体育立法的论文数量和质量均不足；法律效力较低，且适用性不强；人治重于法治，等等。

此外，“基本法”中涉及了社会体育、学校体育、竞技体育和体育社会团体的立法，四大分类中都未明确涉及休闲体育。例如，学校体育和竞技体育里都未提到休闲体育，其相关的配套法，如《学校体育工作条例》《奥林匹克标识保护条例》等，也未涉及休闲体育。体育社会社团立法条例涉及范围比较广，不仅包括竞技体育团体，还包括企事业单位、单项体育项目等社会团体，以及公共体育设施的建设及完善等，与休闲体育有一定联系。而社会体育立法中推行全民健身等内容都与休闲体育有关，但只是一些引导性规定，并没有明确的可操作的规定，如运

动场地、运动时间等。学者黄镇从法学角度认为：休息与劳动的主体是同一个人，而休息与强制劳动的主体则是对立的至少两个人，这种对立的人与人之间的关系就是休息作为一项权利所要调整的社会关系。休息权的主体是每一个人，它所包含的利益就是休息所依赖的自由时间，而它的自由就在于人选择休息或放弃休息时免于被人打扰或阻挠。如何实现这些内容，则有赖于休息权的实现机制研究。这意味着要在当代社会背景下对研究的对象进行提炼，使休息权成为适格的法学研究对象，为进一步完善休息权的实现机制寻找合理的切入点。我们通常讲权益主要是休闲权，不讲休息权。国际休闲宪章里面也提到休闲权，我们国家的法律并没有专门对这个问题做过立法，但是劳动合同法等涉及劳动的法律很多。这就需要规范，休闲体育也不例外。

因此，需要对“基本法”进行调整、细化和完善，才能使休闲体育及相关配套法的立法更加明确，才能为地方性立法起正确的引导作用，从而适应市场的需求。比如，对基本法中的四类体育进行重新分类与调整，并对公民参与的休闲体育细则进行明确规定，如城市、乡村中的公共设施应如何分配、如何管理，是否需要配备管理员或指导人员等。只有法规健全，才能充分运用法律手段实现对体育的宏观管理和调控，解决体育领域的矛盾和争议。在这方面的立法工作亟须改进和完善。通过相关立法，推进休闲体育管理体制和运行机制的改革，推进休闲体育场地设施规划建设，提高休闲体育场地设施利用率；加强休闲体育经营活动管理，促进休闲体育市场繁荣等。

2. 立法重点应逐渐由竞技体育倾向于休闲体育

学者赵芳认为，大众体育的法规高低层次清楚，但结构体系整体效力不高；大众体育法律文件的数量少于竞技体育，而两者在地方性的法律文件数量上差距更大。与竞技体育相关的法律文件及法规的数量较多，大众体育的也有，但专门针对休闲体育的几乎没有。因此，我国目前立法的重点主要还偏向竞技体育，休闲体育没有得到足够重视，导致政府颁布的关于休闲体育方面的法律文件和规范较少，而地方的立法是跟随上级立法的方向，这样一来各地方也忽视了制定休闲体育的法规。这将导致休闲体育的发展缺乏明确引导和规范，阻碍其长远、稳健发展。所以，要通过行政和法律手段，推进休闲体育建设，推动公民平等参与体育，保障每一位公民享有参与体育和享受体育服务的平等权利。重视立法，把体育还之于民、交予市场，这样的“费厄泼赖”应该急行。或许，这就是解决上述各种问题的“牛鼻子”，也是从体育大国跨越到体育强国的关键一步。

3. 完善体育法律政策体系，建立和完善休闲体育配套法

在国家和地方立法中应重视休闲体育，还应该完善与休闲体育有关的配套法、细化的政策建议等，废除不符合改革要求的法规制度。建立包括政府的财政投入政策、税收政策、体育彩票政策和体育基金等在内的一套较为完整、系统的体育产业政策，为休闲体育的发展创造全方位的良好环境。此外，根据本书中对休闲体育服务供给的障碍的分析，我们建议立法还可以从以下几个方面完善：保障休闲体育的公共基础设施供给、开放、利用及维护的立法；推进体育指导员的培养、考核及分配等法规的制定和完善，从而保障指导员数量，提高指导员质量；规范休闲体育组织的创办、审核及扶持机制；为健身场所设置长效管理机制，最大限度地保证公民的合法个人利益不受损害；等等。通过更加细化的政策规范及配套法使休闲体育的发展法制化、规范化。

在制定休闲体育发展策略时，注意紧跟时代的脚步，主动顺应社会变化，创新思路，为公民提供切实有效的体育服务。与此同时，还应该加强对公民的体育法律法规宣传力度，特别是在农村的相对封闭地区，更应该大力宣传落实体育法律法规的工作，促使广大居民在体育发展方面知法、懂法与用法，为切实提高公民身体素质与体质水平提供应有的法律保障。

（二）创新体育财政投入体系，推动休闲体育财政投入立法

我国体育立法的重心倾向于竞技体育，导致我国大多数体育经费用于竞技体育的行政运行、竞赛、运动项目管理等方面，休闲体育经费投入占总经费的比例较少。体育是社会文明的重要组成部分，不仅能起到强健体魄、丰富生活的作用，还能塑造和凝聚民族精神。体育发展的最终目的，不是获取竞技金牌，而是全民运动，增强人民体质，增进心理健康。因此，体育经费投入的重心由竞技体育转为全民健身的形式——休闲体育是非常必要的。推动休闲体育财政投入立法，不仅能够保证经费的来源，也是经费不被作他用的保障。本书将对休闲体育的 3 种产品：休闲体育纯公共服务、休闲体育准公共服务、休闲体育公共服务私人供给分别进行论述，以期可以通过相关立法建立专门的休闲体育财政投入体系。

1. 休闲体育纯公共服务的财政投入

休闲体育纯公共服务主要针对的是全民健身，应以政府为服务主体，主要提供休闲体育产品及公共服务，提供的产品如城乡中的广场、公园、骑行绿道及其他运动场地，而公共服务则包括体育指导员、体育信息和体育产品的维护管理等，这类产品和服务无法带来盈利，并且开支巨大，就决定了要以政府投入为主。所以，需要通过立法保证这两方面的投入。

2. 休闲体育准公共服务的财政投入

休闲体育准公共服务本身具有特殊性，它介于休闲体育纯公共服务和休闲体育公共服务私人供给之间。休闲体育准公共服务主要落脚于社区、村镇小区，是为了满足社区成员的休闲体育需求，这类服务所需费用主要依靠政府支持、社区内的组织及个人提供等。因此，相关立法要包括政府财政投入、政府购买公共服务、基本财政投入等内容；鼓励和支持社会组织、个人的投入等内容，使休闲体育的投资渠道畅通无阻。

3. 休闲体育公共服务私人供给的财政投入

与前两类休闲体育公共服务供给主体不同，休闲体育公共服务私人供给的投入主要是商业化、产业化的投入，是营利性的。其主要表现形式为民营体育俱乐部，主要目的是满足消费者各自不同的休闲体育需求，如白领工作者热衷于健身俱乐部，爱冒险的年轻人热衷于酷跑、攀岩等极限运动。这类体育并不依靠政府的财政投资，因此，相关立法应主要涉及税收优惠、社会团体及私人投资渠道的管理等等，主要是对私人投资休闲体育做正确的引导，使其没有后顾之忧，同时也有利于推动全民健身运动的发展。

因此，在完善休闲体育公共服务财政投入保障机制上，要按照党的“符合国情、比较完整、覆盖城乡、可持续”的要求，着力处理好五个关系，加快完善基本公共服务财政保障机制：第一是处理好经济发展与基本公共服务体系建设的关系，使两者相互促进、良性互动；第二是处理好中央与地方的关系，合理划分政府间基本公共服务事权和支出责任，充分发挥中央和地方两个积极性；第三是处理好统筹兼顾与突出重点的关系，既要全面支持基本公共服务体系建设，又要适当集中财力，解决突出问题；第四是处理好增加投入与创新制度的关系，在加大财政投

入力度的同时，着力完善基本公共服务保障的体制机制，确保取得长远收益；第五是处理好财政直接支持与引导社会参与的关系，在不断增强基本公共服务财政保障能力的同时，充分发挥市场机制的作用。

其具体从以下几个方面完善相关政策措施：其一是深化体制改革，强化财政保障基本公共服务的制度支撑；其二是支持深化基本公共服务领域体制改革，为基本公共服务体系建设打下良好的基础；其三是合理划分政府间基本公共服务以及设立产业投资基金等，不断拓展和完善吸引社会资金投入基本公共服务领域的路径、方法和机制，提高服务供给水平和效率。

（三）优化体育管理体系，建立规范的休闲体育组织

政府要不断完善机构设置，逐步建立和规范休闲体育组织管理系统。政府部门要坚持改革创新，加快体育相关部门的职能转换，培育多元主体。非营利组织为公民追求社会公共目标提供了良好的中介、平台，与政府组织相比，休闲体育非营利组织有自己的优势。如在创新方面的优势、更加接近基层的优势、方式方法灵活的优势等，同时可以兼顾服务弱势群体，节约供给的管理成本，从而促进社会公平。由于它较强的适应力，能够向社会提供政府不能、营利性组织又不愿满足而导致市场机制失效的那部分，以弥补“政府失灵”和“市场失灵”。通过优化体育管理机构，建立与健全多种形式、多种层次的休闲体育协会等组织，形成自上而下相互协作的梯级队伍，政府通过加强规划、制定政策、创新服务、强化管理、营造环境、宏观调控等充分发挥其积极作用。社区是目前我国城镇的基层组织，社区开展的休闲体育也是作为社会发展和体育改革的重要组成部分。在构建休闲体育服务体系中，社区是服务的重点，通过建立规范的社区休闲体育部门或组织，可提升行政管理水平。目前，以休闲为主的体育活动组织是服务于早、晚锻炼的、分散的小团体，这类活动没有固定的场所，多是在广场或者较宽阔的空地，缺乏专业的体育指导和活动场地。因此，建立规范的休闲体育活动组织，提供固定的活动场所，将会提高社区公共服务的水平、质量，促进休闲体育的规范化发展。

当前，城市社区休闲体育活动组织主要是公民自发组建的，或者是以营利为目的休闲体育俱乐部，街道居委会协助建立的比较多，而由体育行政部门、体育协会建立的很少，这说明政府还没有真正重视起来。此外，大多数街道办和居委会目前都没有明确提出有关休闲体育公共服务供给方面的职责，也没有设立专门的休闲体育管理机构，导致休闲体育的发展在实施过程中很难明确到责任部门或责任人，不利于规范化发展。因此，要明确各部门的管理职责，对休闲体育工作要有明确的工作内容和责任分工，才能解决休闲体育发展中人力、财力、物力等方面出现的问题。同时，社区的休闲体育服务可与社区卫生、医疗、文化等融为一体，创新服务机制，避免使全民健身活动停留在点上，而是能够向纵深方向发展。欧洲很多国家在推动大众体育发展时，倡导不同部门和组织间的协同配合，部分国家政府还与多个全国性组织签署合作协议，多措并举，从而有效地提升了公共体育服务的水平。例如，德国大众体育的协同配合模式主要体现在两个方面：一是体育管理机构与其他全民健身相关的政府职能部门或组织合作，二是体育系统内部各级各类协会的协同配合。芬兰是参加体育锻炼的人数比例较高的国家，该国大众体育政策的制定及行动的开展由教育部领衔，卫生部、交通部、环境部等官方多部门积极参与。意大利奥委会提出：体育不应简单地被认为是公民的权利，它还是改变区域条件、与当地机构对话、实现共同利益的工具。体育组织应与地方机构建立建设性的合作伙伴关系，并

积极与其他非体育组织开展合作。

（四）健全休闲体育规章制度，提升行政管理水平

规章制度是工作中所必须遵守的行为规范的总和，用制度来规范行政部门的管理职能，规范、约束公民的行为，可以做到有章可循、有章可依。因此，各级政府部门应通过建章立制和规范管理，依据计划、组织、控制、指挥和协调等各项管理职能履行职责，提升行政管理水平。

目前，经济发展水平不同的城市之间以及城乡之间体育场馆设施差距很大，经济欠发达地区及乡村普遍缺乏基本的体育设施，而城市中许多体育基础设施却未得到合理利用，不利于休闲体育的整体发展。因此，要提升科学的管理水平，按照现代管理理念做好体育基础设施的规划建设，保障经济欠发达地区及农村基本的体育设施建设，提高城市体育基础设施的利用率，使城市与农村的休闲体育协调发展。

体育场馆是体育事业发展的物质基础和重要保障，也是体育产业的重要载体和依托，要平衡体育场馆的分布，提高体育场馆的使用率，平日要派管理人员及时维护，使其“物尽其职”，延长其使用寿命。要切实解决体育场馆所有权、管理权、经营权的三权混淆问题，从而实现体育资源的“国家所有、政府监管、企业经营”三权分立，实现资源和资本的优化组合，促进资源的合理配置和有效利用。

社会体育指导员的社会行为直接关系到政府的公共服务质量。所以，在队伍管理上，一方面要提升社会指导员的体育指导与服务能力，提高指导率，该指标是衡量组织效率的主要标志。

作为一线的具体工作人员，任务是了解和掌握本地居民各种各样的体育需求；促进各种体育设施的设立并提高使用效率；进行各种策划和宣传，提高居民体育活动参与的积极性；对社区和单位中自发形成的体育健身小组进行指导；培养与体育健身相关的团体组织，并进行指导，对指导员进行适当的管理，并形成合作体制。要健全体育指导员队伍管理的立法，细化队伍管理制度，促进队伍健康发展，提高队伍的指导率和服务质量。目前，我国针对体育指导员的规章、文件有《社会体育指导员技术等级制度》，该文件主要明确说明评定体育指导员技术等级应具备的条件及表彰惩罚事项，对体育指导员的注册管理细则、保障等方面未体现。因此，要完善体育指导员的注册管理等制度，依法建立体育指导员保障体系，如失业保险制度等，免除体育指导员的后顾之忧，为休闲体育的发展提供充足的人力资源。

我国现有社会体育指导员人数量已经超过百万人，但是组织结构、考核办法以及激励机制还不健全，因而需逐步确立以各省份体育局为核心、以各省份社会体育管理中心为主导、以社会体育指导员协会为主体的“三位一体”领导管理机制，使社会体育指导员队伍建设的组织保障得到落实。

许多人对休闲体育的价值及功能认识不足，仅仅将其理解为打发时间的活动，参与休闲活动的人选择的休闲方式大多是看电视或电影、玩游戏等，主动参与休闲体育活动的意识还不强。此外，由于竞技体育在我国体育历史上一直占据着重要的地位，传统观念的影响使大家忽略了休闲体育的重要性。这就要求各管理机构、新闻媒体加大休闲体育的宣传力度，转变以金牌、比赛等为绩效导向的宣传模式，使体育健身真正渗入人们的日常行为中，提高居民的健身意识，使更多人加入休闲体育的健身队伍中来。

（五）推动新兴休闲体育产业化，促进法律政策体系完善

体育作为产业其发展在我国起步较晚，中共中央、国务院先后做出一系列决策、部署，出台一系列文件，提出要促进体育产业健康发展。专门针对我国体育产业发展的文件有 2010 年 3 月国务院办公厅发布《关于加快发展体育产业的指导意见》、2014 年 12 月国务院发布的《关于加快发展体育产业促进体育消费的若干意见》等。在这两个文件中，将全民健身上升为国家战略，把体育产业作为绿色产业培育扶持，为现阶段体育的发展指明了方向。

1. 新兴休闲体育项目的迅猛发展及巨大商机推动了产业化立法

随着对外体育交流的加强，各种内容和形式的体育项目层出不穷，特别是以极限运动为主的新兴休闲体育项目在我国发展较为迅速，一方面为大众参与休闲体育提供了更多的锻炼选择，而另一方面也为体育产业发展提供了商机。这需要加快立法、完善法规，促进体育健身有序发展。以上海为例，2007 年至 2012 年间，亚洲极限运动顶级赛事已连续第 6 年在上海举行，使上海当之无愧地成为亚洲极限运动的中心。极限体育本身具有特殊性，使它具有极大的观赏性和愉悦性，但同时也具有难度大、危险性极高的特点。通过法律法规来规范这一行业，可以使极限体育产业获得更加广阔的发展空间。以四川为例，四川省因地势原因，省内有极为丰富的山地资源，如四姑娘山、天台山、峨眉山、西岭雪山等，然而，这些资源主要吸引的是国内或者本地的游客。2001 年，四川省出台了《四川省登山管理办法》，开了制定地方有关登山活动的法律法规先河，这对其他省份立法来规范极限体育产业起了一个很好的带头作用；同时，还吸引了大量的国内外登山爱好者前来探险，大大促进了四川省旅游事业的发展。

2. 我国新兴休闲体育发展面临的瓶颈使产业化立法迫在眉睫

举办新兴休闲体育和极限运动赛事所涉及的广告赞助、赛事转播、门票、影视、会展等，都可以带来巨大收益，促进休闲体育产业的快速发展，同时也可带动金融、地产、交通、建筑、食品、卫生、信息、制造等领域的企业与体育交互通融，协同发展。但我国新兴休闲体育和极限体育产业在快速发展的同时也出现了很多问题：中小城市对申办极限体育运动赛事积极性不高；举办极限运动赛事的硬件不足，极限运动主题公园数量少；极限体育赛事太过商业性等，这些都制约了极限体育产业的快速高质的发展。此外，休闲体育产业与其他行业融合不够，综合开发效率低。因此，政府应改善产业布局和结构，引导中小城市利用现有条件和天然资源，因地制宜，引进市场机制，举办各种体育赛事、竞技表演，如临海、临湖等城市可办水上、冰上极限运动。

政府应保证财政投入，加快建设极限运动主题公园。极限运动最能吸引的人群是青少年，应推进极限运动在校园中发展，青少年参加极限运动会对他们技能的培养和终身锻炼有着积极的影响，但在青少年群体中普及极限运动还需要政府适当引导和监管。

总之，应通过体育产业立法，为体育产业与其他产业融合发展提供依据，促进这些产业的发展。

四、打造以场地资源配置为突破口的“立体体育”格局

提升我国休闲体育的公共供给服务，很大程度上体现为体育资源的合理配置，对体育资源

进行整合配置需要确立大体育战略思维观，而突破口首先就在体育场馆。随着人们需求的不断增加，参与休闲体育的多样化，需要配置更多的休闲体育资源，如体育旅游中的一些特色项目，针对人们对个人挑战、个性化展示的需求，增加登山，穿越、跑酷、野外宿营、自驾车营地等项目的建设。因此，提升供给不能局限于竞技体育、传统体育项目设施的建设上。

因此，在体育资源规划上需要转变体育战略思路，要有全局观，又要有预测人们需求变化的能力，同时还要有创新精神。针对当前的需要，对各行政区域体育进行长远规划，同时又要实现各行政区域的资源共享与互动。体育战略思路的转变不仅对体育规划有影响，还能够带动当地经济的发展，同时能增加体育项目，吸引人们强身健体。

圈层理论源于德国农业经济学家冯·杜能，而后形成城市土地利用结构理论体系及“中心地理论”。城市圈层论被很多学者所研究，而针对体育的城市圈层打造则较少被提及。可以根据圈层理论，再结合区域的资源特色打造特色休闲体育圈层。而“点——轴——网”理论则是经济地理学“增长极理论”“点——轴系统”理论以及“网络开发”理论的统称。体育设施点与点之间相互联系发展成轴线，轴线经纬交织进而形成网络。可以说，“点——轴——网”理论的运用致使体育设施网形成。可将体育场地与设施建设等布局融入具有健身、休闲、娱乐等功能的圈层或网络状空间结构，从而构成立体式休闲体育格局。打造休闲体育资源配置的“立体”格局须实现跨地区体育资源各要素之间的优势互补，即农村和城市根据现有资源的不足，充分挖掘和利用已有资源，并实现各地区之间体育资源的共享，满足人们身体锻炼的需求。

根据人类活动规律与人口密度定义的城市圈层，不重复计算的圈层有 5 个，即内城层、外城层、生态层、辅城层与基域层。内城层是城市的核心，它的特点是人口密度大，经济密度高，经济活动强；外城层的人口密度、经济密度、金融保险、商业办公等明显比内城层小；辅城层含有较多的城市设施，但城市建筑不连续，一半以上的地域是农田，其大型商业、服务业很少；基域层是城市市区以外的农业区域，或城市原行政市区以外的部分。此区域以农业为主，是与城市区城有明显区别的区域。

对体育资源进行整合能够实现休闲体育资源的优化配置，而资源的配置很大程度上体现在区域的规划上。休闲体育的区域规划要结合地方的特点与地理条件。按照圈层理论，结合地区资源的特色，可以把休闲体育布局构建为以内城层为主的中心层，以外城层、辅助层为主的近郊休闲体育圈层，以及基础层为主的远郊休闲体育圈层。其次，在体育资源的合理配置上，场馆是核心，其他体育设施、体育组织、体育指导员等资源围绕场地展开。体育公共设施是依附于体育场馆而设置的，因此，体育设施的安置重点是供给类型，虽然政府不能做到面面俱到，但一定要考虑大多数公民的利益、习惯，其体育设施设备应与当地的民风习俗、民族传统、时尚特色等相适应，选用经久耐用、简单而易于掌握的器材；布局上可以根据社区体育特色，考虑不同的体育类型和功能分区，避免健身器材全国雷同现象出现。

（一）优化以城市内城层休闲体育资源为主的圈层布局

以内城层为核心的中心层打造，重点在于对体育场地、场馆的合理规划与建设。然而，对体育场地、场馆的合理规划，与整个地区发展的宏观布局有着密切的联系。内城层地处城市繁华地带，人口密度高，土地承载压力大。因此，在规划与建设上，要因地制宜地考虑体育场地及场馆建设的类型，注重体育场地、场馆的功能性与多样性。如对企事业单位和学校体育场地、场馆的建设，除了要服从企事业单位和学校整体规划的需要外，还应考虑今后对社会开放提供便利等因素，即可将体育场地、场馆修建在企事业单位或校区临近公路旁的区域，结合河、湖等天然隔离带进行隔离，形成单独的隔离区，并在隔离带修筑桥梁，以便在企事业单位或学校体育场地、场馆使用的低峰期或空闲阶段对社会开放，为周边居民的体育锻炼提供方便。除此之外，对城市内城层休闲体育资源配置的优化还体现在提高体育场地、场馆及公共基础设施的利用率方面，如对已建成的体育场地、场馆，应加强对其多功能改造，尽量实现“一地多项，一馆多用”，如可将场地、场馆改造为笼式足球场、气排球场、拆装式泳池、老年人门球场、地掷球场等，以提高其使用效率。

在体育设施配套上，城市内城层基础服务设施较为完善，但人口密度高、人流量大，因此，体育设施的建设应与体育场地及场馆相适应，实现“简洁、实用、安全、环保”和“一馆多用、一地多项、分时设项”，并对各场地设施的配置在规格上区别对待；同时，有效利用城市广场、文化活动中心、公园等场地，尽可能安置对周围人群干扰较少的设施，开展便于居民健身、娱乐的休闲体育项目，如太极拳、轮滑、健步走等。除此之外，政府可与健身俱乐部建立长期有效的合作机制，在政策上实行优惠，鼓励健身俱乐部低价对社会开放，为社会提供体育场地器材，以弥补休闲体育项目开展上的不足，促使体育事业与体育产业互为补充。

应充分发挥各社区体育社团、单项体育协会和体育爱好者的作用，鼓励其带动社区居民参与体育活动或体育比赛；在节假日期间，举办富有趣味性的休闲体育活动，营造和谐的体育文化氛围。充分发挥各级共青团、工会、妇联文体部门的作用，协助政府做好体育文化宣传、普及相关体育锻炼知识等工作。在对体育指导员的配置上，内城层的工作重心主要在于调动社区体育指导员工作的积极性。因此，政府应建立长期有效的激励制度，在工作上给予大力支持，并实行定期培训和严格的选拔；同时，也可以组织职业运动员和高校优秀运动员以志愿者服务的形式参与社区体育指导工作，利用其职业技能和明星效应，提高公民参与体育锻炼的积极性，引导公民正确地进行体育锻炼。

应充分发挥职业运动员和优秀退役运动员的作用，组织、举办大型体育竞赛表演活动，根据各社区的地理、人文特点，打造具有自身特色的品牌赛事，吸引社会相关企业的赞助，为社区休闲体育的发展提供经费保障。

（二）建构以外城层和辅助层为主的近郊休闲体育网络圈

此圈层作为内城层与远郊层的联系枢纽，相对内城层而言，人口密度较小，但人流量大、基础服务设施完善、交通便利，地价也相对较为便宜。因此，服务类行业和高校大都在该区域集聚，成为人口居住环境较好的主要区域。同时，此圈层因靠近远郊层，存在一部分农业资源、自然资源。因此，对近郊休闲体育的打造，应结合其地理位置，注重与内城层和远郊层之间的联系，即近郊层除了与内城层一样需合理地规划体育场地、场馆和提高利用率之外，还应有效利用该区域中的健身路径和休闲绿道，将第一圈层和第二圈层的体育场馆和体育设施串联起来，并打通各体育场馆设施节点，引导密集程度较高的第一圈层的人口向第二圈层移动，形成由内向外的辐射。

在体育设施配套上，由于该区域体育场馆的布局具有点多线长、点轴贯通的特点，且该区域地价较为便宜，环境优良，因此，体育设施的配套应在满足本区域体育锻炼需求的基础上，结合区域的地理优势，再提供一些占地宽、干扰较大、城市内城层较难开展的体育项目设施。例如，垂钓、冬夏游泳、环湖环山自行车等，需利用河流湖泊、湿地公园、山地丘陵等开展的体育项目。除此之外，还可与生态农业区创建的农家乐相结合配套其户外运动设施，在各健身点提供便捷或免费的自行车租赁服务。从而实现休闲体育项目多样、点线连通、选择随愿、资源共享的目标。

要健全体育组织，加强城乡各体育组织的相互联系与合作，充分发挥该区域各企事业单位和社区居民中的老年体育协会、青少年体育协会的作用，积极培育一批具有体育组织能力和管理能力的体育骨干，营造良好的休闲体育文化氛围。鼓励各高校体育协会、社团的学生参与志愿者组织，积极开展休闲体育活动，丰富居民的业余文化生活。发挥农村乡镇文体组织的积极性，通过与城镇体育组织的合作，开展更加富有趣味性和挑战性的休闲体育活动项目，以实现资源互补。

在体育指导员配置方面，该区域具有与内城层相同的人才资源优势，关键在于建立有效的用人管理机制。如该区域可与高校建立长期有效的合作机制，将学校体育专业的毕业生、实习生安排到各社区实习、工作，实现学校与社会的有效对接和互利共赢。其次，可有效调动农家乐户外素质拓展活动教练的积极性，鼓励其利用余暇时间加入到社区体育指导员工作的行列。此外，可充分发挥高校体育教师的作用，即除了参与社区体育健身指导工作外，还可举办定期或不定期的休闲体育活动讲座，普及休闲体育活动基本知识，为居民更好地开展休闲体育活动提供帮助。

在体育产品配置上，应根据近郊区的人才优势和地理环境，打造富有当地特色的休闲体育活动，如农家乐与休闲体育项目的结合，在靠近河流的区域，开展垂钓、划船、泛舟等项目；在环山环湖区域，开展山地自行车、马拉松、攀岩、抱石等休闲体育活动，或者修建自驾车营地，吸引内城层、近郊层和远郊层的人们进行消费，满足其多元的体育消费需求。

（三）培育以基础圈层为主的远郊休闲体育集群

此圈层相对内城层与近郊层而言，人口密度低，自然资源与人文资源较为丰富，旅游业比较发达，具有吸引度高的特点。因此，对远郊层休闲体育的打造应根据该区域地理环境与人口分布的特点，针对各地自然资源与文化资源的不同，进行合理的空间结构布局，打造以绿色为核心的多主题休闲体育集群，形成与城市内城层、近郊层的相互呼应，通过纵横交错的休闲体育场地配置网络关系，构建各圈层之间紧密联系的空间积聚体，发挥集群效应。

在体育设施配置上，远郊层可有效利用当地的自然资源和人文资源打造具有地方特色的体育场地及设施。远郊层农、林、牧、渔业较为发达，山、河、湖资源丰富，植被种类多样，可利用天然山林开展徒步穿越、登山、滑雪等休闲体育项目。同时，远郊层人口分布较少，田间、旷野、河湖面积广阔，可结合当地民俗、民风自制具有民族特色的体育设施及器材，如靠近河湖地区，可就地取材，自制木船、龙舟，夏天开展赛龙舟、划船等休闲体育项目，冬季开展溜冰、滑雪等。在靠近植被种类丰富的地区，可利用竹子、草木编制篾球、藤球等体育器材，开展各具特色的体育活动。除此之外，还可利用住居地的空旷院落开展拔河、跳花绳、荡秋千等便于居民参与的休闲体育活动。诸如此类的体育器材可就地取材自制。同时，还可充分地利用村民附近周边中小学校的体育设施及场馆，满足村民健身的不同需求。

在体育组织建设上，该区域应依托各乡镇村委会组织，建立当地的体育旅游产业协会，并与农民体育协会、体育旅游爱好者、体育旅游组织交流、互动，在工作上实现相互间的协调、互助，并以此作为与内城层和近郊层联系的纽带，实现三个圈层之间相关信息的传播和资源共享，为远郊层开展丰富多样的休闲体育活动项目和打造当地体育旅游特色品牌提供条件。其次，还应充分发挥当地少数民族民间体育爱好者的作用，成立一定规模和数量的体育社团或协会，组织村民有序而又不失活力地参与喜闻乐见的体育运动项目，营造和谐、富有生机的休闲体育文化氛围。

体育旅游是远郊层打造休闲体育的重要组成部分，因此，当地的企业内部应配备一定数量的专业体育指导人员，可有效调动这一人才资源，以弥补远郊体育指导员的不足。其次，继续坚持开展体育“三下乡”活动，将内城层与近郊层优秀的社会体育指导员定期安排到各基层组织单位，指导村民进行科学体育锻炼、普及相关的体育锻炼知识。要充分发挥大学生“村官”的作用，与近郊层各大高校的大学生志愿者建立紧密的联系，定期招募体育专业志愿者对村民开展体育活动进行服务与指导，并且可将内城层与近郊层流行的各种体育运动项目引入进来，也可将远郊层具有民族特色的运动项目引出，吸引内城层与近郊层的人们前来观赏和参与。同时，还可运用广播或电视媒体，在清晨、傍晚或农闲时节，对村民普及相关的体育锻炼知识。除此之外，远郊层中小学校的体育教师无疑也是重要的人力资源，可充分发挥其作用，建立体育活动服务咨询站点，为村民顺利开展体育锻炼提供保障。

在体育产品方面，应结合当地的自然资源优势和民俗文化优势，以地理环境和自然资源为依托，打造富有特色的体育旅游文化胜地，也可与当地度假村秀丽的自然风光相结合，联合安置配套的体育旅游设施，如靠近山林的地区，可开展丛林穿越、溯溪，越野、登山等休闲体育活动，吸引内城层与近郊区的居民前来参与和消费。这不仅能带动当地经济的发展，而且还能使三个圈层之间的人力、财力、物力资源实现互补，形成各具特色的休闲体育活动形态，满足人们不同的休闲体育活动需求，促进良好的休闲体育文化氛围的形成。

在体育经费保障上，政府应实现专款专用，尤其是对远郊层体育设施的投资，应尽量缩小城乡之间的差距；还应注重扶持远郊区体育旅游设施建设。此外，远郊层也可通过开展特色品牌赛事，吸引内城层和近郊区企业的赞助，以招商引资的方式，将体育事业与体育产业相结合，为当地体育活动更好地开展奠定物质基础。

在休闲体育信息服务的提供上，要形成全域化的以平面媒体信息、报刊媒体信息、广播电视媒体、网络媒体信息的立体覆盖。要建立和完善休闲体育信息现代化的管理系统，实现城乡在体育设施管理、体育市场推广、体育数据统计、体育彩票管理、社区健身设施管理、定点健身场所管理、非盈利体育社团服务、体育产业等信息的融合，提升体育事业和体育产业的管理效能。在体育场地设施服务、休闲体育活动组织服务、体育指导和体质监测服务、体育活动服务、休闲体育信息咨询服务等方面实施人性化的管理。通过细化服务措施，提供优质服务。比如，设置休闲体育场馆全息电子地图、休闲体育专用地图、平面媒体专用地图、运动项目使用方法图、运动场馆路标指示牌等，而这些标识在设计上应简单、明了、易懂，运动项目的难度和功能采用分区分色，彰显人性化。在欧洲许多国家，一定区域的运动健身地图标有多国文字，供参与者免费使用，值得学习与借鉴。

第七章　针对社会群体的休闲体育运动方法指导

第一节　不同性别群体的休闲体育运动

体育作为一种最健康、文明、积极的休闲方式已经得到了人们的普遍认同，花钱买运动、买健康和通过休闲体育来提高现代生活质量已成为当今人们新的社会时尚追求。经济的繁荣和社会的进步，又为人们提供了各具特色的形式较为丰富的休闲体育项目和从事休闲体育活动的条件。但由于不同性别群体的角色身份不同，男女性有各自特殊的性别期望与行为准则和生理、心理需求，从而产生不同的体育态度和行为，导致他们在体育休闲活动内容与方式的选择上也存在一定差异。

一、男性群体注重休闲体育中的人际交往，女性群体更注重休闲体育本身的价值体验

一些男士，特别是成功男士在进行休闲体育活动时并不在乎锻炼的效果，而是特别在意参与活动的群体构成，注意选择与自己职业、身份、年龄、兴趣、爱好相当的人组成一个相对固定的体育休闲群体，主要是想通过体育休闲活动一方面放松身心，另一方面拓宽社会交往，沟通人际关系，增进情感交流。而女性似乎不太在意休闲体育群体的人员构成，她们特别看重体育休闲活动本身的健身和娱乐价值，以健康和娱乐为主题，以“健康第一”为取向，在休闲体育中体验健康，锻炼体型，健美肌肤，愉悦身心。现代社会对女人的要求就是“传统女性美德＋苗条＋性感”，去健美馆、健身俱乐部消费的绝大多数都是女性群体，她们的交流、谈论始终都离不开健康、美丽等话题，保持青春的容貌与优美的体型被多数都市女性所津津乐道，而这些都大量耗费了女性并不十分充裕的闲暇时间。

二、男性比女性更热衷于观赏体育和非运动的娱乐性休闲体育

所谓观赏体育，是指那些把自己置身于一种特殊的体育环境，主要通过视觉器官和心理体验去享受体育的乐趣，感受体育比赛带来的紧张、激烈，以及扣人心弦的氛围，如看体育电视转播和去现场观摩体育比赛、表演等。由于社会对男性角色的要求，一般男性比女性更加关注近期国内外的重大体育赛事信息，从电视、报纸杂志、网络等多种大众媒体渠道全面了解、收集体育比赛信息，与朋友、同事谈论的话题中免不了与近期有关的体育消息。无论是通过电视间接地观看体育比赛、表演，还是亲临赛场直接观摩体育比赛的时间支出，男性群体都远远高于女性群体，赛场上男性球迷远远超过女性球迷就是一个很好的说明。各地的男性球迷还常常远渡重洋，结伴而游，成千上万地云集赛地，或为自己钟爱的球队呐喊、助威，或去现场欣赏极具魅力和富有观赏与审美价值的体育比赛、表演，以助威和观赏体育比赛为主要目的奥运观

光团、亚运助威团、世界杯观摩团等也应运而生，形成了一道独特亮丽的休闲体育旅游风景线。

所谓非运动的娱乐性休闲体育，主要是指无身体练习的集趣味、娱乐、游戏为一体的棋牌类休闲体育项目。这类项目不以锻炼身体、增强体质为主要目的，甚至连体育的基本手段——身体练习也不具备，只是因其具有一定的趣味性、娱乐性和竞赛性而纳入体育的范畴。这些寓智于乐、培养思维和启迪智慧的智力游戏，正好迎合了男人们的性格特点：擅长逻辑思维，喜欢斗智斗勇。所以，尽管一盘对局下来耗时不少，他们仍然乐此不疲。而女人们受各种因素影响而对过于费脑、费神的项目不具备足够耐心，眼下各地的棋院以及象棋、围棋俱乐部已被男性同胞们所主宰也就不足为奇了。

三、男女性别群体对多数休闲体育活动的偏爱及内容选择上的差异

据调查，散步、跑步、打球、游泳等是城市居民最常见的休闲体育内容，在活动频度和所占余暇时间的比重上都不低。这些活动在时间节奏上往往形成了早晨和傍晚两大体育休闲高峰时段，在活动空间上，基本上集中在居住地附近。这是男女性别群体在休闲体育内容上表现出来的共性特征。但社会性别作为一种文化标签不仅影响到男女性别群体的休闲生活，而且还要直接影响到他（她）们对多数休闲体育内容的选择。两性在生理和心理特征上的差异，使得男女性别群体在休闲体育内容和方式上表现出一定的个性特征。

男性肌肉发达、骨骼粗壮、意志顽强，为了突出个性，展现“阳刚”魅力，丰富生活阅历，他们大多偏好具有身体碰撞集体对抗、角逐力量性和冒险性的户外休闲运动，尤其喜欢追逐既刺激又新颖时尚的新兴休闲体育项目。如足球、篮球、散打、拳击、登山、攀岩、野营、徒步穿越、驾车远游、赛车运动、极限自行车、轮滑、高山滑雪、滑冰、溜索、潜水、冲浪、滑水、赛艇、漂流、溪降、溯溪、悬崖跳水、空中滑翔、跳伞、热气球等。

女性骨骼、肌肉纤细，韧带、关节的弹性和柔韧性好，力量、耐力、意志力较男性差，她们大多偏爱运动量小、轻快柔和、个人参与的休闲体育项目，尤其热衷于节奏感、韵律感强的室内外健身健美休闲体育项目，如健美操、健身操、体育舞蹈、太极拳、太极剑等。

男性群体比女性群体从事的体育休闲活动更广泛，可供选择的休闲体育项目更多。除像跑步、自行车、游泳、乒乓球、羽毛球等传统项目无明显差异外，许多休闲体育项目都具有较突出的性别特征，如足球、拳击、散打、跆拳道和多数的极限运动与冒险运动以及围棋，象棋、垂钓、高尔夫等都是偏男性化的项目，而女性化特征较突出的只有健美操、健身操、体育舞蹈、踢包、跳绳、跳皮筋、秋千、秧歌等。所以，相比之下，女性在个人偏爱和可供选择的休闲体育方面，不管是活动形式还是活动内容，都远不如男性，男性群体比女性群体具有更大的活动空间和选择余地。

第二节　不同年龄群体的休闲体育运动

每个人都有一个生命周期，从不谙世事到中年盛时，最后到耄耋之年。伴随着生命周期的推进，我们也会经历不同的家庭生命周期，并处于不同的家庭地位，承担不同的家庭责任。同时，在不同的年龄阶段，我们也会产生不同的认识，因为心理的成熟与年龄的增长相伴随；而

人们的心理成熟程度、认知能力和道德判断能力都会在一定程度上影响到他们所参与的休闲活动。对于不同年龄的人，社会也会以不同的标准评价其各项活动。年轻人经常出入舞厅或是看电影，会被认为是正常的；老年人如果去老年活动中心打打麻将，下下象棋，也会被人们完全接受。但是，如果反过来，老年人去舞厅或年轻人打麻将，则会被认为是不适宜的。前者是出于对老年人身体状况的怀疑，后者则被认为是不务正业，有赌博之嫌。人们总是试图以一种习惯的标准来衡量别人的行为举止，而年龄便是这种习惯性标准之一。

一、青年和中青年群体休闲体育

处于青年和中青年阶段的人，肌肉、骨骼和各器官系统的机能均已发展到生命周期中的最佳水平，是人的一生中体格最健壮的时期，尤其是青年期基本上是人的运动素质和运动能力鼎盛的时期，具备了从事所有休闲体育的身体条件。如果不考虑其他因素的影响，他们可以参加任何形式的休闲体育，是所有体育休闲人群中参与内容最为广泛的两个群体。

与其他年龄群体相比，他们体力充沛、精力旺盛、竞争意识比较强，喜欢有明确规则的竞赛性体育休闲活动，在运动活动中偏好中等强度以上的运动负荷，休闲体育内容多以各种对抗性与竞技性较强的篮球、足球、羽毛球、网球、拳击、散打等项目为主。

一些青年和中青年人，兴趣广泛，爱好多样，自我意识强，喜欢探新求异、追逐时尚、展示个性魅力，加上良好的身体基础和经济上的独立，除了传统的体育项目外，对一些诸如登山、攀岩、徒步穿越、驾车远游、赛车、山地自行车、轮滑、高山滑雪、潜水、冲浪、江河漂流、空中滑翔等冒险运动和极限运动特别青睐，也比较乐于接受如溪降、溜索、蹦极等新兴休闲运动，以满足他们追求新颖刺激与挑战、征服自然的心理需求。当然，对于这些新兴的冒险和极限运动，由于其本身的刺激性、新颖性和挑战性，确实吸引了一些青年人和中青年人加入其中。但这类运动的消费水平很高，对身体的要求也很高，因此，对于大多数刚刚成家立业的中青年人来讲，不能盲目追求新潮，追求时尚，要根据自己的实际情况，选择适合自身条件的休闲体育内容。

从青年到中青年是人的一生中体型、肌肤、容貌最完美的时期，定期到健身、健美馆或者体操房跳操、跳舞，做器械练习，或跑步、游泳，是保持优美的体型、健美的肌肤和青春的容貌最积极有效的方法。

一个人从青年到中青年要扮演不同的社会角色，是人生中角色转换跨度最大的时期，亦是个体建立各种复杂人际关系的重要时期，社会交往比较频繁，而休闲体育不仅是休养身心的一种积极有效的方法，同时也是一种健康文明的社交手段。所以，在此年龄段的人们，应经常走出家门参加一些大众休闲体育娱乐活动，以球会友、以棋会友、以武会友，拓宽社会交往，增进情感交流，建立良好的人际关系，使自己在人生的旅途中工作愉快，生活充满青春与活力。

青年人和中青年人的感知、记忆、想象能力均达成熟水平，与青少年相比，他们的机械记忆力、思维敏捷性虽略有下降，但心智活动的效率却达到最高水平，理解能力、分析能力、推理能力以及创造思维能力比较强。因此，处于这两个年龄段的人工作之余宜多选择一些既可娱乐消遣，又可锻炼思维、发展智力的体育休闲内容，如象棋、围棋、桥牌、扑克等棋牌项目。但这类项目也不能活动过度，如果成天沉迷其中不能自控，反而会使自己身心疲惫达不到休闲的目的。

青年和中青年人自控能力比较差，情绪不稳定，易冲动，对某事物易产生过度狂热以及着迷，所以要随时注意在休闲体育的群体活动中严格遵循体育运动中特有的体育道德规范和行为准则，养成良好的体育习惯，履行法律规定公民必须遵守的义务，扮演好自己应该承担的社会角色，避免在休闲体育活动中出现体育赌博、赛场闹事以及球场暴力等不良行为和违法行为。

由青年到中青年，随着社会角色和生活环境的改变（从青少年到公民、从单身到组成家庭、从为人子女到为人父母、从学习到工作），一个人的生理、心理都要发生一系列变化，休闲体育内容和活动方式也必然要发生改变。一般随年龄的增长逐渐降低运动负荷，减少高强度、高对抗的运动项目，以免造成运动损伤，影响今后的休闲生活。在成家立业之后，家庭和工作所带来的双重压力，使休闲时间减少，这时在生活习惯和生活方式上都要做出适当调整，学会并积极利用空闲时间，选择一些耗时不多又能达到休闲目的的体育娱乐项目，为步入中年打下健康基础。

二、中年群体休闲体育

从生理方面讲，人到中年骨骼的弹性、韧性明显较青年人差，身体各个器官机能都有不同程度的下降，其中最普遍的现象就是脂肪组织增厚，身体逐渐发胖，皮肤开始失去弹性，面部出现皱纹。所以作为中年人，他们对休闲体育的价值取向已从青年时代展现青春活力和敢于超越为主逐渐转向以追求休闲品质和树立健康理念为主，注重休闲体育的内涵及运动养生与健身价值，特别偏爱散步、慢跑、骑自行车、爬山、游泳、跳操、跳舞等有氧运动和体能要求不高的小球运动，对一些能修身养性和愉悦身心的诸如象棋、扑克、麻将、垂钓等非运动性休闲体育也比较喜欢。

从运动方面讲，进入中年以后身体素质和运动能力水平一般很难再提高，只能在某一时段内保持较高水平，然后随着年龄的增长，呈逐渐衰退之势。例如，身体的灵活性和反应能力明显下降，运动中承受大负荷和激烈对抗的能力明显降低。因而根据中年人的运动状况，不要过多地参与运动负荷较大、对抗激烈，以及要求快反应、高速度、高强度、短时间完成动作的运动项目，尤其是一些冒险运动和极限运动项目，而应选择负荷适宜的健身类、健美类、娱乐类、保健康复类运动休闲项目。当然，一些竞技类项目如篮球、足球也可以作为中年群体进行休闲体育活动的手段，但活动的目的应以健身、娱乐为主。

中年群体具有比其他群体更有能力和意愿进行高档体育休闲消费的特点。中年期是个体事业趋于成熟并达到巅峰的时期，一些事业有成、经济条件相对较好的中年人，他喜欢出入高档体育休闲场所，享受“休闲大餐”或加入高档体育俱乐部，享受俱乐部提供的优美环境、优良设施和高品质服务。例如，高尔夫、保龄球、网球、台球、水上运动、健身俱乐部，以及登山、赛车、射击、雪上运动、航空运动等俱乐部，俱乐部里面的大多数会员都属于这一年龄群体。由此可见，中年群体也是比其他群体更有能力和意愿进行高档体育休闲消费的一个群体。

在休闲体育兴趣方面，中年群体的休闲体育兴趣受到多种因素和不同层面的影响，同青年人相比，其兴趣爱好呈现由宽变窄、逐步个性化的特征。在兴趣的广度方面，大多数中年人远不如青年人，他们不仅不对一些陌生的休闲体育项目感兴趣，甚至抛弃了青年时代热衷的一些运动项目。在兴趣的稳定性方面，中年人的兴趣更具有持久性和稳定性。青年人可能对任何运动项目都产生浓厚的兴趣，甚至达到狂热和迷恋的程度，但这种兴趣又会很快地被另一种兴趣所替代。中年人通常一旦确定了对某一休闲项目的兴趣，很少被其他兴趣所干扰。此外，中年人的兴趣还具有个性化特征，即个人独特的体育偏好非常突出。总之，中年群体的休闲体育具有专一性特点。这一特点对中年群体今后的休闲生活来说既有利也有弊。利在其兴趣的持久性，由于个人独特的偏好，经常从事某一项目的活动，形成了一种休闲习惯和休闲定式，能够深刻理解其休闲活动的内涵，掌握其活动技能，充分享受休闲体育的乐趣，为终身体育奠定良好的基础。弊则在于主客观因素的强烈影响。例如，患病、身体条件已不适宜继续从事该项休闲活动，客观条件一时得不到保障，如某一时期工作太忙，或经济收入出现问题无法满足该项活动的消费需要，或住宅迁移后居住地离体育休闲场所太远，凡此种种，都有可能中断甚至终止休闲体育活动的进行，影响其休闲生活质量乃至将来的生活方式。对此，为防止此弊端的发生，处于中年期的人除经常从事自己比较偏爱的某项休闲活动外，还应选择 1～2 项不同类型的休闲体育内容，如室外的与室内的、陆地的与水中的、运动的与静止的、健身的与娱乐的等，注意休闲体育活动性质、内容结构和时间结构的合理搭配，并与个人的兴趣爱好相结合，形成良好的体育休闲习惯，丰富余暇生活，终身享受休闲体育带来的健康与快乐。

在球类项目中，除了乒乓球、羽毛球、网球、门球等传统休闲体育项目外，一些趣味性、娱乐性强的大众化休闲体育项目，如 3 人篮球、5 人制足球、沙滩排球等，也是中年群体可以选择和比较喜爱的休闲项目。但对于这类新兴大众休闲体育项目，中年人一定要注意在与年轻人或同龄人同场竞技时，不要过分追求胜负、计较输赢，以免受伤失去休闲的意义。除此之外，少数心理比较年轻喜欢探新求异的中年人，也可以尝试一些相对来说较安全的、对身体要求不高的新兴体育休闲项目，如溜索、潜水、冲浪、滑水、赛艇、漂流、飞伞、热气球、卡丁车等。

虽然中年人在理论上具备了一定的体育健身知识，在活动上具备了一些运动健身技能，在物质上具备了体育休闲条件，但一些人因工作和家务繁忙，惰性较大，缺乏主动参与休闲体育的积极性。那么，增强其参与意识，提高其体育健身休闲的内驱力，选择社区、单位等组织的体育协会、俱乐部，或群众自发组织的体育休闲群体，应该说是一种比较有效可行的办法。因为这类体育休闲群体，都是非功利性的群体组织，尽管组织比较松散，一切活动都是自愿的，但其活动时间、内容有一定的规律性，在活动过程中便形成了一种约定。这种自发形成的约定，对于那些不太好动、缺乏主动性的人无形中也形成了一种约束，再加上此群体内部各成员间的相互交流、沟通而建立起的良好互动关系，使他们由不好动到好动、由被动休闲到主动休闲，逐渐养成体育休闲习惯，促使休闲体育成为他们丰富文化生活和组成生活方式的主要内容之一。

大多数人在结婚之前都有过约会，这是一种浪漫的经历，人到中年之后，浪漫情调便有可能逐渐消退。去散步嫌浪费时间，逛商场嫌人太多，看电影则嫌空气不好。总之，到了中年以后，现实生活的功利性压倒了浪漫的想法，过去的浪漫生活与现实生活似乎离得越来越远。若在中年期定期进行休闲体育活动，便可架起通向浪漫的桥梁。双休日或节假日携妻带子结伴而行，或去运动场玩球、健身；或去游泳池、大海边游泳嬉水；或在湖中划船；或去河边漫步、垂钓；或去游览胜地爬山、游玩；或去高尔夫球场享受绿色……悠哉游哉，各取所好。这些既浪漫又休闲的体育活动，把年轻时的浪漫情调与现实生活很好地融合在一块，使家庭更加和睦，生活更加幸福。

三、老年群体休闲体育

老年群体在休闲体育时间的支出上多于其他年龄群体。进入老年期，孩子基本上都已就业成家，抚养下一代的使命基本结束，工作上基本无压力或已退休，因此他们的休闲时间最长。在休闲体育时间方面，老年群体平均每天用于体育锻炼、室外散步和下棋、打牌的时间远远高于其他年龄群体。许多调查结果也证明老年群体是参与休闲体育时间和活动最多的群体。这一方面是由于老年人的闲暇时间本身就比其他年龄段的人要长，另一方面也反映了老龄群体把健康的价值放到了更重要的地位，如何通过休闲体育丰富余暇生活、消除孤寂、防病治病、延缓衰老、保持自身的健康长寿是他们最为关注的话题和最愿意花费的时间，这也反映了年龄越高对健康问题考虑得越多的趋势。

（一）中国老龄化社会进程概况

人口老龄化是21世纪人类面临最突出的社会现象之一，由此而产生的多方面问题引起了世界各国的高度重视。在中国人口老龄化将以更快的速度发展，例如，第五次全国人口普查的结果显示，60岁以上的老年人口占11%；第六次人口普查数据显示，60岁及以上人口占13.26%。此外，人口老龄化还伴随着人口高龄化，80岁以上的高龄老人以平均5%的速度增长。

无疑，老龄化、高龄化社会的到来，意味着养老问题对社会介入需求的加大，特别是富有闲暇时间的老年人的休闲问题，成为中国社会发展进程中日益突出且亟待解决的问题。对此，我们首先要了解造成老年人休闲生活状况堪忧的主要原因，具体如下：

1. 家庭规模持续缩小，使得老年人缺乏一种重要的休闲方式——沟通

随着社会的发展，中国家庭将逐步告别传统几代同堂的大家庭生活方式，形成小型化的家庭格局。据2015年5月13日，国家卫生计生委发布的《中国家庭发展报告（2015年）》显示，现在是二人家庭、三人家庭是主体，由两代人组成的核心家庭占六成以上。同时，单人家庭、空巢家庭、丁克家庭也在不断地涌现。子女就业、成家后有的会远离父母，或不能住在一个地区。家庭结构的变化使空巢老人、独居老人日益增多，导致老人与儿女、亲属之间见面机会减少、交流减少，给老年人的休闲生活留出一大空缺。由于缺乏沟通和交流，老年人心理障碍和精神疾患相当普遍，加之缺乏必要的健康科学知识，不能及时诊治、调理，这进一步加剧了个体与个体之间、个体与群体之间、个体与社会之间、个体与精神生态环境之间的疏离，给家庭和社会安定造成危害。事实已经表明，虽然老年人寿命延长，但生活质量并不高，孤独情绪导致许多老年人精神紊乱、丧失判断力、暴躁易怒。目前老年抑郁症、痴呆症有不断上升的趋势。据世界卫生组织（WHO）2018年公布的数据显示，65岁以上老年人群抑郁症的患病率，保守估计在10%～15%，甚至某些估计范围高达45%。

2. 休闲内容庸俗化、休闲行为被动化

报纸杂志、文学作品、影视、舞蹈、戏曲等文化艺术形式远离老年人，使得老年人的精神食粮极度匮乏。这个问题有多方面的原因，比如反映老年人生活、符合老年人欣赏习惯的文学作品很少，即使偶然有合他们口味的演出，又因为价格太高、演出场次少、演出地域的限制而无法满足老年人的需求。许多老年人戏称，“面包虽有，精神却时时感到饥饿。”因而，休闲生活的质量较低。由于中国电视的普及率只是近些年的事，对电视的理解还只限于感性阶段，对其负面影响缺乏足够的认识。据零点公司的调查，60 岁以上的老人每天看电视约为 4.25h。近些年来，老年人高发的心血管疾病、“三高”（血压高、血脂高、血糖高）、偏瘫、肥胖、癌症等疾病，在很大程度上是由于整日坐在电视机前，缺少体育运动和精神运动而导致的。

3. 社区建设不能充分地适应老年人休闲生活，尤其是文化精神生活的需要

从整体水平上看，社区管理人员的组织管理能力较差，尤其在组织老年人休闲生活方面，更缺少专业人员。尽管在几年前，沿袭了几十年的“小脚”居委主任（由文化程度不高的老年人担当社区管理人员）已被年富力强的新一代所替代，但是整体文化水平仍不高，尤其缺乏社区管理专业的培训。从对上海和北京两市居委会的调查和了解看，这方面的问题也很突出。近年来，社区建设虽然已引起了国家有关部门的重视，但对社区管理人员的培训、对社区建设理论以及社区专业教育等方面的工作还没有切实可行的实施方案。

另外，以社区为主的文化设施数量十分有限，特别是文化广场、露天演出、科普画廊、街头报亭、社区图书馆、志愿者活动等既有意义又方便可行的休闲形式较少。

4. 老人休闲的观念比较落后

首先，老年人自身观念保守。中国当前的老年人群成长于旧中国艰难困苦的生活环境中，特定的历史条件使他们把工作看得高于一切，任何闲情逸致都被视为资产阶级情调。因而，到了晚年既没有休闲的观念，又缺乏休闲的技能，造成这一群体在对休闲时间的利用方面出现真空地带。另外，政府、社会及非老年群体误以为人的晚年生活吃好、喝好、不生病就好，而缺乏对老年休闲生活的考虑，使社会条件支持系统相当薄弱。尽管近些年来，政府对老年人的休闲生活条件进行了积极改善，但是，还只限于局部，远远不能满足大多数老年人的休闲需要。

5. 社会对与老年相关的各项服务意识比较欠缺

老年人一旦退出“单位”，就会感觉生命的一半已经没有了。脱离感是因为社会没有为老年人再提供新的角色和位置。除了老年大学外（能到老年大学读书的人也是少数），社会对老年人的休闲问题很少关注。他们缺乏社群感，在社会中找不到自己的位置，这是一种精神的贫穷。老年教育市场投入不够，据一项对北京市东城区老年大学的调查，该校成立于 1985 年，现在已有学员 1 000 余名，班级多达 20 余个。但是由于没有固定的校址，学员们上课只好“打游击”，许多想上学的老人因为教室有限而上不了学。据悉，浙江老年大学的情况也有相似之处，一堂普通的政治课竟吸引了 800 人。大家为了争得一席之地，往往是下午两点钟的课，不得不在中午就坐进教室，因为座位有限，来迟了就要站在走廊听课。

6. 对不同年龄段的老年人的社会需求不够关注

随着人的寿命的不断延长，高龄人数也急剧增长。于是，老年人群意味着由 60～90 岁以上的不同年龄段的人组成，年龄跨度达 30～40 年。在人生的其他任何阶段中我们决不会，将年龄相差 30 岁的人放在一起相提并论，但是，我们却常常把 60 岁的老人和 90 岁的老人混为一谈。这样的认识势必影响政府决策、社会服务机构的安排、社区休闲设施的建设、休闲政策的制定以及休闲组织的形式，不能更好地顾及各年龄段老年人的休闲需求，也无法发挥各年龄段老年人的积极作用。

因此，充分认识与老年休闲相关的一系列问题，将会为相关部门有针对性地解决老年人休闲问题提供一定的决策依据。

（二）老年人的休闲体育活动

老年人的休闲体育活动必须针对老年人的心理和生理特征来进行。虽然以老年人为对象的休闲体育活动可使参加者改善其自身的身体状况，但由于老年人的疲劳消除较缓慢，因而以老年人为主的休闲体育活动应严格控制其运动量和活动时间。一般来说，老年人的休闲体育活动不宜选择那些紧张用力程度大和速度过快的运动项目。同时，还应尽量避免静止用力地练习和憋气的活动内容。所以，充分了解老年人的身心特点，在从事休闲体育活动时，按照人体科学规律办事并注意锻炼中的有关事宜是很有必要的。

1. 老年人的身体特点

人随年龄的增长不可避免地会出现衰老。尤其人到中老年时，常常是肢体活动不便，行动缓慢，不爱活动，结果导致身体的新陈代谢减弱，血液循环变慢，肌肉松弛，胃肠蠕动与吸收减弱，呼吸表浅。衰老伴随着人体的抵抗力降低，使上了年纪的人容易生病，因此人们常常把“老”与“病”联系在一起。但是，只要老年人按照自身机体的生理特点，适量安排合理的体育锻炼和参加适当的休闲活动，就可在一定程度上延缓机体的衰老。保持良好的身体功能，促进和维护健康，不但可预防和减少老年人疾病的发生，更可起到延年益寿的效果。

（1）中枢神经系统

老年人大脑细胞随年龄增加而逐渐减少。因大脑细胞的减少，脑的功能便随之减弱，表现为对外界刺激的反应迟缓、记忆力降低，神经系统易出现疲劳且恢复缓慢，大脑对身体各器官系统的调节功能减退。

然而，坚持参加适当的休闲体育活动能延缓老年人脑动脉硬化的过程，使脑动脉血中的氧含量增加，从而改善脑细胞的供氧状况，减轻脑血管和脑细胞的萎缩，维持其正常的功能。此外，通过肌肉骨骼系统的活动，可刺激和调整老年人大脑皮层的兴奋和抑制功能，提高大脑对身体各部位和各感官系统的神经支配调节能力，从而使整个身体的功能处于良好的状况之中。事实证明，经常参加适当的休闲体育活动的老年人大多精神饱满、耳聪目明、判断力强，对周围事物的反应较快。

（2）心血管系统

老年人的心肌组织退变表现在心肌纤维萎缩，数量减少，结缔组织增生，脂肪沉着，因而使心肌收缩力量减弱，心脏排血量少，对体力活动负荷的适应能力下降。老年人动脉血管壁的硬化使其弹性降低，管腔变窄，血流阻力增大，血液循环减慢，血压升高。

适当的休闲体育活动可促使身体血液循环系统功能的提高，促进心脏工作能力的加强。经过一段时间的锻炼，可使心肌的收缩力加强，心脏每搏输出量增加，心搏频率减慢。据观察，经常进行身体锻炼的男子，60 岁时的心脏排血量可相当于 40 岁不锻炼者的数值。此外，休闲体育活动还可增加心脏冠状动脉的血液循环量，增加参加血液循环的毛细血管，从而改善对心肌的氧气和营养物质的供应。冠状动脉的循环机能得到代偿，增强血管的弹性，改变脂质代谢，降低血脂，有助于防止冠心病，推迟动脉硬化的进展；同时又能锻炼外周血管的收缩和舒张机能，加强血管壁细胞的氧供应，促进代谢酶的活力，防止脂肪沉着。因此，参加休闲体育活动能保证血管壁的弹性，预防血管硬化和狭窄的出现。

（3）呼吸系统

老年人肺组织逐渐纤维化，肺泡壁的弹性降低，胸廓活动的范围逐渐缩小，所以，肺功能逐渐减退，进而影响全身的氧气供应。

参加休闲体育活动，特别是坚持以中国传统的医疗体育方法以及专门的呼吸操为锻炼手段，可缓解老年人肺组织的纤维化过程。气功和专门的呼吸操等还可增强呼吸肌力量，扩大胸廓和横膈的活动限度，大大增加新鲜氧气的吸入量和二氧化碳的排出量。肺通气和换气功能的改善，增加了身体各个部位的氧气供应，从而推迟了肺部和整个人体的衰老过程。从事休闲体育活动和身体锻炼，对防治老年支气管炎、肺气肿也十分有利。

（4）消化系统

老年人的腹壁肌肉常常出现松弛无力的现象。由于胃肠道运动变弱，消化能力减退，因而易引起内脏下垂和便秘等疾患。

坚持锻炼身体并经常参加休闲体育活动的老年人多为腹肌不松，胃肠张力和蠕动力较好。同时，休闲体育活动可促进对食物的消化和吸收，可消除因进食而引起的胃部不适现象。同时能防止老年人胃肠功能紊乱，保持大便通畅。

（5）运动系统

老年人的运动器官随年龄的增长而发生一系列的退行性变化，如骨质疏松，椎关节僵硬，关节活动幅度缩小，韧带的弹性退化，肌肉逐渐萎缩，肌肉力量和弹性降低等，因此，老年人容易发生骨折、劳损以及颈、肩、腰、背等病症。

体育锻炼和适当的休闲活动能有效增强肌肉力量，改善韧带弹性和关节的灵活性，防止肌肉萎缩，使动作保持一定的协调和灵活，减慢因这些组织的退行性变化而引起老年人运动器官的劳损等常见病。

（6）新陈代谢

老年人身体内部整个新陈代谢缓慢，能量转换不畅，脂肪和糖代谢障碍更为明显和突出，因而常引起体质变弱、肥胖和糖尿病等。

身体锻炼和休闲体育活动可活跃体内新陈代谢，加强体内氧化过程，增加细胞的物质能量储备，维持机体工作能力的正常进行。此外，肌肉活动可提高血液内脂肪酸和葡萄糖的利用，这对于防治体内脂肪积聚过多或糖代谢障碍等所引起的各种老年人常见病可起一定作用。

2. 老年人体育锻炼注意事项

老年人的体育休闲任务是要发动和组织老年人参加适当的体育锻炼和有益于身心的休闲活动，以达到增进健康、增强体质、延缓衰老和防治老年性疾病的目的。但是，鉴于老年人的生理特点和心理特点，所从事的体育锻炼项目和要求不可与年轻人相提并论，更不能采取激烈竞争和身体对抗的方式，否则对老年人健康不但无益，反而有害。因此，老年人在进行休闲体育活动时，应注意以下事项：

（1）循序渐进，持之以恒

老年人从事任何形式的身体锻炼，在运动项目和休闲活动方式上都必须注意循序渐进。老年人的休闲体育关键在于能持久坚持参加各种锻炼活动。最理想的是，每天都有规律地进行身体锻炼，每周参加体育锻炼不能少于两次，否则锻炼效果会逐渐消失。

当然，老年人在进行身体锻炼和从事休闲体育活动时，也应当注意人体机能的适应规律和人体生理机能活动能力的变化规律。并且，老年人还应注意，随着年龄的增长和机能的减退，活动量应相应地减少。

（2）量力而行，心情愉快

老年人参加休闲体育活动和身体锻炼时必须遵循量力而行的基本原则。量的掌握应以不感疲倦和无不适感为宜，活动时注意调节运动量和活动范围，如感觉疲劳和吃力，就应适当休息或减少运动量；如果对某一项目不能适应，就应更换项目。

（3）医务监督，保证效果

老年人的体育锻炼必须尊重科学。锻炼之前应做全面的体格检查，根据自身状况以及医务人员的建议选择活动项目，并确定适当的运动量。患疾病期间一般不要从事体力活动，应及时抓紧治疗。

运动量要因人而异。对老年人来说，适量运动十分重要，特别是对患有心脏病、高血压等病症的老年人。不能向老年人推荐剧烈运动项目，而应主张适量运动。

3. 老年人休闲体育活动介绍

适合老年人身体锻炼的休闲体育项目多种多样，如散步与慢跑就有很好的健身作用，特别是对冠心病、高血压、肥胖和糖尿病等常见老年病症有良好的防治作用。气功有助于改善中枢神经系统、血液循环系统以及呼吸系统的功能，调节血液循环并降低血压，增进机体的免疫力，提高新陈代谢和内分泌系统的功能。拳操可使老年人增进体力，改善运动素质，对健康大有裨益。各种保健功和医疗体操，均有助于防治运动系统的老年病，如颈椎病、肩周炎和腰腿病等。另外，老年人只要有条件、有兴趣、有基础，身体状况许可，还可以参加一些非直接对抗性的运动项目和娱乐活动，如游泳、登山、郊游、网球、门球、垂钓、乒乓球和自行车等。老年人可根据自己的爱好、健康情况，选择其中几项并持之以恒，将有助于身心健康。

休闲体育的项目很多，在此仅选择其中几个适合老年人特点的项目简要介绍，具体如下：

（1）垂钓

钓鱼是一项陶冶身心的休闲活动，在我国有着悠久的历史。“姜太公钓鱼，愿者上钩”，这是妇孺皆知的典故。明代的医学家李时珍认为钓鱼可以解除“心脾燥热”。

钓鱼是一种综合性的体育运动项目。既有越野、登山、骑车、远足、采集、探险等诸多身体活动相伴，又有水文、地理、气象、生物、文学、历史等多种学科知识的扩充与运用。当今的钓鱼活动已成为集体育、娱乐、休闲于一体可以增添乐趣、陶冶情操将锻炼身体寓于综合性休闲体育的有趣活动。近几年来，随着离、退休人员的增加，钓鱼协会在全国各地相继成立，会员达到几百万人之多。对中老年人来说，钓鱼是一种很好的养生方法。

（2）太极拳

人的体能是有限的，但人的知识能力则是无限的，在特定条件下，精神力量可以变成物质力量。

太极拳就是把精神和思想的锻炼放在重要的位置，通过经常的意识指导，来锻炼自身对外界环境的适应性。这样，身体必然会得到有效的练习，使肢体的运动听从思想的支配，精神、思想和意图通过肢体的运动来体现。太极拳就是要使有限的体力合理地运用，并注重效果。

太极拳练习对许多慢性疾病，特别是对诸如高血压、心脏病、慢性肠胃炎、慢性肾炎、糖尿病、慢性肝炎、肺结核、气管炎、哮喘、关节炎和神经衰弱等病症有明显的治疗效果。当然，对不同的疾病患者，在锻炼方法上应有所区别。因此，在医生或有关人员的指导下，针对个人的身体状况和病情制定锻炼方法，这将会效果更好。

太极拳对于老年人来说，可起到预病防病、强身健体、有病治病、帮助康复的作用。此外，太极拳又是一种有趣味的运动，练拳时周身感到舒服，练习推手时感到活泼，可使精神焕发。总而言之，是很适合老年人参加的休闲体育项目，也是一项实用性强的健身活动。

（3）门球

门球具有一定的竞技性，对身体条件的要求不高，活动量不大，动作无太大难度，技术易被掌握，是一项集娱乐、休闲、健身、智慧为一体的体育项目。门球具有户外性、集体性、自娱性、简便性和大众性等特点，因而在老年人中极为流行。据估计，在我国城市中的离退休人员和老年人群体中，参加门球活动的人数已达百万。

从门球的特点看，这是一项情调健康、趣味高雅、活动量不大、有一定技巧、方便易学的“轻体育”项目。因此，门球有以下几方面的作用：强身健体、悦心寄情、锻炼智力和乐在其中等。

（4）甩手运动健身法

甩手健身，动作简单易行，不需要场地和器材，其中以晨练时段为最佳，不宜在空腹、饥饿、饱餐时锻炼。甩手前，身体站直放松，两眼平视前方，两脚分开，与肩同宽，两臂自然下垂，两掌心向内；甩手时，两臂与身体的垂线之间角度不要超过 60°；后摆时与身体的垂线不要超过 30°，一般每回练习可摆动 100～150 次。甩手时，要全身放松、心平气和、呼吸自然、愉悦轻松。动作结束后，要做整理、放松运动，如伸展活动、原地踏步等。

第三节 不同用途的休闲体育运动

目前，随着我国社会经济的快速发展和产业结构的不断调整，社会阶层日益分化，社会个体对各种社会资源的占有情况，其差距日益明显，各阶层的生活方式、社会需求与价值取向也表现出多元化特征，因此人们在休闲方式以及休闲体育活动结构上也必然会因受到各个阶层价值观念和消费意识的影响而表现出明显的差别。

一、社会阶层的分类

依据我国国情在进行阶层划分和分析时，人们常用的社会阶层分层标准有以下几种；

第一，收入。收入与人们的消费方式、生活习惯、安全感和积极性有着密切的关系，收入差距对社会安定也有很大程度的影响。

第二，职业。职业地位是人们在现代社会中的主要社会地位，是个人进行社会活动的主要场所。职业环境、职业声望、职业活动的范围和性质等不仅影响着在职人员的社会表现，同时影响着社会流动的方向。

第三，教育程度。教育程度直接影响着人的能力、知识、技术、趣味、价值观、审美观以及人格修养等。教育程度是决定社会地位和职业的重要因素，它往往与个人经济收入相匹配，能全面持续地影响人的一生。随着社会发展，它在划分阶层方面的作用将越来越大。

第四，权力。权力意味着一个人在群体和社会中向别人施加影响的能力，因而权力的大小往往会影响一个人的性格、态度和行为意向，权力是人们社会地位的重要外显特征之一。处于同一权力层的人，对社会政策的评价、对社会现象的看法具有较大的一致性。

以上标准各自标明社会地位某一方面的状况，只能作为分层的单项指标，不能作为社会阶层划分的依据，也不可能准确地反映社会阶层存在的客观状况，更不能作为阶层划分的标准。同样收入的人，不一定来自同一个阶层，因为收入可能来自工资，也可能来自投资营利，还可能来自利息，甚至来自赠予或继承。因此，仅靠收入不能反映人们社会地位的高低。只有在收入、权力、教育与职业诸方面具有同一性的人们，才有条件构成一个阶层。

为便于对不同职业群体的休闲体育进行广泛的探讨，本书采用中国社会科学院社会学研究所（当代中国社会结构变迁）课题组的结论，以职业分类为基础，以组织资源、经济资源和文化资源的占有状况为标准来划分社会阶层，将社会成员分为国家与社会管理者阶层、经理人员阶层、私营企业主阶层、个体工商户阶层、专业技术人员阶层、办事人员阶层、商业服务业员工阶层、产业工人阶层、农业劳动者阶层和城乡无业、失业、半失业者阶层十大阶层。

二、各阶层休闲体育的共同点

（一）休闲体育的时间支出随大众生活水平的提高而逐渐增加，休闲体育已成为各阶层的主要休闲方式

随着我国社会经济的持续发展和人民生活水平的不断提高，各阶层休闲体育时间逐年增加，所占休闲时间比重越来越大，休闲体育已成为各阶层的主要休闲方式。

（二）对体育功能的认识由过去一味地强调健身而变得日趋丰富

受传统养生观的影响，以往人们看重体育活动在强身健体方面的作用而忽略了休闲体育活动的其他功能。相关研究表明，不同阶层在参加体育活动时，至少一半以上的人群选择了“消遣娱乐，丰富生活”作为其参加体育活动的首要目的。现在人们在追求休闲体育运动本质功能的同时，也比较注重体育运动作用的多重性，这也预示着各阶层的体育需求将随着生活水平的提高不断增加，休闲体育活动将会更加丰富多彩。

（三）耗费在非运动性休闲体育活动的时间偏多，运动性休闲意识有待提高

有关研究表明，打牌下棋这一非运动性休闲体育活动与运动性休闲活动相比，其所占时间比重并不低。还有一些社会现象应该受到关注，有些球迷是体育比赛的忠实观众，可自己却从不去运动场所玩球；各阶层都有相当一部分人沉溺于棋牌，面对运动场却不屑一顾。这表明各阶层目前仍然摆脱不了传统大众休闲文化的影响，他们主动参与运动性休闲活动的积极性不是很高。同时，从另一个角度也反映出当前社会休闲体育设施不足，现有场地利用率不高，公益性休闲体育场所太少，致使他们远离运动场，选择了对场地设施要求不高、简单易行的非体力负荷型的“坐式”休闲活动。对此，只有科学规划，合理布局，抓好城乡休闲体育场所建设，健全社会体育服务体系，为不同阶层的人提供更多的选择，才能吸引更多人自然而然地参与到运动性休闲中来。

三、各阶层休闲体育的差异

国家与社会管理者阶层，即在党政、事业和社会团体机关单位中具有实际行政管理职权的领导干部。对他们而言，余暇时间参加体育活动不仅是为了健身，更多的是为了放松身心，宣泄压力。所以在休闲体育过程中一般对环境要求较高，在体育交往过程中比较注重自己的身份、地位，选择对象或休闲伙伴也较为谨慎。他们处于社会上层，社会地位较高，权力较大，尽管市场经济体制确立后，社会平等意识渐强，等级观念开始淡化，但以等级、级别作为待人接物的标准仍在发生作用。因此，相对于其他阶层，他们拥有更多享受优美休闲环境和运动设施的便利，拥有享受更优质的体育服务条件。在活动内容上，他们偏向于集健身、娱乐、休闲为一体的运动项目，如网球、乒乓球、游泳等。此外，这类人群对具有益智、愉心的棋牌类体闲活动也比较喜欢。

经理人员阶层，主要指大中型企业的高中层管理人员，他们是市场化改革的积极推进者和制度创新者，在市场竞争日趋激烈的今天，其工作压力与上一阶层相比有过之而无不及。因此，他们参与休闲体育活动的价值取向除与上一阶层有相似之处外，其中还蕴藏着完善自我、展示人格魅力、突出社会影响、宣传企业形象的价值取向。这一阶层都有较高的学历和专业知识水平，社会地位也比较高，在社会阶层结构中也是主导阶层之一，业余生活一般喜欢从事一些和极限有关的运动，如赛车、赛马，到世界各地登山旅游（不是一般的爬山）。此外，优越的经济条件也促使他们有能力出入高档休闲体育场所，享受高品质的服务，是高档体育休闲俱乐部的主要消费群体，因此保龄球高尔夫和网球等也是他们的运动休闲项目。这一阶层的年龄大多在40岁以上，对青年人喜欢的大负荷、高对抗的运动项目不是很感兴趣。

私营企业主和个体工商户阶层，这两个阶层的位序有所不同，但他们在休闲时间、消费水平、生活方式上极其相似。他们都是我国改革开放的主要获益阶层，他们常常利用休闲体育来建立起良好的人际关系，尤其是当自己的业务伙伴偏爱某项运动时，他们往往“投其所好”，把业务工作融于休闲体育活动之中，真可谓“既休闲又工作，休闲、工作两不误”。这实际上也符合“请人吃一顿饭，不如请人流一身汗”的当代社会新时尚。由于拥有较多的经济资源，他们在内容选择上不受任何限制，只是偏爱环境好一点的经营性休闲体育场所。但是由于职业特征，所以他们没有相对固定的休闲体育时间，随意性较强。

专业技术人员和办事员阶层是现代社会中等阶层的主干群体，在所有阶层人员中占有相当大的比例，他们在经济状况、消费观念、生活方式、生活态度等方面存在着明显的个体差异，所以在休闲体育的价值取向和内容选择上未表现出较为突出的职业特征。有的收入一般，为了健身偏爱锻炼价值较高但手段简单的项目，为了健美保持优美的体型和发达的肌肉，崇尚健美操、跑步等有氧运动和器械运动；有的消费观念保守，喜欢花钱不多、负荷小、趣味性强的休闲项目或相对安静的太极、气功、垂钓、棋牌类项目；有的经济条件较好，消费观念超前，为了丰富个性、体验人生，在休闲方式上喜欢追求时尚与新潮，对极限和冒险运动情有独钟……可谓富贵与大众运动共享，时尚与传统运动并存，雅俗同乐，各取所好。

商业服务业员工和产业工人阶层，这两个阶层的社会地位、经济状况、时间结构、价值认同没有明显的差异，由于他们主要是以自身劳力和简单技能作为谋生手段，工作时间又相对较长，工作之余身心比较疲惫，参与休闲体育活动的目的则主要是消遣娱乐、放飞心情，使疲惫的身心得以放松、劳累的机体得以恢复。与上述阶层相比，他们是组织资源和经济资源上的匮乏者，体育消费方式力求简化，讲究实惠，一般不会去光顾高档次的休闲体育娱乐场所，喜欢花钱少、耗时少、简单易行的大众化休闲运动，如散步、慢跑、篮球、羽毛球、游泳等。

农业劳动者阶层是以农业为唯一收入来源或主要收入来源的人员。尽管随着社会的发展，城乡居民收入差距逐渐缩小，但他们在经济资源的占有量上仍然低于上述所有阶层。他们文化水平低、家庭负担重、生产劳动和家务劳动的体力消耗大，休闲目的更多的是放松、消遣。他们对许多休闲体育项目的偏爱，因农村现实条件不具备只好放弃，被动地回到电视机前或选择打牌下棋、河边钓鱼、湖泊游泳、武术太极等对场地器材要求不高的休闲项目。当然他们也非常乐意参加乡镇社区组织的各种体育活动，以度过自己的闲暇时间。

城乡无业、失业、半失业者阶层（离退休者除外），基本上是三种贫困阶层。他们是我国社会结构转型和体制转轨中形成的一个弱势群体，也是享受休闲生活质量方面的一个弱势群体。实际上，影响休闲的主要因素有两个：时间与收入。对富有群体来说，享受休闲娱乐的主要障碍是时间问题；而对贫困群体来说，则主要是收入问题，虽然他们在经济上不富裕，但在时间上却最富裕，但他们的休闲时间中有很大一部分属于空耗时间，所以他们主要是想通过趣味性、娱乐性强的休闲体育来消磨时间，度过并非自愿接受的空闲时间，并且大多喜欢采用自娱自乐形式，或加入自发形成起来的体育群体，到不收费的公园、河边、广场、街边等公共场所健身、娱乐、消遣、散步、做操、跳舞、打太极拳、练气功、做器械练习等成了他们的首选。

第四节　残障人群的休闲体育运动

残障人是指身体残疾或者精神障碍者，包括身体残疾、感官残疾与精神残疾以及复合残疾。智力落后属于精神残疾范围，亦称精神发育不全。据第二次全国残疾人抽样调查数据推算，中国目前各类残疾人总数为 8296 万人，占全国人口总数 6.34％。对此，怎样运用体育手段，促进残障人身心健康，并达到娱乐放松的目的，是我国体育发展中应引起人们充分重视的一个问题。

由于身体或智力方面的残缺，加上残障人通常所具有的自卑感和逃避现实的心理，他们在日常生活中参加身体活动的机会、时间和活动量都大大地减少，导致残障人身体机能水平和运动能力的下降乃至衰退。这种衰退和下降，不仅表现在日常活动的速度力量、耐力和灵敏方面，同时还会影响到心肺等内脏器官的功能。久而久之，就会造成恶性循环——活动越少，身体健康状况越差，身体机能状况越差，也就越不想活动。而积极参加休闲体育活动不仅有利于残障人的身体得到康复，功能得以补偿，还能对残障人的悲观心理进行调节，使其在精神上逐渐地康复起来。

一、残障人群的休闲体育概况

（一）发展残障人休闲体育的意义

作为当今世界大众体育潮流中不容忽视的一条支脉，特殊人群的休闲体育（亦残疾人的休闲体育)，已经引起越来越多国家的重视。它是指社会人群中在视力、听力、言语、智力、肢体等方面有缺损者，通过身体练习，以求保健康复、娱乐放松、提高生活自理能力、充分享受自身权利所进行的体育活动。

残障人问题是社会问题。我国宪法第45条规定："中华人民共和国公民在年老、疾病或者丧失劳动能力的情况下，有从国家和社会获得物质帮助的权利。国家发展为公民享受这些权利所需要的社会保险、社会救济和医疗卫生事业。"《全民健身计划纲要》中提出，广泛开展残障人体育健身活动，提高残障人的身体素质和保障残障人平等参与社会活动的能力。残障人与正常人一样享受做人的一切权利，其中就包括享受体育的权利。体育是残疾人康复和锻炼的有效手段，随着社会文明的发展，残障人体育也将不断发展，残障人的休闲体育会不断出现新面貌。目前，各国残障人体育事业已经被纳入国家整个体育事业和残障人事业之中，并成为衡量一个国家体育发展状况和社会文明发达程度的标志之一。残障人的休闲体育作为残障人体育的一个分支，也成为残障人享受生活、保健放松的一个重要途径。

"生命在于运动"不仅适用于正常人，同样也适合残障人，甚至对残障人来说更为重要。第二次世界大战结束后，出现了许多因战争致残的军人。当时，英国曼德维尔医院国立脊髓损伤中心的所长古德曼医生就主张把传统的医学治疗方法与体育运动中的动力性治疗方法结合起来，从而促使伤残人更好地康复，这种医学与体育活动相结合的治疗方法被称作"康复体育"，即利用动力性的体育活动配合传统以卧床静养为主的医疗方法，加速伤残人身体的康复。此时，在古德曼医生就职的医院里，还举办了由16名轮椅运动员参加的体育比赛。

参加休闲体育活动不仅有利于使残障人的身体康复，而且还能在康复的基础上进一步提高残障人的身体机能水平、运动能力。有研究表明，经常参加体育活动，对残障人来讲具有特殊的保健意义。以盲童为例，经常系统地参加体育健身活动，可以提高盲童的肌体灵活性、皮肤感觉的灵敏性，并能发展和平衡身体的能力，这样就可以使盲童的各个器官和系统以及各种身体运动能力得到统一协调的发展，以弥补视觉方面的缺陷。

另外，经常参加体育健身活动的残障人可以减轻对他人的依赖，提高自身的基本生活能力。一方面，全社会的人都有义务和责任关心每一个残障人；另一方面，每个残障人也应该具有这样一种观念——尽力为自己的生活负起责任，减少他人的负担。

参加休闲健身运动除了可以收到健身效果之外，对残障人来说还具有特殊的意义。通过活动把残障人从病房和家庭里解放出来，让他们走向社会，享受与健全人同等的待遇，帮助残障人解除精神上的痛苦，学习和掌握各种生产和生活技能，使他们重新获得就业机会，为社会创造财富，从而实现残障人的社会价值。

此外，残障人在身体和精神方面的缺陷，致使他们与正常的社会生活产生一定程度的隔阂。对残障人来说，最可怕的不是身体方面的障碍，而是精神上的失落。我们的先贤认为，"哀莫大于心死"，世上最可悲的事情就是对生活失去兴趣和信心。但是著名心理学家阿德勒认为，"自卑感有时可以成为人们取得成就的主要推动力"。阿德勒最初把自卑感与身体的缺陷联系起来，认为有缺陷的人可能会通过努力来加强发展其他器官的机能以补偿缺陷。一种过渡补偿可以使一位残障人获得超出常人的发展，历史上这样的例子实在不少。恺撒大帝、罗斯福总统都是在战胜残疾的同时获得惊人的成就，中国的张海迪正是当代残障人的榜样，体育界下肢瘫痪的胡祖荣写出了《身体训练1400例》。由此看来，问题不在于是否具有生理缺陷，是否具有自卑感，关键是如何正确地对待自身的缺陷和自卑感。“逆境出英雄”倡导的正是坚韧不拔的生活品格和奋发向上的思想境界。休闲体育提倡的是一种健康而积极向上的生活。通过参加体育健身活动，不仅可以收到健身的效果，而且能够培养和提高自身的生活勇气、毅力和信心。“身残志坚”的人与“身全志残”的人相比，前者更配得上“强者”的称号。因此，本章力图通过对残障人休闲体育的介绍，促进残障人体育事业，使残障人在休闲体育的参与过程中，树立起热爱生活和创造生活的勇气和信心。

目前，我国针对正常人群的休闲体育研究较多，针对残障人和智力缺陷人群的休闲体育研究较少；即使对残障人体育的研究也是侧重于残障人竞技体育方面的研究，忽视对残障人休闲体育活动的研究。如何让这些弱势群体找到自己休闲体育的天空，本章对残障人的休闲体育进行了一些介绍和分析，这对于全面贯彻落实《全民健身计划纲要》，以及促进我国残疾人体育的发展有一定促进作用。

二、不同残障人群的休闲体育活动

根据最近的一项调查显示，大多数残障人对休闲体育的态度积极，迫切需要参与到休闲体育的群体活动中，但当前残障人面临的最大问题在于没有相应的休闲体育指导，绝大多数残疾人缺乏相应的科学健身、娱乐的知识和方法，所以，本章将着重介绍一些适合各种残障人群参与的休闲体育锻炼知识和方法，以供参考。

（一）盲人的休闲体育活动

1. 一般性体育活动

盲人可以参加多种体育活动，如游泳、田径、舞蹈、体操、骑马（双人，一人有视力）、双人自行车、摔跤等。

2. 功能性体育活动训练

（1）触觉训练

触觉是盲人感知周围世界的重要途径，触觉训练的方式有：

①用手触摸各种体育器材和设备，了解其形状、硬度及用途等；

②用手触摸他人的身体或某个部分，了解做某个动作时的身体姿势；

③用脚触摸地面，感知地面的光滑度和硬度，便于运动，如跑步至转弯处时，脚感知地面凸起和变硬，就会主动转弯跑步。用身体各个部位都可以起到触觉作用，以弥补视觉的缺陷。

（2）听觉训练

听觉是盲人感知外界事物最重要的器官，补偿作用最大。听觉训练主要采用声音信号引导盲人进行体育活动。从效果看，连续的声音比间歇的声音好；声源在正前方比后方为好，声源最好不要在侧方。听觉训练的方式：

①跟着正前方声音向前走或跑；

②辨别地上滚动的球的方向，并通过此项训练截住或踢到自己左右侧或正面滚过来的球；

③跟随铃声或其他声音在水中行走、游泳等。

（3）定向行走训练

了解自己在空间的位置，学会占有空间并合理地使用空间，对盲人非常重要。定向行走训练的方式：

①以长绳为引导线，盲人直线走或跑；

②在他人陪同下，在生活或学习地区内进行短距离的快乐散步，熟悉以后，盲人独立进行；

③教师站在某处，拍一下手，训练盲人找到教师；

④盲人滚出带音响的球，球停在某处后，盲人自己去找到这个球。

（二）聋人的休闲体育活动

聋人可以参加多种体育活动，但是强烈旋转、增大头颅内压的运动应尽量避免。

1. 反应动作练习

（1）看教师的手势做向各方向移动的动作。

（2）看不同颜色的卡片做出相应的动作。

（3）双人“影人跑”，学前面正常人的动作。

（4）看对方手势后，做出相反动作。

2. 协调性练习

（1）原地拍球，转身拍球。

（2）直臂拍球，用于接球，跳起接球。

（3）用单手拍球。

（4）各种“耍球”练习。

①两脚开立，绕两脚做“∞”字绕环球；

②并腿直腿坐，球经脚腿，在臀部绕环，分腿坐，再绕环；

③分腿站立，左右手互相传接球，或向上抛球后，双手击掌再接球。

（5）手指或抬平肘关节托住直立的木棍，可以原地踏步，也可以行进间做，使木棍不倒。

（6）坐姿双脚夹球，抛球自己用手接住。

（7）抛起球坐下后接住；或抛起球起立接住。

（8）左手或右手将静止的球拍起来。

3. 节奏感练习

（1）有节奏地跳跃：按教师的手势，匀速而准确地跳跃。节拍是1—2—3—4、5—6—7—8，先是几人手拉手练习，然后个人独立练习。

（2）分两组跳跃：一组按1—2—3—4节拍跳跃；另一组按5—6—7—8拍跳跃。先以手势指挥，以后去掉手势。

4. 平衡练习

（1）头顶轻物，臂侧平举，沿直（曲）线行走，轻物不掉下来。

（2）用球拍托球走或跑。

（3）单腿站立。

（4）前滚翻。

（5）平衡木上走或单腿站立等。

（6）蹦床上跳跃等。

（三）截肢人的休闲体育活动

截肢人可以参加田径、游泳、篮球、排球、乒乓球、舞蹈等多种体育活动。乘坐轮椅是下肢截肢人行动的主要方式，既可参加身体锻炼，又可参加体育竞赛。学习驾驶轮椅，应使轮椅与身体紧密地结合为一体。轮椅一般用手驱动前进和制动，就应当学会驱动、变向、转圈、上下坡和急停等技术在不同地面上行驶。老年人的轮椅后轮要大些，这样轮椅后倒时，扶手可以支在地上，上面乘坐者不致摔伤。截肢人要学会自己上轮椅。坐 10min 左右可用手支撑“站立”一段时间，一方面防止褥疮，一方面可促进血液循环，提高机体平衡能力。乘轮椅出发时，轮子要正，不要打横。起动时，要推大轮的辐条，移动 3～5m 时，再推小轮子；手轮处于髋关节水平部位为好，手用力要匀，不要突然发力。出发时，手在身体前边推辐条，否则轮椅前部翘起来。轮椅转弯时外面手的力量要大些，身体向内倾斜。手握推手轮不要太紧，较好的方法是推一压一。乘坐轮椅可以参加打篮球、乒乓球以及舞蹈、田径等项活动。

（四）截瘫人的休闲体育活动

截瘫是由于脊髓受伤所致。截瘫可导致肌肉逐渐萎缩，丧失有关的感觉和知觉、某些器官功能受损（如膀胱失控等）或失去某些活动能力等，严重的有生命危险。所以，外伤性截瘫者应积极早期进行抢救与合理治疗，加强护理工作，争取脊椎骨折、脱臼达到复位和脊髓功能早期最大限度地恢复。对脊髓功能未能得到恢复的人，应积极加强功能训练，开展康复活动，以促进麻痹肌肉的恢复，防止关节、韧带和附近肌腱粘连，保持肢体关节正常活动。体育是一种良好的康复手段，对于促进全身肢体的血液循环和正常新陈代谢、恢复机体及肢体功能有积极作用。对于截瘫人，体育具有更重要的作用。卧床初期，活动急剧减少，机体代谢能力降低，内脏功能减弱，严重影响健康，情绪烦躁，影响正常的心理。康复体育有以下主要作用：

1. 预防并发症

截瘫病人早期最常见的并发症有褥疮、泌尿道感染、肺炎和胸静脉栓塞等。其中，泌尿道感染对生命危害最大。截瘫病人早期的体育锻炼，有助于加强健康肌肉和麻痹肌肉的功能，增加腹压和腹肌的力量，排尿时借助于腹压而减少残存尿量，有利于避免泌尿道感染。

2. 保证肌肉正常的代谢活动

截瘫病人往往发生血管运动神经功能障碍，影响正常的血液循环，肢体容易浮肿。通过身体锻炼，能促进肢体肌肉群的血液循环，增加肌肉血液回流量，有利于排出肌肉代谢产物，防止水肿发生，保证肌肉正常的生理活动，维持一定的紧张度和收缩力量。

3. 早期锻炼可以防止关节粘连、韧带挛缩

身体锻炼增加了关节的活动，促进了关节周围组织的血液循环，加强新陈代谢，减少肌肉、韧带的互相粘连和水肿，并能使关节保持一定的灵活性和生理韧性，防止关节囊挛缩，保持关节正常的功能。

4. 防止肢体骨质疏松

肌肉和骨骼长期处于完全“放松”状态，易出现肌肉萎缩和骨质疏松，严重的可发生病理性骨折。身体锻炼可使骨骼和肌肉受到一定力量的牵张刺激，改善营养的供给，有利于调整体内生态平衡，防止钙质脱失，保持骨骼的正常结构及功能。

5. 增强工作和生活的信心

体质的康复与增强，良好心境的维持，人际交往的扩大，有利于增强对生活的乐趣、信心和勇气。截瘫病人体育活动以保持关节正常结构的功能为基本内容，例如经常变换体位、穿戴夹板、被动运动和牵引活动等。在下地活动之前，应在床上做体操（上肢主动性活动、下肢被动性活动）、床上坐起练习以及做“截瘫操”。对于截瘫病人，可做些适当的增强上、下肢和躯干的肌力练习，以恢复体力。到一定时期，可以做些基本的联合动作，例如扶床站立、靠墙站立、扶双杠站立、扶拐杖站立、自己站立。开始需有人照料，时间由5min逐渐延长，由双腿站立过渡到单腿站立。在站立的基础上，再练习行走，扶双杠站立后，轮换做两腿的提腿、抬腿、摆腿、左右转动骨盆。两手扶住双杠，练习移步行走。站在行走车内，一边用力移动下肢，一边带动行走车前进，车后边有一座位，可以休息。架拐杖行走后，由“四点步”过渡到“摆动步”。截瘫病人必须做一些发展练习，尽力做日常生活中力所能及的活动，这都有重要的康复保健作用。

（五）脑瘫人的休闲体育活动

脑瘫分为身体和精神上的障碍，轻者经过康复训练后，生活能够自理，严重者一生都需要监护。

脑瘫病人临床上分为痉挛型、强直型、手足徐动型、共济失调型四种类型。体育是脑瘫病人康复的重要内容。国外学者提出的14种疗法是：按摩；被动活动；助力活动；主动活动；抗阻活动；条件活动；混合活动；复合活动；休息；松弛；松弛位活动；平衡；吩咐患者做握、取、放物品等动作。

脑瘫病人的体育练习有以下基本内容：

1. 协训练习。练习时，不要有心理压力。

2. 走、跑练习。先练习增强踝关节肌肉韧带力量的动作；再沿直线行走（注意脚型正确），距离逐渐加长，然后过渡到能跑步。

3. 骑三轮车。脑瘫患者手能握把，要将脚固定在脚蹬子上，就能蹬车行进，直线或曲线均可。

4. 协调性和准确性练习。如摆放积木和插板练习；按照口令将手和足指向一定方向或放在一定的位置；向一定方向投球、踢球、滚球；与医务人员练接球、玩球、传球等。

5. 对于不能步行的患者，可以集体练习某些游戏性的动作，如在地板上滚圈；俯卧在垫子上成圆形，距离适当，互相传球等。还可以进行“球浴”（用许多颜色不同的小塑料球堆积到一起，患者在护理人员帮助下，在球堆中坐、爬或站）和“水浴”（用特制的浴盆，有人照料做各种肢体活动）。

（六）开展残障人休闲体育应注意的问题

1. 应根据残障人的身心状况，从实际出发开展残障人休闲体育活动，以促进他们身心健康发展。因此，应分析残障人的情况，选择合适的身体锻炼内容与方法，安排适宜的运动负荷，并应有医务监督与体格检查，以保证身体锻炼获得良好的效果。

2. 残障人不仅要通过身体锻炼增进健康，增强体质，而且应通过锻炼促进心情愉快，增强生活的乐趣和信心，促进人际交往，增进友谊。因此，选择锻炼的内容，除了个人活动，还应选择集体娱乐性的活动内容。

3. 残障人进行身体锻炼，仍应注意全面发展身体，尤其是对心肺等内脏器官和衰退的肢体要坚持经常锻炼。

4. 对精神性残障人的身体锻炼，应区别对待，研究选择适宜的锻炼内容与方法，不能采取同样的要求。

三、残障人群休闲体育项目介绍

休闲体育活动的项目有许多种类，其中哪些适合在残障人群中开展，如何进一步开发一些残障人喜爱的运动项目，是开展好残障人体育工作的重要环节。据国外研究显示，绝大多数正常人参加的休闲体育项目都可以在残障人群中推广。

目前，一些健身体操、舞蹈、气功、棋类、太极拳等活动幅度和活动量都不大的项目，普遍受到残障人的喜爱。各级政府、残联、体育部门和一些经营性体育活动场所，都应该在今后加大力度为广大残障人在参加体育活动项目的多样化上有更大的突破性发展。不可否认，绝大多数竞技体育项目都不太适合残障人参加，但在一定的条件下，有些项目也可以在残障人群中推广。视力残障人适宜参加的体育活动有健身操、棋类、田径、游泳、盲人门球、盲人乒乓球、柔道等。听力残障人适宜参加与健全人相同的体育活动，可推广的项目有篮球、排球、足球、乒乓球、网球、水球、田径、自行车、体操、游泳、射击等。肢残人根据残疾情况分为截肢和其他残疾、脊髓损伤、脑瘫 3 种类型。截肢和其他残障类型的肢残人适宜参加的体育活动有举重、健身操、棋类、田径、游泳、射箭、轮椅篮球、轮椅击剑、乒乓球、轮椅网球、射击排球。肌腱损伤类型的肢残人适宜参加的体育活动有健身操、棋类、田径、游泳、举重、射箭、轮椅、篮球、轮椅击剑、乒乓球、轮椅网球、射击等。脑瘫类型的肢残人适宜参加的体育活动有健身操、棋类、田径、游泳、乒乓球、射击、硬地滚球、轮椅网球。其中，竞赛项目为田径、游泳、乒乓球、硬地滚球、射击、轮椅网球。智力残障人可参加一些益智的运动项目，如地滚球、羽毛球、乒乓球、手球等。

下面介绍一些国外开展得比较好的、适合在残障人中推广的休闲体育项目：

（一）球类运动

1. 轮椅篮球

技术和体力的挑战，闪电般的速度，这些是轮椅篮球和普通篮球所共有的特点和魅力，也是它成为伤残人奥运会中最引人注目项目之一的原因。轮椅篮球对场地、球篮高度的要求和普通篮球一样，使得残障朋友更易于参与到此项活动当中。游戏规则上唯一的不同是每次传球前可以推两下轮椅。参加轮椅项目的残障人中每名成员依据残障情况有 1～4.5 分的不同积分，残障越严重，分数越低。每队的最高残障分数总和是 14 分。举例来说，胸椎截瘫为 1 分；腰椎截瘫或双下肢膝关节以上截肢为 3 分；单下肢膝关节下截肢为 4.5 分。所有参与者坐在灵敏度较高的轮椅上活动，而比赛规则也经过改良以配合坐在轮椅上运球前进，其他的规则与一般篮球运动相同。此项目很适合对团队活动有兴趣的残障人参加。

2. 轮椅网球

轮椅网球于20世纪70年代起源于美国，其后在国际上迅速发展，1992年在巴塞罗那伤残人奥运会上成为正式比赛项目。轮椅网球沿用一般网球的规则，唯一不同的是容许网球在自己场区内两次反弹。运动员必须有经诊断的行动残障才能够取得参赛的资格。伤残人奥运会比赛包括单打和双打。在伤残人奥运会之外，轮椅网球运动员可以参加世界各地的很多其他比赛。每年底，国际网球协会决定国际和各国的选手排名。参加者要学会灵活及快捷地控制轮椅的方法，利用灵敏度特强的运动轮椅在一般网球场上运动。

3. 盲人门球

门球是一项由盲人和其他视力残疾运动员参加的特殊运动。比赛在两队间进行，每队在场上有三名球员。为了避免有残余视力带来的优势，比赛时所有选手都必须用黑色眼罩遮住双目。门球所用的球中有发声器，不断发出声音，以便于盲人运动员依靠声音辨别球的方位。此外，比赛场地上有可以触揽的标记，这样运动员可以知道自己的位置。门球的规则十分简单，攻守两方各占场地两端，一方先掷，球必须在距离掷球方一端底线6m内接触地面一次，防守的一方则一般在球门前分散开来，用身体阻挡对方掷来的球。射门成功，攻方得1分。如果球被守方阻挡出界，双方则交换掷球权。

4. 地滚球

地滚球是西方国家根据残障人的特点开发出来的休闲体育项目，可分为站立组和轮椅组两种。前者可供上身截肢、痉挛及失明人士参与，后者适合下身截肢、瘫痪或小儿麻痹等残障人参加，此项运动在草地或室内运动场上进行。此项目十分讲究耐性及智力，特别适合严重痉挛人士。在一个12m×6m的范围内，坐在轮椅上向着指定目标抛掷软皮圆球或木制球，争取接近目标而获取胜利，而手部活动困难的残障人可利用辅助器材进行运动。

5. 乒乓球

乒乓球是我国的国球，在我国群众体育开展过程中拥有了良好的群众基础。在残障人乒乓球比赛中，分为站式比赛分级、坐式比赛分级以及公开级。乒乓球的魅力在于能锻炼人的机警、果断和顽强，能培养残疾人机智勇敢的作风，能满足他们永不服输的心理。

6. 台球

台球运动高雅清净，运动量小，很适合残障人的特点，它不仅能起到锻炼身体的作用，还能陶冶情操，平衡心理。打台球时，应神情宁静，聚精会神对准目标球，击球的一瞬间精神高度集中，脑子里没有任何杂念。当球被击中落袋后，感到很欣慰，真是执杆凝神似乐游，其乐融融。最近我国还开发出一种专门为四肢不全的残障人设计的一种台球，其技术要点是，在台球桌面的每个角上，装有击球器和定位器。击球时，将击球器抬至与桌面水平时，定位器将击球器固定后，射枪可在90°的扇面内水平移动，能将桌面上任何方向的球击中。击完球后，按动定位器，可将击球器放下，向下翻转，该角的球筐露出，供其他三人使用。该台球与正常台球有同样乐趣，极适合残障人休闲娱乐。

7. 沙壶球

沙壶球运动是一项要求集技巧、速度、力量变化性及竞争性于一体的休闲运动，分为技巧性和趣味性两种类型。随着全民健身运动的发展，这项趣味性很强的休闲运动在我国很多城市都蓬勃发展起来。沙壶球桌比较低矮，发球区就在球桌边缘，用力无须过猛，玩起来不会太吃力，也不会对身体造成任何的伤害。只需要把球推出，残障人即使坐在轮椅上也不会感觉到有任何的不便。因此，有条件的残障人可将此项目作为休闲娱乐的最佳选择。

8. 桌上足球

足球被称为“世界和平的使者”。它没有国界、体制、贫富之分，现在的足球运动已经演变为足球经济。桌上足球（又称 babyfoot）便是其中最有代表性的“间接足球运动”。由于桌上足球把激烈的足球运动凝固在方寸之间，下身截肢、瘫痪或小儿麻痹等残障人在有限的活动空间内就可以感受如同参加真正足球比赛的刺激和乐趣，尤其是用手中操作的队员把足球踢进对方大门的一刹那，成就感油然而生。

（二）周期性运动

1. 游泳

残障人游泳起源于理疗和康复，特别是截瘫和脊髓灰质炎患者，可以借助水中的浮力，克服肢体的受限，重享自由。游泳是伤残人奥运会中规模最大的几个项目之一，向各类级别残障人开放。为适应运动员的不同残障情况，伤残人运动会中的游冰规则和国际泳联的有所不同。比如，下肢残疾的运动员，预备的时候可以采用坐式，或者人在水中；如果上肢残缺，转身时不需要用残肢接触池壁，而可以用上身任何一部分。在盲人和其他视力残障运动员的比赛中，将游到泳池一端前，专门人员会发出声音信号，提醒他们需要准备转身。游泳适合一般肢体伤残和弱视人士。按个人能力可采用不同的泳姿，需要的话可依靠辅助器材。这项运动普遍受到残障人的欢迎。

2. 田径

田径锻炼可分成轮椅组、站立组。轮椅组适合下肢瘫痪、小儿麻痹、截肢等残障人，而站立组适合痉挛或失明人参与。各人可根据本身情况及爱好来选择学习项目，大部分项目皆需要改装器材来进行。

伤残人奥运会田径项目始于 1960 年的罗马残奥会，此后一直拥有最多的选手和观众。六十多年来的技术发展使残障人运动员在竞技场上不断创造出令人难以想象的成绩。田径比赛对所有残障类别的运动员开放，包括使用轮椅假肢和视力残疾的比赛，项目也在以周期性项目为主的径赛项目的基础上增加了田赛项目，其中包括跳高、眺远、三级跳远、铅球、铁饼、标枪等。

3. 自行车

速度和强烈的竞争是所有自行车赛共有的特点。自行车运动进入伤残人奥运会是近几届才开始的。20 世纪 80 年代初，视力残障的运动员最先开始自行车比赛，脑瘫和截肢运动员则在 1984 年进入此项比赛。1992 年前，这 3 个不同残障类型的比赛是分别举行的。从巴塞罗那伤残人奥运会比赛开始，所有自行车运动员在一起比赛。自行车的比赛项目分为个人和团体（各参赛国派出 3 名选手）两种。脑瘫运动员参赛时一般用普通的竞技自行车，个别比赛中则用三轮车，失明和视力残障的运动员参赛时和一名明眼运动员共骑一辆双人车，而截肢运动员则使用专门为他们改装的特殊赛车。

（三）其他活动

1. 马术

平衡、节奏，这些是马术比赛引人注目的特点。瘫痪、截肢、视力残障的运动员都可以参加伤残人奥运会中的马术项目。观众能观看到身有各类残障运动员表演的非凡技能，人马合一，表演花样马术中各种高难度的动作。伤残人奥运会的马术项目于 1996 年在亚特兰大残奥会上最先出现。个人花样马术比赛中人与马必须紧密配合，表演走步、小跑、慢跑等动作。由于比赛提供的是专用马匹，选手们必须在短短几天中建立起人马之间的默契配合。同时，很多运动员由于肢体的残障，无法用双腿给所乘马信号，因此他们需要根据自己的情况应用各类辅助工具。除了比赛外，近年来很多从事残障人康复工作的人发现骑马是一项对身体康复非常有益的活动，特别是对于患有脑瘫、脊椎裂等症的残疾儿童发展平衡机能有很大的帮助。用于康复的马术活动最先兴起于斯堪的那维亚半岛的瑞典、丹麦、挪威，到现在则在很多国家和地区都有了显著的发展。

2. 盲人柔道

柔道运动是更适合失明及弱视人作为锻炼娱乐的项目，这项运动完全按照健全人的运动方式进行。此项接触性运动有助失明或弱视人提高灵敏性及活动技巧，并且可强身健体。需要注意的是游戏或比赛场地必须设在有弹性的地板或台上。

3. 飞镖运动

飞镖运动是一项文明、高雅、时尚的体育运动。它起源于 15 世纪的英格兰，由士兵战斗间隙向树墩投掷标枪，逐渐演变成一种小型室内运动。飞镖运动在欧美及亚洲的许多国家和地区已经十分普及，每年都有多种不同的赛事。国家体育总局于 1999 年 5 月将飞镖运动列为我国正式开展的体育竞赛项目。我们在推动飞镖运动发展的同时，也应关注到社会上残障人。虽然他们的身体残疾，但他们和正常人一样有享受生活、拥有健康的权利和愿望。飞镖运动对体能、技能无特殊要求，大多数由于身体等条件不适宜从事其他运动项目的残障人，哪怕只有一只手或是坐在轮椅上，都可以参与到飞镖运动中来。我国已举办过残障人飞镖比赛，原残联主席邓朴方也出席了大赛。飞镖运动推崇的是“快乐体育”，即运动、快乐、健康的最新理念，将运动健身与休闲娱乐完美地结合在一起，可以使残障人在运动中感受快乐、在快乐中拥有健康。

4. 射击

射击运动对于下肢轻微残障的朋友来说是非常适合参加的一项静态活动。很多残障人在此项运动中甚至可与健全人同场比赛、切磋。射击有气步枪及气手枪两类，分站立和轮椅组。按个人能力及爱好选择气莱福枪或手枪，在符合规格的室内靶场进行活动。除轮椅组在器材规定上有所不同外，其他一切与健全人射击活动相同。此项目是讲求心、神合的静态活动。

5. 轮椅击剑

患有小儿麻痹、下肢瘫痪或截肢的残障人皆可参加，对头脑及身手灵活的人更具挑战性。运动时，参加者要坐在一张被固定的轮椅上进行，其他器材和规则与击剑运动相同。

6. 射箭

由于射箭运动讲究内省、静、定等功夫，长久的练习可以培养人刚强、坚韧不拔的精神，而且它不受体型和力量大小的限制，非常适合残障人参加。

7. 钓鱼

钓鱼是一项充满趣味、充满智能、充满活力、格调高雅、有益身心的文体活动。垂钓有静有动有乐，动静乐于一身，其乐无穷。钓鱼不仅仅是一种休闲，更是一种体育运动，对于残障人体力和脑力的恢复有其独特的功效。钓鱼的主要工具有竿、线、漂子、坠子、鱼钩以及其他附属工具如鱼护（装鱼用）、抄网（钓到大鱼时为防止提出水面时脱钩，可用抄网将鱼抄起）等。

第八章　球类休闲体育运动方法指导

第一节　高尔夫球

一、高尔夫球运动的起源与发展

高尔夫球是一项在世界上流行且极富魅力的体育运动项目。它开始是一种古老的贵族运动，不像篮球、足球等其他运动项目有准确的起源时间。事实上，关于高尔夫球运动的起源一直都是众说纷纭。其中，广为流传的说法是它起源于14、15世纪苏格兰的圣安德鲁斯，在那里至今还保存着与现代高尔夫球场相同的古老的高尔夫球场，迄今已经有500多年的历史了。高尔夫球的名称便是来自苏格兰的方言"Gouf"，为"击、打"的意思。在苏格兰，关于高尔夫球的起源有两种有趣的说法：

第一种说法认为，高尔夫球运动是苏格兰东海岸的渔夫发明的。渔夫们在打完鱼回家的途中，往往会随手捡起被海水带到岸边的浮枝枯木，朝路边的小圆石瞄准击打，并比赛看谁最先击中，谁击得最远。如果石头不慎滚进了羊群聚集的避难防护的小坑洞之类，且羊的脚蹄还会因踏入坑底的沙堆而骨折时，人们认为他们发现了第一个阻碍小圆石前进的障碍物沙坑。若石头碰巧又滚进了一个兔子窝之类的洞，他们便可能在此基础上发展出一个固定的球洞。这种游戏比赛渐渐发展普及，就形成了高尔夫球运动的雏形。

第二种说法则认为，高尔夫球的产生与荷兰人引进的一种叫"Het kolven"的运动有关。当时，苏格兰海滨具有很多优良的海港，并形成了许多繁华的贸易市场。圣安德鲁斯是当时比较繁华的城市，也是当时的基督教中心和贸易中心，这里聚集了很多来自世界各地的商队和船只。在此背景下，荷兰商人把这种运动带到了这里。圣安德鲁斯海滨优越的自然环境和天然地形——温和的气候、起伏绵延的小沙丘、细软的草地等，都大大促进了"Het kolven"的发展。这项运动很快流行开来，并逐渐向现代的高尔夫球运动演变，最终风行英伦大地。这种说法的依据之一是现在高尔夫球运动的很多术语都源于"Het kolven"这种运动。

17世纪，高尔夫球运动被欧洲人带到了美洲，19世纪20年代初传到亚洲，最后又传到非洲。时至今日，高尔夫球已经风靡世界各地，成为很多人熟悉和喜爱的体育运动。500多年来，高尔夫球一直保持着旺盛的生命力，不仅因为它是一种适合男女老少的全民运动，还在于它在现代体育个人比赛中的高额奖金。目前，在美同、日本、欧洲和南非等都有职业高尔夫球巡回赛，其中，英国公开赛、大师锦标赛、美网公开赛和PGA锦标赛是最为激烈的四大赛事。

二、高尔夫球运动技术

（一）高尔夫球运动的基本技术

高尔夫球的基本技术由握杆、球位、脚位、准备击球姿势、瞄球和击球等几个基本技术环节组成。学习高尔夫球应准确、全面地掌握各种基本技术环节的要领。

1. 握杆

（1）基本技术要领

握杆是指球员双手握住球杆的位置和方法，是最基本的动作。握杆的方法大致可以分为以下六种：重叠式、连锁式、十指式、倒逆连锁式、V字形握法和手指握法。

①重叠式握法

将左手掌贴于球杆握柄处，手背正对目标，使球杆握柄从食指的第二关节起斜向通过掌心。以小指、无名指和中指将球杆握在小鱼际和小拇指指根间，食指自然收拢握住球杆，拇指沿球杆握柄纵长自然伸出，压按在握柄正中稍偏右侧，拇指与食指指根形成“V”形，其尖端指向颈部右侧与右肩之间，右手掌张开，掌心朝向目标方向，紧贴在球杆握柄的右侧，使握杆的纵长从食指第二关节开始通过中指与无名指指根，小指勾搭在左手的食指与中指间隙上，手指收拢。握住球杆，食指呈钩状弯曲，大鱼际包在左手拇指上，拇指与食指指根形成“V”形，其尖端指向颈部右侧，这种握法被普遍使用，见图8-1。

②连锁式握法

左手手型同重叠式。握杆时，右手的小指插入左手食指与中指之间，与左手食指勾锁在一起。其特点是两手连锁在一起，容易产生一体感，且有利于发挥右手力量，但掌握不好会使左手食指翘起，反而破坏双手的整体感。此握法主要适用于手掌较小或力量较差的女球手，见图8-2。

③倒逆连锁式

实际上这是使用拨推杆时的拿用握杆方法。先用右手五指握杆，然后再把左手食指重叠在上面，见图8-3。

图8-1

图8-2

图8-3

（2）检验方法

掌握一些检验握杆姿势正确与否的方法，会有利于减少形成动作定型的训练时间。

①握住球杆来回挥动几次后，检查一下双手握杆的力量，即左手的力量是否用在中指、无名指、小指上，右手力量是否用在中指和无名指上。

②握杆轻挥后，看能否能感觉到杆头的重量。

2. 球位与脚位

（1）球位

球位指球手在做好准备击球姿势时，高尔夫球被击出前所处的位置。脚位与球杆、球位的关系为：球手握好球杆站在击球位置上，左脚固定不动，球位放在靠近左脚的位置，球杆越短，双脚之间的距离越窄，离球也越近，见图 8-4。

要求：

①球与身体的前后距离：面对球，左肩对准目标方向，握好球杆，双臂自然下垂，上臂贴近胸部，杆头自然贴近球。

②球与双脚的距离：一般双脚间的距离以不超过双肩宽为原则。初学者应使用 5 号铁杆练习，两脚站位稍窄于肩，将球置于双脚正前方中间，这样较易掌握击球点。以左脚跟为基准，使用 1 号木杆，把球放在左脚跟的延长线上，两脚站位略比肩宽。球杆越短，球位越向右脚方向移。使用推杆时，球位应完全在两脚之间的中心点上。

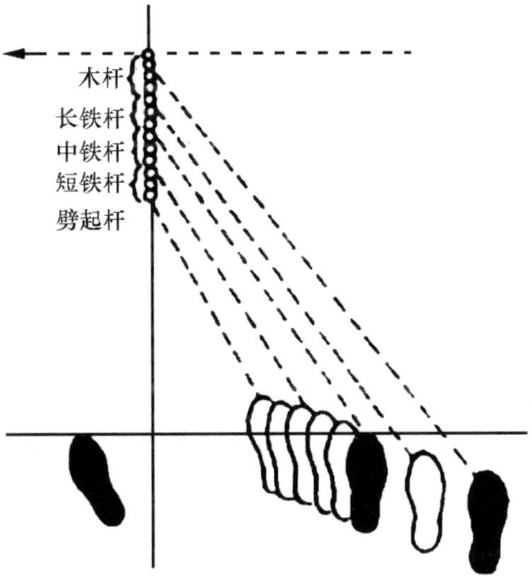

图 8-4

（2）脚位

脚位是指球员准备击球时两脚站立的位置。脚位一般有以下几种：正脚位、开脚位和闭脚位。

①正脚位

正脚位指球手两脚尖连线与准备击球路线平行的站位方式。采用此脚位，球手的腰、肩、手均与目标线成平行状态，它适用于任何一种球杆。同时，全力击球时，无论使用哪一种球杆，均可采用正脚位，见图 8-5。

②步开脚位

步开脚位指球手左脚略后于右脚的站位方式。当球杆杆面正对击球方向进行挥杆时，采用这种站位容易造成引杆时左肩不易向内扭转，而在下挥杆和顺摆动作时身体容易打开形成由外向内的挥杆轨迹，导致右曲球。该脚位，一般适用于短铁杆击高球或有意打右曲球，见图 8-6。

③闭脚位

闭脚位指球手右脚略后于左脚的站位方式。采用这种站位时，两脚脚尖的线朝向目标的右侧，引杆时左肩能够充分向内回旋，但容易造成由外向内的挥杆轨迹，产生左曲球。同时，对下挥杆击球时身体的回旋也不利。该脚位，一般适用于木杆开球、在球道上击远球或有意打左曲球，见图 8-7。

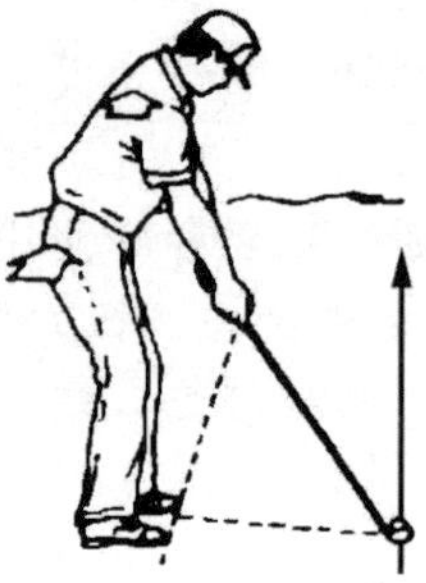

图 8-5

图 8-6

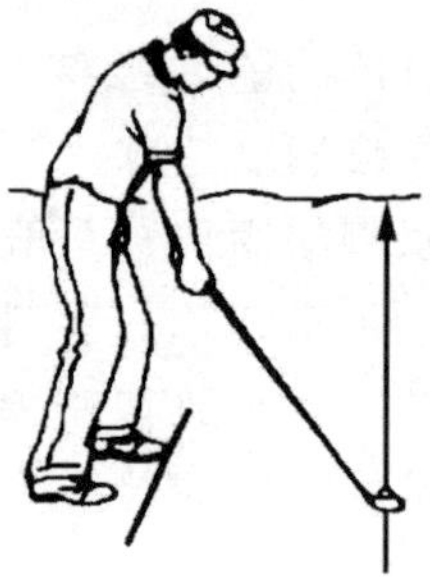

图 8-7

（3）练习注意事项

初学者在练习时，应注意以下几点：

①调整适宜的双脚间距离来击球。一般双脚间的距离不会超过肩宽，身体重心要均匀地落在两脚之间。根据不同的球杆及击球目的，随时调整两脚间的距离。

②注意脚位的同时，要注意脚位与球的飞行路线平行。练习时要时刻注意身体各部位，如双脚趾端、两膝以及两肩之间的连线都尽量与球的飞行路线保持平行。

无论是练习还是比赛，情况的变化都是多种多样的，运动员除了要掌握一些基本要领和一些注意事项外，还要善于观察、认真分析、仔细揣摩技术。这同时也是技术不断提高的一个重要前提。

3. 准备击球姿势

准备击球姿势是指握好球杆后准备击球时，身体各部位所处的正确位置。

（1）基本技术要领

握杆动作完成后，双手自然前伸，球杆头部轻轻着地，两脚间距与肩同宽，身体呈自然状态站立，头自然略向下俯视，以恰好看到杆头为好，双膝关节稍弯曲，身体左侧朝向球道和果岭，身体重心落在两脚上。

（2）练习注意事项

换杆时的动作要稳定。由于击球时需要经常更换球杆，而各球杆的击球动作会有一些细小的感觉变化，因此换杆后会经常出现一些动作变形。如长杆换短杆击球，一杆击完后换成短杆再击球时，就会因担心击不到球而躬起身体，造成身体上部向前弯曲，无法自由地转动身体击球，从而影响击球质量。这时要注意：

①无论用长杆还是短杆击球，都要保持身体前倾角度。用多种长度的球杆进行反复击球练习，直到形成动作定型为止。

②提起杆头，看是否能感觉到杆头的重量，使手部、肩部成为一个整体。

4. 击球

击球动作分解为瞄准和击球两个环节，其中击球又分解为引杆、下挥杆、触击球和跟杆四个环节。

（1）瞄准

瞄准的基本要点是杆面要正对目标，然后根据杆面的位置调整身体、站位以及其他各部分的位置。瞄准中最常见的一个问题是两脚尖的连线指向目标，而不是杆面正对目标，这样就造成站位过于封闭。正确的姿势是：两脚尖的连线要与球和目标的连线保持平行。球手要站在球后，平行地伸出双臂。其中右臂、球在一条直线上，球和目标在一条直线上，这也就是目标方向线，然后把一支球杆放在地上标出目标线的方向，将手中球杆的击球面对准球，才是正确的姿势。

（2）击球

击球是指将球击出的连贯动作。无论使用什么球杆，挥杆击球的动作只有一种。挥杆的轨迹是一个较为均匀的大圆弧。

①引杆

引杆是指将杆头从击球准备时的状态开始，向身体后上方摆动的动作。引杆包括后引和上挥两个动作部分，其目的是使球手获得最有利的肌肉工作状态。正确的引杆动作应是保持挥杆时身体纵轴的稳定。身体像卷线轴一样，平稳地扭转，手臂动作舒展、缓慢。在引杆动作的最后有一个制动。“制动点”正是引杆结束进入下挥杆的分界线。

后引时，应将杆面瞄准球的后方，使左臂与球杆成为一个整体，不要屈腕、屈肘，保持两臂与肩构成三角形，向球正后方引杆 30cm 左右，自然后引时头和肩都不要动，体重由左向右移动，同时上体向右后充分转动，使身体形成扭转拉紧状态。后引动作结束时，有的球手右腿较直，身体重心略高，有的球手右腿弯曲，身体重心较低，这要根据球手的特点而定。

从引杆动作的整体来看，上挥和后引之间没有任何停顿。后引是上挥的开始，上挥是后引的延续。上挥时，继续保持肩与两臂构成的子角形，左肩向右转动。以杆头带动两臂，左臂伸直，右上臂基本保持固定，右腋夹住。头颈部与脊柱保持一体，两眼注视球，下颌抬起稍向右倾，左肩最终旋转至下颌的下方。胸部对着目标相反方向，左肘关节微屈，右肘屈曲到最大限度，重心从两脚间移到右脚外侧，右膝伸直，左膝向右屈，左脚跟稍离地面，手腕弯曲，握牢球杆，球杆的杆身基本与地面平行。上挥球杆达到最高点时，背部朝向目标，上身较髋部侧转更大。

②下挥杆

下挥杆是指球杆上挥到顶点时，稍做制动，即开始向下挥杆动作。下挥时，使重心有意识地移到左脚，左膝在下挥动作时基本保持伸直。左腿用力支撑，为右腿的蹬地送髋创造条件。随着手臂向下挥杆，臀部要快节奏地转向上挥前准备击球时的姿势，借助臀部旋转产生的力量带动手臂来增加击球的力量。此时右腿的用力推动了髋部的移动，髋部的移动和领先又拉紧了右大腿的内收肌群和股四头肌，使之更有效地推动了髋部；腰部做向击球准备时的状态复原扭转；左肩也在下肢及腰部的作用下，自然向左转动，带动在引杆上挥时被拉伸的左臂作为杠杆向下拉引球杆，在身体重心转移到左脚的同时，右肘应到达右髋处，这时杆头仍然被留在后面。

③击球

击球动作是下挥杆的组成部分，是指运用杆头的重量及其运行速度，下挥杆使球向前运行的技术。它只是完整挥杆动作轨迹中的一点。挥杆击球应是球杆杆头通过球，而不是打向球。下挥时，保持手腕弯曲状态，至离球30cm的击球区，才突然甩腕。恰好在两臂位置到达击球准备姿势时，球杆的杆头以最快的速度到达挥杆轨迹的最低点——球的位置，使杆头面触球的瞬间产生极大的冲击力将球击出。击球过程中注意头部应保持固定不动，眼睛注视球。击球时，必须击在球背的正中部位，球才能向正前方飞去。如果击球顶部，球将被击到地下，出现地滚球；而击到球背侧面，球将飞向球道两侧某一方。

④顺摆动作

顺摆动作指击出球后球杆杆头继续向击球方向挥动的过程。顺摆动作是触球动作的延续，由于惯性，触球后球杆必须顺势挥动。触球后，身体重心逐步过渡到完全由左腿支撑，右踵提起，右膝向左膝靠拢，在右脚的推动下，腰部继续向左转动，身体仍绕轴心转动。在杆头的带动下，右臂逐渐伸直，右肩逐渐对准击出球的方向，杆头向目标方向大幅度挥出。在这个过程中头部始终保持不动，两眼注视击球前球的位置。

⑤结束动作

结束动作是整个挥杆击球过程的终点，它并不是刻意做出来的，而是正确、流畅而有节奏地挥杆的自然结果。顺摆动作充分时，右臂继续带动右肩向下颌下方转动，杆头向左后上方运动；右臂保持伸直，左腋夹住，左臂肘部随着右臂的向上运动而向上弯曲，腰和肩向左转动，身体重量全部由左腿承担，左膝保持固定，左足支撑体重部位由足内侧向足跟部外侧转移。在臂到达右肩平直高度时，头部才随着转动轴转向目标方向，两眼注视飞行中的球。

（3）练习主要事项

①找准转动轴。高尔夫球是利用离心力来击球的，那么，击球动作的转动轴就是人身体的背部。

②切忌身体摆动。身体摆动会减弱转动的速度，从而降低击球的力度。

（二）高尔夫球球杆的应用技巧

球杆的长短将决定挥杆轨迹的长短，球杆杆头角将决定球的飞行轨迹的高低。因此，如何应用高尔夫球杆对于高尔夫球球手来讲是至关重要的。

1. 木杆的应用

（1）1号木杆

1号木杆最长，杆面与地面垂线的夹角最小，在所有球杆中用它击的球是最远的，一般在发球时都会选用它。1号木杆的材质、挥杆技术的发挥与球手的力量是影响球手开球打出好成绩的三个重要的因素。由此可见，1号木杆对球手获得好成绩具有重要作用。使用1号木杆应注意以下几点：

①做击球准备姿势时，球手两脚站位距离稍宽于肩，握杆须正确，瞄球时要保证杆头的边缘垂直朝向目标线，双脚、双肩、臀部、膝部均与目标线平行。

②挥杆时动作要充分，幅度要大，这样能加大引杆的距离。引杆时，身体转动须充分，双臂和肩要成三角形，并且要保持稳定，左臂和球杆成一体化。

③选择球位在左脚跟内侧的前方，挥杆的最低点应在球的后面。发球时，一般以球高出球杆杆面的上缘半个球为宜（图 8-8）。球架起的高度应考虑个人特点、球的飞行高度及风向等因素。

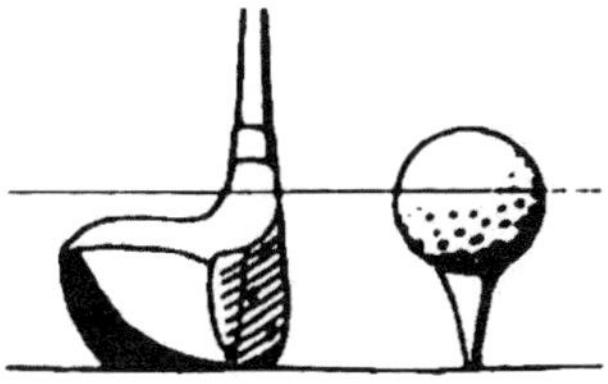

图 8-8

但是，由于杆头小就不容易控制击球的准确性，如果没有经过专门训练，用 1 号木杆开球常常会失误。因此，对于初学者来说，最好不要选用 1 号木杆来学开球。

（2）球道木杆

球道木杆是指 2 号木杆、3 号木杆、4 号木杆和 5 号木杆。球道木杆因主要在球道上使用而得名，一般用来击打地面或沙上的球，既有距离，又有准确性。在高草区或球位置状态较好时也常常使用。

使用球道木杆击球时，两脚站位距离稍窄于 1 号木杆的站位，球位不变，仍然位于左脚跟内侧线上，但右脚稍向左脚方向移动。引杆动作要放松，注意节奏，引杆到顶点时球杆的位置与 1 号木杆略有不同，球杆与地面要有一定角度。在下挥杆时，要保持流畅的节奏，要以扫击球的感受将杆头扫过球位，杆头几乎贴着地面向球的飞行方向低而长地滑行而过，而不是砸向球或向上撩球。

不同号码的球杆具有不同的性能，击出球的距离和飞行高度也就各不相同。2 号木杆，全长 106.7cm，重 378.8g，杆头角 14°，杆柄角 57°。由于 2 号木杆的杆面有些倾斜，从而在向下击球时倾斜的杆面就能够增加接触球的面积，大大提高对球击打的成功率。因此，对于业余选手或初学者来说，通常是选用 2 号木杆来学开球。

2. 在复杂情况下，木杆的应用和远距离击球

（1）飞越树障碍

一般高尔夫球场会设置很多障碍，以考验球手的技战术和心理素质，其中树林就是障碍之一。有时在通往果岭的必经之路上，正好有几棵或一棵大树挡道，因此，运用正确的球杆和击球方法使球越过或绕过大树而更接近球洞，是每个球手都想做到的。高尔夫球运动的魅力也正通过克服这些障碍得以充分展现。

①使球飞越大树

当大树在击出球弹道的高点区时，可采用飞越大树的打法。所用的球杆，要根据球距果岭的距离、大树距球的距离、大树的高度以及所占的空间等因素选择，一般选用球道木杆、劈起杆或沙坑杆。

在准备击球时，有意使身体左侧低一些，而右侧高一些，上挥时较早做屈腕动作，下挥后要充分前送，高举杆头。这种姿势挥杆，杆头击球面下挥到最低点后向上运动时最容易击到球，球会很快地被击向空中。注意身体姿势和杆头的程度，要根据树的高度和击球点到果岭的距离进行调整。

②使球绕过大树

如果认为击球飞越大树很困难，也可以用打左曲球或右曲球的办法，使球绕过大树。一般来讲，打右曲球采用开脚位，杆头面对正大树，瞄准大树左侧，上挥时，从目标线的外侧开始，手的动作要陡直，下挥触球时球杆由外向内擦击球，使球产生右旋，球就能飞出右曲线，绕过大树（图 8-9），而打左曲球采用闭脚位，触球时由内向外擦击球。

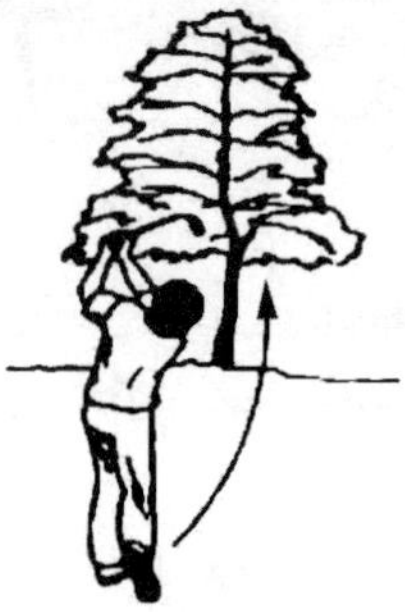

图 8-9

（2）风中打击球

打高尔夫球一般风雨无阻（除非下太大的雨或打雷、闪电），在风中打球技术性较强。在各种不利天气条件下较好地发挥技术，是一位优秀的高尔夫球手应具备的基本素质。

①逆风中击球

打球时如果遇到逆风，不仅会减少球的飞行距离，而且在打出左曲球或右曲球时会加剧球的偏移。如逆风大时，轻度左曲球也许会变成一个明显的左曲球。一般风在低处地面要比在高处弱，如风速在低处为每小时 15km，而在 30m 高处风速可能会加快一倍。反之，低而平的球的飞行轨迹，受风的影响较小。逆风击球时，选用球杆不要用平常开球的 1 号小杆，最好选用 3 号木杆，故意缩短球的飞行距离，因为在逆风情况下，用 1 号木杆风险较大，击出的球会有一些弯曲，容易脱离球道区域陷入障碍区，而 3 号木杆虽缩短了距离，却能够控制球路。在开球区上发球时，球座应比平时插得低些并稍向前倾，球位比平时更靠近两脚中央。引杆和上杆的速度较平时要有意放慢一些，注意控制杆头方向，避免过分用力，要特别注意动作流畅，多向前送。在球道上打逆风球时，要根据情况选择较大号的球杆，挥杆时注意保持动作的平衡和节奏，不要过分用力挥杆。

②顺风中击球

顺风可以延长球的飞行距离，比平时小一号的球杆亦可打出同样的距离，因此发球时原用 1 号木杆，在此情况下可选用 2 号或 3 号木杆，增大杆面角度较大，以便把球的弹道打高，较好地借助有力的风势。但要注意，球虽然可以借着风势飞行，但球不容易产生旋转，稳定性难以控制，特别是中距离球，很难掌握好落点，有时会偏离飞行方向。针对此，击球时应充分挥杆，动作准确利落，以打击比风力更强的旋转球，才能使球落点准确。

在开球区发球时，球座应比平时插得高一些，并稍向后倾斜，以保证杆头下挥到最低点向上运动时能击中球。准备击球时，球位略靠近左脚方向。在球道上击球时如果把球位从正常位置后移，下挥击球时略早些，还可打出准确度很高的低弹道球。

3. 铁杆的应用

铁杆有长铁杆、中铁杆、短铁杆和特殊短铁杆四种。铁杆的准确性比木杆高，且球杆越短，准确性越高，也就是说，杆号越大，准确度也就越高。每根铁杆的长度、重量、杆面的杆头角都各不相同，因此，每根铁杆击球的弧度和距离也有所不同。铁杆还有一个显著的特点，即每根铁杆的重心都不同，近距离铁杆的重量集中在杆头的底缘，而远距离铁杆的重量则集中在杆头的背部，能帮助振杆和击球。

（1）长铁杆

长铁杆包括 2 号、3 号、4 号铁杆。1 号铁杆最难掌握，很少被应用。

一般情况下，铁杆的号码越大，杆头角越大，击出球的倒旋就越强，这意味着击出的球飞得越高，飞行距离则越短。同样，铁杆号码越大，杆颈越短，振杆幅度越小，击球的力量就小，球飞行的距离就越短。相反，铁杆的号码越小，杆头角越小，球飞行的距离也就越远。在使用长铁杆时，不能因为杆面倾斜角较小，杆身长，就产生猛打的念头，正确使用长铁杆的关键是保持流畅的节奏，不能用蛮力。

选用长铁杆挥杆击球时，站位的重心要均匀地分布在两腿上，基本保持 5∶5 的比例，这样可以防止向下砸击球的错误，从而保持圆滑流畅的挥杆轨迹。

（2）中铁杆

中铁杆是指 5 号、6 号、7 号铁杆。它是铁杆中使用最频繁的球杆。用其击球的目的一方面是为了将球打远，另一方面是为了将球打上果岭或瞄准目标。如 5 号铁杆可以用来击打中距离的球或果岭的高远球，7 号铁杆可以用来打劈起球和起波球。

在使用中铁杆击球时，随着球杆的增长，球手站位宽度逐渐加大，球位也逐渐远离身体。瞄球时，要从球的正后方看球，如果像使用 1 号木杆时那样稍从右后上方向下斜视的话，就容易导致体重落到右足，使挥杆节奏受到影响。为了提高击球的准确度，引杆动作的幅度不宜太大，挥杆节奏要轻松自如，没有必要拼尽全力。为了避免全力击球的情况出现，应留有余地选用中铁杆。例如，使用 6 号铁杆最大飞行距离是 140m，在实际距离是 140m 时，就可以选用 5 号铁杆轻松地击打，而不必拘泥于球杆必须和距离对号。

挥杆过程中不要过分和过早地使用手腕，要求动作放松并不是要求握杆松懈。后引杆时，过早使用右腕会影响击球的方向性。握杆要紧，一定要保持左手的中指、无名指和小指紧紧地握住球杆，避免因手腕松懈而使右臂、右腕过早地积极工作，导致击球失误。

（3）短铁杆

短铁杆是指 8 号和 9 号铁杆。它主要强调球的飞行方向和距离的准确性，击打短距离球。短铁杆主要用来打劈起球、沙坑球或在非常粗糙的地带使用。

使用短铁杆时，一般采用开立的脚位，重心主要在左侧支撑上。球位的选择不要远离身体，否则会使两腋架空，挥杆动作无法稳定。上引杆动作与一般挥杆动作基本相同，开始时，两肩和两臂构成三角形，使杆头向飞行方向的正后方引出 20～30cm，然后上举。下挥杆时，左半身领先，动作紧凑协调；结束动作后的两手位置与挥杆顶点的位置基本对称。

4. 推杆的应用

推杆是球在果岭洞区附近使用的特殊球杆。也就是说，推杆是最终用于击球入洞的球杆。

推杆的技术包括握杆、击球准备姿势、瞄准、推拨、送杆动作。握杆方法有反叠搭式握法、叠搭式握法、自然式握法、反手式握法四种。站位主要采用正脚位和开脚位两种。

（1）推杆击球的手法

①拨击式

拨击式推杆瞄球时，球位在两脚趾间偏向左脚，左肩在球的正上方。两臂贴近身体，球杆放在球的后面，与推击线呈直角。上引杆幅度小，轨迹应略带弧线，左手臂锁定弯曲角度，挥杆时手腕要固定，注意挥杆节奏，下挥击球要加速，稳定而自信，左手引导下杆动作，右手在后辅助向前推。击球送杆时，头部保持不动，两眼不能过早地跟踪球的方向。在整个推杆过程中，手与肩始终保持着倒悬的三角形形状。

②叩击式

叩击式推杆是一种主要用手腕驱动球杆将球敲击出去的方法，不易掌握，采用较少。

推杆的种类多种多样，最常见的有T形、L形、镰刀形和鹅颈形等。T形杆因为杆身与杆头的中部相接，较易于确定方向；L形推杆与铁杆的形状相似，易于掌握，但是杆面容易出现开放或封闭的错误；镰刀形推杆杆头较重，球易于滚动。选择使用推杆最为关键的是推杆的长度和重量一定要与自己的身高、推杆使用的方法和打球的习惯相适应，只要使用起来能得心应手就行。否则，再昂贵、再花样的推杆也只能是华而不实。

推杆的使用不同于其他球杆，击球方法和动作与其他球杆的使用有很大区别，而且又因人而异，握杆、站位、击球可以因各人所好，采用不同的方式，故有“推杆无定式”的说法，也就是说使用推杆不必千人一律。

（2）推杆击球方法

①长推

这是一杆将球推得尽量靠近洞边的击球方法，目的是为下一个一杆进球创造良好的机会。长推的站位较宽并稍高，以便更好地瞄准球线。挥杆摆动的幅度大而流畅，用力轻而柔和，节奏协调。握杆稍轻，用肩部和手臂挥杆，手腕保持不动，头和身体也同样相对静止。挥杆时杆头像钟摆一样运动，即杆头路径是一个两头向上翘的弯曲的弧线，最主要的是要稳定击球，并让球有一个良好的滚动。

②短推

这是离洞10步以内或者更短距离的击球方法，目的是一杆进洞得分。短推的站位必须紧凑，较长推要窄，身体要低，腰部以上稍前倾，双脚稍靠前，利用手和手腕的小块肌肉带动球杆运动，并与肩部和手臂相对微小的动作结合起来。短推最为重要的是准确，所以确定瞄准的目标线就显得非常关键，通常是在击球的目标线上。球的前方几寸处确定一个点，并将注意力集中于此，然后推杆击球，使球穿过它。这个方法对于初学者或业余选手来讲颇为实用有效。

（3）下斜坡与上斜坡的推杆方法

①下斜坡拨推杆方法

当球洞在下坡，距离球洞15m左右时，要将球拨推进洞或洞口附近，瞄准时不应是对着球洞，而是一条预测好的行球路线。如果球洞在左边，那么行球路线是一条左曲线，要想击球到洞口，就必须在靠左边的曲线上选定两个目标，其中一个是在球洞与击球位置的中间，另一个则是在球完全失速后忽然改变方向的那个点上。行球路线一定要通过这两个点。要想让球经过这两个点，杆头击球面必须朝向线的左边，而身体的方向必须跟杆头击球面的方向呈直角。这样，瞄准洞左边的那一个点击球，球击出后就会朝向那点慢慢地右弯而进洞（图 8-10）。

②上斜坡拨推杆方法

当球洞位于斜坡之上时，推直线球很难使球入洞。只有使行球路线为曲线，球才可能被击入洞。打左曲线要把球置于右侧，打右曲线要把球置于左侧，而且曲线一定要从球洞上方通过。如果球脱离了路线，容易返回。若曲线向球洞下方溜过去，则要改变行球路线（图 8-11）。

图 8-10

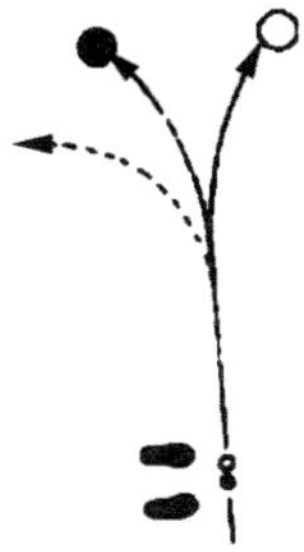

图 8-11

第二节 台球

台球也叫桌球、弹子球、撞球，起源于欧洲。它是一种用球杆在台上击球，依靠计算得分确定比赛胜负的室内娱乐体育项目。

一、台球运动的起源与发展

台球是一项高雅的室内体育运动，历来以高尚、文雅、娱乐性被人称道，需要智力与体力相结合。台球既有激烈的竞争性，又有很高的艺术性。其中还包含有深奥的物理学、几何学知识。

关于台球的起源。历史记载较少，确切的时间、地点都无从考证。据记载，早在 15 世纪的法国已出现“台球”这个名称，英国詹姆斯一世执政期间（1603—1625 年），在他的宫廷已出现早期的台球。18 世纪台球运动开始逐渐完善，到 19 世纪，英国人杰克·卡尔首创出用来擦杆头的巧克粉，并开创了英式打法。至今，斯诺克是国际上最有影响力的台球运动。

在 14 世纪，英国的英格兰维多利亚女王时代，台球活动非常受人们的重视，在一些富豪家庭里，不仅有豪华讲究的台球间，而且在进行打球活动时，还有严格的活动礼节，有的规定至今仍在沿用。如在打球时，有客人来，必须轻轻开门入室，不得高声谈话或喧哗，以免影响打球人的冷静思考。又如，在打球时，可以要求对方不要正面对着自己或靠近自己站立、不允许随便挥舞球杆等不文明的举动等。台球是一种高雅的活动，现在台球厅也都有类似的不许高声喧哗和吸烟等明文规定。

1510 年台球出现在法国，法国国王路易十四在凡尔赛宫玩的台球是“单个球”，在桌上放一个用象牙做的拱门和一根象牙立柱叫“王”，用勺形棒来打球，把球打进门或碰到柱上便可得分。

到了19世纪初，台球运动开始走向成熟阶段，在技术提高的同时，设备用具也随之发展，许多大大小小的改进和发明不断涌现。

美国的台球运动，是西班牙人于1504年经佛罗里达州传入的。1607年，英国人又把台球带到弗吉尼亚州。1690年移居南卡罗来纳的法国人也将台球运动带到美国。当时虽然多方面的人把台球运动传入美国，但台球运动并没有很快得到发展，直到1866年以后才逐渐盛行起来。经过多年的研究发展，直到19世纪，美国对台球技术、比赛方法和规则等方面，做出重大的改进和完善，才使美式台球与法式台球、英式台球并驾齐驱。

台球最早传到亚洲的国家是印度和泰国，后来是日本，传入中国是在19世纪清朝末期。租界地和北京、上海、广州、哈尔滨等几大城市中有私人开办小规模的台球厅室，只有几张球台。台球传入中国较晚，距今还不到一百年。1960年曾在北京举办了中华人民共和国的第一次全国台球锦标赛，但当时的比赛项目是三球落袋式与四球撞击两种。直到20世纪80年代，英式斯诺克和美式台球才在中国得到普及。

关于台球运动组织的建立，最早的国家是英国，于1885年由业余与职业球手组成了台球协会，并制定了第一套正式的比赛规则。1908年又由对立的一方组成了台球管理俱乐部。1919年，台球协会和台球管理俱乐部达成合并协议，组建了英式台球和斯诺克台球的最高组织——台球联合会，主持了两种台球的比赛和制定规则。

1940年，世界台球联盟成立。这是国际台球活动的组织机构，总部设在比利时的首都布鲁塞尔，行政中心设在西班牙的巴塞罗那。世界台球联盟负责世界性的台球比赛，同时在全世界许多国家开展台球活动，并建立台球协会。截至目前，加入世界台球联盟的国家已有30多个，都是该联盟的会员国。

1948年，美国台球协会成立。这是美国各种台球运动的最高统辖机构，会址设在芝加哥。1965年该协会又设立了一座台球名馆，保存台球史上的重要资料及杰出人物的光荣纪录。

二、台球运动基本技术

（一）身体姿势和握杆方法

1. 身体姿势

身体要面向所击的主球与目标球。如果是右手持杆，则左脚稍靠前，右脚稍后，两脚之间形成50°左右的夹角，站成八字步，也可站成丁字步，侧身向球台，左脚前，右脚后，两脚之间自然形成一个80°左右的夹角。

击球时，要全身放松，只在击球一瞬间才用力，两脚占有宽度与肩齐宽。身体要正面面向球台，击球时弯身向前俯，全身的重量要压在脚上，而绝不能压在手上，这样会影响击球。

2. 握杆方法

握杆时，要握牢球杆，不使球杆滑动，但又要使手处于松弛状态，这样击球才有力量，才有弹性。

最佳的握杆位置由球杆的重心位置、击球的力量和被击主球的位置这几个因素所决定。

一般球杆的重心位置在杆尾1/4～1/3处，凭手感大约可以估计出来。重心的测量方法：伸直左手或右手的食指，将球杆摆在食指上，然后慢慢调整球杆位置，能使球杆平衡的那一点即是球杆的重心位置。找到重心后，握杆的位置就可以确定了，一般是离重心向杆尾一端的6～9cm。击打不同位置的球时，握杆位置也要适当变化。

（二）击球动作结构与方法

任何一种体育运动均有它特定的动作结构，台球运动亦如此，它的运动结构由瞄准、架杆、运杆、出杆击球和随势跟进构成。

1. 瞄准

瞄准方法，是任何一位台球选手在击球开始前都必须做的。一般来说，在击球前首先要做的事是走到目标球附近，看看目标球的下球行进路线，再看一下目标球的下球击点，并确定瞄准点，最后需要做的就是去击打主球，来完成击目标球落袋的要求。

（1）口标球线路的确定

①确定目标球进哪个袋更为有利。

②确定目标球的中心点和袋口中心呈一条直线，且没有其他影响，致使整个球体顺利进袋。

（2）目标球击点的确定

①在确定了目标球下球线路后，即可确定目标球的击点。

②由目标球所对的球袋中心，经过目标球中心点延长，这条线与目标球球体外缘相交，这个相交点便是目标球的击球点。

（3）瞄准点的确定

①目标球上的击点确定后，接下来便是要确定目标球的瞄准点。

②从目标球的击点向后再量出一段与球体半径相等的长度。这个半径长度的最远点，就是瞄准点。

（4）撞击目标球

在准备击目标球入袋前，眼睛可在主球和目标球之间瞄视，以确定预想好的下球点，在最后出杆时眼睛应看着目标球。

2. 架杆

架杆就是用手给球杆一个稳定支撑和对杆头在主球的击球点进行调节的姿势，架杆是打好台球的重要环节。

（1）基本架杆方法

基本架杆方法有两种：

①“V”形架杆：先将整个手掌放在台面上，将拇指以外的四指分开，手背稍微弓起，拇指翘起和食指的根部相贴形成一个“V”形的夹角，球杆放在“V”夹角内（图8-12）。架杆手的掌根、小拇指、食指以及拇指处大鱼际部位要充分地贴住台面，切勿使架杆向左侧或右侧翻起，以确保架杆的稳定。

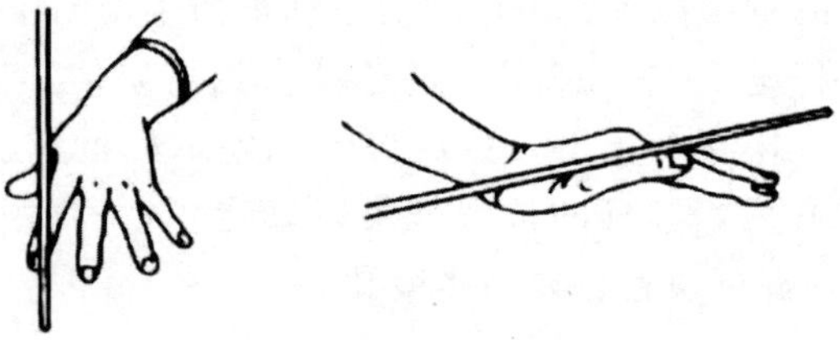

图 8-12

②风眼式架杆：左手指张开，指尖微向内弯曲，用拇指和食指扣成一个指环，并与球杆呈直角，掌握和中指、无名指、小指构成稳定支撑（图 8-13）。

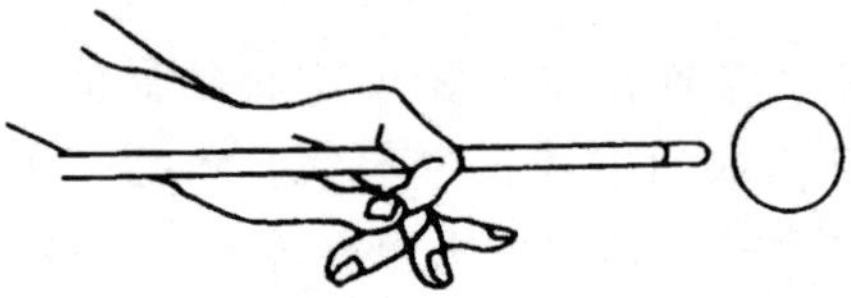

图 8-13

第一种架杆方法常用在斯诺克台球中，据击打主球点不同，架杆手背可以由平直、稍弓起和弓起去找击球点的下、中、上点。

（2）特殊架杆方法

台球比赛中，主球的位置是千变万化的。当主球靠近库边以及主球后面有球时，都需要运用特殊的架杆方法。

①当主球靠近台面边时，架杆手需用四指压在台边上。

②当主球和台边有一定距离时，架杆手可以用四指抓住台边。

（3）杆架的使用

除了上述架杆方法外，当主球远离台边，用正常的击球姿势无法击打主球时，就必须使用杆架。

杆架运用的方法：身体适度前倾，手持球杆的尾部，拇指在下，食指、中指在上夹住球杆，无名指、小指自然弯曲，另一手将杆架放置与适当位置，将杆架整体放在台面上，用手按住以防运杆、出杆时杆架晃动。

杆架有长、中、短之分，一般杆架的十字铜头有两种架杆高度供选择。另外，还有几种高脚杆架，当遇到主球后有球阻挡时选用。

（4）架杆时应注意的几个问题

①架杆距离：一般架杆手的中指尖距主球 15～20cm 远，可根据主球在球台的距离情况和对出杆力量的不同要求，做适当调整。

②杆的稳定性：在运杆时，注意架杆手不要随之微动。

3. 运杆

在击主球前，台球选手都会有一个运杆的过程，这个过程可分解为三个部分：运杆、后摆和暂停。

（1）运杆

在确定击打主球的部位后，便开始做运杆动作。运杆时，要求身体保持稳定，持杆手的手臂进行前后运杆。运杆时，应尽可能使球杆平直运摆。运杆的目的是获得击球的准确件，运杆的次数不宜太多，但运杆的节奏要均匀。

（2）后摆

后摆的幅度大小取决于所需要的击球力量。在肌肉用力相同时，后摆幅度大，球杆击球力量也要大，后摆动作要做到“稳”和“慢”，以保证出杆的平直。

（3）暂停

暂停是在出杆前一个短暂的停顿，略屏呼吸，减少胸廓由于呼吸产生的起伏，以此保证平稳出杆。

（4）运杆常见错误以及纠正方法

①球杆前后运动不自然

纠正方法：调整握杆手和身体的距离，注意手臂不要太紧张。

②球杆前后运动不能保持水平

纠正方法：调整身体姿势，尽可能使上体下俯，降低握杆手。

4. 出杆击球

正确的握杆、身体姿势、架杆以及运杆是进行有效击球的重要准备工作，而出杆击球则是台球击球动作结构中最重要的环节，决定最终击球的效果。

出杆击球是在后摆停顿后所完成的动作。以肘关节为轴，前臂向前送出，触击球瞬间，根据击球的要求，注意对手腕力量使用的控制，避免由于过分抖动手腕造成击球的不准确。出杆时，肩部和身体不要用力，出杆动作要果断、清晰，即便是打一个轻缓的球。

出杆击球常见错误及纠正方法如下：

（1）出杆时动作分解，不连贯，导致动作发紧，出杆不直。

纠正方法：多做持杆、运杆、出杆动作练习，养成自然的出杆习惯。

（2）出杆击球时，没有跟进动作。

纠正方法：握杆手的部位可能太靠前，无法在击球后进一步出杆，可以使握杆手稍向后握一些。

（3）击球时，杆头向内侧偏。

纠正方法：①将瞄击点向主球内侧稍微移动些，后手稍向外一些。千万不要只动杆头，而不调整握杆手。②在主球左侧后面摆放一个球，看出杆后球杆是否碰到此球。

（4）出杆击球时，杆头向外侧偏。

纠正方法：

①调整球杆位置，确保和主球中心击点及延长线保持在一条直线上。

②拉杆时后手不要有向后外侧拉的动作。

（5）出杆击球时，杆头向上挑。

纠正方法：

①握杆手提得太高，应尽量降低右手。

②尽可能使上体下俯一些。

5. 随势跟进

击球后的球杆跟进动作，是为了保证击球的力量充分作用在主球上以及击球动作的协调连贯。适当地跟进动作对击球动作的完成起着重要的作用，如果跟进太多，杆头出得太长，会使肩、肘下沉，破坏击球动作的正确性，影响击球质量；如果跟进太少，则会使击球动作发紧，力量不能有效作用于主球，也不能保持好出杆击球的稳定性。

（三）台球的基本杆法与应用

台球的击球技术方法复杂多变，其基本的杆法与应用如下。

1. 推进球技术

技术动作：握杆击球时，应保持轻松的姿势，球杆击主球的中心点或中上点。进杆的力量取决于主球与目标球的位置，并有明显旋转前进的特点（图 8-14）。

技术效果：推进球技术的结果应是目标球向预定方向前进，而将主球置于距下一个球较为有利的位置。

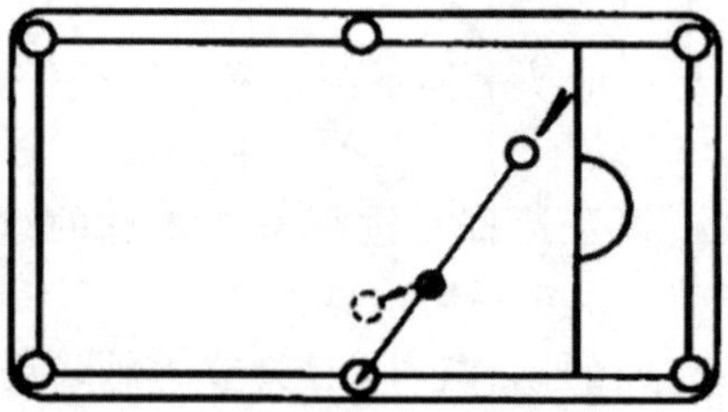

图 8-14

2. 跟进球技术

技术动作：做好击球准备，握杆手保持球杆水平，手架靠近主球，击主球的中上点，出杆的力量根据主球走位距离的长短而定（图 8-15）。

技术效果：打跟进球的目的就是为了在主球碰撞目标球后，主球能继续向前滚动，并停在打下一个目标球的位置上，主球跟进的距离比主球推进距离明显要长。

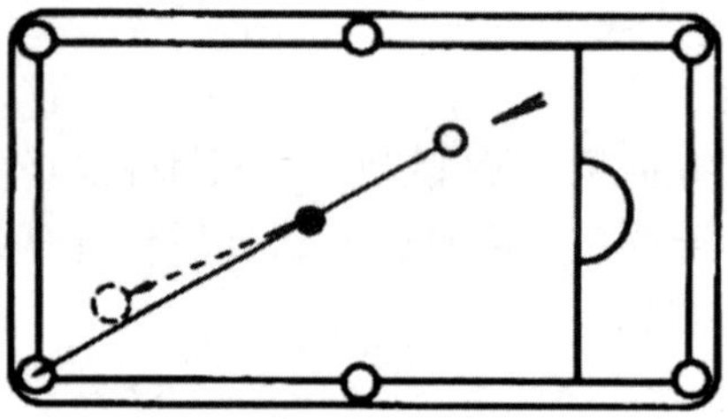

图 8-15

3. 定位球技术

技术动作：做好击球准备，球杆保持水平，击主球的中心点，使之平衡滑行前进。出杆时，要有爆发力、有弹性，短促有力。如果目标球较远，击打主球的中心点则应稍偏下，以确保主球的定位（图 8-16）。

技术效果：主球撞击目标球时，将动能传递给目标球，目标球由此而向前滚动，主球却停在撞击目标球时的位置上。

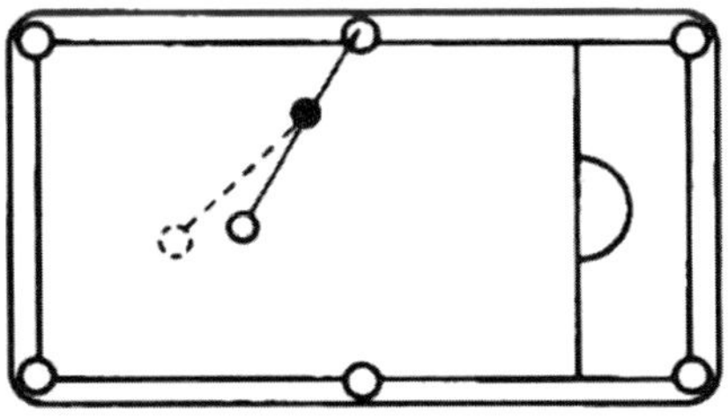

图 8-16

4. 缩杆球技术

技术动作：做好击球准备，击球时架杆手尽量放低平些，球杆保持水平，击主球的中下点，出杆时要果断、迅速，进杆后要保持击杆的姿势，不可回撤或转动球杆（图 8-17）。

技术效果：主球碰撞到目标球后，目标球沿主球作用力的方向直线向前滚动，而主球却逆向向后滚动。在同力度下，由于主球和目标球的距离不同，缩杆的效果也不同。

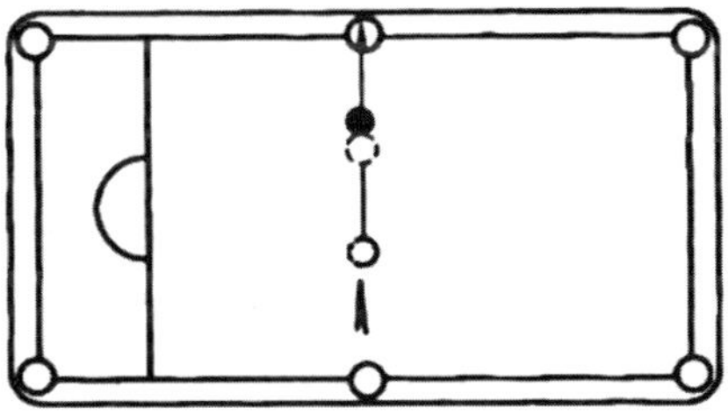

图 8-17

5. 侧旋球技术

技术动作：击侧旋球时，球杆要保持水平，击球点要准确，出杆时要略向前送。击球时球杆呈水平状态，主球直线前进。击球时随握杆手的提高，主球前进路线的弧度增加（图 8-18）。

技术效果：撞击主球左侧形成顺时针方向的旋转，碰到目标球时，主球运动方向向右偏转，目标球产生相反方向的自旋；撞击主球右侧形成逆时针方向的旋转，碰到目标球时，主球运动方向向左偏转，目标球产生相反方向的自旋。

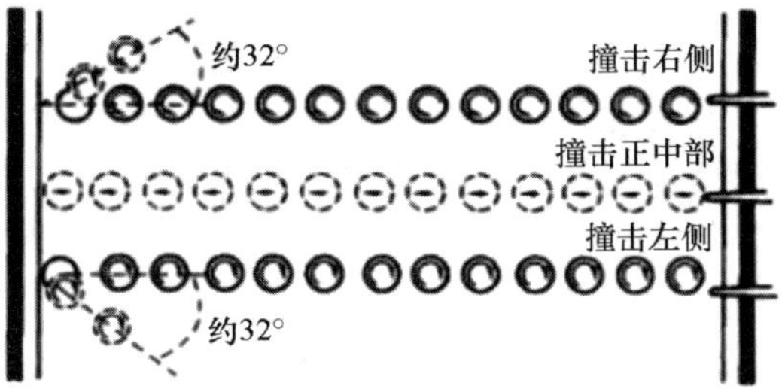

图 8-18

三、台球运动基本战术

（一）斯诺克台球战术

1. 进攻性技术运用

（1）相对进攻的技术运用

所谓相对进攻技术，是指在比赛进攻时，由于主球和目标球的距离较远，在进球的可能性不大时，所采用的攻守兼备的进攻战术。最典型的相对进攻性技术运用，体现在开球后的双方积极防御中制造尽可能大的下球机会上。当主球球位比较好，又能看到目标球的下球点时，可以主动出击，撞击目标球入袋，开始发起进攻。此时可用中等偏小的力度击球，使目标球落袋后，主球碰岸后稍向上反弹，停留在击黑色球的有利位置上，为了使进攻更稳妥，可用中等偏大的力度，击主球的中稍上部位，使主球在击落目标球后能返回到球台底岸侧。如果目标球未被击落袋，也不会因为主球停在红球堆附近给对方留下机会。如果目标球进袋，虽然主球停在底岸边，不能打黑色高分值球，但依然有进攻以及积极防守的主动权。可以用高杆打绿色球和棕色球进中袋，主球跟进去顶岸区找下一个红色目标球，并形成连续得分机会。也可以将主球贴住绿色球，做成障碍球，求得对方失误，从而有更好的进攻机会。

上述进攻的第二个选择，也是一个较好的选择，体现着相对进攻技术运用的优点，可以不冒风险地去进攻。

另外除开局外，中盘也会出现可以运用相对进攻技术的机会。当对方失去进攻势头时，会将主球和目标球分开拉大其间的距离。当然只要有目标球下球机会，且主球又不会被其他球在途中阻挡，便可以用中杆或高杆打一杆攻守兼备的球。

如果按相反方向用中高杆击球，即红色目标球被薄进角袋，使主球碰岸后进入红色球区附近，以便连续得分。这一方法尽管有可能，但危险性也比较大。在做这一选择时，要慎重。

在尾局阶段，也会出现运用相对进攻性技术的机会。但这时的情况与红色球在台面上不同，击完黄色球后，必须击绿色球，而黄色球和绿色球都在开球区，此时可以运用相对进攻技术。但用高杆将目标球击落袋时，容易把自己下一次下球线路“做死”，所以要将力度加大一些，使主球碰顶岸再稍弹起来一些，以便于打绿色球。

（2）绝对性进攻技术运用

在台球比赛中，大部分的进攻都属于绝对性的。所谓“绝对性”是说在击打一个能连续得分的目标球时，都必须使主球走到有利于击打下一个目标球的位置上。在这种情况下，不必考虑攻守兼备的战术打法，因为目标球入袋没有难度。在开局阶段，在目标球下袋的前提下，主球的走位十分重要，这时是得高分的第一个机会。

在图 8-19，主球、目标球和袋口呈一条直线，因为 5 分球和 6 分球没有下球线路，所以可以考虑去找 7 分球，如果用低杆拉球，主球经台边反弹后走不到有利于击打黑色球的位置，还可能扎进红球堆中；如果用右下偏杆击打主球的话，当主球回拉碰岸后，由于主球的旋转，向 B 方向滚动去，到达利于打 7 分球的位置上。

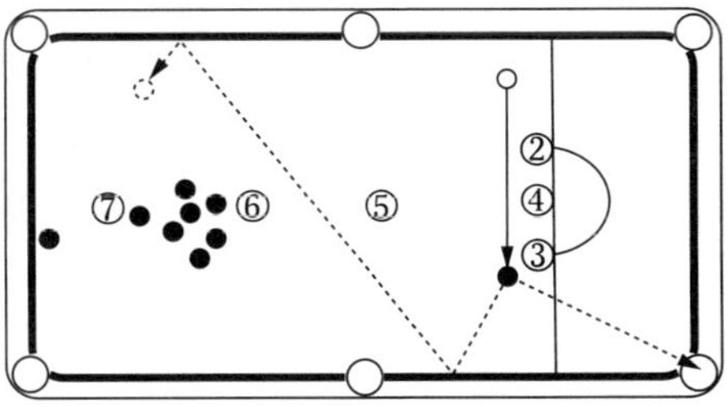

图 8-19

如果比分领先，应尽量使红球落袋，而不要过分考虑主球走位的准确。即使落后 40 多分，还是有反败为胜的机会，在这个阶段应加强进攻的次数，力争掌握主动。在尾局阶段，进攻技术的运用应当坚决，力争一杆清台，特别当彩色球都各归其位时。

（3）如何打蓝色 5 分球

在斯诺克台球中，5 分球被称为过渡球。选手们往往通过 5 分球的过渡，再次寻找到好的得分机会。

打 5 分球时，应注意防止主球落袋或撞击其他球。如果台面上有 5 分球，当 5 分球和腰袋、4 分球三者的夹角呈 90°时，主球撞击 5 分球进腰袋后，往往会向 4 分、5 分球奔去，可能撞上 4 分球或者将 4 分球撞入袋等。

防止主球落袋和撞击其他球的方法主要有：

①应采用高杆或低杆打击主球的中上或中下击点，使主球与 5 分球相撞后，由于上旋和下旋加上分离角的作用，前进路线发生变化，从 4 分球的两侧通过，行进到有利的位置上。

②采用高杆打法兼用偏杆技术，撞击主球左上和右上击点。如果用此杆法打主球撞击 5 分球入腰袋后，主球会避免撞击其他球，保证主球顺利走位。

2. 防守性技术运用

台球防守是积极性的防守，是为进攻制造机会的防守，也只有这样的防守才有实战意义。

（1）开球

开球实际上就是一种防守性技术，它不下球，只是为了制造机会。目前常见开球的方法有以下几种：

①将主球放在开球区黄色球和棕色球之间，中杆、中等力度击球，用薄球（偏球又有厚球和薄球之分，主球撞击 1/2 以下称为薄球）撞击红球或底角第一个红球，主球经顶岸反弹再碰边岸返回开球线，使主球和红球分开尽量大距离，并尽量使主球贴岸，给对方击主球制造闲难。

②将主球放在黄色球和棕色球之间，用右中偏杆击打主球，稍用力击打红球三角形中右上角的第二个红球。主球由于自身的旋转会碰顶岸后再碰两次边岸，最后停在开球区后。如果偏杆的旋转不够，主球就会返回。

（2）防守技术的常见用途

拉开主球和目标球的距离，是防止对方得分的有效方法。在拉开两球距离的同时，还应考虑到尽量让对方没有下球的角度。拉开两球的方法有：①用高杆打击薄球。为了使红球被两个彩色球完全挡住，用高杆薄球打目标球，可使目标球受外力小而移动小。主球薄打目标球后，向底岸滚去。②用低杆打主球，使主球撞击目标球后稍向后退。主球碰岸后弹起停在两个彩色球前。

使主球贴岸，目的是让对方架杆困难，不好出杆，以降低击球的质量，为自己赢得可能的机会。使主球贴岸的方法有：①当目标球贴岸时，用中杆击打主球撞击目标球的全部，使主球定在台边而目标球被击开。②目标球稍离岸边，用中杆或稍高杆击主球，撞击目标球全部，此时目标球碰岸后反弹出去，主球由于自身的上旋，稍向前跟进，贴到岸边。

由于薄球时极容易造成目标球停在袋口附近，因此在比赛中没有把握或没有必要时，不要轻易地去薄球入袋。

制造障碍球时，要考虑你是否面临以下两种情况：①比分落后，且需要通过制造障碍球造成罚分，才有可能追平或战胜对手。此时，必须坚决地做障碍球。②虽然有机会得分，但分值小，或击目标球难度大，而且也没有连续得分的机会，此时也可做障碍球。

在斯诺克比赛中，最好的防守就是做障碍球。制造障碍球有多种方法，下面介绍几种常见的做障碍球的方法：

①反弹球做障碍

当目标球在顶岸边时，用中杆中等力量击球，撞击目标球的整球或厚球，使目标球撞岸反弹至对面台边。

当目标球与顶岸边有一段距离，可以用中杆稍高的杆法击主球，撞击目标球的全球或厚球，目标球碰台边反弹至对面台边时，主球稍微向前靠近台边。

当目标球与侧岸相贴时，为使主球和目标球向不同方向分开，必须用侧旋球撞击目标球的侧面，使目标球经侧岸反弹至端岸，主球也经侧岸反弹至相反的端岸附近。

②薄球做障碍

当目标球在主球前，台中有若干球可以借助做障碍时，可以用薄击目标球的办法把目标球横向推进去一些，主球由薄击稍微改变方向，向台右侧岸边走去并可形成障碍球。

当目标球在岸端附近，也可用薄击球来做障碍球。可用高杆击主球薄击目标，目标球被薄击后向左侧移动，主球则向右侧碰岸两次后停在另一岸边，形成障碍球。

当目标球在侧岸附近，用左偏杆打目标球的右侧，使目标球向端岸碰击后滚向对面的台面附近，主球则碰向侧岸。由于旋转的原刚，主球向左侧反弹并行至侧岸附近。

③推进做障碍

当目标球在主球前面，而目标球前侧方有其他球时，可以用高杆轻击主球，厚击目标球，使主球在撞击后稍向侧前方滚动。

当选手击落红色球后，没有连续得分机会时，可以指定与主球较近的彩球为目标球，用中杆轻轻推进主球，使其与目标球相贴。

④低杆做障碍

当目标球前有其他球时，用低杆击主球，撞击目标球后向后缩，并藏于球后，形成障碍球。

（二）美式9球战术

1. 进攻性技术运用

（1）大力开球

美式9球在开球时，一般都采用大力开球方法。目的有两个：一是尽量能使更多的球落袋并把球打散；二是直接将9号球撞入袋中取胜。

在开球时，选手可选用一支稍重些的球杆专门用于开球。开球动作幅度可以做得大一些，使球杆有充分的距离来回运杆；出杆时加速用力，击主球的中下部击点；击球后出杆动作可以继续向前伸去，充分运用出杆时的加速度。

（2）反弹落袋球

反弹落袋，在美式台球比赛中比较常见。当目标球在侧岸附近时，首先把目标球中心点和袋口中心点分成两等分点，并在台边上找出此点，然后用主球撞击目标球，使目标球撞击这个点。如果你要加上旋转打反弹球，就需调整反弹点。目标球贴台边时，先看看碰岸角度和反射角度，再决定主球撞击目标球的部位。

（3）吻击球

吻击球是指利用主球撞击目标球，使目标球碰到其他球后反弹放袋。这是当目标球停在无法直接入袋的位置时，经常采用的技巧之一。吻击球的打法有两种：一是使目标球撞击另一个目标；二是使目标球和相贴的球分开。

2. 联合球

联合球是指目标球被撞击后，又去撞击其他球，并使其入袋。在美式 9 球比赛中，目标球的位置千差万别，往往会出现在往袋口前进的路线上有其他球挡着，造成目标球不能直接入袋。联合球技术就可以在这种情况下使用。

目标球和其他球并列时（有时可能和 2 个或 2 个以上球并列），即将入袋的球是否在能够瞄准到球袋的位置成为重要的环节。

联合球是要通过 3 个球（包括主球）的碰撞后使球落袋。第三个球被称为关键球。关键球的位置在联合球中是非常重要的，由于撞点不同，其行进的路线会发生微妙变化。撞击关键球时，应特别注意它的正确的被击点和它正确地去撞击下一个目标的撞点，做到击球前心中有数。

3. 炮弹球

炮弹球是指先以主球去撞击台面上号码最小的目标球，之后再撞击其他目标球并使其落袋。此法是从四球开伦中衍生出来的，它在美式 9 球比赛中经常被运用。

对落袋台球而言，使用炮弹球首先要注意的是看清第二个目标球（即要被击入球袋的目标球）与袋口中心的连线是否存在，主球在撞击第一个目标球后，要正确地撞在第二个目标球的下球击球点上。

打炮弹球时，应根据目标球的分布情况，灵活机动地选择跟球、缩球和侧旋球等杆法，以及击目标球的厚薄程度。另外，力量的控制是十分重要的。

4. 防守性技术运用

美式 9 球防守技术的最大特点是进攻性。因为选手们清楚 9 球的防守是十分困难的，稍有不慎，前功尽弃。美式 9 球比赛中防守的有效性程度可以依次排列为：

（1）开球后的防守

合法开球后，防守有两种情况：一是向裁判申请“空杆”；二是在台面上球比较多，且没有机会击目标球入袋时，也可利用台面上的球来做障碍球，这个方法同斯诺克。

（2）中盘防守

当台面上有 4～6 个球时，我们可把它看作中盘。在中盘阶段，防守困难很大。原因是 9 球击球入袋可以运用吻击球、炮弹球和联合球等多样的方式，再加上台面小，下球较容易，防守的难度远远大于合法开球时。

第三节 保龄球

一、保龄球运动的起源与发展

保龄球运动是人类历史上最古老的运动之一。保龄球的历史可以上溯到七千年以前。1920年，英国考古学家在埃及的一座墓道里发现了9个石瓶及1个石球。这个游戏的玩法是用石球投向石瓶，将石瓶击倒，这与现代保龄球的用具与玩法十分相似。

现代保龄球运动的前身是源于公元3—4世纪德国的九柱戏，又称地滚球。最初“九柱戏”是天主教用来测量教徒信仰程度的一种仪式，在教堂的走廊里放置9根柱子象征着异教徒与邪恶，而石球代表着正义，教徒们认为用石球击倒木柱可以为自己消火、赎罪，击不中就应该更加虔诚地信仰天主。马丁·路德为保龄球的普及和发展开创了新的篇章。他首先在德国创立了9只球瓶的保龄球标准模式。14世纪，“九柱戏”成了德国民间广为流传的一项体育运动。17世纪，它逐渐由德国流传到了比利时、荷兰、奥地利和英国等地。

1626年，荷兰移民尼加·保加兹把“九柱戏”带到了美国。19世纪初期由于其被认为是一项赌博游戏而被取缔，但后来经过在球瓶数量、排列形状等方面进行改变，躲避了方式的限制，才得以保存下来。到了19世纪中期，改过的“九柱戏”被称为“十柱戏”并冠以“保龄球沙龙”的美誉，由此，保龄球成为一项被广大民众所接受的高尚的娱乐活动。

1895年，美国保龄球协会成立，协会决定将保龄球的钻石形状排列改为倒三角形的排列，并制定了标准的保龄球用具及其他有关规则。从此，保龄球运动成为一项正式的体育项目。1974年，保龄球被列为亚运会正式比赛项目。1988年，在第24届汉城奥运会上，保龄球被列为表演项目。1992年，在第25届巴塞罗那奥运会上，保龄球首次被列为正式比赛项目。

20世纪初期，保龄球运动才传入我国。尤其是在20世纪80年代以来，全国各地保龄球场所纷纷建立，保龄球运动也逐渐开展起来，并为大众所接受。由于起步较晚，我国的保龄球运动水平与世界强国相比，差距较大。1985年5月，中国保龄球协会成立。为了尽快提高我国保龄球运动的技术水平，自1986年后，国家每年举办全国锦标赛、“AMF”精英赛和全国青年锦标赛。1987年，中国加入世界保龄球联盟。截至1997年底，我国的保龄球球道已突破1000条。1998年，我国成为德、美、日之后世界第四大保龄球国，是世界上最大的保龄球市场之一。

我国保龄球运动起步虽晚，但是发展势头一直很好。2000年我国派运动员参加了奥运会保龄球比赛。

二、保龄球运动的赛事介绍

保龄球的比赛方式很多，形式灵活。世界保龄球赛事主要有世界保龄球锦标赛、世界青年保龄球锦标赛、世界保龄球精英赛等；亚洲保龄球赛事主要有亚洲保龄球锦标赛、亚洲青年保龄球锦标赛、远东保龄球锦标赛、亚洲运动会保龄球比赛、远东运动会保龄球比赛等；我国保龄球赛事主要有全国保龄球锦标赛、全国保龄球精英赛、全国青少年保龄球锦标赛、中国保龄球国际公开赛等。

（一）锦标赛

以主办单位承认的国家、地区、协会等组队参赛，每队限报男、女各 6 名队员。项目设有单人赛、双人赛（两人一队）、三人赛（三人一队）、五人队际赛（五人一队），以上项目每名运动员各进行 6 局比赛。精英决赛（对抗赛）按以上 24 局，总分列前 16 名的运动员进行一局对抗的单循环赛，胜者加 10 分，平者加 5 分，负者不加分。精英总决赛（仅限于有电视转播时）进行淘汰赛决出冠、亚、季军。

除在精英赛、单人赛、双人赛有特殊需要外，球道的分配应抽签决定。比赛一经开始，预定在某一球道上的人数在比赛过程中不能改变。单人赛、双人赛、三人赛、五人队际赛，所有运动员全部在 12 条球道各进行 6 局比赛，每局应在不同的球道上进行。

（二）公开赛

通常公开赛不限定参赛者的国籍和身份，参赛者以个人的名义参赛，比赛分预赛和决赛两个阶段，设单人赛、双人赛、四人队际赛（可只设单人赛）。预赛阶段单人赛可重复多次参加比赛，一般进行 4 局比赛（也可 2 局至 6 局），以最好的 4 局总分排定名次。决赛阶段以预赛中排名前若干名（由主办者根据情况来定）选手进入决赛，决赛可以精英赛的方式进行每人一局对抗的单循环赛，也可以进行若干局的比赛，以总分决定名次。如有电视转播时，可取前三名或前六名进行梯级挑战赛以决定冠、亚、季军等名次。

三、保龄球运动基本技术

（一）握球

握球也称持球，双手放在球的左右两边，将球从回球机上捧起。左手把球托住，右手的中指和无名指插入指孔，再把大拇指深插进拇指孔；手心贴着球弧面，把球牢牢握住。

根据技术打法的不同，有以下三种握球方法。

1. 传统持球法

传统持球法即中指及无名指插入指孔后，第一指节至第二指节皆没于指孔内的持球法，是目前最通用的方式，由于控球容易，因此是初学者及力量较弱的女性的最佳持球法（图 8-20）。

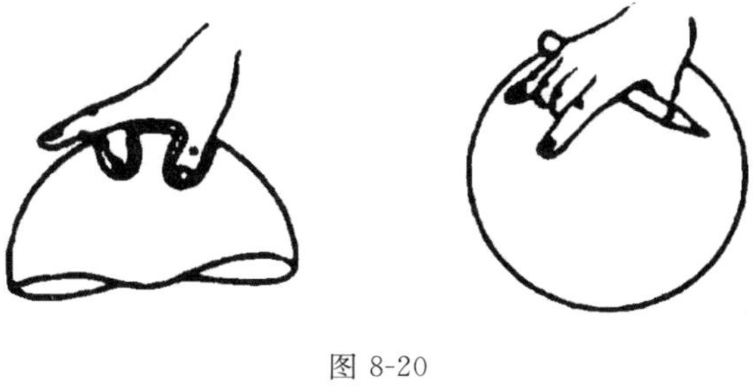

图 8-20

2. 半指节握球法

半指节握球法是将中指和无名指伸入指孔到第一指节和第二指节之间。这种握球方法容易投出转速较快的飞碟球及曲线球，同时更能体会保龄球的趣味性。这是半专业的球员常使用的方法（图 8-21）。

图 8-21

3. 满指节握球法

满指节握球法是将中指与无名指第一指节伸入指孔，然后再将拇指伸入指孔。这种握球法摆动费力，容易增加两指指端的负担，很难控制球，但能投出转速很快的大曲线球，较适合于有经验的高手，是职业球员在比赛时所采用的握球方法（图 8-22）。

图 8-22

（二）准备姿势

保龄球运动的魅力在于那完美的一击，要想获得稳定的投球动作，必须做好准备姿势。首先应设定站立点和瞄准点。从置球台拿球后走到设定的站立点上，将脚尖对准瞄准点，双脚稍微并拢，使脚尖跟瞄准点的角度与右肩整个摆动线的角度成一条平行线。这时再按握球动作要领握好球。同时必须注意手腕与地面平行，手臂与腰部尽量靠拢，整个上臂与肩部呈 90°角，使球的位置在腰与肩之间，球的中心与手臂成一条直线。握球右手稍紧，左手稍松，两肘紧靠肋部。上身稍微屈曲，腰部挺直，两膝微屈，保持一点弹性，眼睛瞄准目标及目标线。两肩必须平行并正对着目标，然后两眼注视前方，集中精神准备投球。

（三）助走摆臂

动作要领：助走开始前，必须量好助走距离。助走必须沿直线进行。准备姿势做好后，持球站立，使球体的中心线与球道上的某一目标箭头成一直线。初学者最好选用 2 号目标箭头，在助走前和整个助走投球过程中，眼睛始终盯着 2 号目标箭头。助走开始，右脚向正前方迈出一小步，迈出右脚的同时，双手把球向前下方推出，右臂伸直与身体呈 45°角，同时左手离球向外侧展，出脚和推球动作同时进行，右脚着地后重心随即移至右脚。第二步是迈左脚，步幅比第一步稍大，同时右手臂在球的重力作用下向下摆，左手继续外展，右手臂下摆到与地面垂直时身体重心平稳地移至左脚。第三步，握球的右手臂由下摆过渡到后摆，同时迈出右腿，步幅与第一步相同，但速度要加快，左手继续外展，右脚着地时球后摆至最高点与肩齐平，身体前屈，重心移至右脚，保持平衡。

练习方法：助走结合空手摆荡练习——可先做分解练习，第一步迈右脚时将球推出，第二步迈左脚手臂下摆，第三步迈右脚手臂后摆，第四步迈左脚手臂向前回摆，滑步并做空手投球，顺势扬手。熟练掌握动作后，加快动作速度，进行完整练习，直至手脚能协调一致地完成动作为止。

（四）滑步回摆投球

动作要领：手臂后摆至最高点后，利用球的重力作用，手臂持球向下回摆，同时左脚前脚掌贴着地面向正前方滑行一大步至犯规线前，脚跟落地制动，左腿深屈，左手向外展平，维持身体平衡，躯干前屈，重心移至左脚，成左弓步。持球手臂由向下回摆过渡到向前回摆，在右脚蹬地转腰带动下，借助重力加大向前回摆的速度，摆至与地面垂直时，速度达到最大值，这时球距犯规线 15～20cm，手腕不转动，大拇指自然指向时钟 10 点的位置，中指和无名指分别指向时钟 4 点和 5 点的位置，将球向 2 号目标箭头方向顺势送出。大拇指先脱出球的指孔，中指和无名指向上提后脱出指孔，手臂顺势拉起。整个动作完成过程（持球、下推、前摆、后摆、回摆放球到球出手的运行线路）必须在以 2 号目标箭头为基准的垂直面上，见图 8-23。

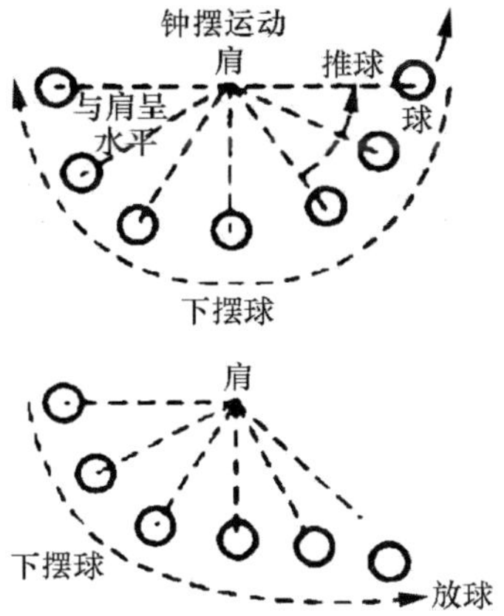

图 8-23

练习方法：悭球、推球和摆臂练习——右手持球，左手托球，前臂自然弯曲呈 90°角，持球于右腰前。练习开始，体稍前屈，两手同时把球向前下方推出至右臂伸直，右臂以肩为轴，握球垂直下摆，左手离球外展。当球下摆至最低点后，右手顺势直臂加力向后摆，后摆至与肩平或略低，然后向前回摆，球摆至正前方，左手协助接球，回到开始姿势。练习过程中要注意以球带动手臂摆动，以肩为轴，肘关节伸直，腕关节挺直。整个摆动过程在同一垂直面上完成。

（五）放球技术

动作要领：球回摆时，手臂和手腕不做任何人为的较动，当球回摆至左脚内侧时，大拇指先行脱出指孔，中指和无名指向上提后脱出，将球推出离手而去。球出手后如同与前面好友握手一样，手臂顺势前伸，这是保龄球运动的一种手感，这种手感直接关系到球在球道上运行的轨迹。

放球练习：做练习时，左脚屈蹲，左手置于左腿上，右膝跪地，右臂向下伸直，自然放松，右手握球，手腕挺直，以肩为轴做垂直前摆——垂直后摆——垂直回摆——放球动作。放球时要注意培养球感，体会放球时大拇指先脱出指孔以及中指、无名指向上提后脱出指孔的感觉。

（六）四步助走投球

保龄球助走的步数没有硬性规定，一般可采用三步式、四步式、五步式。助走步伐越多越容易造成差错，但是步伐太少又容易使手臂受到伤害。练习时可根据自己的体力、习惯做出决定。保龄球运动的助走主要是为了获得向前的速度，但是由于保龄球运动需要从稳定的身体姿势中产生精确的控球能力，身体不能有较大的晃动和起伏，因此用助走滑行而不用助跑。最常用的助走方法是四步助走。四步助走的动作技术要领是：助走与手的摆荡动作节奏一定要和谐，动作连贯协调。

1. 推出动作

技术要求：先踏出右脚，同时两手把球轻轻向前推出。从向后摆动的顶点开始到向前摆动的瞬间必须踏出左脚，这时的左脚采取滑行步。左膝弯曲从足尖开始踏出，腰部下沉，并且重心向前移，当球到最低点时，全身的重量完全放在左脚上，右脚以浮离投球区的感觉向后踢起，以便保持身体的平衡。这时的右脚可使身体不向左侧倾斜，体重完全移到左脚时，因摆动与助走的惰性原理而使左脚自然地向前滑行 20～40cm。

2. 垂直下摆

技术要求：球推出后，右臂在球的重力作用下自然下摆，同时左脚迈出一步，步幅比第一步稍大，左臂自然外展，右臂下摆到与肩部成垂直部位时，完成第二步。特别注意手臂下摆时要以肩为支点，并不做任何附加动作。

3. 后摆动作

技术要求：在惯性的作用下，球自然后摆，后摆高度与肩平。此时，右脚以稍大幅度迈出，速度加快，并使右肩、球、右脚几乎在同一垂直面上。左臂继续顺势外展，并保持身体平衡。特别注意在做后摆动作时，要求肩部肌肉放松，并利用球的重量进行钟摆运动。

4. 向前垂直回摆——放球

技术要求：球在重力的作用下向前回摆，身体自然前倾，同时迈出左脚，速度加快，并使左脚以惯性向前滑行半步，至离犯规线 5cm 处，以脚跟着地制动，左膝深屈，形成屈俯状，此时球已回摆至左脚内侧，在所有力量积蓄达到最大瞬间将球放出。球推出时，大拇指先行脱出指孔，中指、无名指紧接着向上提后脱出指孔。球出手后，右臂顺势向前上方摆起，右手像和前方好友握手一样，左臂同时继续外展以保持身体平衡。

（七）保龄球的目标瞄准方法

1. 以球瓶为目标

以球瓶直接作为瞄准目标的投球方式称为球瓶瞄准法。这种方法以某个球瓶为目标，直接判断要瞄准某个球瓶的位置。而这种一边直接注视球瓶，一边投球的方式，在控制上比较容易，所以是最适合初学者采用的方式。但是，因为球瓶区远在 18m 之外，目标太远，容易产生错觉，不易瞄准，所以高水平的球员一般不用此瞄准法。

2. 以箭标为目标

以球道上的箭头标志为目标的投球方式称为箭标瞄准法。在犯规线以外 4～5m 处有 7 个箭标，分别与球瓶相对应。右边第 1 箭标在第 5 块板上，对应 10 号瓶；右边第 2 箭标在第 10 块板上，对应 6 号瓶；右边第 3 箭标在第 15 块板上，对应 3、9 号瓶；右边第 4 箭标在第 20 块板上，对应 1、5 号瓶；左边第 3 箭标在第 25 块板上，对应 2、8 号瓶；左边第 2 箭标在第 30 块板上，对应 4 号瓶；左边第 1 箭标在第 35 块板上，对应 7 号瓶。瞄准时，根据击球时的落点和所要击中的球瓶，判断球要通过的箭标，以此箭标为瞄准点，眼睛盯着所瞄准的箭标投球。

箭标瞄准法瞄准目标近，容易瞄准，可以大大提高投球的准确性，这是大多数球手所采取的方法。由于这种方法是直接瞄准目标，每次要击打的瓶不同，投球落点和线路不同，所要瞄准的箭标也要随之改变，因此要学会观察、总结、分析与判断，及时调整瞄准目标箭标。

此外，还必须注意投球预备姿势所站立的位置、球离手时左脚的位置，及球投出后的路线必须经常保持固定。如果每次投球时，脚的位置经常移动，或球的拐弯弧度不尽相同，那么标志点也就失去意义了。

3. 以线路为目标

在犯规线和目标箭头之间有一排圆点，即球道上的标志点，分为目标标志点和引导标志点。引导标志点是在犯规线外 1.88m 处，与犯规线平行，从左右两边数分别在第 3、5、8、11、14 块板。引导标志点上的 10 个圆形标志点，根据射击瞄准的原理，将目标标志点与引导标志点连接成一直线，并将此线以想象力向上延伸直到目标球瓶区，瞄准妥当后，将球滚落于此条直线上，这种投球法就称为点线瞄准法。

这种瞄准法是在具有箭标瞄准法的基础上，并能顺利地控制球路时使用。投直球时，这三点正好成一直线；投弧线球时，要根据自己的技术特点和不同球道性质所形成的弧线，将此弧线想像于球道上，以此点线来瞄准投球。瞄准练习时可不用置瓶，根据选择的瞄准方法，可在落球点和瞄准点贴上标记，每次投球观察球是否通过标记，并做调整。用右手投球时，为了打全中，原则上要瞄准 1 号瓶与 3 号瓶中间，应考虑自己的球路，在三条线中选择一条线路。一般常使用的是 3 号引导标记点与 2 号标示点的连接线。

第四节　壁球

一、壁球的起源及发展

壁球，起源于 19 世纪初英国伦敦的“舰队监狱”，当时的犯人因为没有其他的活动，为了锻炼身体、打发枯燥乏味的监禁生活，经常玩一种对着墙壁击打小球的游戏，这就是壁球运动的雏形。这种运动后来在英国有名的贵族学校哈罗中学得到改进和发展。这所学校由于运动场地小而不能满足学生打网球的要求，于是在操场上立起几面墙，让学生对着墙壁打网球。后来，这种方法被沿袭推广开。1864 年，世界上第一块专门用于打壁球的场地在哈罗中学修建，至此，壁球运动正式创立。随后，壁球运动在英国得到了迅速的发展，随着 19 世纪末英国的对外殖民扩张，壁球运动也被英国人的军队带到了其殖民国家，使壁球在那些国家和地区得到了广泛的开展，并迅速在世界范围内传播。

进入 20 世纪，壁球运动更是得到了广泛的普及，涌现出大批杰出的壁球选手，世界壁坛统一的权威管理机构也产生了，由当时的壁球强国澳大利亚、加拿大、英国、印度、新西兰、巴基斯坦、南非、美国和阿联酋发起成立，取名为“国际壁球联合会”（简称 ISRF），1992 年更名为“世界壁球联合会”（简称 WSF）。时至今日，世界壁球联合会已经发展成为一个庞大的、组织严密的、管理有序的组织。越来越多的国家和地区加入这个组织，开展壁球运动。世界壁球联合会所设立的正式国际赛事有男子、女子世界锦标赛，男子青年、女子青年世锦赛，以及为中老年球员设立的大师赛等。如同网球有四大公开赛、大满贯赛一样，职业壁球界也有著名的四大赛事，即历史最悠久的英国公开赛、中国香港公开赛、在美国纽约举行的冠军赛和世界公开赛。另外，每年 6 月还要为上一年世界排名前八位的顶级选手再举行一个超霸赛。

二、实用壁球技术

壁球的打法及技术相对简单，但由于场地小，球的线路、角度变化大，因此想打好壁球并不是件容易的事。壁球的技术包括落点准确、多变刁钻的发球技术、强有力的击球以及正确的步伐等，但掌握击球的动作和击球的方式是最基本的。

（一）击球的基本动作

击球的动作包括球拍的握法和挥拍的方法。

1. 握拍方法

如果初学者在开始打壁球时没有接受正确的指导，就容易形成错误的习惯，很难改掉。因此从一开始就要学会正确的握拍方法。

正确的握拍方法是：手握在球拍柄的中部，虎口成“V”字形，虎口对着正手位时，球拍触上面的上沿，食指高于拇指，拍形稍微后仰，在击球过程中握法应始终不变。握拍时，应该注意避免满把抓。

2. 挥拍的方法

挥拍的方法应该由三个步骤组成，即引拍、击球和跟进，三者缺一不可。

“引拍”是击球前的预摆动作。因为两个球员同时处在一个场地，所以规则规定引拍的动作幅度不能过大，手臂动作主要以挥动前臂为主。引拍时，应该注意握拍的手腕要固定并竖起，使拍头高于手腕。应注意引拍的要点：向上引拍时，手的位置应该在击球者耳朵的一侧，拍头的位置应在击球者头的上部。检查引拍动作是否过大的方法是：站在离墙 45cm 处背对墙，向后引拍，如果球拍没有碰到墙就是正确的引拍姿势。

“击球”是球拍接触到球时的击打动作，即击球时球拍迎向来球划一弧线。球拍触球时，手腕固定，握紧球拍，拍面稍向后仰即“开”一些，用拍面的中部撞击球，小臂和腰部随身体的转动向前方协调配合用力，身体重心从后脚移至前脚。击球的要点是：击球时要选择好击球点和击球部位。不同的击球方法需要有不同的击球点和击球部位。

“跟进”是球拍击球完成后的顺势动作。击球后，球拍运行不能立即停止，还应随击球动作的惯性继续向上挥动。与引拍的动作一样，跟进的要点是：跟进的动作幅度也不能太大，球拍向上挥动的位置应是在头的上方。跟进在击球动作结构中是必不可少的，它可以控制击球的方向。

（二）击球技术

壁球击球的方式主要有两种，即正手击球和反手击球。

1. 正手击球

正手击球是初学者最先学习的击球动作，是击打各种球的基础。它既是壁球初学者的入门技术，也是大多数壁球运动员用于得分的手段。正手击球速度快，力量大，准确性强。完成正手击球通常需要以下四个步骤：

（1）准备姿势

球员站在“T”形区，面向前墙，两脚开立，略宽于肩，双膝微屈，体稍前倾，一手握拍放于体前，另一手可扶于拍上，身体重心落在两脚掌的前部，集中注意力，保持随时可以起动的准备状态。

（2）上步引拍

右手持拍球员从准备姿势开始，移动到来球位置，最后一步要保持左脚在前右脚在后，前后脚的距离有一脚半，身体左侧朝向来球方向，双膝微屈，眼睛注意来球方向，可以使身体平衡并使击球动作顺畅。然后，向头的右上方向引拍，动作不要过大。

（3）挥臂击球

挥臂击球时，球面要开，击球点的最好位置是球从地面弹起后与左腿膝关节同高的区域，同时注意球离身体不能太近或太远，眼睛盯着球。击球动作要靠挥臂与转体的配合来完成。

（4）进移重心

在跟进的最后，球拍要在一个较高的位置上结束，身体方向随之移向击球方向。

2. 反手击球

因为受场地的限制，有的球必须要用反手才能击打，所以还要掌握反手击球。反手击球的击球点不好掌握，要特别注意。反手击球的方法与正手击球的方法大致一样。

（1）准备阶段

观察判断对手的动作、意图，以及判断来球的路线、速度及落点，迅速移动到位。反手击球点位于右脚内侧约一个球拍处，高度在膝与地面之间。

（2）击球阶段

①后挥拍。在移动到位的同时，注视来球，身体向左转，右手引拍至左肩前，手腕内扣，同时右脚开始向前跨步。

②前挥拍。左脚蹬地，身体重心向前移动，身体开始向右转，同时右手开始向前挥拍。

③击球。右肩继续右转，右手继续前挥拍，在击球瞬间手腕展开并加速，将球平行击向前壁。

④后随动作。身体继续右转至面向前壁，右手继续挥拍至右肩侧，然后回到基本姿势，准

备接下一个球。

正反手击球在比赛中各有用途。正手击球的力量比较大，而且比较容易控制球，因而大多数杀球及发球均用正手。相比之下，反手的力量与控制力都要弱一些，因而反手主要用来防御性地将球挡回去，以求这一回合不输掉，而后再找机会用正手杀球，但高水平运动员正反手均能杀球。

3. 杀球

杀球的主要方式是将球击向前壁极低的位置，以使球在极短距离和时间内反弹两次以上。这样的击球将使对方没有足够的时间移动到位接球，因而可将球一拍打死。最佳的杀球应是将球击到前壁与地板的夹角处，这样的球根本不会反弹回来，而是滚动回来，所以不给对方一点机会。杀球对落点有很高的要求，若杀得太高则打不死对方，若杀得太低则容易打到地板上而失误，因此在比赛中运用杀球时需要量力而行。当对方在后场时，运用杀球更为有效。

（1）直线杀球

直线杀球是直接把球打到前壁低处，使其在对手接到以前反弹两次以上。直线杀球有几个要领：

①击球点要低。杀球前一定要耐心，待球落到膝以下才击球，击球太早很难控制球的落点。

②平行击球。拍面与前壁平行，落点就不会太高。

（2）角落杀球

角落杀球是把球打到前壁下角，即靠近一面及侧壁的角落上，再打到侧壁的角落上，或打到侧壁前靠近地面与前壁的角落上，然后不着地直接打到前壁的角落上。角落杀球的作用与直线杀球基本一样，但球打到角落后会向侧面变向而不是像直线杀球那样反弹回来。因此，即便打得稍高一点也不易被对手接回。

角落杀球的要领与直线杀球相似，但力量减少，控制力增加。

（3）吊球

当对手在后场、而击球者在前场时，击球者将球轻轻地吊到角落里，而使球死在那里。其作用与角落杀球相似，用力较小，且比较安全。因为对手很难从后场跑上来回球。当球靠近前壁时，如果击球者运用其他击球技术，球可能会大力反弹至后场，反倒让接球者有机会把球打到后场而使击球者处于不利地位。

打吊球的动作很轻，用力小，拍子半斜，将球削向角落，球便不会反弹得很远、很高。

4. 顶棚球

顶棚球是指在比赛中击球者将球击向顶棚靠近前壁的位置上，球随即弹到前壁并以高弧度落向发球区，再高弹起来从防守者的头上落到角落。这种球飞行高，常常把对手赶到角落上去回球，而减少其杀球的机会。

顶棚球的一种变化方式是先将球击向前壁高处，球马上弹到顶棚，然后下落并反弹到角落。不过这一顺序改变会减慢速度及减少运行距离，使防守者易于回球。

顶棚球有高手、低手击球动作之分。低手击球如同基本击球技术，只是拍面要对准顶棚靠前壁处。高手击球动作类似于羽毛球中击高远球的动作。

壁球运动技巧五则：

（1）打直线，保持良好的球距。

（2）击球时，将球击向后墙角。

（3）打直线球，让球紧贴侧墙边。

（4）击球后，迅速返回中场。

（5）时刻关注球和对手的动向。

三、壁球基础战术

（一）发球与接发球战术

1. 发球战术

发球是在不受对方干扰的情况下进行的。只要在壁球规则允许的范围内，发球者可以以任何方式将球发到对方后 1/4 区的任意一点，所以发球是唯一可以让球员有最大自由度来击球的时机。但是，有威胁的发球要考虑落点、力量等因素的变化，才能有良好的效果。如果发过去的球，接球者不需要任何移动就能接起，说明发球的落点欠佳；如果过分地求稳，怕把球击出界而用力发球，也不是一个好的发球。

（1）发后场高吊球

这是壁球中最常见的一种发球。发球后，球撞击前墙后高高弹起，首先触到接球方一侧的侧墙上部，然后碰到后墙，最后再落到地板上。整个球路是围绕接球者的身体绕行的，即从他的左边绕到右边（在右发球区发球），使接球者必须转过身来才能接这个球（图 8-24）。

（2）发追身球

这也是壁球中常见的一种发球，就是用打斜线球的方法将球直接发向接球员的身体。一般球员在接这种球时都比较吃力，因为他必须首先快速地躲闪开这个位置，让出球路，然后再挥拍击球。发追身球时要注意，力量一定要大，落点一定要准，要直接发到对方身体上（图 8-25）。

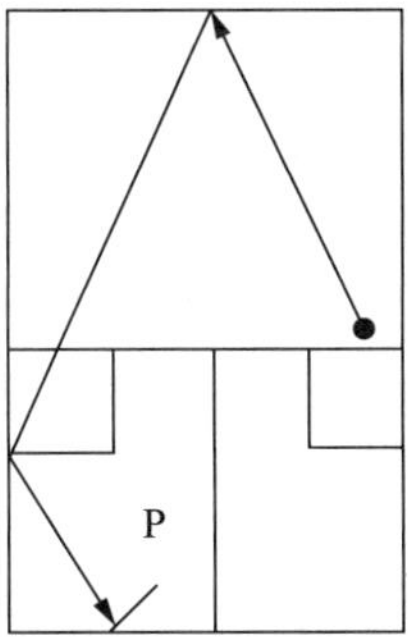

图 8-24

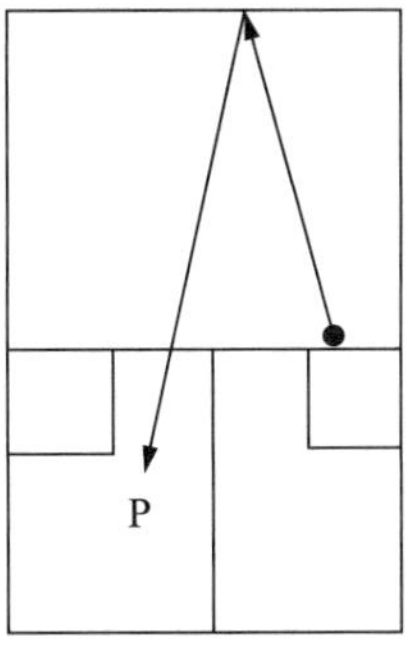

图 8-25

2. 接发球战术

接发球时虽然处于被动的状态，但是由于发球时受到规则的限制，发球者的发球只能发到接球者一侧的后 1/4 区域内。这就是说，接发球者只需防守 1/4 的场地，便能回击对方的整个场地。所以，如果接发球者能处理好这一拍的话，也能化被动为主动。

（1）打直线长球

打直线长球是接发球时常采用的回球方法，使用率约 60%。回球的方向应是在自己一侧的半场，球的落点是场地的后方，目的是使球尽量远离发球者。

(2) 打斜线长球

打斜线长球在接发球中的使用率约25%。如果对手发完球后站到了“T”区的位置，接发球时便可以采用打斜线长球的方法。打这种球时要注意，球击向前墙的落点要低一些，力量要大一些（力量小的斜线球容易被截击），尽量把球打到另一半场的后场（图8-26）。

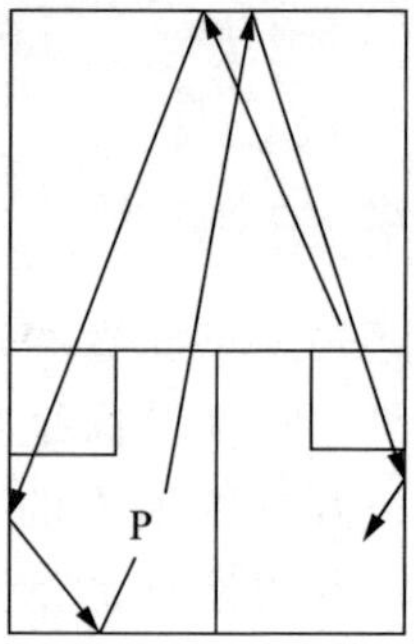

图 8-26

(3) 打前场球

打前场球就是把球打到接近前墙位置的回球方法，在接发球中的使用率约15%。打前场球的位置最好是在自己一侧半场的前场（图8-27）。

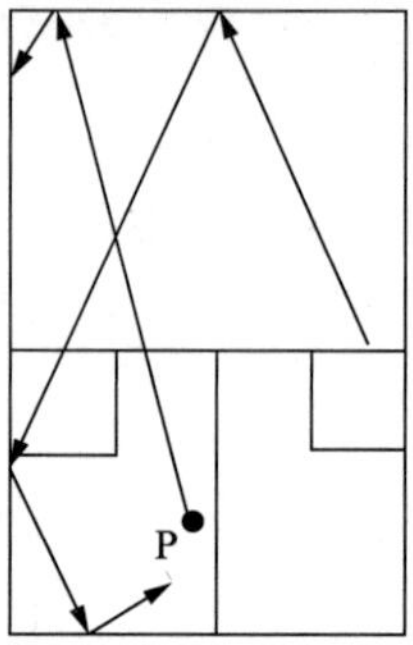

图 8-27

以上三种接发球的战术都适用于发后场高远球。

(二) 壁球比赛的基本战术

1. 避免击球失误

壁球比赛是一种使身体和精神都感到有压力的运动。为了给对手施加压力，球员必须尽量避免击球失误。许多球员在比赛中最终获胜往往不是因为打出较多得胜的球，而是因为击球失误较少。要做到避免击球失误，就需要有扎实的基本功，并在比赛时做到全神贯注、精力集中。

2. 打出有力的一球

有力量的球同时也是速度快的球。观察优秀运动员之间的比赛，球都是在高速的运行中进行的。打出准确性高，又具备攻击性的球，就能扰乱对手的打法，使对手只有招架之功，而无还手之力。对于击球速度慢的对手来说，这也能减少打出好球的机会。

3. 打贴墙球

打贴墙球就是球员打直线长球，使球紧贴着侧墙返回。这种球由于距离侧墙很近，所以不容易下拍，接起来比较困难。有些身材高大的球员喜欢提前击球，也有些球员喜欢打截击球，打贴墙球就可以扰乱这些球员的打法，造成这些球员击球失误。

4. 利用场地空间

利用整个场地，使用前场球、高吊球、侧墙球等技术在前墙和后墙之间调动对手，使对手四处移位，消耗其体力，增加其失误。

第九章　形体类休闲体育运动方法指导

第一节　体育舞蹈

大众体育舞蹈已成为当代大学生进行娱乐健身、社会交流的一项时尚运动。本书所编的是方便初学者从不会到会、看图行步、自学有成、无师自通的大众体育舞蹈的练习基础内容。

一、体育舞蹈概述

体育舞蹈起源于欧美传统宫廷舞、交谊舞及拉美国家的各式土风舞，后经整理规范为现在的体育舞蹈。体育舞共分摩登舞和拉丁舞两大类 10 个舞种。摩登舞分为华尔兹（慢三步）、探戈、维也纳华尔兹、狐步和快步舞。摩登舞的服装和舞步讲究绅士风度，体现欧美宫廷文化。拉丁舞分为伦巴舞、恰恰舞、桑巴舞、斗牛舞、牛仔舞。拉丁舞女士动作婀娜多姿，音乐节奏明快，舞蹈充满活力，动作以髋部动作和身体线条的展开为主要特征，追求一种野性美。体育舞蹈融艺术、体育、音乐、舞蹈于一体，不但具有独特的观赏性，而且具有强烈的艺术感染力，所以被人们看成一种陶冶情操和锻炼体魄的极好形式，并被认为是真正的艺术。

目前，国际上存在两个国际体育舞蹈组织：世界舞蹈及体育舞蹈理事会和国际体育舞蹈联合会。世界舞蹈及体育舞蹈理事会，简称 WDDSC，1950 年 9 月 22 日，在英国苏格兰的爱丁堡成立，现有 52 个会员协会，注册地为英国伦敦，主要管理职业体育舞蹈事务和比赛。国际体育舞蹈联合会，简称 IDSF，1935 年成立于布拉格，现有 79 个会员协会，注册地为瑞士洛桑，主要管理业余体育舞蹈事务和比赛。该组织于 1997 年获得国际奥委会的正式承认，并且成为唯一代表体育舞蹈的国际组织。1992 年体育舞蹈被国际奥委会列入比赛项目，2000 年成为悉尼奥运会表演项目。

国际体育舞蹈组织于每年 5 月的最后一周在英国的“黑池”举办世界性的大赛和研讨会，它代表着世界上体育舞蹈的最高水平，目前世界级体育舞蹈比赛已举办了 75 届。国际体育舞蹈组织把规范后的舞蹈命名为国际标准交谊舞。国际标准交谊舞通过比赛在世界各地不断推广，其自身也得到了发展。

二、体育舞蹈各舞种的特点

（一）华尔兹

华尔兹舞也被称为圆舞或宫廷舞，是现代舞中历史最悠久、生命力最强的舞蹈形式。

风格特点：舞态雍容华贵，舞姿飘逸优美。动作流畅起伏，婉转多变，富于抒发浪漫情调，享有“舞小皇后”的美称。华尔兹节拍分 3/4 拍，节奏每小节有 1、2、3 拍，第 1 拍为重音，第 2、3 拍为弱音。每分钟 28～30 小节。

（二）探戈舞

探戈舞起源于非洲中西部的民间舞蹈探戈诺舞。

探戈舞是最早被英国皇家舞蹈协会肯定，并加以规范的四个标准舞之一。它综合了世界各种探戈舞的精华，以其刚劲挺拔、潇洒豪放的风格和独有的魅力征服了舞坛。探戈音乐华丽，舞姿刚劲顿挫，奔放潇洒。探戈舞曲的节拍为 2/4 拍，速度为 33 小节/分。

（三）狐步舞

狐步舞起源于美国黑人舞蹈，1914 年传入欧洲。狐步舞的风格特点除具有华尔兹的典雅大方、舒展流畅和轻盈飘逸之外，更具有狐步舞独有的平稳大方、悠闲自在、从容恬适的韵味。狐步舞的舞步轻柔、圆滑、流畅，方位多变且不并步。在动作衔接中呈现出降中有升，升中有降的线行流动状。狐步音乐 44 拍，速度中庸，节奏明快，情绪朗静而文雅，基本节奏与探戈相反，是慢快快。

（四）快步舞

快步舞起源于英国。快步舞的风格特点是轻快活泼，富于激情。舞步洒脱自由，饱含动力感和表现力。快步舞音乐 4/4 拍，每分钟 50 小节，基本节奏是慢慢快快、慢快快慢。

（五）维也纳华尔兹

维也纳华尔兹起源于奥地利北部山区农民舞，是历史最悠久的舞蹈。维也纳华尔兹的风格特点是动作舒展大方，连绵起伏，节奏清晰，旋律活泼，动作优美，舞步轻快流畅，旋转性强。维也纳华尔兹的音乐是 3/4 拍，每分钟 60 小节。在比赛中常放在第五个舞种进行，要求选手有充沛的体力才能从容地完成。

（六）伦巴

伦巴源于古巴的民间舞。伦巴舞的音乐缠绵、浪漫，舞蹈风格柔媚、抒情，是表现爱情的舞蹈，与其他拉丁舞不同的特点是舞者舞步运行中，髋部富有魅力地扭摆，上身自由舒展，在抑扬的韵律节奏下，具有文静、含蓄的风格，更加展示了女性婀娜多姿的美态。伦巴舞因在拉丁舞中历史悠久、舞型成熟和它那异国情调的独特风格，被誉为拉丁舞之魂。伦巴舞音乐 4/4 拍，4 拍走 3 步，每分钟 27 小节。

（七）恰恰

恰恰舞蹈由非洲传入拉丁美洲后，在古巴获得很大发展，它是模仿企鹅姿态创编的舞蹈。在动作编排上一反男子领舞的习惯，男女动作不求统一整齐，且多半是男子随后。舞蹈又有诙谐、花哨的风格，所以备受欢迎，是拉丁舞中最流行的舞蹈。恰恰舞的音乐曲调欢快有趣，4/4 拍，4 拍跳 5 步，每分钟 29～32 小节。

（八）牛仔舞

牛仔舞起源于美国西部，20世纪30年代盛行的牛仔舞蹈。舞步带有踢踏动作。节奏快速兴奋，动作粗犷，带有举持舞伴和甩动的技巧，是表现牧人强健体魄和自由奔放情绪的舞蹈，具有独特的魅力。牛仔舞音乐44拍，每分钟44小节，舞曲欢快，有跃动感，舞步丰富多变，其强烈的扭摆和连续快速的旋转，常使人眼花缭乱，亢奋热烈。

（九）桑巴

桑巴舞源于巴西的民族舞蹈，是巴西音乐的舞蹈的灵魂。20世纪二三十年代桑巴舞传入欧美，桑巴舞的风格特点是动作粗犷，起伏强烈，舞步奔放、敏捷，富有强烈的感染力。由于它在移动时沿舞程线绕场行进，因此它是拉丁舞中行进性的舞蹈。桑巴舞音乐24拍，每分钟48～56小节。

（十）斗牛舞

斗牛舞起源于西班牙，是模仿西班牙斗牛士动作，由西班牙风格的进行曲伴奏的一种拉丁舞。在舞蹈中，男士象征斗牛士，女士象征斗牛士兵的斗篷，因此，舞蹈应表现出男子强壮英武和豪迈昂扬的气概。斗牛舞音乐2/4拍，每分钟60小节，一拍跳一步。

三、体育舞蹈基本知识

（一）场地

体育舞蹈比赛场地长23m，宽15m。赛场必须平坦，便于舞者运步、旋转。

（二）舞程线

舞者沿着共同的逆时针方向移动的路线。对舞步的行进方向规定：

1. 男伴面向的是舞程线。
2. 男伴背向的是逆舞程线。
3. 男伴右肩所向即右转90°所向为四壁，称为壁线。
4. 男伴左肩所向即左转90°所向为舞池中央，称为中央线。
5. 男伴右前方即右转45°后的方向朝壁线倾斜，称为壁斜线。
6. 男伴左前方即右转45°后的方向朝中央线倾斜，称为中央斜线。
7. 男伴右后方即右转135°后的方向朝壁线逆向倾斜，称为逆壁斜线。
8. 男伴左后方即右转135°后的方向朝中央逆向倾斜，称为逆中央斜线。

（三）竞赛形式

体育舞蹈竞赛分摩登舞和拉丁舞两种比赛。两个舞种又各分甲组、乙组、丙组和长青组等多种比赛形式。

(四) 角度与方位

在每个舞步开始、结束时所站立的方向，旋转过程中的方位、角度，都有一定的规定。旋转角度的认定：旋转时以每转 360°为一周，旋转 90°为 1/4 周，旋转 135°为 3/8 周，旋转 180°为 1/2周，旋转 225°为 5/8 周。在做旋转动作时，均标明旋转的方向，即左转或右转，然后标明旋转角度。跳舞时，为了便于辨别方位和检查旋转的角度，根据国际上记录的各种舞蹈的惯例，在舞场上要规定一定的方位：一般多以乐队演奏台的一面规定为基点，定为“1 点”，然后男伴每右转 45°所向的点依次定为 2 点、3 点、4 点、5 点、6 点、7 点和 8 点（图 9-1)。

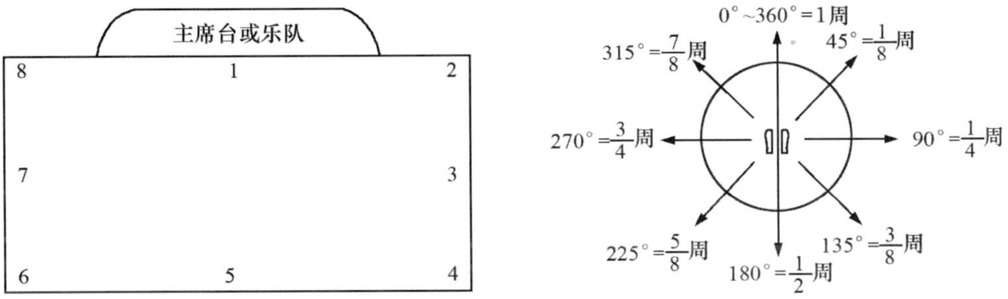

图 9-1　体育舞蹈角度方位图

(五) 基本动作

基本动作是指初学者必须掌握的一部分基础练习内容，也是体育舞蹈入门的第一步。规范的基本动作，可以使练习者了解舞蹈动作的基本规律，使动作做得自然、优美、规范，并同音乐和谐一致。通过基本动作的练习，还可以培养练习者良好的身体姿态，提高节奏感、灵活性和协调性，促进身体全面协调地发展。

基本动作包括：

①基本舞步：如变换步、弹簧步、华尔兹、波尔卡、玛祖卡、布鲁斯、狐步等。

②基本动作：包括手、臂、腿以及躯干的基本动作练习，还有转体、跳跃等技巧性动作。

③基本舞姿：包括可洛才（交叉式)、爱法珊（散式)、阿拉贝斯（迎风展翅）以及我国的古典舞姿，如射箭、探海、卧鱼等。

1. 脚的位置

在中国民族舞蹈中，常见的脚位有：正步、八字步、丁字步、踏步、弓箭步、蹲步等基本脚位，见图 9-2。

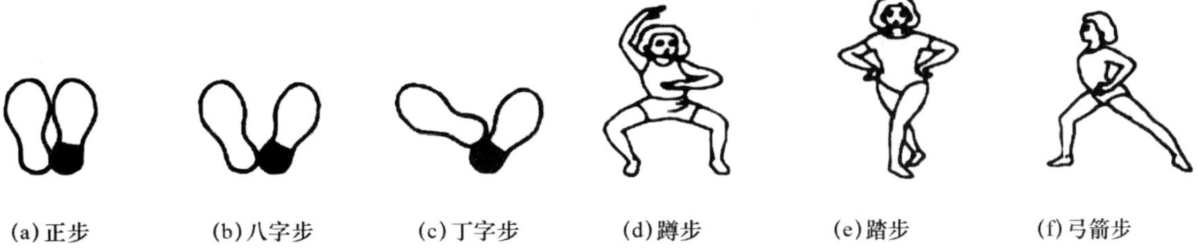

图 9-2　体育舞蹈中常见脚的位置

2. 脚的动作

舞蹈基本训练中用于训练脚弓的柔韧性和脚腕的灵活性，见图 9-3。

(a) 压脚背　　(b) 半脚尖

图 9-3　体育舞蹈中脚的动作

3. 手的基本形状

在中国的民族舞蹈中，手的基本形状有：兰花指、单手指、剑指、虎口掌、立掌，见图 9-4。

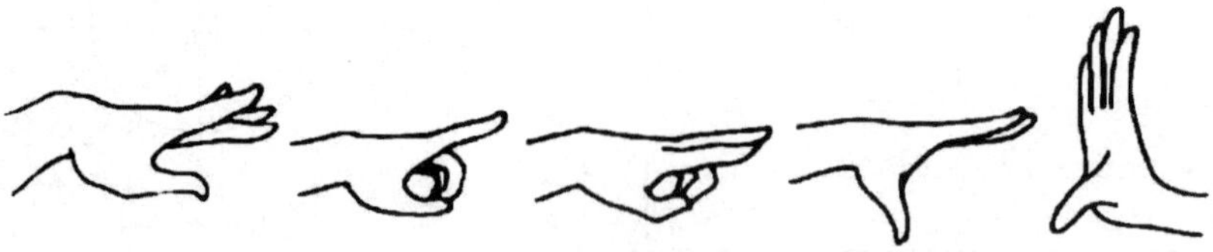

(a) 兰花指　　(b) 单手指　　(c) 剑指　　(d) 虎口掌　　(e) 立掌

图 9-4　体育舞蹈中手的基本形状

4. 手的进行动作

在中国的民族舞蹈中，手的进行动作有：压腕、提腕、撩掌、盖掌，见图 9-5。

(a) 压腕　　(b) 提腕　　(c) 撩掌　　(d) 盖掌

图 9-5　体育舞蹈中手的进行动作

（六）基本站位舞姿

1. 闭位舞姿

相对站立，双足并拢，各自的右足尖对准对方的双足中线，头部各自向左稍转，视线越过双方右肩向前看，女伴上体稍向后倾。男伴左手侧平举，屈肘约 120°，手掌向上，女伴举右手，掌手向下，四指并拢与男伴松握，握手略高于肩，男伴右手轻扶女伴左肩胛骨下方，女伴右手轻放在男伴右肩上，上体保持正直，不可耸肩含胸，运步时手不可推拉和摇晃。

2. 开位舞姿

男伴向左（女向右）各转 45°，身体成侧向“V”字形站立。

3. 交叉位舞姿

以闭位舞姿各自左转 45°，男女右肩相对行步。

（七）手掌向处

一般社交舞中男为领舞，女为伴舞。男伴的指令动作一般通过身体和手势发出暗号，女伴要善于接受男伴的引导信息并做出恰当的反应。

第二节　街舞运动

一、街舞概述

街舞也称 Hip－Hop。字面上的 Hip 是臀部，Hop 是跳跃。Hip－Hop 可以说是一种自动自发的精神，勇敢尝试的生活态度。街舞来自黑人街头舞蹈，所以，另一种叫法是 REETFUNK。街舞因其轻松随意、自由个性和反叛精神而理所当然地受到年轻人的喜欢。

中国青少年最早接触街舞，是源于 20 世纪 80 年代的美国电影《霹雳舞》。当时的霹雳舞就是现在霹雳舞的前身。随着中国青少年对街舞理解的深入，他们逐步回归街舞的本源，以中国青少年自己的眼光和特点来实践街舞。

街舞本身具有非常显著的特点，主要表现为：自由奔放，彰显个性；聚集人气，广泛传播；吸人观赏，斗舞竞技。

现代的街舞，往往可以分为两种类型：一种是嘻哈，是舞蹈型街舞，强调舞者的动作协调性和舞感，以及肢体灵活性和控制力。嘻哈在经历了 Old Shool 和 New shool 两个类型发展之后，发展出机械舞、锁舞、电流等多种风格。另一种是霹雳舞。这是技巧型街舞，对跳舞者的力量、柔韧性和协调性有较高要求，属于技巧性较高的体育舞蹈。通常又可以将霹雳舞分为两种类型：一种是用手、头、身体在地上旋转，称为大地板；一种是在地上踩出复杂变化的脚步动作，加上刁钻的倒立，称为小地板。

二、街舞运动方法指导

1. 托马斯

双脚张开成大字形，然后左手伸直撑地，左脚用力往右脚脚跟的方向扫，右脚朝头的方向用力踢高。在这同时左脚也必须往头的方向用力踢高，使两只手撑着地面，双脚腾空，腰往前挺直。然后左脚继续保持在空中，右脚往斜后方拉回原来右脚起步的方向，左手远离地面仅剩右手撑住整个身体。

2. 风车

左手撑在肚脐的左侧，双脚张开成“大”字形，然后左脚抬高，往斜下方用力扫。在这同时左手放开，让左手沿着手臂至背部的顺序让身体的着地点在背的上方 1/2 处。

3. 无限头转

固定腰部，准备好使身体以垂直的角度转动。保持身体重心，以不失重心为目标，使腰部转动，转完 1 圈后用双手重新找回重心。不断地增加回转圈数的同时注意速度，随着回转速度的加快，放开双手。

4. 手部 POP 练习

把两只手摆成一个很像骑马的姿势，手指往下放，要有很轻松的感觉。然后手腕往下压，手指头部分往上。

5. 脚部 POP 练习

脚步的 POP 其实也就是大家所说的胯下的 POP。胯下的 POP 练习比手部练习更加容易。先站起来，然后膝盖向前稍微弯曲。慢慢从这个动作站起来，慢慢地把脚打直，别用力。脚快要站直的时候，突然用力快速把脚打直。反复练习。

第三节　瑜伽运动

一、瑜伽概述

瑜伽是一种老少皆宜、安全有效的休闲运动，对练习者的生理和心理状态有着非常有效的调节作用。瑜伽是东方最古老的健身术之一，当前，瑜伽已经在世界范围内有了普遍的传播和流行。

瑜伽是从印度发源而来的，是古代印度六大哲学派别中的一派，已有五千多年的历史。起初，只有少数人进行瑜伽练习，并且通常在寺院、乡间小舍、喜马拉雅山洞穴和茂密森林中心地带修持，由瑜伽师讲授给那些愿意接受的门徒，以后瑜伽逐步在印度普通人中间流传开来。现在瑜伽，已在全世界范围内广泛传播。印度已出现了许多专门研究瑜伽的学校。

当前所说的瑜伽，是指锻炼身体的健身方法，通过瑜伽的练习来达到增进人们的身体、心理和精神健康的目的。在中国，真正的瑜师和练瑜伽的人并不多，仅仅是近几年，瑜伽才走进健身房，开始被大众熟悉。

瑜伽作为一种心智修炼的方法，集动静于一体，通过姿势、呼吸和冥思的结合，达到健身、修心与养生的功效，是现代人减压、修身养性的休闲健身运动项目。它正以不同形式改变着人们的生活方式、价值观和审美观。瑜伽逐渐成为一种时尚，成为许多人生活中的重要组成部分。

二、瑜伽健身动作指导

瑜伽的健身动作主要有以下几个方面：

（一）头部动作

瑜伽健身的头部动作主要有以下几种：

1. 跪坐，身体向前弯曲，把前额贴在地面上，两手放于腿的两侧，呼气，臀部慢慢抬起，大腿要与地面垂直。头部和颈部要支撑住身体的一部分重量，正常呼吸，保持这个姿势 20～30s。慢慢吸气臀部坐在脚跟上，重复 2～3 次练习（图 9-6）。

1　　2

图 9-6

2. 平仰卧，双手平放于身体的两侧。吸气收腹，双腿伸直上抬，双手托起腰部，两肘关节抵住地面，以肘部和背部支撑住身体的重量，使双腿向上伸，慢慢伸直躯干，保持 1min 左右，慢慢吸气放下背、腰、腿，身体躺平重复 2～3 次练习（图 9-7）。

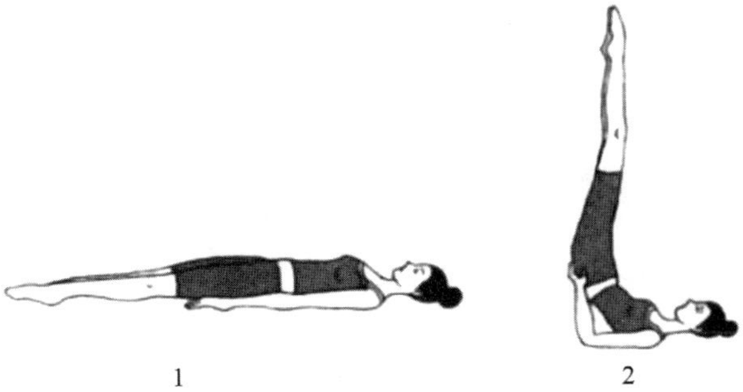

图 9-7

（二）肩部动作

瑜伽健身的肩部动作主要有以下几种：

1. 正直站立，两指尖轻轻点肩上，两肘要向前绕圈由小圈过渡到大圈，绕 12 圈；两肘要向后绕圈由小圈过渡到大圈，绕 12 圈。动作要准确、和缓（图 9-8）。

图 9-8

2. 两腿开立半蹲，两臂体前绕环 12 圈，两臂要向后绕环 12 圈，呼吸配合手臂。动作要舒展，尽量延伸到身体的最远端（图 9-9）。

图 9-9

(三) 腰背动作

瑜伽健身的腰背部动作主要有以下几种：

1. 趴在地面上，两臂紧贴身体两侧，吸气头抬起，慢慢使身体上抬，依次按照头、肩、胸的顺序离开地面，正常呼吸，保持这一姿势 30～40s，重复 4～5 次（图 9-10）。

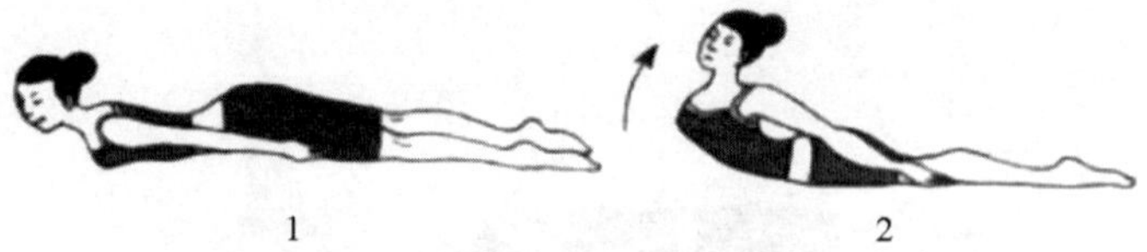

图 9-10

2. 两腿开立，吸气双手头上伸，指相交，呼气身体前屈，两眼要注视手背。吸气身体向右转动，呼气身体要转向左侧，重复 4～6 次身体要尽量伸展，动作要准确、和缓（图 9-11）。

图 9-11

(四) 腿部动作

瑜伽健身的腿部动作主要有以下几种：

1. 坐在地面上，伸直双腿，上体正直，吸气双手相对上举，呼气身体要下压，手抓住小腿，身体放松，正常呼吸，保持这一姿势 20～30s，吸气的同时要抬身，重复 2～3 次（图 9-12）。

图 9-12

2. 跪撑，吸气臀部上抬，呼气肩下压，腿伸直，脚跟要向地面沉，身体呈倒“V”字形，正常呼吸，保持这一姿势20～30s，吸气，慢慢还原至开始姿势，重复3～4次（图9-13）。

1　　2

图 9-13

三、瑜如健身体式指导

1. 脊柱扭动式

挺直身子坐着，两腿前伸，左小腿向内收，左脚底挨近右大腿内侧。将左臂举起，放在右膝外侧，伸直左臂抓住右脚。伸出右手高与眼齐，双眼注视指尖。右臂保持伸直，慢慢转向右方，直至右手背放在左腰上。做深长而舒适的呼吸，保持15～20s。用完全相反的顺序恢复原态，再做相反方向的练习（图9-14）。

图 9-14

2. 单腿交换伸展式

双腿向前伸直坐着，慢慢吸气，两手上升高过头部，两臂向前伸，身躯略向后靠。慢慢呼气，向前弯上身，两手尽量抓住左脚，将躯干拉近腿部，两肘向外弯曲。放松颈部，让头部下垂。保持这个姿势10s或更长久之后，再换左腿做同样的练习（图9-15）。

图 9-15

3. 身腿结合式

仰卧，抬高双腿，并保持膝盖伸直，当双腿已垂直于地面时呼气，抬起臀部和下背部，两腿伸展至头上方，并伸向头后。两腿弯曲，将大腿移向胸部，躯干便向后方移动，直到能够把膝盖都贴在地面上。也可以把双手顺势滑向背后抓住两脚脚踝，从而能够用手帮忙把膝盖抵紧双肩，然后两手臂抱住大腿，做缓慢而深长的呼吸。在感到舒适的前提下，可以尽可能长时间地保持这个姿势（图 9-16）。

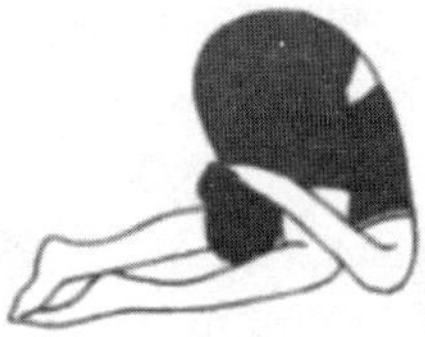

图 9-16

4. 肩倒立式

这个姿势的梵文名字原意是“全身”，因为它有益于整个机体。开始时仰卧，两臂向下按以求平稳，慢慢将腿抬离地面。当椎垂直于地面时，升起腿部，将腿部向头部后方送得更远，让两腿伸展在头部之上。接着用手托住腰部两侧，支撑起躯干。收紧下巴，让它顶住胸部。舒适地呼吸，保持这个姿势至少 1～3min（图 9-17）。

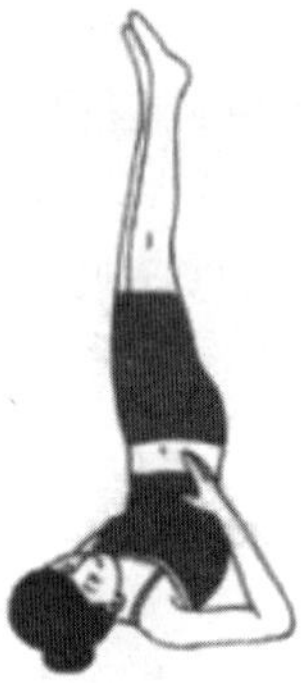

图 9-17

5. 蛇击式

双手双膝着地，做动物爬行状，一边保持两手按住地面，一边把臀部放落在两脚跟上，并把头贴在地板上，做叩首式（图 9-18）。保持胸膛高于地面，一边吸气并将胸膛向前移动，伸直双臂，放低腹部直到大腿接触地面，胸部向上挺起。背部呈凹拱形，眼睛向上注视，正常地呼吸（图 9-19）。保持这个姿势 10～20s 之后，再慢慢按反过来的程序做，恢复到叩首式。可以重复做 10 次。

图 9-18

图 9-19

6. 鸽式

首先放松坐着，曲双膝，左膝向外，左脚板紧靠右大腿内侧。右脚板朝天，双手把住右脚踝，使右脚尽量靠近身体，保持上体直立。在长时间保持这个姿势之后，可以换反方向做同样的练习（图 9-20）。

图 9-20

7. 骆驼式

两大腿与双脚略分开跪在地上，脚趾指向后方，吸气，两手放在髋部，将脊柱向后弯曲，然后在呼气的同时，把双掌放在脚底上，保持两大腿垂直于地面，头向后仰。一边保持这个姿势，一边将颈项向后方伸展，收缩臀部的肌肉，伸展下脊柱区域。保持 30s 之后，两手放回髋部，慢慢恢复预备姿势（图 9-21）。

图 9-21

8. 侧三角式

保持两膝伸直，将右脚向右转 90°，呼气，双臂伸直，将上身躯干转向右方，让左手在右脚外缘碰触地板，右臂向上伸展，与左臂成一条直线。保持姿势，双眼注视右手指尖，伸展双臂及肩胛骨。恢复常态时吸气，先后缓慢将双手、躯干转至常态。然后交换方向做同样的练习，需要注意的是，两侧的练习应保持相同的时间（图 9-22）。

图 9-22

9. 拜日式

放松站立，两脚靠拢，两掌在胸前合十，正常呼吸。双手食指相触，掌心向前，双臂高举过头顶，缓慢而深长地吸气，上身自腰部起向后方弯下。呼气，慢慢向前弯身，用双掌或两手手指接触地面，不要弯曲双膝。以不感到太费力为限，尽量使头部靠近膝盖。保持手掌和右脚不离开地面，慢慢吸气，同时左脚向后伸展。慢慢把头部向后上方抬起，胸部向前方挺出，背部则呈凹拱形。一边慢慢呼气，一边将右脚向后拉，使两脚靠拢，脚跟向上，臀部向后上方收起。伸直四肢，身体好像一座山峰的样子。一边呼气一边让臀部微微向前方摇动，一直到两臂垂直于地面为止，然后蓄气不呼，弯曲两肘，胸膛朝地板方向放低。一边保持胸部略高于地面，一边慢慢呼气，胸部前移，直到腹部和大腿接触地面。然后吸气，慢慢伸直两臂，上身从腰部向上升起。头部像眼镜蛇式那样向后仰起。呼气，同时臀部升高，双手、双脚支撑地面。一边吸气，一边弯曲左腿并将左脚伸向前面。头部向上看，胸部向前挺，脊柱呈凹拱形。试图把这个动作和上一个动作做连贯，一气呵成。一边保持两手掌放在地板上，一边慢慢呼气，右脚收回放在左脚旁边。低下头，伸直双膝。一边慢慢抬高身躯，两臂伸直举过头顶，背部向后弯。一边呼气，一边恢复到开始的姿势，两手掌在胸前合十（图 9-23）。

图 9-23

10. 战士第三式

两腿大分开，吸气，双掌合十，高举过头顶并尽力伸展，呼气，右脚与躯干向右旋转 90°，左脚向右方略转动。曲右膝直到大腿与地面基本平行，左腿伸直，两眼注视合十的双掌，伸展脊柱（图 9-24）。接着呼气，将上身躯干向前倾，双臂保持伸直，手掌合十，一边伸直右腿，一边把左腿举离地面（图 9-25）。右腿完全伸直后，左腿举高至与地面平行，此时，双臂、上身和左腿应该形成一条与地面平行的直线，右腿应与这条直线呈直角（图 9-26）。在保持这个姿势约

20s 之后，呼气，再回到第一个姿势上来。

图 9-24

图 9-25

图 9-26

第四节　健美运动

一、健美概述

（一）国际健美运动的传播与发展

氏族社会解体以后的古希腊，形成了数以百计的城邦国家。希腊人把战争作为敛财的重要手段，为了战胜敌人，身体强壮、身手矫健、体力耐久的斗士就成了人们崇拜的对象，在这种环境中，人们也就形成了特定时期特殊的审美观。据希腊历史的记载，健美的人体，是呼吸宽敞的胸部，灵活而健壮的脖子，虎背熊腰的躯干和块块隆起的肌肉。著名的古希腊哲学家苏格拉底认为，人的一切活动不能脱离身体，身体必须保持高效率的工作，力量与肌肉的美只有通过身体才能得到，衰弱是耻辱。因此，在这种身体崇拜的影响下，古希腊人通过体育运动来实现塑造和培养身体强健的健美人物，当时举行的四年一届的古代奥林匹克运动会就是炫耀人体健美的场所，获胜者将会受到热烈的欢迎。此外，当时的古希腊还风行裸体艺术，参加运动的运动员必须裸体，所以运动场上人们不但能欣赏到运动员潇洒的动作，还能欣赏到他们发达的肌肉、健硕的身体以及各种动作体现出来的健、力、美结合的人体姿态。同时，运动场上的运动员们为了表现身体线条的优美、凹凸有致且富有弹性的肌肉，把全身都涂上了当地盛行的橄榄油。涂油的身体在光线的照耀下，其肌肉线条更加表露、更加丰满、更加明显。著名的雕塑《掷铁饼者》，就是这一时期健美运动杰出的代表，雕像不仅准确生动地表达了人体运动的美，也体现了古希腊人别具一格的审美观。

透过古希腊的身体崇拜，我们可以看到健美运动的形象初具轮廓，为后来的健美运动进一步发展奠定了理论基础和评判标准。

19 世纪以前，欧洲一些国家如英国、德国等，已经用杠铃、壶铃等器械及其他重物来锻炼身体，这种利用器械的锻炼方式，既是现代竞技举重的起源，也是健美运动和力量举重的起源。这一时期的健美运动虽然初具轮廓，但是并没有对体形方面有特殊的要求，只是追求力的增长。大约到 19 世纪初，健美运动这个初生的婴儿开始渐渐成长。这一时期的健美运动在体形方面逐步有了改变，除了表演各种力量之外，还增加了用肌肉控制、造型的形式来表达自己丰满、匀称、发达的体形。19 世纪中后期，由于举重运动的出现，有人主张增长力量，主张到竞技场上参加角逐的愿望要求强烈。在 1896 年第一届现代奥运会上将举重正式列为参赛项目。然而另一些人则喜欢在发达的肌肉、健美的体形和塑造美的健美表演中下功夫。在这种情况下，健美运动开始从举重运动中脱离出来。

经过 19 世纪初期之前的铺垫，健美运动的形成与发展已是众望所归。在 19 世纪末 20 世纪初，健美表演方面最具影响力的是德国的体育家山道。人们公认他的身体是健、力、美的精华。山道根据人体解剖学、运动医学等创造了用哑铃、杠铃等器械作为增强体质、发展力量、塑造肌肉、发展体形的健美运动项目，此外他还举办健美比赛，创办健美学校和《山道杂志》。由于他对健美运动做出的突出贡献，所以被尊称为“健美运动之父”。

20 世纪初，爱好健美运动的人越来越多，健美运动得到了广泛的开展。美国的医学专家列戴明早在 1920 年前就开办了健身函授班，这是美国各种组织中历史最为悠久、影响最大的一个组织。列戴明在健美理论和指导实践上都达到了相当高的水平。

1923 年 12 月，美国《体育》杂志主编麦克法登倡导和主办了世界上第一次健美比赛——全美男子健美比赛，将健美竞赛分为三个体重级别：轻量、中量、重量。30 年以后，男子健美比赛风行世界。随后，女子健美运动在北美和欧洲开始流行。1942 年，美国首先举行了“健美小姐”评选会，为女子健美比赛的开奠定了基础。

20 世纪中期，健美运动逐步向健全化和完美化方向发展。加拿大人本・魏特和他的兄弟裘・魏特在 1946 年创建了国际健美联合会，并制定了健美比赛的国际规则。到 2017 年，国际健美联合会已有 180 个会员协会，是世界业余运动联合会中第八个最有影响的组织。

早期的世界健美比赛，既没有统一的竞赛规则，也没有统一的体重分级。1946 年，国际健美联合会成立后，制定了统一的竞赛规则。国际比赛一般采用按体重分级的三赛淘汰制。男子体重分为最轻量级（体重 65kg 以下）、轻量级（65～70kg）、中量级（70～80kg）、次重量级（80～90kg）、重量级（90kg 以上）五个级别。女子以体重分为轻量级（52kg 以下）、中量级（52～57kg）和重量级（57kg 以上）三个级别。各级别都按预选赛、半决赛、决赛的程序进行比赛，并按各轮参赛人数评分，决赛后以总积分少者名次列前。世界比赛的男子冠军称“世界（或奥林匹亚）先生”，女子冠军称“世界（或奥林匹亚）小姐”。同时，有的国家还开设了单项奖，比如男子“肌肉最发达者”“背肌最佳者”“胸肌最佳者”等；女子“最匀称者”“最佳姿势者”等。

目前，国际健美联合会主办的国际比赛主要有健体比赛、比基尼比赛、古典健体比赛和传统健美比赛等。

（二）中国健美运动的历史

中国的健美运动发展经历了艰难而复杂的历程，从诞生、初创、遭禁、复苏、起步、平稳到逐步发展。

20 世纪初期，国外健美运动信息传入中国。20 世纪 20 年代末，现代健美运动由欧美传入我国，由于条件限制，最初的健美运动仅在上海、广州等沿海城市兴起，开始运用杠铃、哑铃作为发达肌肉和改善体形的现代健美器械。

20 世纪 30 年代初，在上海沪江大学上学的赵竹光，将盛行于美国的一套健美体格锻炼法引进中国，在他的组织下，成立了中国第一个健身组织——沪江大学健美会。

1939年8月，赵竹光与曾维祺成立了肌肉发达法研究会，并开办健身房。1940年5月，两人在上海共同开办了上海健身学院，宗旨是“推行科学化的健身方法，锻炼身体，增进健康”；校训是“健全的身体、健全的人格、健全的头脑、健全的灵魂”。赵竹光还主编了《健力美》杂志。上海健身学院为我国健美运动的发展培养了骨干力量。此后，参加锻炼的学员日益增多，其中多数是大、中学生，也有教师、剧作者演员和导演。每年夏秋之间，学员多达五六百人。另外，该院还设有体育医疗班和健身函授科。函授科除有国内学员外，国外的则以印度尼西亚、菲律宾、新加坡和马来亚华侨居多。在此后的八年中，参加函授科的学生共有2000多人。这不但促进了国际健美运动的发展，也推动了国内一些大城市的健美活动。

20世纪40年代初期，上海健身学院发展迅速，学生人数不断增多。曾维祺于1942年5月另开办现代体育馆，亲自担任馆长，并主编了《现代体育》杂志。该馆开始聘请女教练，增设女子健美班，开展女子健美运动。

1944年6月10日，在上海八仙桥青年会小礼堂，举行了我国第一次男子健美比赛。比赛按身高分成甲、乙、丙三组进行，共有20多位运动员参加。比赛时，运动员从正面、侧面、背面做出规定动作和不限姿势方向的自选动作，由赵竹光、曾维祺、梁兆安等五位裁判评分，评选出各组的冠、亚、季军。当时获得甲组冠车的是黄辉，乙组冠车是柳顺奄，丙组冠车是茅冠卿。

中华人民共和国成立后，各地健美运动蓬勃发展。上海先后建立了健美体育馆、强华体育社、沪东体育馆和联华体育馆等12个锻炼健美的场所，参加健美锻炼者数千人。广州的健身院也发展到10所之多，并且发展到北京、南京、苏州等地，吸引了成千上万的青年参加健美锻炼。20世纪50年代中期以后，由于错误地把健美这一运动项目当作西方资产阶级体育进行批判，健美运动遭到扼杀，停止发展，许多健美场馆转为开展竞技举重和挪作他用，健美运动停滞20余年。

1981年，健美运动在上海、广州、北京等地恢复，许多地方还开设了女子健美班，同年《健与美》杂志问世。1983年6月2—4日在上海举行第1届全国力士杯健美邀请赛，这是中华人民共和国成立之后的第一次全国性健美比赛，共有9个单位38名运动员参加比赛。获得第一名的男子运动员是：最轻量级云南黄华新，轻量级上海冷高伦，中量级江苏朱来喜，重量级北京张启伟。江苏朱来喜获全场冠军。

1984年5月1—12日，在广州举行了第2届全国力士杯健美邀请赛，参赛者增至11个单位、52名运动员。

随着健美运动的不断发展，1984年10月24—28日，应国际健美联合会邀请，娄琢玉出席了在美国拉斯维加斯召开的第38届国际健美年会，并做了《健美运动在中国》的报告。1985年11月2日，国际健美联合会接纳中国为国际健美联合会的第128个会员国，确定了中国健美运动的国际地位，为中国参加国际健美活动创造了条件。

1985年6月21—23日，在北京展览馆剧场举行了第3届全国力士杯健美邀请赛。国际健美协会主席本·魏特专程来华观看了比赛并进行了讲学。本次比赛有23个单位、94名男运动员参加了4个级别的角逐，由《中国妇女》杂志社组队的8名女运动员和北京市东城区健美队的女运动员进行了单人、双人、三人和集体造型表演，开创了中国内地女子健美运动正式登上比赛擂台的新局面。

1986年11月27日，正式成立了中国举重协会健美运动委员会。同年11月28—30日，在深圳举行了第4届全国力士杯健美邀请赛，共有48个代表队、228名运动员参加比赛，其中女运动员57人。女子健美首次列入了正式的比赛，并按照国际健美规则统一着三点式比基尼泳装出赛，引起了国内外的关注。

1987年，国家体委将一年一度的全国力士杯健美邀请赛正式改名为“全国健美锦标赛”。并规定每年举办一次“全国健美锦标赛”、一次“全国健美冠军赛”。

1988年10月，中国健美队参加了在澳大利亚黄金海岸举行的第42届世界业余男子健美锦标赛，这是中国首次派选手参加世界比赛，是中国健美运动走向世界的标志。

1989年9月20日，中国健美协会加入亚洲健美联合会。2005年在上海举行的第59届世界健美锦标赛60公斤级比赛中，钱吉成在众多世界高手的夹击下勇夺冠军，成为中国历史上第一个健美世界冠军。

21世纪以后，我国健美运动不断发展，全国各地的健美健身训练馆和健美俱乐部已有十余万家，参与健美锻炼的人数已达数千万人，全国和省市健美比赛的规模不断扩大，比赛类型和健美锻炼方式不断增多，竞技健美水平日益提高，中国健美运动水平已进入亚洲先进行列。此外，全国各高等院校和体育院校都把健美运动作为体育教学的正式内容，受到了学生的普遍欢迎并取得了突出的健身效果。

二、健美运动基本技术

（一）健美运动的基本技术要求

健美运动的基本技术主要包括动作速率、适宜的负荷重量及自身能承受重复完成的最大重量（RM）。

1. 动作速率

在健美训练的肌肉力量锻炼中，使用的动作速度不同，锻炼效果也不同。健美锻炼必须强调爆发力。爆发力是肌肉快速收缩时的能力，它取决于肌肉收缩的力量和肌肉收缩的速度。

爆发力＝力量×速度

爆发力的锻炼，宜从较小的负荷做快速运动开始，随着训练水平的提高，逐步提高负荷。完成健美锻炼动作的速度过慢，则不能发展爆发力。

2. 选择适宜的负荷重量

在初始练习阶段，要使健美器械的重量服从于身体能力，而绝不能使身体能力服从于健美器械的重量。因此，要根据每个健美训练者的不同情况，因人而异地安排初始练习的负荷重量。最好选用能完成8～16重复次数的健美器械负荷重量，经过5～6次训练课后，对此负荷重量会变得轻松起来，同时动作技术也会逐步规范正确，在此基础上再开始正式训练。

3. 确定自己的RM

首先，初级健美训练要知道自己的能力，在练习前先测定各主要部位肌肉群用力动作所能完成的极限重量。如仰卧平直推举动作，用100kg重的杠铃只能推举起一次，即这个动作的极限重量等于100kg。比如，某个重量只能连续举起5次，则该重量就是5RM。健美训练的书籍中表述的负荷量的公式，如8～12RM，意思就是所用器械重量最多只能重复8～12次。换句话说，能反复举起8～12次的最大重量，就是应选用的重量。通过一段时间的训练，肌肉发生了生理性适应之后，最初的极限重量可能变成了你的练习重量，这时就必须渐增负荷，增大强度。

（二）健美运动的训练程序

1. 筛选基本动作

基本动作是指一个动作能同时练几个部位或几块肌肉的动作，能使有关肌肉群协调发展。比如，杠铃仰卧推举动作练习可以使胸大肌、三角肌和肱三头肌都得到训练。

2. 肌肉群训练的顺序

初级健美训练顺序必须根据初级健美训练的特点合理安排。中、高级健美训练者通常把胸、背部肌肉练得很发达，却忽视其他部位，尤其是腹部、腿部肌肉的训练。要遵循正确的练习程序，即先练大肌肉群，后练小肌肉群。这是因为大肌肉群力量潜力很大，在做完很多组的练习之后，肌肉群容易消除疲劳。相反的，小肌肉群不易消除疲劳，因此会影响大肌肉群的动作练习。大肌肉群是指胸、背、大腿等部位的肌群。因为，通常在训练大肌肉群时，相关的小肌肉群也同时参与活动。而如果一开始就进行小肌肉群的训练，比如肱三头肌的练习，到仰卧推举来训练胸大肌群的练习时，就会出现肱三头肌群已经疲惫无力，而难以协助胸大肌完成推举动作。再如，初始就做哑铃腕弯举动做练习，前臂肌肉的紧张不易很快消除，因此握力下降，这时如果再做大肌肉群的动作练习，就容易使器械脱手，造成伤害事故。不论按哪种顺序进行练习，腰腹部肌群和前臂肌群都应放在训练的最后为好。

总之，选择适宜的负荷重量及强度是初级健美训练者首先要解决的问题，要遵循人体生理规律及有关训练原理，增加科学性，以达到事半功倍的效果。

三、人体各部分健美练习动作

健美训练主要指采用杠铃、哑铃、壶铃、拉力器、自身重量及组合力量练习器等多种力量练习器械，再结合人体肌肉解剖特点，进行健美动作练习，使人体各部位肌肉发达健美。

（一）肩部健美

作为健美评判的标准，无论是男健美运动员，还是女健美运动员都必须具有健美发达而宽阔的双肩。肩部健美评判的关键是宽度的大小，为了塑造一副杰出的双肩，可以通过肩部肌群特别是锁骨末端的三角肌训练，对增加肩部的宽度有明显的作用。

肩部有三束肌肉，分别是三角肌前、中、后三束。每一束肌肉的功能都有所不同，因此，为了使三角肌得到全面的发展，每束肌肉都必须采用专门的训练方法单独训练。另外，也可做一些斜方肌的练习来发展三角肌。

1. 哑铃前平举

作用：主要发展三角肌前束和斜方肌。

动作要领：单手握住哑铃，放在大腿前方，保持手臂稍微弯曲，手掌面对大腿。双臂提高哑铃至与上臂平行或者略高，然后返回。重复进行。

注意：抬头、挺胸、收腹，两眼平视前方，用力呼气，还原吸气。用力2～4s，还原2～4秒。

运动方向：由下至上。

2. 杠铃片前平举

作用：主要发展三角肌前束和斜方肌。

动作要领：双手握住哑铃片，放在大腿前方，保持手臂稍微弯曲，手掌面对大腿。双臂提高哑铃片至与上臂平行或者略高，然后返回。重复进行。

注意：抬头、挺胸、收腹，两眼平视前方，用力呼气，还原吸气。用力2～4s，还原2～4s。

运动方向：由下至上。

3. 杠铃前平举

作用：主要发展三角肌前束和斜方肌。

动作要领：双手正握闭握杠铃，放在大腿前方，保持手臂稍微弯曲，手掌面对大腿。双臂提高杠铃至与上臂平行或者略高，然后返回。重复进行。

注意：抬头、挺胸、收腹，两眼平视前方，用力呼气，还原吸气。用力2～4s，还原2～4s。

运动方向：由下至上。

4. 哑铃侧平举

作用：主要发展三角肌中束和冈上肌、斜方肌。

动作要领：两脚并拢或稍微分开站立，背部挺直，双臂垂直于身体两侧，双手抓握哑铃，向侧上方平举哑铃至双肩水平，肘部微屈，返回起始位置。用力呼气，还原吸气。用力2～4s，还原2～4s。

注意：抬头、挺胸、收腹，侧举时手臂不要过于抬高，肘部微曲。

运动方向：由下至上。

5. 坐姿哑铃推举

作用：主要发展三角肌、肱三头肌和背部肌群。

动作要领：坐在凳子上保持身体直立，双手抓住哑铃，推起哑铃高过头部。保持手臂稍微弯曲，然后返回。

注意：抬头、挺胸、收腹，背紧靠座椅，用力呼气，还原吸气。用力2～4s，还原2～4s。

运动方向：由下至上。

6. 哑铃俯身开肘提拉

作用：主要发展三角肌后束和上背部肌群。

动作要领：俯身前倾，保持背部挺直。双手抓住哑铃，保持手臂略微弯曲，肘部指向两侧。肘部向上弯曲，上拉提高哑铃位置。保持上臂垂直于身体。返回时，保持手臂稍微弯曲2～4s，还原2～4s。

注意：头部略抬起目视前下方，身体不要过度前倾和后仰。用力2～4s，还原2～4s。

运动方向：由下至上。

7. 哑铃俯身飞鸟

作用：主要发展三角肌后束和上背部肌群。

动作要领：俯身前倾，背部伸直，膝盖向前弯曲。双手握住哑铃，保持上臂垂直于身体躯干，平举动作，向两侧提高双臂，直到肘部比肩膀略高。

注意：下肢固定，身体不要过度前倾和后仰。用力2～4s，还原2～4s。

运动方向：由下至上。

8. 哑铃站姿耸肩

作用：主要发展斜方肌、肩胛提肌和三角肌。

动作要领：双手握住哑铃，双臂自然下垂，抬头挺胸收腹，斜方肌上束用力上提。

注意：下肢固定，双臂不要发力。用力 2～4s，还原 2～4s。

运动方向：由下至上。

9. 杠铃站姿耸肩

作用：主要发展斜方肌、肩胛提肌和三角肌。

动作要领：双手握住杠铃，双臂自然下垂，抬头挺胸收腹，斜方肌上束用力上提。

注意：下肢固定住，双臂不要发力。用力 2～4s，还原 2～4s。

运动方向：由下至上。

10. 站姿提肘上拉

作用：主要发展三角肌前束、后束和斜方肌。

动作要领：抬头挺胸收腹，双手正握杠铃，下肢固定，两手间距略比肩宽，上提至胸部，下放至腹部。

注意：不要过于抬高，双手间距不要过窄。用力 2～4s，还原 2～4s。

运动方向：由下至上。

（二）胸部健美

胸部健美主要是为了增强体格美感，塑造厚实、健美、成块状并与全身肌肉的发展保持协调一致。练就宽厚的胸部，能让形体健壮优美，使人充满活力。

1. 哑铃平板卧推

作用：主要发展胸大肌、肱三头肌和三角肌等。

动作要领：仰卧在平卧推凳上，两脚平踏在地上。两肘弯曲，握住哑铃，拳眼相对，手心朝腿部的方向，哑铃的轴线位于乳头上方。向上推起，两肘内收，夹肘的同时夹胸，两臂慢慢弯曲，哑铃垂直落下，下降至最低处时，即做上推动作。重复。

注意：小臂不要过于发力，下降时手臂自然张开。用力 2～4s，还原 2～4s。

运动方向：由下至上。

2. 龙门架夹胸

上胸：将两侧把手放置最低，然后手握住把手，掌心朝上同时上拉至平行于胸的位置，还原至大腿两侧。用力 2～4s，还原 2～4s。

中缝：将两侧把手调至与肩部平行位置，双手握住把手，身体前倾，双臂向胸的中缝夹。用力 2～4s，还原 2～4s。

下胸：将两侧把手调至最高点，双手握住把手，身体前倾，双臂向胸下方拉。用力 2～4s，还原 2～4s。

运动方向：由下至上。

3. 杠铃平板卧推

作用：主要发展胸大肌、肱三头肌和三角肌等。

动作要领：仰卧凳上，两腿屈膝，两脚着地，双手正握杠铃，握距稍宽于肩，手臂伸直，头正颈直。吸气后慢慢放下杠铃至胸部。当杠铃靠近乳头上方时，将杠铃推起。

注意：不要过于用手臂力量推起，不要用胸部弹起杠铃。用力 2～4s，还原 2～4s。

运动方向：由下至上。

4. 杠铃上斜卧推

作用：主要发展胸大肌外侧、上部，三角肌前束和肱三头肌等肌群。

动作要领：两臂伸直支撑住杠铃位于肩的上部，放下至胸部上方。当横杠接触乳头上方时，即做上推动作，上推时呼气。

注意：注意力集中在胸部，身体不要过于反弓。用力 2～4s，还原 2～4s。

运动方向：由下至上。

5. 双杠臂屈伸

作用：发展胸肌下部、肱三头肌和三角肌等肌群。

动作要领：双手分别握杠，两臂支撑在双杠上，头正挺胸顶肩，躯干、上肢与双杠垂直，屈膝后小腿交叠于两脚的踝关节部位。肘关节慢慢弯曲，同时肩关节伸屈，使身体逐渐下降至最低位置。稍停片刻，两臂用力撑起至还原。

注意：头抬起，伸臂过程中躯干不要发力，感受放在胸上身体微挺胸。用力 2～4s，还原 2～4s。

运动方向：由下至上。

6. 蝴蝶夹胸肌

作用：发展胸大肌等肌群。动作要领：调整好座位高度，使把手与肩在同一高度，双臂保持微弯状态，注意双臂不要过度打开，以免伤到肩关节，重量不要太重，内收时停顿 3s，充分挤压胸大肌。

注意：在做动作的过程中，上身一定要保持挺直，不要借助外力去发力，肘关节保持向后和外侧，而不是向上。用力 2～4s，还原 2～4s。

运动方向：由下至上。

（三）臂部健美

手臂健美主要包括上臂和前臂的健美，强壮的手臂让人看起来更结实、更健美。

1. 站姿曲杠弯举

作用：主要发展肱二头肌和肱桡肌。

动作要领：发力以肘关节为主，弯曲手臂带动杠铃运动，直至杠铃接近胸部位置稍作停顿，缓慢卸力下落还原至起始位置，在最低点时不完全放松。

注意：与肩同宽站立，收紧腹部，肩膀后缩下沉；双手与肩同宽握住弯杆弧度位置，上臂贴紧身体。用力 2～4s，还原 2～4s。

运动方向：由下至上。

2. 牧师凳弯举

作用：主要发展肱二头肌及前臂屈肌群。

动作要领：发力以肘关节为主弯曲手臂，直至小臂接近垂直地面；稍作停顿，缓慢卸力还原至起始位置，在最低点时不完全放松。

注意：背部靠实后侧挡板，上臂完全贴在后侧挡板，坐实凳子；双手与肩同宽握住弯杆弧度位置。用力 2～4s，还原 2～4s。

运动方向：由下至上。

3. 绳索垂式弯举

作用：主要发展肱二头肌及前臂屈肌群。

动作要领：保持上臂固定，发力弯曲手肘将绳索拉起，缓慢卸力还原至起始位置，控制配重片不相撞。

注意：将滑轮能级调至最低，双手对握住绳索，站直身体，靠近龙门架。用力 2～4s，还原 2～4s。

运动方向：由下至上。

4. 哑铃臂弯举

作用：主要发展肱二头肌及前臂屈肌群。

动作要领：上臂稍离身侧，绷紧肩关节、上臂，不要将哑铃下放至最低点。

注意：上臂前侧肌肉发力将哑铃上举、下放，不可直接放松任由哑铃下落。用力 2～4s，还原 2～4s。

运动方向：由下至上。

5. 仰卧臂屈伸

作用：主要发展肱三头肌及胸大肌。

动作要领：稳定上臂，缓慢让杠铃落向额头位置，小臂与地面约平行；稍作停顿，发力伸直手肘，还原至起始位置。

注意：双脚踩实地面，肩膀后缩下沉，上背部平贴凳面，腰部微微拱起；双手比肩稍窄握住弯杆最中间弧度位置，手肘朝前。用力 2～4s，还原 2～4s。

运动方向，由下至上。

6. 双杠臂屈伸

作用：主要发展肱三头肌及胸大肌。

动作要领：双手分别握杠，两臂支撑在双杠上，头正，挺胸顶肩，躯干、上肢与双杠垂直，屈膝后小腿交叠于两脚的踝关节部位。肘关节慢慢弯曲，同时肩关节伸屈，使身体逐渐下降至最低位置。稍停片刻，两臂用力撑起至还原。

注意：头抬起，上升过程中躯干不要发力，感受放在手臂上。用力 2～4s，还原 2～4s。

运动方向：由下至上。

7. 哑铃颈后臂屈伸

作用：主要发展肱三头肌。

动作要领：挺胸，上臂垂直于地面，将两只哑铃在颈后并拢，形成一个整体，利用手臂后侧肌肉发力将哑铃上举。

注意：大臂不要过于张开，控制哑铃与身体平行上下移动。用力 2～4s，还原 2～4s。

运动方向：由下至上。

8. 绳索下压

作用：主要发展肱三头肌。

动作要领：上臂后侧主动发力，向下向外伸直肘关节；至最底部，保持1s，上臂不动，缓慢卸力弯曲手肘，还原至起始位置，控制配重片不相撞。

注意：将滑轮调至最高；微微屈膝屈髋，绷紧肩部，握住滑绳；向前微微俯身，直至滑绳与上半身接近平行。用力2～4s，还原2～4s。

运动方向：由上至下。

9. 小臂哑铃弯举

作用：主要发展前臂屈伸肌群。

动作要领：抬头挺胸收腹，双手正握住哑铃，大臂自然放松，手腕屈伸，靠小臂肌群发力。

注意：大臂不要过于用力，重量不宜过大，以免手腕受伤。用力2～4s，还原2～4s。

运动方向：由下至上。

10. 小臂杠铃弯举

作用：主要发展前臂屈伸肌群。

动作要领：抬头挺胸收腹，双手正握住杠铃，大臂自然放松，手腕屈伸，靠小臂肌群发。

注意：大臂不要过于用力，重量不宜过大，以免手腕受伤。用力2～4s，还原2～4s。

运动方向：由下至上。

(四) 背部健美

背部健美主要是充分发展背阔肌、竖脊肌、大圆肌、斜方肌和髂腰肌等背部、腰部肌群，以形成宽阔厚实而又健美的超级倒三角体——“V”字形。在背部健美时，对背阔肌下部肌肉的训练应严格控制。如这部分肌肉训练太多，或做太多的侧弯腰练习，肌肉过于发达，会削弱“V”字形，有损于完美的体格。

1. 引体向上

作用：主要发展背阔肌、冈下肌、大圆肌、肱二头肌等肌群。

动作要领：双手正握杠杆，间距略比肩宽，手肘向外打开，拉起时想象手肘垂直向下发力，腰腹、臀部、双腿始终绷紧，不可放松。

注意：下落时不要完全下到底，保持肩部、背部始终发力。用力2～4s，还原2～4s。

运动方向：由下至上。

2. 杠铃俯身划船（正握）

作用：主要发展背阔肌、斜方肌及三角肌后束。

动作要领：双手正握闭握杠铃，膝部弯曲，用力时，背部用力，肩胛骨后缩，将杠铃拉向腹部；在最高点保持1s，缓慢卸力还原至起始位置，不完全放松。

注意：比肩稍宽掌心朝后握住杠铃；双脚与肩同宽站立，下背部挺直，腰腹收紧，向前俯身至与地面夹角20°左右；肩膀微微前引，用力2～4s，还原2～4s。

运动方向：由下至上。

3. 杠铃俯身划船（反握）

作用：主要发展背阔肌、斜方肌及三角肌后束。

动作要领：双手反握闭握杠铃，膝部弯曲，用力时，背部用力，肩胛骨后缩，将杠铃拉向腹部；在最高点保持1s，缓慢卸力还原至起始位置，不完全放松。

注意：比肩稍宽掌心朝后握住杠铃；与肩同宽站立，下背部挺直，腰腹收紧，向前俯身至与地面夹角20°左右；肩膀微微前引。用力2～4s，还原2～4s。

运动方向：由下至上。

4. 坐姿绳索划船

作用：主要发展背阔肌和三角肌后束。

动作要领：发力将手柄拉至腹部位置，肩胛骨主动后缩夹紧；在顶部保持1s，缓慢还原至起始位置，肩胛骨微微前引，控制配重片不相撞。

注意：选择对握手柄；收紧腰腹，挺直背部，膝盖微曲，固定腿部，对握住手柄；肩胛骨微微前引。用力2～4s，还原2～4s。

运动方向：由前至后。

5. 坐姿器械高位下拉

作用：主要发展背阔肌、三角肌后束及肱二头肌等肌群。

动作要领：身体稳定不前后摆动，肩膀下沉，背部发力带动上臂靠向身体两侧，将杆拉至锁骨位置；保持1s，缓慢上放还原，在最高点时仍然发力控制。

注意：调整重量，固定器固定双腿，收紧腹部，挺直腰背部，身体微微向后仰；双手1.5倍肩宽距离，掌心朝前握住杆，肩膀稍向上送。用力2～4s，还原2～4s。

运动方向：由上至下。

6. 单臂俯身划船

作用：主要发展背阔肌、斜方肌及三角肌后束。

动作要领：背部发力收起肩部带起哑铃，直至肘部略高于背部所在平面；保持1s，缓慢卸力还原至起始位置，在最低点不完全放松。

注意：右侧手脚支撑在凳上，左侧脚斜后方向踩实地面，背部保持平直；左侧肩部前引，握住哑铃，用力2～4s，还原2～4s。

运动方向：由下至上。

7. 直腿硬拉

作用：主要发展骶棘肌、臀大肌。

动作要领：脚后跟蹬地带动拉起杠铃，杠铃过膝后收紧臀部站直身体，杠铃贴着大、小腿运动；拉起后，肩胛骨后缩，夹紧臀部，保持背部挺直，顺势下蹲将杠铃落至地面。

注意：双脚与肩同宽，杠铃贴近小腿前侧；肩部下沉向后收紧，下背部绷紧挺直，手肘窝贴近膝盖，双肩位于杠铃正上方。用力2～4s，还原2～4s。

运动方向：由下至上。

8. 山羊挺身

作用：主要发展骶棘肌等腰部肌群。

动作要领：保持下背部挺直的情况下，上半身缓慢俯身至与地面平行位置。还原时，下背部发力还原至起始位置，在最高点保持1s。

注意：双脚踩实踏板，脚后跟固定；调整挡板位置，使其位于骨盆位置不压迫腹部；双手交叉在胸前，上半身保持挺直。用力 2～4s，还原 2～4s。

运动方向：由下至上。

（五）腿部健美

腿部健美的主要目标是充分发展腿部肌肉，练出清晰发达、棱廓分明的肌肉线条。腿部健美主要包括大腿和小腿的健美，在训练时，应注意大腿和小腿的比例，协调发展。

1. 坐姿腿屈伸

作用：主要发展股四头肌。

动作要领：勾起脚尖，大腿前侧发力将膝关节伸直，在最高点保持 1s，缓慢卸力还原至起始位置，控制配重片不相撞。

注意：调整重量，调整座椅位置和挡板角度；背部贴紧靠背坐于器械上，双手握住两侧把手，用力 2～4s，还原 2～4s。

运动方向：由下至上。

2. 直腿硬拉

作用：主要发展股四头肌及臀大肌。

动作要领：两脚开立，比肩稍宽。微微屈膝（注意“直腿硬拉”中“直腿”的意思并不是挺直，而是相对于“屈腿硬拉”而言比较直的腿。做硬拉和其他大重量动作的“站直”大多都是稍微屈膝，这样才能保护好腰椎和膝关节），向前屈体，同时注意整个动作都要腰背挺直。两手用正、反握握杠，握距稍宽于肩，勿低头。

注意：收缩下背部肌肉，把上体向上向后挺起，两肩尽量后移。最后，尽力收缩骶棘肌，静止 1s，再慢慢屈体向前，直到感觉腰背无法再向下方。如欲加大后背部的屈伸幅度来加大锻炼效果，两脚放在垫木上，杠铃放在地上。用力 2～4s，还原 2～4s。

运动方向：由下至上。

3. 斯密斯站姿负重提踵

作用：主要发展小腿三头肌。

动作要领：史密斯机上，双手掌心朝前握杠宽于肩，杠铃置于肩后，收腹，紧腰，挺胸身体直立，膝关节伸直。接着吸气，尽可能地向上提踵，稍停 3～4s。然后吸气，缓慢还原，重复练习。

注意：完成动作时不要屈膝，屈体，控制重心不要有意前移，否则效果极差，可在前脚掌垫一块杠铃片防止重心前移。用力 2～4s，还原 2～4s。

运动方向：由下至上。

4. 深蹲

作用：主要发展股四头肌及臀大肌。

动作要领：双脚比肩稍宽站立，脚尖稍微冲外下蹲，保持腰背挺直，缓慢蹲下至大腿略低于膝盖位置，膝盖朝向脚尖方向，腹部收紧。蹲起时，全脚掌发力蹬地，收紧臀部，带动蹲起。回杠时，完成最后一次动作后，将杠铃还原至深蹲架上。

注意：肩膀后缩，将杠铃置于斜方肌中上部，收紧腹部；吸气憋住，腿、臀部发力将杠铃顶起，站至合适位置，调整呼吸。用力 2～4s，还原 2～4s。

运动方向：由下至上。

5. 腿弯举

作用：主要发展股四头肌。

动作要领：勾起脚尖，大腿后侧发力将膝关节弯曲，在最高点保持1s，缓慢卸力还原至起始位置，控制配重片不相撞。

注意：调整重量和挡板角度；坐于器械上，身体贴实；肘关节支撑，双手握住两侧把手。用力2～4s，还原2～4s。

运动方向：由下至上。

6. 坐姿双腿提踵

作用：主要发展小腿三头肌。

动作要领：坐在直板凳上，脚尖自然朝前，膝关节对准脚尖，将杠铃放置于大腿前侧，尽力抬起脚后跟。

注意：下放时脚后跟不要贴地面，慢慢地进行可控制运动，避免强力运动，还原时动作也要缓慢。用力2～4s，还原2～4s。

运动方向：由下至上。

7. 站姿腿后摆

作用：主要发展股二头肌及臀部肌群。

动作要领：两环相扣，一头是腿，一头是器材。双手扶着器材，腿部向后摆。向后摆时，利用的是髋部后伸的力量，摆动不用太过靠后。摆动全程，腿部保持伸直状态。

注意：脊柱保持稳定。臀大肌感觉紧张收缩。后摆时呼气，收回时吸气。用力2～4s，还原2～4s。

运动方向：由下至上。

（六）腹部健美

腹部健美的主要目标是练出清晰的“人鱼线”或“马甲线”，腹肌的训练和其他部位肌肉的训练方法有所不同，练习次数较多，一般15～25次/组。腹肌练习间歇时间要短，组与组之间间歇时间一般为十几秒。

1. 蜷腹

动作：主要发展腹直肌上腹部肌群。

动作要领：手置于腹部或者胸前，缓慢蜷起上半身，不可用手臂借力带起身体，蜷腹时手竖直上举。

注意：下背部始终用力贴紧地面，速度放慢。

运动方向：由下至上。

2. “V”字支撑转体

作用：主要发展腹内、腹外斜肌。

动作要领：收紧腰腹部，始终挺直，转动双肩将手伸出，转动骨盆将腿收回

注意：不要坐太高，后仰时的幅度要大。

运动方向：先由左至右，再由右至左。

3. “V”字对抗支撑

作用：主要发展腹直肌。

动作要领：绷紧腹部，双手与膝盖用力对抗，背部挺直。该动作也可以坐在椅子上进行，只要脚离地，双手与膝盖互相对抗即可。

注意：不要坐太高，收腹稳定身体，手与膝盖用力对抗。

运动方向：由下至上。

4. 卧提膝

作用：主要发展腹直肌下部肌群。

动作要领：腹肌发力将腿向前提起，拱起下背部。

注意：不要猛蹬腿，收腹注意发力集中在腹部，挤压腹肌。

运动方向：由下至上。

5. 卧交替抬腿

作用：主要发展腹直肌下部肌群。

动作要领：肩部稍抬离地面，双手在胸前用力或垫于腰下做支撑。下背部用力贴紧地面，双腿伸直，勾起脚尖。

注意：腹部发力收缩，动作要慢，勾起脚尖。

运动方向：由下至上。

6. 拉伸

动作要领：腿部完全贴紧地面，手将身体撑起用力拉伸腹部，下巴上扬，挺胸。

数量控制：很多人在锻炼的时候，没有数量的控制，只是一味地锻炼，没有很好的计划辅助锻炼，是不科学的。在锻炼的时候，一定要制订一个好的健身计划，照着健身计划锻炼，可以最有效地锻炼身体，也可以最大限度地节约时间，而且能最快地锻炼出腹肌。

力量控制：练腹肌时，应在一组动作中保持腹肌持续紧张，无论是在动作的开头还是结束，都不要松弛。把每一组动作做到力竭，期间不要计算次数，要持续不断地做，直到再也不能收缩腹肌为止。

有氧训练：有氧训练是腹肌训练的必要补充。从每次 45min 开始，每周做 4 次，以自己的体能状态为向导，决定是否增加时间到 60min。

第十章　时尚类休闲体育运动方法指导

第一节　拓展运动

拓展运动又称外晨训练，是一项集求生、探险、刺激、娱乐和教育于一体的极限运动。通过培训师的引导和讲解以及身体亲身等各种感受方式，使参与者达到“磨炼意志、陶冶情操、完善自我，熔炼团队”的运动目标，它已经逐渐成为一种和传统的灌输式教育模式相辅相成的体验式教育模式。

一、项目简介

随着拓展运动的规范化发展和其深远的影响，使其在创始不久就在世界范围内传播开来。1960年，美国引进了Outbound School，通过学员在高山大海的户外实践，直接影响学员的态度改变，这对嬉皮士盛行期的美国教育无异于注射了强心剂，也在一定程度上使越战后人们的消极心理得到修复。在亚洲地区，新加坡最早建立Ourbound school，此后是中国香港。新加坡、日本先后引进了拓展运动。目前，在世界许多国家和地区，已有百余所从事此类培训的机构。1995年，拓展运动走进中国大陆。虽然大陆开展该项运动的时间较短，但其影响力和普及率已经大大超乎人们的预期。自2000年起，拓展培调机构如雨后春笋般遍布全国。目前，福建、上海、广东等地的拓展训练发展迅速。一些经济较发达的城市都已建立专业的拓展训练基地。1999年，清华大学率先将体验式拓展训练引入MBA、EMBA的教学体系之中。由于拓展运动适应了时代完善人格、提高素质和回归自然的需要，因此成了新时代教育的新时尚。

二、项目特点及适用人群

拓展训练是一种开放、分享快乐的体验式训练，是对正统教育的全面提炼和综合补充。古人云：“行万里路，胜读万卷书。”知识和技能只是有形的资本，而意志和精神则是无形的力量。因此，拓展训练更多的是心理挑战。在自然风光中，使参与者完成一系列熔炼团队、挑战极限的活动，让学员在亲身体验中发掘潜能或反省自我。

（一）拓展运动的特点

表现在团队协作上，需要参与者抛弃个人得失，为集体荣誉而“奋不顾身”。拓展训练实行分组活动，强调集体合作，力图使每一名参与者都能为集体荣誉而用尽全力。同时个人也能从团体协作中得到巨大的力量和信心，在集体中彰显个性。拓展运动是通过参与人员的亲身体验，再经过集体讨论得出自己的感悟。而训练师只是点到为止，主要让学员自己来讲，达到了自我教育的目的。通过体验，参与者能够认识到自身潜能，从而可以增强自信心、改善自身形象；通过竭尽全力地完成任务，参与者可以克服心理惰性、磨炼战胜困难的毅力，也可以启发想象力与创造力，提高解决问题的能力；通过集体的协作，参与者可以充分认识到拼搏的作用，从而增进对集体的参与意识与责任心，改善人际关系。学会关心，更为融洽地与群体合作；通过户外运动，参与者也可以学习、欣赏、关注和爱护大自然。

（二）拓展运动的适用人群

拓展训练是通过设定特殊的环境，让参与者运用个人和集体的力量克服所面对的挑战，其目的是激发潜能、熔炼团队，把人的身心能力中最卓越、最出色的部分升华到可能达到的顶峰，使人增强对自己的认识和对能力的挖掘。正是由于其独特的功能和目的，也就决定了拓展运动最适宜的人群——青少年。一方面经过拓展训练的洗礼，可以培养青少年的集体观念、创新意识和环境保护意识；另一方面通过短暂的集体生活，可以促使青少年感受集体的温暖，正确认识人与人之间的交往关系，从而培养正确的人生价值观念。

三、项目发展趋势

进入工业化社会之后，工作节奏快，人际关系复杂，往往会造成很多社会人思想保守、情绪焦躁、精神压抑，更为严重的是很多人承受不了社会生活压力而做出极端的行为，这些现象给企业和个人带来很大的损失。由此，人们的生活方式与思想意识正逐渐发生变化，拓展远动开始被更广泛的人群所认识和接受。

人们对拓展运动的认识经历了一个由混沌到清晰，由低层次需要到高水平需求的过程，通过拓展训练将其企业文化和团队合作精神传播给新员工，为企业创造价值。拓展运动在中国起步较晚，并且也只是在近几年才开始流行的。近些年，拓展训练越来越受到人们的喜爱，拓展运动也逐步步入正轨，目前正从开展比较好的长三角、珠三角、北京等地区逐渐向中、西、北部地区扩散。它所独具的运动魅力、新颖的训练模式、张扬的协作精神必将被人们所熟知，并蓬勃发展。

第二节　垂钓运动

垂钓俗称“钓鱼”，是通过使用钓竿、鱼钩、鱼线等工具从江、河、湖、海及池塘水库等水域获取鱼类的一项休闲娱乐活动。因经常活动于空气清新、风景秀丽的海滩、湖畔或江河边。既可陶冶情操，又益于身心健康，因而近年逐渐发展为一项体育竞技运动。一年四季均可参与垂钓运动，但春、秋两季最适宜。垂钓者或站，或坐，与鱼儿比耐心、比力气，在抛线、收线中获得无限快乐。

一、项目简介

考古学家在黑龙江小兴凯湖岗上以及在陕西省西安半坡文化遗址中发现了大量骨制鱼钩，距今大约有6000年的历史。这足以证明，中国的钓鱼习俗早在新石器时期的母系氏族社会就已经形成。这些鱼钩造型多样，有的钩尖下面磨有倒刺，多数还磨有拴钓线的槽。这些均可证明当时垂钓活动已处在一个较高水平。

纵观人类历史，人类多聚居于江河流域，这为人类从水中获取食物提供了天然条件。人们通过长期的观察、积累经验，发现鱼喜食落入水中的昆虫、草叶等食物，由此发明了利用饵捕鱼的方法，即钓鱼。随着科学技术的进步以及生活资料的极大丰富，钓鱼逐渐从生产劳动中分离出来，成为一种高有趣味、有益身心的时尚休闲运动。目前，国外的钓鱼赛事在组织规模方面的发展相对成熟。

二、项目特点

垂钓是属于一种轻体育运动，是一项动中有静、静中有动、形神合一、净化心灵的体育活动。古人云："静以修身，俭以养德，非宁静无以致远，非淡泊无以明志。"垂钓就是此哲理的具体实践。和其他体育活动相比，垂钓有以下特点：

（一）设备简单且简单易学

垂钓是一项传统的娱乐项目，对设备的要求相对较低。如果想去垂钓，选一处钓点，带上鱼竿、鱼饵即可。从省时快捷的角度讲，从未尝试过钓鱼的人，只要耐心学习，很快就会掌握钓鱼的基本技巧，从而将鱼钓获。

（二）适用人群广泛

钓鱼是一项轻体育运动，活动量较小。它对垂钓者的年龄、性别等要求不大，男女老少均可以参加并从中获取乐趣。但据美国和英国 2003 年公布的渔业资源调查报告显示，钓鱼者的年龄渐趋年轻化，一般在 42 岁至 64 岁，原因在于各年龄段人的性格、闲暇时间不同。

（三）随意机动性强

简单方便，垂钓者只需一辆自行车，带上渔具和一个盛鱼的家什，即可解决垂钓的机动性问题。

（四）精神愉悦性强

随着生活资料的日益丰富，现代垂钓也逐渐脱离了生产与生活的性质。对于垂钓，人们更加注重的是精神的愉悦。"姜太公钓鱼，愿者上钩"这句典故流传千古。姜太公钓鱼意不在鱼，而在于"钓"之乐趣，并以此来消磨时间等候文王。姜太公钓鱼便完全脱离了生产的性质。从此，钓鱼活动以它崭新的面貌和独特的内容丰富着人们的精神文化生活，开始了钓鱼史上的新纪元。

三、项目发展趋势

（一）潜在客户多

首先，度假娱乐拓宽了垂钓空间。科学技术的进步促使生产力进一步解放，人们的闲暇时间增多，现在甚至有人提出四天工作制的建议，增多的节假日为人们提供了充足的休闲时间。不少城镇居民把垂钓娱乐作为日常休闲的重要内容，垂钓业日益被看好，垂钓的市场不断拓宽。其次，收入提高拉动了垂钓的消费。随着全球经济迅速发展，居民收入量著增加，在世界各地兴起垂钓热，同时异地垂钓也变得相当普遍。

（二）市场前景好

作为渔业发展中的新领域，垂钓旅游业产值为常规渔业产值3倍以上。垂钓旅游业把休闲，娱乐、旅游、餐饮等行业与渔业结合为一体，提高了渔业的社会、经济和生态效益，并逐步成为现代渔业的一个支柱产业，市场前景十分广阔。一些地方还准备建设国际垂钓中心和豪华游乐场、适合普通游客的休闲垂钓中心、垂钓俱乐部、娱乐广场等来满足不同顾客的需求。同时还能带动相关产业的发展，它涉及面很宽，需要相关产业的配合，如旅游服务业，包括餐饮、住宿、娱乐购物中心等。再者，垂钓业还能带动钓具、钓船、渔港码头等的发展。从另一个角度讲，各项配套服务产业的发展，同样促进休闲渔业的繁荣。总之，垂钓旅游业必将是渔民致富的新路。

（三）社会发展和环保的需要

垂钓旅游业是渔业现代化、农民增收的重要途径。农产品的绿色革命逐渐渗透到其他领域，包括垂钓业。环境宜人、丰富无污染的水利资源，是大力发展垂钓旅游业的基础。在渔业资源日趋衰竭、渔民收入下降的情况下，发展垂钓旅游业可以有效地保护渔业资源，保证生态平衡，满足人们旅游、观光、娱乐需求，也从而增加渔民收入，提高渔业经济效益，是一种值得大力推广的渔业经济发展新思路。

第三节　登山运动

登山运动是一项老少皆宜的大众运动项目。人类登山采集生活资源的行为几乎与人类历史同样悠久。山上常有野生树木，木材、植物性食物等隐秘其中，依山生活的原始人类出于生存需要上山采集生活用品、捕捉猎物，由此产生了最初的登山运动。普通登山运动具有适应面广、运动成本低、技能要求低、运动功效显著、趣味性强等特点，成为风靡世界的群众项目。随着人类挑战自然界步伐的迈进，许多乐于自我挑战的探险者将挑战目标直指各种难以登攀的山地地形，于是出现了不同于普通登山运动的现代登山运动。

一、登山运动的起源

1760年7月，出生在日内瓦的法国青年科学家H. 德索修尔他在阿尔申斯山脉山下的小山村——沙莫尼的村口贴出一张告示：凡能提供登上勃朗之巅路线者，给予重金奖赏。直到26年后的1786年6月，才由沙莫尼村的山村医生M.G. 帕卡尔揭下了告示，他们经过两个多月的时间，并与阿尔卑斯山区水晶石匠巴尔玛结伴，于8月6日首次登上了勃朗峰。这次原本为探索植物资源的旅程为现代登山运动的发展奠定了基础。于是，一个新的体育运动项目“阿尔卑斯运动（登山运动）”随之兴起。后来，人们便把1786年视为现代登山运动的诞生年，并把贯穿法国、意大利和奥地利等国家的阿尔卑斯山作为现代登山运动的诞生地。

二、项目特点及适用人群

（一）登山运动的特点

现代登山运动具有以下几个特点：

1. 是一项难度极大的运动项目。

2. 是一项装备要求很高的运动项目。

3. 是一项安全性要求很高的运动项目。

4. 是一项对体能要求很高的运动项目。

每一次登山活动，所需的时间较长，都是一次对运动量要求很大的尝试，对参与者所承受的体能、生理负荷都有很强的挑战。

5. 是一项训练特殊的运动项目。

6. 是一项系统管理要求很高的运动项目。

普通登山运动特点有运动强度适中、运动技术要求低、运动开展较为随意、运动花费低、运动健身效果明显、感官刺激丰富等，普通登山爱好者基本能满足以上条件，这使得普通登山运动成为大众项目的基础。

（二）登山运动的适用人群

现代登山运动可以说是一种极限运动，依据险峻的山地地形、苛刻的登山要求挑战着参与者的体力、技术、自信心等。因此，现代登山运动在体力上有苛刻要求，适用于体力充沛的青壮年爱好者参与。现代登山运动有助于青少年磨炼意志、增强自信心，是对青少年良好的实践教育；现代登山运动需要高度的精神集中力，因而有利于工作人群参与以摆脱压力、释放抑郁情绪；现代登山运动常常需要团队合作才能完成攀登，所以适用于对各种团队的合作精神的磨炼，对于增强新生团队的凝聚力、培养团队新成员协作精神具有重要意义。

普通登山运动适于各年龄段的爱好者，不论是青少年还是花甲老人，都能通过普通登山运动达到健身、健心、愉悦自身的目的。除了有效改善参与者有氧呼吸机能以外，普通登山运动还可以促进青少年儿童神经发育，丰富青少年儿童的自然知识，引起其学习兴趣；释放工作人群压力，避免压力过大而引起抑郁、暴躁等不良心理；改善老年人心境、排解老年人孤寂感，唤起老年人的生活热情。总之普通登山运动适用年龄段广，参与效果有效、明显，是真正的老少皆宜的健康运动。

三、项目发展趋势

（一）普通登山运动

普通登山运动在国内外已经是全民参与的大众运动项目，由于其给予参与者良好的身心改善和赏心悦目的感官刺激，因此深受大众喜爱。当今社会竞争压力充斥着人类生活的每个角落，在巨大压力下生活的人们迫切地需要对现实生活的短期逃离以休养身心，于是便于开展、健身与健心效果明显的普通登山运动便成了社会成员优先选择的运动项目，在这种形势下，普通登山运动将一如既往地受到大众的热爱，以极高的参与率成为世界上最为普及的运动项目。

（二）现代登山运动

现代登山运动的惊险刺激带给参与者巨大的新鲜感和成就感，但其对参与者各方面的苛刻要求，使得其目前仍是一项冷门运动。现代社会追求个性发展，社会成员越来越追求自身的与众不同，受现代文化的感染，许多年轻人投身到现代登山运动的探险队伍中来，并且引领着登山运动走向更为广阔的空间。近来现代登山运动又开拓出负重登山、山地车登山等，为现代登山运动带来了活力。在未来的时间里，现代登山运动形式将更为丰富，借助于形式的增多，适用人群的范围也会拓宽，参与者年龄段拓宽而引发参与者人数增多，传播面更广泛，形成参与者越多吸引潜在参与者越多的良性循环。在不久的将来，现代登山运动将成为青壮年的主要运动项目之一。

现代登山运动追求山峰的高度、难度。体育新闻中曾有过这样的报道，同样是攀登世界之巅的珠穆朗玛峰，顺着不同难度的路线攀登代表着不同的荣誉。

不论何种登山运动，都具有增强多与者体质、开阔参与者视野、提高参与者野外环境的适应能力，以及陶冶情操、培养团队意识等重要作用。

第四节　轮滑

一、轮滑概述

轮滑也被称为“滚轴溜冰”“溜旱冰”，具体来说，就是穿着带轮子的鞋在坚实、平坦的地板或水磨石地上进行的一项运动。

轮滑运动是一项历史悠久并具有国际性的体育运动。据有关资料记载，它诞生在18世纪，是荷兰的一名滑冰爱好者，为了在夏天也可以滑冰，而发明了最初的轮滑鞋，后来经欧美的一些人多次对轮滑鞋的改造，使这项运动得以普及，并逐渐发展。

现代轮滑是由美国的詹姆斯·普利姆普顿于1863年发明的。他用金属轮子代替木质轮子，他的发明推动了各国轮滑运动的发展。我国轮滑运动开展较晚。轮滑运动在19世纪传入中国，当时仅限于沿海个别城市，只作为娱乐活动。目前，我国几乎所有大中城市都开展了轮滑运动，不仅青少年参加，一些中年人、老年人也纷纷参与，成为一项普及面较广的群众性体育运动。

轮滑运动锻炼，能够起到非常显著的健身效果，具体来说，不仅能够有效地提高和改善人体中枢神经系统功能，提高呼吸系统、消化系统、血液循环系统功能，还能够全面协调和综合发展速度、力量、耐力、灵敏性等各方面的素质，增强臂、腿、腰、腹等肌肉的力量和身体关节的灵活性，对提高人体的平衡能力有很大的作用。轮滑运动集健身、竞技、娱乐、趣味、技巧、休闲于一身。

因为轮滑运动受气候和场地条件的限制较小，用具携带方便、技术容易掌握，所以深受青少年喜爱。随着该运动的不断完善，轮滑运动如今已十分普及，已成为都市休闲健身生活的一种新时尚。

二、轮滑运动方法指导

（一）基本站立

轮滑运动中，常见的站立方法主要有以下几种：

1. “丁”字步站立

脚穿轮滑鞋，扶物成“丁”字步站立，前脚跟卡住后脚的脚弓，上体稍前倾，双膝自然弯曲。身体重心落在后脚上。然后两脚交换位置，再呈“丁”字步站立，到站稳为止（图 10-1）。

2. “八”字站立

站立时，两脚跟靠近，脚尖自然分开，上体稍前倾，双膝自然弯曲，身体重心落在两脚之间。重心平衡后双脚换成平行站立，上体仍前倾，使重心落在两脚之间（图 10-2）。

3. 平行站立

在“丁”字脚站立的基础上，前脚向侧移，两脚平行站立与肩同宽，上体稍微前倾，两脚自然弯曲，两臂自然下垂，身体重心落在两脚之间（图 10-3）。

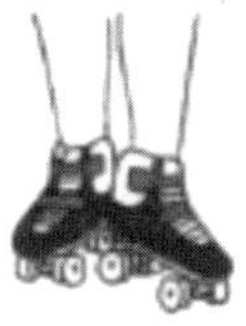

图 10-1

图 10-2

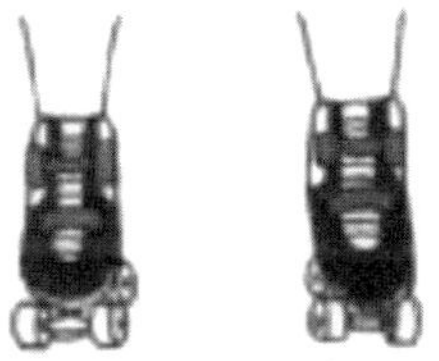

图 10-3

（二）移动重心的形式

轮滑运动中，移动重心的形式主要有下几种：

1. 原地移动重心

①原地左右移动练习：两脚平行站立，上体稍向一侧倾移，逐渐将重心完全转移至一条腿上支撑，待稳定后再向另一侧移动。

②原地抬腿练习：两脚平行站立，上体稍前倾，重心移至左腿，右腿稍抬起放下，然后以同样方法练习左腿。练习时，要注意放腿时保持脚下的轮子同时着地。

③原地蹲起练习：两脚平行站立，做下蹲并站起的动作，可先做半蹲，逐渐加大下蹲的幅度，直至快速深蹲并做短时间的静蹲后再站起。练习时，要注意在屈伸踝、膝、髋三个关节时的协调配合。

2. 外“八”字脚移动重心

两脚成外“八”字脚站立，重心移至左脚，右脚向前迈一小步，重心随之移至右脚上，然后左脚向前迈进一步，重心随之移至左腿上。反复练习，逐渐加快迈步频率和加大距离。注意收脚时，尽量保持脚下的轮子同时着地。

3. 侧向移动重心

两脚平行站立，重心向右侧移动，随之左脚向左侧横跨一步，右脚迅速靠拢，待稳定后再进行向右侧的下一步。如此反复进行 5～6 步后再向左侧做相同练习。

4. 横向交叉步移动重心

两脚平行站立，先将重心移至左腿上并继续向左移动稍超出左腿支撑点，收右腿，右腿向左腿前外侧迈步成双腿交叉姿势，重心随之移至右腿上，成右腿支撑重心，接着收左腿向侧跨一步成开始姿势。如此反复进行 5～6 步后再向右侧做相同练习。

（三）滑行技术

轮滑运动中的滑行技术主要有以下几种：

1. 直道滑行

①单脚蹬地双脚滑行：双脚平行站立，距离稍窄于肩，用左脚轮内刃蹬地，将身体重心推送至向前滑行的右腿上，左腿蹬地后迅速收腿与右腿并拢成两脚滑行；当速度降下来时再用右脚轮内刃蹬地，将身体重心推送至向前滑行的左腿上，右腿蹬地迅速收腿与左腿并拢成两脚滑行。

②单脚蹬地单脚滑行：两脚八字站立，身体前倾，两臂自然下垂，两腿弯曲（小腿夹角 90°～110°）。用右脚轮内刃瞪地，用左脚轮平刃向前滑出，随着蹬地动作结束，把身体重心推送至左脚上，左腿成半蹲支撑向前借惯性滑行；接着向前收右腿，同时用左脚轮内刃蹬地，右脚用轮平刃向前滑出，随着蹬地动作结束，把身体重心推送至右脚上，右脚成半蹲支撑向前惯性滑行。反复进行。

③直道滑行的摆臂动作：有力摆臂是顺着身体纵轴前后加速摆动的动作，分为单摆臂和双摆臂两种。单摆臂多用于长距离的滑行，双摆臂多用于短距离滑行中和中长距离的终点冲刺。前摆臂时与滑行方向一致，肘部微屈，手摆到与肩同宽的位置。后摆臂时，手臂伸直，摆动高度稍过于肩的高度。整个动作要协调，积极有力。

2. 弯道滑行

弯道滑行技术和直道滑行技术有着显著的区别。弯道滑行技术要点是，练习者要用交叉步滑行，一脚要用轮外刃，另一脚要用轮内刃。弯道滑行技术的关键是摆臂动作与蹬地动作的配合。弯道摆臂动作可以维持平衡，增加轮子的蹬地力量，提高滑行频率。

3. 向前滑行

向前滑行的具体形式主要有两种。

①单脚向前直线滑行：原地两脚呈“T”形站立，左脚在前，石脚在后，两腿稍弯曲，用右脚内刃蹬地，重心慢慢移至左腿，右腿蹬直后右脚蹬离地面，成左脚向前沿行，然后收右脚在左脚侧面落地，左脚蹬地重复上述动作，成右脚单脚向前滑行。两脚交替向前直线滑行，两手自然分开，维持身体平衡（图 10-4）。

②前双曲线滑行：两脚平行站立，左脚以内刃向侧肩蹬地（四轮不离地），身体重心在右脚，向右滑双脚曲线，然后右脚用内刃向侧后方蹬地，重心偏向左脚，向左滑双脚曲线，依次连续进行（图 10-5）。

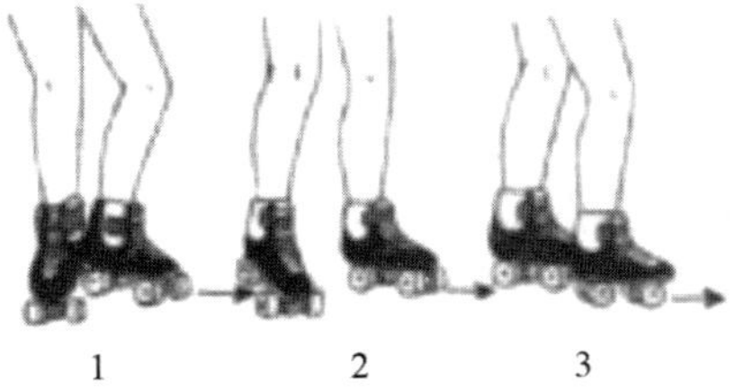

图 10-4

图 10-5

4. 向后滑行

向后滑行的形式主要有以下两种：

①向后葫芦滑行：两脚稍稍分开，平行站立，脚尖稍向内，两腿弯曲，用两脚内刃向前蹬地，同时两脚跟向两边分开，向后外滑至最大弧线时，两脚跟收拢，两膝用力伸直，恢复至开始姿势，随后重复上述滑行动作，连续向后滑行（图 10-6）。

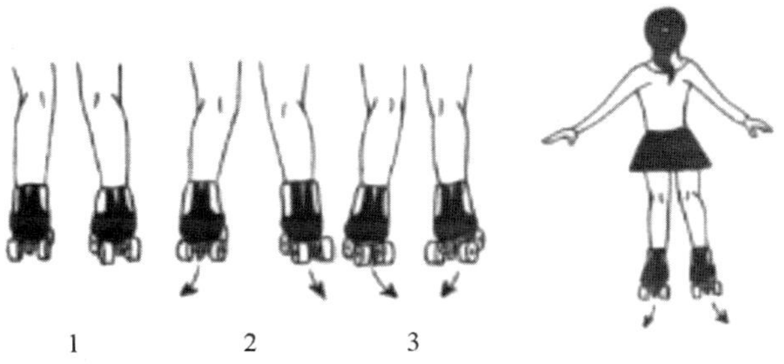

图 10-6

②向后蛇形滑行：两脚分开约一脚距离，两腿弯曲，脚尖稍向内转，用右脚内刃向前下方蹬地，身体重心移向左侧，成左脚向后滑行。右腿伸直，随即右脚放在左脚侧面，恢复开始的姿势。然后再用左脚蹬地，身体重心移向右侧，成右脚的向后滑行。左腿伸直，随即左脚放在右脚的侧面。依次重复上述动作，连续向后滑行。上体始终保持稍前倾姿势，两膝弯曲，两臂自然张开。

5. 制动方法

常见的制动方法主要有以下几种，具体要根据实际情况选用。

①脚跟制动法

在慢速滑行时，将有制动的脚前伸，脚尖抬起使后跟上的制动器着地，前腿用适当力量压地，使制动脚与地面摩擦，逐渐减速而停止。

②“T”形制动法

单脚向前滑行，浮足在滑行脚的后跟处呈“T”形放好后，将右足慢慢放在地面上，以内侧轮柔和地压紧地面，减速向前滑行直到停止（图 10-7）。

③双脚平行制动法

在快速滑行时，双脚略靠近，身体迅速转体 90°，同时带动两脚转体 90°，重心快速降低，腿弯曲，用双脚的轮子与地面摩擦使之减速停止。

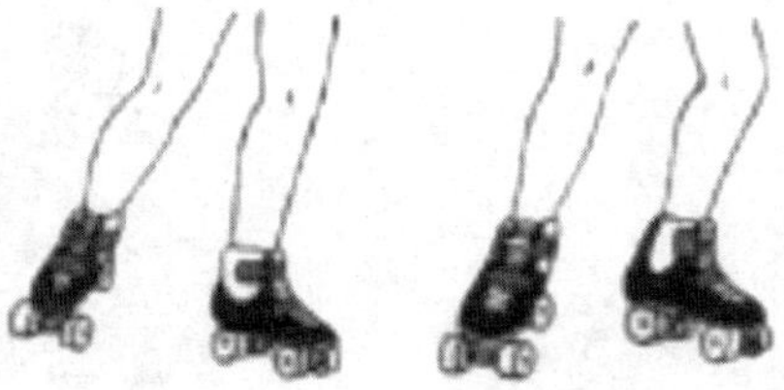

图 10-7

④内“八”字制动法

向前滑行中，两脚平行分开站立，然后脚尖内转，两脚以内侧轮柔和地压紧地面，两腿弯曲，上体稍前倾、下蹲，两臂前伸维持身体平衡，逐渐减速至停止（图 10-8）。

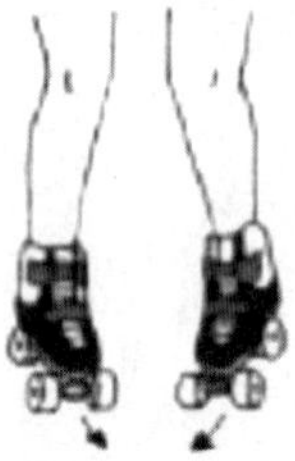
图 10-8

第五节　滑板

一、滑板概述

滑板运动起源于 20 世纪 60 年代，是一项新兴的体育项目，具有动作炫目、刺激的显著特点，也因此很快得到广大青少年的喜爱。滑板是冲浪运动在陆地上的延伸。前者受地理和气候的限制，后者则有更大的自由度。

20 世纪 50 年代初，美国西海岸是冲浪爱好者的天堂，人们使用普通木头和价格昂贵的轻木制成冲浪板，在风口浪尖上寻找乐趣。但是由于冲浪运动受到地理环境和气候条件的限制，因此使人们无法随时随地享受这种运动的乐趣。20 世纪 60 年代，一些极富想象力的年轻人受到冲浪板的启发，将滑轮的支架安装到一块厚木板上，然后再装上轮子，就制成了最初的滑板。最初的滑板是由橡木多层板压制而成的板面、轮滑转向桥和塑料轮子组成。后来经过不断改进，一种两头翘起、形状对称的第四代滑板出现了。制作这种滑板的材料叫硬岩枫，重量更轻，弹性更好。滑板轮硬度高，弹性好，更适合高速滑行。由于重量平衡，第四代滑板更适合各种翻转动作。20 世纪 90 年代初，滑板从一头改为两头，因而出现了许多前一代滑板不可能完成的动作。这个时期是滑板运动的技巧性动作时代。滑手们发明了很多新的动作。同时为了使滑板更容易翻转，滑板板面变得很窄，轮子变得很小。

二、滑板运动方法指导

（一）滑行

作为滑板运动的一个基本技术，其主要包括滑行姿势和上下滑板、惯性滑行、障碍滑、下坡滑等这几个方面，具体如下：

1. 滑行姿势

一般来说，滑板者都是横行的。初学者在启动的时候，不要让身体与滑板呈横行状态，否则很容易摔倒。如果你喜欢左脚在前面，那叫作 Regular Foor，如果你喜欢右脚在前，那就是 Goofy Foot，这两种站法没有对错之分，你可以随意选择你喜欢的站姿，当你习惯于那种姿势之后，与之相反的姿势就叫作 Switched。Switched 动作非常不好做，很多高手两种姿势都可以做出动作。倒滑的姿势就叫作 Fakie，这比通常的动作要难，但是没有 Switched 难。Fakie 姿势动作基本和本来的一样，只是滑板运动方向相反。

2. 上下滑板

在学习滑板的过程中，上下滑板是最基本的技术。在滑板上可采用两种站法：一种是左脚在前，脚尖向右的正向站法：一种是右脚在前，脚尖向左的反向站法。具体要根据自己的习惯加以选用。

①上滑板

双脚站立，将滑板平放于脚前的地上；先把一只脚放在滑板的前端，另一只脚仍踩在地上；身体重心移到已上板的脚上，上体略前倾，膝弯曲，手臂伸展，保持平衡；踩地却轻轻蹬地，然后收到滑板上，放在滑板的后部，整个身体和滑板开始向前滑动。

②下滑板

身体前倾，将重心放在前脚上，然后像起落架一样将后脚放在地上；后脚落地后，重心随即转移到后脚，然后抬起前脚，两脚都落在滑板的一侧。

3. 惯性滑行

将左脚踏在滑板的中前部靠左，右脚踩在地上，重心集中在左脚；用右脚蹬地，使滑板向前滑动，然后把右脚收上来踩在滑板尾部，保持站立的平滑；滑行一段，再用右脚蹬地，重复动作；如此反复练习，在掌握好之后便可以做较长距离的滑行；一般开始是 10m、20m，然后增加到 50m、100m，反复练习到可以轻松熟练地加速滑行为止。

4. 障碍滑

障碍滑即在滑行中遇到障碍时急转、急停，或通过改变速度进行跨越。

从坡上滑下时速度比较快，要学会运用双脚保持在滑板上，转动滑板横向刹车的急停法。

滑板速度的改变途径主要有两种：一种是用后脚控制好重心，尽量使体前倾带动滑板前进：另一种则是双脚使劲在滑板面上蹦，利用滑板面的弹性向前滑行。

5. 下坡滑

练习下坡滑时，尽量选一条较长的滑道，最好是既有快速下滑段、中速下滑段，又有延伸较远的缓冲段。下坡滑技术的重点在于控制，即要先学会稳滑。

将双脚放在滑板的两端，遇到转弯或需要做跨越动作时，要将双脚移至滑板中央；面部和身体朝向正前方，身体蹲伏下来，大腿靠近前胸，两手伸出。

（二）翘

翘是滑板运动中的常用技术动作，主要包括两种具体的形式，一种是最基本的翘板技术，还有一种是180°翘停，具体如下：

1. 翘板技术

推动滑板到滑行速度；左脚踏板尾，右脚踏板前端以便控制，或踏前轮后侧以便翘板；将重心移到左脚，身体前倾，使板端在空中停留时间尽可能延长；让板尾间或轻轻刮地，以保持平衡。

2. 180°翘停

滑行时将板端翘起，直到板端刮地，同时整个身体逆时针方向旋转180°；翘板和旋转要合拍，支撑脚要足够稳固，使滑板旋转180°后停下来。

（三）下坎与上坎

下坎与上坎技术是滑板运动的基本技术，常用来跨越台阶。

1. 下坎

下坎也叫作下台阶，靠近台阶时，将重心移到后脚；在板端越过台阶边沿时，将前轮抬起；保持这一姿势，略向下蹲，准备着地。

2. 上坎

上坎也叫作上台阶，靠近台阶时，将重心移到后脚；在到达台阶边沿时，抬起板端跳过；在空中迅速将重心从后脚移到前脚；将滑板前端按到台阶上，板尾随即落到台阶上。

3. 旋转

旋转是滑板运动中非常重要的一个技术，可用于急停和躲避障碍。通常来说，旋转技术主要包括反转、转图、360°旋转、单轮旋转和板上旋转等几个方面：

（1）反转

向前滑行，达到适当速度时，将两脚尽量张开，跨滑板两端；将重心放在前脚，使板尾翘起，同时顺时针方向旋转180°；动作完成后，滑板倒转过来，右脚成为支撑脚。

（2）转圈

将滑板向前推，然后站上去，两脚跨立，左脚可以灵活移动；将重量压于板尾，使板端抬起3～5cm；当板端在空中时，身体向顺时针方向转动；前轮着地时，滑板向右偏转；将这一系列动作连贯起来，不断练习。

（3）360°旋转

在滑行中通过轻微的推转保持平衡，尽量使滑板保持水平；准备好后，逆时针方向摆动手臂，同时保持平衡，还可向左做最后一次推转；重心落在右脚，向右摆动手臂，并带动整个身体旋转；转动时以后轮为轴，尽量使后轮保持水平，不要将板前端抬得过高；无须注意滑板的前端，只需将重心放在板尾，并加大旋转，前端自然会抬起，且高度刚好。

（4）单轮旋转

滑行到适当的速度，翘起滑板前端，用后轮做 360°旋转；保持好身体平衡，尽量使滑板在空中停得久些；用手抓住滑板前端，保持住平衡的支点，使人和滑板一起旋转；然后后脚踩滑板的一边，使后轮的一个轮子离地，起码要转两圈以上。

（5）板上旋转

先滑动滑板，移动左脚，使脚跟压住板端，重心落于大脚趾处；移动右脚到另一板端，将重心移到右脚，使其成为旋转轴；左脚绕右脚顺时针方向旋转，同时右脚也随之旋转，最后与左脚保持平行。

（五）跳

滑板运动中有多种跳的技术，较为常见的跳的形式主要有旋转跳、跨越跳、人与板分开上跳和人带板上跳等几种，具体根据自身需要选用。

1. 旋转跳

滑行时滑板保持水平，略向下蹲；向上跳起，旋转 180°，两腿略收拢；落下时，两脚距离约 30cm，不用担心落下的准确位置，只需将双脚落在滑板两端即可。

2. 跨越跳

起跳时动作要稳，只有从容不迫才能控制动作；跨越的长度要根据具体情况而定；落下时，重心落于两腿之间，左脚在前，右脚在后。

3. 人与板分开上跳

向前滑行，在前进过程中双脚相互靠近，两脚置于滑板前半部分，但应在前轮之后；在接近横杆时，垂直跳起；目视滑板，尽量落在滑板中间，位置大致和起跳时相同；落下时，力量要均匀，腿部略弯曲，以抵消落在滑板上的冲击力。

4. 人带板上跳

向前滑行，靠近障碍物时双膝略屈，手臂预摆，后脚用力使滑板前端翘起，利用速度惯性带着滑板一起越过障碍；落地时，注意双腿的缓冲动作，重心始终在两脚之间，腿部略弯曲。

5. 脚上技巧

只有熟练地运用脚上技巧，才能让滑板运动显得既“酷”又“炫”，常用的脚上技巧主要有两种：一种是脚跟悬空，一种是带板摩擦，具体如下：

（1）脚跟悬空

使滑板保持适当速度，旋转前脚使脚尖对着板尾，脚跟与板端交叠；将重心放在左脚大脚趾，慢慢将另一只脚移到滑板前端；当双脚后跟悬空时，膝盖弯曲，以保持平衡。

（2）带板摩擦

在向前滑行靠近障碍物时，双膝略弯，两臂预摆，后脚用力使滑板随身体腾空；目视滑板，注意在障碍物的边缘处掌握好平衡；落下时，重心落于两腿之间，落地时，注意双腿的缓冲动作。

第十一章　民族传统类休闲运动方法指导

第一节　舞龙

一、概述

“舞龙”，又称“龙舞”“龙灯”，是中华民族传统的体育娱乐活动。每逢佳节、盛会，人们在长街广场和街头湾边，舞起龙灯，以增添欢乐喜庆的气氛。它也构成了中华民族民间传统文化的重要部分。其历史悠久，源远流长，内容丰富多彩，已经走过了漫长的岁月。

中国人认为：龙象征着水，水蜿蜒曲折，所以，龙也蜿蜒曲折。“龙合而成体，散而成章，乘乎云气，而合乎阴阳。”因此，理水兴云布雨，就成为龙的一大司职。久旱之年，人们自然想到了“龙”的威力和神圣，于是借助于“龙”的祭祀活动就成为祈求雨水的主要形式。

在殷商的甲骨文记载中便有向龙上雨的甲片，作为求雨的祭祀舞蹈是很普遍的。按古人的认识，龙总是与风雨同在，龙的出现，必然伴有风雨的“迎送”，这便是求雨离不开龙的根据。舞龙发展到汉代已经相当流行了，无论是规模、种类，还是制作工艺，都具有相当高的水平。但舞龙在求雨的祭祀活动中还是占有很重要的地位，并且逐渐演变得更细、更具体了。

从汉代用“土龙”祈雨，经过多年演变逐渐扎制龙形而舞，便有舞龙的产生。随着社会的发展，人类文明的进步，“舞龙”这一种形式也逐步地从祭祀活动中走出来，并且种类也多样化了，制作工艺更加精细。从舞龙活动的时间来看，不仅是在白天，就是夜晚也有舞龙活动，于是产生了在龙身扎制灯火以照明，而有了龙灯的产生。这样由本为祈雨的龙舞，经过多年的发展演变，形成了以消灾免难求得吉祥平安娱乐而进行的表演活动了。这一点可以从《汉书》、《西京赋》（作者东汉张衡）和《平乐观赋》（作者东汉李尤）等文献记载中看出，在当时，舞龙的娱乐和观赏功能大大地增强了，越来越受到人们的喜爱。

进入唐代，舞龙活动也进入了发展时期。这一时期的“舞龙”，已经基本上摆脱了原始祭祀的宗教活动，与民间传统节目的庆典活动密切地结合起来，成为中华民族节日文化的重要组成部分。像元宵佳节的灯会盛况，舞龙是必不可少的。当时元宵佳节中，舞龙的形式多样，制作精美，色彩鲜艳，场面和规模十分壮观。

两千多年来，舞龙运动一直是民间百姓吉庆的重要娱乐活动。近几年来，在国家体育总局的领导下，通过挖掘整理和试办各种舞龙比赛，传统的民间舞龙发展成为集舞龙、技巧、艺术等为一体，寓身体锻炼于精彩表演之中的群众体育活动。同时它也成为当前我国推行全民健身计划、增强人民群众身心健康、推动农村体育运动开展的重要大众体育项目之一。原国家体委于 1995 年 2 月将其列为全国正式比赛（四类）项目，并批准成立了“中国龙狮运动协会”，出版了《中国舞龙竞赛规则》，创编了我国舞龙运动竞赛规定套路，使得舞龙运动进一步规范化。

二、基本动作

舞龙运动的技术动作主要划分为五大类，即“8”字舞龙类动作、游龙类动作、穿腾类动作、翻滚类动作、组图造型类动作。根据动作完成的难易程度又可划分为A级难度动作、B级难度动作、C级难度动作。

（一）“8”字舞龙动作

舞龙者将龙体在人体左右两侧交替做“8”字环绕的舞龙动作。“8”字舞龙动作包括原地“8”字舞龙、行进间“8”字舞龙，而且其动作可以结合伴奏锣鼓的节奏做快慢变化。同时，也可以充分利用舞龙者的身体姿势变化，如单跪、靠背、跳步、抱腰、绕身等身体姿势，做各种不同的“8”字舞龙。做“8”字舞龙时，龙体的运动轨迹要顺畅、圆润，人体的各种造型姿势要优美，快速舞龙要突出速度、力量，并保持龙体运动轨迹流畅。做“8”字舞龙动作时，经常容易出现动作不圆顺、队员速度不一致，以及龙体运动与人体不协调统一的情况，造成人龙脱节、龙体触地、舞动速度太慢等错误动作。

（二）游龙动作

游龙是舞龙者在快速奔跑游走过程中，通过龙体运动的高低、左右、快慢的起伏行进，充分展现龙的婉转回旋、左右盘翻、屈伸绵延等动态特征，游龙动作主要包括直线行进、曲线行进、走圆场、起伏行进、行进中越障碍等动作。龙体在行进中应遵循圆、弧、曲线的运动规律，舞龙者应协调地随龙体起伏行进。

（三）穿腾动作

穿腾包括穿越和腾越两种方式。龙体动作线路呈交叉形式，龙珠、龙头、龙身各节依次从龙身下穿过称为“穿越”。龙珠、龙头、龙身各节依次从龙身上越过称为“腾越”。穿腾动作主要包括穿龙尾、龙穿身、越龙尾、首尾穿肚、穿尾越龙身、腾身穿尾、龙脱衣、龙戏尾等动作。在做穿越和腾越动作时，龙形应保持饱满，穿腾动作流畅不停顿，速度均匀，轻松利索，不拖地，不碰踩龙身。

（四）翻滚动作

当龙身运动到舞龙者脚下时，舞龙者利用翻滚、手翻等动作从龙身越过，称为“翻滚动作”。做翻滚动作时，必须在不影响龙身运动的速度、幅度、美感的前提下，及时完成，而且所做翻滚动作应干净利索，规范准确，并保持龙身运动轨迹流畅圆顺，龙形饱满。

（五）组图造型动作

龙体在运动中组成活动的图案和相对静止的龙体造型，要求活动图案画面清晰，静止造型形象逼真，以形传神，以形传意，与龙珠配合协调，组图造型连接、解脱要紧凑、利索，主要内容包括龙门造型、塔盘造型、龙出宫造型、蝴蝶盘花造型、上肩高塔造型、龙尾高翘、大横“8”字花慢行进等。

三、基本方法

（一）舞龙珠

持龙珠者，即为龙队指挥者，在鼓乐伴奏下，引导舞龙者完成龙的游、穿、腾、跃、翻、滚、戏、缠、组图造型等动作和成套动作，整个过程要生动、顺畅、协调。舞龙珠的目的是引导龙队出场，认清出场方向，了解比赛场地的大小，熟悉表演动作的方位，避免表演时出现方位不正或场地利用不充分；舞龙珠者必须熟悉本队套路中各种队形的变化以及必要的场上应变能力。舞龙时要求双眼随时注视龙珠，并环视整队及周边环境的情况变化，与龙头保持协调配合，保持1m左右的距离；同时，龙珠还应保持不停地旋转。

（二）舞龙头

持龙头者身材必须高大魁梧、有力。舞动时，龙头动作紧随着龙珠移动，龙嘴与龙珠相距1m左右，似吞吐之势，应注意协调配合，时时注意龙头不停地摆动，展现龙的生气与活力、威武环视之势。舞龙头的目的是在龙珠引导下，紧随其后移动，从而带动龙身的摆动；龙头左右摆动时，一定要以嘴领先，显示出追珠之势。要求龙头替换时，不能影响动作的发挥；凶龙头体积较大，在左右摆动时不得碰擦龙身或舞龙者；与龙珠始终保持1m左右的距离。

（三）舞龙身

舞龙身者，必须随时与前后保持一定的距离，眼观四方紧跟前者，走定位，空中换手时尽量将龙身抬高，甚至可跳起；舞低时，尽量放低，但千万别将龙身触地，在高低左右舞动中，龙翻腾之势即展现其中；还必须随时保持龙身蠕动，造成生龙活虎之势。在跳与穿的动作中，应特别注意柄的握法，柄下端不可多出，以免刮伤别人。龙身在左右舞动时，龙身运动轨迹要圆滑、顺畅；龙身不可触地、脱节；龙体不可出现不合理的打结。

（四）舞龙尾

持龙尾者，身材须轻巧、速度快，龙尾也是主要部位，因为龙尾时常有翻身的动作，龙尾舞动时翻尾要轻巧生动，不拖泥带水，否则容易使龙尾触地，造成器材的损坏，而且会让人感到呆板。龙尾亦时时成为带头者，因为有些动作必须龙尾引首。明确精练的头脑亦为必备的条件，龙尾亦是整条龙舞动弧度大小的控制者，持龙尾在穿和跳的动作里，更要注意尾部，勿被碰撞或碰撞别人，最重要的是随时保持龙身的摆动。舞龙尾的目的是随着龙身的带动，龙尾时刻摆动着，体现龙的轻巧生动。龙尾舞动时，要求不能触地；龙尾在舞动过程中始终保持左右晃动，并控制左右舞动弧度的大小。

第二节　舞狮

一、概述

（一）舞狮的起源与发展

“舞狮”也叫“狮子舞”和“玩狮子”，是我国一项优秀的民间艺术，同时也是一种流行很广、具有独特民族风格和特色的传统体育活动。每逢春节和元宵节，人们都要表演精彩的舞狮。这种隆重的喜庆仪式，预示国泰民安、吉祥如意。

舞狮在我国有着悠久的历史，一般认为，它在三国时就已出现，三国时魏人孟康注释的《汉书·礼乐志》中说：“若今戏鱼、虾、狮子者也”，这是文献上关于舞狮的最早记载。早在公元87年，与我国相邻的西域大月氏和安息等为了结好汉室，不远万里把象征吉祥、威武的狮子作为礼物送到我国，很快就引起了朝野的关注，也引起了广大群众对这一瑞兽的喜爱。在此后的两千多年里，不仅常有友邦赠送狮子的记载，而且历代艺术家将狮子与我国传统文化艺术有机地结合，创作了无以计数的有关狮子的绘画、石刻、陶塑、刺绣、织锦等艺术作品，并逐步形成了具有东方特色的狮文化。

我国民间舞狮主要集中在农历正月初一到十五，一般在元宵节达到高潮，舞狮表演已成为隆重的喜庆仪式。近几年来，在国家体育总局的领导下，通过挖掘整理和试办各种舞狮比赛，传统的民间舞狮表演已经发展成为集舞狮、武术技巧、艺术等为一体的寓身体锻炼于精彩表演之中的群众性体育活动。原国家体委还制定了《中曰舞狮竞赛规则》，并于1997年12月在广东番禺成功地举办了第一届舞狮比赛，至今。已举办了多次国内外舞狮锦标赛，使舞狮运动朝着规范化、科学化、国际化和竞技化的方向发展。

舞狮表演要求舞狮者具有灵活的步法、矫健的身法和娴熟的技巧，以及手法、身法、步法的协调配合，才能完成跌扑、翻滚、跳跃、翻腾以及滚绣球、过跳板、上楼台、跳桌等各种难度动作。舞狮运动不仅能提高力量、速度、耐力和灵巧等身体素质，而且能培养练习者勇敢顽强的精神和坚忍不拔的意志品质。

（二）舞狮的种类

我国民间流传的舞狮由于各地的风俗习惯不同，舞狮子在艺术造型和表演形式上形成了各自的地方色彩和独特的风格，按地域可分为北方舞狮和南方舞狮两种。南派狮头与北派狮头在造型上有显著差异，北派以写实为基础，它的造型、结构、色彩、装饰以及表演都以模仿狮子为主；而南派则以神似为基础，结合武术动作，摆脱具体形态的局限，以塑造夸张、浪漫的狮子为艺术形象。

1. 北狮

北狮表演以“武狮”为主，在外形上与真的狮子十分相像，狮身上披着狮毛，形象威武雄壮。用两人合成的一只大狮子，称为“太狮”；由一人扮成的小狮子，称为“少狮”。舞狮者下身穿着与狮皮同色的裤子和花靴，逗引狮子的“狮子郎”扮作武士，手持一个五光十色能转动的绣球，先开拳踢打，以引诱狮子起舞。在表演上，武狮着重于武功，动作矫健，技巧很高，主要表现狮子威武勇猛的性格，除表演跌扑、翻腾、跳跃、直立等动作以外，还有滚绣球、过跳板、蹿桌子、走梅花桩、盘桥探海等难度较大的技巧动作。

2. 南狮

南狮一般以“文狮”为主，流行于广东、湖南等省区。南派的舞狮以广东醒狮最有代表性，但广东舞狮亦有各地方的不同特点，如广州、佛山的大头狮，俗称“佛庄”“笑狮”，它取唐代石雕狮子的精华，特点是额高、眉粗、眼大、口宽带笑；中山、鹤山的狮头稍长，俗称“鹤庄、画形、禽形或豹仔”，特点是眼企、吊眉，嘴形有鸭嘴和青蛙嘴；还有潮汕的龙头狮，清远、英德的公鸡狮，雷州的鹦雄狮等。广东狮子的造型特点是大头、钩角，身形饰有斑驳花纹，狮头外壳是竹篾结构，砂纸粘贴裱褙，绸带做里，并涂上五彩缤纷的图案。狮头有大号、二号和三号之分，以色彩来体现其性格，如红黑狮关公面、黑白狮张飞面，一般认为红脸黑须的关公面显得雄壮威武，黑白脸、青鼻铁角牙刷须的张飞面则表现出豪放而粗犷的气势。

广东传统的舞狮讲究技巧和武术功底，一般由两人或三人组成。其中，一人舞狮头，一人舞狮尾，另一人舞大头佛，手执大葵扇做引导，后面则有锣鼓队配合，舞狮者下穿灯笼裤，上穿唐装灯笼袖衫或背心，狮子要随着鼓点的快、慢、轻、重等节奏舞出千姿百态的动作。在表演上，文狮重于表情，动作细腻，柔和稳重，着意刻画狮子温和可爱的神态和表现狮子活泼好动、善于嬉戏的性格。除了表演跌扑、跳跃等基本动作以外，还有搔痒、舐毛、抖毛、擦脚、洗面、伸腰等模仿狮子的动作，以及上楼台、过天桥、出洞、人洞、望月、戏水、照水、下山等技巧动作的表演，其中吐青和采青等动作难度较大。湖南的文狮以“羊毛饰为狮形，人披之，滚球跳舞”。演出时，有乐队伴奏，乐器多为锣、钹、鼓等。湖南也有武狮，耍时由一人头顶狮首，身披狮被，表演武术散打动作，或两人、二人对打，表演时有乐队伴奏，动作刚健，气氛热烈。

二、基本技术

（一）狮头的握法

1. 单阴手单手握狮头，手背朝上。大拇指托狮舌，其余四指握在狮舌上方。

2. 单阳手动作与单阴手相反，手心朝上。

3. 双阴手动作与单阴手相同，两手握于狮舌两侧头角处。

4. 双阳手握法与双阴手相反，握的部位相同。另外，根据要表演狮子神态的需要还有开口式、闭口式等握法。

（二）狮尾的握法

1. 单手握法

舞狮尾者一手用大拇指插入舞狮头者的腰带。与四指轻抓腰带，另一手可做摆尾等动作。

2. 双手握法

双手大拇指插入舞狮头者的腰带，做各种动作时应紧握。

（三）基本步法

1. 上步和退步

两脚平行站立，左（或右）脚向前进步，另一脚跟上，即为上步，反之为退步。

2. 侧步

侧步包括左侧步和右侧步。两脚平行站立，左脚向左侧进一大步，另一脚跟上，即为左侧步，反之为右侧步。

3. 交叉步

交叉步分为左、右交叉步。移动方向的异侧脚向运动方向一侧跨出一大步（经两腿交叉）。另一脚随即向运动方向一侧跨出一步成平行站立。

4. 跳步

跳步有具体严格的要求，可随着舞狮的方向任意跳跃，可单脚跳，也可双脚跳。

除以上方法外，还有跨跳步、击步、碎步、并脚直立跳、双飞脚、打转身等。

（四）基本动作

1. 摇头摆尾

两人在原地，舞狮头者不断地将狮头东摆两摇，舞狮尾者随着狮头的摆动协调地摆尾。

2. 叩首

两人一组，舞狮头者将狮头持于头上，用小碎步快速向前跑动，在跑动过程中将狮头举起，并不停地左右摇头和眨眼，舞狮尾者低头塌腰，双手搂住前者腰部，用小碎步或左右摆尾跟着前者行进运动，然后，用同样的碎步动作退回，两者配合做狮子叩拜动作。动作方向为先左后右，最后向中间叩拜，叩拜时下肢伴随做小跳步动作。

3. 翻滚

两人一组，后面队员抓住前面队员腰的两侧，身体重心下降，屈腿半蹲，一脚用力蹬地，向一侧滚动，滚身时前者须将狮头举高。

4. 叠罗汉

舞狮尾者站马步，舞狮头者两脚站于狮尾者的膝盖上，舞狮尾者扶住舞狮头者的腰，使其平衡、稳定，舞狮头者持狮头做各种动作。

5. 引狮员基本动作

引狮员的动作分静态动作和动态动作，静态动作是指引狮员静态亮相的动作，如弓步抱球、高虚步举球、弓步戏球等。动态动作是指引狮员在运动过程中完成的动作，如行步、跳跃、翻腾等。

舞狮子的技术动作有许多，舞动时，可根据舞狮者的身体素质、能力素质、训练水平和表演条件，以及各地的传统习俗，有选择地组合而编排成套路。

第三节　龙舟

一、概述

“龙舟”又叫“赛龙舟”“划龙船”，是我国一项独具风格、别有情趣的民族传统体育活动。这一活动在我国南方开展得十分广泛，四川、湖南、湖北、江苏、浙江、福建、贵州、广东、广西等地都很盛行，有广泛的群众基础，深受我国各族人民的喜爱。

龙舟历史悠久，源远流长，关于它的由来，传说起源于纪念楚国的爱国诗人屈原。据南朝梁吴均《续齐谐记》载：“楚大夫屈原遭谗不用，是日（指农历五月五日）投汨罗江死。楚人哀之，乃以舟楫拯救。端阳竞渡，乃遗俗也。”宗懔《荆楚岁时记》也有类似的说法：“五月五日竞渡，俗为屈原投汨罗日，伤其死，故并命舟楫以拯之。”其实，我国划龙船习俗出现很早，据近代著名学者闻一多先生《端午考》中说：“端午节本是吴越民族举行图腾祭祀的节日，而赛龙舟便是祭祀中半宗教、半娱乐性节日。”按照这一说法，当时生活在图腾社会的水乡部落人民，常年受到蛇虫和疾病的侵害以及水患的威胁，为了抵御这些天灾，他们尊奉想象中的具有威力的龙作为自己的祖先兼保护神（即图腾），并把船建造成龙形，画一上龙纹，举行竞渡，以表示对龙的尊敬，这便是龙舟的起源。划龙舟自成习俗后，历代都在端午节举行这一活动。南北朝时发展到南郡、襄阳一些地区，后经唐代义人的文学渲染，纪念屈原的赛龙舟更是广泛流传，到了宋代，赛龙舟已传入宫中，皇帝亲临现场观看，场面十分宏大，达到了封建社会的鼎盛时期。中华人民共和国成立以后，龙舟这一具有民族特色的民间体育活动得到发展，1953 年 11 月第一届全国民族形式体育表演及竞赛大会上，赛龙舟作为表演项目，深受全国人民的喜爱。1991 年第四届全国少数民族运动会把龙舟定为正式比赛项目。现在世界上越来越多的国家和地区也开展了此项运动，特别在东南亚一带比较盛行，已经成为国际性的比赛项目。

龙舟运动具有浓厚的娱乐性和激烈的竞争性，经常参加此项活动，有利于身心健康，能有效促进心肺功能和代谢机能的改善，同时还能培养团结协作的精神，增强集体凝聚力，加强各族人民之间的交流，促进民族团结。

二、基本技术能有加强

（一）技术名称

从划龙舟队员的职能来划分，可分为划手、鼓手、锣手、舵手。

划手的身体姿势可以分坐姿划、站姿划、单腿跪姿划。从力学角度讲，坐姿划较为合理，站姿、单腿跪姿多在民间的比赛中出现。合理的身体姿势可以减少划水的阻力，有利于两臂的活动，使动作配合更协调、更有力，但其他姿势在民间比赛过程中出现，可以增加比赛的趣味性和气氛。

鼓手的姿势可分为站立打鼓、坐打鼓、单腿跪姿打鼓，鼓点、鼓法各有不同，与当地传统有很大关系。

锣手的姿势可分为站立打锣、坐着打锣。民间比赛中锣手常男扮女装，但正式比赛锣手要和队员统一着装，不许做多余的动作。

舵手的姿势有站立把固定舵、站立把活动舵、坐着把活动舵。民间比赛的舵长短不一，舵手还可以参加划水，但正式比赛的舵有统一规格，舵手不能参加划水。

（二）动作方法

划手动作方法包括握桨、坐姿、划桨技术、集体配合等基本技术。

1. 握桨

右排坐姿的握桨是左手在桨把的上端，掌心紧贴桨把，四指并拢从外向内弯曲握住，拇指从内向外握住桨把；右手在桨的下端（桨叶与桨把的交界处），四指弯曲并拢从外向内，拇指从内向外握住桨把，划行时要自然放松。左排坐姿的握桨要领与右排一样，只是左右手上下位置相反。通常把握在上端的手叫“上手”或“推手”，握在下面桨柄处的手叫“下手”或“牵引手”，上手臂的肩叫“推肩”或“上肩”，下手臂的肩叫“牵引肩”或“下肩”。

2. 坐姿

右排坐姿是左脚在前，全脚掌踏实在舟板上，左腿半屈；右脚在后，位于臀部下方，前脚掌踏在舟板上，脚跟提起，大腿和臀部的外侧紧贴在舟的内沿。左排坐姿的技术方法和要求与右排坐姿相同，只是左右腿动作相反。

3. 划桨技术

划桨时，桨入水的角度一般以 80°～90°为宜。用力划行时，身体前倾，上手向前推，下手向后拉，形成高肘动作。在桨入水瞬间，上手臂用力向下压桨至拉水完毕。向上抬提桨时，要求上手臂放松，下手腕内扣，使桨叶御水。

4. 集体配合

划龙舟很讲究集体配合，要求握桨的技术动作一致，入水角度一致，入水深浅一致和用力均匀协调一致。全体参赛者要服从指挥，随哨声或鼓声划行，其节奏是咚（鼓声）、喳（划水声），划桨动作要与呼吸协调配合，起桨时吸气，划桨时呼气。

三、练习方法

（一）划手动作技术练习方法

先进行模仿练习，模仿分徒手练习、持桨划水练习。经过多次的模仿持桨练习后，再经完整连贯配合练习，达到掌握划水动作节奏的目的。由鼓手打鼓指挥，节奏由慢逐渐加快，然后练习慢节奏划水（60 桨/min）、中等节奏划水（90～100 桨/min）和快节奏划水（120 桨以上/min）三种节奏划水，然后练习起动划水技术，由于船在静止中起动，故起动划水技术和途中划水技术不一样。起动划水一般采用深插后拉技术，具有桨叶吃水深，拉水时两腿前蹬、后撑，拉水距离长的特点。起动桨一般用 8～10 桨可以进入途中桨。

（二）鼓手动作技术练习方法

鼓手通常站在船头，是全队队员的指挥中心，鼓手指挥的好坏直接影响比赛成绩。鼓手要求个子较小、体轻、灵活、节奏感强，因此在选人方面要求较高。鼓手练习顺序是：单手打鼓，双手打鼓。鼓点练习顺序是：40 桨/min—60 桨/min—80 桨/min—90 桨/min—120 桨/min，力求练习到鼓点误差不超过 2 桨/min。

（三）锣手动作技术练习方法

锣手在整个比赛中，起着传递鼓手与舵手之间信息以及平衡船的作用。打锣有三种方法：一种是配合鼓手。鼓声响说明队员桨入水，当御水提桨时，锣声即起，形成一个划水周期一鼓一锣的声音。一种是鼓手和锣手同时打，形成双音节奏。但锣声不要太大，队员以听鼓声为主。最后一种是以 2～3 个划水周期打一次锣。这一种适合经过锣手训练的替补队员打锣。鼓手、锣手之间的默契程度，表明该队训练素质的高低。

（四）舵手动作技术练习方法

舵手是龙船前进、调度的指挥中心，舵手的素质好坏影响全队的比赛情绪。对舵手的要求是：身材适中，灵活，头脑清醒，注意力集中，有临危不惧的性格。

目前全国比赛的舵有同定舵、灵活舵。不管是固定舵还是灵活舵，舵手均要学习向左偏、向右偏、向左弯、向右弯、向左后转、向右后转、直线进行。

舵手掌舵时，眼看前方，注意鼓手、锣手的反应。身体稍弯腰前俯，两腿前后开立成弓步。当队员托水时，两腿用力向前蹬船。

第四节　秋千、跳绳、抖空竹

一、秋千

“秋千”也称“打秋千”“荡秋千”，属于少数民族传统体育项目，历史悠久，主要在我国北方地区和西南少数民族区域流行。在我国朝鲜族、满族、蒙古族、白族、壮族、苗族、哈尼族、阿昌族、维吾尔族等少数民族地区，秋千活动已经成了固定的节日或节日里固定的活动项目。其中，尤以朝鲜族的技艺最为高超。

（一）秋千的发展历史

《古今艺术图》记载：“秋千，北方山戎之戏……齐桓公伐山戎还，此戏始传中国。”秋千在春秋时代已有出现，也有相传是汉武帝为求千秋之寿而逐步形成的游戏。荡秋千风俗曾盛行唐宋，唐代有《秋千词》说：“长长丝绳紫复碧，袅袅横枝高百尺。少年儿女重秋千，盘巾结带分两边……”到了明清仍有其游戏可见，《济南府志·风速考》说：“清明，插柳、簪柳，妇女归字作秋千之戏。”秋千也曾是宫廷中的一项娱乐活动，刘若愚的《酌中志·明宫史》说：“三月初四日，宫眷内臣换罗衣。清明，则‘秋千节’也，戴柳枝于鬓。坤宁宫后及各宫，皆安秋千一架。”后来，最初在宫廷仕女中所流行的秋千，慢慢传至民间。

日前常见的秋千可以分为两种：一种是以朝鲜族秋千为代表的单一踏板秋千；另一种是南

方少数民族地区常见的圆形多个踏板秋千，如“轮子秋”“八人秋”。如果按秋千结构进行分类，可分为三种：横轴秋千是吊绳式的荡秋千，也是最普及的秋千，只需在一根横梁上吊起绳索和木板即可；磨转秋千是左右旋转的磨秋，由两人伏在有中轴的横木两边，利用人的后蹬力推动，上下起伏旋转，如同推磨一般，故称“磨秋”；轮转秋千是上下转动的轮秋，是较为复杂的秋千，每次可坐4～8人同时娱乐。

秋千项目从第三届全国少数民族传统体育运动会开始，被列为正式比赛项目，秋千项目由此进入了一个新的发展阶段。秋千项目因它本身具备的特点也逐渐受到了人们的广泛喜爱。秋千项目设备简单，场地要求不高，人们在庭院中、公园内、小区公共设施和幼儿园、小学中都可以放置一个简易的秋千架，在一天工作学习之余，在秋千上放松心情，体会像鸟儿一样飞翔的乐趣、享受着美好的生活。

（二）基本技术

日常生活中经常可以看到以下几种不同的荡秋千姿势，如坐式荡秋千、半蹲式荡秋千和站立式荡秋千等。

1. 坐式荡秋千

坐式荡秋千是练习者坐在秋千的踏板上，两腿前伸，两臂屈肘，两手紧握秋千绳。摆荡秋千时，两手腕前压、后拉用力，并运用身体与坐板之间的角度增大预摆的力度。

动作要点：荡秋千时，重心要随着身体的前荡后摆自然移动。

2. 半蹲式荡秋千

半蹲式荡秋千时，练习者半蹲在秋千的踏板上，两臂屈肘，两手紧握秋千绳，利用屈膝时对木板的蹬力来增加前后摆荡的力度和高度。

动作要点：蹬腿的幅度要大，充分利用身体的重力和腿的蹬力使预摆力增大，蹬腿的时机要掌握在秋千从最高点下降的那一瞬间。

3. 站立式荡秋千

站立式荡秋千是目前秋千比赛中，参赛者都采用的姿势。练习者站在秋千的踏板上，目视前方，屈肘，两手紧握秋千绳，利用腿的蹬力，膝关节稍弯曲按惯性方向向前摆荡。

动作要点：站立时，重心要稳。腿部动作要协调有力。

二、跳绳

跳绳，家喻户晓，妇孺皆知，花样繁多，趣味浓厚，运动量可以根据动作繁简和速度快慢来调节，是一项男女老少皆宜的运动项目。跳绳对于发展人体的灵敏、速度、弹跳及耐力等身体素质有良好的作用，尤其可以促进少年儿童的身体发育。

（一）跳绳的发展历史

跳绳是我国由来已久的民族传统游戏，早在明朝初年就流行于民间，人们通常在元宵佳节的夜晚，借着灯火来玩跳绳游戏，那时候的跳绳俗称“跳百索”或“跳白索”，民国初年才改叫“跳绳”。刘侗在《帝京景物略，灯市》中对跳白索的来历有这样的记载：“在元宵节夜的灯下，二童子引索略地，一童子跳光中，曰跳白索。”白索是指在灯光的照耀下绳是白色的，故称此游戏为跳白索。沈榜在《宛署杂记，燕都灯市》中有跳百索的记载：“以长绩丈许，两儿对牵飞摆不定，令难凝视，若百索然，其实一索也。群儿乘其动时轮跳其上，以能过者为胜否，或为索绊，听牵绳者以绳击之示罚，名曰跳百索。”从两书的记载可以看，跳绳游戏是我国古代儿童所钟爱的游戏，其实不光儿童，妇女也常常把跳绳作为娱乐。《金瓶梅》十八回中有记载：“只见关月娘、孟玉楼、潘金莲并西门大姐四个，在前厅天井内月光下跳马索儿耍……被两门庆酒后骂道：……平白跳什么百索儿。”这段文字虽然没有从正面介绍跳绳游戏，但从一个侧面反映出我国古代妇女亦从事这一练习。到了清代，朱彝尊在其《日下旧闻靠·风俗》中对跳绳也有简单的介绍。从这些典故中可以看出，跳绳以其所需器材简单、技术门槛低、趣味性强等优势，深受我国古代人的喜爱。可以想象在那时的农家小院、田野空地、市井街道上都有可能看到人们愉快地从事这一游戏。

到了近代，跳绳运动有了长足的发展，首先表现在绳子的制作上，原来跳绳用的绳子都是草绳或者麻绳，不仅质地粗糙而且笨重，而现在用的绳子在制作材料上有了很大的进步，使其更加轻便，而且在短绳的两端加上手柄，更有利于摇绳。绳子的色彩多采用鲜艳、明朗的色调，使其更加具有趣味性，更加人性化。喜爱这一运动的人越来越多，而为了更好地对这个项目进行组织和推广，先后成立了世界跳绳联盟、欧洲跳绳总会、中国跳绳网、中国香港跳绳总会、美国跳绳网。这些组织和网站的出现在一定程度上说明跳绳已经不是单纯的游戏，它也具备了作为一个独立的运动项目而存在的一些特征，这些组织和网站会定期举行一些比赛，为喜爱这项运动的朋友构建了一个舞台。特别是在我国的第七届全国民族传统体育运动会上，设立了跳绳表演比赛，取得了很好的效果。

（二）基本技术

1. 单人跳绳中有单足跳、双足跳和编花跳。

（1）单足跳：可以左脚连续跳若干次后，换右脚再跳，还可以两脚轮流跳起，落地。

（2）双足跳：腿部动作是，两足并拢，双膝微屈，前脚掌蹬地后两膝伸直，同时起跳。其中，分为单摇和双摇。单摇是两手摇动绳子一次，两脚跳动一次。双摇是两手摇动绳子两次，两脚跳动一次，双摇跳法要求两脚用力向上跳，跳得要高一些，腾空时间长，同时两臂摇动绳子的速度要快。如果跳得高，绳子摇动得快，还可以进行三摇、四摇的跳法。

（3）花样跳绳：有单手摇绳跳、矮人跳、燕式平衡跳、后蹬腿跳、双臂交叉跳和跑跳。

2. 多人跳

（1）2 人或 3 人跳绳：2 人跳的花样很多，如 1 人摇 2 人跳、2 人摇 2 人跳、2 人摇 1 人跳和 1 人摇 2 人交换跳。摇绳的人身材要高，两臂摇动的幅度要大，速度不宜过快，以便跳绳的人从他臂下钻过。

（2）集体跳绳：跳长绳，两人摇绳大家跳，不受人数限制，集体进行活动。

两组每人只限跳一次，跳绳方法有两种：一种是一组的一个人跳过绳之后，跑到对方的队尾，另一组的一个人马上跳过绳跑到对方一组的队尾；另一种跳绳方法是一组的人连续跳过绳，排到对方一组的队尾。待最后一人跳过绳后，另一组的第一个人马上接上跳过去。这两种跳法都是以绳子的中心为中心绕“8”字形跑跳。

3. 游戏跳

（1）传球跳：人持球进入长绳内，以下各人依次进入长绳，第一人将球传给第二人后退出，第二人传给第三人后退出，依次进行一人传一人的团体游戏。

（2）放物抬物跳：人持手帕或其他物件进入长绳，边跳边弯腰把物件放在地面上后退出，第二人进入长绳，边跳边弯腰把物件抬起再放下，依次进行。

（3）长、短绳重叠跳：由两个人摇动长绳，另一人持短绳进入长绳后，按照长绳的节奏跳短绳。

（4）跑跳绳：由一个人进行，一边跳一边向前跑。可以进行几个人的比赛，也可以分为两个组进行接力比赛。

三、抖空竹

“空竹”，也称“空钟”“响簧”“空筝”，南方一般将其称为“扯铃”。由于空竹在练习时不停地抖动旋转，因此玩空竹也叫“抖空竹”。抖空竹是我国独有的民族体育运动之一，它不仅是锻炼身体的手段，也是一种优美的艺术表演，很具观赏性，它同武术一样，应该加以挖掘、整理、继承和发展。发展抖空竹运动，还对其他体育项目如武术、体操、跑步等也不失为一种良好的辅助运动练习。特别是中小学，在体育课上增加抖空竹训练，对青少年的发育也大有裨益。

（一）概述

抖空竹是民间传统休闲体育活动，明代就有流传。《帝京景物略·卷二》：“杨柳儿活，抽陀螺；杨柳儿青，放空钟”，说的是春天适宜抖空竹；清代《燕京岁时记》说：“京师十月以后，则有风筝、空钟等物”，并有民谣“空钟儿响，鞭竹儿爆，正月十五又来到”，春节期间北方抖空竹和南方扯铃的习俗一直延续至今。练习时变化无穷的动作，十分具有观赏性，练习所发出的嗡嗡声响，又增添了不少节日气氛。

空竹分为单盘和双盘，单盘以一轴一盘连接组成，轴的空端另有一个小的弧形凹状；双盘以一轴两盘连接组成。抖空竹时，手持两根中间以细绳相连的小竹棍，以细绳绕空竹轴的中间弧形凹状处来回扯动即可。

一个小小的（一般玩的空竹为200～300g，也有为了练劲的把空竹做得比较大，从一千克到几千克的都有）上下飞舞的空竹，玩者用上肢做提、拉、抖、盘、抛、接，下肢做走、跳、绕、落、蹬，眼做瞄、追，腰做扭、随，头做俯仰、转等动作，要在最有利的一刹那来控制它，在空中完成各种动作，过早过晚都要失败，这就需要做到反应快、时间准、动作灵敏、协调。因此，抖空竹有利于提高人们的反应、灵敏和动作协调的能力，使上下肢的关节、肌肉、韧带都得到很大的锻炼，同时也使腰部得到锻炼。而跳跃时，则不但要跳，腰部动作也很重要，上肢随同摆动，有时颈部也要运动。连续跳跃，心跳可以加速。由此可见，抖空竹是一项全身运动，有时还很激烈。经常参加这项运动，不仅可使上下肢肌肉、韧带富有弹性，关节灵活，而且可使心、肺系统得到全面锻炼，起到增进身体健康的良好作用，对身心健康极为有益。

抖空竹运动量可随意控制，可视自己的体能来确定运动量，不必与人争抢冲撞。抖空竹不受场地限制、占地小、器具简单、投资少、男女老少都可参加。其抖法多种多样，有单人抖、双人抖、多人抖；有正、反、花样抖等一百多种玩法。抖空竹寓游戏于运动之中。只要玩得开心，合理掌握运动量，不但能够达到强身之目的，还能享受到其中的乐趣，其锻炼效果堪与慢跑、游泳、骑车、划船、爬坡、越野和徒手体操相媲美。青少年可以对高难动作进行练习，增加户外活动作为电脑游戏的补充，老年人和慢性病患者，可以通过不十分激烈的动作进行练习，坚持下去大有好处。老年人腰腿不便是常见的慢性病，抖空竹主要锻炼腰和四肢，如经常适度地抖空竹，对舒筋活血、益寿保健有一定的效益。曾有许多由于坚持抖空竹，恢复了健康和延缓衰老实例的报道。

（二）空竹的分类

空竹近几年有了很大的发展，按功能分有电子空竹、盘丝空竹和普通空竹；按材料分有竹制、木制、工程塑料、金属和橡皮空竹以及这些材料复合组成的空竹；按玩法分有单人玩的空竹和双人玩的空竹；还有一些根据个人喜好制作的多层和宝塔形（风鼓）空竹。这些空竹总的来说可分为两大类：单头空竹和双头空竹。

（三）抖空竹方法

抖空竹的方法很多，可分为基本动作与难度动作两种。

1. 基本动作

（1）平抖：两臂屈肘持平，与肩同宽，上下均匀地扯动竹棍，以细绳在空竹轴凹状处连动，使空竹旋转抖动。

（2）过门：无论是单盘，还是双盘空竹，旋转抖动时均会产生顺时针的自转。空竹只要自转一周以上，细绳就会缠绕而无法再抖，所以必须以过门方法予以处理。过门方法有两种，一是穿针法，以右竹棍在抖动时穿过左细绳。空竹每自转一周，右竹棍就要穿过左细绳一次，此方法在单盘和双盘空竹的旋转抖动时均可使用。一周，同时左绳在轴的空端处往左下方让一周。二是绕让法，即主动将右绳绕空竹轴凹状处。同样，空竹每自转一周，细绳需绕让一次，此方法仅在单盘空竹使用。比较而言，单盘空竹的自转速度要比双盘空竹的自转速度快，因而抖单盘空竹时，掌握过门方法应十分熟练。

2. 难度动作

（1）轰鸣：虽然抖空竹总会发出一定声响，但要其发出阵阵轰鸣声，必须用一定技巧方法。方法有两种：一为提拉法，即右竹棍用力向右上方提拉，左竹棍随右竹棍的提拉朝同一方向提送；二为缠拉法，即右绳绕空竹轴凹状处一周半后，再进行提拉，方法同前。这两种方法均能使空竹发出阵阵轰鸣声，缠拉法尤其如此，但缠拉法的速度必须很快，否则容易造成因缠绕而崩断细绳。

（2）上架：在平抖方法过程中加快空竹抖动速度时，两竹棍向上猛一抖动，空竹即腾空飞起，此时主动将右竹棍去接空竹轴凹状处，使空竹在右竹棍上原地滚动。熟练者可将空竹从右竹棍滚到左竹棍上，然后再落到或抛起后落到细绳上。

（3）环跳：先加快空竹抖动速度，然后采用平抖法，抬起一脚后用脚底踩踏细绳的侧部，使空竹从一侧腾空环跳至另一侧；如果连续环跳，空竹似在绕圈飞转。

（4）爬高：在加快空竹抖动速度前提下，突然将右竹棍往下拉，同时左竹棍朝上提。两臂向外用力，空竹就会从绳的底端朝上直线爬至绳的顶端。

（5）转顶：在平抖法中，左竹棍朝胸外拉，右竹棍往胸里靠，使空竹逐步形成底盘朝上，空端往下的状态；然后两手一抖，使空竹的空端往下底盘朝上顶地旋转，稍后将细绳套在轴中间的弧形凹状处提拉起。熟练者可以将细绳套在轴空端的小弧形凹状处提拉起，并继续抖动。此方法仅在单盘空竹练习时使用。

（6）弹花：采用缠拉方法，即右绳绕在空竹轴凹状处一周半后，加速以两臂同时上下弹抖，使空竹一上一下地跳动并伴随阵阵轰鸣。空竹朝上跳动时，两臂要内合用力；空竹往下弹抖时，两臂要放松，从而形成加速度合力。

（7）飞天：采用提拉法使空竹形成加速度，然后使空竹自转半周后呈平抖状态。此时两臂奋力向上发力，使空竹带着轰鸣声腾空而起，腾空高度视发力程度而定，高者可达 10m 以上。空竹下落时，右竹棍主动向上迎接空竹，两臂拉开形成右竹棍高、左竹棍低的状态，使空竹有一个沿细绳从右竹棍高处滑向左竹棍底处的惯性，形成空竹下落的缓冲和增加空竹与细绳之间的摩擦，从而增强空竹的旋转力。

抖空竹的方法与花样动作非常丰富，许多与技巧、翻腾、柔软动作相结合的抖空竹方法还在不断地出现。因为空竹底盘为空心的竹木制品，所以一般情况下不能在硬地上摔砸。初学者练习的空竹底盘由实木制成，虽然练习用空竹不能发出声响，但比较经济耐用，而且技术方法上没什么区别。初学者待掌握基本技术方法后，再使用能发出声响的空竹较好。

第五节　飞镖、飞盘、风筝

一、飞镖

飞镖运动于 15 世纪兴起于英格兰，20 世纪初成为人们在酒酒吧进行日常休闲的必备活动。20 世纪 30 年代，飞镖运动日趋职业化，出现了职业协会、职业比赛，以及大量的职业高手。今天，飞镖在英国、法国、美国已是非常普及的大众运动。

（一）飞镖的发展历史

飞镖运动历史悠久，目前关于飞镖这项运动的起源主要有如下几种说法：

说法一：据记载，古罗马军团的士兵被罗马皇帝派到遥远的不列颠岛，多雨的英国气候不便于他们长时间在户外活动。于是，他们在板棚中，把箭投向用柞树横切面制成的靶子，由此逐渐发展成现代飞镖运动。

说法二：飞镖运动是由英国弓箭手在近距离作战时使用的一种 10 英寸长的投掷武器演变而来的。

说法三：与具体的历史人物有关。英国国王亨利七世体质较弱，考虑到打猎既危险又辛苦，决定不再打猎，制作了一种短柄镖枪向柞树的横切面投掷以达到健身的目的，不久，王宫大臣们也喜爱上了这种运动，逐步流传到民间。

现代飞镖运动出现在 19 世纪末，英国人贝利恩 · 甘林被认为发明了现在的飞镖计分系统。

1902年英国选手约翰·雷德第一次创造了单轮180分的纪录。

飞镖运动是一种集竞技、健身及娱乐于一体的绅士运动。

(二) 基本技术

握镖：把飞镖放在掌沿上，找出它的平衡点（即重心），用拇指把飞镖滚到四指尖端，再把拇指放到重心后面一点点，最后用其余手指抓住它，大多数握镖法只是与这种标准握镖法有细微的差别。

基本要求：镖针朝上，握镖要使镖尖略朝上，稳定但不紧张。虽然握镖必须稳定，但不能使手指肌肉紧张。握镖只要飞镖不会滑动即可，不过要保证在加速过程中能很好地控制飞镖。在握镖中通常出现的错误都是太紧而不是太松。至少三根手指，在加速时能得到更好的控制，但在释放时会困难一些，因为需要协调更多的手指。在释放飞镖时手指的协调动作，是握镖的关键点。

现在从职业选手中选出的几个例子来看看不同的握镖：

铅笔式：菲尔使用握铅笔的姿势来握镖，铅笔式握镖是除了基本式握镖之外第二常用的姿势。它通常需要细的圆柱形镖筒。

手掌张开：丹尼斯·普利斯利所使用的这种握镖式看起来很松，一个优点是能准确地释放，但也很容易在加速时失去控制。

小指在镖尖上：埃里克·布里斯托把小指远离其他手指，触到镖尖上（长的圆柱形镖筒）。

小指展开：岁德·哈灵顿使用又长又细的镖筒，随着飞镖的标准和准确度的提高，这种镖筒得到越来越广泛的应用。小指竖着展开，其他手指接触镖筒，这种握镖式很合逻辑。

二、飞盘

“飞盘”，香港称为“飞碟”，是一种新兴运动，也可以单指其所使用的塑胶制盘状器具。其基本玩法是用力抛向空中，经一段飞行而降落时，由自己或他人用手接住，已发展出各种不同的玩法。用来投掷的运动器具，多为圆形，塑胶制品。可多人互相投掷比赛，也可单人投掷，另外人与狗的飞盘游戏也是非常流行的玩法。

(一) 飞盘的发展历史

现代塑胶飞盘是由美国西岸的瓦特·弗列德瑞克·摩里森于1948年首先开发出来的，然而其惯用英文名称却与远在东岸的一家派饼家有关。

“福瑞斯比派饼店”最早创立于康乃迪克州桥港，以制造贩售派饼闻名，后来在邻近城市开设多家分店。一开始是附近大学生吃完福瑞斯比的派饼之后，顺手投掷空锡盘作乐，并称此动作为“福瑞斯比”。随后，这项活动逐渐流行开来，并散播到新英格兰地区的各所大学。然而，当时此一活动仅能算是餐后的余兴节目，与现代飞盘及飞盘运动并无直接相关。

1937年，出生于犹他州的摩里森与其女友在洛杉矶丢掷爆玉米花的空罐盖时，激发出现代飞盘的灵感。1946年，摩里森画出现代飞盘的第一张设计图。1948年，摩里森找人合伙，以塑胶原料成功研制出世界第一枚现代飞盘，并称之为“飞行浅碟”。1955年，摩里森开发出新型飞盘，由于当时外太空不明飞行物之说极为盛行，故将它命名为"冥王星浅盘"。

1957 年，开发呼拉圈的 Wham－O 公司签下了莫里森飞盘的市场专卖权，仍以"冥王星浅盘"为名上市出售。随后该公司共同创办人里奇·聂尔到东岸扩展市场时，得知当地大学生的"福瑞斯比"活动，决定用它当作品牌名称。由于并不知道"福瑞斯比派饼店"的典故，遂拼写成同音英文字"Frisbee"。1959 年，该公司正式注册此一品牌名称，从此随着产品大量销售而广为人知。

1964 年，艾德·黑德里克开发出第一个职业运动级的新飞盘，并由 Wham－O 公司制造销售。1967 年。黑德里克在洛杉矶成立了国际飞盘协会，随后又主导确立许多飞盘运动项目的规则，因而被誉为"飞盘运动之父"。

1974 年，第一届世界飞盘锦标赛在加州玫瑰杯球场举行。1983 年，Wham－O 公司经营权易手，国际飞盘协会及世界飞盘锦标赛终止。1983 年，世界飞盘联盟成立。

（二）基本技术

1. 反手投掷

此招为飞盘投掷中最常用也是最重要的一招。首先熟用五大要领：

（1）应侧对目标，双脚打开与肩同宽（正确姿势）。

（2）手掌贴盘缘，拇指在上，食指顺着盘缘，尾三指置于盘沟（最 11 佳握法）。

（3）手腕微弯（旋转动力）。

（4）直线助摆（前进动力）。

（5）飞盘外缘略低于手握处（平衡作用）。

2. 腰射

左脚前，右脚后，右手持盘（握盘与反手投掷同），置于右方腰际再用腕力将飞盘振出。

3. 丢射

动作小、速度快的投掷法，以盘缘顶住虎口，中食指拨着盘沟置于右腰际，再用腕力由后往前振出。

4. 掷射

掷射又称扬手投掷法，握盘完全与反手投掷法颠倒，也就是拇指放在盘沟，食指贴于盘缘，尾三指置盘面，然后在头部上方应用腕力由后往前振出，此投掷法乃旋转最强投掷方法之一，通常用于花式旋盘之供盘。

5. 投射

投射又称拇指推掷法。拇指顶住盘沟，四指微握盘缘由腰际下方往上掷出，因为力道较强，通常应用在飞盘勇气赛中。

6. 颠倒盘

它握法和丢射完全一样，不同的是出手时飞盘在头上方约跟地面呈 45°（盘底朝上），再往前往上掷出，通常此法用于飞盘高尔夫遇到前面有大障碍不方便使用左右弯盘时。

7. 三明治

两手五指微张，一手在盘面，另一手在盘底。合住飞盘，这是最基本接法之一。

8. 衣捕

判断对方飞过来飞盘大约在腰际的高度时，就可以使用衣服来捕接飞盘。首先双脚与肩同宽，待飞盘飞近时，双手拉开衣服让飞盘飞进衣服，再将衣服盖住。

9. 抬腿接

对方投掷过来的飞盘大约在大腿高度就可使用抬腿接，首先应侧对目标，右手腕应该过左大腿（或左手腕过右大腿）接飞盘。

10. 背后接

判断飞盘飞过来时，大约在腰部的高度时右手绕到左腰际接住飞盘，切记接盘时眼睛视线盯住飞盘。

11. 追接

让飞过来的飞盘超过自己的身体时再抓住飞盘的后缘。

12. 指接

此乃花式之接盘动作，以食指或中指迎接飞盘底部，接时须看准飞盘的旋转中心，顶住飞盘后可接着做绕盘或旋盘动作。

13. 碰接

反手盘来的盘（顺时针），以左手碰盘，再以右手接盘，如果是正手盘来的盘（反时针），则先以右手碰盘，再以左手接盘。总之，碰盘的手要高于接盘手，方可顺利地接到盘。

三、风筝

风筝是人们以重于空气的物质材料，经工艺美化制成的体积、重量、形状各异，利用自然的空气动力，不使用任何机械动力和电力能源于地面或水面，用人工操纵牵引的飞行器。

（一）概述

风筝的起源可上溯到两千多年前的春秋战国时期，由于战争的需要，古人以鸟为形，以木为料，制成可在空中飞行的“木鸢”。木鸢产生于战争之时，它随着我国丝织业和造纸业的发明，不断演变发展。约 12 世纪，中国风筝传到西方，从此这项古老的活动在各国的发展中形成各具特色的风筝文化。

中国古代有许多关于风筝起源的传说和典故。春秋战国时，东周哲人墨翟曾“费时三年，以木制木鸢，飞升天空……”。墨子在鲁山（今山东潍坊境内），“斫木为鹞，三年而成，飞一日而败”。这是说墨子研究试制了三年，终于用木板制成了一只木鸟，但只飞了一天就坏了。墨子制造的这只“木鹞”（或“木鸢”）就是我国最早的风筝，也是世界上最早的风筝，距今已有 2400 年（约公元前 300 年）。

直至东汉期间，蔡伦发明造纸术后，坊间才开始以纸做风筝，称为“纸鸢”。因此可以推断，我国风筝已有两千年以上历史。

墨子把制风筝的事业传给了他的学生公输班（也称鲁班），《墨子鲁问篇》中说，鲁班根据墨翟的理想和设计，用竹子做风筝。鲁班把竹子劈开削光滑，用火烤弯曲，做成了喜鹊的样子，称为“木鹊”，在空中飞翔达三天之久，《鸿书》上说：“公输班制木鸢以窥宋城”。

最初风筝常被利用为军事工具，用于三角测量信号、天空风向测查和通讯的手段。就如春秋时期，鲁班“制木鸢以窥宋城”。

北齐时，文宣帝将人绑上翅膀，令人从高塔跳下摔死，名为“生”。

公元前 190 年，楚汉相争，汉将韩信攻打未央宫，利用风筝测量未央宫下面的地道的距离。而垓下之战，项羽的军队被刘邦的军队围困，韩信派人用牛皮做风筝。上敷竹笛，迎风作响（一说张良用风筝系人吹箫），汉军配合笛声，唱起楚歌，涣散了楚军士气，这就是成语“四面楚歌”的故事。

在正史中也有关于风筝的记载。其一是南朝的“侯景之乱”，梁武帝被侯景围困，城墙被包围，曾放风筝向外求援。据南史卷八十《侯景传》中所述，在梁武帝三年（公元 549 年）时，叛军将武帝围困于梁都建邺（即今南京），内外断绝，有人献计制作纸鸢，把皇帝诏令系在其中，当时太子简文在太极殿外，乘西北风施放向外求援，不幸被叛军发觉射落，不久台城即遭攻陷，梁朝从此也衰亡。这是简文施放风筝向外求救不幸失败的故事。

唐代，被用于军事上的风筝，已渐转化为休闲用途，并在宫廷中放风筝。

五代时期是中国玩具风筝正式得名的时期。亳州刺史李邺，在纸鸢中装制竹哨，风入竹哨，声如筝鸣，纸鸢由此得名风筝。

宋代是我国风筝的发展阶段，把放风筝作为锻炼身体的运动，百姓在清明节时，将风筝放得高而远，然后将线割断，让风筝带走一年所积之霉气。

作为我国民间艺术的风筝，在元代史料中却十分罕见，有关元代民间放风筝的传说也很少听到。

明代，以风筝载炸药，依“风筝碰”的原理，引爆风筝上的引火线，以达成杀伤敌人之目的。

在清代，清明时节荡秋千、放风筝之戏在我国普遍兴起。清末，是我国传统风筝在内容、题材上有较大发展的时期。北京一带，宫廷与民间的风筝发展迅速，不仅制作精良，而且品种增多，出现了造型新颖的字形风筝，使风筝有了新的形式和内容，吸引了成千上万的民众观看放风筝，为我国风筝的发展开辟了广阔的道路。

抗战时期，因军事的理由禁止放风筝，因为鲜艳的风筝可传递给敌方讯息，并提供飞机轰炸的目标。

第二次世界大战美军曾用特技风筝做活动靶，训练打靶。

1980 年，风筝开始广受喜爱，除原来双线外，并演变成三线、四线的技术风筝或特技风筝。

（二）基本技术

风筝的种类很多，作为传统的中国风筝，硬翅风筝在数量上占有较大的比重，具有代表性，下面以硬翅风筝为例进行介绍。

1. 制作风筝的三要素

（1）体积、重量、弹性必须左右对称平衡

一个风筝的结构面积左右完全对称，不一定就表示平衡，因两侧上糊的使用量及骨架左右重量粗细不同、弹性不同，两端也会失去力的平衡。

风筝完成施放时，骨架（竹条）粗或弹性小的一边受风的阻力较大，竹条细弹性大的一边，受风的阻力则较小；风筝升空后达不到平衡稳定的效果，风筝会向阻力小的一边倾倒。

竹条的弹性可用两手将竹条向内侧加压，使其成弧状，试验左右两端的弹性是否一致。如感觉力量不一致时，将弹性较强一边的竹条修细，调整至两端弹性相等为止。

（2）硬面与软面的配合

风筝的结构可全部采用硬面（如八卦、七星、立体宫灯风筝等）但不可全部是软面，一般风筝大都采取两者并加运用（如蝴蝶、鸟型风筝等）。硬面较多的风筝，必须在下端加尾巴予以平衡稳定才能飞（立体风筝除外），升高速度也较快。大型风筝能适应5级强风，小型风筝可以适应2级风力。软面较多的风筝，不易升高，但稳定性较好，可利用本身结构技巧收得平衡稳定，无须加尾巴，较适于2～3级风力，风大时容易飘远。所以现在的比赛场上，皆以造型为准，不加尾面者取胜。

（3）适当的提线

风筝结构体上拴绑的有角度的线称为提线。无论风筝设计及制作得如何正确，若提线的位置不当，仍然不能使风筝平稳地升空。提线的位置、长度、角度等对风筝的施力及受力皆有重要的关系，故须对线有确切的认识与了解。传统的硬翅风筝一般提线多为三根，超大型的需要相应增加提线数量，以保证风筝的刚度，这里仅讲一般的中小型风筝。风筝的提线位置，是由风筝结构确定的，只要按照风筝的制作要求在相应的位置绑上提线即可。一般来讲，对于翅膀宽度在800mm以内的风筝推荐采用两根提线为宜。这是因为两根提线在放飞时如果出现飞行不稳定的情况时，可以方便调整。上提线与水平方向的夹角在10°左右为宜。

2. 风筝的起飞方法

同其他普通的风筝一样，硬翅风筝的起飞可以采用以下几种方法：

（1）中小型风筝可以一手持线轮，一手提住风筝的提线，等到有一股来风之际，趁势将风筝放出，由于有人身体对风的影响，需要不断地边抖边放，克服风的扰流影响。风筝左偏向左甩线；风筝右偏向右甩线。

（2）大型的风筝由于体积较大，不便于一个人放飞，需要一个助手帮助。这时，一个人拿住放飞线，另一个在远处十几米或几十米以外，迎风而站立。待有风吹来之时，提线之人发出信号，拿风筝的人将风筝往上一举并松开手，而提线的人顺势收线，风筝就会迎风而起。

（3）对不稳定的飞行情况要及时调整。若偏向一侧，要重新组装翅膀，使其左右平衡，调整其上提线；若扎根头，则将风筝的尾部加重，先不要调整提线，如果还不行的话再提线调整，可将上提线缩短；若左右摇晃，则将下提线缩短，逐渐调小，不要过多；若风筝直往远飞，即见远不见高，则将上提线缩短一些，或是减轻尾部的重量；若前飘，则将下提线缩短；若旋转，则在尾部加上一细线作为尾巴。

第十二章　户外休闲体育运动方法指导

第一节　攀岩

一、攀岩运动概述

（一）攀岩运动的定义

攀岩运动是人类运用原始的攀登本领。借助各种装备的安全保护来攀登一些由岩石构成的峭壁、裂缝、大圆石以及人工岩壁等的运动项目。

（二）攀岩运动的形式

（1）难度赛：是攀岩运动最主要且历史最悠久的比赛，通常在高 15m 的人工岩壁上举行。时间限制则是 6～8min 不等。最后，比赛成绩将以每名选手攀爬的高度来计算。难度赛强调的是选手的耐力与判断路线的能力。

（2）速度赛：路线难度相对比较小，在无失误的情况下，每名选手皆能顺利攀完。因此，速度赛考验的是选手攀爬的速度。速度赛的规则与跑步或游泳的规则十分类似。

（3）抱石赛：所攀岩壁下方铺一张抱石垫以防攀岩者脱落。除抱石垫、攀岩鞋、镁粉以外，攀岩者不需要绳索、安全带、快挂等其他装备。经过长期实践和总结，抱石赛成为攀岩赛中继难度赛、速度赛之后的第三种比赛形式。抱石赛每场赛事都有 4～6 条线路。每条路线设置“中继点”与“完攀点”，依攀完或抓到中细点的数量与次数评判计分。比赛规则较复杂，主要考验选手的爆发力。

攀岩运动按照保护方式的不同分为先锋攀登和顶绳攀登两种。

攀岩运动按照完成线路的方式分为：

（1）首攀：攀岩者在没有得到相关信息的情况下，对路线的第一次尝试就以先锋或传统攀登的形式进行，以不落地完成路线为目的。攀岩者在攀登之前只能从地面上对路线进行观察，即没有看过其他人在此路线上的攀登过程，也无从其他人或文章中得到有关此路线的描述或难点信息（完全不了解线路）。

（2）看攀：攀岩者在攀登之前可以通过看其他人对此路线的攀登过程，了解支点的形状和大小，知道有关此路线的状况描述或难点信息。首次尝试完成抱石路线的攀登时，该攀登过程也称为 FLASH。

（3）极限攀：攀岩者反复熟悉了路线后，以先锋或传统攀登的形式，边攀登边放置保护点，完成整条路线，攀岩者一旦脱落，此次尝试即告失败，只有将主绳抽下来以及将所用中间保护点部撤掉，才能进行下一次极限攀尝试（可重复无数次，直到登顶）。

二、攀岩装备

在攀岩运动这项富有挑战性的运动中，安全是第一位的。攀岩装备分保护性装备和辅助性装备两大类。保护性装备包括攀岩绳、安全带、绳套、铁镇、保护下降器、上升器。头盔等。辅助性装备包括攀岩鞋、粉袋、攀岩服装等。此外，在进行先锋攀登或自然岩壁攀登时，还会用到岩锥、岩石塞、岩栓、岩钩、快挂等。辅助性装备可凭自己的感觉和经济条件挑选。

（一）保护性装备

1. 攀岩绳

攀岩运动最直接的危险来自攀岩者坠落时产生的冲击力，而使用攀岩绳是解决这一问题最主要的手段。攀岩绳由高强度的尼龙按特殊的办法编织面成，由绳芯、表皮两部分组成，具有较大的延展性，可以吸收坠落时所产生的大部分冲击力，从而减少对攀岩者的伤害。此外，攀岩绳还可以在攀岩者与保护者之间建立一种可靠的远程连接，为攀岩者提供安全的平稳过渡。

（1）攀岩绳的分类

攀岩绳主要分为动力绳、静力绳、cords。

①动力绳，直径为8～12mm，常用的直径为10mm或10.5mm；延展性是6%～8%；主要用于攀登；种类分为单绳（9.6～11 mm，一般长度50米，用于竞技攀登）。双绳（8～8.5mm。常用的是8.2mm。标准长度60米，用于攀冰、大岩壁攀登、器械攀登、登山结组）、Twin（用得很少）。

②静力绳：静拉力可达2000kg、延展性为2%～3%、最多两种颜色，主要用于垂直操作、下降、探洞、救援、工业。

⑨cords（路绳）：小细绳、彩色；不能用于攀岩，只起辅助作用。

（2）评价攀岩蝇时，需要参考的几项重要因素和性能指标

有冲坠系数、冲击力、UIAA标准试验、UIAA FALLS、表皮与绳芯的每米长度差等。

2. 安全带

安全带为攀岩者和保护者提供一种舒适、安全的固定。它便于与绳子连接，而不用把绳子直接绑在腰上，从而可以把坠落的冲击力分散到腰、腿上，而不单集中于腰上。安全带可分为：可调式（用于登山、攀冰、攀岩场馆）、不可调式（用于个人攀岩），也可分为坐式安全带和全身安全带。

3. 绳套、扁带套

绳套、扁带套在保护系统中做软性连接，主要有两种：机械缝（抗拉力达22000N）、手工打结（抗拉力随扁带的性质及打结的方式不同而不同，一般很难达到2000N）。

4. 铁锁

铁链用来连接绳子与保护点、安全带与保护（下降）器、携带器材等。在保护系统中，铁

锁做刚性连接。

（1）分类

①丝扣锁：用于相对永久的保护点（半自动锁、弹贤锁、螺旋锁）。

②简易锁：用于临时性的保护点。

（2）性能指标

纵向拉力：大于 20kN，横向拉力；大于 7000N；开门拉力，大于 7000N。

5. 保护/下降器

在保护和下降过程中通过它与绳子产生的摩擦力来减小操作者所需的握力。常用的保护下降器有：8 字环，是最早、最常见的下降器，也是国际攀岩比赛指定使用的下降器；ATC，深受攀岩者喜爱的下降器，可用于双绳；GRI－GRI，可以自锁，只能用于单绳；STOP 可做长距离下降的下降器，可以自锁，价格较贵，自重较大，只能用于单绳。

6. 上升器

上升器在攀登过程中起到借力和保护作用，分左式与右式两种，适应于不同用手习惯的攀岩者，须用铁锁把上升器上端串口锁起来。

7. 头盔

头盔在攀登过程中避免头部受落石、冰块或上方抛下的装备引起的伤害，起到保护头部的作用。

（二）辅助性装备

1. 攀岩鞋

用特殊（高摩擦力）的橡胶包裹着可能用到的脚部的各个部分（脚尖、脚掌内外侧、脚跟）。在做这种鞋时，有意识地做得小一点，变形、变弯一点，从而更加贴脚，增加脚与岩面的触感。使用时，应选择小的、足以让脚感到很紧的鞋，这样能使脚和鞋成为一个整体，便于用力（一般比正常小 1 号）。

2. 粉袋

使用碳酸镁粉末，主要作用是吸收手上的汗液和支点表面的水分，以增大摩擦力。粉袋挂于腰后，双手可随时蘸取。

3. 攀岩服装

有弹性，透气性较好。

三、绳结

利用打结使绳索之间、绳索与其他装备之间相互连接的方法，称为结绳技术。在攀登过程中，绳子要与其他保护装备、固定点及绳子自身发生各种连接，以解决实际需要，是攀登保护技术中所使用的最重要的装备。绳结有各种不同的打法，各种打法有不同的用途。

（一）基本结

基本结又称为单结、保护结。在绳头部位打结，可防止绳结解脱。建议在结好其他结后，一定要结此结（图 12-1）。

图 12-1

（二）连接固定点用结

连接固定点用结是将绳索一端直接固定在自然物体上的结绳方法。

1. 双 8 字结

双“8”字结简单易学，拉紧后不宜松开：不受力时，不容易松开（图 12-2）。

图 12-2

2. 布林结

布林结又称系船结，易结易解，但绳结也易松动（图 12-3）。

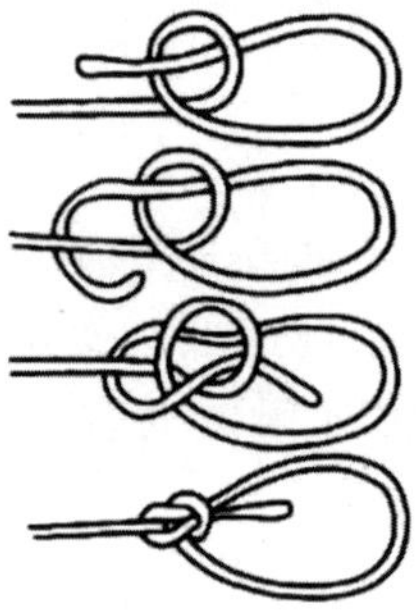

图 12-3

3. 蝴蝶结

蝴蝶结又称中间结，结组时可用蝴蝶结直接套在中间队员安全带上起保护作用（图 12-4）。

4. 双套结

双套结又称丁香结，可用于固定，也用于攀登和下降（图 12-4）。

图 12-4

（三）连接安全带用结

（1）双“8”字结：同前。

（2）布林结：在顶绳攀登中可选的连接方式，优点是方便快捷，缺点是不受力时容易松动（图 12-5）。

图 12-5

（四）绳子间的连接

1. 平结

平结又称连接结、本结、陀螺结，用于粗细相同的绳索之间的连接（图 12-6）。

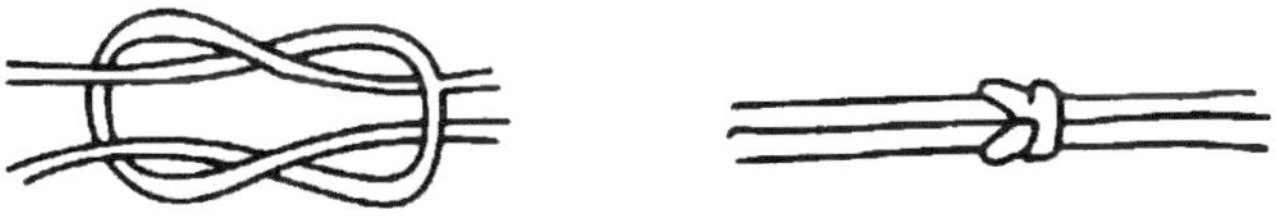

图 12-6

2. 8 字结

8 字结用于粗细相同的绳索之间的连接（图 12-7）。

图 12-7

3. 渔人结

渔人结适用于结两条质地、粗细相同的绳索或扁带。

4. 水结

水结又称防脱结，可将两条扁带连接在一起，主要用于连接扁带，此结易松，必须用力打紧并经常检查（图 12-8）。

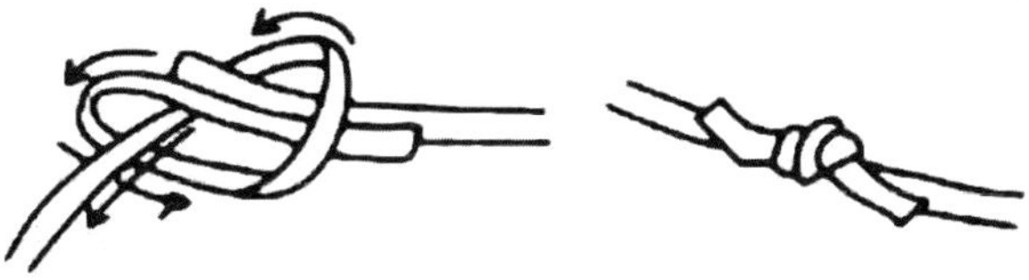

图 12-8

5. 混合结

混合结用于不同直径绳索之间的连接（图 12-9）。

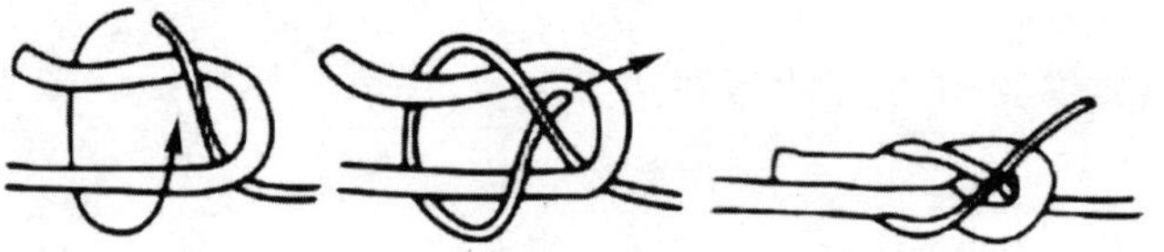

图 12-9

6. 交织结

交织结又称渔肃结、水手结、紧密结、天蚕结，用于直径相同绳索之间的连接（图 12-10）。

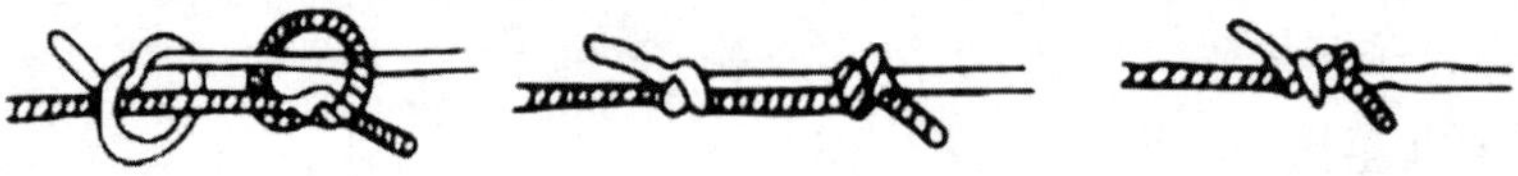

图 12-10

（五）特殊用途

1. 抓结

抓结又称普鲁士结、移动结，用于行进、上升中的自我保护。抓结不受力时可沿主绳滑动，受力时在主绳上卡住不动（图 12-11）。

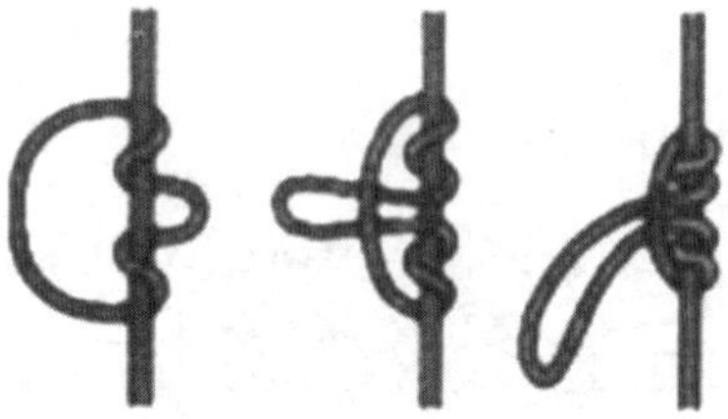

图 12-11

2. 意大利半扣

意大利半扣用于沿主绳快速下降时的速度控制。意大利半扣主要用于“8”字环遗失的情况（图 12-12）。

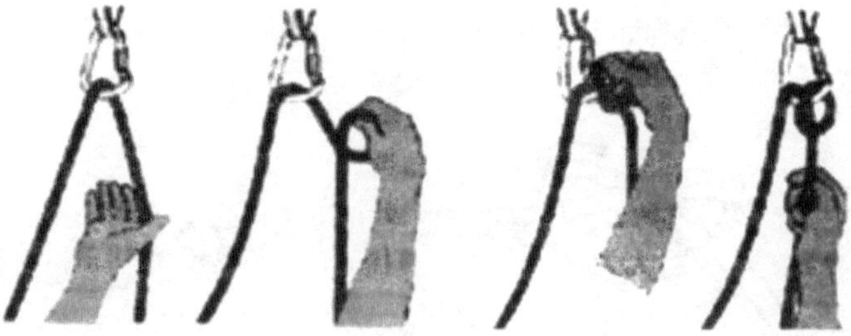

图 12-12

四、攀岩技术

攀岩需要良好的身体条件，更需要全面的技术、丰富的经验。经过几十年的发展，目前攀岩技术的水平已相当高，而且还在不断地提高。它涉及的攀登技术、保护技术及竞赛规则都可单独地写成一本书。学习攀登技术，实践性很强，必须在不断地攀登中练习。对攀岩首先应有以下几点认识：

（一）尽量节省手的力量

攀岩是用手和脚，通过寻找岩面上一切可利用的支点，克服攀爬者自身的体重及所携带器械的重量，向上攀登。所有攀爬者应该有一定的手臂、手指、肢尖及腰腹力量。由于手臂力量相对有限，在攀登过程中，应尽量用腿部力量，节省手的力量。

（二）控制好重心

控制重心平衡是攀岩过程中最关键的问题。重心控制得好就省力。反之，就会消耗许多不必要的力量，也就影响了整个攀登过程。

（三）有效地休息

在一条攀登路线中肯定是有些地方简单，有些地方难，要想一口气爬完全程比较困难（除非这条线对某些人来讲很容易）。所以想爬得高一些，就应该有效地休息。一般是到达一个比较容易的位置，以最省力的姿势，边休息边观察下一段要攀爬的线路。这一点在比赛过程中显得更为重要。因为在正式的比赛中，攀登路线是完全陌生的，而且选手只有一次机会。

（四）主动调节呼吸

初学者往往忽略这一点，即攀爬一条路线是一个连续的过程，从一开始就应该主动地调节呼吸，而不应等快坚持不住了再去调整。另外要强调一点，攀岩是一项具有危险性的运动。若装备质量合格，保护技术过硬，保护人员操作规范、认真，就不会有危险；反之，若装备有质量问题，保护人员操作不规范、不认真，就容易出现危险。因此，在攀岩运动中的保护是每个参与者都应该时刻注意的问题，而不管是初学者还是有经验的老手。

（五）攀岩基本技巧

1. 拉：抓住前上方牢固的支点，用力上拉引体向上。
2. 撑：利用台阶、缝隙或其他地形，以手掌和小臂使身体向上或向左右移动。
3. 推：利用侧面、下面的岩体或物体，以手臂的力量使身体移动。
4. 靠：利用能够容纳身体的裂缝，用背部握住一侧岩面，用四肢顶住对面岩石，使身体上移。
5. 胀：将手伸进缝里，用弯曲手掌或握拳，以此抓住岩石的缝隙并移动身体。
6. 蹬：用前脚掌内侧或脚趾的蹬力把身体支撑起来，减轻上肢的负担。

7. 跨：利用自身的柔韧性，避开难点，以寻求有利的支撑点。

8. 挂：用脚尖或脚跟挂住岩石，维持身体平衡使身体移动。

9. 踏：利用脚前部下踏面积较大的支点，减轻上肢的负担，移动身体。

五、下降技术

（一）所需装备

下降所需装备：安全带、铁锁、下降器、自带、绳套、头盔、攀岩绳。

下降器有很多种，如“8”字环、ATC、GRIGRI、STOP。下降器的选择要根据下降的距商及保护绳是用单绳还是双绳来定。意大利半扣主要用于“8”字环遗失的情况下，但由于其对绳子磨损较大以及从安全考虑，建议不要使用。

（二）保护点的设置及保护绳的固定

保护点的设置如前所述。保护绳的固定要根据保护点来定，可以用单绳成双绳。单绳可以直接系在保护点上（如可靠的大树、桥墩等），也可以挂在保护点上（如铁链）。在固定保护绳时，要注意避免绳子与锋利的物体接触；若不可避免，则必须用垫子或其他物体加以保护。

做完保护绳的固定后，要注意绳头到地，若双绳下降，必须确保两个绳头都到地。不管是单绳还是双绳，在绳的末端都要打一个防脱结，以防下降者从绳子末端脱出，尤其是分段下降时，更要注意这点。

（三）下降操作程序

1. 穿戴好装备。

2. 到达下降起点，做好自我保护。由于下降起点在高处，在设置上方保护点和下降之前，必须做好自我保护。

3. 将绳子扣入下降器。

4. 抓紧制动绳，检查操作是否正确。

5. 打开自我保护，保持正确身体姿势开始匀速缓慢下降，下降过程中要留意下方的情况。

6. 初学者可在下方作备份保护。

在下降过程中，要停止下降时，可用以下两种方式：一是把制动绳组绕在腿上，一圈压一圈，最少要缠 3～4 圈，打开绳子时，手抓住靠近下降器的制动端不能松开；另一种是采用抓结。

第二节　冰雪运动

一、冰雪运动

（一）滑雪运动概述

速度滑雪起源于美国，距今已有 100 多年历史。1870 年，美国在开发加里福尼亚金矿的时候，一位叫托德的美国人穿着滑雪板，从加里福尼亚拉波泰山陡峭的山坡上疾驰而下。据当时的目击者计算，托德滑降的速度接近每小时 150km。后来，美国的一些高山滑雪爱好者开始仿效托德。从此，速度滑雪在美国逐渐开展起来，并传入欧洲。1931 年成为比赛项目，当时男子的最好成绩为每小时 136.600km。1947 年意大利运动员第 1 次将时速提高到 159.292km/h。从 20 世纪 50 年代开始，速度滑雪几乎每年都有一批新的世界纪录诞生。特别是进入 70 年代以后，随着速度滑雪的普及以及滑行技术、场地和器材（如服装、头盔、滑雪板以及雪腊等）的不断改进，滑降的速度大幅度提高，新的世界纪录不断涌现。美国运动员麦金尼首次以 200.003km/h 的成绩突破了时速 200km 的大关。到了 1985 年，奥地利高山滑雪运动员韦伯在法国萨瓦省的埃基卢热高峰的西北坡又创造了 208.937km/h 的世界纪录。1988 年 1 月 16 日世界著名高山滑雪运动员法国的普昌费尔又将世界纪录提高到 223.741km/h。80 年代，芬兰女子运动员穆拉里在速度滑雪中创造了 214.413 km/h 的世界纪录。就是这位运动员，在高山滑雪于 1992 年被冬季奥运会列为表演项目后，同年在冬奥会上又创造了 219.245 km/h 的世界纪录。1992 年冬奥会普昌费尔再次以 229.299km/h 的成绩打破了他 1988 年创造的世界纪录。1992 年，速度滑雪被列为冬奥会表演项目。目前，速度滑雪已发展到近 20 个国家。其中，法国、美国、芬兰、奥地利、瑞士、瑞典、英国以及挪威等国家开展较为普及，水平也较高。

（二）基本装备

质地柔软又保暖的防寒衣帽、手套，具有雪地防滑的棉鞋，具有防风、防雾、防紫外线功能的滑雪镜，油性大的润肤霜。

（三）高山滑雪的基础技术

高山滑雪基础技术是指适应雪板、雪杖阶段所应掌握的原地和行进的走、蹬坡、滑行、制动、方向变换及安全摔倒等基础性的技术动作。基础动作中又可分为不着雪板、着单板和着双板三类练习，基础技术掌握得如何对基础技术的学习与掌握起到不可低估的作用。

1. 不着雪板的练习

穿上雪鞋后，由于雪鞋的鞋勒较高，踝关节的可动性很小，活动受限，为了尽快适应雪鞋及提高对雪的兴趣，可进行不持雪杖只穿着清雪鞋的各种游戏，比如打雪仗、捉人等，也可利用小坡进行滑下及打爬犁等活动。通过各种游戏及活动，使练习者在不知不觉中提高对雪鞋的适应性，增强对雪的兴趣。

2. 着单板的练习

着单板的练习是指一只脚穿雪鞋、一只脚穿着雪板，通过穿雪鞋脚的蹬动及穿着雪板脚的支撑及滑进，循序渐造地提高对雪板和雪板着雪感觉的体会及提高支撑平衡能力。练习方法多种多样，有原地练习，也有行进练习。

3. 着双板的练习

在穿雪鞋及着单板练习的基础上，可以进入着双板练习的阶段。此阶段主要任务是在适应双板与雪的感觉的基础上，尽量地灵活运用雪杖。着双板的练习应包括原地动作、滑行、原地变向、蹬坡、停止、安全摔倒与站起。具体练习方法如下：

（1）原地动作：

穿上双板后可进行如下的练习来习惯雪板

①不同程度地蹲下站起。

②双板平行开立，上体向左右倾斜。

③双板并拢，身体不同幅度地稍屈向前、后倾及后仰。

④单腿抬起（交换）。

⑤双板平行同时向左、右跳越。

⑥双板尖并拢，双板尾向左、向右跳动。

穿上双板后可明显感觉到前后平衡能力加强。

（2）滑行

滑行应在平坦场地进行，目的是进一步适应雪板、雪鞋及雪杖，达到人与器材的协调一体，练习方法包括走、滑行、双杖推进滑行及双杖推进滑行到停止。

（3）原地变向

原地变向是指滑雪者在平地或坡面上处于非滑进状态的改变方向。初学者只有掌握了原地改变方向之后才能比较自如地进行各种练习。原地改变方向的方法很多，既有板尾、板尖依次移动展开逐步变方向的方法，也有一次能完成较大角度的变向，还有原地跳越变向。这里主要介绍板尾、板尖依次移动改变方向和180°变向的方法。

①板尾、板尖展开变向。

板尾展开变向和板尖展开变向运用于较平坦的雪面，其方法相近，也有人将这两种变向方法称为原地踏步变向。

动作要领；

无论板尖展开变向还是板尾展开变向都要注意雪杖的位置，板尖展开变向时雪杖支撑位置应在体前。雪板一次展开距离不宜过大，随着对雪板的适应再逐渐加大展开的距离。在展开雪板时，体重要明显地放在支撑腿上，体重的移动要快。

②180°变向

这种变向多用于中、陡坡，其特点是变向速度快。其变向动作还可分为前转180°变向和后转180°变向，将前转180°受向动作由结束部分依次向开始部分相反进行，即为后转180°变向。下面介绍一下前转180°变向的动作。

动作要领：

A. 动作由双板平行站立，雪杖两侧支撑开始。

B. 双杖稍前移体前支撑，左板向后预摆。

C. 右腿支撑体重左板体前直立，双杖在体侧支撑。

D. 上体左转同时直立的左板以板尾为中心点向左侧转倒着地，双脚成体前交叉，在放左板的同时，左雪仗移至右板外侧支撑。

E. 重心移至左脚，右板抬起。

F. 成双板平行、双杖支撑姿势。

（4）蹬坡

蹬坡是指滑雪者穿着雪板蹬上山坡的技术动作。蹬坡因技术水平、雪质、坡度和滑雪者自身体力的不同而采用不同的蹬坡方法。瞪坡从雪痕上可以分为直蹬坡、斜瞪坡和“Z”字形蹬坡；从雪板的形状上又可分为双板平行蹬坡（阶梯式蹬坡）和雪板成“V”字形蹬坡（开脚蹬坡）。

①双板平行蹬坡

双板平行蹬坡可适用于各种坡面。蹬坡者侧对垂直落下线，可用雪杖协助蹬坡。双板平行蹬坡可用于直瞪坡，也可用于斜瞪坡，其动作要领如下：

A. 向上迈出的板步步幅不要太大，迈出时保持双板平行，重心随之向上移动，可用杖协助支撑。

B. 用上侧板外刃刻住雪面后重心随之移到上侧板上，接着下侧腿向上侧腿靠拢，并用内刃刻住雪面。

C. 下侧板内刃刻住雪面后，再进行第二步的蹬行。

②“V”字形蹬坡

“V”字形蹬坡一般用于缓、中坡。蹬坡者应面对蹬坡方向，垂直向上履行。其动作要领如下：

面对山坡，用两板内刃刻住雪面，身体前倾，向前上方依次迈出雪板，步子不宜过大，防止板尾交叉，同侧的雪杖协助支撑，可用手握住雪杖握把的头。在向上蹬坡时重要的是板内刃刻住雪面后重心移动。

（5）停止

初学者在坡上滑下一般都是越滑越快，即使是较理想的场地有时也难免会发生摔倒或冲撞。因此，掌握了停止方法无论是对自己或是他人的安全、增强对雪板的控制能力，还是学习其他技术动作都是有益的。从山上向下滑的关键是保持平衡。减速或停止是通过对雪板的控制使雪板与前进方向成一定的角度或完全横对前进方向的同时，增大立刃的程度以加大摩擦力来完成。停止的方法很多，下面介绍比较容易掌握的犁式停止法。

动作要领：

①在滑降中使雪板成犁式状态。

②重心用后移，形成前后坐姿势的同时两板尾蹬开，使立刃、两侧内刃逐渐加大刮雪力量。

③逐渐加大板尾向外侧的立刃和蹬出力量直至停止。

（6）安全摔倒与站起

①安全摔倒

滑雪中，摔倒是不可避免的。无论是优秀运动员还是初学者，在摔倒时既有内因影响，也有外因影响，摔倒是产生外伤的主要原因。对初学者来说，重要的是掌握安全的摔倒方法及摔倒后站起的方法。

安全摔倒方法是：在失去重心情况下，尽量不挣扎，迅速屈膝降低重心，两臂自然伸展，臀部向山上侧坐，两雪板稍举起，防止滚动。在完全停止前勿伸腿或使雪板某一部分着雪，并保持稍团身姿势。

②站起摔倒后如何站起来也是初学者要解决的问题，有时摔倒姿势是不可控制的，因而摔倒后头朝山下方向的也有。怎样站起来最容易，则要根据场地的情况采用相应的方法。在山坡上摔倒后，首先要弄清自己的头朝什么方向，然后再移动身体使头朝山上。雪板朝山下方向，

形成侧卧状态。然后是抬起上体形成侧坐，收双板时使双板横对山下侧，尽量使双板靠近臀部并用山上侧板外刃刻住雪面，再用手或雪杖支撑站起。

③危险的摔倒姿势

在高山滑雪产生的外伤之中，因危险姿势摔倒造成的损伤占有相当大的比例，因此必须杜绝危险摔倒姿势的出现，摔倒后顺势滚动在一些球类项目及其他一些体育项目中可以减少受伤的程度，但在雪上却完全相反，因滑雪者穿着长长的与身体纵轴相垂直的雪板。若摔倒后顺势滚动后果不堪设想，应绝对避免。

二、滑冰运动

（一）滑冰运动概述

有关滑冰运动的起源，众说纷纭。据我国史书记载，远在唐代北方结冰地区已经有了滑冰；宋代，滑冰已发展成为一项体育运动，被称作是“冰嬉”；到了清代，由于满族自古就有滑冰的传统，入关建立清王朝后便每年在北京举办大型滑冰运动会。在欧洲，滑冰起源于荷兰。1250年，荷兰制作了世界上第一双冰刀。1742年，英国成立了第一个滑冰俱乐部，1772年英国还出版了第一本关于滑冰的书。1882年。在维也纳举行了第一次国际滑冰会议，会议决定滑冰比赛分速度滑冰和花样滑冰两大类，并制定了竞赛规则。

1892年，在荷兰的提议下，成立了国际滑冰联合会（ISU）。规定每年举行一次世界男子速滑锦标赛和世界花样滑冰锦标赛。第四届奥运会上花样滑冰被列为正式比赛项目。1920年在第五届奥运会上冰球也被列为正式比赛项目。到1924年第一届冬季奥运会开始，速度滑冰、花样滑冰、冰球均被列为正式比赛项目。1960年第八届冬季奥运会中又增加了女子速度滑冰项目。

我国早在1935年就有了滑冰比赛，是在当时的北平举行的。1943年延安曾举行过冰上运动会。中华人民共和国成立后，1953年在哈尔滨举行第一届全国冰上运动会，以后每年举行一次。

1957年我国速滑选手第一次参加世界比赛，仅女子一人取得全能第21名。1963年在日本的世界速滑锦标赛中，我国男运动员罗致焕在1500m比赛中获第一名，并创世界锦标赛纪录，为我国第一次赢得世界锦标赛的金质奖章。“文化大革命”期间，我国滑冰运动一度中断。进入20世纪90年代，我国在世界冰坛上取得了十分优异的成绩。1990年，女选手王秀丽首先在世界女子速滑锦标赛上取得1500m第一名。1991年、1992年，叶乔波在500m比赛中取得世界第一名。1992年，叶乔波还获得世界杯速滑系列赛500m和1000m两项总分的亚军。1992年在法国阿尔贝维尔举行的第十六届冬季奥运会上，叶乔波获得500m和1000m两块银牌，实现了我国在冬奥会速滑比赛中“零”的突破。

（二）滑冰运动基本技术

滑冰运动包括速度滑冰、花样滑冰和冰球，速度滑冰又分为标准场地和短距离道两种。本节只简单介绍速度滑冰的技术。

1. 直道滑跑技术

（1）滑跑姿势

动作要领：上体向前倾斜，肩部稍高于臀部，或肩部与臀部水平。上体与冰面呈15°～25°角，两腿向前弯曲，膝关节大约呈90°角，踝关节与冰面呈50°～70°角。两手相互握住，自然背在腰部，身体重心放在两腿之间，并且要稍含胸、收腹和团身。上体不要向前探出，臀部不要向后坐，青部肌肉要自然放松，膝关节前弓，头稍微抬起。目视前方4～5m处。

（2）蹬冰动作

动作要领：蹬冰时蹬冰幅度要大。蹬冰幅度是指滑跑者的身体总重心点从蹬冰前的位置移动到蹬冰结束后的位置之间的距离。蹬冰时，要快速伸展蹬冰腿，就是要做到快蹬冰，同时和其他技术动作紧密而协调地配合，才能达到快蹬冰。

（3）收腿动作

动作要领：从蹬冰结束后的侧位收到后位，再从后位摆到前位，即浮腿冰刀做下刀动作的位置，贴近支撑腿冰刀内侧。

收腿要以髋关节为轴，大腿带动小腿，从侧位沿着最短路线做积极且快速的收、摆动作，用最短的时间与支撑腿靠拢。冰刀要紧贴支撑腿冰刀内侧悬起，做好冰刀着冰的准备。

（4）下刀动作

动作要领：下刀要积极，速度快，带有冲滑动作。在做下刀动作之前，浮腿从后位用膝关节领先，带动小腿加速向前摆。浮腿和支撑腿膝盖靠拢时，浮腿冰刀做下刀动作的位置是在支撑腿冰刀内侧，浮腿冰刀和支撑腿冰刀滑进方向平行，两只冰刀几乎没有开角，但要保持身体的倾斜度。浮腿下刀动作和支撑腿冰刀做蹬冰动作几乎同时进行。

（5）自由滑行

自由滑行是指借助蹬冰后向前滑进的惯性滑行，也叫惯性滑进。

动作要领：冰刀平刃支撑，支点在中后部位，滑行的直线性，身体的纵向“三点成一线”，即鼻、膝、刀尖三个部位沿着滑行方向呈一条纵向垂直的线。

（6）全身配合动作

①两腿的动作配合。滑冰时，单脚支撑滑行。蹬冰、收腿、交换蹬冰，完成两腿动作的循环配合。

②上体、臀部与腿的配合。滑行时，上体和臀部需保持平稳，移动协调，与滑跑方位纵向一致。蹬冰时，上体、臀部向蹬冰相反方向水平移动。

③臂动作与腿的配合。当左臂摆于前位高点时，右臂也处于后位高点，这时左腿处于蹬冰结束阶段，右腿处于单脚支撑惯性滑行阶段；当左臂摆至下垂点时，右臂也是摆至下垂点。左腿处于收腿最后阶段，右腿又转为蹬冰开始，两臂的配合摆动构成上述动作循环。

（7）摆臂动作

当右臂扭动到前高点。左臂摆动到后高点时，正是右腿蹬冰结束。左圆冰刀做惯性滑进动作。当右臂和左臂都摆到下垂点时，正是右腿冰刀做收腿动作、左腿冰刀做惯性滑进动作。当右臂摆到后高点、左臂摆到前高点时，正是右腿冰刀做惯性滑进动作、左腿冰刀做蹬冰结束动作。摆臂最好是前、后大幅度摆动，前摆时要用力，后摆时要放松。

2. 弯道滑跑基本技术

（1）滑跑姿势

弯道滑跑姿势与直道滑跑姿势基本相同。在滑跑中、身体始终向圆心倾斜，并且还要稍微含胸、团身。整个身体向左倾斜时，臀部不要有意识地向里倾倒，肩部不要向外倾斜，左肩和右肩要平齐，整个上体呈水平状态，并保持鼻、冰刀、膝盖呈一条直线向左倾斜。在弯道滑跑时，调整好身体倾斜度，是掌握弯道滑跑技术的关键之一。初学滑跑要选用小冰场，弯道半径越小，掌握弯道压步动作越快。

（2）蹬冰动作

弯道蹬冰动作结构与直道蹬冰动作结构基本一样，但也有不同点。在弯道滑跑中，左腿冰刀和右腿冰刀都是向身体右侧做蹬冰动作，而且还是用交叉压步的方式，不停地交替蹬冰。单腿向前滑进时间比直道单腿向前滑进时间短些。滑跑时的身体重心是沿着弧线向前移动的。

当左腿冰刀蹬冰结束后，冰刀离开冰面，右脚冰刀用后部内刃开始蹬冰，等左脚冰刀接近右脚冰刀时，右脚蹬冰进入最大用力蹬冰阶段。当右脚冰刀蹬冰结束后，冰刀抬离冰面，左脚冰刀开始做蹬冰动作，等右膝越过左膝前面时，左脚蹬冰进入最大用力蹬冰阶段。

做蹬冰动作时，要快速而有力，并且要有一种“前送蹬”的肌肉感觉，还要使膝关节有前弓、前送并往下压的动作。

做蹬冰动作后，要利用冰面的反弹力和重力，做快速、积极的收腿动作。如果浮腿在侧位有停留时间，就会延长单腿支撑滑进动作步幅和长度，也加重了支撑腿的负担，又消耗体力。影响滑跑速度。

（3）收腿动作

右腿蹬冰结束后，顺着蹬冰后的反弹力积极由外侧向内侧收腿，在侧位不停留，浮腿冰刀抬离冰面。以髋关节为轴，大腿带动小脚。膝盖领先，用积极内压、快收的方法，向左侧靠拢。当右脚冰刀刀跟超过左脚冰刀刀尖时。右脚冰刀用内刃中后部准备在新的切线方向上着冰，完成右腿的收腿动作。

左腿冰刀结束蹬冰后，借助蹬冰的反弹力，冰刀抬离冰面，以髋关节为轴，大腿带动小腿，膝盖领先，用拉收的方法，向右腿靠拢，左腿冰刀刀尖收到右腿冰刀刀跟时，左腿膝盖和右膝窝贴近。然后，左腿冰刀继续贴近右腿冰刀内侧向前移动。当左腿冰刀刀尖稍越过右腿冰刀刀尖时，靠近右腿冰刀顺势用外刃做下刀动作，但小腿不要向前伸出。

两腿在收腿过程中，要紧密配合身体重心的移动。完成收腿动作时，身体始终一致，不能向内摆肩，向外扭臂，保证身体的左右平衡，充分发挥蹬冰力量。

（4）下刀动作

弯道滑跑时，下刀动作与弯道线的切线方向一致，向着滑进方向，并与支撑刀靠近，互相平行，用冰刀的中后部位先着冰，而冰刀一着冰就做向前滑进动作。

右腿用积极内压快收的方法收腿时，冰刀刀跟要有向左压的动作，刀尖偏离雪线，刀尖内刃着冰。要防止小腿向前跨和摆动，膝关节要前弓。右腿和身体向左倾斜度一致，两腿冰刀之间的距离越近越好，为左腿蹬冰创造良好条件。

左腿用积极拉收的方法收回时，要先用冰刀中后部外刃贴近右腿冰刀内侧着冰，刀尖要偏离雪线，小腿和身体向左倾斜度一致。

（5）自由滑进动作

在弯道滑跑过程中，右腿冰刀置冰结束，正是左腿冰刀自由滑进阶段，身体重心在左腿冰刀的后部。在右腿冰刀抬离冰面、收回靠拢左腿时，身体重心由左腿冰刀的后部移动到冰刀中部。当右腿冰刀继续向左移动准备做下刀动作时，左腿冰刀自由滑进结束。左腿冰刀蹬冰开始。正是右脚冰刀做自由滑进动作时。在两腿冰刀分别做慢性滑进时，身体向左侧的倾斜角度要相对稳定。

（6）全身配合动作

两腿配合动作：右腿冰刀蹬冰结束后，利用冰面对冰刀的反弹力，抬离冰面，马上积极、快速地向左腿摆收靠拢。这时，左腿冰刀要马上快速地做蹬冰动作，右腿做收腿动作的同时，左腿蹬冰。当右腿收回与左腿并拢时，左腿冰刀要以最大力量蹬冰。右腿冰刀在左腿冰刀前面用刀中部内刃着冰时，速度要快，而且要有向前滑的动作。这时，左腿靠近右腿。

两腿和肩部、上体、臀部的配合动作：两腿在收脚、下刀、蹬冰过程中，上体要始终保持与冰面平行，不要左右摇摆，上下起伏。左肩不要低于右肩，肩部不要有意识地向右侧视动。臀部不要向左侧扭转。

（7）摆臂动作

弯道的摆臂动作是不对称的。左右臂摆法不同。右臂前后摆动，前摆至左前方，手与鼻、膝、刀四点呈一线，后摆至后侧，手不要高过肩。左臂摆动幅度小，上臂靠近身体，前臂顺着躯干前后摆动，起着协调平衡的作用。前摆时微屈时，后摆时不要过肩。

（8）进、出弯道

进入弯道的方法是：先确定入弯道点，左腿蹬冰，在直弯道交接点前结束，右腿冰刀前滑离开雪线 1～2m 处入弯道。身体顺势果断地向左倾倒，左腿冰刀用中后部外刃，贴近右腿冰刀的支撑点下刀。右腿冰刀结束蹬冰抬离冰面，髋前送向左斜，左刀外刃蹬冰。滑到弯道顶点时要紧贴雪线，并加快频率。

入大弯道时，右腿冰刀从直道和弯道交接处滑进，在距离大弯道雪线 1～2m 的地方向弯道里面深入。滑进大弯道的第一步是左腿冰刀。

在左腿完成收腿动作时，身体要大胆、果断地向左侧倾斜。当身体向左倾斜到一定程度时，左腿冰刀的刀尖外刃贴近右腿冰刀内刃着冰，放在新的切线上，并稍偏离雪线，身体不要向前探，肩部不要领先，臀部不要向后坐。

进入弯道时，还要依靠在直道滑跑时获得的速度和进入弯道的半径、身体倾斜角度来进行滑跑。

顺风时入弯道，要离弯道近一些，逆风时要远些。

出弯道时，右腿冰刀在弯道滑跑最后一步，前半步在弯道上，后半步在直道上。上体要和滑进方向一致，身体处于较稳定的动力平衡状态，同时左腿正在做收腿动作。当左腿结束收腿动作、靠近右腿冰刀着冰时，右腿结束蹬冰，进入收脚动作，左腿冰刀支撑身体，在直道上滑出第一步。

滑跑弯道时，要时刻注意含胸、团身，逐渐加快滑跑频率。出弯道时，滑跑频率大于入弯道时的滑跑频率，身体要有一种被甩出弯道的感觉。

第三节　水上休闲运动

一、漂流运动

（一）概述

1. 漂流的起源与发展

漂流最初源于爱斯基摩人的皮船、印第安人的树皮舟、中国的竹筏、木筏……这些当时都是为了满足他们生活、交通及战争的需要，而真正广泛的休闲漂流是在第二次世界大战之后才开始发展起来的。我国可供开发用于商业性漂流的河流非常丰富，地域的民族文化也不同。目前开发的都是尝试性的、短距离的、低难度的河段，船具多为橡胶材料，器材装备较简单，救生设施设备较差。

2. 漂流的分类

（1）按距离分类，一般分为长漂、中漂和短漂三种。通常，长漂大多在10km以上，比较惊险，适于喜欢冒险，敢于挑战的年轻人；中漂一般长5～10km，适合在短源漂流后意犹未尽者；短漂一般在4km以内，比较平静，适于不愿冒险者或者进行漂流前的热身。

（2）按流速分类，一般分为激流漂流和平水漂流两种，激流漂流惊险刺激，平水漂流悠然惬意。

（3）按工具分类，可分为橡皮筏漂流、皮划艇漂流、竹筏漂流、羊皮筏漂流、小船漂流等，其中以橡皮筏漂流和竹筏漂流最为流行，它们正好分别代表漂流探险的两种基本类型，即激流漂流和平水漂流。

3. 漂流的器材与设备

现在国内较为多见的漂流主要有竹筏漂流、橡皮舟漂流，也有较为特殊的如陕西、甘肃段羊皮筏漂流、浙江的龙舟漂流等。

对于户外探险者，建造木筏或竹筏是一项基本的技能也比较切合户外实际，尤其是在丛林地区，可以找到足够的木头或理想的竹子。这些简单的漂流用具，如果扎制得好在不太湍急的水域漂流或泅渡，一般没有问题，但在崇山峻岭的溪谷之中漂流或泅渡应使用橡皮舟。

（1）筏的构成

根据扎筏所用的材料可以分为竹筏、木筏、独木舟等。

①筏身；是漂流主要依托的部位。材料主要由坚韧的竹、木构成。现代漂流借助的材料很多，可以是兽皮、油桶等。

②固筏木：将筏身固定的木条、藤条或其他材料。

③筏舵；为了便于控制筏前进的方向，用一根长篙，前端绑牢一片舵板，长篙绑在筏尾端固定交叉成“A”字形的构架上。构架底部钉入筏身上已钻好的孔洞中，顶端分别用绳索或藤条拉紧。系牢在筏上。

④撑篙或桨：一根或两根材质较好的长竹、木，可以用来做撑篙或桨，主要用于向前或向

后的划行、改变行进方向、避开危险等，如暗礁、漩涡等。

（2）不同筏的扎制

①竹筏

竹筏（或称竹排）因其容易被卡住或翻沉，一般不宜在急流险滩中使用，但在风平浪静时，手持长篙漂行，却韵味十足，悠哉游哉。竹筏可制成单层，也可制成双层。

A. 单层竹筏制作：将粗壮的竹竿砍成 3m 长的段，捆绑端垫高，固筏木放在距端顶 50cm 左右，固筏木长度稍稍宽于筏身，用登山辅助绳或自制绳在第一根竹子边的固筏木上系丁香结或牵引结要，用对角线捆绑法或方形捆绑法将第一根竹子绑牢后，交叉至第二根竹子。如此操作至最后一根竹子，再用丁香结捆绑固筏木，即完成一端的捆绑。一般制作这样的竹筏应在筏身的前、中、后三个部位都进行捆绑，亦可用铁丝把竹子一根根固定在固筏木上，最后沿着固筏木绕一圈铁丝后拧紧筏身平固。

B. 双层竹筏制作：将粗壮的竹竿砍成 3m 长的段，两端与中央分别钻孔，利用坚韧的树根穿过钻孔，再用藤条把每根竹竿与树捆绑牢。双层竹排间更要相互压紧，绑结实（图 12-13）。

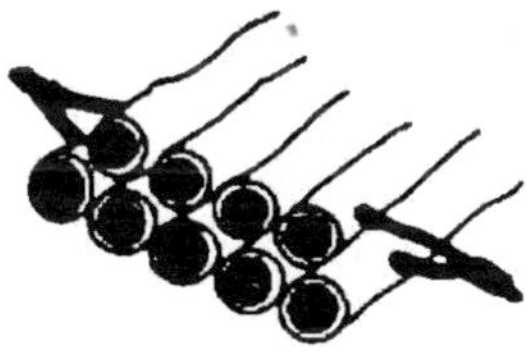

图 12-13

②本筏或夹筏

圆木做筏身，用四根足够长度的厚实木棍，分别在圆木两端将其夹紧，固定成木排（图 12-14）。

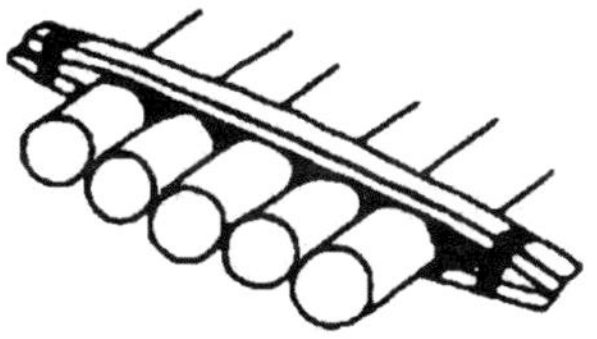

图 12-14

③混合筏

混合筏是借助可漂浮的油桶、兽皮等依据竹筏和木筏的构造方法建造而成的漂流工具，如打足气的牛、羊皮囊与竹筏和木筏捆绑在一起的混合筏等。

④独木舟

把一截粗壮的树干中央部分烧空或挖空，或者在上面钉牢桦树皮或兽皮柳木构架，也可以仿制古欧洲人建造的用芦苇扎成的漂艇。

⑤皮筏

一般说，皮筏实用范围最广、最普遍、最常用。用橡皮或高分子材料制作，有三个或多个独立的气室，正常使用时不会产生漏气问题。皮筏的适应性很强，因为其材料柔韧性能好，又有充气囊可以以柔克刚，即使遭到落差较大的瀑布或险峻的河谷，也总能化险为夷。

（二）筏艇操作技巧

筏艇操作可以分为单竿操作、单桨操作和多桨操作。

单竿操作多用于竹筏或本筏。单桨操作是指只有一个固定的架和一排桨或只有一支桨，由一人操作船筏。多桨操作是指由一个队长和一队人共同配合操作船筏或独木舟。

1. 单竿操作

（1）竿的操作

竹筏、木筏因载人不多，常用单竿操作。在河水不深时，可以将撑竿撑到河底控制竹筏、木筏前进、后退或转向。如河水很深，则多用“划竿”的方式控制竹筏、木筏前进、后退或转向。

“划竿”的操作方法：

①持竿者站在船的中间靠后部位。

②双手握竿的中间都位，一手正握，一手反握，双手间的距离为肩宽，将竿持于胸前。

③以双手间的中心为轴心，双手向前做圆周运动，心点为轴心，双手向前做圆周运动，使竿的两头做圆周运动。依次从竹筏、木筏两侧的前方入水后方出水，使竹筏、木筏向前运动。如要使竹筏、木筏向后运动，则双手向后做圆周运动；如要使竹筏、木筏转向，则竿的轴心不变，改变两手的高度，一手高一手低做圆周运动，让一侧竿子划水，另一侧竿子则不入水。

（2）桨的操作

桨是操作船艇的工具，向前划桨时，桨的操作方法如下：

①向前侧身，手臂打直。

②把桨伸到水里。

③把桨往回拉，利用整个身体的力量。每次划动都应是一个持续的动作，力量均匀地作用于整个回拉动作。这种拉动非常有力，如果在同一侧多划几下，船会减速，船头会改变方向。

2. 多桨操作

与一人操桨不同，多桨推进是通过船长和船员的共同努力完成划桨操作。多桨操作时，队伍中一定要设一名指挥人员做船长，船长坐在船首指挥，预料到前方水况，并迅速地指挥船员如何操作，他手中的桨作为方向舵，船员坐在船边，并使力量均匀地分布于船的两侧。

漂流中大部分操作都是顺流的，船前进的速度比水流快。在风平浪静的水域，船首指向理想的方向，每个船员桨都向前，看着水面，必要时做些调整。在有许多障碍物的水域和危险水道，根本没有时间精确地指向通道，则应听从船长指挥，如哪一侧前划、哪一侧向后划、哪一侧快划、哪一侧慢划或都向后划，来改变船的运行方向，以避开障碍物或危险水道。

3. 控制筏艇方向的方法

筏艇顺流而下，使人感到快乐、欣慰、刺激。然而在奔流直下的水流中，有时会突然遇到障碍物，为了避开障碍物应立即改变方向进行躲避。把船从一边移动到另一边，首先要改变筏艇头部的方向。

在平静的河面操作筏艇前行时，也会遇到偏离方向的问题，这是由于筏艇两侧划桨时划桨的速度、力量的大小、桨入水的深浅等不一致所导致。向前行船时，如果单侧用桨向后划水（桨由前入水，后方出水），由于水流的作用，筏艇会向前行，同时船头会向划桨的另一侧转。如在船的右侧向前划桨时，船会向前移动，同时，船头会向左侧方向转动。依据这一原理，在双侧桨划行过程中发现船头向一侧偏离，说明偏离侧的划桨力量不大、速度不快，应加快速度或让另一侧的同伴降低划行速度的方法来纠正行船方向，待船方向正确后再一起用力前划。

在划行过程中突然遇到石头等障碍物，需要立即改变筏的方向进行躲避时，可以采用单侧桨向前方划水（桨由身后入水。前方出水）的方法来改变船筏的方向进行躲避。单侧用桨向前方划水时，会降低船筏前进的速度，同时，船头会向划桨这一侧转动，也可以采用一侧桨向前方划水，另一侧桨向后方划水的方法，这种方法会使筏艇头部快速转动，并可能产生旋转，转动的方向是向前方划水的这一侧。

二、游泳运动

游泳运动是在古时人们在生产生活实践中逐渐形成的。游泳运动中，特殊的水环境能为运动者带来丰富的体验与运动健身功效，游泳运动集日光浴、空气浴、水浴于一体，能增强心肌机能，加快血液循环，提高内分泌功能，完善免疫系统，还有助于滋润皮肤、调节体温，并具有非常好的塑形美体功能，是非常受欢迎的休闲运动健身项目。

根据不同游泳姿态，现代常见游泳运动主要分为蛙泳、蝶泳、仰泳、爬泳（自由泳）四大类，这里重点指导前两种普及程度广、健身效果较好的游泳技术动作。

（一）蛙泳技术学练指导

1. 身体姿势

身体俯卧，自然伸直，收腹成流线型，身体纵轴与水平面的夹角变化区间为5°～15°（图12-15）。

图 12-15

2. 腿部动作

蛙泳的蹬腿动作可分为收腿、翻脚、蹬腿和滑行四个部分。

（1）收腿。大腿带动小腿前收，边收边分，两脚和小腿在大腿正面投影截面内，两脚后跟尽量靠近臀部，大腿与躯干呈30°～150°角，两膝分开最大时与肩同宽。

（2）翻脚。收腿动作快结束时，脚仍向臀部靠近，两膝稍向内合，两脚外转勾脚尖，脚尖向外，小腿离开大腿的投影截面。

（3）蹬腿。翻脚后，以大腿发力向后弧形蹬腿，伸髋、伸膝做快而有力的鞭打蹬腿动作。蹬腿是获得推进力的主要来源。

（4）滑行。蹬腿结束后，两腿并拢伸展，脚踝伸直。

3. 臂部动作

蛙泳的臂部动作可分为抓水、划水、收手和伸臂四个部分。手的划水路线近似于两个相对的“桃心形”（图 12-16）。

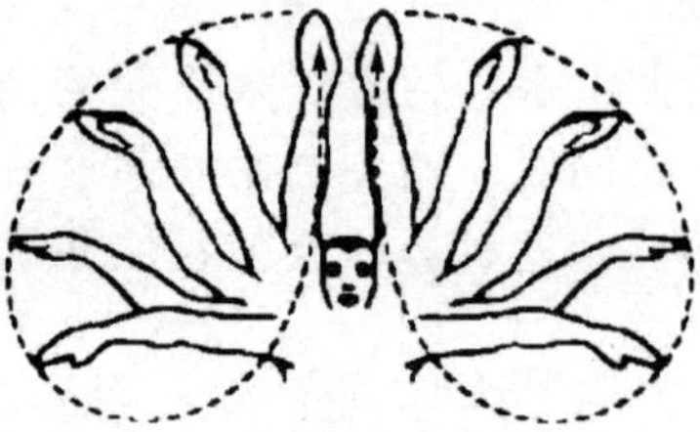

图 12-16

（1）抓水。紧接滑行，肩前伸，两臂内旋滑下，稍勾手，两臂分开向侧下方压水，两臂呈 30°～40°角，两臂与水平面呈 15°～20°角。

（2）划水。当两臂分成 40°～45°时，逐渐屈臂形成高肘，向两侧、后下划水，至两臂之间为 120°时，肘屈约成 90°。

（3）收手。当两臂划至最宽处，开始向内划水，转腕使手掌和前臂始终对准水，直至两前臂和手掌心相对，此时肘下降低于手。

（4）伸臂。掌心由收手时的向内逐渐向下方，两臂同时向前伸出，两手拇指并拢。

4. 完整动作配合

蛙泳完整配合通常采用 1 次腿、1 次臂、1 次呼吸（1∶1∶1）完整配合。蛙泳时，两腿自然伸直，手滑下时开始收腿；收手时抬头吸气；两臂前移时两脚向后蹬夹水。

（二）蝶泳技术学练指导

1. 身体姿势

头和躯干不断地在水平面上下移动，身体姿势力求稳定，身体有节奏地起伏，为臂和腿部动作提供有利的条件。

2. 腿部动作

由腰部发力，大腿带动小腿，当两腿处于最低点时，髋关节屈成 160°，臀部上升至水面，两小腿伸直向上，髋关节展开，当膝关节弯曲成 110°～130°时，髋至最低点，两脚移至水面；两脚向下打水，踝关节放松，脚内旋打水。打水动作呈连贯、协调的波浪形。

3. 臂部动作

两臂伸直与肩同宽入水，面向下，头低于臂，直臂划水，臂和手掌向斜外抱水，口鼻呼气且逐渐屈肘，两臂尽量高肘划开至 90～95cm 宽；两臂向后内划至肩垂直部位时，两臂屈肘最大为 90°，两手距离最近为 10～15cm。抬头呼气，两手加速向后外推水，臂划水结束时，上提两肘，利用惯性力，两臂屈肘侧甩，直臂经体侧前移。

4. 完整动作配合

两臂入水做第一次打腿；臂抓水时，腿向上；两臂划至胸腹下时，开始第二次打腿；臂推水结束时，两腿打水结束；两臂空中前移时，两腿向上；臂快入水时，屈膝最大。

第四节 定向运动

一、定向运动的概念

2004 年，国际定向运动联合会将定向运动定义为一项参赛者借助地图和指北针，在尽可能短的时间内到达若干个被分别标记在地图上和实地中检查点的运动。定向运动的参赛者可以是个人，也可以是由两个人以上组成的队。

定向运动是智力与体力相结合体育运动项目，在能强健体魄的同时，也培养人独立思考、克服困难以及在遇到意外的情况下迅速做出决定、果断采取行动的能力。

二、定向运动的形式

通常在森林、郊外或城市公园里进行，也可以在大学校园里进行。标准的定向路线包括一个起点（用三角表示）、一个终点（用双圆圈表示）和一系列点标（用单圆圈表示），其中点标已在地图上用阿拉伯数字标明。在实际地形中，一个橘黄色和白色相间的点标旗代表运动员应该找到的点的位置，称为检查点。每个检查点上都有一个或多个带有唯一编码的打卡器，为参赛者提供到访记录。参赛者手持检查卡，由起点开始，按顺序到访比赛路线上的每个检查点，并在检查卡上留下打卡器的编码直到终点完成比赛。

定向比赛中，点标与点标之间的路线并不指定或固定，要求参赛者选择一条最适合自己的由一个点到下一个点的路线。相邻两个检查点间的距离以直线为最短，但实际情况中，沿直线前进往往不是最佳选择。沿直线前进，你可能遇到不可翻越的障碍，也可能在没有明显特征的密林中不断地拐弯绕道而迷失方位，还可能因不得不翻越陡峭的山地而过早地耗竭自己的体能，失去宝贵的时间。在整个参赛过程中，必须不断集中注意力，在控制好身体运动状态的同时，标定地图，通过地图了解实际地形的通视度和易跑性，找出导航特征，运用多种定向技术在地图上找出两个检查点之间各种可能的路线，结合实际地形、个人综合能力和经验迅速地分析判断，果断地确定最适合自己的行进路线，然后运用各种定向技术确保自己沿着选定的路线前进。这种迅速果断的路线选择能力，以及借助地图和指北针导航，以最快速度按顺序到达目的地的能力就是定向运动的精髓所在。

三、定向运动的分类

按照运动模式，国际定联将定向运动项目分为徒步定向、滑雪定向、山地自行车定向和轮椅定向，其中徒步定向又被称为定向越野。

（一）定向越野

定向越野是各种定向运动比赛中组织方法比较简便、开展最为广泛的一种。由于其比赛的成败全在个人识图、用图、野外定向和奔跑能力的强弱，因此适合各种年龄、性别的人参加。形式和比赛方式多种多样，按场地的不同，可以分为野外定向、公园定向、大院（为机关）定向、军营定向等；按活动时间的不同，可分为白天定向、夜间定向、多日定向等；按比赛距离的不同，可以分为短距离定向、标准距离定向、长距离定向等；按运动水平分级，可以设初级组赛、高级组赛、精英组赛；按评定名次方法的不同，可以分为计时赛和计分赛等。

（二）山地车定向

山地车定向是集定向运动和山地车运动于一身的体育运动。在这项运动中，最重要的定向技巧是路径选择和记图。对于顶级运动员来讲，高超的山地车技巧是应付陡坡的必备条件，出于环保考虑，运动员不能离开规定的线路。

山地车定向是国际定联承认的最年轻的专业项目，从 2002 年起，每隔两年举行一次世界锦标赛。

（三）轮椅定向

轮椅定向原来是专为伤残人士特别设计的定向运动形式。现在它既可以让乘坐轮椅车的伤残人士加入定向运动的行列中来，又可以供新手进行定向基本技术的训练。轮椅定向同样也是一种能让所有参与者都饶有兴趣的专项技能比赛。首届轮椅定向世界杯赛于 1999 年举行。

（四）滑雪定向

滑雪定向也是国际定联的正式比赛项目之一，目前在东欧国家十分流行，许多世界高山运动员、越野运动员和滑雪选手同时又是滑雪定向的高手。可以按个人、团体或接力比赛等形式进行。

（五）夜间定向

夜间定向是定向运动的一种高难度的比赛形式。由于是在视度不良的夜间进行的，不仅增加了比赛的难度，同时对观众和选手自己增加了吸引力和刺激性。

夜间定向已被列入国际定联的正式比赛项目之中。第一届世界夜间定向锦标赛于 1986 年 10 月 27—28 日在匈牙利举行。

（六）接力定向

接力定向是团体之间的定向越野比赛项目之一，其成绩好坏依赖于每个队员个人能力的发挥。在接力比赛中，比赛的路线分成若干段（国际比赛通常为四段），每名选手完成其中的一段，各段参赛选手的成绩相加为该队团体总成绩。为便于观众欣赏各选手之间的激烈竞争，接力定向的场地必须设置一个“中心”站，各段选手的交接（即“换段”）均在这里以触手的方式进行（不使用接力棒）。因此，接力定向的观赏性较好，被国际定联纳入了正式比赛项目。

四、定向运动需要的器材与装备

不同类型、不同等级的定向运动，其所需物质条件也不一样，但地图、指北针、检查点点标、点签、检查点、号码布，是任何形式或是级别的定向运动都不可缺少的物质条件。

（一）地图

地图是说明地球表面事物和现象分布状况的平面图形。定向运动地图是一种按一定比例尺表示地貌、地物平面位置、高程的正射投影的平面地形图，亦简称地图。专门的定向运动地图上的地貌、地物符号要求更准确精细，要用各种颜色和颜色符号表示不同的地貌、地物符号，以及实际地形的可通行状况。

一般包括地图比例尺、地貌符号、地物符号、磁北方向线、地图颜色、地图图例注记六大要素。

1. 地图比例尺

地图比例尺也称缩尺，表示图纸上的长度跟其相应的实际长度之比，即图上某两点之间的距离与相应的实地两地之间的水平距离之比。

地图比例尺＝图上距离/实地距离＝1/L

长度单位一般为厘米（cm）

其中，L 为地图上单位长度所代表的实地水平距离。由此可见，比例尺分式中的分母越小，地图比例尺就越大，地图上描绘的内容就越详尽；分母越大，地图上比例尺就越小，地图上描绘的内容就越简略。

比例尺越大，图上量测的精度就越高；比例尺越小，图上量测的精度就越低。

比例尺 1∶1000 说明地图上的 1cm＝实际地形上的 1000cm（10m）。当今，大多数森林定向图比例尺为 1∶10000，大多数公园定向图为 1∶5 000/4 000，比例尺的表示形式：

在地图上表示的比例尺一般有数字式、文字式和图解式 3 种形式。

数字式：用阿拉伯数字表示，例如 1∶10 000 或 1/10 000。

文字式：用文字注解的方式表示，例如“万分之一”。

图解式：用图形加注记的形式表示，例如图形上的直线比例尺（图 12-17）。

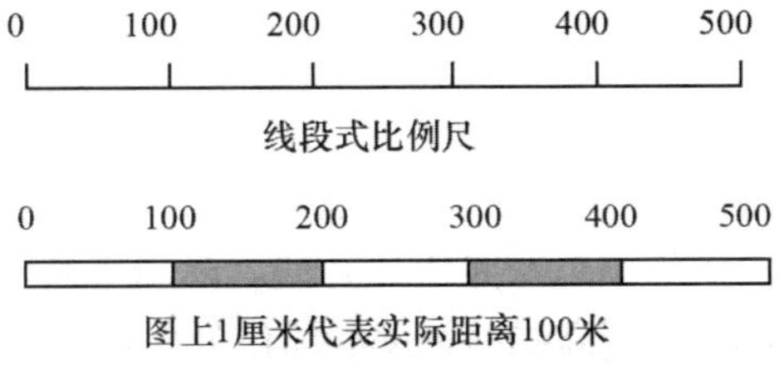

图 12-17

定向运动地图上的比例尺，一般用数字式表示，个别地图用文字式表示，并绘有图解式比例尺。

2. 定向地图上的地物符号

地面上的各种地物是用形状不同、大小不一、色彩有别的符号表示的。它们不仅具有确定客观事物的空间位置、分布特点及数量、质量特征的基本功能，还具有相互联系和共同表达地理环境诸要素总体特征的特殊功能。

面状符号：地面事物呈面状分布，当实际面积较大，按地图比例尺缩小后，仍能表示出其分布范围时，用面状符号表示，如大的湖泊、大片森林、沼泽等。这种符号能表示事物的分布位置、形状和大小（图 12-18）。

图 12-18

线状符号：地面上呈带状或线状延伸的事物，按地图比例尺缩小后，长度可依比例表示，宽度不能依比例表示时，在图上用线状符号表示，如道路、输电线、河流等（图 12-19）。

图 12-19

点状符号：客观事物在地面上所占的面积较小，在图上不能按比例尺表示其分布范围时，则用点状符号表示，如表示居民点的房屋、小的塔形建筑、石块、小树等。由于它只能表示分布位置，不能表示事物的形状和大小。

3. 地图上的颜色

黑色——人造景观（建筑物、道路、小径）和岩石（大石头、悬崖峭壁）。

棕色——高线、等高线和符号（表示山丘和小坑）；沥青、砾石路面，包括高速公路、主干道、篮球场等。

蓝色——任何有水的地方（湖泊、溪流、泥沼）。

绿色——植被浓密而难通过的地区（绿色越深，越难通过）。

白色——普通的林区，易通过。

黄色——空旷地，易奔跑。

黄绿色——禁入私人区，果园，花坛。

紫色——路线。

4. 定向地图上的地貌符号

（1）等高线。

定向地图是利用等高线表示山的形态及起伏状态的。利用等高线可以了解地面上各处的高差、地势起伏的特征，还可以根据地图上等高线的密度和图像分析地貌特征，如山脉的走向、斜坡的坡度和方向，了解哪里是谷坑、凹地、山脊等，而且还可以进行高度、面积、坡度等的计算。

（2）等高距。

等高距是各相邻等高线的高程差，常用 h 表示，它的大小在很大程度上决定了地貌表示的详略。同一地形，等高距越小，则等高线越密，地貌显示就越详尽；相反，等高距越大，则等高线越稀，地貌显示就越简略。国家定联规定：定向越野地图的标准比例尺为 1∶15000，等高距 5m。在大面积的平缓地形，其他地物不多的情况下，也可以采用 2.5m 等高距。

5. 定向地图方位与磁方位角

定向地图的方位是上北下南、左西右东。图上绘有的若干条相等距离的、平行的、北端带有箭头的红色线条，这就是磁北方向线。磁北线所指的方向是地图的北方。可以利用这条线确定地图的方位，标定地图、量测磁方位角、估算距离等。

磁方位角也是定向越野中的一个重要参数，对确定方位有很大的帮助。

（二）指北针

指北针的主要作用是辨别方向、标定地图、确定站立点与目标点的方向等。定向运动中使用的指北针一般都以装有磁针的透明有机玻璃盒为主体，根据选手使用方式上的差异分为两类：基板式和拇指式。在有机玻璃盒内，一般装有起稳定作用的特殊液体，能够增强磁针的稳定性，特别适宜在奔跑中使用。

1. 指北针的使用方法

（1）用指北针给地图定向（标定地图）

将地图与指北针置于水平状态，前进方向箭头朝向地图上方，与地图上磁北线平行。转动地图和指北针，使磁针北端对正磁北线。

（2）用指北针确定目标点的方向

指北针与地图水平放置，使直尺边垂直于站立点至目标点的连线，前进方向箭头朝向目标方向。水平转动指北针与地图，身体也随之转动，直至指北针上的红色指针与地图上表示南北方向的指北线都和北方平行。这时指北针上的方向箭头所指方向就是行进的正确方向。

2. 测定自己的位置

在比赛中，初学者容易忽略自己的位置。遇到这种情况时，应保持冷静，可利用地理环境及指北针找出自己在地图上的位置，再定出前往目标的路线。

使用指北针的注意事项：

（1）尽量保持指北针水平放置。

（2）指北针不要离铁、磁性物质太近。

（3）不要将磁针的S端与N端混淆，以造成误判。

（4）使用前要检查磁针是否灵敏。其方法是用一个钢铁物体（如小刀）多次扰动磁针，若磁针每次都能摆动并迅速停止于同一处，则表明磁针灵敏；反之则说明磁针不灵敏，该指北针已不能使用。

（5）存放指北针的时候要注意存放的位置。不要放在充满电磁效应的地方，例如音箱喇叭的上面，因为喇叭上方的电磁场很强。此外，在阳光下暴晒会减弱磁针的磁性，对指北针也是不利的。

（三）检查点点标

检查点点标是由三面正方形标志旗连接组成的。每面正方形小旗沿对角线分开，左上为白色，右下为红色，旗的尺寸为30cm×30cm。标志旗通常要编上代号，以便于选手根据代号来判断是否找到了正确的检查点。

悬挂标志旗的方法有两种：有桩式和无桩式。悬挂高度一般从标志旗上端计算，距地面约80～120cm。

（四）打卡器

打卡器是与检查点点标的配合而起作用的，它给运动员提供一个到达位置的凭据，分为钳式打卡器和电子打卡计时器。钳式打卡器用弹性较佳的塑料材料制成，一端装有钢针，另一端装橡胶垫。每个打卡器的钢针组合图案都不相同，运动员可在记录卡上打孔，也可直接将孔打在地图上的记录卡上。这种打卡器价格便宜，使用方便，适用于日常教学与训练及一些小型比赛。目前在国内外的大型定向比赛中都采用先进的电子打卡器计时系统。电子打卡计时系统不仅使运动员的打卡操作变得更加容易，组织者工作变得极为简单，也使比赛更公平公正。

（五）检查卡片

这是用于配合针孔打卡器判定运动员成绩的纸制卡片，分为主卡和副卡两部分。运动员在比赛中携带主卡，并按顺序将每个检查点的点签图案印在空格中，到达终点时交裁判人员验证。副卡在出发前交工作人员留底，公布成绩时使用。检查卡片的尺寸一般为 21cm×10cm。若规定比赛完毕必须交还地图，可以将检查卡片的内容直接印在地图空白处，样式可自行确定。

（六）个人装备

1. 衣裤

衣裤紧身而不致影响呼吸与运动。为防止树枝刮伤和害虫侵袭，最好穿面料结实的长袖衣和长腿的裤子甚至使用护腿。

2. 鞋

鞋应该轻便、柔软而又结实。鞋底的花纹最好是有凹凸的。

3. 护腿

护腿采用弹性面料及泡沫材料制成，防止在定向比赛奔跑过程中小腿被树枝等碰伤并保护好腿不被蛇、虫咬伤。

4. 号码布

号码布的面积一般不超过 24cm×20cm，号码数字的高不小于 12cm，字迹要清晰，字体要端正。

5. 哨子

基于安全，哨子是运动员必备的用具。在遇到危机事件需要救助时使用，通常呼救哨声是连续 6 声，每隔 1 秒 1 声哨声，暂停等候回应，如无回应，再重复吹哨呼救。

6. 手表

如果参加夺分式定向赛，应带有手表。

第十三章　竞技类休闲体育运动方法指导

竞技休闲体育的魅力就在于它的对抗性，而将这一特点淋漓尽致地展现出来的体育项目就是有身体上的碰撞，即身体对抗性的竞技体育运动。当代社会给工作者带来的压力是方方面面的，很多的青壮年工作者在闲暇时间热衷于各种对抗性的竞技休闲体育，以求释放生活与工作中的压力，与此同时也达到了休闲健身的目的。

第一节　三人篮球

一、篮球“三对三”竞赛的特点

1.“三对三”比赛是在14m×15m的场地上进行，与在28m×15m的正式场地上比赛相比较，队员的体力消耗相对要少。但“三对三”比赛的攻守转换速度是很快的，这就要求队员在场上要提高攻守转换意识。例如，规则规定每次投篮命中后，由对方发球（在发球区），以及防守方队员断球或抢到篮板球后，必须将球运（传）出3分区，方可组织反攻。这就有利于由守转攻的队发挥积极主动、快速灵活的技术风格，抢到球后迅速传出，打反击或突破投篮或立即投3分；另一方由攻转守时则必须尽快防守对方突破或投篮，特别是要扩大防守范围，否则对方可能很快出手投3分。由此可见，具备良好的攻守转换意识，掌握短距离快速移动和快速完成技术动作的能力，在“三对三”比赛中格外重要。

2.“三对三”比赛充分体现了篮球运动的集体主义精神和协作精神。由于组队的人数不多，相互间容易统一思想，而且是自由组队，不设教练，队员们更容易主动交流看法和意见，这无疑将增强团队的凝聚力。在比赛中由于少了“弱侧”的协防队员，使进攻队员完成策应、掩护、传切、突分等配合的成功率更高，也使配合的空间更加广阔，由此建立的“默契”能加深队友们之间的感情。

3.就单场比赛而言，“三对三”比赛时间短，只有10min左右的时间。如果让对手在比分上领先太多，往往很难在短时间内扳回。因此在比赛中精力要高度集中，减少失误，提高进攻的成功率和防守质量。

二、篮球“三对三”战术的特点

在篮球“三对三”比赛中，要熟练运用篮球战术基础配合，特别是各种两三人之间的基础配合。

进攻配合（掩护、传切、策应、突分）中，两人配合时，第三人注意拉开，起到牵制对方或吸引对方的作用，或者准备抢篮板球。配合时，两人落位要明确，相互间保持一定的距离与角度；思想要统一，要掌握好配合时机，合理地运用技术；还应将抢篮板球组织到战术配合中；个人战术行动要与全队配合有机结合；攻守转化时，三人分工明确而具体。

要打好防守配合（挤、穿、绕过、换人、关门、夹击和补防），必须做到知己知彼，要善于发现对方的打法特点，其次是了解对方每名队员的主要得分手段、特点和得分区域等，然后，采用针对性的防守措施，制约对方。

练习战术配合时，左右两侧都要练习。赛中，每次攻守转换均要选择最佳位置与阵形。落位要针对对方和己方的特点，结合场上的具体情况而灵活运用。

现介绍一些常见的落位形式与战术基础配合。

1. 一名内线队员和两名外线队员组合的落位形式与进攻配合

（1）中锋策应掩护进攻

⑧传球给⑦，然后借插上来策应的④做掩护，紧贴④切入篮下，⑦接到⑧的传球，见⑧切入篮下，及时回传球，⑧接球后上篮（图 13-1）。

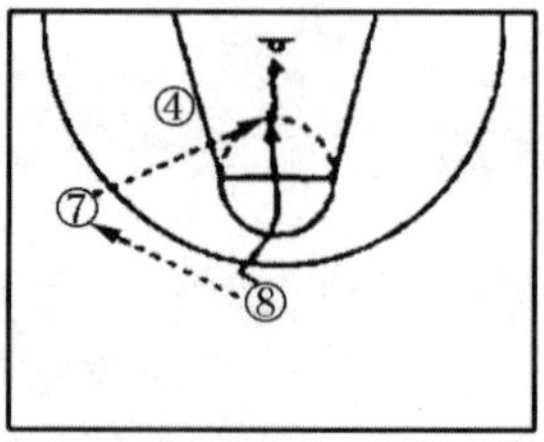

图 13-1

（2）中锋连续掩护进攻

⑦传球给⑧，然后借④做定位掩护，插向篮下；如果第一个掩护未成功，④提上给⑧做背掩护，⑧借④的掩护配合，从④的右侧运球突破争取上篮（图 13-2）。

（3）策应交叉切入进攻

⑧先传球给策应中锋④，然后向右跑，当把防守带过来，突然变向，借④的定位掩护向篮下空切，同时⑦向左做摆动，然后向圈顶插去，借④的定位掩护，从右侧向篮下空切，④根据情况传球，或者自己进攻（图 13-3）。

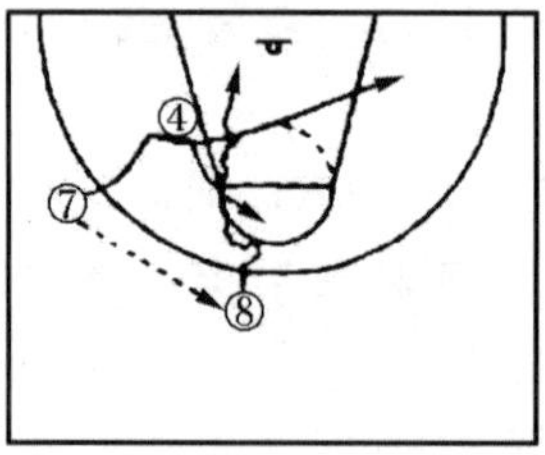

图 13-2

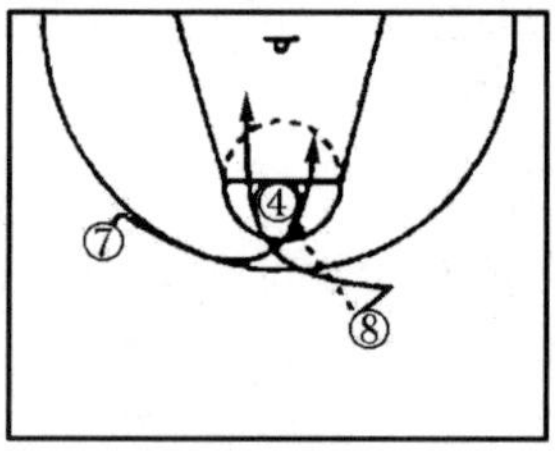

图 13-3

2. 3 名外线队员组合的落位形式与进攻配合

（1）掩护传切进攻

⑥传球给⑧，去给⑦做侧掩护，⑦借⑥的掩护配合向篮下空切，注意观察⑧，接⑧的传球上篮（图 13-4）。

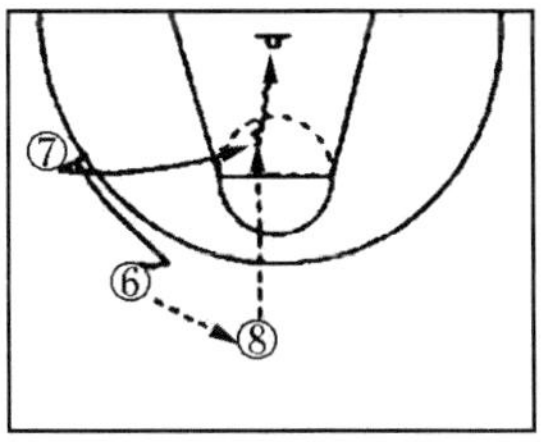

图 13-4

(2) 背掩护配合

⑦传球给⑧，然后去给⑥做背掩护配合，⑥借⑦的掩护插到篮下，接⑧的传球上篮，⑦掩护后转身去抢篮板球（图 13-5）。

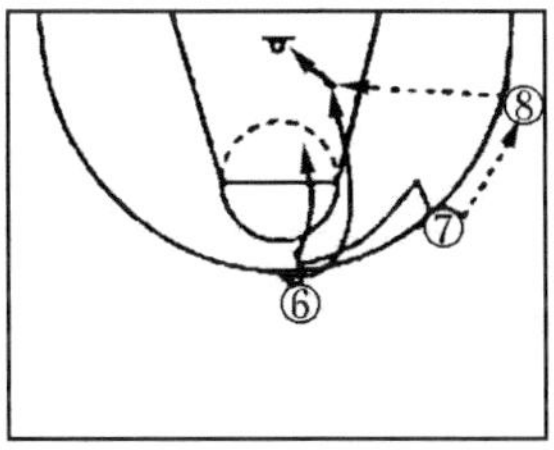

图 13-5

(3) 掩护策应配合

⑦传球给⑥，去给⑧做侧掩护，⑧空切篮下不行，转而插向罚球线一带做策应，⑥传球给⑧，见防守后撤，接⑧的策应传球急行跳投（图 13-6）。

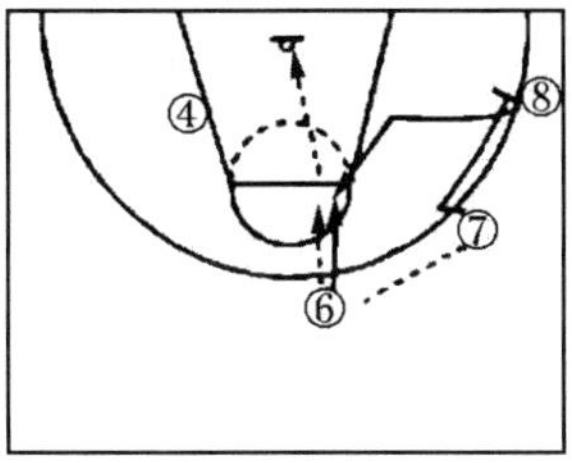

图 13-6

3. 防守的选位与配合方法

(1) 防内线进攻的配合方法

当球在④手中时，△4紧逼④封堵其传球路线；△7紧逼⑦不让其接球。如果⑦的攻击力不强，△7可回缩与同伴△9合作，形成对中锋⑨的夹击。△9在⑨的侧前方防守，不让其接球（图 13-7）。

当球由④传给前锋⑦时，△9及时绕前防守，△7紧逼⑦，△4后缩协防⑨。一旦球传到⑨手中时，△9和△4立即围守⑨。△9防投篮，△4防⑨转身，△7看准机会掏、打⑨手中的球，但注意不要犯规，迫使⑨将球传出。这时，△7和△4立即回防自己的对手（图 13-8）。

注意：尽量不让内线队员接到球。球在 30°角以下前锋队员手中时，△9应在底线位置侧防

⑨；球在后卫队员手中时，△9应在上线位置侧防⑨；球在45°角附近的前锋队员手中时，△9应绕前防守。

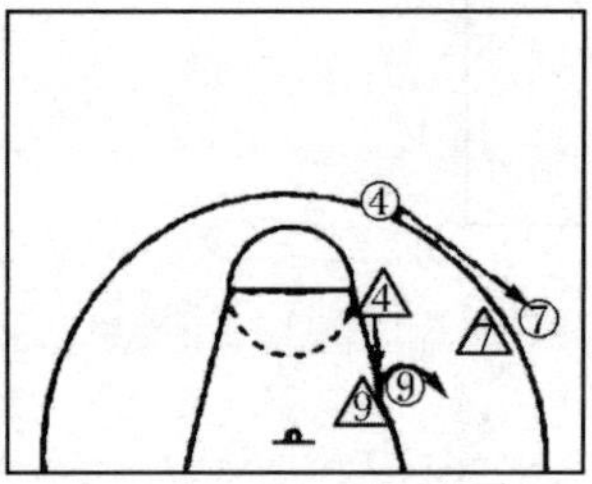

图 13-7

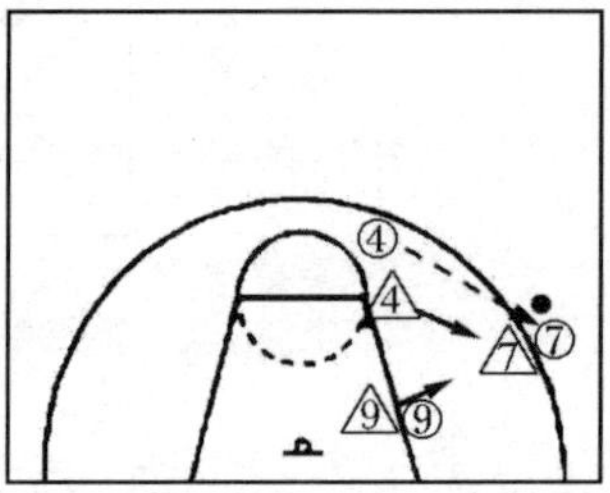

图 13-8

三、防外线投篮的配合方法

前锋⑦是投篮较准的队员，△7紧逼⑦不让其接球；△4两手挥动紧逼④不让其传球给⑦。一旦投手⑦接到球，△7紧逼⑦，迫使⑦背对篮或侧对篮，或做跨步转身或被迫将球传出。防守④的队员可适当地让④在外线接球（图 13-9）。

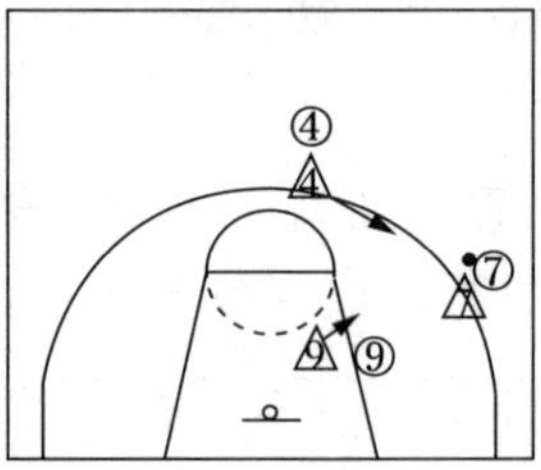

图 13-9

以上介绍的一些配合方法，只是众多配合中的一部分，但它具有代表性，也是比赛中常用的配合。只有掌握好这些配合，深刻领会其中战术思想，合理运用技术动作，举一反三，才能不断地提高自身的战术素养，进而更加全面地掌握两三人之间的配合。

第二节　五人制足球

五人制足球赛作为成熟的比赛赛制在世界上已经有20多年历史。与11人制足球赛制不同，五人制足球场地长38～42m，宽18～22m，一般在室内举行，比赛时间为两个20min的半场，中场休息10min，双方各五名队员，具有参加比赛人数少、场地小、比赛时间短、技术复杂、战术灵活多样等特点。

室内五人制足球比赛最早出现在南美，20世纪50年代中期广泛开展，当时人们称之为“沙龙足球运动”。1982年巴西举行了首届非正式世界室内五人制比赛；1988年，国际足联制定了正式的室内五人制竞赛规则，并于1989年在荷兰举办了首届世界室内五人制足球锦标赛，并规定每四年举办一届。

亚洲从2000年起每年举办一届亚洲杯室内五人制比赛。1984年，我国首次在广州举办全国性五人制足球邀请赛；中国足协1989年，赴荷兰观摩首届世界室内五人制足球锦标赛，回国后正式发出通知，号召开展室内五人制比赛，并将上海、广州、大连等城市列为重点开展地区。

一、五人制足球运动基本技术

（一）踢球

踢球的方法很多，根据脚的接触部位主要有脚内侧踢球、脚背正面踢球、脚背内侧踢球、脚背外侧踢球以及脚尖踢球和脚跟踢球等。

1. 脚内侧踢球

它是脚内侧部位（跖趾关节、舟骨、跟骨等所形成的平面）踢球的一种方法。

特点：脚内侧是踢球时最常使用的部位，它触球的面积比脚的其他部位都大，这使球员在踢球时可以更容易地控制球。因此，脚内侧踢球是短距离准确传球和射门的理想方法。

2. 脚背正面踢球

脚背正面踢球又称正脚背踢球。脚背正面踢球由于其解剖特点，摆幅相对较大，加之用脚背踢球接触面（与球）相对较大，因而踢球力量也大，准确性也较强。但受以上的因素影响，出球的方向及性质相对变化也较小。在比赛中，经常使用脚背正面踢定位球、地滚球、空中球、反弹球及倒勾球。球的性质多为不旋转的直线球，但也可用来踢抽击性前旋球。

特点：脚背正面踢球，其摆幅相对较大，摆踢动作顺畅快速，便于发力，但出球路线或性能缺乏变化，适用于远距离的发球和大力射门。

3. 脚背内侧踢球

脚背内侧踢球又称内脚背踢球，这是一种用第一跖骨及跖趾关节部位触击球的踢球方法。其技术结构与前两类踢球方法相同，但技术细节则有所区别。

特点：摆踢动作顺畅、幅度大、脚触球面积大、出球平衡有力且性能和路线富于变化，适用于中远距离传球和射门。

4. 脚背外侧踢球

脚背外侧踢球又称外脚背踢球，是用第三跖骨、第四跖骨、第五跖骨部位接触球的一种方法。由于踢这种球的脚踝灵活性较大，摆腿方向变化较多，且助跑时又是正常的跑动姿势，故其出球隐蔽性较强，足球比赛中各种距离的弧线球及非弧线球均可使用。

特点：预摆动作小、出脚快，能利用膝、踝关节的灵活变化改变出球方向和性质，具有一定的隐蔽性，是一种具有较强实用性的技术，同时也是一种较难掌握的踢球技术。

（二）接球

1. 脚内侧接球

特点：脚内侧接球用途广泛，接球平稳，可靠性强，其技术动作运用时能够灵活多变。

（1）脚内侧接地滚球

动作要领：支撑脚脚尖正对来球，膝关节微屈，同侧肩正对来球。接球腿提膝大腿外展，脚尖微翘，脚底基本与地面平行，脚内侧正对来球并前迎，当脚内侧与球接触的一刹那迅速后撤，把球接在脚下。若需将球接在侧面时，支撑脚脚尖应向同侧斜指，脚内侧与来球方向呈一定角度触球，同时支撑脚提踵，以前脚掌为轴做适当转动，身体移动。当来球力量不大时，只需将脚提到一定的高度，并使脚内侧与地面形成锐角轻触球，也可在触球时用下切动作使球前进之力部分转变为旋转力，而将球接在脚下。

（2）脚内侧接反弹球

动作要领：根据来球的落点，及时移动到位，支撑脚与球落点的相对位置在球的侧前方，支撑腿膝关节微屈，身体向接球后球运行的方向偏移。接球腿提起小腿且放松，脚尖微翘，脚内侧对着接球后球运行的方向并与地面呈一锐角，当球落地反弹刚离地面时，大腿向接球后球运行的方向摆动，用脚内侧部位轻推球的中上部。用这种方法接球时，也可在触球时使球产生旋转以达到接好球的目的，但应注意球的旋转并及时调整。

（3）脚内侧接空中球

动作要领：根据来球的速度及运行轨迹，及时移动到位。若为抛物线较小的平空球则应根据临场的实际情况选择适当高度的接球点，将接球腿抬起，使脚内侧部位对准来球的方向并前迎，脚在接触球的一瞬间后撤，将球接在所需的位置上。

2. 脚背外侧接球

特点：脚背外侧接球特点是动作幅度小、速度快、灵活机动、隐蔽性强，但动作难度较大，接球时常伴随假动作和转体动作，适用于接地滚球和反弹球。

（1）脚背外侧接地滚球

动作要领：将接球点放在接球腿一侧，支撑腿膝关节微屈。接球腿提起屈膝，脚内翻使小腿和脚背外侧与地面呈一锐角，并对着接球后球运行的方向，脚离地面的高度应略等于球的半径，然后大腿向接球后球运行的方向推送，同时身体随球移动。

（2）脚背外侧接反弹球

动作要领：根据来球的落点及时移动到位，支撑脚站在来球落点的侧后方，除触球部位外，其他环节均与脚背外侧接地滚球相同。

3. 脚背正面接球

特点：脚背正面接球的部位是穿系鞋带的部位。其特点是迎撤动作自如，关节自由度大，接球稳定，但变化较少，适用于接下落球。

动作要领：根据球的落点，及时移动到位，脚背正面上迎下落的球，当球与脚面接触的一瞬间，接球脚与球下落的速度同步下撤，此时大腿膝关节、踝关节、脚趾均保持适度的紧张，脚尖微翘将球接到需要的地方。

脚背正面接高空落下之球时，也可以将脚微抬起，并适度背屈。当球接触脚背的瞬间，踝关节放松，将球接到身体附近。

4. 脚底接球

特点：脚底接球技术便于掌握，易于将球接到位置，故常被用来接各种地滚球和反弹球。

（1）脚底接地滚球

身体正对来球方向，移动前迎，支撑脚站在球的侧面（或前或后均可），脚尖正对来球方向，膝关节微屈。同时接球腿提起，膝关节微屈，脚略背屈，使脚底与地面约小于45°角（且脚跟离开地面），一般以前脚掌接触球的上部为宜。在触球瞬间，接球脚，轻微跖屈（前脚掌下点）将球停住，也可根据需要在接球同时将球推向前方或拉向身后。

（2）脚底接反弹球

根据来球落点，及时前移迎球，支撑脚站在落点侧后方，脚尖正对来球方向。球落地瞬间，用前脚掌去触球的中上部，微伸膝，用脚掌将球接在体前。若需接在身后则应在触球瞬间继续屈膝，将球回拉，并伴随支撑脚以前脚掌为轴旋转 90°以上。

5. 大腿接球

特点：大腿接球技术主要是大腿股四头肌。其特点是接触球部位面积大，且肌肉丰厚有弹性，该动作简单易做，适用于接有一定弧度的高球。

（1）大腿接抛物线较大的下落球

动作要领：面对来球方向，根据球的落点迅速移动到位，接球腿大腿抬起，当球与大腿接触的瞬间，大腿下撤，将球接到需要的位置上。

（2）大腿接低平球

动作要领：面对来球方向，根据来球高度，接球腿大腿微屈，送髋前迎来球，当球与大腿接触瞬间收撤大腿，使球落在所需要的位置上。

6. 腹部接球

在激烈的比赛中为了抢点控制球，根据比赛的需要也使用腹部接球。

（1）腹部接反弹球

动作要领：接球者的身体正对来球方向跑动，判断好球的落点，身体前倾，腹部对准落地反弹的球，腹直肌保持紧张，推压球前进，也可在触球瞬间身体侧转，将球接向所需要的侧面。

（2）腹部接平空球

动作要领：来球较突然且与腹部同高时，应先挺腹，在腹与球接触瞬间迅速含胸收腹，将球接下来。

7. 胸部接球

特点：胸部接球部位较高，加之胸部面积大、肌肉较丰满等特点，易于掌握，故是接高球的一种好方法。胸部接球包括挺胸式、收胸式两种方法。

（1）挺胸式接球

动作要领：面对来球站立（两脚左右或前后开立），两膝微屈，重心置于支撑面内，上体后仰，下颌微收，两臂自然张开，维持身体平衡。接触球瞬间，两脚蹬地，膝关节伸直用胸部轻托球的下部，使球微微弹起于胸前上方。

对于较高的平直球也可采用这种方法将球接于胸前，但触球瞬间膝关节由直变屈，脚由提踵状态变全脚掌落地，整个身体保持接球时的姿势，下撤将球接在胸前。

（2）收胸式接球

动作要领：多用于接齐胸高的平直球。面对来球，两脚左右或前后开立，两臂自然张开，挺胸迎球，触球瞬间收胸、收腹、臀部后移，将球接在体前。若需将球接在体侧时，则触球瞬间转体将球接在转体后相应的一侧。

（三）运球

常用的运球技术有脚内侧、脚背正面、脚背外侧、脚背内侧运球。

1. 脚内侧运球

要求在运球前进时支撑脚始终领先于球，位于球的侧前方，肩部指向运球方向，支撑腿膝关节微屈，重心放在支撑腿上，另一条腿提起屈膝，用脚内侧推球前进，然后运球脚着地。

由于肩部指向运球方向，身体侧转，虽然移动速度较慢，但身体前倾有利于将对方与球隔开，因而这种技术多用在运球寻找配合传球时，或有对方阻拦需用身体做掩护时。

2. 脚背正面运球

运球时，身体持正常跑动姿势，上体稍前倾，步幅不宜过大，运球腿提起，膝关节稍屈，髋关节前送，提踵，脚尖下指，在着地前用脚背正面部位触球后中部将球推送前进。

用于脚背正面运球时，身体持正常跑动姿势，故以发挥出较快的速度，因而这种技术多在运球前方一定距离内无对手阻拦时。

3. 脚背外侧运球

运球时，身体持正常跑动姿势，上体稍前倾，步幅不宜过大，运球腿提起，膝关节稍屈，髋关节前送，提踵，脚尖外转，使脚背外侧正对运球方向，在运球脚落地前用脚背外侧推拨球的后中部。

脚背外侧运球时，身体姿势与正常跑动时相同，因而可以发挥出较快的速度，故与脚背正面运球有相同的用途。另外，利用脚腕的动作，以很快改变脚背外侧面所正对的方向，故在运球脚一侧改变方向时也多采用这种运球方法。这种方法能用身体将对手与球隔开，故掩护时也常使用。

（四）运球过人技术方法

运球过人在技术方法的形式上有多种多样，但都是利用运球者速度或方向的变化，达到突破对手的目的。下面介绍几种典型的运球过人方式。

1. 强行突破

强行突破是指以突然推球与快速起动相结合的动作越过对手的过人方式。采用此方法过人时应注意以下几点：

（1）队员奔跑速度快，起动动作快而突然。

（2）准确掌握起动的时机，一般应在对手企图抢球而又犹豫不决的刹那。

（3）对手身后有较大的空当，突破后其他队员不能及时补位。

2. 运球假动作突破

运球队员利用腿部、上体、头部虚晃或眼神，佯作传球或射门动作以迷惑对手，使其产生错误判断，从而乘机运球突破。采用此方法过人时应注意以下几点：

（1）将主要精力集中在观察对手的反应和动作上。

（2）随时准备，能突破就突破，不能突破时要控制住球。

（3）假动作要逼真，但晃动时重心不能超过支撑点。

3. 快速拉、扣、拨球突破

以单、双脚快速拉、扣、拨球，不断变换运球方向，使对手很难判断运球突破的方向和时机。当对手在堵截中露出空当时，快速运球突破。采用此方法过人时应注意以下几点：

（1）拉、扣、拨的动作必须熟练而准确。

（2）随时观察对手的反应，一有机会，马上突破。

（3）身体重心的移动和起伏不宜过大。

4. 变速运球突破

在侧身掩护运球的同时，利用运球速度的变化，达到摆脱位于自己侧面对手的目的。采用此方法过人时应注意以下几点：

（1）要以远离对手的脚控制球，并做侧身掩护动作。

（2）运球速度的变化要突然、隐蔽。

（3）能随时控制住运球的速度。

5. 人球分过突破

人球分过突破是指运球者和球分别从防守者两侧越过的一种方法，多是在攻方队员处于活动中，而防守队员尚未取得正确防守位置时运用。采用此方法过人时应注意以下几点：

（1）运球的路线要稍偏于对手的一侧。

（2）要在对手即将取得正确防守位置之前进行突破。

（3）推出的球最好成弧线运行绕过对手。在推球的同时突然加速，从对手的另一侧越过得球。

（五）头顶球技术

头顶球技术的动作结构主要包括移动选位、身体摆动、头触球等。

1. 移动选位

由于头顶球技术都是用来处理运行的空中球的一种技术，因此要想处理好来球，首要条件是对来球的速度、运行轨迹做出正确判断，选好击球点，并及时到达顶球位置或起跳位置，同时还应考虑到自己的弹跳能力和比赛当时双方的情况，只有充分地估计了这些情况后的选位，才能保证完成顶球动作。

2. 身体的摆动

身体的摆动是由身体许多部位的肌肉协调用力完成的，摆动顺序是由下而上，才可以使击球部位获得最大的速度。这一环节是顶球力量的主要来源，但球所受力的大小并不完全决定于用力的大小，还将受到头触球环节的准确与否及来球力量的大小等影响。顶出球的方向并非按照垂直碰撞的反射方向顶回，而多与垂直反射方向呈一定角度，为了准确地将球击到预定目标，必须在身体摆动时就考虑到来球方向与将球顶出方向间的关系，使身体摆动发挥出最大的作用。

3. 头触球

这一环节的主要任务是保证顶出球的准确性。它有两层含义：一是用头的哪一部位接触球；二是用头的一定部位接触球的哪一部位。比赛中，大多数情况不是将球顶回，而是与来球方向呈一定角度，并将球顶到一定距离的预定目标，因此要主动用力。在头触球时，必须使身体摆动所获得的速度与由接触部位造成的反射方向一致并指向预定目标，有时由于比赛情况无法保证身体摆动所获得的速度与由接触部位造成的反射方向一致，则必须使这两个不同的力（或速度）的合力（合速度）方向指向预定目标。

二、五人制比赛阵形

比赛阵形是指比赛场上队员位置的分布，是本队攻守力量搭配和职责分工的形式。阵形的选择要根据本队队员和对方队的特点来选择。

阵形是比赛战术的组成部分，它使场上每个队员在明确基本位置的主要前提下，充分发挥个人的特长和全队的攻守特点。尤其是五人制足球比赛的场地小、人员少、攻守转换的节奏快、队员位置的变化也快，因此比赛中阵形的变化更为突出。只有正确地理解和熟练地运用比赛阵形，才能达到克敌制胜的目的。

（一）二二式阵形

二二阵形是五人制小足球比赛的基本阵形。针对五人制比赛攻守转换次数多、灵活多变等特点，采用二二阵形能够保持攻守平衡。防守时，两名后卫采取盯人保护与补位的防守方法，能够防守对手两名攻击力强的前锋；而且两名前锋可以回防，阻止对方两名后卫的接应与助攻配合。断球后，只要抓住时机，通过配合快速地从中路或边路突破对方的防线进行射门或传中包抄射门。这种阵形比较适合五人制足球全攻全守的战术特点（图 13-10）。

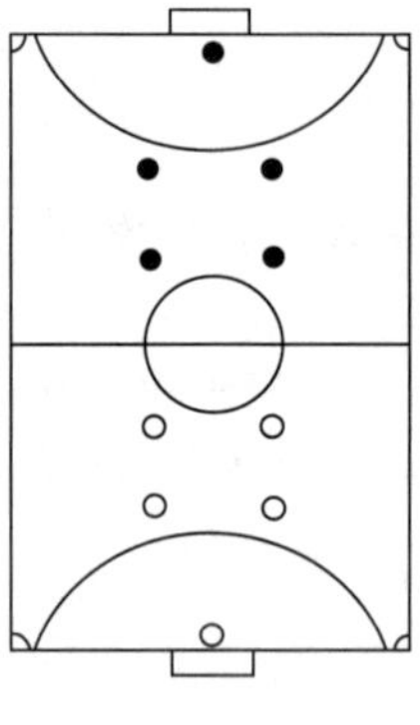

图 13-10

（二）三一式阵形

三一式阵形是比较典型的防守反击打法。由于五人制足球比赛的人数少，不容易防守，尤其是在对手技战术配合水平和个人突破能力高于本队的情况下，采用三一式阵形，队员全部回缩到本方半场内，密集防守，紧逼盯人、补位，可使对手难以发挥出战术配合和快速突破的优势。在断球后，可利用对方全队压上，后方空虚的机会，快速传球配合后插上突破射门，或从边路传中，快速跟进包抄射门（图 13-11）。

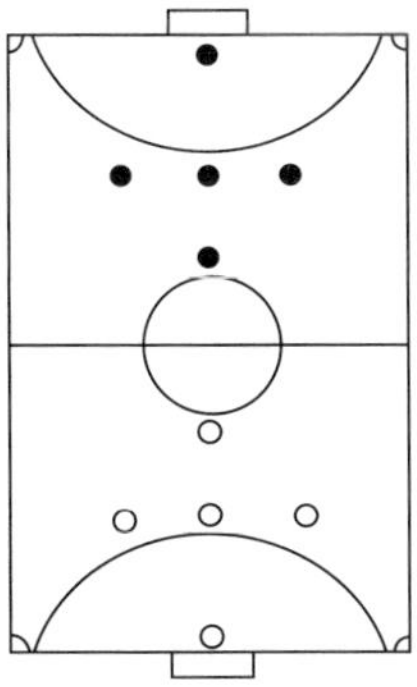

图 13-11

（三）一二一式阵形

一二一式阵形是为了加强中场的攻守力量，将防守推向中前场，防守时从中前场开始控制组织进攻，防止对手中距离的射门。当对手从边路进攻时，同侧的前卫可以紧逼盯住对手，另一侧的前卫可以回撤盯人。当中卫盯人时，可以进行保护和补位，弥补一个中卫的不足。断球进攻时，能够通过前锋与前卫快速地从边路发动进攻；或通过前卫灵活的转移，在局部地区形成以多打少的局面；或通过配合攻击对方两腰的空当，和由前锋拉出的空当切入射门，进攻战术变化比较多（图 13-12）。

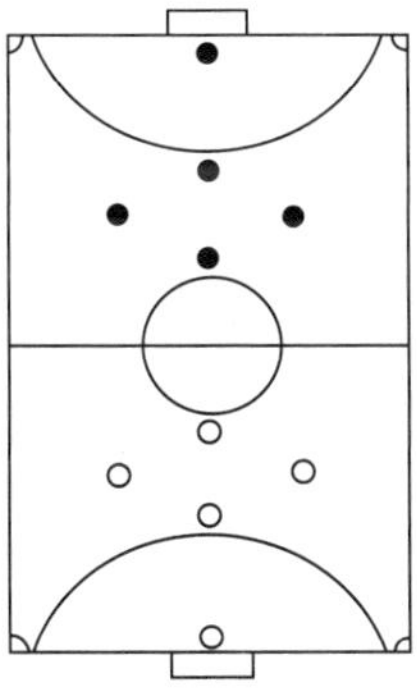

图 13-12

（四）二一式阵形

二一式阵形是为了增加中路的攻守能力，防守时队员密集中路，阻止对方从中路组织进攻和进行中距离射门的威胁，迫使对手从边路进攻。当对方从边路传中路时，由于中路防守人数较多，可以通过紧逼盯人断球和高个后卫的头球破坏对方的进攻。断球后，利用对手插上包抄射门时留下的空当，以及中路人数上的优势，由前卫和前锋从中路进行中距离的射门，或进行快速的配合切入射门与个人带球突破射门（图 13-13）。

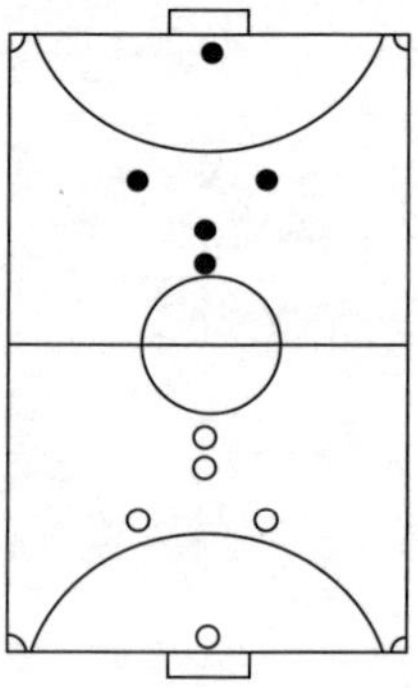

图 13-13

三、各位置职责

(一) 比赛不同阶段的任务

1. 本方控制球

(1) 组织进攻时，要注意选位，保持好队员之间的距离。

(2) 把握好控球权，灵活地运用好位置技战术，掌握好传球切入的时机，通过配合与个人运球突破对方的防线，射门得分。

(3) 离球门较近时控制球，要创造射门得分的机会，加强中远距离射门。

2. 对方控球

(1) 当对手控球时，要密集队形，相互靠近，破坏对手组织的进攻。

(2) 离控球队员近的要紧逼，其他人要注意盯人与保护，向对手施压，阻止对手配合或个人突破，始终将对手和球放在身前，阻止对手射门。

(3) 在集体围抢的前提下，伺机破坏、阻截和抢断对手的控球。

(4) 在罚球区附近防守时，要注意动作，不要犯规。

3. 控球权转换时

针对新的比赛局面，在思想和行动上要立刻转变。

(二) 盯人后卫

1. 防守

后卫身居门前的要害区域，是防守的支柱。当一侧前锋接球时，同侧的后卫进行盯抢，该后卫称作盯人后卫，另一名后卫称作拖后后卫。盯人后卫的主要职责是：

(1) 盯住同侧接控球的前锋是自己的主要任务，首先要站在对手、盯人后卫与球门三点一线的位置。当对手接球时要紧逼；当对手拿球转身后，要保持 1.5m 左右的距离，不让对手突破；当对手运球时，要适时地采取防里放外的措施，将对手挤往边路，缩小其射门的角度。

(2) 对手在门前接球或控球，对球门产生威胁时，应该断抢或紧逼，阻止对方射门。

(3) 对突破能力强，组织进攻的核心队员及射手能力较强的对手，以最大的限度限制其特长及进攻的威胁性。

2. 进攻

后卫的主要任务是防守，但是一旦战术时机成熟，就应该参与进攻。

（1）后卫断球后，可将球传给前卫或前锋，发动进攻或快速反击。

（2）接应同伴的横回传球，组织进攻或进行中远距离射门，加强中场的进攻力量。

（3）时机成熟，可迅速插到对方的身后空当，突破或包抄射门，进攻结束后，迅速地回位。

（三）拖后后卫

1. 防守

拖后后卫，是当另一名后卫在边路或中场盯人抢截时，拖后后卫处在防守的要害区域，是最后防守者，阻断通往球门的通道。要根据球的位置和双方队员的进攻情况，积极地选好位，随时准备对付各种复杂的局面。

（1）站好位置，在盯住自己防区前锋的情况下，注意截获传到其他防守队员的身后球。

（2）机动保护，做好防守者的后盾，遇有同伴被对方突破时，应适时补位，封堵最危险的对手，与同伴交换位置。

（3）盯住对手，阻止自己位置上对方前锋的穿插、切入、接球及个人运球突破活动。

2. 进攻

拖后后卫参与进攻，大体上有以下几种：

（1）后卫，使其无法自由地助攻和进行中远距离射门。

（2）对手组织进攻和罚任意球时，应积极参与中场和后场的集体防守。

（3）当前卫或后卫从自己的一侧插上进攻时，应临时换位，代行插上队员的职责。

第三节　沙滩排球

沙滩排球是一项每队由两人组成，在被球网分开的沙滩场地上，利用身体任何部分击球来进行比赛的运动。近年来，沙滩排球以其独特的魅力吸引了很多爱好者，它可以是全家的娱乐游戏，也可以是中老年人的健身手段，还可以成为青少年锻炼身体的运动项目。

沙滩排球最初只是一项体育娱乐活动，是20世纪20年代在地中海海边的度假胜地开始兴起的，以后这项体育娱乐活动被逐渐推广到世界各地的海滩上。首先是大西洋海滩，后来是北海海滩和波罗的海海滩。由于从事沙滩排球的人越来越多，水平也越来越高，沙滩排球这项体育娱乐活动就逐渐演变成为一项新兴的竞技体育运动。

一、准备姿势和移动

准备姿势和移动是沙滩排球中运用最多的两种无球技术，贯穿在五大技术中，是完成各种技战术的前提和基础。

（一）准备姿势

沙滩排球比赛每队 2 人，场地面积为 16m×8m，单人防守面积大，来球情况千变万化，要在各种情况下处理好来球，必须做好准备姿势，以利于迅速起动及时做出反应，完成各种各样合理的击球动作。

沙滩排球场地沙子松软、流动性大，人在沙地上运动时重心不易稳定，如果准备姿势重心过低，在沙地蹬地时就容易滑动，沙子缓冲了起动的动力，支撑反作用力减小，影响起动的速度，脚陷入沙中越深，起动越是困难，所以要采用稍蹲和半蹲两种准备姿势。其动作方法是，两脚左右开立比肩稍宽，一脚在前，两膝微屈，身体重心位于两脚之间，并稍靠近前脚，后脚脚跟稍提起，上体稍前倾，两臂放松，自然弯曲置于腹前，两眼注视来球并兼顾场上各种情况，两脚保持随时起动状态。

稍蹲准备姿势一般用于对方在组织进攻前，或接较高弧度来球时，扣球、二传球前都可以使用。

半蹲准备姿势是比赛中常用的准备姿势，用于接发球、接扣球和接吊球等，主要为接较低的来球。

（二）移动

移动是比赛中为了接近来球，保持好人与球的位置关系，以便击球，同时也是为了迅速占据场上有利位置。移动的完整过程包括起动、移动步法。

1. 起动

起动是从静止到移动发力动作的过程。

以向前起动为例，在正确准备姿势的基础上，迅速抬起前脚，同时后腿迅速用力蹬地，整个身体急速向前起动。起动快慢是移动的关键，起动速度取决于反映能力和腰部腿部的力量。

2. 移动步法

交叉步。当来球在体侧 2m 左右时，可采用交叉步移动。

以向右移动为例，上体稍向右转，左脚前面向右交叉迈出一步，然后右脚再向右跨出一大步，同时身体转向来球方向，保持击球前姿势。由于沙地的特性，交叉步不宜过大。

跨步，可单独使用，也可与交叉步、跑步的最后一步制动结合。当来球低、速度快、距离身体 1m 左右时运用较好。先向移动方向跨出一大步，同时屈膝，身体前倾，身体重心移至跨出腿上，可向前、向侧或向侧前方。

跑步。跑步移动经常与交叉步等结合起来使用，在接近球时，常用跨步、倒地等动作来制动，使之完成击球动作。由于场地的特殊条件，跑步是沙滩排球比赛中应用较多的一种步法。

综合步。两种移动步法综合运用称为综合移动步法。如跑步之后接侧滑步或滑步，侧滑步之后接交叉步、跨步来完成拦网救起距离较远的球等。当身体离球较远，用一种步法不便于完成击球动作时常采用综合移动步法。

（三）制动

由快速移动转为突停的状态过程称为制动。制动是移动的结束，也是击球动作的开始。制动方法有一步制动法和两步制动法。

1. 一步制动法

一步制动时，在移动的最后跨出一大步，降低身体重心，制动腿和脚尖转向球网，全脚掌蹬地，以抵达身体重心继续移动的惯性力，同时以腰腹力量控制上体，使身体重心的垂直线落在脚的支撑面以内。

2. 两步制动法

两步制动时，以倒数第二步开始做第一次制动，紧接着跨出最后一步做第二次制动，同时两膝弯屈，重心下降，双脚用力蹬地，使身体处于有利于做下一个动作的状态。

制动与起动是完成相反的过程。制动时，最后跨出一大步，跨出脚蹬地，从而获得一个地面对人体的支撑反作用力，重力形成的合力方向与人体运动方向相反，从而使身体运动速度减慢，直到停下来。

二、发球

发球是比赛的开始，也是进攻的开始。发球可以直接得分或破坏对方的战术组成，起到先发制人的作用。发球攻击性强，可以鼓舞士气，振奋精神，挫伤对方的锐气，打乱对方的进攻战术和节奏，在心理上给对方造成很大压力，同时也可以变被动为主动，为组织再次进攻创造有利的条件。因此，发球要有攻击性、准确性，充分利用天气的自然变化，如阳光、顺风、逆风等条件，发出各种性能的球，给对方造成接球的困难。

沙滩排球发球技术主要有正（侧）面下手发球、正面上手发球、正面上手发飘球、跳发球等。

（一）下手发球（以正面下手发球为例）

正面下手发球是指发球队员面对球网，手臂由后下方向前摆动，在体前腹部高度击球过网的一种方法。其特点是动作简单，容易掌握，准确性高，击球点低，球速慢，攻击性不强，以根据风向情况发出不同弧度的球，适合于初学者或娱乐时使用。

（二）正面上手发飘球

这种发球的形式近似正面上手发球，特点是发出的球不产生旋转，而是不规则地向前飘晃飞行，使接球队员难以判断飞行路线和落点，造成接球困难。这种飘球在有风的天气时使用，能取得较强攻击性的效果，若逆风时采用，则效果更佳。

（三）跳发球

跳发球的攻击性很强，在高水平的沙滩排球比赛中被广泛采用，它可以利用助跑跳起在空中击球，使击球点升高，利用身体的伸展充分发力，加快发球的速度，增强发球的力量，给对方接发球造成威胁。跳发球的技术难度和体力消耗较大，在比赛中应根据队员的体力及比赛的进展适时采用。

三、垫球

借助球自身的反弹力，用两小臂合成的平面前部击球的动作方法叫垫球技术。垫球是比赛中运用最广泛的基本技术，垫球多用前臂和手的坚硬部位击球，控制范围大，运用较为灵活。

垫球能接各种性能的球，起到防守、进攻、二传的作用。

垫球防守：垫球在比赛中主要用于接发球、扣球和拦回球，以及防守各种困难球。接好一传球，有利于保证组织一攻和反攻等战术的质量。

垫球进攻：比赛中有意识地将球垫入对方前场或后场的空当处，能起到突然进攻的效果。

垫球二传：因为每队只有 2 名队员参加比赛，所以一传的到位率相对较低，接二次球的传球队员来不及采用上手传球时，常常用垫球来二传，也称垫二传。由于沙滩排球比赛对上手传球技术动作要求较高、较严，因此垫二传技术在沙滩排球比赛中被广泛运用。

（一）正面双手垫球

正面双手垫球是最基本的垫球方法，是各项垫球技术的基础，适用于接各种发球、扣球、拦回球，也可以垫二传用于组织进攻等。动作方法是：

准备姿势：面对来球，成半蹲或稍蹲姿势站立。

垫球手型：两手掌根相靠，两手手指重叠，手掌互握，两拇指平行向前，手腕下压，两前臂外翻成一个平面。

垫球动作：当球飞到腹前约一臂距离时，两臂夹紧前伸，插入球下，同时配合蹬地、跟腰、提肩、顶肘、压腕、抬臂等全身协调动作迎向来球，身体重心随着击球动作向前上方移动。

击球点：保持在腹前高度。

球触手臂部位和击球部位：用前臂的手腕关节以上 10cm 左右的两小臂桡骨内侧所构成的平面击球的后下部。

击球后动作：在击球瞬间，两臂要保持稳定，身体重心继续协调地向抬臂方向伴送球。垫击动作结束后，立即松开双臂做好下一击球动作的准备。

（二）体侧双手垫球

体侧双手垫球特点是伸臂动作快，控制范围大，但不易控制垫球方向，准确性不及正面垫球。在来不及正面垫球的情况下，宜采用体侧垫球。

如当来球向接球队员的左侧飞来，左脚向左侧跨出一步，重心随即移到左脚上，左膝弯曲，同时两臂夹紧向左伸出，右肩微向下倾斜，用向右转腰和收腹动作，配合两臂自左后方向前截住来球，用两前臂垫击球的后下部。切忌随球向左侧摆臂击球，这样容易把球垫飞。当来球在体侧较高位时，两前臂靠拢，向侧方向截击来球，击球一侧肩做向上回旋，异侧肩做向下回旋，同时腰部转动配合两臂形成理想的击球反弹面，将球垫起。

（三）背垫

从身前向背后垫球称背垫，一般在球飞得远而又无法正面垫球时采用。第三次击球过网时，也可采用。

背垫时，要判断好球的飞行方向，迅速移动到球的落点处，背对来球方向，两前臂并拢迅速插入球的下部，蹬腿、抬头、挺胸、展腹后仰，直臂向后上方垫抬送球。在背垫低球时，也可屈肘和翘腕。

（四）单手垫球

当来球快速飞向体侧较远来不及用双手垫球时，可用单手垫球。单手垫球的特点是击球动作快，手臂伸得远，控制范围大。其不足方面是击球面积小，控制能力差。在运用单手垫球时，可用多种移动步法接近来球。如球飞向右侧，则右脚跨出一大步，上体向右倾斜，右臂伸直，自右后方向前摆动，用相应的垫击手形击球。如球在体侧远处，用跑步仍来不及时，也可侧向跃出用单手击球。

（五）前扑垫球

当队员来不及移动接前方或斜前方的低远来球时，身体向前下方扑出，击球后向前顺势扑在沙地上，手臂屈肘撑地。它的特点是重心下降快，前扑距离远。由于沙地柔软，安全性高，因此前扑垫球是沙滩排球救险球普遍采用的方法，可以根据来球情况，用双手或单手击球，前扑垫球。

当来球较远，用双手垫球不能击到球时，可用单手前扑垫球。击球时，手臂应尽量前伸，用手背、虎口或小臂击球下方，另一手屈肘撑地缓冲，并以击球手一侧的胸腹部先着地，顺势向前扑。

四、传球

传球技术在沙滩排球比赛中主要用于二传。二传是指队员将接到或防守起来的球传给同伴扣球，为进攻创造条件的传球。好的二传能够弥补一传的不足，给同伴创造有利的进攻条件，充分发挥扣球水平。

（一）正面双手传球

面对目标的传球称为正面传球，是传球中最基本的传球方法，也是沙滩排球应用最多的技术之一，主要是本方场区内同伴间的传球和进攻性传球。在本方场区，主要用于二传球或弧度较高的来球。正面双手传球，易掌握传球的方向，控制球的准确性高，是其他各项传球技术的基础。

（二）背传

背对传球目标的传球称为背传。沙滩排球是 2 人参与比赛，扣球不需掩护，加上规则对进攻性传球的限制，背传就失去了隐蔽性、突然性的特点。但背传在沙滩排球比赛中仍有自身的用武之地，背传在本场区可做二传，打出 2 人配合的战术球。在近网区，背传也可进攻，运用二传球背传出与两肩延长线垂直的突然吊球。

五、扣球

沙滩排球的扣球与室内排球的扣球相比，从技术到技术的运用上都有较大的区别。沙滩排球的扣球需要眼、手出色的配合。全身各部位之间的协调平衡和速度上的良好把握。在比赛中，能否在传球不到位的情况下保证扣球的质量，是衡量一名选手水平高低的标志。优秀的扣球手应该能对付各种情况下的二传球，即使在二传球不到位的情况下也能变被动为主动，获得比赛的成功。

（一）扣球技术分析

1. 准备姿势

扣球手在接起对方击过网的球后，应及时转入扣球的准备。在传球手调整的短暂时间里，扣球手应处于稍蹲准备的状态，密切注意球的飞行速度和方向，预测球将传到的位置，并做好助跑、起跳准备。

2. 助跑

助跑的作用为接近球，选择适宜的起跳地点。在沙滩排球比赛中，扣球者一般在距网6～7m处防守，再到前场扣球，移动的距离多在5m以上。因此，助跑的时机、方向、步法、速度、节奏，都应根据二传球的方向、高度、弧度、速度而定。由于二传球的情况多变，助跑的步法应力求灵活。助跑步数要根据球的距离和个人习惯，选用一步、两步或多步助跑方法。一般采用两步助跑，助跑时，身体重心向前倾，随之左脚跟过渡到全脚掌着地，左脚及时跟上，踏在右脚之前，两脚与肩同宽，身体重心随之下降，两膝弯曲，当右脚脚跟着地时，手臂在后面处于最高位置，准备起跳时摆动。

助跑的节奏先慢后快。如一传出手后，就边观察边开始缓慢轻松移动，然后根据二传的情况逐渐加快移动步伐，以寻找起跳时机和地点。有时也可加快助跑的节奏，以争取时间和空间。

助跑的时机。助跑的时机取决于二传球的高度、速度，以及扣球队员的个人动作特点。二传球较低时，助跑起动要早些。

助跑的路线。助跑的路线应根据传球的落点来决定。扣集中球时，应采用斜线助跑；扣拉开球时，采用直线助跑或外绕助跑。

3. 起跳

因为助跑、起跳都是在松软沙面上进行的，在起跳时，重心不宜下降过低，不能像在硬质地板上那样跨大步降低重心制动。如果重心下降过低，起跳的作用力过大，会使两脚深陷入沙里，不便于向上起跳，所以最后一步起跳不宜过大。根据沙地这一特征，起跳时应加强两臂由后向前的积极摆动，随之双脚蹬地，臀部上提，向上起跳，两臂用力向上摆动，把握扣球的最佳时机。

4. 空中击球

在沙滩起跳有一定的阻力，弹跳高度受到影响，所以空中击球不像室内排球的扣球那样，滞空时间长，能充分利用挺胸、展腹、引臂动作击球。沙滩排球扣球在空中展腹、引臂动作幅度较小，动作要快捷，才能抓住最佳的击球时机，保证扣球力量。起跳后，上体稍向右转（右手扣球者），右臂向上方抬起，身体成反弓形。挥臂时，迅速转体，收腹发力，依次带动肩、肘、腕各部位关节成鞭打动作向前上方挥动，在手臂挥至右肩前上方最高点时击球。击球时，五指微张成勺形，并保持适度紧张，以全手掌包满球，使扣出的球加速上旋。

5. 落地

落地时，前脚掌先着地，保持身体的平衡，并迅速调整身体，准备下一个动作。

（二）两种主要的扣球技术

1. 正面扣球

正面扣球由于面对球网，便于观察，准确性高，运用广泛。正面扣球的挥臂动作灵活，能根据对方拦网和防守情况，随时改变扣球路线和力量与落点，因而进攻效果好。初学者必须首先学习正面扣球的技术动作，掌握了扎实的基本功后，再学习其他扣球技术。

2. 单脚起跳扣球

单脚起跳扣球是指助跑后第二只脚不再踏及地面而直接向上摆动协助起跳的一种扣球方法。单脚起跳下蹲较浅，又无明显的制动过程，故比双脚起跳速度更快，而且还能在空中移动，网上控制面积更大，具有较强的突然性，在来不及用双脚起跳扣球时可采用单脚起跳扣球的方法。

单脚起跳扣球采用与球网呈小夹角或顺网的一步、两步或多步的助跑。助跑后，左脚跨出一大步（右手扣球者），身体后倾，在右脚向前上方摆动的同时，左脚迅速蹬地，两臂摆动，配合起跳。

（三）扣球技术的几种变化

1. 转腕扣球

击球前突然利用转臂、转腕动作，改变原来手臂的挥动方向来改变扣球路线的打法称为转腕扣球。这种扣球力量虽然不大，但路线变化突然，易避开拦网。沙滩排球对方只有一人拦网，更有利于转腕扣球的运用。这种扣球的起跳与正面扣球的起跳相同，但击球时，右肩上提并稍向右转（右手扣球者），上体和头部向左偏科，前臂向外转，手腕向右甩动，以全手掌击球的左侧上方。这种打法可以在不同的位置上使用。

2. 打手出界

这是扣球队员有意识地使球触击对方拦网队员的手后飞向场外的一种扣球方法，一般在二传球较近网或球落点在标志杆附近时运用较多。

3. 轻扣球

轻扣球是指队员佯做大力扣球动作，而在击球前的一瞬间突然减慢手臂挥动速度，把球轻轻击入对方场区空当的一种扣球方法。这种扣球的助跑、起跳、挥臂动作都应与重扣球动作一样逼真，但在击球前，手臂挥动速度突然减慢，手腕放松，以全手掌包满球，轻轻地向上方推搓，将球从对方拦网队员的手上方，呈弧线击入对方防守的空当区。在一人拦网、一人防守的沙滩排球比赛中，采用轻扣球，利用手腕的主动变化，特别是在扣球路线变化上打空当的方法，既省力，又能收到意想不到的效果。比赛中，根据场上的变化，采用轻扣球与重扣球相结合的打法，会取得更好的进攻效果。

六、拦网

靠近球网队员。将手伸向高于球网处阻拦对方来球并触及球称为拦网。拦网是沙滩排球比赛中攻防兼顾的一项重要技术。拦网是防守的第一道防线，同时具有强烈的攻击性，是得分重要手段之一。

拦网技术动作可分为准备姿势、移动、起跳、空中动作和落地五个互相衔接的部分。

（一）准备姿势

队员面对球网，两脚左右开立，约与肩同宽，距网 30～40cm，两膝微屈，两臂屈肘置于胸前，观察对方，随时准备起跳或移动。

（二）移动

常用的移动步法有一步、并步、交叉步、跑步等。无论采用哪种移动步法，都要做好制动动作，保持身体平衡向上起跳，避免前冲触网。

（三）起跳

原地起跳时，两腿弯曲下蹲，随即用力蹬地。两臂以肩发力，以上臂为半径，在体侧划弧前后摆动，迅速向上跳起。

（四）空中动作

起跳时，两手从前额沿球网向上方伸出，两臂伸直并保持平衡，两肩上提。拦网时，两臂应伸过网去，在不触网的情况下尽量去接近球。两手手指自然张开，屈指、屈腕呈半球状。当手触球时，两手要突然紧张，手腕下压，盖在球的前方。

（五）落地

拦网后，要做含胸动作，以保持身体平衡。手臂从球网上收回至本方上空，屈肘向下收臂，以免触网。与此同时屈膝缓冲，双脚落地，并注意自我保护。若没拦到球，则在下落时随球转头、转身，面向本方场区，准备接应同伴传来的球。

第十四章　休闲体育运动实践必备理论知识储备

第一节　营养学知识

一、营养素

营养素是食物中对机体有生理功效的成分，能维持人体正常生理功能，促进生长发育和健康的化学物质，分为七大类——脂肪、蛋白质、维生素、糖、矿物质、食物纤维和水。一般来说，脂肪和蛋白质为人体提供热能，维生素、糖、矿物质、水和食物纤维则在人体内起着调节生理机能的作用。

二、营养的作用

随着时代的发展，人们对生活质量的要求和追求越来越高，对健康的渴望和向往也越来越强烈，人们对于食物的营养也有着越来越多的追求。合理的膳食营养和适量的体育运动是身体健康的保证，在进行休闲体育运动的同时，也不能忽视营养的作用。

（一）提高运动能力

人在剧烈运动时，体内细胞的破坏与新生也相应增加。红细胞的组成成分是蛋白质和铁，若不足，可发生运动性贫血，影响运动时氧代谢能力，降低耐久力。因此，及时地适量补充蛋白质是很必要的。剧烈运动时，体内维生素的消耗也明显增加，激素和酶的反应也很活跃，这些物质的补充都需要通过饮食。另外，在剧烈运动时，体内酸性代谢产物堆积，也需要补充相应的矿物质，以消除疲劳。一般塑身类休闲体育运动的能源物质是以糖类为主，其次是脂肪，强度较高的休闲体育运动则需要更多的脂肪和蛋白质。同时，还需相应地增加维生素及某些微量元素，才能提高运动能力，加速运动后体力的恢复，真正实现强身健体的目的。

（二）促进机体发育

第二次世界大战后，日本儿童身体素质的提高主要归功于营养条件的优化。1935 年日本平均每人每年吃肉 2.15kg、蛋 2.15kg、奶及奶制品 12.7kg、油脂 1.1kg。1971 年提高到肉类 13.1kg、蛋 14.95kg、奶及奶制品 27kg、油脂 9.4～9.5kg。由于营养水平的提高，日本人的身体普遍增高。

随着经济的快速发展，我国城乡人民生活逐步得到改善，青少年的身体素质也有明显的提高。以湖南省为例，2000 年与 1995 年比，城市 7～22 岁男生身高平均增长 1.72cm，体重平均增长 2.82kg；城市 7～18 岁女生身高平均增长 2.22cm，体重平均增长 1.41kg；乡村男生身高平均增长 1.62cm，体重平均增长 1.23kg；乡村女生身高平均增长 1.03cm，体重略有下降。这些事实充分说明营养改善对青少年身体发育有明显的促进作用。

（三）促进智力发育

中枢神经系统和大脑的发育与营养的关系更为密切，营养能为神经细胞和脑细胞合成各种重要成分提供所需要的物质，促进智力发育。成年人如果营养不良也会导致记忆力的衰退。为了维持脑的正常功能，成年人尤其是脑力劳动者应保证有足够的营养。

（四）减少疾病

营养不足或缺乏可直接或间接引起某些疾病，例如机体缺铁导致贫血，缺碘易患甲状膝肿大，维生素 D 和钙缺乏则易患佝偻病等。营养不良使机体免疫力下降，抵抗力降低，传染病的发病率增加，病程延长，影响健康。营养不良还可以引起内分泌失调，并导致一些功能障碍。营养问题是人类生存中重要的问题之一。因而，要精心选择、搭配食物，以保证充足的能量和各种营养素，防止营养不良而导致的疾病。

三、营养食物

不同的食物，所含营养素的种类、数量及比例也各不相同。换句话来说不同种类食物的营养价值存在着很大差别。

（一）肉类

肉类食物包括家畜、家禽的肌肉、内脏及其制品，含有各种丰富的营养素，是人类蛋白质、脂类、矿物质与维生素的重要来源。肉类食物中碳水化合物含量极低，仅少量以糖原形式存在于肌肉和肝脏中。肉类食物含丰富的蛋白质，其氨基酸组成和人体蛋白质的结构接近，营养价值高。瘦肉含矿物质较多，有磷、钾、钠、镁、氯等，红色瘦肉还含有铁。不过肉类缺少钙，乳类是钙的最好的食物来源。肉类食物中矿物质的含量在 0.6％～1.0％之间，主要有磷、钙、铁等，肉类铁的存在形式有 40％左右是血红素铁，由于不受膳食因素的干扰，其生物利用率高。

肉类食物虽然含有丰富的营养物质，但这类食物中含有一定量的动物脂肪，脂肪含量与肉的肥瘦度有关，肥肉脂肪多，瘦肉蛋白质多。对于肥胖者来说还是适量食用为好。在适量范围内，尽量选择脂肪含量少的瘦肉、鸡鸭肉等。肥胖的人，特别是患有高胆固醇血症的肥胖者，每天吃鸡蛋最好不超过 1 个，尽量少吃动物内脏、肥肉，以减少脂肪和胆固醇摄入量，有利于控制体重和血脂。

（二）鱼类

鱼类食物包括淡水、海水鱼类与虾、贝类等，是低脂肪、高蛋白的食品，其中海产鱼还含有丰富的碘。鱼类矿物质含量较高于畜禽肉类，特别是小鱼、小虾，如虾皮中矿物质的含量可高达 2％。鱼类含有利于提高免疫力的锌，其中沙丁鱼还有助于提高免疫力和延缓衰老。鱼类食物中脂肪含量较少，对于肥胖者来说十分适合。

（三）蛋类

蛋的蛋清、蛋黄两部分营养素有很大的不同。蛋清约占全蛋的三分之二，主要是蛋白质。其蛋白质的营养价值很高，还含有较多核黄素，是核黄素的良好食物来源。

（四）奶类

奶类食品是一种营养丰富、食用价值很高的食品。各种动物乳汁含的营养成分与其幼畜的生长速度有关，对各种初生动物都是一种完全食品。动物奶类对于人类也是一种理想食物，尽管其成分与人乳不同，但增加奶类制品，对于改善我国居民膳食结构有非常重要的意义。除了人体所必需的蛋白质、脂类和碳水化合物外，牛奶中矿物质含0.6%～0.7%，其中以钙、磷、钾含量较高。牛奶中较多的是维生素，但奶中维生素含量与饲养条件和季节有一定关系。如当饲以青饲料时，其维生素A和维生素C的含量较喂干饲料时有明显增加；奶中维生素D含量不高，夏季日照多时，其含量有一定增加。

奶是钙的最佳来源。酸奶作为奶制品的主要种类之一，是一种有助于消化，还能有效地防止肠道感染，提高人体的免疫功能的食品。与普通牛奶相比，酸奶脂肪含量低，钙质含量高，还富含磷、钾，以及维生素B，这些元素都对人体大有裨益。

（五）谷薯类

谷类和薯类包括稻谷、小麦、大麦、燕麦、玉米、高粱、红薯等，以及由谷类制作的各种食品。这类食物主要为机体提供糖类、蛋白质、矿物质、维生素，是身体能量供应的主要来源。一个人每天吃多少谷薯类食物，主要取决于他的能量需求、生活习惯、劳动强度以及食物供应状况。正常情况下，从事中等劳动强度的健康成年人，每天需要500g左右的谷类食物。

与精细粮食相比，粗杂粮含有更多的膳食纤维、矿物质和维生素，不仅营养物质丰富，而且相对体积大、能量少、耐饥饿，在身体内的消化吸收过程较长，吸收率也低一些，这对于需要控制体重的超重者来说是非常好的食物选择。精制大米和面粉，由于谷胚和谷皮被碾磨掉，使维生素的含量明显减少，可以适当以糙米为主食，提高高蛋白、糖类、纤维、各种矿物质的摄取量，尤其是锌。如全麦面包，除了富含蛋白质、铁、纤维、钾及其他矿物质外，还含有丰富的维生素B，能使人神采饱满、眼睛明亮。

（六）豆类

豆类食物一般可以分为大豆和杂豆两大类，大豆包括黄豆、黑豆和青豆，杂豆主要包括豌豆、蚕豆、绿豆、赤小豆与芸豆等。大豆中，蛋白质含量达35%～40%，脂肪含量也很高，脂肪中不饱和脂肪酸较多，还有少量磷脂和胆固醇，碳水化合物含量较低。其他豆类与谷类的营养成分相似，碳水化合物含量较高，蛋白质含量为20%左右，较大豆低，脂肪含量很少。豆类是人类重要的食物，它所提供的蛋白质和脂肪较谷类食物高出数倍。充分开发利用豆类，对改善我国人民膳食与营养状况，补充蛋白质来源，增进健康有极重要意义。

豆类含有大量蛋白质、维生素B及铁质，其营养价值等同于肉类，但却有肉所缺乏的纤维。豆类富含铁，在细胞供氧和氧气利用过程中起着关键性的作用。由于缺铁而引起的贫血常常带来浑身无力或者是容易疲劳的症状。豆类食物中的碳水化合物中有一半不被人体消化吸收，不会增加太多能量，再加上豆类产量丰富，食用方法多样，价格比动物性食物低廉，又不含胆固醇，是很好的减肥塑身食品。

（七）蔬菜水果类

新鲜蔬菜都含有大量水分，多数蔬菜的含水量在90%以上，碳水化合物的含量不高，蛋白质含量少，脂肪含量更低，因此不能作为能量和蛋白质的来源。蔬菜含有丰富的膳食纤维，它能促进肠道蠕动，利于大便排泄、减少油耗物质与肠黏膜的接触时间，还能降低血胆固醇，对预防控制动脉粥样硬化、糖尿病和肥胖都有好处。例如，洋葱和大蒜，含有钾、氟、硫、磷肌酸、维生素A和维生素C，具有消炎、去敏、去毒的功效，能降低胆固醇、高血压，减少心脏病的发病率。又如，西兰花，含有健美皮肤的维生素B、维护牙齿的维生素C和矿物质（如铁、钙、钾等）。再如，菠菜和香菜，菠菜和香菜中除了富含铁质外，更含有大量维生素A与维生素C，对皮肤、牙齿十分有利。香菜中还富含钙、锌、钾、维生素A和维生素C等元素，可利尿，有利于维持血糖含量并能防癌。

鲜果类的营养价值与新鲜蔬菜相似，含有大量水分、很少的蛋白质和脂肪，但水果中的糖类与蔬菜不同，主要是果糖、葡萄糖、蔗糖，在未成熟的水果内则含有淀粉。水果所含的矿物质和维生素也不如蔬菜多。水果具有芬芳的香味、鲜艳的颜色，并含有许多有机酸，这些是蔬菜所不具备的特点。蔬菜和水果都含有大量水分，相对其他事物来说体积大、能量低，从控制能量的角度考虑，超重和肥胖的人应该多吃一些这样的食物。如木瓜和草莓，含有丰富的维生素C，两者的维生素C含量都远远多于橘子，有利于皮肤结实嫩滑，而且木瓜有助于消化，还能够防止胃溃疡。木瓜尤其有助于消化人体难吸收的肉类，因而能有效地预防肠道疾病。草莓不但汁水充足，味道鲜美，而且热量很低，同时还含有维生素A与钾，可以健康头发和皮肤。

（八）坚果类

坚果类食物都富含锌、铁、锰、硒等多种微量元素，如核桃、花生、瓜子、榛子、芝麻等。有人称坚果是微量元素的宝库，经常吃一些坚果对人体十分有益，然而，坚果里的脂肪含量却很高，通常达到40%以上。这样算来1.5～2个核桃或15～20粒花生米或一大把瓜子都相当于10毫升油的能量。生活中，人们常有这样的体会，吃坚果上瘾，一吃就停不住嘴，常常在不知不觉中吃进去很多，经常过量摄入坚果很容易导致肥胖。因此，为了避免过量吃坚果引起肥胖，同时又能满足身体和口欲对坚果的需要，可以采用限量食用的方法。在饮食不油腻的情况下，每天不超过15g坚果仁，基本上能获得它们给健康带来的好处。

第二节　运动损伤学知识

一、运动损伤的概念与分类

（一）运动损伤的概念

运动损伤是个体在运动过程中所发生各种损伤的统称。在休闲体育运动过程中，从事内容不同，运动损伤的性质也不同。另外，运动损伤与运动的安排、运动环境、运动者的自身条件以及休闲体育运动中运动者的动作方法等有密切的关系。

掌握运动损伤的相关知识，切实做好预防工作，使之最大限度地减少或避免休闲体育运动中出现的运动损伤，对运动者的身心健康具有重要的意义。

（二）运动损伤的分类

根据不同的练习方法，常见运动损伤的分类主要有以下几种：

1. 运动损伤按照损伤组织的种类，可分为神经损伤、肌肉肌腱损伤、滑囊损伤、关节囊和韧带损伤、内脏损伤、脑震荡、关节脱位、骨折等。

2. 运动损伤按照损伤组织创口界面，可分为开放性损伤和闭合性损伤。前者主要是指损伤组织有裂口与外界空气相通，如擦伤、刺伤、切伤与开放性骨折等。后者主要是指损伤的组织无裂口与外界空气相通，如挫伤、肌肉韧带损伤与闭合性骨折等。

3. 运动损伤按照损伤病程，可分为急性损伤和慢性损伤。前者主要是指人体在一瞬间遭受直接暴力或间接暴力的损伤；后者主要是指劳损和陈旧性损伤。劳损是因局部负荷过重或多次微细损伤积累而成，陈旧性损伤常因急性损伤处理不当转变而成。

4. 运动损伤按照个体运动能力丧失的程度，可分为轻伤、中等伤和重伤。伤后仍然能够按照计划进行休闲体育运动的为轻伤；伤后不能按照计划进行休闲体育运动，需要减少或停止患部活动的为中等伤；伤后完全不能运动的为重伤。

二、休闲体育运动中产生运动损伤的原因

（一）外在原因

运动损伤的外在原因有很多，最常见的主要有运动前未进行充分的热身活动，运动量过大，运动方法有错误，身体某一部位练习重复过多，技术动作缺少准确性，场地设施不合要求，没有接受充分的运动指导，自我保护能力弱，忽视了身体状况，忽视了运动的安全准则，缺乏适当的休息，所穿的衣服、鞋子不适合参加休闲体育运动等。

（二）内在因素

运动损伤的内在因素主要有以下几种：

1. 性别

实践证实，在休闲体育运动中，女性运动性损伤的发生率较男性高。这主要是因为女性骨骼比男性重量轻，坚固度低，抗压抗弯能力只有男性的2/3。另外，女性体脂含量高，肌肉重量占体重的比例少，力量比同龄男性小20％～25％。

2. 身体状况

如果运动者在身体机能状况不好的情况下继续参加休闲体育运动，就会因肌肉力量较弱、身体协调性较差、对意外事件缺乏敏锐的判断力和准确的保护反应而导致损伤。影响身体机能的常见原因有：患病或伤病初愈阶段、睡眠或休息不好、疲劳、贫血等。

3. 心理状态

对于在运动中有畏难、恐慌、害羞、犹豫不决或过分紧张等不良心理状态的人来讲，他们很容易在休闲体育运动中因心理状态不佳，而造成运动损伤。

4. 运动技能

运动技能的好坏和运动损伤发生率的高低具有密切的联系。一般来说，锻炼者在由于运动技术不熟练或技术动作上存在缺点和错误，违反了人体结构的特点和各器官系统功能活动的规律时，就容易引发运动损伤。

5. 思想意识

运动性损伤的发生，常与思想麻痹、情绪急躁、急于求成有关。一些运动者常因年轻气盛，活泼好动，爱表现自己，却又缺乏运动性损伤的防范意识，忽视各种预防措施，而在休闲体育运动过程中不遵循循序渐进和量力而行的原则，大大增加了运动损伤发生的概率。

三、休闲体育运动中运动损伤的预防原则

（一）加强思想意识。从思想上重视对运动性损伤的预防，学习并掌握有关预防运动性损伤的知识和方法。

（二）做好准备活动。良好的准备活动有助于运动损伤的减少和消除，应注意的是，运动者准备活动的内容要与练习内容相结合；准备活动的量，要根据身体特点、气象条件和休闲体育运动项目而定。准备活动一般以身体感到发热，微微出汗为宜。准备活动结束与正式运动之间的时间不要过长，一般为3min。

（三）注意科学运动。科学运动不仅包括在休闲体育运动过程中遵循运动的全面性、渐进性、个别性、经常性、意识性（前三个方面对预防损伤极其重要），还包括在运动过程中，运动者应根据自身的健康状况和运动技术水平，合理安排运动量；运用各种形式的运动方法，全面提高身体素质，防止机体由于局部疲劳而引发运动损伤。

（四）运动中突出性别特点。运动者的性别不同，个体的生理条件也会有很大的差异，因此针对不同性别进行休闲体育运动能在一定程度上预防运动损伤。如果选择不合适，要么会导致练习不到位，要么就会给身体带来一定的损伤。

（五）选择喜爱的运动项目。运动者可以根据自己的目的进行有选择性的休闲体育运动。有肥胖、睡眠不良、体力下降、便秘等特殊情况的运动者可以选择医疗体育。

（六）创造良好的运动环境。体育器具、设备、场地等在运动前都应进行严格的安全检查。

在进行休闲体育运动时，女性的项链、耳环等锐利物品应暂时摘去。

（七）加强自我保护。掌握休闲体育运动过程中可能发生意外时的自我保护方法，防范运动技术损伤的发生。学会运动后肌肉酸痛、关节不适等常见症状的处理方法，及时发现、处理运动性损伤等，都能将运动损伤对人体的伤害减少到最低。

四、休闲体育运动中常见运动损伤的处理

（一）擦伤

擦伤是指肌体表面与粗糙的物体相互摩擦而引起皮肤表层的损害。

1. 损伤症状

表皮剥脱，有小出血点和组织液渗出。

2. 损伤处理

（1）较轻较小的擦伤：可用生理盐水或其他药水冲洗伤部，涂抹红药水或紫药水，不需包扎，一周左右就可痊愈。

（2）较大面积的擦伤：需用碘酒或酒精在伤口周围消毒，如果创面中嵌入沙粒、炭渣、碎石等，应用生理盐水棉球轻轻刷洗，消除异物，消毒后撒上云南白药或纯三七粉，盖上凡士林纱布，适当包扎。若不发生感染，两周左右即可痊愈。

（3）面部擦伤：宜涂抹0.1％新洁尔溶液。

（4）关节周围的擦伤：首先清洗和消毒，最好用磺胺软膏或青霉素软膏等涂敷在关节擦伤部位。

（二）扭伤

扭伤是指关节发生异常扭转，引起关节囊、关节周围韧带和关节附近其他组织结构的损伤。

1. 损伤症状

（1）关节扭伤时，关节及周围出现疼痛、肿胀，有明显的压痛感觉，皮下有瘀血，关节活动障碍。

（2）腰扭伤时，如是肌肉轻度扭伤，则疼痛显著，脊柱不能伸直；因肌痉挛而引起脊柱生理曲线改变者为较重的扭伤。如是棘上韧带与棘间韧带扭伤，则受伤当时感到局部突然撕裂样疼痛，过度前弯腰时疼痛加重，腰伸展时疼痛较轻，棘突上或棘突之间有局限而表浅的明显压痛点。若是筋膜破裂，则多发生在骶棘肌鞘部和髂嵴上、下缘，伤处有明显的压痛点，弯腰和腰扭转时疼痛较重，腰伸展时疼痛较轻。如果是小关节交锁，受伤当时即有腰部剧烈疼痛；成保护性强迫体位，不敢做任何活动，亦惧怕任何搬动，尤其不能做腰后伸活动，疼痛位置较深，不易触到压痛点，叩击伤处可引起震动性剧烈疼痛。

2. 损伤处理

扭伤的一般急救处理为，先仔细检查韧带是否部分撕裂或完全断裂，肢体是否失去功能，注意以冷敷、加压包扎或固定关节为主，外敷活血止痛的药物。受伤严重时，马上送医院做进一步的诊治。扭伤后，要加强休息，使肌肉放松，可在扭伤部位垫个薄点的软枕头，以减轻疼

痛。针对身体不同部位的扭伤，处理方法有一些差别，具体如下：

（1）关节扭伤：关节扭伤是指关节发生异常扭转，并导致关节囊、关节周围韧带和关节附近的其他组织结构损伤。踝关节扭伤是运动中最常见的一种关节韧带损伤，它是因踝关节过度内翻或外翻而导致踝关节内、外侧韧带受损。急救处理时，应仔细检查韧带是否部分撕裂或完全断裂，关节是否失去功能，注意以冷敷、加压包扎或固定关节为主，并外敷活血止痛的药物。

（2）韧带损伤：可用粘带支持固定，并以弹力绷带包扎。如果怀疑是韧带断裂，最好用海绵垫或较大的棉花垫做压迫包扎，包扎时，应与受伤时位置相反，如踝内翻损伤者，则在外翻位置包扎固定。

（3）腰扭伤：腰部扭伤是腰部软组织的损伤。有明确的外伤史，伤后立即或一、二日后发生腰痛，为急性腰部扭伤，亦称“闪腰”。腰部扭伤后，要停止活动立即休息。如果不休息、不及时治疗，容易反复发作留下病根，造成慢性腰腿疼。扭伤后，用热敷疗法较好。具体方法是把大盐、麸子或沙子炒热，用布包起来，敷在疼痛最厉害的地方，每天 2 次。另外，可对扭伤部位针灸、拔火罐、推拿、按摩、理疗、注射强的松龙等。

（三）腰肌劳损

腰肌劳损又称腰部肌肉筋膜炎，其病理改变包括神经、筋膜、肌肉、血管、脂肪及肌腱附着区等不同组织的变化。通常，多系急性扭伤腰部后治疗不彻底即参加运动逐渐劳损所致或运动中出汗受凉所致。

1. 损伤症状

局部酸疼发沉等自发性疼痛，腰椎 3、4、5 两侧骶棘肌鞘部疼痛，或同时感觉有疼麻放射到臀部或大腿外侧；或表现为运动前后疼痛；或在进行脊柱活动时，尤其是前屈时，在某一角度内出现腰痛。

2. 损伤处理

避免过劳、矫正不良体位；可采用理疗、按摩、针灸、封闭、口服药物、用保护带（围腰）及加强背肌练习等非手术治疗手段；对顽固病例可手术治疗。治疗上以非手术治疗为主，如各种非手术疗法无效者，可施行手术治疗。

（四）髌骨劳损

髌骨具有保护股骨关节面、维护关节外形和传递股四头肌力量的作用，是维护膝关节正常功能的主要结构。一般是由膝关节长期负担过重或反复损伤积累导致。

1. 损伤症状

膝关节酸软疼痛，髌骨压迫痛，单足半蹲的时候有痛感。少数患者长期疼痛不敢用力而肌肉萎缩或有少许关节积液。

2. 损伤处理

（1）采用按摩、中药外敷、针灸等方法。

（2）加强膝关节肌群力量练习，比如采用高位静力半蹲，每次保持 3～5min 即可，每日 1～2 次。

（五）出血

在休闲体育运动中，如果运动不当会引起机体内出血或外出血。

1. 损伤症状

（1）内出血：无明显症状或皮下有淤青，胸腔或肝脏破裂多有严重的休克。

（2）外出血：主要为血管内的血外渗或外流。

2. 损伤处理

（1）止血

①指压止血：根据损伤部位，选用腋动脉或肱动脉压迫点。腋动脉压迫点为外展上臂 90°，在腋窝中用拇指将腋动脉压向肱骨；肱动脉压迫点为用食、中、无名三指的指腹把肱动脉压向肱骨。出血部位不同，压迫点也不同。掌指出血，分别按压桡动脉及尺动脉；下肢出血、大腿或小腿大出血，用两手拇指重叠起来，在腹股沟中点稍下方，将股动脉用力压在耻骨上支上；足部出血，在足背及内踝后方压迫胫动脉和胫后动脉。

②止血带止血：用皮管、皮带及气止血带缚在出血部的近端，压力不应小于 200mm 汞柱动脉压力。缚上止血带以后，局部会出现疼痛，时间长了还可能使肢体缺血坏死，造成残废，甚至危及生命。所以使用止血带时要严格按照正确的方法操作。缚上止血带时，应多垫棉花或衣服，上肢每半小时、下肢每 1 小时分别放松一次，以免肢体麻痹或坏死。

③充填：针对躯干的大伤口或不能上止血带的部位，用消毒纱布充填伤口压迫止血。

（2）包扎

用绷带和三角巾包扎出血部位或肢体。其中，三角巾的包扎一般用在对伤肢的固定以及悬吊，如上臂的骨折、脱位，手及头部的包扎等。下面重点介绍绷带包扎出血部位或肢体。

①环形包扎法：针对手腕、小腿下部、额等部位的出血，将绷带斜置于被包扎部位，一手大拇指压住绷带斜端，另一手绷带绕伤处一周，再将带头斜角折回，依次反复进行；结束时采用别针或将绷带剪成两条将末端固定。

②扇形包扎法：针对关节部位的出血，可从关节上向关节下缠绕，即实施向心性扇形包扎；或从关节向关节的上下缠绕，实施离心性扇形包扎。

③螺旋形包扎法：针对上臂、大腿下端、手指等部位的出血，将绷带先从粗端环形包扎，然后将绷带斜缠，后一圈盖前一圈的 1/2 或 1/3；结束固定同环形包扎。

④“8”字形包扎法：针对肘、膝、腕、踝、肩等部位的出血，将绷带先从关节下方环形包扎，然后将绷带斜形由下向上，再由上向下绕过关节成“8”字形，反复缠绕；结束应在关节下方，如同环形包扎。

⑤反折式包扎法：针对前臂、大腿、小腿等部位的出血，先用绷带环形包扎，然后按螺旋形进行，但每一圈需将绷带上缘向下折成人字形，再向后绕绷带并拉紧；每反折一次应压前一圈的 1/2 或 1/3，注意反折线不应在伤口处；结束固定同环形包扎。

（3）急救

用查血色素、红细胞及血球容积的方法诊断。严重休克者，应及时输血或手术治疗。

第三节　医疗卫生知识

一、休闲体育运动的医务监督

（一）用医学的手段监控休闲体育运动

如何控制运动负荷不超出运动者的生理极限，使休闲体育运动达到目的，却又不会引起机体过度疲劳积累，是休闲体育运动医务监督研究的主要课题。

（二）进行体格检查

训练医务监督的另一内容是通过体格检查和机能测试，对运动者身体机能状况进行综合评定。这种检查可在不同的阶段和不同的状态（如安静状态、训练过程、恢复过程）下进行。除阶段性的定期检查外，还可动态观察和比较。

（三）运动性伤病的预防和治疗

为了使运动者正常参加休闲体育运动，要及时发现和正确处理运动者的运动性伤病。掌握运动者患各种疾病和运动损伤后开始恢复运动的适宜时机、运动内容和运动量等。

（四）消除运动性疲劳

休闲体育运动引起精神疲劳和身体机能的下降，是人体为维护正常的功能做出自我保护的一种生理现象。所以，对运动者的精神疲劳要给予充分的重视和采取有效措施，以免引发机体调节的紊乱和过度疲劳。

二、休闲体育运动场地卫生

（一）休闲体育运动建筑设备的一般卫生要求

1. 基地的选择及坐落方向

体育建筑的选址应避开空气、土质污染和噪音较严重的地区，应选择地势稍高，且土质颗粒较大、通透性好的地方。

室内体育建筑要充分利用日照，一般应坐北朝南，或偏向东南、西南，使建筑物的长轴尽量与赤道平行。室外运动场的方位最好是正南北方向，即运动场的长轴与子午线平行，避免阳光直射眩目。

2. 采光与照明

良好的采光与照明，除了有利于体育活动的进行外，还具有保护体育运动者的视力、杀菌、预防疾病和调节室温等积极作用。采光照明可分为自然采光和人工照明两类。

自然采光：是指利用日光作为光源的采光。体育馆拥有自然采光可以很好地节约能源。自然采光一般以采光系数作为评定指标。采光系数即建筑物门窗面积与室内地面面积之比，系数越大，光线越好。对运动建筑物来说，系数的标准应为1∶3～1∶5。

采光系数＝窗门面积/室内面积

人工照明：人工照明一般以照度作为评定指标。照度是指物体被照明的程度，用照度计测量，光照度的计量单位是lx。体育场馆应注意照度充足，室内光照度不能低于50lx。夜间使用的场地，照明要充足、光线柔和而均匀，又不眩目，照度应为50～1001lx，有利于提高运动成绩和避免发生运动创伤。

3. 通风

室内通风要好，保持恒温和空气新鲜。比如，体操馆内镁粉盒应加盖，勿使镁粉到处飞扬。室外场地周围应无空气污染。通风的目的是更新室内空气。室内运动建筑应有良好的通风设施，通风可分为自然通风和人工通风两种，自然通风是指通过门窗和气流作用，与外界进行气体交换。人工通风是指使用机械手段促进气体交换。

4. 采暖与降温

室内运动建筑应保持适宜的温度，室内的适宜温度一般应控制在21°左右。采暖最常用的方法是蒸汽和热水管道采暖。室内降温的方法有自然通风、人工通风、冰块降温和空气调节等多种方式。

5. 体育器械及其放置

使用年限过长的器械应予更新，体操器械放置应保持一定距离，否则练习时可能发生冲撞而受伤。

6. 辅助建筑

运动场地应有必要辅助建筑，如更衣室、休息室、浴室等，饮水供给要符合卫生标准，还应设立医务室。

（二）休闲体育运动建筑设备的卫生

为顺利进行休闲体育运动，促进身体健康，防止运动创伤，提高运动技术水平，现代化国际标准的体育设施和一般的运动场馆都应达到一定的卫生要求。运动场地卫生应注意如下事项。

1. 体育馆

体育馆的大小应根据用途和卫生要求来设计。体育馆的地面应平坦、坚固、防滑和不眩目，以木质地板为好。体育馆的墙壁应无明显的棱角和突出部分，空调、采暖设备应尽可能地安装在墙内。

2. 田径场

田径场的跑道、直道一般取南北方向，这样，训练和比赛时光线由侧面射来，不致影响视线而妨碍运动。

田径场和球场地面要平坦、硬度适宜；田径场的跑道应坚固，不怕雨水冲淋，并具有一定的弹性。跑道还应具备渗透能力，便于雨水向底层渗透。跑道的表面应平坦，无凹坑、碎石、浮土和其他杂物，不能太滑，以防运动者滑倒摔伤。

跳跃场地的方位安排应合理，在助跑跳跃时，应能避免阳光耀眼。助跑场地应平坦、结实和富有弹性，起跳板与跑道应处于同一平面上。沙坑内沙子应松软，没有砖头、石块等硬物，在干燥的季节里不会起尘土。

投掷区应有明确的划分。铅球和铁饼的练习区应设置保护网，投掷场地的助跑区应平坦、坚实而富有弹性。

田径器械应合乎规格，长度、高度和重量要符合不同年龄对象的需要。练习前应检查器械的安全性能，如跳高架是否结实、标枪杆有无裂纹等。

3. 球场

足球场地应平坦，最好铺有草皮，草地上不应有石子、砖块、碎玻璃、铁钉等硬物。在场地周围2.5m内，不宜放置任何东西。在炎热干燥的季节里，练习或比赛前30～40min应在场地上洒水。

篮球、排球场地面应平坦、结实、无碎石和浮土，地面不宜过硬、过滑，以减少震动和防止跌倒时摔伤。

运动场上，人数不宜过多，要加强管理，避免投掷物伤人和互相冲撞。

4. 体操房

体操房的使用面积平均每人至少4m^2，地面应为平坦木地板，室内光线应均匀，应有良好通风设备，建立可行的清扫制度，体操垫子和其他器械须保持清洁，室内禁止放置与运动无关的物品。

5. 游泳馆（场）

人工游泳池建筑设计应符合卫生要求，跳水池水深应为跳台高度的一半，跳台高度10m，水深应为5m，跳台高5m时，水深应为3.8m，一般水深不能小于3.5m。池水清洁，细菌总数每1mL水中不应超过1000个，大肠菌群数每升水中不得超过18个。池水含氯量每升水中为0.2～0.5mg。水温22～25℃，室温24～25℃。池水应经常更换。如池水含氯量过高，会刺激上呼吸道和眼结膜，长期游泳还会使头发变黄，因此要定期进行水质检查，同时运动者采取个人防护措施，要强调训练时戴游泳帽和防水眼镜的重要性。利用天然水源开辟的游泳场，水质必须清洁，无工业废水和污物污染，无传染疾病的危险。要注意岸边和水底情况，岸边禁止倾倒与排泄污物，黏土河岸易滑倒，河底有石块、淤泥时下肢易受伤。在浅水中跳水极为危险，有发生颈椎骨折、头部损伤、造成残废甚至死亡的可能，故应严格禁止在不明水底情况下跳水。

6. 轮滑场

轮滑场的地面应平坦、光洁且无裂纹，场地表面应保持清洁，无碎石、纸屑和尘土，每次训练前均应进行安全检查，以防意外事故的发生。

7. 冰场

冰场的表面应平坦、光洁、无裂纹。如果利用天然冰修建冰场，为确保安全，冰的厚度不得少于25cm，人工冰场冰的厚度不得少于15cm。

（三）运动场的训练卫生

1. 服装

运动者平时的衣服、鞋子要符合季节要求，且要保持清洁。运动服装应符合运动项目要求，能防止运动创伤，有利于提高运动成绩，如冰球、橄榄球运动者要戴护具、头盔及特制服装等；自行车运动时应穿短袖上衣，较长的短裤，戴护掌和头盔；越野跑及马拉松比赛时，最好穿旧鞋及旧运动衣，防止发生足部水泡和皮肤擦伤。如果是炎热夏季，运动衣应质轻、宽松和色淡。如果是在冬季，室外滑冰滑雪时，服装要保暖，但不宜过厚，以免妨碍动作的完成。运动后，潮湿的衣服应立即换掉，以免受凉感冒。

2. 锻炼

事实上，人体经常受外界因素的影响，如日光、空气和水，机体和外界环境经常保持平衡，在气温降低时，身体增加产热减少散热来维持体温的恒定。所谓锻炼，就是利用日光、空气和水刺激机体的调节能力，使机体能迅速适应外界气象条件，从而增强人体对感冒等疾病的抵抗力。举一个很简单的例子，即把冰块放在肢体上时，皮肤会变白，此时是因为血管受冷刺激后发生收缩，当取下冰块，血管扩张，皮肤转红，而这一过程的快慢与测试者的运动程度有关，一般有锻炼者皮肤很快变红，无锻炼者则慢慢变红，也就是血管扩张迟缓，经过锻炼可使血管调节能力加强。也正因此，有锻炼者较少患感冒、咽炎、肺炎等疾病。

（1）空气锻炼

锻炼因素有温度、流动、湿度和电离作用。在休息、运动和劳动时都可同时进行，穿背心和短裤，使身体尽量暴露。空气中，阴电荷可刺激中枢神经系统，加强新陈代谢和提高机体抵抗力。

（2）日光锻炼

日光锻炼主要利用其温暖和生物化学作用。光能被身体吸收，转变为热能，引起体温改变，增强代谢作用。日光中的红外线和紫外线是不可见光线，红外线主要是温暖光线，紫外线有杀菌作用，能防止佝偻病发生。紫外线照射后，皮肤有色素沉着，可保护皮肤免受更多的紫外线作用。日光对人体影响较大，锻炼时，应遮盖头部，避免长时间暴晒，因过量日光照射会损害皮肤，发生日晒病，还有产生皮肤癌变的可能。

（3）水锻炼

水锻炼主要是利用水的温度、机械作用和化学作用进行锻炼。冷水易引起兴奋，使心跳加快，呼吸加深和代谢作用加强。进行冷水浴时，首先出现皮肤毛细血管收缩，皮肤变白，汗毛竖起，感觉冷；其次，毛细血管反射性扩张，皮肤变红，有温暖感觉。需要注意的是，冷水刺激时间过长，皮肤毛细血管再次收缩，皮肤又变白，起鸡皮疙瘩，口唇发紫，即第二次寒冷感觉。冷水锻炼以不产生第二次寒战为适宜。锻炼后用毛巾擦身，并活动身体。温水刺激抑制过程，可使血管扩张、血压降低、嗜睡。水的压力和流动对身体起按摩作用。

水中的化学物质（如氯化钠、碳酸镁、碘等）对皮肤有刺激作用。海水浴后要用淡水淋浴。水锻炼方式有擦身、冲洗、淋浴等。注意出汗时，不宜冷水浴。

无论是何种锻炼，都要坚持循序渐进和持之以恒原则，逐渐增加刺激强度和持续时间。锻炼一般从温暖季节开始，如冷水锻炼，宜从夏季开始，逐渐降低水温及加长锻炼时间；且要一年四季坚持不懈，如长期停止锻炼、锻炼效果即消失。再者，为提高对不同刺激的适应能力，需进行多样化锻炼。虽然寒冷刺激能增强耐寒能力，但不能提高对高温的适应，反之亦然。

三、运动者的个人卫生

（一）饮食卫生

运动者应养成良好的饮食卫生习惯，如饭前便后洗手，不喝生水，生吃瓜果要用流动的自来水洗净并削皮或用开水洗烫、消毒液浸泡，不吃腐败变质食物，防止暴饮暴食。此外，也要注意合理膳食。

（二）皮肤卫生

皮肤里有汗膝和皮脂膝，汗膝排出部分代谢产物，并调节体温；皮脂膝分泌皮脂，保持皮肤滑润。运动者应经常保持皮肤清洁。因为当汗膝孔及皮脂膝孔堵塞时，细菌会繁殖起来，发生毛囊炎或疖病。当洗澡时，应避免用过热的水、长时间淋泡，因为会使皮肤过分脱脂而干燥，同时也使人嗜睡或全身无力。游泳后，要淋浴。脚趾间皮肤易脏，易发生糜烂，会感染足癣，要注意清洗。患足癣者应积极治疗，指甲经常剪短。

（三）睡眠卫生

睡眠是消除运动疲劳的重要措施之一，可使人的体力得到提升。睡眠前，应保持安静，避免刺激，一般睡前 1h 应停止运动，以免兴奋而影响睡眠。若有失眠，次日可稍减运动量。运运动者应保证有 8～9h 睡眠，经常睡眠不足会引起过度疲劳。另外，为保证睡眠质量，卧室应保持整洁、温度适宜、空气新鲜、卧具清洁保暖，且晚饭不应过饱以及睡前不宜用脑过多。

（四）日常生活卫生

为了增进健康，达到休闲体育运动的目的，运动者应建立和保持相对稳定的生活制度，按时起床、早操、进餐、训练、休息、工作、学习和睡眠。外出比赛如有时差影响，应尽快调整，适应新环境。

第四节　科学规划休闲运动与营养的相关知识

一、特殊环境下休闲运动与营养的科学规划

（一）高海拔休闲运动与营养

1. 高海拔休闲运动原则

在高原进行休闲运动活动要依据以下的原则：

（1）要能轻松愉快地完成所选择的体育运动，即选择的体育运动方式要控制在自己觉得轻松愉快的强度内。

（2）要注意每天的运动量与身体状况相适应。身体不舒适时（如感冒、头痛等），就应减少

运动量或停止运动。

(3) 不要过分相信自己的体力和运动能力，即“量力而行”。可以选择一些运动量较小，不太剧烈的锻炼项目。如散步、慢跑、太极拳、有氧休闲运动操、气功、乒乓球、羽毛球、柔力球、壁球等。

一些国家和地区已开始利用高山气候与身体锻炼相结合来提高人的心肺功能和健康水平。将体育运动和休闲运动锻炼结合在一起，通过体育运动增强体质、促进健康，但在运动锻炼时，不仅要注意适度不过量且要持之以恒，因时、因地、因人制宜，方能达到休闲运动效果。

2. 高海拔地区的休闲运动营养

随着海拔高度的增加，大气氧分压下降，这就意味着结合于血红蛋白上的氧气量减少，以及心脏运输氧至工作肌群的能力下降。运动实践表明，当最大有氧耐力也随着海拔高度的增加而降低时，就意味着在长距离竞技运动比赛中，在高海拔地区速度成绩不如平原地区。然而，受影响的不仅是最大有氧耐力，因为在高原上血中氧含量降低，欲供给同样的氧气量，心脏就得加快跳动。所以，在高原地区任何耗氧水平的情况下，心率均比平原地区要高。这就意味着在高原运动锻炼时，健康者必须减慢速度才能维持靶心率。因而，休闲运动指导者应再次强调让参与者注意靶心率的重要性，靶心率为在各种各样的环境下调整运动锻炼强度提供了科学的参考。

(1) 高原环境对营养素代谢的影响与需求

高原缺氧环境对能量代谢和物质代谢产生影响。合理营养能够提高运动员对缺氧的耐受能力，加速习服过程，适应组织代谢的变化，避免高原病的出现，最大限度地减少体重的丢失，有利于运动锻炼，增强体能和提高运动成绩。

①能量

进入高原地区，由于机体组织器官的一系列代偿和适应反应导致机体基础代谢率增强，运动员的能量消耗增加。高原气温较低，风速较大，致使机体产热增加。由于缺氧的影响，食欲下降，进食量减少，再加上消化功能减弱，产能营养素摄入不足，可引起体重下降。初到海拔4300m 高原 8 天后，体重下降 3%；在海拔 5000～8000m 停留 3 个月，体重可下降 15%。体重下降，最初是由于体液的丢失，随后为脂肪组织和肌肉组织的减少。但如果为防止体重丢失，初入高原就增加能量摄入，可能诱发或加剧消化道的不良反应，加剧体重丢失，故这种做法不宜采用。在习服适应阶段，应适当减少有氧训练运动量，以减少能量的消耗和需求。习服以后，机体对能量的需要逐渐增加，可以增加食物摄入以满足能量需要。

人在高原，基础代谢率升高，在相同的运动情况下，能量的消耗或能量的需要高于平原。运动员的能量消耗受运动量的影响较大。虽然缺氧初期能量消耗增加，但在习服前，由于胃肠道反应和食欲减退，增加能量摄入量较困难，致使能量供应不足。习服前，应减少运动量，降低能量消耗；习服后，逐渐增加能量摄入，同时逐渐增加运动量。体重和体脂的变化是判断能量摄入适宜与否的简易指标。一般情况下，在高原适应 5 天后，进行与平原同等量的运动训练，能量需要量增高 3%～5%，适应 9 天后，将增加 17%～35%。一般来说，从平原进入高原，能量的摄入量应增加 7%～25%。

②蛋白质

进入高原初期，体内蛋白质和氨基酸的分解增强，合成减弱，氮排出增加，加上因食欲下降和食物吸收利用率下降，造成摄入和吸收的蛋白质减少，因而出现不同程度的负氮平衡，血中必须氨基酸或非必须氨基酸下降。

在缺氧习服过程中，并不需要增加食物蛋白质的供给量，重要的是应选用优质蛋白质，注意维持氨基酸平衡。在习服期间，运动员蛋白质的摄入量应占总能量的13%～15%，同时增加优质蛋白质的摄入。

③脂肪

高原缺氧加速脂肪运动，脂肪合成速度低于脂肪分解速度，造成体脂减少，血脂（包括血浆游离脂肪酸和甘油三酯等）浓度增高。严重缺氧可使脂肪氧化不全，酮体生成增多，尿中出现酮体。酮体堆积可使机体耐缺氧能力减低。

初进高原，膳食脂肪应适当减少，而增加碳水化合物的摄入，脂肪供能比为20%～25%；要减少饱和脂肪酸的摄入。

④水

高原缺氧使呼吸次数增多，肺通气量增大，由于空气干燥、气压低，使呼吸性失水增多，再加上尿量增加，运动员在运动训练时机体容易出现失水，引起血循环和散热障碍，因此应注意补水。训练前、中、后均可补水，但要遵循少量多次的原则，要保持尿量在1～1.5L/d。如果要排出体内的代谢废物，每日至少饮水3～4L；如果要保持体内水平衡，每日应饮水5L左右。

（三）高温环境下的休闲运动与营养

高温环境下，能量需要量会进一步增加。高温环境一方面引起机体代谢率增加及ATP酶活性升高，另一方面在高温应激和适应过程中，大量出汗、心率加快等调节方式可引起机体能量消耗增加。在高温环境下运动锻炼，能量代谢既受高温环境又受运动锻炼的影响。高温环境中能量消耗增加，在30～40℃的环境中，温度每升高1℃，能量消耗增加0.5%。在热环境下进行运动锻炼，体内产生的热量不易散发出体外，可使体温升高。研究表明，体温升高将导致机体能量代谢增强。一般在高温条件下进行运动锻炼，机体对能量的需要量可增加10%～40%。

运动锻炼负荷也影响能量消耗，运动负荷越大，消耗的能量越多，能量需要就越高。运动员对高温环境产生热适应后，运动负荷将会增大，能量消耗也会增大。如果能量摄入不能满足需要，易引起疲劳，影响运动锻炼。因此，在高温环境下运动锻炼，应增加能量的摄入。

环境温度在30～40℃时，应按照环境温度每升高1℃能量供应增加0.5%的原则作为能量供给标准。但高温环境下食欲和消化功能有所减弱，增加摄食量以提高能量摄入有一定困难，故以增加10%能量为宜。热适应后可逐渐增加能量的摄入，以满足高温环境下运动锻炼的能量需要。

二、不同季节休闲运动与营养的科学规划

（一）春季休闲运动与营养

1. 春季休闲运动规划指导

哪些体育活动更适宜在春季进行呢？

（1）深呼吸：胸腹式联合的深呼吸类似瑜伽运动中的呼吸操，深吸气时，先使腹部膨胀，

然后使胸部膨胀，达到极限后，屏气几秒钟，逐渐呼出气体。呼气时，先收缩胸部，再收缩腹部，尽量排出肺内气体，反复吸气、呼气，每次课前做3～5min，可促使肺部清洁、增强免疫力、保护呼吸道不受损伤，增强对春季多发性呼吸道传染病的低抗力。

（2）放风筝：放风筝是春天最适合进行的运动。放风筝时，可以使手、腕、肘、臂、腰、腿等多个部位动起来，户外的活动还可以沐浴阳光，呼吸新鲜空气，能促进体内新陈代谢，改善血液循环状态。

（3）春游：春游踏青是古来就有的风俗，不仅锻炼身体，还可以怡情悦性。

（4）快走慢跑：快走慢跑有助于细胞和组织得到额外的氧，促使大脑清醒，克服“春困”，令人精神抖擞。

2. 春季膳食营养策略

春天养阳，重在补肝。五行学中，肝属木，与春相应，主升发，喜畅达疏泄而恶抑郁。所以，养肝首要的一条是调理情态，不良的情绪易导致肝气郁泄不畅。春日阳气升发，风和日丽，应早起早睡，坚持户外锻炼。

此外，还要注意饮食养生。据《千金方》载，春季饮食宜“省酸增甘，以养脾气”。春天是肝旺之时，多食酸性食物会使火偏亢，损伤脾胃。应多吃一些性味甘平，富含蛋白质、糖类的食品以及豆制品、新鲜果蔬等，有利于发寒散邪，扶助阳气。

现代医学研究表明，保肝的有效途径之一就是适当补硒，硒是人体谷胱甘肽过氧化物酶的活性成分，对细胞膜有一定的保护作用，对一些化学致癌物质也有抵抗作用。富含硒元素的食物有小麦、玉米、南瓜、红薯、大白菜、紫菜、海鱼等，多食用此类食物有助于护肝养肝。

一般春季易“春困”，其中一个重要原因就是缺乏B族维生素。所以，应注意补充富含维生素B_1、B_2和叶酸的食物，如动物肝脏、胡萝卜、玉米、小米、菜花、小白菜、柿子、辣椒等有助于健脾阳，帮助消除“春困”现象。

（二）夏季休闲运动与营养

1. 夏季休闲运动规划指导

盛夏酷暑，稍一活动就会大汗淋漓，许多人不愿意多动，害怕出汗。殊不知，出汗本身就是为了维持体内平衡，因为经汗腺排泄能带走大量的热量和毒素，从而促进机体的新陈代谢。适当的体育运动可使人体内懒散的、停歇的汗腺开始“工作”。人体主动运动时，排汗量的激增，使得汗腺分泌加快、通畅。但当气温高于28℃时，应适当减少运动量，否则夏季的高气温、少睡眠，很容易造成体力透支。此时，人们应参加一些乐于参与的体育活动，如游泳就是一个很好的选择，适当地进行游泳锻炼，不仅能给人带来心理上的愉悦，塑造流畅和优美的体型，还能够增强心血管系统的机能，增强体质，提高协调性。许多运动项目都容易给机体造成劳损或损伤，但游泳是劳损和损伤率最低的体育活动。

为了达到身心康泰、平安度夏的目的，调节体内产热与散热的功能，需要注意以下几点：

（1）避免在烈日下运动。中午前后，烈日当空，气温最高，忌在此时锻炼，谨防中暑。夏季阳光中紫外线特别强烈，人体皮肤长时间照射，易发生灼伤。

（2）不宜长时间运动。夏季锻炼应保持在平日运动量的1/2～1/3。

（3）运动后，不宜大量吃冷饮。

（4）不宜空腹运动。因为空腹时容易中暑。

（5）夏季出汗较多，应及时补水，不要等口渴剧烈时才喝水。

（6）忌运动后立即洗冷水澡。

2. 夏季膳食营养策略

夏季养生，健脾为要。夏季饮食以清淡、苦寒、富有营养、易消化的食物为佳；避免食用油腻难以消化的食物，勿过饱过饥；重视健脾养胃，促进消化吸收功能

（三）秋季休闲运动与营养

1. 秋季休闲运动规划指导

经历整个夏季的酷热与湿闷，秋季的气温适宜总是让人舒心，锻炼身体的黄金季节也悄然而至。但是由于秋季冷热更替、气候干燥、冷暖多变，人体一时难以适应，极易发生疾病。因此要针对季节特点锻炼，运动量不宜太大，不宜剧烈。

人们可根据场地、时间以及自己的兴趣爱好等选择运动项目。

（1）登山能使人吸收空气中更多的负氧离子，对人的神经系统具有良好的营养和调节安抚作用。登山比较适合人体在体力允许的情况下进行，但一定要注意不能选择过高、过长的登山线路，以免过于劳累引发身体不适。

（2）骑自行车比赛是克服心脏功能毛病的最佳工具之一。骑单车不只能借腿部的运动压缩血液流动，还能把血管末梢的血液抽回心脏，强化微血管组织。此外还有一些传统的体育运动项目，如踢毽、跳绳、跳皮筋等运动项目也同样具有这种功效。

在锻炼时应注意准备充分，预防运动损伤。秋移冬至，气温逐渐下降，体温调节中枢和内脏器官的机能都不同程度地降低，人的肌肉韧带在气温下降的环境中容易反射性地出现血管收缩、肌肉伸展度降低、关节僵硬等现象，因此运动前要做好充分的准备工作，否则易造成肌肉、韧带和关节的运动损伤。衣服不能穿得太少，大汗淋漓时不可减得太多。运动后要及时擦干汗水。要掌握好运动量，立秋后运动量可以逐渐增加，但不要性急，更不要盲目超量，以免引起过度疲劳。

2. 秋季膳食营养策略

秋日滋补，养肺为先。秋天是一年四季中万物“养收”的季节，由热转寒，阴长阳消。养生的原则应以“甘平为主”，其中饮食保健应以益肺、润燥、健脾、补肝为主要内容，尤以养肺为先。

秋季养肺宜平补，肺喜润而恶燥，燥邪伤肺。秋日一般气候干燥，空气湿度小，人们常常感到口干舌燥，除多喝水外，应适当多吃些豆芽、菠菜、胡萝卜、菜花、芹菜等具有甘平清肝功能的食物，以及蜂蜜、核桃、乳品、百合、银耳、白萝卜、藕等养阴润肺的食物，还要吃些秋梨、山楂、柚子、葡萄、香蕉、甘蔗等防秋燥的水果。同时，也要控制自己的情绪，避免郁闷的伤感，防忧伤肺。平时脾肺虚弱之人宜进食人参、黄芪、山药、大枣、黄精、莲子、甘草等药食以补脾益肺。

口干舌燥，咽喉疼痛者，可用雪梨、贝母、百合煎水服用，能清肺润喉、生津利咽；肺虚燥热，气短咳嗽者，可食用蜂蜜蒸百合、月季雪梨银耳羹，来润燥补肺、滋阴止咳，以调理干燥热咳嗽、肺虚咳嗽、气短咳嗽等症；皮肤干涩，口角皲裂者，可用沙参、冬麦、地生黄、藕

粉加冰糖煮羹服用，具有养阴生津、益胃清热之功效，可治皮肤皲裂脱屑，另可多吃菠菜，因为菠菜含有丰富的核黄素，有防止口角溃疡、唇炎、舌炎、皮炎的作用；肺气壅闭，大便秘结者，可多食用红薯、白木耳、黑木耳、芝麻、蜂蜜、冰糖、梨、香蕉等食品，有滋阴润燥、通便宣肺的作用。此外，晨起饮淡盐水、晚饮蜂蜜水，既能补充水分，又是防便秘的好方法，还可养生抗衰。

秋季饮食宜“少辛增酸”，主食“多粥少干”。根据中医养生原则，补脾益肺宜食粥。常食粥可“利膈养胃，生津液”，一般可食用“黄精粥”“甘蔗粥”“玉竹粥”“沙参粥”“生地粥”等。为防秋燥，维持体内的水代谢平衡，应多吃新鲜蔬菜、水果，以补充体内维生素和矿物质，中和体内多余的酸性代谢物，起到清火解毒的作用；多吃豆类等植物性蛋白食物，少吃油腻厚味，尽可能少食用葱、姜、蒜、韭菜和辣椒等辛味之物，以防加重便秘和秋燥，引起肺气太盛，不利于养肺；同时增加一些酸味的水果、蔬菜，包括苹果、山楂、柠檬、柚子、石榴、葡萄、橄榄等。常食这些酸味的食物可增强肺功能，达到减少肺气而保肝的效果。

（四）冬季休闲运动与营养

1. 冬季休闲运动规划指导

俗话说得好：“冬天动一动，少受一场冻；冬天懒一懒，多喝药一碗。”人们冬季在室外锻炼，身体经常受到寒冷的刺激，可以增强人体对感冒、气管炎等冬季常见疾病的抵抗力；冬季在室外接受阳光的照射，阳光中的紫外线可促进人体的造血机能，对治疗和预防贫血有积极作用。冬季常到室外锻炼，体温调节能力就会加强，御寒能力也随之提高。

适宜冬季锻炼的体育项目有哪些呢？

（1）长跑，也称耐久跑。它不仅能增强心、肺功能和提高人体的耐力素质，而且不受场地器材的限制，具有广泛的群众基础。

（2）跳绳、踢毽子。这类运动能够活动全身关节，人们可以利用业余时间进行锻炼。此外，足球、篮球、爬山、拔河、武术等项目，花样繁多，妙趣横生。

冬季的室内锻炼。当室外大风降温、大雾、降雪不宜室外活动时，室内的适当活动也是冬季锻炼的好办法。在室内锻炼时，要先将室内通风换气后，应选用动静结合的方法进行。可以在室内做一些自编体操，活动腰腿。

2. 冬季膳食营养策略

冬季食养，益肾滋阴。冬季是进补强身的大好季节，民谚说得好：“冬季进补，开春打虎；冬季不补，春季受苦”。在饮食方面应讲究科学调配。冬季的饮食原则为：一是要有丰富、足够的营养，热量要充足；二是食物应该是温热性的，有助于保护人体的阳气；三是冬季饮食调养应遵循“秋冬养阴”，即“养肾防寒”之根本。

参考文献

［1］卢锋．休闲体育学［M］．北京：人民体育出版社，2005.

［2］卢锋．休闲体育概念的辨析［J］．成都体育学院学报，2004（5）：32－34.

［3］吴明深．休闲体育文化审视［M］．北京：中国科学文化出版社，2003.

［4］李晨．高校休闲体育文化的构建与研究［J］.2016（11）：117－118.

［5］鞠峰，沈纲．休闲体育文化价值的探讨［J］．东方企业文化，2011（14）：214－215.

［6］杨光．休闲体育文化的困惑与对策［J］．内江科技，2008（2）：46＋52.

［7］陈国云，赵亚英．休闲体育文化消费价值的探讨［J］．现代工业经济和信息化，2012（2）：90－92.

［8］杨其冉．论我国当代休闲体育文化价值的实现条件［D］．武汉：华中师范大学，2009.

［9］刘聪颖．休闲体育文化价值的探讨［J］．重庆工贸职业技术学院学报，2013（2）：70－72.

［10］崔洪成，周巍巍．休闲体育文化价值的探讨［J］．芒种，2012（23）：115－116.

［11］罗林．休闲体育的认识深化及在我国的发展研究［D］．苏州：苏州大学，2005.

［12］杨晓晨，李宗浩，梁强．休闲体育产业生态系统分析与竞争战略选择［J］．北京体育大学学报，2009（3）：25－28.

［13］田慧，周虹．休闲、休闲体育及其在中国的发展趋势［J］．体育科学，2006（4）：67－70.

［14］卢锋．休闲体育的社会功能探析［J］．成都体育学院学报，2004（2）：1－4.

［15］李文波．体育文化研究——休闲体育消费研究：一种文化与社会学的解读［J］．江西社会科学，2004（9）：154－158.

［16］薛海红，李志翔，高连春．高等学校体育与休闲体育教育［J］．西安工程科技学院学报，2005（1）：123－125.

［17］卢锋，刘喜山，温晓媛．休闲体育活动的分类研究［J］．武汉体育学院学报，2006（12）：59－61.

［18］邹师，张永军，宋光春．终身体育理论视角中的休闲体育［J］．体育文化导刊，2002（5）：26－28.

［19］李相如．休闲视野下我国休闲体育专业建设的思考［J］．首都体育学院学报，2009（2）：180－184.

［20］肖焕禹．休闲体育的演进、价值及其未来发展取向［J］．上海体育学院学报，2010（1）：6－11.

［21］李晓东，彭钢．论我国高校休闲体育［J］．武汉体育学院学报，2001（5）：125－126.

［22］陈玉忠．我国休闲体育发展的未来走向［J］．上海体育学院学报，2007（1）：9－14.

［23］石振国，田雨普．休闲体育教育理论基础的反思与建构［J］．上海体育学院学报，2006（2）：80－83.

［24］石振国．现阶段发展休闲体育的理性分析［J］．武汉体育学院学报，2010（1）：60－64.

［25］朱玉芳，徐奕宏．探讨休闲体育在高校体育发展中的作用［J］．广州体育学院学报，2004（5）：110－112.

［26］张广林，王俊奇．论休闲体育的价值［J］．天津体育学院学报，2008（2）：137－139.

［27］夏荷莲，郭华恬．论休闲体育的社会价值［J］．体育文化导刊，2004（6）：48－49.

［28］张明英．我国休闲体育的发展前景［J］．湖州师范学院学报，2001（3）：64－67.

［29］罗林，刘春来．对我国休闲体育发展的几点理性思考——从文化、经济和教育的角度［J］．中国体育科技，2005（6）：26－28.

［30］于涛，杨锡明．论休闲体育的文化学背景［J］．西安体育学院学报，2000（1）：13－15.

［31］李湘远．论休闲体育的人文价值［J］．广州体育学院学报，2006（6）：39－41.

［32］王甡，司亮，王喆．开发我国休闲体育市场初探［J］．沈阳体育学院学报，2001（3）：74－75.

［33］徐佶．当代中国休闲体育及其兴起背景［J］．体育科技文献通报，2006（1）：58－59.

［34］孟凡强．休闲体育教育教学改革初步探索［J］．武汉体育学院学报，2008（10）：89－93＋97.

［35］孟凡强，刘国，吴伟，等．休闲体育教育内涵解读［J］．山东体育学院学报，2008（9）：77－79.

［36］喻坚，孙有智．我国城市休闲体育的现状、问题与对策［J］．山东体育学院学报，2007（4）：29－31.